国家社科基金
后期资助项目
guojia sheke jijin houqi zizhu xiangmu

马克思主义
理论与实践

霍布斯鲍姆的史学研究

梁民愫／著

社会科学文献出版社

SOCIAL SCIENCES ACADEMIC PRESS (CHINA)

"真文章在孤灯下"

——序《马克思主义理论与实践：霍布斯鲍姆的史学研究》

张广智

近几天，我正饶有兴味地在收看由上海电视台何婕主持的《回眸》，这是一档旨在回顾与总结改革开放三十年来文化精品工程的纪实系列节目。镜头的切换，时空的交错，由主持人与嘉宾对话而撞击出来的思想火花，折射出时代的风云，映照社会的变迁，俨然成了中国新时期发展变化的一个历史缩影。

某日，《回眸》传来了这样的声音，顿时把我吸引：

> 最难耐的是寂寞，
> 最难抛的是荣华，
> 从来学问欺富贵，
> 真文章在孤灯下。

这是 20 世纪 90 年代初演出的优秀新编历史昆剧《班昭》中的唱词，何婕说它是全剧的"点睛之笔"。说得好啊，是的，"真文章在孤灯下"，它道出了千百年来煮字烹文的真谛，司马迁撰《史记》是这样，班固撰《汉书》也是这样，凡一切真文章都是这样。

读毕梁民愫教授的大作《马克思主义理论与实践：霍布斯鲍姆的史学研究》，掩卷而思，难以抑制心中的喜悦之情，与当年在复旦跟我从学时所写的博士学位论文相比，它已是"旧貌换新颜"了，呈现在读者面前的，不也是一篇"真文章"吗？

首先，由这篇"真文章"揭示的当代英国著名的马克思主义历史学家埃里克·霍布斯鲍姆史学研究及其贡献，我想到了现当代西方马克思主义史学生长及其繁衍的相关问题。

第二次世界大战后，世界史学发生了新的重大变化，其中一个重要的方面是西方马克思主义史学的迅速崛起，它作为后马克思时代的马克思主义史学，给国际史学界吹来了一股清风，增添了许多活力。如果从卢卡奇1923 年发表《历史与阶级意识》算起，那么西方马克思主义史学的历史至今已有85 年了，但它真正产生影响，还是在二战之后。

西方马克思主义史学正是在时代变革的感召下，呈现出一种新的史学发展的趋向，诸如：历史视野与研究领域的拓宽、"自下而上"历史观的新取向、多元的历史研究方法、以天下为己任的现实关怀等①。这些都可以从民惇的著作，从他对霍布斯鲍姆史学思想的分析中得到充分的展示。总之，置身于西方社会环境之中的西方马克思主义历史学家，在新的历史条件下，做出各种应对，在这个过程中对马克思主义史学做出了多方面的新的思考与诠释。今试举其最著者观之。

其一，西方马克思主义史学是对斯大林式的教条主义的马克思主义的背离。二战后，西方马克思主义史学在一些发达的资本主义国家获得了迅速的发展，与经典马克思主义史学相比，他们中的有些人的思想，别样而又新奇，离异而又守护，它当然不是"残余的乡愁"②，而是"时代的变奏"。这"时代的变奏"所"奏"出的"音符"，确与当时流行的占据支配地位的马克思主义很不协调，西方马克思主义史学对斯大林式的马克思主义提出了有力的挑战，反映在史学上则是对教条主义与僵化的马克思主义史学的一种背离。

这种史学上的变革是与时代背景、政治转向及哲学思潮等相关联的。二战后，世界政治形势大变，两大对立阵营的对峙，尤其是国际共产主义运动在20 世纪50 年代的动荡，1956 年苏共20 大召开，以及对斯大林的个人崇拜与个人迷信的批判，匈牙利事件，所有这些都在各国共产党内部激起了广泛的回响，它引发各国马克思主义者的深刻反思，于是，"马克思热"以及寻求对马克思主义的新诠释便应运而生。尤其是西方马克思主义思潮的发端者卢卡奇、葛兰西等人的思想和他们的著作在西方的广泛流行，西方马克思主义的政治思潮与哲学思潮的泛滥，对西方国家的一些马克思主义历史学家的思想及其史学实践产生了重大的影响，这成了一些马克思主义历史学家思想转变的契机，正如姜芃教授所指出的，"这种转变是对前苏联在国际共产主义运动中家长制作风的反抗，是对宗教式地对

---

① 参见张广智《关于马克思主义史学遗产传承中的几个问题》，载《复旦学报》2005 年第5 期。

② "残余的乡愁"（a residual nostalgia），这是西方学者斯图亚特·西姆对"后马克思主义"的感言。转见周凡《后马克思主义：概念的谱系学及其语境（上）》，载《河北学刊》2005 年第1 期。

待马克思主义的一种反抗，也是对机械地教条主义地对待马克思主义的批判。他们试图对马克思主义做新的理解与解释，试图用马克思主义来解释时代出现的新问题，从而使马克思主义恢复新的生机"。① 所言甚是，正是这种背离，成了西方马克思主义和西方马克思主义历史学家最令人瞩目的一个方面。

其二，西方马克思主义史学是对经典马克思主义史学的一种现时代的回应。正如德国早期马克思主义历史学家梅林早就指出过的那样，"历史唯物主义并不是一个封闭的、以最后真理为其终点的体系"。② 马克思不可能穷尽全部真理，虽则他常被后人称为"千年第一思想家"。同样，马克思主义包括它的唯物史观也是要发展的，而且必须结合各个国家的具体情况"与时俱进"，它也还有一个"本土化"的问题。

现代西方马克思主义史学的崛起，它不是无源之水，而是对 19 世纪 40 年代诞生的经典马克思主义史学的一种现时代的回应，这与西方马克思主义史学在二战后勃兴的社会与时代原因，尤其是 20 世纪 50 年代以来所发生的新技术革命浪潮，由之而引发的对社会政治体制、经济结构、观念形态乃至生活方式等方面的变化相关的。面对这样的时代变革的大浪潮，西方马克思主义历史学家必须做出回应，倘若仍抱残守缺，墨守成规，势必会被时代潮流所抛弃。

这里，有一点必须指出，即西方马克思主义史学是置身于西方，西方马克思主义历史学家是生活于当今西方发达的资本主义国家中，与我国的马克思主义在意识形态领域处于指导地位不一样，正如张芝联先生所论，"马克思主义史学在西方国家只是一个学派，因为马克思主义在西方国家并不是指导的，居于领导地位的，官方的意识形态，而只是一种研究方法，不是作为世界观来考虑的，它不是直接地和政治联系起来的。我们国家所说的马克思主义者的含义，和譬如说法国人在法国所说的马克思主义者是不一样的"。③ 的确，当代西方马克思主义史学，不仅同我们所彰显的马克思主义史学有别，而且细究一下，也与这些国家传统的马克思主义史学有异，如 E. P. 汤普森、E. J. 霍布斯鲍姆为代表的当代英国马克思主义史学与 20 世纪前期的英国马克思主义史学（如从莫尔顿及其《英国人

---

① 姜芃：《关于英国马克思主义史学的新思考》，载陈启能、于沛等著《马克思主义史学新探》，社会科学文献出版社，1999，第 257 页。

② 梅林：《保卫马克思主义》，人民出版社，1982，第 25 页。

③ 张芝联：《历史学与社会学》，载氏书《从〈通鉴〉到人权研究》，三联书店，1995，第 175 页。

民史》来看）也是不完全一样的。

但是，西方马克思主义史家依然恪守马克思的历史理念，信奉历史唯物主义，本书所论霍布斯鲍姆对历史唯物主义的立场就毋庸多说了，这里再略说一下备受争议的 E. P. 汤普森在这方面的情况，以作补充。E. P. 汤普森的夫人多萝西·汤普森在回忆其夫君时这样说："他时常表示，他和他从事的历史学总的说来受惠于马克思，但是，对于把自己称为一个'马克思主义者'，他越来越踌躇。他喜欢说，他按照马克思主义传统写作。"① 从这段话来看，E. P. 汤普森面对那种"经济主义和简单化的经济决定论"，他感到困惑，他感到"踌躇"，于是"希望把更为丰富的文化范畴引进历史学"②，你能说那是"离经叛道"吗？要说是，那不是对经典的马克思主义，而是对教条主义与简单化的马克思主义或打上斯大林印记的马克思主义。倘不告别后者，不"离"斯大林主义式的"经"，不"叛"教条主义与简单化的"道"，历史学老是被禁锢在这种陈腐的说教与设置的旧框框内，怎能前进？

有论者给 E. P. 汤普森扣上"文化的马克思主义"（Culturalist Marxism）或"文化社会主义的人道主义"（Cultural-socialist humanism）的帽子，那是有失公正的。E. P. 汤普森以其史学实践，反对经济决定论，寻求突破传统的政治经济学或"马克思主义经济主义"的模式，着力于一种文化的历史研究。汤氏的史学旨趣与学术路数难道与马克思主义的唯物史观相悖吗？要说是"相悖"，那不是与马克思主义的唯物史观，而是与那种机械地简单化看待马克思主义的经济基础决定上层建筑的原理相悖。"我仍然坚持历史唯物主义"③，1992 年汤普森在回答中国学者的访谈时这样明白无误地说道，这也是汤氏对那些无端地给他扣上"文化的马克思主义"帽子的人的一种回应。

可以这样说，从总体上看，E. P. 汤普森的史学思想并未与经典马克思主义史学思想背道而驰，而是一种对它的"现时代回应"，遑论汤普森之外的"激进的"西方其余的马克思主义历史学家，比如霍布斯鲍姆了。

---

① 见多萝西·汤普森为 E. P. 汤普森《共有的习惯》中译本所写的序言，沈汉、王加丰译，上海人民出版社，2002。
② 此句与上句"经济主义和简单化的经济决定论"，均见刘为《有立必有破——访英国著名史学家 E. P. 汤普森》，载《史学理论研究》1992 年第 3 期。
③ 刘为：《有立必有破——访英国著名史学家 E. P. 汤普森》，载《史学理论研究》1992 年第 3 期。

其三，西方马克思主义史学与西方资产阶级史学的交融。西方马克思主义史学，是经典马克思主义史学的现代派系，但"西马亦马"，既然它归属于马克思主义史学的范畴，它当然与现当代西方资产阶级史学（即当代西方新史学的范畴）有矛盾，有争论，比如当代法国的马克思主义史学与该国的年鉴学派（年鉴学派就其阶级属性而言，当然不是马克思主义史学，似应归于资产阶级史学）之间的关系就是如此，但两者的交融与对话却是主流。马克思主义史学影响了西方新史学，而后者也影响了前者，在一定意义上，我们也可将西方马克思主义史学作为西方新史学潮流的一部分。由此也可以看出西方马克思主义史学具有多重性的品格。这当然不是"同流合污"，而是"异流共建"，其结果显然有利于推动现代历史学的发展。

这里的"异流共建"，我要说的意思是：马克思主义史学的源流是马克思与恩格斯，西方史学的源头可以追溯得更久远，西方新史学的源流至少可以追溯到伏尔泰那里。如此说来，两者的源头不同，流向不同，故曰"异流"。但是，处于"异流"的马克思主义史学与西方史学，也可以寻求对话与合作，就像"人"字形需要相互支撑一样，取长补短，互相学习，以共同推进学术事业的发展，而并非一定要彼此敌视与对立。这就是"共建"，用句时髦的话来形容，这是一种"双赢"的关系，马克思主义史学与西方史学应当寻求共同发展的途径与愿景。这里还需要补白一句的是，在这种"共建"中，倘若对西方史学采取亦步亦趋的盲目崇拜的态度也是不可取的。

总之，"合力"创造历史，"合力"也利于历史学的发展，对话与交融总比对抗与蔑视要好，现当代西方史学中这种趋同发展的趋势及其走向如何，我们且拭目以待，暂不忙下结论。

其次，由这篇"真文章"延伸而来的，我还想到了在西方马克思主义史学研究中的方法论上的一些问题，这里只说及个人的两点陋见。

第一，文化的发展不可能单独行进，史学文化是这样，而西方马克思主义史学研究也是这样。民憬在这本论著中，以翔实的资料，可以为此佐证。比如它与西方新史学的关系，如前所述，那是既有矛盾与争论，也有对话与交融。事实上，不同的史学之间总是存在着相互纠扭与相互影响的关系，扩而言之，这不仅是史学，而且也是任何学术发展进程中的一种常态。不管如何，学术研究的空间应该是多维的，研究西方马克思主义史学当研究它与其他史学之关联，反之亦然。

第二，关于史学研究的"异中之同"和"同中之异"。黑格尔在论及比较研究时这样指出过："我们所要求的，是要能看出异中之同和同中之异。"① 于是，个人想到，我们的史学史研究，尤其是这里说及的西方马克思主义史学的研究，也应着力比较研究，不管这样比较是历时性的还是共时性的，都应寻求黑格尔所关注的"异中之同"和"同中之异"的哲学意蕴，对此，我们还大有文章可做。

最后，我当然要想到这篇"真文章"的作者梁民愫。"真文章在孤灯下"，以梁民愫的著作可为之作注。是的，凡"真文章"必与孤灯为伴，与寂寞为侣，而远离浮躁和虚妄，遑论荣华与富贵。梁民愫正是这样，他的成功，同我为吴晓群、李勇、易兰、江华、褚新国等他的学姐及师兄妹的博士学位论文作序时所说的一样：缘于用功。因为，用功是读书人的座右铭，用功是成功者的诀窍，用功是写作"真文章"的"指南针"。记得多年前，民愫在陈新的牵引下，怀着惴惴不安的神情来找我，差一点被我"遗弃"。但他正式入复旦"拜师"于我后，以自己的发愤读书、刻苦用功，经受了一次"精神的炼狱"，挫折、磨难与窘迫都没有把他难倒，从而以自己的奋发有为完成了一次"蝶变"，实现了"转型"，即从硕士时的中国近代史专业成功地转为西方史学理论与史学史，扩大视野，终成正果，出色地写出了这篇"真文章"，取得了中国的西方马克思主义史学研究的一次新突破。我祝贺他获得的成就，更希望他继续努力，在历史学的研究中争取有更多的突破。如此想来，倘若当年民愫与我"擦肩而过"，我倒真是有"遗珠之憾"了。

欣闻梁民愫博士大作即将出版，我受邀为之撰序，作为他在博士求学时的老师，当责无旁贷。故不揣浅陋，就题旨略说一二如上，以俟学界同仁及读者诸君指正。

2008 年秋于复旦大学历史系

---

① 黑格尔：《小逻辑》，贺麟译，商务印书馆，1980，第 253 页。

中国西方马克思主义史学研究的新探索

——序《马克思主义理论与实践：霍布斯鲍姆的史学研究》

于　沛

梁民愫教授的新作《马克思主义理论与实践：霍布斯鲍姆的史学研究》，是国家社科基金后期资助项目的最终成果，日前顺利地通过了结项，即将由社会科学文献出版社出版，这是一件十分值得高兴的事情。在我国，同中国史研究相比，世界历史研究相对薄弱是不争的事实，而在世界历史研究中，外国史学理论研究则更为薄弱，就外国史学理论研究而言，外国马克思主义史学理论研究，长期以来是薄弱中的薄弱。从这一基本事实出发，我们不难认识梁民愫教授这部研究英国马克思主义史学家霍布斯鲍姆的史学思想专著的意义和价值。实事求是地说，梁民愫的这部著作，是迄今为止我国唯一系统研究霍布斯鲍姆的史学思想的专著，对推动对霍布斯鲍姆的史学研究，以至整个外国马克思主义史学及其发展研究，具有重要的开拓意义。

霍布斯鲍姆是英国马克思主义史学的重要代表人物。1917 年他出生于埃及亚历山大城的犹太中产家庭，早年就读于英国剑桥大学，1947 成为伦敦大学伯克贝克学院讲师，1959 年升任高级讲师，1978 年成为该校经济及社会史荣誉教授。霍布斯鲍姆 14 岁时加入共产党，在学生时代便积极参加左派运动。1952 年麦卡锡白色恐怖气焰嚣张时，他也没有丝毫退缩，而是与著名的马克思主义史学家希尔等人，创办了新左派史学刊物《过去与现在》。霍布斯鲍姆的研究以近现代史为主，同时还撰写当代政治、社会评论、社会学理论等文章。他的研究成果，在国际史坛有广泛影响。霍氏著作甚丰，有多种专著问世，如《革命的年代》、《资本的年代》、《帝国的年代》、《盗匪》、《民族与民族主义》、《原始的叛乱》、《爵士风情》、《传统的发明》、《史学家：历史神话的终结者》、《霍布斯鲍姆新千年访谈录》等。不言而喻，霍布斯鲍姆的史学思想，是十分值得研究的。改革开放以来，中国学者对霍布斯鲍姆史学思想的研究日渐增多，但多是一般性的介绍（尽管这也是必要的），或仅对霍氏史学思想的某一方面进行研究。

梁民愫教授新作的问世，则在一定程度上弥补了这方面的不足。由此可以认为，该书是近年我国西方马克思主义史学理论研究的重要成果之一。《马克思主义理论与实践：霍布斯鲍姆的史学研究》表现出以下鲜明的特点：

首先，作者较系统地探讨了霍布斯鲍姆的史学思想和史学活动，既包括他的史学思想，也包括他的史学实践，从而使读者对霍布斯鲍姆能有一立体的、全面的认识。这里既涉及对历史发展进程的认识，对过去历史现象的个体分析与人类社会历史的整体阐释，也包括对历史学自身一些问题的认识与反思。作者在深入研读原著的基础上，进行了艰苦的理论探索，力求从理论与实践的结合上，回答霍布斯鲍姆与英国马克思主义史学渊源问题；作为霍布斯鲍姆史学思想核心的社会历史观问题；霍布斯鲍姆的历史认识理论的方法论问题；关于整体社会史的理论与方法问题；关于整体社会史学研究的成效和影响问题；关于霍布斯鲍姆史学研究的现实关怀与社会责任问题；关于马克思主义史学的理论创新和研究取向问题。作为附录，作者还概括了当代英国马克思主义史学在中国的反响。这一切不仅有助于深刻认识霍布斯鲍姆的史学思想，而且也有助于全面认识英国马克思主义史学的诸多问题。

其次，作者在系统地探讨霍布斯鲍姆的史学思想和史学活动时，不是就事论事，不是一般过程的描述，而是将其放在广阔的背景下进行多层次、多视角的分析，力求揭示视觉印象之外所蕴涵的更丰富、更深刻的内容。这里所说的"广阔背景"，既包括英国和西方史学发展的广阔背景，也包括史学之外的社会历史发展背景。因此，作者分析了西方新史学与马克思主义史学之间的交互作用和相互影响，这是以霍布斯鲍姆为代表的英国马克思主义史学派产生与发展的重要学术前提；作者还从社会政治、社会心理思潮和学术文化等背景出发，分析以霍布斯鲍姆为代表的英国马克思主义史学派形成的特定历史环境。此外，作者还从实际出发，实事求是地分析了英国传统史学对英国马克思主义史学的影响，力求从理论上探析两者之间的联系。

再次，这部作品有较强的针对性，在历史研究，特别是在史学理论研究中如何做到历史感与现实感的统一，史学理论研究、学术史研究如何体现出鲜明的时代精神方面，做了有益的尝试，并取得了令人感到欣慰的成果。霍布斯鲍姆是始终坚持马克思主义为理论指导的史学大家。1956 年苏共 20 大后，包括著名的汤普森在内的一些马克思主义史学家退出了共产党，而霍布斯鲍姆却至今仍留在党内。在他的作品中，处处可见到马克思主义基本原理的光辉。毋庸讳言，在今天的中国史学界，马克思主义的指导地位面临着严峻的挑战。一些人宣扬唯物史观已经过时了，主张指导思想多元化；在大肆吹捧西方新史学理论方法论的同时，极力贬低马克思主义史学理论方法论。对霍布斯鲍姆史学思想的研究，有助于我们理解马克思主义史学的真谛，由此不难理解，这部著作不仅有重要的学术意义，更有重要的现实意义。

梁民愫先后在江西师范大学、广西师范大学和复旦大学就读，获史学博士学位，后在华东师范大学历史学博士后流动站从事学术研究工作，现为江西师范大学历史文化与旅游学院教授。在从事繁忙的教学工作的同时，他始终坚持科学研究工作，近年他先后发表近现代中外关系史、西方史学理论及史学史、西方社会文化史学术论文 30 余篇，在史学界日渐产生影响。《马克思主义理论与实践：霍布斯鲍姆的史学研究》，反映出作者良好的理论素养、扎实的学术功底、厚重的文献积累和严谨的学术风格，愿梁民愫教授百尺竿头，更进一步，今后有更多更优秀的成果问世。

匆忙中，书此以为序。

2009 年 2 月 11 日
于北京朝阳华威西里寓所

目录

内 容 摘 要

　　本课题在唯物史观的理论指导下，试图对兼具当代西方新社会史学家和英国马克思主义历史学家双重身份的学术名家埃里克·霍布斯鲍姆的史学思想进行较为深入的探讨，梳理与挖掘其史学思想的主要内涵，指出霍布斯鲍姆的史学研究及以此为显例的英国马克思主义史学实践对国际史学发展所作的贡献，特别揭示英国马克思主义史学对中国史学的潜在影响。在力图论证和展现其史学思想核心内容的同时，折射出这位国际史学大师的学术理念和治史心路。全书共八章和一个附录，构成课题研究的主要内容和基本框架，试图提出和解决的问题是：

　　第一章　本章以学术流派与社会变革相互关系为总体框架，具体考察霍布斯鲍姆及当代英国马克思主义史学派中重要成员的学术渊源。从学派形成的历史条件及其发展的国际思潮背景入手，阐明西方新史学与马克思主义史学之间的交互作用和相互影响，认为这是英国马克思主义史学派之所以产生与发展的重要学术前提。从社会政治、社会心理思潮和学术文化等思想背景层面出发，分析以霍布斯鲍姆为显例的英国马克思主义史学派观念形成与学术创新的国内外环境，同时强调英国传统史学理论与史学方法对英国马克思主义历史学的内在影响。

　　第二章　本章从进步史观、全球史观和"自下而上"的历史观念等分析视角出发，论述霍布斯鲍姆以社会历史观为核心的历史本体论思想。一方面，分析霍布斯鲍姆进步历史观念的变化和意义；另一方面，在概括"西方中心论"的渊源与流变基础上，阐释霍布斯鲍姆史学研究的全球视野与全球史观的本质特点。特别指出霍布斯鲍姆的全球史观无力避免传统西方中心论的情境浸润，在某种程度上，其欧洲中心主义情结则是一种显性的和隐蔽的西方中心论的结合形态。再者，正是以"自下而上"与"自上而下"相互结合的历史观和史学观为思想指导，他与其他英国马克思主义历史学家共同开创了一种关于社会历史研究的新模式。

　　第三章　本章主要集中于霍布斯鲍姆史学观念的中心问题展开分析，探讨并揭示霍布斯鲍姆在历史认识论上的主要观点和原则设定。有关论述包括两个方面：其一，对过去的意义与历史的客观存在、过去与现在关系问题的深入思考；其二，深切关注历史认识与历史预测未来功能之间的关系。在某种程度上，这些认识论上的基本理念体现了历史学家的独特史学思想内涵。

第四章　本章开宗明义地指出霍布斯鲍姆的历史方法论基础就是马克思主义的科学方法论——历史唯物主义理论方法。从此核心问题着手，探讨霍布斯鲍姆关于历史研究方法的理论价值及其对社会科学的意义问题，展现著作家基于方法论角度的论题寓意：历史学与社会科学的复杂关系；历史证据和史学研究方法对社会科学的方法论意义；历史学、社会科学和历史证据的密切关系等理论问题反思。

第五章　本章主要揭示霍布斯鲍姆的新社会史学思想特质。在一定程度上，从融合社会历史观、历史认识论和史学方法论为一体的史学理论与研究实践层面来说，霍布斯鲍姆关于整体社会史研究方面的深邃见解和理论洞识，无疑集中凝聚了英国马克思主义史学思想的重要内容。本章概述了他所理解的整体社会史含义，认为这种整体社会史的理论架构主要就是通过结构模式的综合分析，努力追求或执意撰写整体的社会历史，同时指出霍布斯鲍姆整体社会史学思想在社会史学内部与社会科学外部的基本理论视野和双重学术价值。

第六章　本章在国际史学、社会科学的外部宏观框架与西方新社会史学内部微观谱系的双重视阈中，旨在阐述霍布斯鲍姆和汤普森等历史学家开创英国新社会史学派的实践成效与基本特征。这也体现了霍布斯鲍姆倡导以整体社会史研究的实践方式，试图构建世界历史体系的基本动机和重要内容。就史学实践的国际影响而言，英国马克思主义史学的学术地位已然为国际史学界所认同，这集中表现在英国新社会史学对国际史学的蓬勃发展所作出的推动性贡献方面。

第七章　本章认为霍布斯鲍姆无疑是位具有强烈的社会责任感和凝重的历史使命感的人文社会科学家。迄今为止在整个史学研究生涯中，霍布斯鲍姆非常自觉而有意识地直面社会现实的需要和时代环境的挑战，表现出史学思想的强烈现实关怀。他力图寻求历史学的普遍科学性与政治认同性之间的话语制衡机制和合理诠释立场，不懈追求历史解释的科学性和历史学的客观性，切实捍卫历史学的科学性，努力恪守历史学家的价值立场，呼吁任何具有社会良知的历史学家要谨防成为具有纯粹意识形态倾向的政治史家和抛弃史学科学精神的御用工具，批判民族主义史学神话，避免历史或历史学的误用和滥用，从而真正实现历史政治功用和史学社会功能，履行历史学家的社会责任。

第八章 本章主要论证霍布斯鲍姆史学思想中一个鲜明的治学特征和追求宗旨，史学研究的理论风格与史学理论的创新问题。作为当代英国马克思主义历史学派中的杰出代表人物和著名历史学家，霍布斯鲍姆对以唯物史观为核心的马克思主义史学理论进行重新理解与史学认知，并把它视为史学研究的指导原则，这是对经典马克思主义历史理论和史学理论的继承、发展和创新。本章还概述了霍布斯鲍姆的史学研究取向和当代英国马克思主义史学研究的价值取向，强调将来的学术研究需要从双重理论视阈对英国马克思主义史学进行深入考察，深化马克思主义史学思想的史学认识。

最后，在附录部分，本书重点分析了中国学者视阈下的英国马克思主义史学研究及其史学思想成果的传播路径，揭示了英国马克思主义史学对中国史学潜移默化的思想影响、有益启示和积极作用，预示关于英国马克思主义史学研究的发展方向。

绪　　论

史学思想与史学研究是中西学术界非常关注的学术领域，从传统史学向现代史学的过渡过程中，中西社会历史的发展中都存在着非常丰富的史学思想资源，通常表现为史学流派的生成和历史学家的成长，也表现为史学思潮的兴起和史学学术文化的演变。马克思主义史学是西方学术文化思潮和西方史学现代化进程中长期存在的史学现象与理论元素，也是西方现代史学发展中不可或缺的史学思潮。英国马克思主义史学派是当代马克思主义史学思潮中一股重要的力量，它的产生与发展具有复杂的时代条件和丰富的历史内涵。本课题选择霍布斯鲍姆的史学思想作为研究重点，在唯物史观的理论指导下，结合霍布斯鲍姆的主要研究领域及其历史著作成果，把研究主题置于英国马克思主义历史学派的发展和现当代西方史学流派的分野流变的双重背景及总体格局中，试图对其史学观念和学术方法等问题进行较为深入系统的探讨。也就是说，本课题拟以霍布斯鲍姆史学思想与史学实践为视角，从他和英国马克思主义史学派的学术渊源问题切入，主要解读与分析霍布斯鲍姆在社会历史观、历史认识论、历史方法论和新社会史等方面的思想理论及其他方方面面的重要问题，梳理与挖掘其史学思想的主要内涵，评价他在当代英国史学界和国际史学中的历史地位与学术贡献。在力图展现霍布斯鲍姆史学思想核心内容的同时，折射出这位国际史学大师的学术理念、史学旨趣、治史原则和心路历程。另外，附带概括性说明英国马克思主义史学的基本内涵及其在域外中国的积极反响。

一　英国马克思主义史学家群体和相关研究

英国马克思主义史学家群体包括哪些骨干成员和核心人物呢？这终究是首先应该明确的问题。但长期以来，在西方史学界这是一个众说纷纭的问题。

根据美国历史学家凯伊的观点，英国马克思主义历史学家群体主要包括莫里斯·多布（Maurice Dobb，1900~1976）、罗德尼·希尔顿（Rodney Hilton，1916~2002）、克里斯托弗·希尔（Christopher Hill，1912~2003）、爱德华·汤普森（Edward Palmer Thompson，1924~1993）和埃里

克·霍布斯鲍姆（Eric John Ernest Hobsbawm，1917～　）。①

英国当代著名历史学家杰弗里·巴勒克拉夫（Geoffrey Barraclough，1908~1984）认为，1945 年以后，"在英国年青一代史学家中已经形成蓬勃向上而且很有影响的马克思主义史学派，其中包括一些著名的历史学家，如艾里克·霍布斯鲍姆、克里斯托弗·希尔、约翰·萨维尔和爱德华·汤普森"。②

美国当代学者诺曼·F. 肯特把英国马克思主义史学派看做 20 世纪 50、60 年代西方知识分子左派复兴运动的重要组成部分，认为英国马克思主义史学家主要有雷蒙德·威廉斯、爱德华·汤普森、克里斯托弗·希尔、埃里克·霍布斯鲍姆、劳伦·斯通和佩里·安德森等学者。③

美国现代著名史学家，杜克大学历史系荣誉教授哈罗德·T. 帕克则认为，对英国马克思主义史学派下定义是件困难的事情，因为马克思主义史学本身并非一块独立的巨石，它的类型多种多样，史家个性也相差甚巨。基于历史研究者对马克思主义解释历史方法的接受及其出生年代顺序的角度来衡量，帕克认为该学派主要应该包括希尔（1912 年）、希尔顿（1916 年）、霍布斯鲍姆（1917 年）、雷蒙德·威廉斯（1921 年）和汤普森（1924 年）。④ 其中，史学界相对陌生的是雷蒙德·威廉斯（Raymond Williams，1921~1988 年）。确实，威廉斯作为一位马克思主义历史学家，人们注意不多，而作为当代英国著名的文化学家和文艺理论家，他被誉为英国"新左派"理论之父，是当代"西方马克思主义"思潮发展的第三阶段重要代表人物，与卢卡奇、萨特并列为西方马克思主义文论发展史上具有举足轻重地位的文论家。⑤ 再如，在布赖恩·帕尔默那里，维多克·基尔南（Victor Kiernan，研究帝国主义，国家形成以及抵抗派诗人）、爱德华·汤普森的夫人多萝西·汤普森（Dorothy Thompson，主要研究领域

---

① See，Harvey J. Kaye，*The British Marxist Historians: An Introductory Analysis*，Polity Press（Cambridge）1984.

② 杰弗里·巴勒克拉夫：《当代史学主要趋势》，杨豫译，上海译文出版社，1987，第 41 页。

③ Norman F. Cantor，*The American Century: Varieties of Culture in Modern Times*，Harper Collins Publishers（New York）1997，pp. 292 – 294.

④ Georg G. Iggers and Harold T. Parker，"Introduction: The Transformation of Historical Studies in Historical Perspective"，in *International Handbook of Historical Studies: Contemporary Research and Theory*，Greenwood Press，Inc. 1979，pp. 201 – 202.

⑤ 参见王尔勃《雷蒙德·威廉斯及其晚期代表作〈马克思主义与文学〉》，载刘纪刚主编《马克思主义美学研究》（第 4 辑），广西师范大学出版社，2001，第 308 页。

也是英国工人阶级的形成）、约翰·萨维尔（John Saville，专攻 19 世纪和 20 世纪经济史，是《劳工传记词典》的主要撰稿人）和拉斐尔·萨缪尔（Raphael Samuel，"历史工作坊"运动的决策人物）等等，都是英国马克思主义史学派的主要成员。①

由此看来，作为一个国际上具有相当影响和获得广泛学术认同的马克思主义史学家群体，英国马克思主义历史学派拥有一大批杰出的历史学家，其成员远不止凯伊在通常意义上所指的那么几位学者。到底哪些人是英国马克思主义史学最突出的代表人物，这个问题本身并不是关键。值得学术界重视的是，从学源角度上看，所有这些历史学家大都一反过去英国史学界对思辨、概括和理论结构的怀疑态度，在历史的研究实践与理论思考中充分重视马克思主义理论和方法，并把理论方法与具体事实及其在过去或现在的发展和未来的前景结合起来思考问题。因此，从广泛的角度上说，英国马克思主义史学家包括的人员还有雷蒙·威廉斯、多萝西·汤普森、乔治·鲁德、约翰·莫里斯、布赖恩·哈里森、维多克·基尔南、约翰·萨维尔、拉斐尔·萨缪尔、佩里·安德森②、加雷兹·琼斯、罗宾·布莱克本等等几十位颇具成就的英国历史学家，如此强大的史家阵营是其他西方国家的马克思主义史学流派所不能比拟的，也是无法比拟的，在国际史学界真可谓群星灿烂，引人注目。

关于学派形成和自身发展问题，虽然并非这里讨论的中心，却是值得重点提及的学术话题。普遍认为，英国第一部具有马克思主义史学性质的著作系由莫尔顿（A. L. Morton）在 1938 年出版的《英国人民史》。正是莫尔顿最早提供了关于英国历史的马克思主义解释。在莫尔顿的著作中，马克思主义在英国第一次既被当做一门社会科学又是一门宇宙哲学受到重视。一方面，莫尔顿希望通过运用大量实例进行论证的是，作为科学，依

---

① 参见赵世玲《西方马克思主义史学的发展现状——访加拿大学者布赖恩·帕尔默教授》，载陈启能主编《当代西方史学思想的困惑》，中国社会科学出版社，1991，第 325 ~ 326 页。

② 佩里·安德森（Perry Anderson，1938 ~ ）既是当代英国著名历史学家和社会学家，也是在西方学术界有重大影响的马克思主义史学理论家、新左派理论家和政论家，现任美国加利福尼亚州立大学洛杉矶分校历史与社会学教授，英国《新左派评论》期刊负责人，重要的代表作有：Perry Anderson，"Socialism and Pseudo-Empiricism"，New Left Review 35，1966. "Darkness Falls"，*Guardian Weekly*，20 November 1994. *Passages from Antiquity to Feudalism*，London：NLB 1974. *Lineages of the Absolute State*，London：NLB 1974. *Considerations on Western Marxism*，London：New Left Books 1976. *Arguments Within English Marxism*，London：Verso 1980。

据生产制度和阶级冲突来解释英国历史现象，马克思主义为历史学家提供了许多有价值的东西。另一方面，莫尔顿认为马克思主义作为哲学试图通过因果假设去探寻事实的本质，把任何事物的变化最终总是归结为经济和意识形态因素而导致历史的目的论解释，从而使马克思主义理论成为一种政治宣传的结局。① 显然，这样的粗浅分析，当时没有也不可能完全理解马克思主义体系。因此，1946 年，当一批信仰马克思主义的英国史学家在伦敦集会，以修改莫尔顿《英国人民史》一书为契机，讨论马克思主义相关理论和史学编纂问题的时候，实际上就标志着英国马克思主义史学派的基本形成。② 总体而论，英国马克思主义史学的产生与发展呈现了几个明显的阶段性特征。学派经历了第二次世界大战前的酝酿阶段，二战之初到 50 年代中后期的形成与初步发展阶段，这也是该学派发展史上很重要的转折点。随后迎来了 20 世纪 60～70 年代的繁荣时期，旋即步入80 年代新的发展阶段。但是，90 年代以后，随着苏联的解体和东欧社会主义国家的剧变，马克思主义受到时代政治变化的巨大影响，尤其是社会主义和资本主义社会新发展过程中遇到的新问题，直接导致西方马克思主义的渐衰和沉寂，也使得英国马克思主义史学进入困境。但是无论如何，英国马克思主义史学家，同其他西方马克思主义史学家一道，运用和发展了马克思主义历史理论与方法，取得的辉煌史学成就无疑值得肯定。

就史学成就的角度而言，英国马克思主义历史学派的主要成员各有学术专长和突出的研究领域，在这些马克思主义历史学家或经济社会史学家之间，有关指导思想和理论方法上，不但不存在明显的对立，反而具有相当的一致性。如希尔顿以研究封建主义社会与农民问题见长，对与封建主义相关的这些问题，希尔顿进行了细致、艰苦和有效的史学研究实践，他以中世纪晚期的农村现实和农民生活作为研究的基本对象，提出了一些非常有价值的观点，取得了一系列学术成就。如《14 和 15 世纪兰开斯特郡部分地区的经济发展》（1949 年）、《1381 年的农民起义》（1966 年）、《中世纪社会：13 世纪末的西米德兰斯》（1966 年）、《中世纪晚期的英国农民》（1975 年）、《中世纪英格兰农奴制的衰落》（1969 年）、《被奴役者争得自由：中世纪农民运动和 1381 年的英国起义》（1973 年）、《从封

---

① See, Parkes, H. B., "Marxist History of England", *Nation*, 1/28/1939, Vol. 148 Issue 5, p. 125.

② A. L. Morton, *A People's History of England*, London: Lawrence & Wishart Ltd 1979.

建向资本主义过渡》（1976 年）、《阶级冲突和封建主义危机》（1984 年）等著作相继出版问世。而多布在其 1946 年出版的《资本主义发展研究》一书中则以马克思主义理论与方法广泛考察了英国资本主义的起源和早期发展史，他关于资本主义产生的时间、途径和早期发展阶段的观点，引发了西方史学界长达半个世纪之久的关于封建主义向资本主义过渡问题的论争，多布对资本主义的开创性研究，奠定了作为老牌马克思主义历史学家的特有地位。另一位历史学家希尔终其一生的精力，主要致力于 17 世纪英国革命史研究，代表作是 1955 年出版的《英国革命：1640 年》，其学术成果一开始就占据着英国革命史研究的制高点，在英国当代史学学术发展史上占有一席之地，影响了后来英国革命史研究理论路径和英国学术发展方向。

　　再如本课题研究的主要对象霍布斯鲍姆，他的著述甚丰，可算是一位成果多元思想丰富的马克思主义史学家，既是世界闻名的工人运动研究史家和世界历史学家，也被公认是马克思主义历史学家。霍布斯鲍姆的研究包括从宏观或整体上对 19 世纪资本主义世界和 20 世纪当代世界历史的考察，更有从微观或具体独特的视角对底层社会历史的分析和劳工生活斗争史的研究成果。霍布斯鲍姆甚至从独特的视角撰写了一部具备反映大众文化、社会生活和专业水准等特性的关于爵士音乐与社会文化问题的社会史专著。① 同时，他曾经多年担任具有浓烈欧洲共产主义色彩的《今日马克思主义》杂志主编，长期积极参与《过去与现在》学术期刊的管理和建设工作。霍布斯鲍姆至今笔耕不辍，在迄今为止的学术生涯中共发表数十部大众性很强、学术性极佳和思想性很深的专著或合著，公开出版的论文、时政评论和书评等更是不计其数。其中既包括"19 世纪"三部曲的《革命的时代：1789～1848》，《资本的时代：1848～1875》和《帝国的时代：1875～1914》等长篇大论，也具有被认为是"20 世纪是激起了人类最伟大想象，同时也摧毁了人类所有美好幻想年代的世界历史"的皇皇巨制《极端的年代：1919～1991》。所有这些著作，都非常具有学术影响力和现实价值作用。

　　应该说，英国马克思主义历史学派创造了显著的史学成就，近年来日渐引起国内外史学界的广泛关注。他们的学术著作丰硕多元，史学实践方式异彩纷呈，对英国及至战后世界各历史时期的历史现象和发展过程的研究，尤其是对 19 世纪英国工人阶级运动史所进行的文化研究视野的理解、

---

　　① See, E. J. Hobsbawm, *The Jazz Scene*, Orion Publishing Co 1989.

对 19 世纪资本主义的深入探究和对 20 世纪的世界历史进行的熟练而独特的马克思主义历史学解释，已经引起广泛的注意。特别是汤普森和霍布斯鲍姆以该学派主要开创者身份，分别被称为"文化的马克思主义者"和"头号实践的马克思主义者"。尽管这种说法有待于进一步论证，但是英国马克思主义史学派的一些作品在国际史坛享有盛誉已是不容置疑。比如汤普森 1963 年出版的《英国工人阶级的形成》，成为研究工业革命时期英国工人阶级状况的奠基性著作之一，更是创学派的开山之作，确是无可争议的事实。此外，汤普森还撰写了大量其他颇具影响力的史学著作，诸如《辉格党与狩猎者》（1977 年）、《共有的习惯：关于传统流行文化的研究》（1991 年）和《理论的贫困及其他》（1978 年）等。正是因为英国马克思主义史学家共同体的这些辉煌成就，既使得英国马克思主义史学的学术地位得到国际史学界的普遍公认，也进一步推动了在 1950 年还被孤立和排斥的英国马克思主义史学获得了国际史学发展的主流地位。

在学术史的角度上，就现在掌握的材料来看，国外史学界对英国马克思主义史学给予了一定的重视，集中表现于两位学者的成果：一是加拿大女王大学著名马克思主义学者布赖恩·帕尔默，认为英国马克思主义历史学家作为一个整体，造成英国史学界和西方史学界学术格局的变化。这位加拿大学者注意到英国马克思主义史学派内部的多样性和差异性，他们出版的著作众多，内容多有不同，风格迥然相异，有的重视经济发展，有的着眼底层文化，有的则强调民众运动与底层抵抗等等，不一而足，虽然研究路径与思考方法并不一致，但共同之处都以马克思主义历史唯物主义理论与其他理论为指导。"在长期以来仇视马克思主义的学术界，他们将马克思主义视为理论框架，确立了它的合法地位。他们证明，马克思主义历史研究能够产生丰富多彩的经验性作品。他们的成果向国际历史学界展示出历史唯物主义作为分析工具的威力"①。不过，帕尔默的论说显得非常笼统。另一个是美国史学家哈维·凯伊，他所著《英国马克思主义史学家概析》是西方史学界第一部，也是目前仅有的一部较为系统、但略显简单的专门研究英国马克思主义史学家史学成就的著作。凯伊在书中既探讨了多布、希尔顿、希尔、霍布斯鲍姆和汤普森等主体历史学家在各自历史研究领域里已经取得的显著成就与特殊贡献，也从西方社会史理论方法和马克思主义理论取向的角度，肯定了他们作为马克思主义史家群体的共

---

① 参见赵世玲《西方马克思主义史学的发展现状——访加拿大学者布赖恩·帕尔默教授》，载陈启能主编《当代西方史学思想的困惑》，第 326~327 页。

同贡献："他们的著作，作为一个整体，代表了一种理论传统：这种传统通过我所称的'阶级斗争分析'的方法和'自下而上的历史'的观点来寻求重新建构历史研究和历史理论……从而发展了马克思主义或历史唯物主义。"① 无论是帕尔默那些关于英国马克思主义史学派的整体看法，还是凯伊关于这个学派的整体考察，特别是对于霍布斯鲍姆史学著作的个体分析，无疑都为进一步考察英国马克思主义史学的重要问题和霍布斯鲍姆史学思想的核心内容，提供了一种分析问题的思维视野和学术基础。

　　此外，国外学术界出版了一些颇具价值的专题性论文。比如，有的学者从整体上探讨英国马克思主义史学研究的二重性："一方面，这些史学家致力于研究普通人的生活。这种决心使他们去研究以前被忽略的人民生活……另一方面，也有很多研究者的视野没有超过他们民族的边界，其研究经历也仅仅是他们本国的。"② 当然这种简单化的概论是不全面的，因为恰如霍布斯鲍姆那样的马克思主义社会史学家已然试图超越民族史学框架的约束，倡导全球史的写作实践。有的文章从学派渊源与思想发展的角度，从经济史的基本理论与方法论视野，对从马克思和恩格斯经典马克思主义历史学家到希尔、希尔顿和霍布斯鲍姆等当代英国马克思主义史学家的学术变化和理论观念，围绕着以下几个问题进行了集中分析：（1）封建主义与奴隶制度的衰落问题；（2）封建主义危机和向资本主义的过渡问题；（3）资本主义兴起的一些基本因素。文章认为马克思主义学派在经济史学研究领域的贡献是不可忽视的，在一定程度上，为后来关于马克思主义史学研究指明了学术方向。③ 当代英国马克思主义史学家的代表人物之一拉斐尔·萨缪尔也曾经以《英国马克思主义历史学家：1880～1980》为题，从马克思主义的命运盛衰、激进民主主义的历史变迁、新教与非信奉国教主义和科学理性主义思潮的互动影响等方面，系统地阐述了英国马克思主义史学家学术传承、激进传统、共产主义信仰及其在科学研究方面的理性追求旨趣等重要问题和学术特征。特别是对霍布斯鲍姆、汤普森和希尔等一些重要马克思主义历史学家的代表著作及学术观点进行了颇为恰

---

① Harvey J. Kaye, *The British Marxist Historians: An Introductory Analysis*, p. 221.

② 大卫·伦顿著《英国马克思主义史学及其反思》，王代月摘译，《国外理论动态》2006年第7期，第52页。

③ See, Jon S. Cohen, "The Achievements of Economic History: The Marxist Scholl", *The Journal of Economic History*, Vol. 38, No. 1, The Task of Economic History, （Mar., 1978）, pp. 29 – 57.

当的评述。① 十分遗憾的是，由于种种原因，笔者现在只看到这篇长文的第一部分，大体上了解了拉斐尔关于英国马克思主义历史学派的主要学术观点和理论意识倾向。即便如此，该文对本课题的继续研究无疑具有重要参考价值。

在国内史学界，对当代英国马克思主义史学的关注与研究始于 20 世纪 80 年代，学术成就主要表现于少数学者在学术探索过程中努力取得的研究成果。笔者曾撰文对国内英国马克思主义史学研究的生成现状与存在问题进行了初步的分析，提出了一些值得重视的研究取向。② 本课题研究在附录部分将再做专门性和补充性的深入讨论。

基于这些理由，就学术史的角度来说，通过概述性地考察中外学术界关于英国马克思主义史学基本视阈和基本内容，有助于深化关于霍布斯鲍姆史学著述和史学思想的学派背景、研究方向、思想体系、精神脉络、学术地位与功能贡献的史学认识。

二　关于霍布斯鲍姆史学研究和学术述评

就国外对本课题所在领域的研究现状而言，根据目前所掌握的材料看，除了凯伊对霍布斯鲍姆史学研究有限篇幅的分析，几乎没有另外专门对霍布斯鲍姆史学思想与史学实践进行整体研究的认识成果。20 世纪 80 年代，国外学术界出版两本论文集，从编著者的出发点看，他们总体上都比较熟悉霍布斯鲍姆的著作及其影响的多样性，论文集撰稿者目的主要是表达对霍布斯鲍姆在史学领域里既有成就的一种学术敬意，专门编著了这两本研究文集作为献给他的意义非同寻常的学术礼物。但值得注意的是，其中都没有哪位学者从历史本体论、历史认识论和历史方法论的角度对霍布斯鲍姆史学思想进行系统的考察，③ 更没有人基于马克思主义史学思潮与西方新史学思潮发展趋向及其双重互动变迁的视野与角度，来系统研究和深入考察霍布斯鲍姆的史学思想特色与实践成效。这种学术关注的特

① See, Raphael Samuel, "British Marxist Historians, 1880—1980: Part one", *New Left Review*, No. 120 (3 - 4, 1980).

② 参见梁民愫《中国史学界关于西方马克思主义史学研究回顾与前瞻》，《史学理论研究》2001 年第 4 期。

③ See, Raphael Samuel and Gareth Stedman Jones (eds), *Culture, Ideology and Politics: Essays for Eric Hobsbawm*, Routledge & Kegan Paul Ltd (London) 1982; Pat Thane et al (eds), *The Power of the Past: Essays for Eric Hobsbawm*, Cambridge University Press (Cambridge) 1984.

征，基本上反映了西方学者对霍布斯鲍姆史学著作的研究现状。正如后文要提到的那样，这只能从某种程度上说明霍布斯鲍姆学术理路的基本影响，而没有全面反映和真正揭橥其史学思想的内涵与特质。

当然，当代国际史学大师 G. 伊格尔斯已经注意到霍布斯鲍姆在新社会史研究领域里的贡献，其观点有一定代表性，在某种程度上反映出关于霍布斯鲍姆史学研究的深化。伊格尔斯在论及英国马克思主义史学家在经济史和社会结构史方面的贡献时，对汤普森和霍布斯鲍姆两位典型代表人物的主要著作和观点进行了比较研究。伊格尔斯认为，一方面他们有着共同的目的，即都企图把马克思从"庸俗马克思主义历史学家"那里解救出来，同时抵制资本主义经济史家和社会结构史家过分强调接受经济理论或数量统计而追求史学精确性的主张；另一方面他们的著作却反映了各自追求新社会史研究的共同目标时存在着研究视角和内容侧重点的不同。①这样的观点，简洁明了地突出了霍布斯鲍姆关于社会史研究的基本贡献，具有相应的学术思想价值。

近些年来，西方学术界关注较多的是作为霍布斯鲍姆新社会史学思想的重要组成部分——"社会反抗运动"思想的研究。对此，可举出两个代表性研究者，一是法国社会科学高等研究院、法国国家科学研究中心主任研究员米夏埃尔·勒维，他主要从霍布斯鲍姆在 1959 年到 1969 年间三部论述所谓古老反叛形式（反现代的或反资本主义的抵制和反抗的"原始"运动）的著作出发，较为系统地清理了其史学著作中的农民反抗运动、反抗思想及其现实意义，认为这种类型的运动非但不是边缘性社会运动，反而是 20 世纪西方社会历史中各种革命大动荡的源泉或根源。②二是剑桥大学伊曼纽尔学院社会文化史教授彼得·伯克，他在有关论述历史学与社会理论之间关系的论著中，从社会反抗运动史研究的角度，用非常有限的篇幅论及并肯定了霍布斯鲍姆在以"原始反抗"为主要形式的"社会运动"研究领域里所做的较为系统的开拓性研究工作。③另外，国

①　参见伊格尔斯《欧洲史学新方向》，赵世玲、赵世瑜译，华夏出版社，1989，第 183～193 页。
②　参见米夏埃尔·勒维《从斯温队长到潘乔·比利亚——埃里克·霍布斯鲍姆史学著作中的农民反抗》，《第欧根尼》（中文版），2001 年第 2 期（总第 34 期，2001 年 12 月）。本文亦载陆象淦主编《新大陆 VS. 旧大陆》（当代人文译丛，第 1 辑），社会科学文献出版社，2006，第 395～406 页；《第欧根尼》中文精选版编辑委员会编选《对历史的理解》，商务印书馆，2007，第 192～1204 页。
③　参见彼得·伯克《历史学与社会理论》，姚朋等译，上海人民出版社，2001，第 107 页。

外学术界凡是涉及晚近以来民族主义理论与意识形态历史问题的论说，都必然注意到霍布斯鲍姆有关民族国家"发明的传统"和民族主义历史认同问题的讨论。① 这是从学术思想史的角度，肯定霍布斯鲍姆有关史学著作的学术价值的代表性观点。这些学者的观点和论说，从另一个侧面反映了西方学术界对霍布斯鲍姆新社会史学思想的研究程度，也为我们提供了学理分析的视野和史学研究的范例。

就国内史学界关于霍布斯鲍姆的史学著述的研究方面来说，有些观念问题和深层意识更值得反思与总结。应该说，当前国内学术界对英国马克思主义史学的研究有了相当的基础，但对霍布斯鲍姆史学思想的探讨却远非深入。中国史学界关于霍布斯鲍姆的史学思想研究成果相对较少，主要集中于少数学者的论述，学术成果分散于两个方面的思想观念载体之中，体现了目前国内学者的基本学术视阈、观点渊薮、学术规范和价值评判。这里主要有以下两个方面问题值得注意：

第一，学术期刊发表总计十余篇关于霍布斯鲍姆史学研究的论文，涉及与介绍了霍布斯鲍姆的史学著作，初步探讨了霍布斯鲍姆的有关史学观念和史学研究取向。就这些研究成果的视角和内容来说，主要聚集于霍布斯鲍姆史学著述中的两个观念层面：

其一，研究者多是把霍布斯鲍姆放在英国马克思主义史学派或英国新社会史学派的总体描述过程中，或对其史学研究做一般叙述，② 或对其史学思想的某一方面展开讨论，初步概述这些史学思想的基本内容。③ 比

---

① 代表作是安东尼·史密斯著《民族主义：理论，意识形态，历史》，叶江译，上海人民出版社，2006。
② 参见姜芃《试析英国马克思主义史学的现状和历史命运》，《史学理论研究》1998 年第 3 期；《中国社会史的发展与英国新社会史的若干比较与思考》，《史学理论研究》1994 年第 1 期。徐浩《论西方马克思主义史学的演进》，《学习与探索》1994 年第 6 期；《弘扬马克思主义的历史科学——英国马克思主义史学辨析》，《学习与探索》1993 年第 6 期；《马克思主义与西方史学的变迁》，《学习与探索》1991 年第 2 期。程汉大《当代西方马克思主义史学的主要理论特征》，《山东师范大学学报》（社科版）1999 年第 2 期。涂志勇《英国新社会史学派概述》，《社会科学》（沪）1986 年第 10 期。张宗华《当代西方史学研究的新领域——新社会史学》，《甘肃理论学刊》1999 年第 1 期。雷金瑞《当代英国马克思主义史学流派初探》，《兰州学刊》2001 年第 5 期。崔剑《英国马克思主义历史学派论》，《许昌师专学报》2002 年第 1 期。等等。
③ 参见易克信《霍布斯鲍姆论唯物史观》，《国外社会科学》1994 年第 7 期；王立端《霍布斯鲍姆阶级意识理论述评》，《漳州师范学院学报》（哲学社会科学版）2002 年第 3 期；姜芃《霍布斯鲍姆的马克思主义史学研究》，《山东社会科学》1992 年第 2 期；等等。

如，吴汉全以《论霍布斯鲍姆的史学思想》为题展开论证，认为霍布斯鲍姆是在继承传统历史学理论的基础上，研究现实历史发展的进程，对历史、历史学家、19～20世纪历史学发展、历史研究的预测和历史研究的技术等问题发表了一些新见解，为历史学的发展提供了新的思想资源，奠定了他在20世纪国际历史学界的地位。[①] 应该说，该文对霍布斯鲍姆的史学思想进行了初步有益的概括，但是，作者试图以如此短小篇幅，通过有限的文献资料，论述兼具英国马克思主义历史学家和国际历史学界新社会史学派代表双重身份的著名学者——霍布斯鲍姆的史学思想的全部价值，特别是试图诠释他如何在马克思主义历史观指导下，改造西方历史学界的社会史观，重视下层社会的研究，形成颇具特色的新社会史观，使马克思主义史学在西方学术界尤其是历史学界得到发展和创新等重要问题，显然难以达到预期的论证目标。

其二，有些研究者初步探讨了霍布斯鲍姆的"总体史"观念和世界体系思想。例如，姜芃从经典选读和名著解读的角度，以《极端的年代》为具体分析文本，对霍布斯鲍姆宏观描述的20世纪世界历史发展历程和基本观点进行了述评，认为这不仅是一部整体的世界史和全球史，而且对于冷战时期的社会主义国家和帝国主义国家如何同处于一个有机的世界体系进行了较为深刻与富有见地的分析。[②] 另外，姜芃以霍布斯鲍姆关于19世纪三部曲和20世纪当代史为主体内容的四部著作为对象，从全球史和整体史的视角，进一步考察了霍布斯鲍姆的世界体系思想问题，认为霍布斯鲍姆坚持马克思主义历史观和新社会史的史学研究方法，把19世纪世界历史发展主线，总体上视为在封建主义向资本主义转变的普遍性思想指导下，以法国大革命和英国工业革命为引擎的双元革命演变及其影响的世界历史历程；把20世纪世界历史进程视为在从农业社会向现代社会转变的普遍性思想指导下，社会主义制度革命和资本主义制度变革双重因素推动世界现代化进程的演化过程。特别强调霍布斯鲍姆把20世纪以来的社会主义与资本主义不同道路及其影响下的现代化进程，归根到底都视为在百年以前同一个社会发展和延续体的基础上演变而来的世界体系。[③] 这里

---

① 参见吴汉全《论霍布斯鲍姆的史学思想》，《史学史研究》2006年第3期。
② 参见姜芃《20世纪的世界体系——读霍布斯鲍姆的〈极端的年代〉》（上、下），《历史教学问题》2003年第3期、第4期。
③ 参见姜芃《霍布斯鲍姆的世界体系思想》，载于沛、周荣耀主编《中国社会科学院世界历史研究所学术论文集1964～2004》（史学理论卷），中国社会科学出版社，2004，第235～257页。

可以看到，研究者的整体视野与全球史倾向，和被研究对象霍布斯鲍姆主张把整个世界作为整体考察的基本理念，达到了特定程度上的"视域融合"或"视域交融"。① 这样的研究性描述体现了颇为公正的学术评判立场和较好的学术价值。王立端则以《资本的年代》为例，借鉴学术史的资源较为准确地分析了霍布斯鲍姆总体史研究的某种实践行为和基本思想特点，指出在唯物史观的指导下霍布斯鲍姆史学实践所表现出来的马克思主义总体史观取向。② 这样的研究也表现了作者较强的综合概括能力。

此外，值得指出的是，国内出版界所出版的霍布斯鲍姆论著的有关译文，既可以作为透视其相关民主政治言论和民族主义思想观念等问题的重要文本载体，也可以成为进一步思考相关问题的重要文献资料。③

第二，国内学术界现存编著中相关章节也涉及霍布斯鲍姆史学著作及其基本观念。在一定程度上，这些著作中的相关研究也打开了有关霍布斯鲍姆史学思想研究的某些端口。比如，国内著名英国史学研究学者钱乘旦在《英国通史·附录四》延伸阅读指南中，认为作为第三位重要的马克思主义史学家，霍布斯鲍姆有关工业革命和相关的理论论述，诸如《工业与帝国》、《革命的年代》、《资本的年代》和《民族与民族主义》等著

① "视域交融"是伽达默尔有关哲学诠释学的基本概念体和理论原则。按此，前理解或前见是历史赋予理解者或解释者的创造性积极因素，它为理解者或解释者提供了特殊"视域"。视域即可视区域，它包括从某个立足点出发所能看到的一切。谁不能够把自身置于这种历史性的视域中，谁就不能够真正理解流传物的意义。按照这种看法，理解者和解释者的任务就是扩大自己的视域，使它与其他视域相交融。它既是历时性，又是共时性，在视域交融中，历史和现在、客体和主体、自我和他者构成了一个无限统一整体。这样，理解的循环就并非一种方法论循环，而是理解的一个本体论结构要素动态发展过程。真正的理解是我们同过去的和传统的文本进行交流和对话，从而构成一个更大的视界或视域交融。参见汉斯—格奥尔格·伽达默尔《真理与方法》，洪汉鼎译，上海译文出版社，1999 或 2004。

② 参见王立端《从〈资本的年代〉看霍布斯鲍姆的总体史思想》，《塔里木农垦大学学报》2001 年第 3 期。

③ 参见霍布斯鲍姆的著作《民主不加选择可能有害》，《社会科学报》2003 年 6 月 5 日第 7 版；《民主扩张这种极端危险的想法》，《世纪经济报道》2004 年 11 月 8 日；《"马克思至今仍然是具有重大现实意义的人物"——霍布斯鲍姆访谈录》，《当代世界社会主义问题》2005 年第 1 期；《没有权利的权力——霍布斯鲍姆谈美国的"人权帝国主义"和欧美关系》，《国外理论动态》2003 年第 11 期；《认同政治与左翼》，《马克思主义与现实》1999 年第 2 期；《工人运动的世纪》，《当代世界与社会主义》2002 年第 6 期；《从历史看社会主义的未来》，《马克思主义与现实》1999 年第 2 期；《摆脱困境——社会主义仍然富有生命力》，《国外社会科学文摘》1992 年第 1 期；《国家与全球化》，《国外社会科学文摘》1999 年第 8 期；《当今的意识形态危机》，《国外社会科学》1993 年第 6 期；等等。

作，都是试图对工业革命时期的英国乃至欧洲社会各种问题做出整体解释的历史研究成果，也为他赢得了国际声誉。[①] 实际上中国学者往往把霍布斯鲍姆关于工业革命的理论观点和历史分析模式，[②] 作为"世界现代化历程"中的一种史学研究理念和历史发展模式加以认识，强调其学术地位、理论贡献和富有暗示的学识。作为一种研究性的尝试，大致说来，研究者认为霍布斯鲍姆以马克思主义理论为指导，吸收其他社会科学的新观念和新方法从事历史研究。作为新社会史学家，最突出的理论建树，是他提出和强调独特而范围扩大了的整体社会史理论。[③] 这样的学术判断基本合理，主要观点也站得住脚。不过，学者们对这种整体社会史理论的基本内涵及特征，并没有明确的分析讨论，对于这种整体社会史的影响研究更是付诸阙如。即便最近出版的《二战后欧美史学的新发展》研究成果，[④] 虽然著作专门讨论了 20 世纪 70 年代以来英国史学研究中的最新进展，但是对于霍布斯鲍姆在社会史方面的实践研究与理论贡献也是不置一词，只是从政治史的角度，简略提及了霍布斯鲍姆关于"经济基础"与"上层建筑"之间关系的史学观点，笼统论述了霍布斯鲍姆对于"结构—功能主义"历史解释方式的基本态度，然而文章涉及"阶级斗争"概念在霍布斯鲍姆的历史研究中所具有的重要性却也不过寥寥数语，缺乏深入系统的分析，无疑也是史学尝试研究实践中的遗憾。

就香港和台湾史学界来说，台湾中兴大学历史系周樑楷可以算得上试图比较系统地研究霍布斯鲍姆史学思想的专家代表，除此之外有创见的研究尚未发现。周樑楷由霍布斯鲍姆人生经历入手，按照时间的经纬，较为深刻地解读霍布斯鲍姆的主要著作，进而剖析其史学核心观点。按照他的分析思路，霍布斯鲍姆著作生涯与人生经历被划分成四个时期：(1)1917 ~

---

① 钱乘旦、许洁明：《英国通史》，上海社会科学院出版社，2002，第 373 ~ 374 页。

② See, E. J. Hobsbawm, *Industry and Empire: From 1750 to the Present Day*, Penguin Books (Weidenfeld & Nicolson) 1969. pp. 146 - 147.

③ 参见张广智主著《西方史学史》，复旦大学出版社，2004，第 2 版；张广智、张广勇《现代西方史学》，复旦大学出版社，1996；徐浩、侯建新《当代西方史学流派》，中国人民大学出版社，1996；杨豫《西方史学史》，江西人民出版社，1993；陆象淦《现代历史科学》，重庆出版社，1991；庞卓恒主编《西方新史学述评》，高等教育出版社，1992；陈启能主编《八十年代的西方史学》，中国社会科学出版社，1990；何兆武、陈启能主编《当代西方史学理论》，中国社会科学出版社，1996；陈启能等《马克思主义史学新探》，社会科学文献出版社，1999；鲍绍霖编《西方史学的东方回响》，社会科学出版社，2001；杨豫等《历史学的思想和方法》，南京大学出版社，1999；等等。

④ 陈启能主编《二战后欧美史学的新发展》，山东大学出版社，2005，第 409 页。

1948 年；（2）1948～1956 年；（3）1956～1979 年；（4）1979 年至今。作为英国马克思主义代表人物，马克思主义既是霍布斯鲍姆参与政治活动的思想指导，又是他从事社会历史研究的最高原则，霍布斯鲍姆既关心当时的社会问题又注重史学研究中的"价值导向"，因而表现出社会思想和史学思想的现实意识。① 周樑楷关于霍布斯鲍姆史学思想研究的最大特点在于资料较为翔实，也提出了值得进一步思考的问题，如霍布斯鲍姆史学思想中的现实意识。但是他的问题意识和分析视角相对狭隘，主要侧重于政治立场与学术思想的相互关系角度来论证问题，故而得到的结论略显片面，当然这种研究路线的学术贡献确实不容忽视。

由上所述，固然包括港台在内的国内现存研究成果及其学术成就值得肯定，它们为学术界进一步展开主题研究提供了宝贵的借鉴因素。同时笔者不揣浅陋，认为它们主要具有以下两点缺陷与不足：其一，成果主要集中于霍布斯鲍姆以劳工运动研究为主要内容的新社会史开创性成就的一般关注，对他在史学理论上的深邃建树则涉猎不足，对他的整体社会史学现象和现存研究模式多是片面的经验解释，而少做理性的学理分析。其二，研究多停留于史学表象的评介层面，存在着避重就轻之嫌，缺乏认识论基础上的深层历史性反思，因而也为后来的研究者遗留了许多研究盲点和思考空间。从研究成果的影响力来看，总体上它们未能跳出传统实证研究的史学思维，没有超越凯伊关于霍布斯鲍姆史学成就的学术评价，遑论对霍布斯鲍姆史学思想进行较为系统深入的综合研究和理论论述。

近年来，从 Jstor 期刊网络和国际互联网上可以查阅一些关于霍布斯鲍姆著作的学术书评或论点评述，可资分析霍布斯鲍姆史学思想之借鉴。在 UMI 公司统计的 DAO 人文类学位论文光盘库中（比如 1987～2007 年）也没有反映这个专题的最新研究成果，只有数十篇博士论文的作者在论证自身关注的主题过程中，引用霍布斯鲍姆某些论著的一些观点，特别是关于民族主义和社会反抗运动等方面的一些针对性论点，这只能说明霍布斯鲍姆作为历史学家在西方史学界确占有一席之地而受到关注，而不足以明晰或标识国内外学术界对其史学思想的研究层次和思考深度。

三　课题研究的理论路径和基本方法

在中西学术界，关于思想史的写作和思想史的理论与方法的话题越来

---

① 参见周樑楷《史学思想与现实意识的辩证：近代英国左派史家的研究》，合志文化事业
　　股份有限公司，2001，第 154～207 页。

越成为一个热点。当前，国内学术界对于"思想史"的理论讨论和实践
关照主要集中于"思想史"这个概念本身的内涵及其历史性生成问题，
许多学者借用西方的学术话语和概念体系，反思"思想史研究"对象、
方法和性质等重要问题，取得了一些有益的观念认识和实践成效，成为有
目共睹的事实。"思想史问题"的讨论涉及一些重要的理论和方法及实践
问题，在此不想赘述。

　　从思想史的理论和方法角度来说，学者们大都认识到，任何思想的产
生与发展，同社会变革和环境变迁存在着相当紧密的关系。所谓思想与社
会关系的研究，可以有许多研究路径，如若仔细思索，方法或思路之一，
就是以社会文化与社会发展变动为前提，从生活方式、大众文化、社会背
景等学术思想渊源的诸要素分析出发，在理论上把某种个人生活和社会生
活等诸多因素，引入到思想家和整个社会思想文化研究的视野，进行思想
与社会的整体或统合研究。国内学者在纪念 20 世纪法国著名哲学家和文
艺理论家德里达逝世的文章中写道："哲人因思想而成为哲人，帕斯卡常
说人的全部尊严在于思想，海德格尔也说，'思想将如明星朗照在世界的
天空'，了解一个人的思想的最好方式，无非是倾听他的言说，阅读他的
著作，了解他的行为，按照德里达的思路，他本人也无法支配他的著作，
他的著作并不是他的思想简单再现，他的著作中显示出来的意义并不是固
定不变的，他的著作向具有不同思想的人敞开，德里达生造了许多术语，
并常常使用隐喻式的表述方式，他的写作风格是始终一贯的，只要我们把
握了他的一些关键术语和'策略'，我们还是能够了解他的思路，读他的
书也许是一件折磨人的工作，它考验你的恒心与毅力。但他的书并非不可
接近。"① 如果说对于哲学家思想的理解需要找到可靠的研究路径和接近
方式，那么关于历史学家之史学思想的研究似乎道理亦然。

　　确实在笔者看来，关于历史学流派和历史学家的史学思想问题的研
究，同样需要遵循这样的研究宗旨，真正体现史学家思想的研究成果，不
仅要包括史家学术历程和史著内涵，而且还应包纳作品和史家不断被阐释
的学术历史。也就是说，不触及史家及其著作被阐释的复杂情况和曲折历
程，是难算得上真正好的史学思想史研究的，要么就不是完整意义的历史
学家研究。从更深层次着眼，还有学者认识到："思想史本是人文遗产的
精粹，但是人文遗产并不限于文本的观念，还有大量的非文本资源，没有

---

① 汪堂家：《德里达去世引起关注：思想之魂不死》，《文汇读书周报》2004 年 10 月 15
日。

得到充分使用，这在中国是一片尚未开发的沃土，所以用这一主题审视思想史的研究对象，将视角下移，到社会生活中去发掘新的资源，是思想史更上层楼的重要路向。"① 中西学术界已经达成的某种共识就是，思想史或史学思想史的研究课题，应该避免传统思想史或观念史研究那种仅仅侧重于思想家的思想史写作范式的约束，提倡着重从思想家生活的纵向和社会变动的横向两条线索展开，依靠文本资源和非文本资源，对思想史进行共时性和历时性研究，即思想与社会的关系将成为思想史研究中的前沿问题，从理论和实践上对选择的研究对象之思想加以探讨成为一股史学潮流。因此，从某种程度上，作为一个相对自足的知识思想体系，关于霍布斯鲍姆史学研究这个主题，本课题理应基于霍布斯鲍姆史学著述的阅读和理解，但也绝不忽视或相对漠视其他历史学家的思想方法、其他学科领域的学术资源与其相关的问题意识或学术思想认同，更积极关注国际史学或学术主流的进展，特别是在方法论意义上，通过作者理性思维与历史学家思想之间的对话和结构分析，透视或了解整个英国马克思主义史学发展的活动能力和生命能力。

由此看来，思想史的路径目标崇高而远大，套用中国古语，真有那种"虽不能至，心向往之"的感觉。按照思想史研究的基本理论和方法，本课题的基本研究理路，就是力求在占有基本资料和理解原著的基础上，采取点面结合、史论照应和系统研究的方法，运用历史逻辑思维，围绕霍布斯鲍姆史学思想这个核心问题，力求对霍布斯鲍姆史学思想和英国马克思主义史学及其影响的研究，在前人的基础上有所突破。要做到这点，本课题的研究需要极力注意和谨慎避免以下三个方面的问题：

第一，研究取向的理论预设与研究成果的先入为主。极力避免研究者先有了一个主观的预设，然后根据这个预设找材料进行论证。本课题的研究，坚持运用历史唯物主义和辩证唯物主义，尽可能地广泛搜集和占有资料，将英国马克思主义史学和霍布斯鲍姆的史学研究置于当代英国社会历史、当代英国史学发展演变过程以及国际和历史学整体演进环境中进行解析与研究；同时，充分吸取新史学、社会思想史学的研究方法和理论，沿着思想史研究的路径和发展状态，辨析材料的真伪，仔细弄清材料所含信息的真实意义。目的是使对霍布斯鲍姆史学研究的分析，极力符合思想史研究的内在逻辑，更适合史学理论研究客体的自身特点。

① 刘志琴：《思想与社会：从生活领域拓展中国思想史的新资源》，《江海学刊》2003年第2期，第148页。

第二，坚持历史学本位的研究立场，兼取其他社会科学的理论方法之长，运用跨学科的研究方法，力求做到材料的选择取舍、史料的判别运用、史学的价值判断与追求历史的真实解释、历史本质规律之间的有机协调。常言道，学术研究强调披沙拣金，拨开云雾见青天，也就是学术界特别是历史学界主张的实证创新研究。本课题虽然不能说完全达到了创新研究的客观效果，但是创新研究的工作努力是研究者始终追求的必然研究路径。

第三，整体性研究与个体性研究相结合，力求避免以点带面和以偏赅全。行文论述试图较好地控制与处理抽象和具体、主观和客观、现实和历史三个方面之间的关系，既力图不空发宏观议论空洞论说，又力图避免泥陷于细微的事件分析，而不顾及整体大局的理论困境。在具体的研究过程中，本课题要依靠霍布斯鲍姆的历史著述和其他相关材料，以历史学家与社会生活条件、学术流派与社会发展环境为基本互动框架和学术出发点，根据主题材料的多寡厚薄，或者评论霍布斯鲍姆在史学理论和历史理论上的深邃思想建树，或者阐发其在社会历史研究问题上的某些真知灼见，努力实现整体研究和个体考察的有机合成。

可以说，本课题试图尝试一种研究史学流派或组织机构的新方法，即对学派中的特定历史学家进行研究，尽可能地将其与学派内部及外部其他史学家相互之间的学术思想观念、史学语言行为和史学研究成果进行分析，从而剖析学派性质和历史学家的学术立场，彰显历史学家的史学成就、思想魅力和人格意义。从通常意义来说，从事历史研究行为或进行历史认识活动是任何历史学家和特定史学流派积极主动参与社会实践活动并改造现实世界的重要方式，而任何一种历史参与活动则是作为历史认识主体的历史学家或史学流派塑造其史学思想的重要史学实践环节而存在，具体历史著述成果和特定史学研究方式则构成相关历史认识主体史学思想的外在表现形态和内在观念载体。因此，关于史学思想的研究也就成为进行历史学研究和历史学家研究的重要手段和必要途径。那么对于后世的史学认识主体即史学研究者来说，这种综合复杂的史学认知方式也是学术界广为接受的思想史方式。当然，正如前面所论，真要做到这点，特别是全面深刻地剖析霍布斯鲍姆史学思想中包含着的历史著述体例与范围、史学价值观念与意义、史学研究范式与演化等种种学术元素构成的真实图景，构建英国马克思主义史学派中核心人物的思想史轨迹，自然是远非本课题尚显粗糙的研究路向所能够完成的，这还有赖于更丰富具体的思想史资料，还需要做大量更为细致微观的研究工作。笔者深知，按照"思想史"研究的路径与方法论要求，相对于史学思想研究要求以丰富细致的个案探讨与整体分析来充分展示研究对象的内部和外部思想资源的角度来看，本课题的研究框架离开这样的"思想史"学术理想目标还有相当长的距离。文中存在的大量不足之处，唯有寄托于将来的思考与深化认识。

四　课题研究的主要材料来源和价值取向

任何需要获得接近研究对象本质和思想史内涵的史学课题研究，都可能受到与此研究相关众多因素的制约和影响，其中最大限度地获取相关材料，尽力发掘研究者的文本解释能力，保证科学正确的研究价值取向，无疑是一个不可忽视的关键环节和重要因素。

第一，基于史家自述性质的学术访谈和自传体著述，是体现历史学家关于历史研究方法、学术精神和学术思想的重要文本或直接载体。比如，颇能体现其史学思想的学术访谈。[①]目前能够看到的这方面著述主要有两种代表性文本，一是《霍布斯鲍姆：新千年访谈录》，[②]二是《有趣的年代：一种 20 世纪的生活》。[③]通过这些材料的分析，可以厘定和辨清著作者那个生活时代的社会系统、学术资源的基本状况和社会历史的原始信息，从而能够获悉历史学家成长的学术环境和学术渊源的大致脉络。因此，关于研究对象的自传性记录或自述性材料，是分析历史学家史学思想不可或缺的文献媒介和弥足珍贵的基本资料。

第二，史学史研究是史学思想研究的重要形式，而通过历史学家的重要著作文本来研究其史学思想内涵和发展脉络则是重要路途，那么对历史学家的主体原著和论文成果构成的著作学术史进行深入分析就成为必要的反思方式。原始著作和学术论文具有独立的外在形式与内在思想两重性质。国外著名的思想史或观念史学家阿瑟·Q. 洛夫乔伊认为，"就所有的非历史的相关性和重要性的标准来说，也相对于它与总体史（total history）的其他部分的绝大多数的不可分割的联系而言，著作史的独立（它并不意味着不重要）从一开始（ab initio）就被假定了"。因为，"作为一种

①　参见刘为《历史学家是有用的——访英国著名史学家 E. J. 霍布斯鲍姆》，《史学理论研究》1992 年第 4 期。See, Marho, "Interviews with Eric Hobsbawm", in *Visions of History: Interviews with Radical Historians*, Pantheon Books（New York）1983.

②　参见艾瑞克·霍布斯鲍姆、安东尼奥·波立陶《霍布斯鲍姆：新千年访谈录》，殷雄田培义译，新华出版社，2000。

③　See, E. J. Hobsbawm, *Interesting Times: A Twentieth-Century Life*, New York: Pantheon Book 2002.

快乐的源泉以及内在经验的扩大和深化的手段，著作有着一种价值；作为
'生活批判'，它有着另一种价值（为了评价它，一种关于它的历史的知
识是必要的手段之一）；它有着第三种价值，作为文献的一种不可或缺的
载体，这些文献是关于人的研究的，是他以诸多观念处理了的，而各种不
同的观念对他是有效的且生效了"。① 很显然，这里指出了著作或原著在
思想研究中的三种重要价值，这需要研究者结合研究客体去仔细探询并发
现其中的核心价值。霍布斯鲍姆的大量著作、学术论文及其研究价值亦可
由是观之加以讨论（这些论著数量较多不胜枚举），比如《论历史》的史
学价值就非常重要。② 因此，在缺乏大量更多的背景材料和个人传记资料
的前提下，关于霍布斯鲍姆史学思想的研究，这些论著依然是值得依赖的
研究基础和思想资源。

　　第三，霍布斯鲍姆史学著述的基本特征和史学思想的影响研究。霍布
斯鲍姆的史学研究领域非常广泛，研究视野更是异常开阔，然而，研究内
容归根到底可以集中或统属于一点，以英国社会历史文化母体为基点，对
于涉及民族国家历史、区域社会历史和整体世界历史中的主题问题进行历
史解释和当代阐释。这种史学研究和历史解释既要能够以现代主义史学观
念和史学思想价值标准去看待过去的历史，又要积极努力去理解所涉及的
历史问题的整体背景和历史渊源。归根到底，就是关于社会历史现象的具
体分析和世界历史发展的整体考察，实质就是关于人类文明历史演进的分
析和人类未来命运走向的思考。在这点上，霍布斯鲍姆试图批判和主动反
思诸如文化形态学派学者，像汤因比那种脱离了斯宾格勒式的悲观主义之
后，却始终摆脱不了甚至自然走向基于西方中心主义的乐观主义文明史观
态度。在对待历史的宏大叙事问题上，霍布斯鲍姆主张运用对人类文明的
历史进程和现代文明社会状态的马克思主义分析态度，表现出关于社会历
史发展的基于进步主义和全球主义双重视阈的忧虑意识。仔细考察可以发

① 阿瑟·Q. 洛夫乔伊：《反思观念史》，余伟译，载丁耘、陈新主编《思想史研究》（第 I
卷），广西师范大学出版社，2005，第 30 页。
② E. J. Hobsbawm, *On History*, The New Press（New York）1997. 这是一本新近出版的论文
集，主要讨论和反思历史或历史学科一些诸如过去、现在和将来之间的关系，以及它们
与社会科学的关系问题。该书包括霍布斯鲍姆在近 30 年间创作的 21 篇学术论文，其中
许多文章最初以演讲形式公开过，只有 6 篇以前不曾发表。主要是演讲词或者会议主题
报告和论文集的投稿，或者是给书评和那些讨论特定学术主题场所的投稿，还有出于纪
念文集、庆祝典礼或感谢应酬的需要提供给一些研究机构的应时应景之作。这本书所提
出和所分析的关键性问题对于理解我们所居于其中的现实世界无疑也具有重要意义。这
本书也较集中地反映了霍布斯鲍姆的史学思想。

现，霍布斯鲍姆的史学著作显示出渊博的知识结构，睿智的学识修养，精辟的理论见解，独特的思维方式，严谨的治学精神，蕴含了丰富的史学思想和学科解释类型。他从文化学、政治学、哲学、社会学和历史学等多学科多角度关于人类社会发展和文明历史进程的客观性描述和主体化分析，无疑表现出作为国际学者的宏大气派和著名历史学家的深远影响。

霍布斯鲍姆在史学研究领域中的学术成就是巨大的，成果的社会效应是深远的，他的史学思想所达到的深度令世人注目，在某些方面对中国史学界的冲击力和影响力也是显而易见的。霍布斯鲍姆乃至整个英国马克思主义学派史学家之史学研究及其思想，为中国史学界无疑带来了某些新的学术视角、新的研究方法、新的历史哲学性思考。值得指出的是，也许与那些仅仅注重思想体系的纯粹哲学家或思想家不同的是，霍布斯鲍姆同时更为注重表现关于历史发展过程中的单元事件或具体问题的思想观念，这种注重正是通过他历尽艰辛的多维视角变换、丰富多元的史学研究对象和灵活多样的史学研究途径来承担的。因此，在复杂丰富的史学思想语境的分析前提下，尤其应该注意研究这种具体的史学特质和潜意识的思想观念及思想情境。凡此本论著没有涉及或能力所限没有解释清楚的问题，都值得人们深入探讨。

五　问题困惑、研究意义和基本思路

中西史学交流是人类社会和各民族文化进步发展的重要推动力。任何国家的史学文化发展，都不可能孤立或封闭地自我繁殖，总体上，它要和其他国家、民族史学文化进行交流、影响、补充和渗透，不断借鉴与吸纳、参考与融合外来史学文化。这种史学文化交流对于民族精神和社会历史的进步，乃至政治、经济、文化、科学等诸如此类与史学发展相关问题的演变，都起着巨大的引擎作用。从这样的角度来理解，本课题恐怕难以承担如此宏大的学术研究任务，也正是在这个意义上，研究者非常清楚本课题将存在着的问题困惑，因为它要求以中英马克思主义史学、史学从业者相互理解和相互合作研究为重要基础，而真正要做到这点是有相当难度的，需要借助个体史学工作者和史学家群体的共同长期实践努力去逐步实现。然而，这并不能够成为怀疑甚至否定本课题的预期目标和研究意义的理由。

诚然，国内外学术界对于霍布斯鲍姆史学思想的关注状况，从某种程度上，既说明霍布斯鲍姆作为史学家在国际史学中已经日益受到同行的重视，又证明如果把它作为选题来研究所具有的可行性、开拓性和艰巨性。

或许，在一般看来，基于研究者生活场域的文化背景和赖以分析主题的资料可靠性及丰富性之缺陷，也囿于中国史学研究者对西方马克思主义史学了解不深或固有成见，对于西方史学名家名著的理解、研究与解读，至少需要面对两个难题：一是对其所研究的问题相当熟习，二是必须具备相当基础的中外语言能力和分析水平。否则，这样的史学流派和史学思想研究，恐怕会陷入率尔操觚的境地。有鉴于此，不得不承认的是，限于主客观因素，笔者的这些文字似乎也承担着有可能被认为是隔靴搔痒之论的嫌疑，或者难免让人产生那种关于研究者对霍布斯鲍姆的史学研究及当代英国马克思主义史学这个研究领域分析不透之论充斥字里行间的疑虑。然而如换个角度来看，这正是本课题研究的预期价值所在，研究成果的展示，字里行间对于诸如霍布斯鲍姆史学思想的较为谨慎解释、中外史学比较研究视野、甚至英国马克思主义史学对中国史学影响问题的补充性探讨，都将具有积极意义。

中西史学发展史表明，任何历史学家或某一个史学流派的研究成果或史学著作，都蕴含着以深刻或丰富的历史哲学观或社会历史观为基础的史学观念，只有仔细考察与缜密研究才能够发现其中寄寓着的浓厚与深刻的历史思想和史学理论。从理论上说，任何历史学家的典型性代表著作都能随时突显其特定的学术思想和学术风格、特定的史学观念或史学理论模式，也会在相当大的程度上折射或反映出史学家对社会历史问题研究和关注的深度与广度，还必然映衬出史学家的人格魅力，也能够反映他对生命意识的关照意愿与对社会现实的关怀程度。

关于史学流派的研究，重点在于分析核心史学家的史学观念及其价值倾向等相关问题，因此，关于霍布斯鲍姆的史学研究，关键是对其史学思想进行深入讨论。本课题把"史学思想"视为一个史学理论范畴，包含史学思想内在特质与史学实践外在形式的双重意义。广义理解的史学思想既包括历史认识主体或历史研究者（一般指具有解释历史并彰显出历史客体与创造历史学独特价值能力的历史学家）对已经发生的过去人类活动及其产物（历史客观实在）的认识，即关于历史发展进程的认识，也包括这些从事历史认识活动的现实的人对过去人类活动及其产物的系统叙述和系统解释的再认识问题；狭义的史学思想仅仅指从事历史认识活动的历史学家对历史学自身有关认识论问题的系统考察及其观念反映，即史学理论上的反思问题向度。很明显，狭义的史学思想构成了广义上史学思想的核心内容。当然，本课题从宽泛意义上理解"史学思想"。因此，在研究霍布斯鲍姆的史学思想与史学实践时，既应涉及这位历史学家对历史发展进程的认识，涉及他对过去历史现象的个体分析与人类社会历史的整体阐释，即他的历史观或历史理论，也会包括他对历史学自身一些问题的认识与反思，即对历史研究过程中认识论和方法论问题的概括，也就是狭义的史学理论。① 在这样的概念前提下，本课题选择霍布斯鲍姆史学思想作为主题和考察中心，关照英国马克思主义史学及其在中国的影响问题，其研究目标和学术意义也是显而易见的。

　　总结学术史的发展历程，在西方史学史上，马克思主义历史学是从传统史学到新史学转变过程中影响深远的一种史学流派。当19世纪传统史学日益暴露其积重难返的流弊之时，如同其他西方新史学那样，英国马克思主义史学派的代表人物运用经典马克思主义的理论与方法来阐释历史、书写历史，并不时地表达（通过其著作文本）人文科学和历史科学的现实关怀。而且更难能可贵的是，英国马克思主义史学派以其学识卓著的学术成果、极具洞察力的政治见解和丰富多彩的历史理论与史学实践经验群体性地突显于国际学术界。英国马克思主义史学派的人员众多，他们每个人都对马克思主义历史学的发展做出了自己独特的贡献（各有学术专长和突出的研究领域）。国内外史学界的一些学者对英国马克思主义史学做了初步的考察，认为英国马克思主义史学派对马克思主义历史学的进步与发展起着不可忽视的作用。霍布斯鲍姆凭借英国新社会史学派的主要开创者身份及其显著的史学成就，近年来日渐引起国内外史学研究者的兴趣。霍布斯鲍姆著作丰硕和多样，其研究领域异常广阔，特别长于劳工史、农民问题和世界历史的整体研究。他对英国及至战后世界各历史时期的历史现象，尤其是19世纪英国和20世纪世界进行了熟练而独特的马克思主义历史学解释。仔细钻研他的著作，可以发现其中蕴含着丰富的史学理论成分和实践经验成就，其史学思想哲理深刻赋有智慧。

　　在国际史学纵横交错的学术背景中，尤其是西方新史学和马克思主义史学双重背景前提下，对霍布斯鲍姆的史学思想进行尝试性研究和典型性考察，对其史学思想的层层剥离和仔细分析，本来就是一个解剖麻雀的过程，同时又是一个从特殊性至一般性的过程。换句话说，关于霍布斯鲍姆史学研究的考察，自然会涉及马克思主义史学和中西方史学的一些主要问题，甚至关涉到中外史学的过去与现在有关重要问题的自身反思。课题研究过程本身是一个理论与实践相结合的过程，具有一定的理论与现实

---

① 关于史学思想概念的界定，可参见张广智主著《西方史学史·导论》，复旦大学出版社，2004，第2版，第1页。

意义。

从大处或宏观角度着眼，即站在历史学学科发展的角度上看，本课题的研究有其必要性。以霍布斯鲍姆史学思想为个案而研究英国马克思主义史学的目的，不是为曲意迎合中国马克思主义史学发展与研究的需要，而是追寻中国马克思主义史学的发展轨迹，回应中西历史学发展潮流与学术文化交流的需要。当然，本课题仅是对英国马克思主义史学研究新领域的一次初步尝试，对霍布斯鲍姆史学思想与史学成就的梳理，对其史学著作及思想内涵做一番历时性和共时性思考，或许有助于对英国马克思主义史学理论方法和经验得失的系统反省，从而可能有助于中国的马克思主义史学研究。

从小处或微观视阈出发，即从霍布斯鲍姆史学思想研究这一具体个案研究上看，本课题也有其可行性和现实意义。我们的研究必然要集中概括地评述霍布斯鲍姆史学研究的某些重要方面，鉴别其历史解释的马克思主义方式及其相关理论结构与假设框架，并审视其史学价值的重要表现。如此看来，对霍布斯鲍姆史学思想的分析与探讨，似可深化学术界对英国马克思主义史学派的了解与研究，还有助于人们在史学文化的多维视野中，理解与评述英国马克思主义史学派的卓越成就和学术贡献。如果能够以自己绵薄之力，通过对霍布斯鲍姆这样具有鲜明特征的马克思主义史学思想的思考与研究，透视当代英国马克思主义史学发展的状况，为中国史学研究提供某种借鉴，这正是本课题的写作宗旨。果真如此，这对于促进与提高学术界关于马克思主义史学的历史认识和史学研究素养，或许有所裨益。当然，要完全准确和全面解读霍布斯鲍姆的史学研究的方方面面，需要更加宽阔的学术视野，更加完善的学科理论支持和更加行之有效的研究方法，这种三者缺一不可的学养，应该是任何史学研究者的学术理想境界，对笔者来说自然是永远值得树立的奋斗目标和坚持不懈的实践追求。如此说来，该课题的研究肯定存在着许多不足，虽然研究者对此已竭尽全力，但必定不能尽善尽美，还有待今后的岁月中不断磨炼，祈盼着新的学术发现与观念进步，也期待着海内外同行和广大读者，惠予批评。

就基本思路而言，本课题在唯物史观的理论指导下，从思想史和史学史的双重角度，由系统考察与剖析英国马克思主义史学的社会背景和学术渊源切入，采用历史学的传统经验实证方法、理论分析思路与其他社会科学理论方法结合，试图对兼具当代西方新社会史学家和英国马克思主义历史学家双重身份的国际史家埃里克·霍布斯鲍姆的史学思想进行较为深入的个案探讨，尝试从多个不同的层面来研读其史学原典，认清霍布斯鲍姆史学研究的结构性学术特征和独特性学术面貌。笔者试图仔细梳理与深入挖掘其史学思想的主要内涵，指出其学术实践和研究的多样性，及以他为显例的英国马克思主义史学实践对国际史学发展所做的贡献。在力图厘清和展现其史学思想核心内容的同时，呈现其史学研究所隐含着的书写法则和史义例规，折射出这位国际史学大师的学术理念和治史心路。因此，本著作的写作题旨和研究动机，主要是集中或紧扣霍布斯鲍姆史学研究的重要史学观念、史学方法和思想结构进行分析，说明霍布斯鲍姆与英国马克思主义史学的思想特质和表现形态，强调其对国际史学特别是中国史学发展的潜在影响。

全文将证明的一个学术事实和史学范例就是，无论是在史学研究领域还是在史学研究思路方面，霍布斯鲍姆都是抱着马克思主义的求真和开放态度，把史学研究当做一个永无止境的探索过程，其史学思想也得到了不断丰富和极大充实。由此，作为霍布斯鲍姆史学思想探究者，笔者力图把霍布斯鲍姆对历史理论反思、史学理论探索和史学研究实践置于他所处的社会时代环境和西方史学大背景中加以考察。基此，本著作首先有必要讨论英国马克思主义史学派别形成与发展的国内外条件，试图以此促进对霍布斯鲍姆和英国马克思主义史学的学术背景与学术渊源问题的史学认识，从而展开对后续相关问题的深入研究。

第一章　霍布斯鲍姆和英国马克思主义史学渊源

社会历史是时代精神的反映，基于社会历史的历史认识思想及其表达形式历史著述成果，则是相关时代重要的史学文化积淀，归根结底是那个时代不可忽视的文化外化形态。英国著名资产阶级历史学家、哲学家和国际关系史家爱德华·卡尔指出："在研究历史之前，应该先研究历史学家……在研究一个历史学家之前，应该先研究他的历史环境和社会环境。历史学家是单独的个人，同时又是历史和社会的产物。研究历史的人正是应该从这双重的事实出发来看待历史学家。"① 在卡尔看来，任何历史学家史学思想的个体特征、学术思想的研究旨趣和学术品格的个体心性，都不可避免地与思想家所处的时代环境、人生际遇和学术语境等历史性因素紧密相关。因此，研究历史学家史学思想的内部结构、史学认识的社会功能、史学研究的发展模式和演变趋势，进而探讨历史学家史学思想及其学派发展与西方社会变迁和西方史学发展进程的内在关系，不仅是历史学研究，也是西方史学研究，特别是西方史学思想史研究的重要内容。卡尔的认识对于研究霍布斯鲍姆史学思想有着重大的指导意义。这可以指导我们由此理解霍布斯鲍姆和英国马克思主义史学派的史学思想源流关系，同时了解霍布斯鲍姆和英国马克思主义史学派与西方主要社会思潮变迁之间的必然关联，更有助于从总体上认识霍布斯鲍姆等英国马克思主义历史学家的史学思想和史学理论探索及其对国际历史研究的积极贡献。

第一节　国际思潮与英国马克思主义史学

从外缘因素来看，英国马克思主义史学的产生与发展同当代西方新史学思潮的发展与西欧社会变革的形势息息相关。这是与当时英国资产阶级的社会形态相适应的，更是对当时社会历史变动的一种主动应对策略和表现形态。

---

① 爱德华·霍列特·卡尔：《历史是什么?》，吴柱存译，商务印书馆，1981，第44页。

一　社会心理的作用和社会思潮的影响

社会心理作用和社会思潮背景，无疑对霍布斯鲍姆史学思想的产生与发展、英国马克思主义史学派形成与学术创新造成了潜移默化的影响。

20 世纪上半期，西方世界社会结构与政治经济形势发生了巨大变化，特别是两次世界大战给人们的社会心理造成了极大冲击，引起人们普遍对社会历史与现实世界的反省和思考。人们认识到，第二次世界大战之后社会经济在加速发展的同时存在着一系列问题，而史学家对那些对人类历史产生深远影响的重大变迁进行思考的同时，必然重新思索人类社会及人本身的一些基本问题。同时，人们对残酷战争的深刻感受，促使每一位具有社会责任感的历史学家对马克思主义与马克思主义史学进行理性反思。在一定程度上，当时存在的各种社会心理和众多社会思潮，成为英国马克思主义史学形成与发展的外部社会环境资源。

20 世纪中期之后，西方社会结构调整与阶级分层关系又出现了新的特点。虽然历史证明底层群众仍然是推动社会发展的主要动力，但当时情况是，由于"白领阶层"的数量及其社会地位在社会生活中迅速提高，导致工人阶级运动波澜不惊而基本沉静。从理论上说，工人阶级内部的结构性变化成为社会结构重组与演变的重要表现之一，在某种程度上，正是社会结构的演变促成社会思潮的变化。这一切造成 50、60 和 70 年代激进主义的社会运动掀起的新社会思潮不断地冲击着历史学界。帕尔默认为："西方马克思主义在 60 和 70 年代产生影响的原因是复杂的，有很多种。从基本上说，这是一个社会历史动员和社会对抗运动的时期，是一个历史变迁的时期，而这些在历史学中得到反映。历史学是通过社会史学家向马克思主义敞开了大门。这些社会史学家研究普通人民和为了配合当前的社会动荡而强调研究历史上的斗争和反抗。"[①] 对新生的英国马克思主义史学而言，情况也是如此。当时一切社会现实都要求，史学家应该研究社会底层和长期被忽略的默默无闻的平民大众的历史。于是精英文化和精英历史受到挑战，对"民众日常心理和底层文化"关注和重视底层社会生活历史的呼声在史学界汇集成一股强大的"自下而上"的新史学思潮。应该说，在这种思潮涌动的背景下，20 世纪 50、60 年代以来，英国马克思主义历史学派凭借关于整体社会史的撰写主张和"自下而上"与"自上

---

①　转引自陈启能等《马克思主义史学新探》，社会科学文献出版社，1999，第 277 页。

而下"相互结合的社会历史观及史学方法的史学思想，一方面，使英国马克思主义史学自身在西方史学界享有盛誉，另一方面，这种状况也是同时期英国社会文化生活中诸如"新潮电影"、"前卫艺术"、"先锋文化"和"底层音乐"等反传统文化思潮的社会历史产物，成为传统精英文化普遍失落的基本表征，也是社会现实在史学领域的基本反映。

如果说一个时代的社会思想和社会思潮（包括史学思想与史学思潮）归根结底是时代精神状况与社会经济文化发展的反映和折射，那么霍布斯鲍姆及其英国马克思主义历史学派的史学思想则无不根本上来源于时代生活经历和社会环境变迁。在一定程度上，这些都反映了他们当时关注或体认的英国乃至欧洲具有时代特征的社会心理和社会思潮的某些重要内涵。换言之，如此这般的社会历史环境和社会生活实践的感受与体验，必然深深地融化于英国马克思主义史学家的社会历史观和社会历史研究及其史学认识论与方法论之思想体系。

因此，英国马克思主义历史学派诠释马克思主义理论及马克思主义历史学的内在过程，就是这些学者不断地把自己的研究领域与马克思主义理论结合起来，并使它不断地容纳和融合于西方史学主流思潮的同化过程。具体而言，英国马克思主义历史学派的出现，与20世纪60年代西方社会普遍出现的思想潮流紧密相关，那就是在思想反思基础上，崇尚马克思与马克思主义的社会心理和研究马克思与马克思主义的热潮。西方学术界，不管是政治、哲学界还是社会、历史学界，所以会在这个时期出现这股热潮，在西方和国际著名的马克思主义研究专家，英国肯特大学政治学教授、伦敦大学戈德史密斯学院政治学客座教授戴维·麦克莱伦看来，主要具备三个方面的原因：第一，是马克思早期著作大量被翻译成英语从而得到广泛传播；第二，是20世纪50、60年代马克思的著作出版都是以黑格尔当时的强烈影响及其在英国世界的复兴为前提；第三，是1956年苏联共产党内部对斯大林及斯大林主义的公开抨击引起国际共产主义运动内部的分裂，以及随后出现的马克思主义世界的多元化趋势。[①] 此种解说极具学理上的代表性意义，基本揭示了英国马克思主义思潮兴起的基本原因及其在英国传播的状况。

从深化的角度来说，英国马克思主义史学的产生依赖于两种社会心理与思潮基础：一方面，正如肯特所言，在20世纪60、70年代的英国，

---

① See, David McLellan, "Past and Present: Marx and Marxism", *Politics Study*, Vol. 47, No. 5, (December, 1999).

"马克思主义文学评论和历史学是在资本主义进取精神和工业革命的后果的直接指引下取得进步的。这些进程使得英国发展到事业和权力的空前顶峰，更使得工厂主、商人和贵族富裕起来。但对 20 世纪的贵族继承人而言，这些并不够，他们试图恢复那种建立在相互尊重和共同思想情感而不是金钱基础上的前李嘉图主义文化"。[①] 这样的评论至少说明，英国资产阶级社会阶层，随着资产阶级经济地位的加强与巩固，他们在精神文化层面的需求也会随之变化，表现在历史学方面，过去传统的英国保守主义史学已不符合时代发展的需要。而英国马克思主义历史学派的时代主张恰恰迎合了当时普遍的阶级心理和社会需要。另一方面，当人类社会进入 20 世纪中期，特别是当人类经历过两次灾难深重与令人伤感无限的世界战争之后，英国人民与世界人民的社会心理一样，普遍受到政治、经济和社会文化领域里各种时代思潮令人震撼的影响。这不仅改变了英国也修正了西方社会普遍存在的盲目乐观情绪，而且，现实的社会心理也促使诸如历史学家那样肩负着社会责任和赋有现实使命感的学者去重新思考历史与社会现实问题。

譬如，第二次世界大战期间，汤普森就直接受其被法西斯杀害的兄长弗兰克·汤普森的影响，于 1943 年投身于反法西斯主义战争，甚至在意大利亲临战场的烽火硝烟。实际上非凡传奇式人生经历，留给那些具有类似经历的英国马克思主义史学家不只是心灵的创痛，更加深了他们对英国人民及所有遭受战争祸害的人们的同情与支持。汤普森深情地感怀第二次世界大战是"人类文明史上一个微妙的时期"，战争的经历和体验直接驱使他意识到要把"民众斗争"和"政治斗争"有机结合起来，"永远不会在感情上把自己和欧洲人民及英国人民隔离开来"。[②] 对汤普森而言，这些体验无疑为后来史学认识中强调注重民众文化和底层历史的研究奠定了一定的思想基础。霍布斯鲍姆在自传体回忆中，对于从 1940 年 2 月到 1946 年 2 月间整整六年（实际上从应征入伍的准备到战后恢复前后六年半时间）军旅生涯中的基本情况和战争体验，更是进行了详细的描述。今天看来关于这些历史记忆值得注意的内容和观点大致有四：其一，如实反映普遍的反战心态，战争的爆发使得他同时代的大多数年轻人突然陷入对人生的不确定性和未来命运的怀疑状态；其二，就个人体验来说，一方

---

①　Norman F. Cantor, *The American Century*: *Varieties of Culture in Modern Times*, Harper Collins Publishers (New York) 1997, pp. 294 – 295.

②　"Interview with E. P. Thompson", *Radical History Review*, 3, Fall 1976, p. 10.

面，他自认为第二次世界大战纯粹浪费了刚刚起步的学术生命和事业机遇，也是他有限学术生涯中最不满意和一无所获的几年，总体上他对战争本身的意义是持否定态度的，但同时内心深处他对这种看似毫无意义的军旅生活却无怨无悔，因为毕竟这是无可避免的人生经历和难得的宝贵财富；其三，作为共产主义者，战争期间霍布斯鲍姆始终与政党保持联系，信仰无产阶级及其政党的价值观念，并且从实践和理论上确保自己参加战争行为的政治方向；其四，明确的反法西斯主义战争态度，辩证地评价英美苏同盟国及其领导人在战争中所起的作用，同时又对英美政府限制甚至取消共产党活动的政策深表不满。① 因此，其他有过类似曲折人生经历和惨烈战争体验的英国马克思主义历史学家，日后自觉地以马克思主义理论为指导，进行关于历史进程与社会现实的审视，自觉或不自觉地以底层社会集团和民众群体的历史活动为着眼点考察社会历史问题，可以说战乱时期的情感体验影响至深。

另外，英国马克思主义历史学派的发展还得益于自身的一个内在驱动力，即马克思主义史学的自我反思能力与生命力延伸追求。众所周知，唯物史观的诞生标志着马克思主义史学也随之产生。然而必须看到，西方的整个 19 世纪虽然被称为历史学和历史学家的世纪，但是马克思主义史学远没有达到职业化的要求，马克思主义史学的影响传播还只是局限于西欧和东欧少数政治家或政治活动家与理论家中间，马克思主义历史学家人数更是寥若晨星，除了经典马克思主义者外，在有限的一批历史著作者中间，多数人并不是职业历史学家，他们研究历史和撰写历史著作的意图更直接地是服务于所从事的政治运动实践和政治思想宣传，目的是"把历史著作当作阶级斗争的战略工具"②。总体而言，西欧各国马克思主义历史学家的专业化和职业化还远没有实现。进入 20 世纪以来，特别是 20 世纪 20、30 年代前后，马克思主义史学步入正式轨道与职业化行列。但正如伊格尔斯所说："在西方国家以及日本，用传统方法训练出来的马克思主义历史学家开始进入大学，从事历史研究，那里的历史专业反映了多种多样的意识形态和方法论立场。"③ 然而未曾料想，20 世纪 50、60 年代，随着马克思主义理论的教条化和庸俗化，苏联东欧国家和西欧部分国家的

---

① See, E. J. Hobsbawm, *Interesting Times：A Twentieth-Century Life*, New York：Pantheon Book 2002, pp. 152 – 173.

② 伊格尔斯：《欧洲史学新方向》，赵世玲、赵世瑜译，华夏出版社，1989，第 137 页。

③ 伊格尔斯：《欧洲史学新方向》，第 147 ~ 148 页。

共产主义运动领导人长期以来对马克思主义的教条主义和僵死主义态度，也必然对马克思主义的历史研究产生了十分不利的影响，特别是战后相当长的一段时间内，马克思主义史学陷入空前的信任危机和信仰危机。西方学者痛心疾首地写道："千篇一律的演说，原地踏步的研究（受意识形态影响较小的考古学等部门除外），繁琐地、矫揉造作地玩弄概念……最糟糕的是，由于对马克思主义采取了鹦鹉学舌的态度，因而走向反面，有意无意抛弃了历史唯物主义。"① 战后十余年，史学思想体系已经相当僵化，不但马克思主义史学受到冷嘲热讽，而且整个马克思主义思想体系也受到批判，几乎导致马克思主义史学生命力的终止和未来活力的枯竭。

在如此政治局面中和时代思潮条件下，1956 年以前，英国马克思主义史学虽然已经产生并有所发展，② 但在战后这段时期里，它更是受到非马克思主义史学家越来越尖锐的攻击。在英国，一方面由于冷战下的政治局势，另一方面英国马克思主义者营垒中有些人也犯了主观主义和教条主义错误，从而给非马克思主义者以口实，导致 1936 年卡尔·波普尔首先发难，矛头直指马克思主义的历史观。③ 随后 F. A. 海耶克、T. S. 阿什顿、J. D. 钱伯斯、R. M. 哈特维尔、H. 珀金和 P. 拉斯莱斯等大批非马克思主义学者，从不同的角度著文立论，对马克思和恩格斯经典作家的历史观以及对以这种历史观为指导从事的历史研究进行了全盘否定。④ 面对如此严峻的形势，历史学家对马克思主义进行了深刻的自我反省。事实上1956 年之后，随着思想战线上反思潮流的到来，英国马克思主义史学家也不得不重新检讨自己的史学研究，促进社会史的研究并批判地吸收其他

① 居伊·布瓦：《马克思主义和新史学》，《国外社会科学动态》1981 年第 4 期，第 25 ~ 26 页。
② 这段时期，英国马克思主义史学成果主要集中于 17 世纪英国工业革命、18 世纪资产阶级革命和资本主义发展的研究，当然也有大量关于工人阶级及阶级意识的研究，其指导性社会历史观是由"进步的"马克思主义历史观取代"革命的"马克思主义历史观，表现在对历史上进步势力的代表性研究成果有：Maurice Dobb, *Studies in the Development of Capitalism*, Routledge and Kegan Paul（London）1946；Christopher Hill, *The English Revolution：1640*, Lawrence and Wishart（London）1955；E. P. Thompson, *William Morris：Romantic to Revolutionary*, Lawrence & Wishart（London）1955；E. J. Hobsbawm, *Labour's Turning Point：1880 – 1890* Lawrence & Wishart（London）1948。
③ 1936 年波普尔在一次私人聚会上首次宣读了一篇以"历史主义的贫困"为题的论文，文章后来独立成书出版。参见卡尔·波普尔《历史主义贫困论》，何林、赵平等译，中国社会科学出版社，1998。
④ 松村高夫：《英国社会史研究与马克思主义史学》，《国外社会科学》1985 年第 1 期，第 18 ~ 19 页。

学科的研究成果，扩大自己的研究领域，丰富自身史学思想，激活与延伸马克思主义史学的生命力和未来命运。

二　西方新史学潮流和马克思主义史学思潮

西方新史学潮流与马克思主义史学潮流的交互作用和相互影响，是霍布斯鲍姆史学思想的产生与发展过程中不可忽视的学术思潮背景，也是英国马克思主义历史学派形成与学术创新的难得而重要的学术环境资源。

与此相关的问题是，包括英国马克思主义史学在内的西方马克思主义史学，是整个马克思主义史学体系中重要的一支有生力量。如果说，20世纪60年代前，马克思主义史学与非马克思主义史学之间关系是相互隔绝和相互排斥，那么，20世纪60年代以后，当西方学术界经历了激进左派知识分子思想反思和政治运动之后，随着当代西方马克思主义日益摆脱僵化教条主义的束缚羁绊，马克思主义史学重新获得了生机，马克思主义史学职业化和现代化进程的步法迅速加快，马克思主义史学与非马克思主义史学之间的学术关系也由对抗走向对话。法国史学家居伊·布瓦认为，"两支巨流贯穿在当今的历史编纂学中。一支是马克思主义史学，另一支是那些为之感到自豪的人所说的'新史学'"。① 因此，时值当今西方史学的重新整合时期，西方"新史学"（包括其他形形色色的西方非主流史学）与马克思主义史学（包括英国在内的西方马克思主义史学）之间日渐构成一种相互影响和相互促进的错综复杂景象。特别是随着对西方马克思主义史学研究的开展，人们越来越认识到，它实际上也是一股重要的新史学思潮，与其他西方史学思潮相互关联、并驾齐驱。在英国史学界，这种关系表现在西方新史学潮流与英国马克思主义史学思潮的关联互动，西方新社会史学与英国新社会史学之间的互动发展。英国马克思主义史学在这种互动中逐渐成就了自身在国际史学中的地位。由此中国学者普遍达成共识："从宏观的视角来看，对战后世界史学产生重大影响的有两种史学力量，一种是现当代的西方资产阶级新史学，另一种是现时代的马克思主义史学，两股力量的冲突与交汇及其所激起的回响，是当代国际史学颇为令人瞩目的一种文化景观。"②

首先，应该关注和回顾西方新史学思潮的研究取向对英国马克思主义史学的积极影响。

---

① 居伊·布瓦：《马克思主义和新史学》，《国外社会科学动态》1981年第4期，第25页。
② 张广智主著《西方史学史》，复旦大学出版社，2004，第2版，第334~335页。

　　固然，西方新史学的兴起并汇集成一股时代潮流经历了漫长的历史时期。它建立在对自 19 世纪产生以来一直经久不衰的以德国兰克及其弟子发其端的客观主义史学的批判与反思基础之上。这种传统史学的基本信条就是崇尚文字记载与官方档案等所谓真正的史料，从而客观反映和解释历史，然而它对历史的诠释却是建立在史学认识的主客体关系二元对立与分离的基础上。兰克在自己的著作序言中那句名言最能说明这点："历史指定给本书的任务是：评判过去，教导现在，以利于未来。可是本书并不敢期望完成这样崇高的任务。它的目的只不过是说明事情的真实情况而已。"[①] 正如西方当代历史学家和哲学家、法国国家科学研究中心主任研究员科吉斯托夫·波米扬所论：在兰克及其弟子的史学立场上，"历史学家作为借以将过去变为认识对象的文献的读者，不同于语史学家，没有任何需要赞赏的东西；他们的领域不是价值的领域，而是事实的领域，不是判断的领域，而是证明的领域。他们只需要按照事物实际发生的样子来进行描述。"[②]

　　无须多言，由于史学认识主客体之间实际上存在着错综复杂的矛盾关系，这种纯客观主义的史学理想是不可能实现的。伊格尔斯看到，在 19 世纪末、20 世纪初的西方史学界，普遍"都开始对 19 世纪晚期的历史科学提出质疑"。[③] 传统科学历史观面临全面危机。彼得·伯克由此特别写道："19 世纪末，一些专业历史学家对新兰克学派越来越不满。卡尔·兰普雷希特是其中声音最响亮的一个，他斥责德国的正统史学过于偏重政治史和伟人，并呼唤一种从其他学科汲取概念的'集体历史'。"[④] 按照伯克的分析评价，作为传统史学的反动，社会史的兴起也发端于德国史学，而且正值社会人类学家和社会学家对过去的研究兴趣逐渐衰退之时，由此普遍兴起于法国，受到年鉴派的大力提倡，波及包括英国史学在内的整个西方史学界。20 世纪前半期，比如"在法国和美国这两个国家，社会史研究在较长时间内受到人们的重视，并且社会史研究和社会理论间的关系

---

① 转引自乔治·皮博迪·古奇《十九世纪历史学与历史学家》（上册），耿淡如译，商务印书馆，1997，第 178 页。

② 科吉斯托夫·波米扬：《史学：从道德科学到电脑》，《第欧根尼》（中文版）2000 年第 2 期（总第 32 期，2000 年 12 月），第 107 页。科吉斯托夫·波米扬：《史学：从道德科学到电脑》，载陆象淦主编《新大陆 VS. 旧大陆》（当代人文译丛，第 I 辑），社会科学文献出版社，2006，第 129 页。

③ 伊格尔斯：《欧洲史学新方向》，第 29 页。

④ 彼得·伯克：《历史学与社会理论》，姚朋等译，上海人民出版社，2001，第 16 页。

极其密切"。① 新史学的兴起与发展过程实质上就是对 19 世纪以来传统史学的反拨与矫正过程。其结果之一表现在西方史学由传统的政治史、军事史研究逐渐地向经济史、社会史研究的全面转变。因此实际情况就是："从 1890 年到 1960 年代这整个时期，乃是经济和社会史登顶的时期，它在不同国家于不同时间把或是作为道德科学或是作为诠释科学而实践着的政治史和文化史赶下宝座"②。

不过在 20 世纪上半期，虽然经济史、社会史、法律史、思想史和文化史在欧洲史学界有所抬头，一些著名史学家的著作超越和冲击了传统的政治史学，大洋彼岸的美国以鲁滨孙及其后继者如查尔斯·A. 比尔德，以及对于美国历史的经济解释模式为代表的"新史学派"已经影响一时，名声噪动，但新史学发展的总体形势并不容乐观，传统史学仍占据不可忽视的地位。例如，"在德国，弗里德里希·梅涅克所个性化了的兰克的传统，统治着大学的历史教育，直至希特勒上台。在意大利，本尼迪托·克罗齐的伟大形象保持着伦理—政治史的霸权地位，正如在英国刘易斯·纳米尔爵士的学派占据着主导地位，这个学派的政治史将制度和观念作为研究的焦点。约翰·赫伊津加及其来源自诠释学方法的文化史，使荷兰的史学别具特色。在法国，夏勒斯·塞纽博斯也许在两次世界大战期间即使不是最有影响的历史学家，也是最有声望的学者"③。然而，值得欣慰的是，新史学研究取向已经在西方许多国家逐渐受到重视，大体上在第二次世界大战后，西方史学界主张和注重新社会史研究的价值取向越来越成为一股史学潮流。这首先表现在德国社会史思潮的兴起，法国社会史思潮的推波助澜，随后美国社会史思潮的方兴未艾。在一定程度上，随着传统史学衰退，西方新史学的经济史、社会史研究价值取向，成为英国马克思主义史学形成与发展的外部环境和外在动力。

其次，需要较为详细地追溯与考察英国新社会史思潮的兴起状况和研究价值倾向。

---

① 彼得·伯克：《历史学与社会理论》，第 17 页。

② 科吉斯托夫·波米扬：《史学：从道德科学到电脑》，《第欧根尼》（中文版）2000 年第 2 期（总第 32 期，2000 年 12 月），第 112 页。科吉斯托夫·波米扬：《史学：从道德科学到电脑》，载陆象淦主编《新大陆 VS. 旧大陆》（当代人文译丛，第 I 辑），第 136 页。

③ 科吉斯托夫·波米扬：《史学：从道德科学到电脑》，《第欧根尼》（中文版）2000 年第 2 期（总第 32 期，2000 年 12 月），第 112～113 页。科吉斯托夫·波米扬：《史学：从道德科学到电脑》，载陆象淦主编《新大陆 VS. 旧大陆》（当代人文译丛，第 I 辑），第 136 页。

在五色炫目和流动斑斓的西方学术流派中，西方马克思主义史学思潮与不少流派有多种多样的思想关联和学术迭交。如前所述，在某种程度上，英国马克思主义历史学派既是西方新史学大潮中的别具生命力的一支史学劲旅，同时，它又是马克思主义史学与西方新史学从长期对抗走向持久对话的过程中形成与发展起来的学术新军。为此伊格尔斯干脆指出，马克思作为历史学家，他的研究方法与史学理论实质上为新史学所提倡，马克思主义史学既注重历史发展中经济基础与上层建筑的关系，又不忽视文化传统与社会价值和个人品格等社会心理文化因素对社会历史发展的反馈作用与影响。① 20 世纪以来的西方新史学思潮的理论与方法，可以在 19 世纪马克思主义史学中找到渊源。雅克·勒高夫就断然声称，马克思在许多方面是新史学的大师。② 中国学者指出了这种说法的三个重要依据："第一，马克思也进行跨学科的、长时段的、全面的历史问题的研究，马克思和马克思主义关于奴隶、封建、资本主义的分期法就是一种长时段的理论；第二，马克思提出经济基础与上层建筑的概念，说明马克思对'结构'的重视；第三，马克思主义重视群众在历史上的作用，这同新史学重视在特定环境中从事活动的普通群众有相通之处。"③

西方新史学发展过程中，强调整体的新社会史思潮最引人注目。西方学者大多认为，历史学的整体化、整体史学写作和世界文明史研究是第二次世界大战后国际史学发展的一个普遍趋势和思潮。历史学家必须具备多学科的知识，进行跨学科的集体反思与个体研究，从而进行整体的社会史研究。M. 布洛赫认为："唯有总体的历史，才是真历史，而只有通过众人的协作，才能接近真正的历史。"④ 整体化是现代西方历史学的主要方法论趋势，即用整体的观念来解释和描述，把历史和历史过程当做一种结构整体来研究，从而确保历史分析内在本质的完整性，将重构历史的事实分析判断与认识历史的价值综合判断有机地结合起来。不管是法国年鉴学派和美国新史学派等西方资产阶级新史学，还是西方马克思主义史学，比如英国马克思主义史学派，都大力提倡这种史学价值取向，都想方设法使自身融入这股史学新浪潮之中。

---

① 参见伊格尔斯《欧洲史学方向》，第 139～146 页。
② 参见 J. 勒高夫《新史学》，姚蒙编译，上海译文出版社，1989，第 35 页。
③ 张芝联：《漫谈法国当代史学与历史学家》，载《从高卢到戴高乐》，三联书店，1988，第 206 页。
④ M. 布洛赫：《历史学家的技艺》，张和声、程郁译，上海社会科学院出版社，1992，第 39 页。

英国"新社会史"作为一种史学的新思潮，与西方史学的整体化趋势几乎是同时出现于西方现代史学舞台。苏联历史学家兹韦耶列娃就认为，在英国史学界，"社会史的确立，它作为一个独立的科学历史知识部门单列出来，发生在 20 世纪上半叶……'社会史'概念运用于说明在历史过去中人们的生活和活动全部多样性的一些著作：如劳动和日常生活条件，生活方式的特点，物质和精神文化因素"。① 第二次世界大战后的1950 年，法国巴黎召开了第 9 届国际历史科学大会，这也是战后继续举办的首届世界性历史科学大会，预示着国际史学界史家联系的紧密与合作领域的加强。1955 年在罗马举行的第 10 届国际历史科学大会更是预示着国际史学特别是西方史学的重大领域性变化，成为西方历史学家思想发展的一个重要标志。遵此，霍布斯鲍姆指出："如果你试图精确地指出战后史学的发源地，我认为它就是作为这次大会内容之一的'社会史'研究，正是它首次使得这个领域成为一项制度形态。"②

事实上第二次世界大战结束后，随着国际政治、经济关系与学术环境的变化，英国社会史学确实获得了新的生机，英国史学界也逐渐达成一个共识，即构建整体史学，对历史进行综合与全方位研究，分析与揭示社会形成与发展的普遍联系及其存在意义。在 20 世纪 50 年代中期，当时已经十分著名的学者巴勒克拉夫指出，"今天迫切需要的不是专业化，而是整体化，因为专业化意味着繁琐"。③ 这种史学认识主要基于对以往史学存在的弊端与不足的反思：史学研究应注重人文和社会总体的研究。这种传统与 20 世纪 20 年代以来近现代西方史学研究的重返人文传统趋势的兴起直接相关。早在 1929 年，作为法国年鉴学派总体史学的奠基人 L. 费弗尔和 M. 布洛赫就提出，史学研究必须打破专业狭窄界限和门户之见，进行跨学科的研究，最终实现人文科学的统一。④ 法国年鉴学派创始人强调人文科学和社会科学——也即关于处于变动时间系列中的人的科学具有无可置疑的统一性。而促使这种统一性形成的主要媒介是人的因素，"历史学所要掌握的正是人类，做不到这一点，充其量只是博学的把戏而已。优秀

---

① 兹韦耶列娃、列宾娜：《英国的社会史和"新史学"》，《世界史研究动态》1989 年第 2 期，第 42 页。

② E. J. Hobsbawm, "A life in History", *Past and Present*, Vol. , 177, Number 1 (November 2002), p. 7.

③ Geoffrey Barraclough, *History in a Changing World*, University of Oklahoma Press (Norman) 1955, p. 20.

④ 参见陆象淦《现代历史科学》，重庆出版社，1991，第 219 页。

的史学家犹如神话中的巨人，他善于捕捉人类的踪迹，人，才是他追寻的目标"①。年鉴历史学派的第一代领导者、史学观念和史学思想，对英国史学后来整体化趋势的形成和发展影响深远。

在英国，这股史学思潮由来已久。20 世纪 20、30 年代，以英国自由派的历史学家为代表，着手提倡创立总体史学的思想，并开创了综合研究社会史的先河。从史学渊源上看，英国总体史学的出笼是受到法国亨利·贝尔的综合历史研究思想的启发。论者认为贝尔强调社会因素是人类活动的基本因素之一，提倡研究社会因素是"历史综合"的基本任务。② 1911年出版的标志着其历史综合理论之成熟的《历史的综合》著述宗旨，即是建立一种与传统史学迥然不同的社会史学。国外学者认为，贝尔所倡导的综合研究更多的是从史学方法论上来强调跨学科的历史研究和解释历史，侧重点在于克服传统史学中的狭隘性和封闭性，使历史学加强与毗邻学科间的联系，从而避免与改变历史学研究中过分专业化、孤立化和碎化的倾向。③ 在贝尔思想的影响下，随之诸如 J. B. 伯里、E. F. 马文和 G. M. 屈维廉等英国史家积极响应贝尔的倡议和筹措社会史研究实践，创立了社会史学派。④

西方学者普遍认为，在英国，社会史研究刚刚兴起之时，自由主义历史学家屈维廉提出的那个"社会史的定义可以以否定的方式作出，即是排除了政治之外的人民的历史"的含蓄定义，虽然经常被人们所引用，但却不断遭到非议与批判，而且迄今为止能够充分理解它的人并不多。应该说屈维廉所指称的"社会史"概念的内涵在一定程度上是被误解了。⑤尽管屈维廉关于社会史的定义和他对社会史研究的实践引起了不同倾向的

---

① M. 布洛赫：《历史学家的技艺》，第 23 页。

② 参见杨雁斌《面向大众的历史学——口述史学的社会含义辨析》，《国外社会科学》1998 年第 5 期，第 28 页。

③ 参见井上幸治《年鉴学派成立的基础——亨利·贝尔在法国史学史中的地位》，《国外社会科学》1980 年第 6 期。

④ G. M. 屈维廉的《英国社会史》在 1942 年出版，学术界普遍认为其主要观念即"除了政治什么都有的历史"成为传统社会史的重要标志。具体来说，屈维廉这个结论具有特定的条件，他从社会历史的结构性视角出发，认为历史可以分成经济条件、社会现象和政治事件三个层次，这三个层次中具有轻重主次之分，经济条件是社会现象的基础，经济条件和社会现象又是政治事件的基础。而经济史和政治史都不属于社会史的研究范围，甚至从根本上说，政治史与社会史则始终是一种对立关系。参见陈启能主编《二战后欧美史学的新发展》，山东大学出版社，2005，第 401～402 页。

⑤ 参见 D. 加纳迪《何为社会史》，载蔡少卿主编《再现过去：社会史的理论视野》，浙江人民出版社，1988，第 148 页。

反响和批评，然而英国随后产生的相当一批成绩卓著的新社会史家和新社会史专著，又不能不说是受到屈维廉历史思维的启发。比如，劳伦·斯通对欧洲家庭史的研究、爱德华·汤普森对英国工人阶级形成和民众习俗的研究等都来自他的影响，D. 加纳迪认为，即使霍布斯鲍姆的研究也深受屈维廉的熏陶。① 这些成就的基本前提，就是重新对屈维廉指称的极具争议性定义进行再认识与再反思。其实，就屈维廉的初衷而言，他也指望对社会史的具体研究并不限于自己所定义的范围，他的研究成果也流露出对时代性主题的关怀，他的社会史研究成果已经预见到新社会史研究的大致规模、众多课题和问题困境。惟其如此，就某种意义上而言，屈维廉可称得上既是最后一位伟大的传统社会史学家，也是新社会史学的第一位开创者。② 当然，在屈维廉的著作中，很难看到这种包罗万象主题的具体研究，因为必要的研究工作才刚刚开始。③ 屈维廉提倡的社会史研究目标与任务，更多和更大程度上是留待了后来的新社会史学者来承担。

霍布斯鲍姆就认为，屈维廉提倡的这种社会史，其含义包括研究人类行为之各个方面，但它难以归类，故只能用诸如行为方式、日常生活、民俗民风的概念来加以表示，这种社会史学并不特别注意底层阶级，因而是非常肤浅的新闻记者式的研究途径。④ 就此种旧社会史研究类型来说，其思维方式的深刻变革和此种社会史的展开方式十分模糊而不明确，因此并不具备太多的理论意义和实践价值。社会史的研究中，其中很多艰苦的细致工作还有待于后来的史学家继续进行。从纵向来说，1952 年是马克思主义史学家与非马克思主义史学家借由学术上的交流消弭政治上对抗而实现政治上联合的重要标志性年代，即《过去与现在》杂志创刊。⑤ 随着马克思主义史学家主导的《过去与现在》杂志创刊，英国史学界一度形成了自由主义、激进主义历史学家同英国马克思主义新社会史学家和人类学家之间的积极合作的局面，英国社会史的研究进入一个新阶段。但是

---

① See, *History Today*, March 1985.

② Felix Gilbert & Stephen R. Graubard, *Historical Studies Today*, New York 1972, p. 21.

③ 参见 J. 布雷维里等《何谓社会史》，载蔡少卿主编《再现过去：社会史的理论视野》，第 148～149 页。

④ See, E. J. Hobsbawm, "From Social History to the History of Society", in *On History*, The New Press（New York）1997, p. 72.

⑤ 1983 年《过去与现在》创刊 30 周年之际，发表了一篇纪念性的文章，系统地介绍和阐述了这个刊物的创刊宗旨与发展的价值取向以及已经取得的巨大成就。See, Christopher Hill, R. H. Hilton, and Eric Hobsbawm, "Past and Present: Origins and Early Years", and, Jacques Le Goff, "Later History", *Past and Present*, No. 100,（August 1983）, pp. 3–28.

"在马克斯·韦伯社会学的影响下和法国'年鉴'学派直接影响下写成的社会史著作，则是稍后，在60年代后半期才开始问世"①。在社会史学实践中，马克思主义史学家如霍布斯鲍姆和汤普森等人部分地承担了屈维廉所预见的社会史研究课题。正是他们的史学研究逐步促进了马克思主义史学与社会史学的结合，为英国马克思主义历史学派赢得了"英国新社会史学派"的称号。

随着这股关注人文精神和科学精神的整体新社会史学思潮在英国的滥觞，英国史学界研究社会史热潮已经成为当时史学整体化要求和整体化趋势的一道重要景观。在这种情况下，英国史学界一些著名学者推动和完成了两件重要的事情：其一，正是1952年，部分英国马克思主义史学家和非马克思主义史学家合作，共同创办了《过去与现在》杂志，显示出巨大的学术影响力。他们强调社会的复杂性，主张以人为中心来研究历史，认为"人是主动而有意识地创造历史，而不是一群被动的牺牲品和历史的标示物"②。力图以人为本来解释历史和了解世界。这是他们提倡与实践新社会总体史的第一次宣言。其二，1960年代中期，《时代学术副刊》开辟以"史学新方法"为中心的学术大辩论，马克思主义史学家与非马克思主义史学家都纷纷踊跃加入这场论争。比如英国著名历史学家、牛津大学圣体基督学院院长凯思·托玛斯提出开拓历史学家研究视野，采用社会科学特别是人类学与社会学的方法和模式，积极倡导"史学新方法和新范式"。③

如此说来，这两个重要的史学事件，引领出和标志着英国新社会史研究领域的学术新境。英国新社会史的著作如雨后春笋般地增加。如托马斯致力于民间魔法研究领域的专著为拓展以"人民大众"为中心的社会史研究做出了贡献。④ 劳伦·斯通一系列关于家庭婚姻的研究成果，成为英国第一批家庭史研究性论著。⑤ 霍布斯鲍姆和汤普森的著作无可非议是新社会史的经典性代表。1965年以汤普森为首的英国马克思主义史学家创立了沃里克大学社会史研究中心，以这个机构为中心，后来形成了英国著

---

① 兹韦耶列娃、列宾娜：《英国的社会史和"新史学"》，《世界史研究动态》1989年第2期，第43页。

② The Editors，"Introduction to past and present"，*Past and Present*，No. 1，February 1952.

③ Keith Thomas，"History and Anthropology"，*Past & Present*，No. 24，1963.

④ Keith Thomas，*Religion and the Decline of Magic*，Penguin（London）1978.

⑤ Lawrence Stone，*The Crisis of the Aristocracy：1558 – 1641*，Oxford 1965；*Family and Fortune*，London 1973；*The Family，Sex and Marriage in England：1500 – 1800*，London 1977.

名的社会史和工人运动史研究重心。1976 年英国新社会史学会成立,《社会史》杂志创刊发行。同年由拉斐尔·萨缪尔倡导发行了《历史研究会杂志》,这两种刊物与英国劳动史协会纪要共同构筑了英国新社会史研究的学术阵地,成为英国社会史研究由劳工史向新社会史转向和飞跃发展的重要路标。正是英国马克思主义史学家的努力开拓,导致 1978 年以来英国新社会史研究出现了空前的新进展与新突破。英国史学界出现了"历史研究日益社会学化,社会科学工作日益历史学化"的良性局面。① 以至于日本一位马克思主义史家论述道:"1980 年,英国劳动史研究学会迎来了创立 20 周年纪念日,在纪念大会上,R. J. 莫里斯总结了过去 20 年英国劳动史的研究情况……指出 E. H. 费尔普斯·布朗于学会成立前后发表的论文《英国工业关系的发展》以及 E. J. 霍布斯鲍姆于 1964 年发表的《劳动者》,已经预示出劳动史研究将有大的发展,而且 1963 年 E. P. 汤普森发表的《英国工人阶级的形成》,对于劳动史发展成为工人阶级史有着重大的意义。"② 正是在国际社会史学思潮的背景下,加上对英国史学自身的传统领域与史学方法的反思,经过霍布斯鲍姆这样的英国马克思主义史学家的努力,英国史学实现了由传统社会史转向新社会史的范式转换,最终实现了学科变革——屈维廉所提倡除去政治的日常生活史走向新社会史学派主张的社会生活方式、大众集体意识或心理等历史及人类学意义上的"文化"历史、人口与宗族关系、乡村与都市、阶级与社会群体等"社会的历史"研究主题的逐步过渡。

　　凡此诸种学术活动的结果,由此率先开拓了英国新社会史学派的研究领域,推动了其发展。英国新社会史的崛起与进展,它对底层阶级的生活经历,包括他们的社会反抗与犯罪、行为与思想意识等等都试图做深刻的研究与分析,这种社会史学方法与理论逐渐成为一种新的历史研究范式。正如霍布斯鲍姆自身已经认识到的那样,不但在英国,乃至在法国和美国,新社会史研究作为史学现代化的重要推动力,这种实践早在 1930 年代已经开始,到 1960～1970 年代已呈蓬勃发展之势。③ 这种史学实践同以前的传统史学区别越来越大,它的研究时间段落和问题重心在发生着重

---

① 参见《过去与现在》编辑部关于克·劳埃德"社会史的阐明"的发行声明, *Past & Present*, No. 110, February 1986。
② 松村高夫:《英国社会史研究与马克思主义史学》,《国外社会科学》1985 年第 1 期,第 20 页。
③ See, E. J. Hobsbawm, "A life in History", *Past and Present*, Vol. , 177, Number 1 (November 2002), pp. 10 – 11.

要的路标转向。

再次，可以简单考察和回顾透视西方新史学与马克思主义史学的交叉与互动——年鉴学派与英国马克思主义历史学派的关系。

在政治史和军事史迈向经济史和社会史的研究领域过程中，英国新社会史学实际上深受法国新社会史学即年鉴派史学影响，这似乎是不争的事实。当然，这种影响在英国马克思主义历史学派内部还是有区别的。比如与汤普森自始至终基本上坚持人本主义的社会史本体论、方法论和认识论不同，霍布斯鲍姆也推崇和接受年鉴派的社会史价值观念与价值体系，即年鉴派的结构主义社会史本体论、认识论与方法论。① 巴勒克拉夫指出："在英国，只要随便提到几个历史学家的名字，如鲁德、霍布斯鲍姆、拉斯勒特和汤普逊，从他们的著作中可明显看到年鉴学派的影响。"② 波米扬认为霍布斯鲍姆和汤普森等人"无不是社会史的著名实践家，他们从年鉴派和强有力地渗入西方许多大学的马克思主义中得到启示"。③ 凯思·托玛斯在谈到英国当代史学受到哪些社会科学方法的影响问题时也认为，英国当代史学主要受到来自两方面的强烈影响，首先是英国的社会人类学传统，其次是法国年鉴学派。④ 这正能说明英国马克思主义史学与年鉴学派之间的关系。

譬如，《年鉴》及其学派在英国史学界发挥着非常巨大的影响或推动性作用，霍布斯鲍姆深受年鉴派史学思想的影响，尤其深受该学派第二代领袖布罗代尔总体史学思想的启发和影响。霍布斯鲍姆对布罗代尔的推崇态度与认同程度，从1949年布罗代尔成名作国家博士学位论文《菲利普二世时代的地中海与地中海世界》（两卷本）问世的时候，在《过去与现在》杂志上发表的一篇热情洋溢的学术书评中表露的学术观点中可见一斑。霍布斯鲍姆认为这是一部历史经典，这本新著较之过去旧式历史著作有三个方面值得注意："第一，它体现了总体研究的成果——其研究成果直接地为布罗代尔教授激发或是他指明的方向——在这个领域中这种总体

---

① 参见庞卓恒主编《西方新史学述评》，高等教育出版社，1992，第91页。

② 杰弗里·巴勒克拉夫：《当代史学主要趋势》，杨豫译，上海译文出版社，1987，第62页。

③ 科吉斯托夫·波米扬：《史学：从道德科学到电脑》，《第欧根尼》（中文版）2000年第2期（总第32期，2000年12月），第113页。科吉斯托夫·波米扬：《史学：从道德科学到电脑》，载陆象淦主编《新大陆 VS. 旧大陆》（当代人文译丛，第 I 辑），第137页。

④ 参见何平《托玛斯博士谈英国史学》，《史学理论》1988年第4期，第51页。

研究正是 1949 年产生的。第二，对那些想参考这本宏大的著作而不只是通读它的许多学者来说，或许最明显的帮助在于，它包含的 67 幅地图、图表和空中摄像为本书的观察资料提供了一种新视角。最后，它体现了作者自己的历史观念与历史解释方面的变化。"① 就布罗代尔的史学巨著和体现在他著作中的"总体史"思想与"长时段"理论方法来说，霍布斯鲍姆毫无保留地宣称，无疑布罗代尔据此开创了一个史学研究的新时代。甚至认为过分地赞赏这本书已无必要，因为这本书的许多优点与不可估量的价值是每位读者都会意识到的，虽然人们不能忽视书中颇具争议性的一些观点，但是，"如果哪位历史学家读到这本书却没有被激发出新的观点和新的创造性研究，那么他就没有权利从事他的历史职业"。② 就此而言，霍布斯鲍姆坚信，布罗代尔的史学理论与方法肯定会而且事实上已经影响了包括他自己在内的英国历史学家的史学研究价值取向。

　　现当代中西史学界也公认从 1945 年到 1968 年这个布罗代尔担纲年鉴派领袖的阶段为"布罗代尔时代"的事实就是一个证明。1978 年，伊曼纽尔·沃勒斯坦在宾厄姆顿的纽约州立大学成立了"费尔南德·布罗代尔研究中心"，组织了一次讨论布罗代尔和《年鉴：经济、社会和文明》刊物国际性影响的学术性纪念报告会。霍布斯鲍姆为此专门写了一篇题为《英国史学与年鉴学派：一则说明》的文章，补充解释有关年鉴学派在英国的接纳状况，评论法国史学特别是布罗代尔史学在英国的影响问题。③ 霍布斯鲍姆承认，英国史学界比较早地接受年鉴学派的影响。还在 20 世纪 30 年代剑桥大学时期，他们中的许多人，就在导师前辈学者的指导下认真阅读《年鉴》。他本人从不拒绝法国年鉴学派理论和方法的影响，而是坦然承认从中获益匪浅。"我感到自己就被吸引远离了我生活的这个世纪而去从事 17 世纪危机的研究，回过头来看我当时所写的文章，我发现自己大量参阅了《年鉴》、《年鉴》发表的文章、《年鉴》中的学者，参考了布罗代尔、默威特等等这类人物的著述"。④ 2000 年，他接受意大利记者安东尼奥·波立陶的采访，在回答"谁引导他爱上历史学家这个职

---

① E. J. Hobsbawm, "Rev. Of Fernand Braudel, La Mediterranee et le Monde Mediterraneen a L'époque de Philippe II (new edition)", *Past and Present*, 39, 1968, p. 173.

② E. J. Hobsbawm, "Rev. Of Fernand Braudel, La Mediterranee et le Monde Mediterraneen a L'époque de Philippe II (new edition)", *Past and Present*, 39, 1968, p. 174.

③ See, E. J. Hobsbawm, "British History and the Annals: A Note", in *On History*, pp. 178 - 185.

④ E. J. Hobsbawm, "British History and the Annals: A Note", in *On History*,

业"的问题时，特别强调三个方面的因素：其一是马克思的著作及其思想的影响，尤其是他从马克思那里认识到历史是理解世界的工具，而历史研究可以依据结构与模式，从总体上观察与分析人类社会长期演变的过程；其二是战后 10 余年共产党史家小组的史学研究训练；其三就是来自与其他国家历史学家们的论争，特别是年鉴学派的影响。① 2002 年 7 月，在伦敦历史研究协会主办的《过去与现在》创办 50 周年学术研讨会上，霍布斯鲍姆再次发表演讲，强调大致从 1945 年至 1968 年这段时期，年鉴学派特别是布罗代尔 1949 年《地中海》构建的有关"结构"分析的社会历史研究理路，对包括英国史学在内的西方史学的重大影响，甚至对他自己的学术影响。②

　　在承认受惠于年鉴学派的同时，霍布斯鲍姆更强调英国马克思主义史学派与年鉴学派之间的双向互动关系。霍布斯鲍姆承认，20 世纪 30 年代以来，不管是当时诸如剑桥著名的经济史教授米切尔·波斯坦（Micheal Postan）那样的学术界前辈，还是青年马克思主义者那样的年轻才俊们，正是通过经济史和社会史这两门早期逐步向《年鉴》靠拢的标识性学科，特别是马克思主义与年鉴学派经由"经济史"的相关课题巧妙地结合起来，英国史学与年鉴史学才找到了汇合点。在霍布斯鲍姆看来，正是从 20 世纪 30 年代始，特别是自彼得·伯克那个时代的学者们开始，英法史学工作者共同领导着国际经济史代表大会和联合会，或通过其他世界经济史学组织领导形式，通过经济史或经济和社会史领域，把英法史学影响及其相互关系，最终拓展到域外领地。③ 因此，他在 1997 年出版的《论历史》的序言中这样欣慰地写道："从 19 世纪末开始，到 20 世纪 70 年代，至少直到知识分子朦胧地开始规划历史学前景的时候，作为研究过去的历史学科才开始汇集而不再相互隔绝。法国年鉴学派和英国马克思主义史学派经常关注着同样的课题。虽然学派性质不同，它们各自最杰出倡导者的政纲也远非一致，但每派都理解对方从事着的类似的历史科研主题。"④

　　毋庸否认，《年鉴》史学与马克思主义史学两者间存在着直接的学术

---

① 艾瑞克·霍布斯鲍姆、安东尼奥·波立陶：《霍布斯鲍姆：新千年访谈录》，殷雄、田培义译，新华出版社，2000，第 7~8 页。

② See, E. J. Hobsbawm, "A life in History", *Past and Present*, Vol. , 177, Number 1（November 2002）, p. 13.

③ See, E. J. Hobsbawm, "British History and the Annals：A Note", in *On History*, pp. 179 - 180.

④ E. J. Hobsbawm, "Preface", in *On History*, p. x.

关联，主要表现在两个方面：其一，理论认识上的彼此突破。英国马克思主义者并非如通常人们所了解到的那种姿态：坚信马克思主义者宁愿标榜自身与非马克思主义学派相区别，而不是发现自己已经在与他们存在着某种程度上的合作。换言之，马克思主义者从一开始就主动寻求与非马克思主义者在理论上的共识。其二，实证研究方面的真诚合作。诸如霍布斯鲍姆、罗德尼·希尔顿那样的马克思主义左派与《年鉴》的布罗代尔及其同事门徒之间，就始终存在着非常友好的相互协作关系，至少《过去与现在》学刊的创建就直接得到《年鉴》杂志嘉惠。应该说，以年鉴学派为代表的西方新社会史学（主张从大众日常生活着眼的社会史学）与英国新社会史学（提倡"自下而上"的历史学）之间存在着某种相互影响和互相交融的关系，这种学术渊薮成为英国马克思主义史学成长与发展的内在张力。实际早在学生时代，霍布斯鲍姆就认识到，作为史学现代化事业的最卓越开创者和最坚定拥护者，无论是年鉴学派创始人如马克·布洛赫和吕西安·费弗尔，还是当时英国年青马克思主义史学家，从本质上来说，尽管最初是以突出的文化视野或文学兴趣涉猎史学，然而正是他们从已经制度化的传统史学坚实的堡垒中，努力寻觅并把经济史和社会史视野作为突破研究领域的立足点，从而推进了西方史学现代化历程。霍布斯鲍姆特别强调，也就是第二次世界大战前后，包括自己在内的英国新马克思主义者在其职业生涯之初，已经迸发出对这种史学研究的专业热情，开启了对社会历史的实践追求。①

因此，基于霍布斯鲍姆的史学认识，可以得到的学术印象是，即使在冷战时期，从 1950 年代和 1960 年代开始，特别是 1970 年代以后，当西方史学的复杂面相变得清晰可见的时候，英国马克思主义史学与西方新史学之间的关系仍然表现出两个重要的学术特征：其一，学术合作的加强。有点出人预料的是，虽然冷战确实在许多方面影响了历史学家的职业生涯，当然除了如关于冷战本身的争论那样，20 世纪苏联和共产主义史的研究受到冷战影响，然而冷战因素并未渗透到西方史学所有方面，因此它没有完全阻碍历史学的发展。这其中根本原因在于有些历史学家对于史学现代化的共同追求。正是由于这点，同样令人惊奇的是，尽管存在潜在的意识形态观念、政治立场和民族差异，各种各样的史学现代化推崇者还是

---

① See, E. J. Hobsbawm, "A life in History", *Past and Present*, Vol. , 177, Number 1 (November 2002), p. 6.

明白了他们必须保持同样的立场，与共同的对立者进行斗争。① 由是观之，年鉴学派那样的非马克思主义史学家和英国马克思主义学派那样的史学家们就是因为史学现代化的共同目标才在史学实践中日益靠拢，相互合作。其二，学术观点的差异。必须注意的是，自始至今，英国马克思主义史学本身就是在与西方新史学的直接交流与对话中，借用社会科学和人文社会科学的概念、方法与理论模式，从而找到自己发展的生长点与突破口，而不是亦步亦趋地跟在新的学术思潮后面蹒跚前行。

关于这点可从 2002 年霍布斯鲍姆那篇文章的一段话中得到理解："形成于英国共产党史家小组争论氛围中的《过去与现在》杂志，实际上注定要成为这些史学现代化者的主要媒介。至今作为同盟者我们全部相互认同。《过去与现在》在其创刊阶段就承认《年鉴》的灵感。把他自己形容为该刊物'自创立之始的一位读者、一位崇拜者、一位朋友，甚至（如果允许我这样说）一位秘密的恋人'的年鉴学者雅克·勒高夫（Jacques Le Goff），也把这两个杂志看作同盟者，而汉斯·韦乐（Hans-Ulrich Wehler）更是公开把'马克思主义史学家令人惊叹的影响'视作深藏于'1960 年代之后英国史学产生全球影响'事实背后的主要因素。《过去与现在》自身成功证明的一点就是：虽然五十年前这份杂志是在冷战时期非常恶劣的时刻创立，即便一般民众也因深知其创立者的共产党员身份而多年来一直顽强地排斥它，尤其历史研究协会拒绝接受，但是《过去与现在》却仍然由此开拓前进，主要因为它能够从非共产主义者和反共产主义者的历史学家中吸收大量读者、作者，甚至编辑部成员。"② 事实上，英国史学发展历程中，马克思主义与非马克思主义者之间的交流和合作日益加强。甚至战后的西方史学界，无论是资产阶级新史学，还是马克思主义史学理论与方法，它们之间存在着一种相互影响和相互交叉的关系。美国史学家伯纳德·贝林说，"马克思主义者把一种强有力的融会贯通的体系引入了历史学……无论我们采取何种历史研究方法，马克思主义观点对于我们认识历史仍然是一种强大的力量"。③ 诸如法国的"年鉴学派"、美国的"新左派"和日本的"进步史学派"等战后重要历史学流派，在

---

① E. J. Hobsbawm, "A life in History", *Past and Present*, Vol., 177, Number 1 (November 2002), p. 8.

② E. J. Hobsbawm, "A life in History", *Past and Present*, Vol., 177, Number 1 (November 2002), p. 9.

③ 中国美国史研究会：《现代史学的挑战——美国历史协会主席演说集 (1961～1988)》，王建华等译，上海人民出版社，1990，第393页。

方法论上，不同程度上都无不受到马克思主义史学的影响。反之，新史学的史学研究方法对马克思主义史学的冲击，也必然使得马克思主义史学方法的革新获得合理的成分，促进马克思主义史学的发展与完善。如前所述，以霍布斯鲍姆为代表的英国马克思主义史学受到年鉴学派等新史学方法论影响的事实就是一个证明。也应该看到，古往今来，中西史学界指导历史记述与史学研究的理论绝大多数是史学家作为认识主体在自身创造的基础上，结合哲学、自然科学或社会科学知识与理论方法，经过整合而构建的认识论与方法论体系，它在本质上是共同的理论反思与方法论关照的结果。作为英国马克思主义史学派的重要代表人物，霍布斯鲍姆等历史学家的史学理论与实践自然也不可避免地与西方新史学发展大势联系在一起。

由此需要补充的是，包括霍布斯鲍姆在内的当代英国马克思主义史家史学思想或理论体系的形成与演化，还具有深刻的当代西方社会科学学术背景和人文社会科学渊源。这也是整个西方新史学诞生的一个前提条件。正如巴勒克拉夫所指出的，1955 年前后西方出现的"新历史学"的动力主要来自社会科学。[1] 中国学者认为，法国年鉴学派的产生，与 20 世纪初法国社会学、人类学、地理学与心理学等社会科学的影响息息相关。美国的新经济史、新政治史又分别从经济学、政治学中汲取了许多理论营养。心理史学则是在心理学理论方法的哺育下发展起来的。没有当代人文社会科学理论方法的刺激，就不会产生西方新史学。[2] 就英国史学而言，哈罗德·T. 帕克论证道："从 1920 年代开始，并从此以后，越来越多的英国史学家从社会科学那里借用研究主题，借用提问方式，借用概念、观点、技术和方法以及理论。社会史学家们也同样借用社会学和人类学，经济史学家们借鉴后凯恩斯主义经济理论，历史人口统计学家们借鉴分析人口统计学，而历史地理学家们借鉴地理学东西……遵循社会科学战线的英国史学家们的思想目前在一定程度上受到其他学科发展的支配，而这些学科的发展又是对这些学科的需要、社会和前景的反应。"[3] 作为深受西方新史学趋势与马克思主义史学影响的英国马克思主义史学派的主要代表人物，霍布斯鲍姆等史家群体的史学理念与史学观念也不能不在渊源上呈现

---

[1]　杰弗里·巴勒克拉夫：《当代史学主要趋势》，第 70 页。

[2]　侯旭东：《跨学科交流：发展中国史学理论的构想》，http://www.ssdph.com.cn/sailing/thesis/t029.htm。

[3]　Georg G. Iggers and Harold T. Parker, *Introduction: The Transformation of Historical Studies in Historical Perspective*, in *International Handbook of Historical Studies: Contemporary Research and Theory*, pp. 196 – 197.

出这样的特征，而且他们从来也不否认自己时刻在追寻和把握着包括西方新史学在内的当代西方社会人文科学理论与方法。反之，马克思主义史学客观上也促进了当代西方社会人文科学的发展。

三　英国马克思主义史学和西方马克思主义思潮

沿着上述分析思路，还需简单叙述英国马克思主义史学与西方马克思主义思潮的关系问题。"西方马克思主义"是相对于传统马克思主义而言的流行于西方的一种社会和哲学思潮。它出现于 20 世纪 20 年代，又是国际共运中一种激进主义思想倾向。通常，其早期代表人物卢卡奇、科尔施、葛兰西等人被统称为新马克思主义者。随着二战以来西方垄断资本主义造成社会异化情况的加剧，加之马克思《1844 年经济学哲学手稿》的面世，基于对马克思主义的不同理解与文本解读，一系列西方马克思主义的新社会思潮与学术思潮随之涌现，如萨特存在主义、弗洛伊德主义、阿尔都塞结构主义和新黑格尔主义等等，这些思潮大都以"重新发现马克思主义"为己任，试图对经典马克思主义在进行消解的过程中重新建构。论者认为，从马克思的原始出发点——即人的解放，消除异化，个人自由全面的发展来看，西方马克思主义者不论是从主观上坚持马克思的初衷不变，还是客观上社会历史形势使然，都走上了社会批判和文化批判的道路，并以他们的深刻和执著，提出了许多发人深省的观点。作为一种在否定的辩证法意义上的批判理论，作为一种社会病理诊断模式，西方马克思主义和马克思主义的基本精神是相契的。① 这种观点固然有待于进一步研究，但有一点是肯定的，即西方马克思主义者力图恢复马克思主义的思想本源，就此而言，它所追求的基本精神与马克思主义具有基本相符合和默契之处，因此，这样一种马克思主义思潮，它的理论与方法无疑也会影响到英国马克思主义历史学派及其史学范式。虽然英国马克思主义史学派中几乎没有人标识其史学理论直接来源于西方马克思主义哪些方面，但从其代表人物著作中的一些观念来看，大致能够了解他们对西方马克思主义思潮的批判与继承的一般关系。

追根溯源，英国马克思主义历史学派受到西方马克思主义思潮的影响首先来自西方马克思主义的先驱，马克思主义理论家和实践家，意大利共产党的创建者之一，意大利哲学家、政治家和历史学家安东尼·葛兰西（Antonio Gramsci，1891～1937）。早年葛兰西在狱中给儿子的书信里，就

---

① 参见徐友渔《西方马克思主义在中国》，《读书》1998 年第 1 期，第 77～83 页。

用充满历史感的朴素凝重的语言表达了西方马克思主义哲学与历史学结合所造就的西方马克思主义史学的宗旨和原则，流露出葛兰西关于历史研究的自下而上考察方法和底层史学的思想。① 正是葛兰西在《狱中札记》中从主流话语霸权理论的角度出发，比较详细地阐述了关于着眼于底层阶级历史的思想和方法，认为"底层集团一方所表现出的每一点独立进取心都对于整体历史学家具有不可估量的价值"。② 日本学者认为，英国新社会史学还明显地受到葛兰西社会学思想的影响，"葛兰西的领导权观点强调英国工人的文化和民众的文化，是导致英国出现'文化的马克思主义'的重要原因"。③ 查特吉认为"'底层'这个词是这些历史学家从意大利马克思主义者安东尼奥·葛兰西那里借来的。葛兰西在《狱中札记》里为编纂'底层阶级的历史'勾勒了方法论的轮廓"。④

霍布斯鲍姆对葛兰西的学术思想与政治思想进行过精彩的评论，对他的马克思主义政治理论、国家与知识分子问题和关于政党建设的思想都有细致的分析与理解，作为马克思主义者，葛兰西的伟大实践家的风格无疑对霍布斯鲍姆留下深刻的初步印象。⑤ 后来，霍布斯鲍姆再次对作为西方马克思主义政治学家和历史学家的葛兰西及其学术思想进行了基本分析与高度评价。⑥ 似乎可以说，葛兰西丰富的学术思想和政治思想对于霍布斯鲍姆那样的英国马克思主义史学家思想体系的形成起着潜移默化的影响。这种观念渊源脉络，可以从霍布斯鲍姆面对专访时记者所提出"你是否认为最近关于（西方马克思主义）阿尔都塞和葛兰西著作的兴趣促进了马克思主义史学的丰富进展"问题之系统解答中，寻找到某种解释。但是霍布斯鲍姆不无尖锐地指出，不论是阿尔都塞还是葛兰西等西方马克思主义者，他们都只是在一般理论意义上为人们所接受，对英国马克思主义史学及其具体的史学实践方面，他们非但没有直接贡献反而抱有对马克思主义史学的偏见。当然在某种学术潜能方面，"一些优秀马克思主义史学

---

① 参见陈其《西方新马克思主义史学及其启示》，http：//www. pep. com. cn/200212/ca38271. htm。

② 安东尼奥·葛兰西：《狱中札记》，曹雷雨等译，中国社会科学出版社，2000，第37页。

③ 松村高夫：《英国社会史研究与马克思主义史学》，《国外社会科学》1985年第1期，第21页。

④ 查特吉：《关注底层》，《读书》2001年第8期，第13页。

⑤ 参见 E. J. 霍布斯鲍姆《葛兰西思想评论》，《国外社会科学动态》1982年第12期，第24～30页。

⑥ David Forgacs（ed.），*The Antonio Gramsci Reader：Selected Writings，1916 - 1935*，New York University Press（New York）2000，With a New Introduction by Eric Hobsbawm, pp. 10 - 13.

家，更年轻点的马克思主义史学家，相对于我个人从来没有得到的而言，确实从阿尔都塞那里获得了一些东西。但是，我认为不能够把任何只要有几部马克思主义史学著作的历史学家都称为阿尔都塞主义者"。① 就针对为意大利史学创造了非常优秀成果的葛兰西而言，霍布斯鲍姆也并不认为自己从他那里能够获得比马克思本身的方法更多的特别历史分析路径。确实，在政治和历史的层面上，从传统马克思主义关于经济基础和上层建筑相互关系理论的角度上看，霍布斯鲍姆认为葛兰西最大贡献是从方法论上着眼于下层阶级基础上，提出所谓的"霸权理论"，特别强调上层建筑的作用，反对经济基础特别是简单的机械经济决定主义。"然而，就书写历史的层面看，我认为并不存在特别强大的葛兰西主义影响。有些人，如美国的吉诺维斯（Eugene Genovese），也创造出许多诸如霸权那样的概念。而且，坦白地说，如果葛兰西没有发明这个特别的术语，或者没有修改这个术语，我们也肯定会使用许多同样的术语，不过我们会把它称为别的什么名称"。② 需要指出的是，霍布斯鲍姆是非常谨慎地对待英国马克思主义史学与西方马克思主义思潮之间的关系问题的，有些马克思主义史学家确实受到西方马克思主义的影响，但是这种作用不能够被无限制地拔高。

然而，诺曼·F. 肯特在谈论到英国马克思主义史学派时，对其中有些学者明显受到西方马克思主义的影响却有画龙点睛之笔。以研究英国文学史见长的雷蒙德·威廉斯是当代文学批评家中最坚信马克思主义的一位学者，他发表于 1962 年的第一本著作，主要研究从 1800 年以来与社会经济状况相联系的英国文学史情况。肯特认为，威廉斯受德国西方马克思主义者沃尔特·本雅明（Walter Benjamin）和法兰克福学派的影响是非常强烈而鲜明的，同时他也受到英国本土思想家 F. R. 李维斯和 Q. 李维斯（Queenie Leavis）等人观念的影响。③ 威廉斯的学术思想博采众家，但当代西方马克思主义思想在他的文化研究和理论体系中占有独特地位。事实上，"他早期同主张'新批评'的学者利维斯及《细察》杂志过从甚密；后来又同英国当代'新马克思主义'学者安德森和《新左派评论》杂志有过密切联系。他曾广泛吸取葛兰西、戈德曼（法国'西马'学者）、沃洛希诺夫、巴赫金（苏联学者）等人的思想。又同阿尔都塞的结构主义

---

① See, Marho, "Interviews with Eric Hobsbawm", in *Visions of History*: *Interviews with Radical Historians*, Pantheon Books（New York）1983, pp. 37 – 38.

② Marho, "Interviews with Eric Hobsbawm", in *Visions of History*: *Interviews with Radical Historians*, p. 38.

③ Norman F. Cantor, *The American Century*: *Varieties of Culture in Modern Times*, p. 292.

马克思主义展开对话"①。作为英国马克思主义史学与文学批评史学两栖活动的思想家，威廉斯在文学评论领域里表现出来与西方马克思主义的联系，有力佐证了英国马克思主义史学与西方马克思主义之间的渊源关系，特别是"他的成就使一大批寻求从新的角度理解基础—上层建筑以及决定论概念的历史唯物主义者们受益匪浅"②。

再如，汤普森对阿尔都塞的结构主义进行了严肃的审视和严厉的批判。恩格斯在《反杜林论》中曾说："真理和谬误，正如一切在两极对立中运动的逻辑范畴一样，只是在非常有限的领域内才具有绝对的意义……但是，如果我们企图在这一领域之外把这种对立当做绝对有效的东西来应用，那我们就会完全遭到失败；对立的两极都向自己的对立面转化，真理变成谬误，谬误变成真理。"③ 在汤普森看来，无疑阿尔都塞结构主义不能算是真理，其荒谬之处就在于他试图建立一个理想的和永恒的结构模式，但这个模式却是外向封闭和内向循环的狭隘结构，其结果就是不自觉地把理想的结构凌驾于社会存在之上，而不能够保持理论观念、客观事实和物质条件之间的持续对话。④ 阿尔都塞结构主义的理论后果无非就是造成历史研究的教条化、公式化和简单化。从比较来说，霍布斯鲍姆则重视社会结构分析的同时，更注重历史结构的变迁意识，在批评庸俗马克思主义的同时，也批评诸如阿尔都塞主义那样的结构马克思主义。他认为，"虽然阿尔都塞式的方法论有它一定的价值，但是却把马克思所注视的一些问题过分简单化了，例如，取消了历史的变动性"。⑤ 这确是一语戳穿并道破了阿尔都塞主义的所有弱点与关键症结：只注重自在结构，而缺乏历史变迁意识，忽视历史发展过程中的特殊性和变动性。萨缪尔公开承认英国马克思主义者深受 1960 年代以来法国阿尔都塞结构主义乃至弗洛伊德精神心理深层结构分析模式等西方马克思主义思潮的精神影响，分析认为不管结构主义如何忽视真正的客观世界，甚至有时陷入语言和思想观念范畴的纠缠而不能自拔，但是结构主义分析模式对于历史学家在解释自身

---

① 王尔勃：《雷蒙德·威廉斯及其晚期代表作〈马克思主义与文学〉》，载刘纪刚主编《马克思主义美学研究》第 4 辑，广西师范大学出版社，2001，第 311 页。
② 赵世玲：《西方马克思主义史学的发展现状——访加拿大学者布赖恩·帕尔默教授》，载陈启能主编《当代西方史学思想的困惑》，中国社会科学出版社，1991，第 330 页。
③ 《马克思恩格斯选集》第 3 卷，人民出版社，1995，第 431 页。
④ E. P. Thompson, *The Poverty of Theory and Other Essays*, Merlin Press Ltd（London）1978, pp. 13－14, pp. 22－25, p. 35.
⑤ E. J. Hobsbawm, *The Structure of Capital*, in *Revolutionaries: Contemporary Essays*, Weidenfeld & Nicolson（London）1973, p. 149.

不能满意地理解的那些思想与意识因素、深层次的经济与社会现象之间相互关系方面所起的作用是不可忽视的。[1] 尽管霍布斯鲍姆等英国马克思主义历史学家谋求从根本上否认阿尔都塞主义，但我们并不能否认曾经在英国热闹一时的阿尔都塞结构主义从反面刺激了马克思主义史学的反思与发展。

"阶级和阶级意识问题"是当代西方马克思主义者极为关注的研究课题，也是英国马克思主义历史学家在理论和实践中经常触动的史论问题，由此看来，通过"阶级和阶级意识理论"的共同重视，两者似乎曾经可能性地寻求通往经典马克思主义有关理论的思想桥梁，其中涉及的概念范畴、程序规则和理论观念都值得深入思考。不过在此，由于资料匮乏和篇幅限制，本书无意也无力沿此思路展开讨论，需要顺便补充说明的是，英国马克思主义史学更多地从哲学观念层面受到西方马克思主义思潮的影响。霍布斯鲍姆曾经指出，20 世纪 80 年代以前，马克思主义历史学家就主要集中于两个领域取得了丰硕成果：其一是阶级和阶级关系的研究，在这方面，美国吉诺维斯关于奴隶制度的讨论，英国爱德华·汤普森关于工人阶级的奠基性著作，霍布斯鲍姆自己关于农民和农民经济关系问题的研究，以及罗德尼·希尔顿的成果，都是引人注目值得深思的；其二是从广义的人类学方法和狭义的艺术与文学方法上取得的马克思主义文化史研究的贡献，在这方面，汤普森和雷蒙·威廉斯学术地位突出。[2] 这样的研究成就当然需要多种因素的促进，然而，这里要强调的是，汤普森和霍布斯鲍姆关于阶级与阶级意识、文化因素与英国工人阶级形成问题的研究，在很大程度上受到了卢卡奇《历史和阶级意识》一书启发及其思想的影响。如霍布斯鲍姆先后写了几篇关于工人阶级意识形成及其相关问题的文章，除《历史上的阶级意识》外，[3] 还有《劳工历史与意识》、《英国工人阶级文化的形成》和《1870 年到 1914 年工人阶级的形成》等。[4] 他们历史思想中有关个人和阶级意识在历史中的作用，是否所有阶级都具有同样内在结构的阶级意识问题，阶级划分的基础和依据等等方面的观念，无不受

---

[1] See, Raphael Samuel, *History and Theory*, in *People's History and Socialist Theory*, Routledge & kegan Paul Ltd (London) 1981, pp. xlii-xliv.

[2] Marho, "Interviews with Eric Hobsbawm", in *Visions of History*: *Interviews with Radical Historians*, pp. 40 – 42.

[3] See, E. J. Hobsbawm, "Class Consciousness in History", in Istvan Meszaros (ed.), *Aspects of History and Class Consciousness*, Routledge & Kegan Paul (London) 1971, pp. 5 – 19.

[4] 这几篇论文均收录于《劳动界》论文集中，See, E. J. Hobsbawm, *Worlds of Labour*: *Further Studies in the History of Labour*, Weidenfeld and Nicolson (London) 1984。

到卢卡奇等西方马克思主义者关于阶级分析方式与思路的影响。简言之，英国马克思主义史学家群体直接或间接地受到西方马克思主义思潮的影响。

第二节　英国社会政治变革与学术文化传统

英国马克思主义史学是当时英国政治、经济、文化等社会结构因素的变化在史学领域中有关思想旨趣和学术语境的合理逻辑反映，也是马克思主义诞生一个多世纪后英国部分历史学家对于以英国为基点的欧洲资本主义的社会历史与时代现实进行重新思考的思想产物。英国马克思主义史学家力图在对历史与现实的思考过程中，丰富和发展传统的马克思主义史学。相反，国内社会政治与学术文化背景自然又促进了英国马克思主义史学的形成与发展。

一　国内社会环境和政治文化背景

从某种意义上说，第二次世界大战前后，英国马克思主义史学的产生是以英国马克思主义工人运动和马克思主义政治运动迅速发展为基础的。在英国知识界和当时社会现实中，比较集中地形成了三个最能反映英国工人阶级和知识分子及其政党前途与社会利益，并对马克思主义理论更新具有重大贡献的学术领域：文学、经济学和历史学。特别在历史学领域里，马克思主义的发展与共产党组织活动紧密地联系在一起。这里，主要试图从英国社会状况、国内政治形势和共产党产生及其重要影响等方面来阐明两点：一方面，英国马克思主义史学传统深深地产生于英国 19 世纪 30 年代的共产主义政治运动与文化运动的内部社会环境资源之中，特别是人民阵线的政治立场与历史活动，对具有共产主义思想倾向的历史学家的成长与发展产生了重要影响；另一方面，英国拥有众多学术地位崇高并敢与非马克思主义专业史家相互辩论、相互影响的马克思主义史学家，这同英国共产党的成立与党内学术组织共产党史家小组的形成和活动关系极大。

在第一次世界大战后国际形势的刺激与国际共产主义运动的影响下，英国共产党于 1920 年正式成立。① 西方学者认为，英国共产党在形成之

① 有关英国共产党创立和发展情况。See, Andrew Thorpe, "The Membership of the Communist Party of Great Britain, 1920 - 1945", *The Historical Journal*, Vol. 43, No. 3. (Sep., 2000), pp. 777 - 800. James Klugmann, *History of the Communist Party of Great Britain. Vol. 1: Formation and Early Years*, 1919 - 1924. London: Lawrence and Wishart 1968.

初势单力薄，它不过是一个由几千人组成的小党，期间经受 30 年代西班牙内战的考验，由于受第二国际后期右倾机会主义错误路线的干预，英国共产党一时没有很好区分社会民主和政治集权的关系，也没有分清正义战争与侵略战争的关系，许多知识分子党员曾一度投入法西斯的怀抱，党在政治上始终未获得正常的发展态势。但是英国共产党成立的意义与党建立后的贡献是不容否认的，英国学者认为英国共产党的成立至少取得了四点积极的成就。① 后来，英国共产党颠覆第二国际后期灾难性的 "阶级对抗" 的错误主张，建立了一个范围广泛包括所有进步人士在内的反法西斯主义人民阵线。当时，就英国共产党的政治纲领与政治实践来说，共产党最终调整了其方针政策，把支持西班牙人民的反佛朗哥法西斯战争作为共产党人的国际主义目标，人民阵线名誉上直接受共产党组织领导，实际上由劳工党操纵。人民阵线在支持西班牙共和国事业中起着一定作用并获得了崇高的国际国内威望的同时，却遮盖了英国共产党的政治光芒。由此麦克莱伦认为，与欧洲大陆其他共产党不同，英国共产党的形成并不是多数派社会民主政党分裂的结果，它的群体基础较薄弱，它不得不与劳工党联盟却遭到政治上的冷落，因此共产党对劳工党的政治立场表现出一种矛盾心态——既俨然以劳工党中左派力量身份追随以莫斯科为核心的国际共运联合阵线以壮大自身，又指责劳工党是背叛工人阶级利益的改良主义政党，结果整个 1930 年代共产党在政治上没有取得什么进展。②

共产党最终没有在人民阵线中获胜，但作为一个政党，它本身获得了一定的政治经验，也培养了一大批激进共产主义知识分子，这是一笔巨大的政治遗产。后来，霍布斯鲍姆就多次坦言，"我们这一代人之所以变成马克思主义者，是因为三十年代的危机和反法西斯斗争"。③ 也许就当时现实而言，共产党活动的政治意义并不为人重视，然而从长远来看，共产党的活动经历为后来英国历史上的新左派运动还是奠定了基础，对英国马克思主义史学家的政治倾向也造成了一定的影响，而新左派运动至少导致

---

① 简言之，把从前各自为阵的马克思主义者召集于统一的政党组织之下；使工人阶级摆脱机会主义和改良主义影响，科学理解了阶级斗争理论的重要性；使人们摆脱教条主义、僵化社会主义和宗派主义束缚；共产党接受以列宁为首的第三国际领导，尽管它还很弱小，但它高举革命旗帜把工人阶级运动带进一个新阶段。See, James Klugmann, "The Foundation of the Communist Party of Great Britain", *Marxism today*, January 1960, p. 10.

② See, David McLellan, *Marxism after Marx: An Introduction*, Macmillan Press Ltd (London) 1998, pp. 338 – 339.

③ 霍布斯鲍姆等：《卡尔·马克思——百年不衰》，《国外社会科学动态》1983 年第 9 期，第 64 页。

了对英国历史学的一种创造性再反思。为此麦克莱伦的分析不无道理:
"虽然英国一直没有形成一个广泛基础之上的马克思主义政治运动,但是
马克思主义理论的重要贡献在于它为英国传统知识分子兴趣集中的三个领
域——文学、历史学和经济学——提供了理论指导。"① 因此,不容忽视
的事实是,除了政治意义外,共产党成立后在马克思主义理论指导下直接
领导了历史学研究,历史的活动瞬间,在它的旗帜之下聚集了一批人数虽
然并不多、但都具有共产主义思想倾向的历史学家。1946 年,在党的旗
号之下,又成立了共产党史家小组或称史学家小组。共产主义政党性质历
史学家小组的形成,是英国马克思主义历史学术传统得以产生的关键因
素。应该指出,早在第二次世界大战前,英国史学界就出现需要成立一个
共产党史家小组的主张并展开过激烈讨论,但只是到了 1946 年举行讨论
由莫尔顿撰写颇受欢迎的《英国人民史》修订版会议之后,小组成立的
具体化主张才得以实现,极大地推动了英国马克思主义史学发展进程。②

从 1945 年战争结束尤其在 1946 年到 1956 年这段时期,英国共产主
义的历史学家小组及其成员的历史活动,对于训练与奠定包括霍布斯鲍姆
在内的英国马克思主义史学家的历史研究方向与历史研究技巧以及史学理
论功底,有着十分重要的意义。尽管霍布斯鲍姆等马克思主义历史学家受
到了史学专业领域中诸如马克·布洛赫和波斯坦(Mounia Postan)那些大
家学者的思想影响,但是仍然需要承认的事实就是,英国青年马克思主义
者所"获得有关如何利用图书馆,及相应的基本参考书目阅览方面的最
好指导,并非是来自任何大学教师,而是来自共产党史家小组同事,正是
他们发动伦敦劳工研究部的学生去获得假期学习上的帮助"③。历史学家
小组的历史作用主要体现在:第一,它为马克思主义历史学家提供了在相
同的学术领域里讨论基本历史问题的机会与场所。对此英国马克思主义史
学家们承认:"争论和批评使我们提高了个人写作和专业教育的质量,而
更重要的是,它有助于我们对马克思主义理论做出自己真正的创造性的贡
献。"④ 第二,历史学家小组的活动又使马克思主义史学家的历史著作发

---

① David McLellan, *Marxism after Marx*: *An Introduction*, p. 339.
② See, E. J. Hobsbawm, "The Historians'Group of the Communist Party", in M. Cornforth
(ed.), *Rebels and Their Causes*: *Essays in Honor of A. L. Mortom*, Lawrence and Wishart
(London) 1978. 除了特别声明, 有关历史学家小组的资料大都来自这篇传记式回忆录。
③ E. J. Hobsbawm, "A life in History", *Past and Present*, Vol., 177, Number 1 (November
2002), p. 5.
④ Daphne May, "Work of the Historians'Groups", *Communist Review*, May 1949, p. 541.

挥着独特的"政治功用"①。霍布斯鲍姆曾经把这段生活与学习经历形容为共产主义思想自我教育过程，同时进行历史认识和训练历史研究技能的实践尝试。② 中西史学界越来越感兴趣的问题之一，就是为什么战后英国比任何其他西欧国家的马克思主义者都更希望致力于史学现代化工程？霍布斯鲍姆对于战后十年左右（1945～1956 年）英国史学发展的状况和基本原因做了自认为十分恰当的三点概述：其一，与其他国家比较而言，作为大众学科而非仅仅是大学专业研究的历史学，越来越成为英国知识分子热衷的选择。其二，作为一种知识学科，历史学在英国缺乏诸如德法初级教育阶段就具备的大陆哲学分析性思维，更多具备的是史学职业化取向。其三，在某种程度上，英国史学的发展得益于英国共产党出于政治利益考虑而鼓励诸如史家小组成员积极参加的学术活动推力，因为在不引起政治麻烦的情况下，英国共产党组织基本上不干涉马克思主义史学家的学术活动而任其发展。③ 霍布斯鲍姆特别描述了 1946～1956 年间自己积极参与并成为核心人物的共产主义历史学家小组的详细情况。④ 由此可知，英国共产党及历史学家小组的发展对英国史学现代化所起的作用。正是霍布斯鲍姆恰如其分地总结了这种经验和专业效用："物质上的朴质、智性上的兴奋、政治上的热情和友谊，或许这是经历了那些动荡年代的幸存者最美好的回忆——但还有一种同样的感觉……专业上我们都探讨大量的未知领域。"⑤ 就社会政治变革与学派形成的角度看，参加历史学家小组的活动是一种极其富有刺激性的人生体验和学术经历，是这些历史学家知识增长和理论提升的重要源泉，初步奠定了霍布斯鲍姆等英国马克思主义史学家的学术基础和史学范型，从而推动英国史学现代化的发展进程。

与此同时应该看到，政治立场归属和意识形态倾向对英国马克思主义史学产生与发展也造成重要影响。毋庸讳言，从 1930 年代开始到冷战初期，"历史学家小组和与之相联系的历史学家的著作都是当时政治气候的产物，小组的形成与发展既受到人民阵线精神的胜利的影响，又受到了冷

① Daphne May, "Work of the Historians'Group", *Communist Review*, May 1949, p. 542.
② See, E. J. Hobsbawm, "A life in History", *Past and Present*, Vol. , 177, Number 1 (November 2002), pp. 9 – 10.
③ See, E. J. Hobsbawm, "A life in History", *Past and Present*, Vol. , 177, Number 1 (November 2002), pp. 9 – 10.
④ E. J. Hobsbawm, "The Historians'Group of the Communist Party", in *M. Cornforth* (ed.), *Rebels and Their Causes: Essays in Honor of A. L. Mortom*, pp. 21 – 48.
⑤ E. J. Hobsbawm, "The Historian's Group of the Communist Party", in *M. Cornforth* (ed.), *Rebel and Their Causes: Essays in Honor of A. L. Mortom*, pp. 25 – 26.

战环境造成的严重危机或困难的干扰"①。1956 年前后一段时期，国际形势风云变幻，特别是苏联国内形势的风云突变，引起整个国际共产主义运动及其思想体系与组织机构的摇摇不定。赫鲁晓夫在苏共二十大所作的秘密报告引起的国际政治震荡局面，诸如苏军入侵匈牙利事件和波兰波兹南事件、布拉格之春等一系列社会主义阵营的重大政治事变，既使得社会主义阵营共产党体制受到极大冲击，也使得西方资本主义国家的共产党势力如英国共产党在组织上和思想上受到严重冲击。英国马克思主义史学派的大部分成员在错综复杂的形势下，除了进行深刻反省外，许多著名历史学家与社会活动家纷纷脱离共产党组织。1990 年代初的帕尔默因此说道："在西方，马克思主义作为一种方法论与政治信仰总是受到攻击。它没有固定的学术机构，在大学中不占据受人仰慕的地位。恰恰相反，直至相当近期，马克思主义甚至无容身之地。就是在后来较为容忍的氛围中，马克思主义者也深知他们为自己的政治倾向在不同程度上付出了代价。"② 在如此政治态势下，"虽然共产主义学者很少失去他们的工作，但早在 1948 年之后，他们就很难找到新工作或获得提升的机会"③。在整个冷战期间，英国马克思主义史学家始终感到被围攻和孤立的威胁，时刻处于防御状态。尽管他们的职业目标是建立一种进步历史学家之间的联合体制，力求共同推进历史学的发展，但在那样的环境中，无论是政治活动还是学术活动，行动起来总得小心谨慎，甚至如履薄冰。

　　根据霍布斯鲍姆的回忆，冷战开始时期意识形态对峙与政治观念分野异常鲜明的年代，留给霍布斯鲍姆那样的共产主义分子和马克思主义史学家的历史记忆无非就是百无变化的尴尬状况：勉强维持 1948 年前获得的工作岗位。特别是 1948 年到 1959 年这段时期，即便霍布斯鲍姆自己，也几次被拒绝了获得剑桥经济史研究岗位的机会，更有甚者，在伦敦，其著作的读者人群和影响人气始终没有提升。还不要说他们的社会身份遭受体制的排斥，就是他们的人身自由也受到限制和软禁：书信被审查，电话遭窃听，社会活动受到约束。在官方当局看来，所有共产主义分子都纯粹是敌对的苏联的代理人，因此，他们不允许任何共产主义分子成为这种知识团

---

① Dennis Dworkin, *Cultural Marxism in Postwar Britain*: *History*, *the New Left*, *and the Origins of Cultural Studies*, Duke University Press（Durnam and London）1997, p. 15.

② 赵世玲：《西方马克思主义史学的发展现状——访加拿大学者布赖恩·帕尔默教授》，载陈启能主编《当代西方史学思想的困惑》，第 327 页。

③ Dennis Dworkin, *Cultural Marxism in Postwar Britain*: *History*, *the New Left*, *and the Origins of Cultural Studies*, p. 16.

体的正式成员。可以说，大多数共产主义知识分子无处不受到监视，唯一
能够做的事情就是内心期望有朝一日拥有大量的时间从事阅读和写作。①
霍布斯鲍姆最清楚地意识到，作为西方社会的具有共产主义倾向的知识分
子和马克思主义左派史学家，他们甚至在参加国际学术交流和国内学术出
版方面也存在着明显的政治障碍。例如，主要由于他的共产党员身份，
1953 年他第一个出版计划《工薪劳动者的兴起》流产，只是随着 1958 年
后冷战的意识形态氛围坚冰有所消解和国际政治形势有所缓和，直至
1962 年，作为他的 19 世纪和 20 世纪历史系列著作的第一本书《革命的
年代：1789 ~ 1848》才得以出版。② 正如有的学者所言："在英国，虽然
冷战从来没有像它的美国同伴那样达到一种歇斯底里的狂乱地步，但共产
党组织同样被冷战强加的'红色诱惑'罪名和'黑名单'所践踏。"③ 即
便在 1956 年之后，虽然霍布斯鲍姆那样的史学家依然留在党内，但是这
种政治经历对他们的史学思想的发展却不无影响。④ 为了摆脱教条式庸俗
马克思主义的束缚，他们不能不对马克思主义做出新的理解与诠释，既丰
富了自己的史学思想，也由此显示马克思主义史学新的发展生机。

二　国内马克思主义学术文化传承

通过上述分析可以进一步得知，就国内学术文化背景而言，英国马克
思主义史学最早受到 20 世纪早期英国激进—自由主义历史学家的影响，
它还扎根于 1930 年代到 1950 年代以老一辈马克思主义者为首的共产党史
学小组的史学创作和政治活动之中，在此基础上，英国马克思主义史学才
逐渐发展起来。⑤

虽然马克思曾经长期在英国生活与活动过，但马克思主义对英国历史
学界的直接影响却同其对整个西方历史学界的影响一样，只是开始于第一
次世界大战之后。"直到 1918 年——而且事实上在那以后——马克思和马

---

① See, E. J. Hobsbawm, *Interesting Times*：*A Twentieth-Century Life*, pp. 182 – 183.

② See, E. J. Hobsbawm, *Interesting Times*：*A Twentieth-Century Life*, pp. 183 – 185.

③ Robert Hewison, *A Useful Summary*, in Anger：*British Culture in the Cold War*, 1945 – 1960,
Oxford University Press（New York）1981, pp. 1 – 31.

④ 有关论述可参见周樑楷《1956 年对英国马克思史家的冲击：以哈布斯颇和汤姆森为分
析对象》，载中兴大学历史学系主编《第三届史学史国际研讨会论文集》，台湾青峰出
版社，1992，第 235 ~ 261 页。

⑤ See, Raphael Samuel, "British Marxist Historians, 1880 – 1980：Part one", *New Left Re-
view*, No. 120（3 – 4, 1980）.

克思主义在英国的大学历史研究和教学中依然被完全忽视"①。在 1930 年代的英国，学术活动与政治运动一样，经历着一场由自由激进主义走向社会共产主义的思想反思运动，一些学术骨干分子对英国过去传统的历史文化进行重新发现，而对文化庸俗马克思主义观念则表现出强烈不满。当时英国几所著名大学，比如剑桥和牛津一些青年学生开始对共产主义都抱有着积极的向往态度，因此霍布斯鲍姆不无自豪地说道："在共产主义青年之中流行着一种自嘲的说法：共产主义哲学家是维特根斯坦主义者，共产主义经济学家是凯恩斯主义的门徒，共产主义文学学者则是 F. R. 李维斯的信徒。那么历史学家呢？他们是马克思主义者，因为据我们所知，当时的剑桥大学或其他任何地方，没有一位历史学家——而且就我们所知诸如马克·布洛赫那样的大学者——能够与作为大师和思想启示者的马克思相匹敌。"② 值得指出的是，在 1930 年代以前，英国马克思主义史学传统还没有完全形成。但是，从 1930 年代直至共产党史家小组成立前，对一些激进的具有共产主义思想倾向的史学工作者来说，他们大多已经通过英国老一辈两位重要的马克思主义历史学家及其史学著作这个桥梁来接触并了解马克思主义理论与方法：著名经济学家和经济史家莫里斯·多布和受马克思影响的经济史家多纳·托尔。凯伊曾经分析到英国马克思主义史学的起源和发展问题，也特别认为不能否认受惠于多布、托尔和莫尔顿的史学影响与理论贡献。③

作为英国史学界较早运用马克思主义方法从事研究的历史学家，多布在《资本主义发展研究》一书中用马克思主义的观点与方法广泛考察了英国资本主义的起源和早期发展史;④ 托尔的主要成就与贡献在于她对英国人民民主史的研究，她把人民民主政治和人民群众反抗资本主义对劳动人民的盘剥及侵害小商品生产者利益的斗争结合起来考察。⑤ 总体上，他们的研究注重大工业时代前夕英国资本主义社会发展过程中的政治、文化等社会因素和社会底层阶级生活状况的分析。多布的历史观和史学方法及

---

① 杰弗里·巴勒克拉夫：《当代史学主要趋势》，第 31 ~ 32 页。

② E. J. Hobsbawm, "Marx and History", in *On History*, p. 157.

③ Harvey J. Kaye, "Fanning the Spark of Hope in the Past: the British Marxist Historians", *Rethinking History*, 4: 3 (2000), pp. 284 - 285.

④ See, Maurice Dobb, *Studies in the development of Capitalism*, Routledge and Kegan Paul (London) 1946.

⑤ D. Torr, *Tom Mann and His Times*, Lawrence and Wishart (London) 1956. 这是托尔最具影响也是最后的一部代表作，就是她逝世时还未能彻底完成，有几章是由克里斯托弗·希尔和 A. L. 莫尔顿应她的要求通过从她的写作笔记中挑选增补而成。

理论对于后起的英国马克思主义史学家（实际上，后来都成为马克思主义史学研究的同事）产生了直接的引导作用。多布早于 1924 年就开始在剑桥讲授早期英国资本主义史，他在史家小组中的地位举足轻重和非常具有影响力。① 霍布斯鲍姆就认为，在英国史学从传统向现代的转变时期，"决定性地影响我们的主要历史著作就是莫里斯·多布的《资本主义发展研究》，这本书明确表达了我们所想表达的主要的和最重要的问题"。② 这里，霍布斯鲍姆所说的主要和最重要的问题，是指有关由封建主义向资本主义过渡和运用阶级斗争的分析方法等问题。③ 他承认多布在这方面对英国马克思主义史学派形成的重大促进作用："正当许多青年学者接触英国史并开始转向马克思主义的时候，多布起着引导大众的作用……"④ 希尔也坦诚地认为，当"史家小组"成立之初，多布的《资本主义发展研究》经常被他们当做重要的著作加以研读，成为英国马克思主义者去热情追捧和激烈讨论的对象。⑤ 2005 年，当代英国桑德兰大学历史学系教授大卫·伦顿在《科学与社会》上发表了题为《本民族的无隔绝研究？——反思英国马克思主义史学》的文章。其中谈到，作为英国共产党历史学家小组的成员和托尔的学生，克里斯托弗·希尔、约翰·萨维尔和爱德华·汤普森在纪念导师学术贡献的文集中这样写道："她让我们感觉到历史就在我们的脉搏中跳动。历史不是纸上的文字，不是国王和首相们的活动记录，不仅仅是事件的罗列。历史是普通人民或者说我们的人民的汗水、鲜血、眼泪和他们的胜利。"⑥ 在 20 世纪 40 年代及随后的几十年里，特别历史学家小组酝酿成立与活动早期，正是得益于多布和托尔等前辈英国马克思主义史学家开创的史学研究方法与史学传统的熏陶，这些年轻的史学爱好者才开始吸纳马克思主义，逐渐涉猎史学专业化领域，从事史学专题

---

① 周樑楷：《史学思想与现实意识的辩证：近代英国左派史家的研究》，第 161 页。

② E. J. Hobsbawm, "The Historians'Group of the Communist Party", in *Maurice Cornforth*, *Rebels and Their Causes*: *Essays in Honor of A. L. Mortom*, p. 23.

③ 凯伊对莫里斯·多布的历史观念及其对后起的英国马克思主义史学家的影响作了恰当的论述。See, Harvey J. Kaye, *The British Marxist Historians*: *An Introductory Analysis*, Polity Press（Cambridge）1984, pp. 67 – 69.

④ E. J. Hobsbawm, Maurice Dobb, in C. H. Feinstein, ed., *Socialism*, *Capitalism and Economic Growth*, Cambridge University Press（Cambridge）1967, p. 1.

⑤ See, Christopher Hill, "Historians on the Rise of British Capitalism", *Science & Society*, Vol. 14, No. 4（Fall 1950）, pp. 315 – 316.

⑥ 转引自大卫·伦顿著《英国马克思主义史学及其反思》，王代月摘译，《国外理论动态》2006 年第 7 期，第 46 页。

问题的探索。随着西方史学的发展与进步，霍布斯鲍姆从比较的角度分析认为，在战后法国史学界，马克思主义史学研究主要表现在以索布尔为代表的法国革命史领域，除此之外，法国史学几乎没有受到马克思主义的影响。而在德国，战后特别是 1960 年代后，就西德以韦乐（Wehler）和科卡（Kocka）领衔的史学现代化代表"历史社会科学派"来说，他们当然可以更便利地受到国内史学理路的浸染，并且受到马克斯·韦伯的思想路线影响要比马克思的理论大得多。相形之下，英国马克思主义史学则更具有独一无二的突出成就。[①]

在英国马克思主义史学派的早期形成过程中，主要在劳工史研究领域里，它的成员还深受老一辈激进—自由主义学者创立的英国劳工史研究传统的浸润。事实上，在 1930 年代以前，英国社会史和劳工史研究领域中较有成就的历史学家，主要是英国早期社会经济史学家韦伯夫妇（Sideny and Beatrice Webb）、哈蒙德夫妇（J. L. and Barbara Hammond）和科尔夫妇（G. D. H Cole and Magraet Cole）等具有激进—自由主义学术视野的非马克思主义学者，特别是兼具社会学家和社会活动家多重身份的托尼（R. H. Tawney）等英国经济史学家们的历史研究成果与方法对后起马克思主义历史学家产生了一定影响。[②] 而且如后文将具体谈到的那样，尤其是在"人民的历史"研究的传统领域，英国马克思主义史学吸收的养分显得更为突出。[③] 可以说，英国马克思主义史学传统有相当一部分来源于 19 世纪末这些史学家开创的非马克思主义劳工史学传统，[④] 比如，"霍布斯鲍姆和兰德的《斯温上尉》从哈蒙德夫妇的研究传统那里获益则是更加显而易见的"[⑤]。那时英国史学发展的趋向正如霍布斯鲍姆所认识到的那样："我们不应试图把自己与托尼等人截然区别开来，而是要坚持那种传统，使那种传统更加明确，把马克思主义史学所指引的那些人们应该去

---

① See, E. J. Hobsbawm, "A life in History", *Past and Present*, Vol. , 177, Number 1 (November 2002), pp. 8 – 9.

② See, Raphael Samuel, "British Marxist Historians, 1880 – 1980: Part one", *New Left Review*, No. 120 (3 – 4, 1980), pp. 29 – 30.

③ See, Raphael Samuel, "British Marxist Historians, 1880 – 1980: Part one", *New Left Review*, No. 120 (3 – 4, 1980), pp. 37 – 39.

④ See, Harvey J. Kaye, *The British Marxist Historians: An Introductory Analysis*, pp. 136 – 138.

⑤ Raphael Samuel, "British Marxist Historians, 1880 – 1980: Part one", *New Left Review*, No. 120 (3 – 4, 1980), p. 37.

奋斗的方向更明确化。"① 可以说，早期的英国马克思主义史学研究深受激进—自由主义史学传统的学术环境影响，霍布斯鲍姆主张通过早期马克思主义者的努力促成英国学术传统的方向性转变。而某种意义上，正是经过了 1930 年代以后剑桥大学许多具有政治激进主义倾向的学生群体努力，剑桥的科学研究成果具备了初步的共产主义思想基础。② 当然，他也非常清楚地看到剑桥大学史学专业同事中存在着的非常鲜明的顽固缺陷：思维方式上自以为是故步自封，文化立场上地方狭隘主义，对于理论解释和历史观念的深刻偏见，甚至固执地反对史学专业主义倾向，对于任何试图揭示现实的主观努力都抱有怀疑态度。③ 这些保守史学观念，实际上是 19 世纪英国传统史学保守性的重要表现，在外交史研究领域中尤其明显。

在谈到英国史学界受到来自英国马克思主义史学的挑战问题时，霍布斯鲍姆回应并坚持认为，虽然马克思主义在历史编纂学中占据的独特地位曾经一度为 19 世纪以来的辉格派历史解释传统所抑制，但是英国马克思主义史学家刻意地使他们自己紧密地与具有激进自由民主思想传统和关注劳工文化传统的历史学家联盟。自 1930 年代以后，尤其是 1950 年代后，"在英国，马克思主义历史解释作为唯一可供选择的普遍性史学解释方法，逐渐地取代了旧式自由—激进的辉格派史学解释传统……马克思主义作为历史研究的一种主要因素，已经广为人知"④。马克思主义史学在英国的反响与整个欧洲大陆的情况也是一致的，为此巴勒克拉夫用略带总结性的口吻说道："马克思主义的影响广泛扩展，即使那些否定马克思主义历史解释的历史学家们（他们在苏联以外仍占大多数），也不得不用马克思主义的观点来重新考虑自己的观点。"⑤ 霍布斯鲍姆同时认为，英国马克思主义史学派是英国历史学中最激进的和广泛代表劳工传统的进步史学先锋。⑥ 他

① E. J. Hobsbawm, "Interview with Pat Thane and Elizabeth Lunbeck", in *Vision of History*, Pantheon Books（New York）1984，p. 33.
② 关于霍布斯鲍姆在剑桥大学的学术经历、学术交往和剑桥学术传统的基本情况。See, Eric Hobsbawm, *Interesting Times：A Twentieth-Century Life*, Pantheon Book（New York）2002，pp. 100 – 113.
③ See, E. J. Hobsbawm, "A life in History", *Past and Present*, Vol., 177, Number 1（November 2002），p. 4.
④ E. J. Hobsbawm, "Where Are British Historians Going", *Marxist Quarterly*, 2（January 1955），p. 25.
⑤ 杰弗里·巴勒克拉夫：《当代史学主要趋势》，第 32 页。
⑥ James Cronin, "Creating a Marxist Historiography：The Contribution of Hobsbawm", *Radical History Review*, 19, Winter 1978 – 1979, p. 116.

自己的早期研究不但没有脱离英国传统史学中自 19 世纪末开始的劳工史研究传统，反而推进了这种传统研究。[1] 所有这些都促进了马克思主义史学与劳工史学的结合，由此成就和发展了英国马克思主义史学。

第三节　英国传统学术理念与人民史学方法

本节试图说明传统的经验主义与实证主义史学方法，英国传统学术理念和历史理论对霍布斯鲍姆等英国马克思主义历史学家的学术影响及其发展脉络。

一　经验主义传统的观念影响和方法熏陶

英国马克思主义历史学家注重历史研究的实践，反对把理论原则作为研究的出发点，更反对纯理论的历史研究，基本上都推崇经验主义的研究方法。无疑这是受到英国传统史学发展史上的实证主义和经验主义理论与方法论的影响。当代英国最知名也最具有创新能力的历史学家之一凯思·托马斯博士，在谈到当代英国史学时就说："英国史学总的特征是高度经验主义的，不十分关心理论，他们往往显得好像是无意识地根据常识在选择利用别国已不那么时髦了的、二手的理论，例如，心理史学、人类学的理论等等。"[2] 当然注重经验主义取向并不是英国马克思主义史学全部特征，然而这样的观点却点明了一种传统和一个事实。对于主体形成和主要发展于第二次世界大战后的英国马克思主义历史学派，英国新左派史学家佩里·安德森在接受中国学者采访时，也强调了英国马克思主义学派的这种特点："这个学派有着明显的历史研究和经验研究的取向。其中最为重要的人物并没有发表过有关经济、社会、艺术和文化方面的一般性理论著作，他们着力于重构民族历史中的重要阶段，并由此产生出极为精彩的、极具想象力的著作。这些著作极为具体，覆盖了从上古时期、中世纪、封建、早期现代和工业化等时期。"[3] 汤普森对于英国工人阶级形成的文化因素分析，罗德尼·希尔顿关于封建主义的经济因素研究和霍布斯鲍姆有关工业革命、资本主义和帝国主义等重大社会历史变迁的经济因素剖析，

[1]　James Cronin, "Creating a Marxist Historiography: The Contribution of Hobsbawm", *Radical History Review*, 19, Winter 1978 – 1979, pp. 130 – 131.
[2]　何平:《托马斯博士谈英国史学》,《史学理论》1988 年第 4 期, 第 51 页。
[3]　汪晖:《新左翼、自由主义与社会主义: P. 安德森访谈》,《中国学术论坛》, http://www.frchina.net/data/detail.php? id = 1940, 2005 年 1 月 23 日。

都是这种经验主义理论传统、史学实证研究和社会历史发展反思的阶段性表征和个性化成果典范。

因此应该看到，如果说英国经验主义作为一种哲学思潮和自然科学与社会科学的研究方法，它发端并盛行于培根和洛克时代，那么在英国史学界，经验主义的研究方法也由此代代一脉相承，直至英国马克思主义史学派的出现，它丰富了英国马克思主义史学的研究方法。比如汤普森和霍布斯鲍姆不可避免地继承与采用了这种方法，不过他们是在批判的基础上把经验运用于历史唯物主义的研究实践。霍布斯鲍姆的史学研究更多地从历史事实的调查出发，而不是从马克思主义的理论出发，通过具体的历史研究与分析，来丰富自己的史学观念和史学体系。在他看来，"历史学家是经验的记忆仓库"。[1] 他非常重视历史经验对研究当代社会历史的借鉴作用："缺乏太多理论色彩的单纯历史经验总是能够告诉我们有关大量当代社会的事实。这部分地是因为人类的存在很大程度上是一样的，而且人类的处境一直在重演。正如通常长辈们所能说'似曾相识'的感觉那样，根据许多代积累的历史记载从事研究的历史学家也有权这样说。"[2] 霍布斯鲍姆首先以英国经验主义的学术风格，在以学术史而知名的英国经验主义特殊范围内从事历史研究，在自己的史学著作中，总是不断地参照具体的历史经验性叙述。这也是整个英国马克思主义历史学派非常注重的传统史学方法。国外评论者如是评说："在他精心和精密论证的著作形式中，不但包括关于详细的原始经济形态研究，而且还有大量的比较关系研究和广泛而直接可证实的历史概括，这是一种具有鲜明的典型盎格鲁式马克思主义学派特征的历史解释。"[3] 英国马克思主义历史学家既重视经验主义的方法，又不忽视理论上的建设，在这点上，正符合 P. 伯克所说："经验主义者和理论家不是两个老死不相往来的集团，而是一个光谱的两极。"[4]

当然也应该说，英国马克思主义史学派也难免受到实证主义的影响。在霍布斯鲍姆看来，虽然从广义上说实证主义思潮作为一股外部力量，对

---

[1] E. J. Hobsbawm, "What Can History Tell Us about Contemporary Society"? in *On History*, p. 24.

[2] E. J. Hobsbawm, "What Can History Tell Us about Contemporary Society"? in *On History*, p. 27.

[3] Raphael Samuel and Gareth Stedman Jones (eds), *Culture*, *Ideology and Politics*：*Essays for Eric Hobsbawm*, Preface, Routledge & Kegan Paul Ltd (London) 1982, pp. ix-x.

[4] 彼得·伯克：《历史学与社会理论》，第 206～207 页。

19世纪历史学的职业化和史学重构产生过重要影响，但随着20世纪初期以来新时代的发展，这股思潮作为18世纪启蒙运动的间接产物和19世纪自然科学观念的直接结晶实际上日益显得过时老化，它再也不能够赢得人们慷慨的崇敬，它对历史学的主要贡献在于适时地把自然科学中的一些概念、方法和研究模式引入并运用到对社会历史的研究领域，然而它在促使历史学领域在效法自然科学研究方法的研究过程中取得了一些不可忽视的学术成就的同时，却越发暴露出实证主义自身的局限性，实证主义的理论方法与学术信念对历史学的指导作用日渐陷于困境。"所以，从孔德和斯宾塞那里获取灵感的历史学家已经不多，而诸如巴克尔（Burkle）和兰普勒希特（Lamprecht）或甚至伟大的泰勒（Taine）那样的历史学家对历史学的影响也是有限的和暂时的"。[1] 不难看出，霍布斯鲍姆反对并猛烈抨击传统史学的纯粹"经验实证的方法论"，反对传统史家过分借重自然科学的方法来研究历史，反对用抽象概念和法则性的术语来解释一切丰富多彩的历史现象与错综复杂的社会变迁，他对19世纪实证主义史学成就总体上持保守主义态度。即使自然科学的实证主义等方法对历史学研究具有事实上的指导作用，但是霍布斯鲍姆认为它在历史科学研究过程中的功能是有限的。就霍布斯鲍姆个人而言，他并不反对在史学研究中适当运用实证主义方法，但有着独特的意义理解和接受标准："今天没有人会接受单纯的实证主义观点，实证主义认为科学家所观察的是一种存在于他或她自身之外的客观现实，它不会受到观察者先验假设、范式和活动的影响，认为通过运用科学的方法可以发现一种现实的本质特征和规律。那样一种客观的现实存在通常虽然并没有遭到否认，但众所周知，这种客观现实与研究者之间的关系是复杂的。假设与理论在某种程度上可以通过多种检验来证实，或至少它可以建立在与观察到的事实相协调一致的基础上。"[2] 这里强调的是，正是由于实证主义方法这种特征，历史学家在运用它的时候需要特别谨慎，因为历史学的人文特征毕竟与自然科学的非社会因素有着很大的区别。

　　霍布斯鲍姆既注重理论分析也不忽视实证研究，他强调宏观方法与微观方法、"法则归纳式"的新方法与"个别描述式"的传统方法、理论分析与实证研究的方法结合起来。固然其他许多史学流派与史学家都提倡过

---

① E. J. Hobsbawm, "What Do Historians Owe to Karl Marx"? in *On History*, p. 144.

② E. J. Hobsbawm, "The Contribution of History to Social Science", *International Social Science Journal*, Vol. xxxiii, No. 4, 1981, p. 639.

这种主张，但霍布斯鲍姆强调必须以唯物史观为指导才能实现这二者真正的结合。就西方史学界的历史研究方法来说，并不缺少理论分析或实证研究，但能够真正做到理论分析与实证分析的紧密结合的论著并不多见，往往出现两种截然相反的倾向：要么沉迷于理论而从空洞的概念到概念的纯粹抽象，导致其论述有些故弄玄虚之嫌；要么充满细微而烦琐的事实考证和资料的搜集而难免使人产生厌烦情绪。那么，历史研究的成果究竟是繁文缛节式的事实陈述，还是史学理论的经院哲学解释，抑或是历史艺术性的叙述和历史解释性的思辨两者的有机结合呢？霍布斯鲍姆认为，"历史学作为一门学科，涉及社会变革以及它们相互作用和相互影响的社会综合等非常复杂的形式……历史学既需要一般的理论，同时也需要有单独的实验性分析技巧，诸如对实例及某些统计现象进行系统的比较，比如对前资本主义社会到资本主义社会的过渡，或者资本主义发展趋势的比较分析，历史学也必然主要地需要在一般理论程度上发挥作用"。① 按照霍布斯鲍姆的看法，真正的史学既不是烦琐的考证也不是事实的堆砌，而在事实之上寻求理论的突破，是以历史哲学的思维方式与宽阔的研究眼光，对历史做深刻透彻的理解与分析，论据有可靠的资料支持，理论框架之下有精彩的实证映照，从而把历史的多元含义尽可能再现出来和解释清楚。

　　从相互比较的角度来说，汤普森也谈到解释历史的进程和证实任何解释的问题，并且颇为精辟地分析道："'历史'本身是经验唯一可能的实验场，而我们唯一的经验设备是历史逻辑……（虽然）我们永远也不可能回到这些实验场，或者把我们的条件强加于它，并把这些经验重演一遍。"② 他强调，历史研究的过程就是尚待证实的观点、概念或假说同历史的证据或史料之间从不断裂而永无休止的对话过程。历史学家要始终关注那些特殊的历史经验或历史证据，用经验或证据去证实和检验理论，历史学家进行历史研究的起点应该是历史的实践经验，而不是抽象的理论反思。汤普森强调历史研究必须从历史事实出发而不是从理论原则出发的观点，也符合马克思主义的立场意愿，恩格斯就指出过，"不论在自然界和历史的每一科学领域中，都必须从既有的事实出发……不是设计种种联系塞到事实中去，而是从事实中发现这些联系，并且一经发现，就要尽可能

---

① E. J. Hobsbawm, "The Contribution of History to Social Science", *International Social Science Journal*, Vol. xxxiii, No. 4, 1981, pp. 632 – 633.

② E. P. Thompson, *The Poverty of Theory and Other Essays*, p. 47.

从经验上加以证明"。① 而且，对事物的唯一唯物主义观点就是："原则不是研究的出发点，而是它的最终结果；这些原则不是被应用于自然界和人类历史，而是从它们中抽象出来的；不是自然界和人类去适应原则，而是原则只有适合于自然界和历史的情况下才是正确的"。②

汤普森经验主义和实证主义的研究方法很大程度上体现在他乃至整个英国马克思主义史学派的文化史研究和史学研究的文化背景分析框架之中。在汤普森自认为是经验学科的历史学研究里，历史经验涉及社会生活方方面面，而最容易被人忽视的却是社会文化因素的经验。"对于'历史经验'，我们应该去重新考察那些日常生活和社会生活赖以构成、社会意识形态得以实现及其表达形态的复杂与详细系统，这些系统包括：家族关系、风俗习惯、或隐或现的社会准则、权威与服从、统治与抵抗的象征性方式、宗教信仰与千年王国的冲动、行为与举止、法律、制度与意识形态，简而言之，所有这些包括历史进程的全部'基因genetics'并在某个程度上汇集成了人类共同的经验。而这种经验本身（作为一种鲜明的阶级经验）又对总体发挥着自己的推动作用"。③ 在汤普森看来，无论是在李嘉图（Ricardo）非常严谨的学科体系中，还是在马克思《资本论》中，他们都有意地排斥了这些经验因素。当然，在强调这些因素的重要性的同时，汤普森并不否认经济因素的决定性作用，他是在承认社会存在决定社会意识的前提下，强调通过对这些历史文化因素或历史经验的研究，加深对历史进程的全面理解。④ 而归根结底，他是在强调作为历史主体的因素——人特别是社会的人之作用的前提下，注重历史上非经济因素即文化意识与社会心理因素的研究，从而加强对历史多样性的探讨。汤普森的成名作《英国工人阶级的形成》，就是贯彻和运用经验主义和实证主义的方法进行社会文化因素研究的光辉典范。

因此，传统经验主义和实证主义传统的史学方法与理论对英国马克思主义史学产生和发展都造成过重要影响，当然，霍布斯鲍姆和汤普森等历史学家对它各有不同的意义理解与运用方式。

二　传统主义史学的学术理念和理论渊源

在西方史学发展史上，英国传统主义史学虽然并不具有突出的思想成

---

① 《马克思恩格斯选集》（第 3 卷），人民出版社，1995，第 288 页。
② 《马克思恩格斯选集》（第 3 卷），第 374 页。
③ E. P. Thompson, *The Poverty of Theory and Other Essays*, pp. 170 – 171.
④ E. P. Thompson, *The Poverty of Theory and Other Essays*, p. 171.

就和悠久历史，除了伟大的理性主义史学家爱德华·吉本留下世俗注目的史学遗产，恐怕找不出其他更具思想光辉的史学名家，但是并不能由此否认英国传统史学思想资源为英国马克思主义史学构成提供有益学养的历史事实。主要表现在于，19 世纪后期至 20 世纪初期英国传统史学思想中有关"人民史学"观念对英国马克思主义史学产生了不可忽视的影响，具体体现于以下两个方面：

一是传统的非马克思主义"人民历史"观念的学术影响。"19 世纪后半期和 20 世纪初，英国出现了许多有成就的历史学家，其中比较著名的是柏克尔、斯塔布士、傅里曼、格林、弗劳德、加尔丁纳、白赉士、勒基、施里、阿克顿、布瑞以及屈维林"。特别是"牛津学派"的约翰·格林《英国人民简史》及其史学思想与方法，对后来的史学家和英国马克思主义史学家的影响至大，"事实上，格林在历史编纂学中开辟了一条新的道路，后来有不少历史学家仿照他的体例，着重写人民群体的历史"①。格林是一位极富独创性的作家，他认为人民的历史才是真正值得书写的，他同情人民，倡导自由，自然热爱那些为自由而斗争的普通百姓。② 非马克思主义"人民历史"观念传统造就了后世英国史学界众多关注"人民历史"研究的历史学家。莫尔顿无疑是这些后继者中较突出和较早实践人民的历史思想的一位史学家，凯伊在论及英国马克思主义史学理论传统的形成时写道："诚如萨缪尔所述，诸如哈蒙德夫妇那样的自由派和激进民主派历史学家与如科尔和托尼那样的非马克思主义历史学家一样，都影响了英国马克思主义史学家。萨缪尔在分析他们的影响时特别提及'人民的历史'这样的词。"③ 在萨缪尔那篇关于 1880 年到 1980 年英国马克思主义历史学的一些重要问题研究的文章中，他对于"人民的历史"概念及其重要表现，进行了高度概括与学术总结。④

二是来自早期的马克思主义者诸如多纳·托尔的以广义文化史观和阶级斗争史观为基础的普通"人民历史"观念的学术熏陶。托尔那部最为经典性的代表作《汤姆·曼及其时代》的重要意义，在于它试图说明"历史不是纸上的文字，不是国王和首相们的活动记载，不仅仅是事件的罗列。历史是普通人民或者说我们的人民的血泪与血汗的悲观史"。因为

---

① 郭圣铭：《西方史学史概要》，上海人民出版社，1983，第 198～202 页。
② 参见张广智主编《西方史学史》，复旦大学出版社，2004，第 2 版，第 212～213 页。
③ Harvey J. Kaye, *The British Marxist Historians: An Introductory Analysis*, p. 9.
④ See, Raphael Samuel, "British Marxist Historians, 1880—1980: Part one", *New Left Review*, No. 120 (3 - 4, 1980), pp. 37 - 39.

在她看来，"掌握历史文明的是长满老茧的劳苦大众的粗大手掌，而不是戴着手套的纤细的贵族阶级的指尖"。[①] 也就是说，历史是由广大劳动人民创造而不是少数统治阶级开创的。如果说那种关注底层和撰写"人民的历史"的优良传统，无疑潜移默化式地对以霍布斯鲍姆和汤普森为代表的英国新社会史学派提倡"自下而上"的历史学及其写作方法与体例产生了影响，[②] 那么，多纳·托尔关于"人民历史"的史学观念和实践，则直接鼓舞了和影响着年青的英国马克思主义史学家沿着她的史学思想路线开拓与从事"自下而上"的人民历史研究。

英国传统的社会科学也对英国马克思主义史学影响至深。仔细考察可以发现，英国传统社会科学的内在危机既是英国马克思主义史学和英国新社会史形成的前提，也是造成其发展的重要因素。第二次世界大战之前，经济学和社会学成为英国乃至西方社会最受关注和最热门的社会科学。与此同时，经济学家与社会学家各自研究工作的局限性在社会经济现实运行机制中却日益暴露出缺陷。现实社会要求人们更要注重经济发展与社会因素相互联系机制的研究。因此，二战之后，社会学开始与经济学走到一起，促成了社会经济史研究局面的形成与发展，从而促进了以"社会和经济"因素为突破口去关注人类社会历史问题与历史变迁研究为己任的马克思主义史学的发展。

20 世纪 50 年代前后，英国马克思主义史学家的史学观念倾向和历史研究路径特别受到英国传统经济理论学家的潜移默化式熏陶，表现在许多马克思主义历史学家非常重视经济史研究的价值取向，他们的史学研究兴趣正同整个英国历史学科在一派勃勃生机和繁荣发展的学术新景象结合起来。而当英国马克思主义历史学家刻意注意到需要从英国传统学术中的思

---

① 转引 Harvey J. Kaye, *The British Marxist Historians: An Introductory Analysis*, p. 14。

② 拉斐尔·萨缪尔对"人民的历史"这个术语及英国历史学中"人民的历史"的史学传统渊源进行了深入的分析与论述。认为"人民的历史"一词来源已久，它涵盖了一系列不同的著作。这种史学传统开始于 1870 年代格林《简明英国人民史》的撰写，1930 年代前后受屈维廉《英国社会史》的影响流行"日常生活"史的写作，到 1970、1980 年代，通常"人民的历史"写作的价值取向就是使政治因素研究从属于文化和社会因素。萨缪尔对"人民的历史"作为一种史学叙述方式在史学研究中的作用做了深刻的分析，对"人民的历史"的研究主题、人民的含义和这种史学内部各派（左派与右派、自由派与保守派）代表人物如史密斯（G. Smith）、格林、罗杰斯（T. Rogers）和莫尔顿，对"人民的历史"的当代实践者——英国马克思主义史学家的影响，也进行了总结。萨缪尔认为，英国马克思主义史学需要"人民的历史"提供的理论素养，反之，"人民的历史"也因为英国马克思主义史学得到提升。See, Raphael Samuel, *People's History*, in *People's History and Socialist Theory*, pp. xv-xxxix.

想理论资源寻求某种观念结合维度的时候，当时涌现出来的几位颇具代表性的经济史学家及其史学观念的作用尤其受到重视，比如约翰·克拉潘（John Clapham）所写《近代英国经济史》（共3卷）、《英格兰银行史》和《简明不列颠经济史》，托马斯·阿什顿（Thomas S. Ashton）所著《工业革命》、《18世纪英国经济史》和《1700～1800年英国的经济波动》等著作及其价值。[①] 诸如此类，仔细研究和分析这些著作，能够把握现代英国史学的基本趋向：已经日渐摆脱传统史学的窠臼，明显地流露出时代气息，呈现了历史学逐渐与其他社会科学相结合的趋势。而且其他社会科学理论与方法也日益渗透到史学领域，结果则是，历史学大量借鉴经济学的方法论与理论框架，运用到历史社会问题的研究之中。所有这些预示着英国马克思主义历史学将在更广泛的基础上同其他社会科学，如经济学、社会学以及人口统计学等等学科合作与关联。反过来，这样的学术环境无疑客观上为英国马克思主义史学的发展开辟了学术创新的正确道路。因此可以说，英国马克思主义史学自身的发展还有来自如经济史学和社会学等英国传统社会科学的理论与方法相互结合的推动力。就此而言，伊格尔斯认为专治16世纪与17世纪英国社会经济史的托尼及其史学著作与史学观念堪称代表。托尼的研究方法和对经济问题的分析路径已经与前面几位学者有所不同，他在研究经济史的过程中，研究问题的眼光与视野更宽广。比如他更加注重制度层面和社会价值观念层面的考察，同时，他不抛弃前人研究的优秀经验。托尼的研究模式就是，从研究经济问题入手，再而研究与经济有关的社会方面，如从经济领域转向社会政治制度、价值观念和社会文化传统与传承。这种研究理路是英国经济史研究传统与历史社会学结合的一个成功与光辉的范例。这种史学研究取向对当时成长中及后来的英国马克思主义历史学家的研究起了路标导航的作用。因为托尼的史学认识观念已经更直接接近了马克思本人。[②] 随着英国史学发展进程的变化，希尔、希尔顿以及霍布斯鲍姆等许多史学家学术发展路径多与此紧密相连。

　　在伊格尔斯看来，希尔"继续了这种强调更广泛的社会因素和人道主义考虑，注重经济力量的研究方法……但希尔比托尼更加密切地注意政治斗争的实际过程，而且特别注意这种斗争的制度方面"。[③] 在笔者看来，霍布斯鲍姆是延续这种方法论模式的另一位重要历史学家，他在谈到新社

---

①　参见伊格尔斯《欧洲史学新方向》，第176页。

②　参见伊格尔斯《欧洲史学新方向》，第177～178页。

③　伊格尔斯：《欧洲史学新方向》，第178页。

会史研究的相关问题时就尖锐地指出："历史学家从物质环境和历史环境着手，进而研究生产力和生产技术（其中有些地方涉及人口统计学）、随后产生的经济结构——劳动分工、积累、剩余产品分配等等——和由此产生的社会关系。这些可能伴随着研究成为物质环境和历史环境基础的社会制度、社会观念和社会功能。这样社会结构的框架建立起来了，产生社会结构的其他因素的特征和细节很可能通过比较研究确定下来。"① 姑且不论其中蕴含着的关于社会史研究的理论模式，其实在某种程度上，霍布斯鲍姆更是继承与发展托尼经济史研究方法的重要代表人物，并把它与社会史研究结合起来的实践力行者。不过，他反对过分依赖方法论模式，而是创造性地发展模式研究并运用到整体社会史的实践研究框架之中。自1950年以来，他经常与英国学术界那些传统史学家就有关工业革命等问题展开讨论，比如前述克拉潘、阿什顿和哈特韦尔（R. M. Hartwell）等著名经济史家。台湾学者认为这些史家的思想价值可称为英国史学史上的"经济史取向"。② 霍布斯鲍姆丝毫不隐瞒对他们的研究方法和历史解释的批评，比如反对哈特韦尔对工业革命社会的看法，他宣称自己主要反对他们过分依赖模式或普遍法则，表示比较喜欢托尼和马克·布洛赫理论与研究方法，而远离马克斯·韦伯和布罗代尔纯粹结构分析模式。③ 其实，对英国传统的经济史研究中的结构功能学派，霍布斯鲍姆采取既批判又继承的态度：一方面指责他们的代表人物是社会结构的多元论者，说他们不知从事实的内部矛盾运动中寻找事物和历史发展的动因；另一方面他承认作为马克思主义的历史学家，不应该否认人类社会是一种结构系统并有必要对这种系统做结构功能分析。④ 正是在这种观念的指导下，他在自己的史学实践中始终坚持摸索关于社会历史的结构研究模式（关于新社会史的研究模式，后文将重点讨论）。

　　实事求是地说，霍布斯鲍姆学术生涯映衬出正是经历了从劳工社会经济史和农民与社会盗匪等社会运动问题的研究，逐步到新社会史研究领域

① E. J. Hobsbawm, "From Social History to the History of Society", in *On History*, pp. 81 – 82.
② 参见周樑楷《英国史学上的"经济史取向"：其形成及艾希顿的贡献》，载中兴大学历史系主编《中西史学史研讨会论文集》，台中，中兴大学，1986，第251~82页。
③ 转引自周樑楷《专访哈布斯颇教授》，*In The New School for Social Research*，New York，1986年11月18日。
④ See, E. J. Hobsbawm, *Karl Marx's Contribution to Historiography*, in Robin Blackburn, *Ideology in Social Science: Readings in Critical Social Theory*, Fontana/Collins (London) 1972, p. 273.

与跨学科研究理路的潜在变化：从民族史学传统与世界史学取向相互结合的视野，以劳工社会史和区域经济史领域的具体研究为基础，随着社会历史发展进程的复杂嬗变，重点探讨社会政治经济制度结构变迁下大众群体文化生活机制与社会价值观念体系等底层社会历史问题，丰富了经典马克思主义者所倡导的研究资本主义制度运行机制的基本理论与思维方法。霍布斯鲍姆自觉地追寻西方历史学自身发展的学术规律和治学轨迹，有时坚守自己的研究阵地，有时又调整自己的研究方向，最后集中关注与探讨整体社会史问题，这也是那些时代中大多数英国马克思主义史学家的学术理路和心路历程。

综上所述，霍布斯鲍姆及其英国马克思主义历史学派的历史理论与史学思想的形成与建构，与整个英国马克思主义史学派的诞生与发展一样，是在国内外社会变革与学术背景的宏大环境中，通过与当代西方新史学的相互影响与观念互动，既继承和接受了英国传统史学研究成果与传统社会科学学术经验，也直接或间接地从西方马克思主义思潮中获取营养、吸取教训和哲理启发，又直接得益于经典马克思主义的理论性指导与方法论培养。正如伊格尔斯所说，英国马克思主义史学"是多重影响的产物，其中包括马克思主义和社会科学结合所做出的独特贡献"。[1] 哈罗德·T. 帕克也认为，当代英国马克思主义史学家之所以会逐渐在马克思主义理论的指导下，运用丰富复杂的马克思主义方法去解释英国历史和世界历史，主要来自五个方面的影响力：其一，作为英国人或英国社会主义者的失败经历和国际共产主义运动遭受挫折，促使他们进行自我反省；其二，马克思的《序言》新版本以及卢卡奇和葛兰西译本的问世，西方新马克思主义的思想方法开始影响他们；其三，英国马克思主义史学家扎实的历史文献资料功底，有助于他们消除任何简化论的观念；其四，他们积极地通过多种方式与途径同其他一些同行或社会科学家进行交流，充实了他们的理论与概念；最后，他们拥有历史学家严谨的思维生活。[2] 正是这些因素对他们的史学研究方式和史学价值旨趣的积极影响、互为因果和着力促进，霍布斯鲍姆和其他英国马克思主义历史学家的史学思想与理论体系得以逐渐形成，也初步奠定了其史学实践成效的理论基础、思想内涵和分析框架。

---

① 伊格尔斯：《欧洲史学新方向》，第 191 页。

② See, Georg G. Iggers and Harold T. Parker, *Introduction*: *The Transformation of Historical Studies in Historical Perspective*, in *International Handbook of Historical Studies*: *Contemporary Research and Theory*, p. 204.

第二章　历史本体论：学术人生和社会历史观

历史学家学术人生与社会历史观之间存在着相当紧密的联系。关于历史学家和史学流派的研究，首先需要对史学家的生平进行简单考察，力求真实地展现学者的真实人格，透视史学家思想与人生经历之间的联系。俗语有言，人们虽然品尝了美味的鸡蛋，却未必要参观那只下蛋的母鸡。然而，对于历史学家的社会历史观问题的考察，则应该追根溯源。在德国思想家卡尔·雅斯贝斯看来，"变化着的认识造成了生活的变化；反之，变化着的生活也造成了认识者意识的变化"。① 历史学家的学术领域和思想观念的变化，自然更与时代条件和精神状况紧密相关。因此，对于霍布斯鲍姆这样一位著名的社会行动者和天才历史学家的成长，无疑还是需要怀着浓厚的兴趣了解其人生经历和学术轨迹，以此探询其社会历史观的本质特征和社会历史研究的意境。可以说，自霍布斯鲍姆出生的时代开始，特别是 20 世纪 30 年代后，英国和西方社会历史的复杂现实、政治机制的严峻形势与学术文化的多变环境，对霍布斯鲍姆的整个人生境遇与未来学术发展都产生了重要影响。普遍认为，霍布斯鲍姆漫长而多变的人生轨迹基本反映出 20 世纪的重大历史变迁，他的史学著述中诸如有关帝国主义兴衰、法西斯主义衰败和共产主义兴盛那样的时代思考主题，无不都成为其史学问题反思的重要组成部分，也对其学术人生际遇产生了重要影响，而某种程度上正是这些问题意识树立了他的社会政治信仰，使得他成为"毕生的共产主义者"。

霍布斯鲍姆是英国马克思主义历史学派的重要代表人物，也是当代英国最伟大的历史学家之一，人生经历和学术道路颇为独特引人关注。他属于第二代英国市民，1917 年 6 月 8 日出生于埃及亚历山大城，父亲是位来自俄国犹太后裔的英国伦敦普通家庭公民，母亲则是从中欧哈布斯堡王朝治下的奥地利中产家庭远嫁北非的一位千金小姐。虽然在"完全不守礼教习俗"的犹太家庭环境中长大，但是复杂的社会成长环境并没有使

---

① 卡尔·雅斯贝斯：《时代的精神状况》，王德锋译，上海译文出版社，2005，导言，第 2 页。

他成为一个公开的反闪米特主义者（闪米特人主要指犹太人，但是又与犹太人有区别），反而却使他这个终生的反犹太复国主义者免受犹太民族主义的偏见影响。在许多场合，这位犹太人后裔历史学家，从来不认为自己是一位偏执的犹太主义者，也从未盲目支持什么犹太复国主义运动。1919 年举家迁往维也纳，此后直到 1930 年，霍布斯鲍姆在维也纳度过了天真烂漫的少年时代。其间，发生了两件对他人生道路影响重大的政治事件：其一，正当他十岁之时的 1927 年，维也纳发生了一起劳工焚毁司法大厦群体性骚乱事件；其二，也就在他十三岁之时，德国 1930 年普选结果，纳粹党获得 107 个议会席位。① 这样复杂的政治形势和偶然的人生际遇，既使霍布斯鲍姆过早地体验到政治斗争的风浪艰险，也为他以后参加激进政治运动积累了经验。然而非常奇怪，正值希特勒纳粹党异常活跃之时的 1931 年，他们举家又迁往柏林，恰是在德国，霍布斯鲍姆亲身体验了纳粹希特勒的残酷政治统治和经济大萧条时代的艰难生活困境。他也体悟到在那个具有强权国家特质的政治环境中，被"合法化"的过去的历史现实，实质上就是当时政治文化的一个重要表现。

1929 年和 1931 年，霍布斯鲍姆的父母先后去世，然而正是他母亲去世的那年，14 岁的霍布斯鲍姆已经毅然参加了柏林学生共产党组织的活动，为后来史学研究初步奠立了政治实践基础。霍布斯鲍姆在 2002 年自传体的回忆中记载，他自 1932 年与历史学学科开始结下不解之缘，迄今逾七十余年，真正从事历史专业教育和史学研究实践也有五十余年。② 自 1933 年希特勒上台后推行排斥犹太人政策开始，时年 16 岁已经失去双亲的霍布斯鲍姆跟随叔父和姨母家族性地迁居伦敦，躲避政治迫害和种族歧视。霍布斯鲍姆随后在伦敦圣马里莱本普遍制文法中学完成了中学教育，之后俨然以激进共产主义者自居表达政治理想。实际上，正是在中学时代，霍布斯鲍姆第一次面临着专业兴趣的选择，同时显露出对历史学、近代语言学、文学艺术和哲学领域的特有禀赋，但肇始的专业兴趣和文化情感的天平还是最终偏向历史学与英国史研究。对此他这样解释说："如果你在1920 年代和 1930 年代中欧这块土地上被抚养长大，那么你就会被历史所

---

① E. J. Hobsbawm, "Intellectuals and the Class Struggle", in *Revolutionaries*: *Contemporary Essays*, Weidenfeld & Nicolson (London) 1973, p. 251.

② E. J. Hobsbawm, "A life in History", *Past and Present*, Vol. 177, Number 1 (November 2002), p. 3.

包围，而我更不能避免这点。"① 当然这种社会职业的初定和学术旨趣的
选择也因为自己割舍不掉对英国母体文化的由衷崇仰。霍布斯鲍姆承认自
己对历史专业的兴趣也是得益于前辈学者正确的引导和悉心的培养，否则
他不可能步入历史学的神圣殿堂。霍布斯鲍姆曾经自我总结了早期人生经
历与整个学术研究之间不可忽视的关联度，直白地认为自己关于世界的
"观察角度恰形成于 20 世纪 20 年代维也纳童年时期，那里正好是希特勒
在柏林政治上崛起时期，它奠定了我关于政治的观念和历史的兴趣。而且
在 20 世纪 30 年代的英国，特别是在剑桥的时光，强化了这种政治态度和
历史兴趣"。② 早在柏林时期，他就通过并不令人愉悦的有关专业课程学
习方式接触到古典历史，"幸运的是，我在学校图书馆发现了《共产党宣
言》。稍晚些时候，在英国，我又非常幸运地得到一位令人钦佩的校长的
指点，要求我阅读为获得剑桥奖学金指定的诺德·阿克顿的史学著作"。③
正是由于在年少成长过程中历史环境的熏陶，也基于少年时代凝重的历史
感，霍布斯鲍姆立志将来成为一名历史家以期履行自己的社会责任和历
史使命。通过获取那份剑桥大学深造资格的奖学金，他选择进入剑桥大学
皇家学院专攻历史学，霍布斯鲍姆这样回忆道："这既使得我获得了剑桥
奖学金，但是也使我确认对于传统牛津剑桥史学的怀疑主义态度。不过，
我决定在剑桥攻读历史，部分原因在于没有其他的资源可以利用（那里
除了经济学外不存在其他社会科学），部分原因在于，显而易见，大学的
历史教育比文法学校的历史教育更能够为我提供大量更多的历史知识。"④
也就在 1936 年至 1939 年间，霍布斯鲍姆在剑桥大学皇家学院就读时正式
加入了英国共产党组织（Communist Party of Great Britain），成为了一名真
正忠诚的永久性共产党党员，1939 年获史学学士学位。⑤ 同时从 1946 年
到 1956 年间，霍布斯鲍姆也是共产党史家小组的主要成员（Communist
Party Historians Group），受共产党史家小组的影响持续到第二次世界大战

① "A Life in Writing: to Criticize the Future/by Genre Interview with Eric Hobsbawm", *The Guardian*, Saturday December 23, 2000., See, http://www.books.guardian.co.uk/departments/history/story/0, 6000, 414796, 00. html.

② E. J. Hobsbawm, "The Present as History", in *On History*, p. 229.

③ E. J. Hobsbawm, "A life in History", *Past and Present*, Vol. 177, Number 1（November 2002）, p. 3.

④ E. J. Hobsbawm, "A life in History", *Past and Present*, Vol. 177, Number 1（November 2002）, p. 4.

⑤ See, R. Samuel and G. S. Jones（eds）, *Culture, Ideology and Politics: Essays for Eric Hobsbawm*, pp. 366 – 368.

后十余年。

随后，霍布斯鲍姆进入研究生教育阶段的专业学习，然而 1940 年 2 月霍布斯鲍姆应征入伍，在英国皇家工程兵种和皇家陆军教育兵团中服役。1941 年到 1946 年间他受到苏联共产党政策路线影响，坚持参与反法西斯主义的国际战争。因为战争原因一度中断学业，霍布斯鲍姆暂时没有获得博士学位。1947 年重返剑桥大学攻读，1951 年终于获得（哲学）博士学位。① 由于霍布斯鲍姆的共产党党员身份和犹太民族血统，尽管他在学术上声名鹊起，但却几度被所谓的"牛津剑桥史学"拒之主流史学专业派别的学院派大门之外。按其自己的解释，这可能也因为自己学术上的激进立场，怀疑传统的"牛津剑桥史学"的态度使然。② 然而，活跃的学术个性，敏锐的学术眼光，宽广的学术视野，终于应验了天道酬勤的人生道理和学术规则，1947~1955 年间，霍布斯鲍姆担任英国伦敦大学伯克贝克学院历史讲师，开始其学术生涯的初期活动，1959 年升高级讲师时已经引起英国学术界广泛注意，1970 年担任该学院经济和社会史教授，学术任职直到 1982 年从这所学校退休，享受终身荣誉教授的殊荣。1949 年到 1955 年间，他还曾兼职担任剑桥大学皇家学院的研究员，曾经于 1960 年代以客座教授身份在美国斯坦福大学、康乃尔大学和麻省理工学院任教。1982 年后作为访问教授在纽约曼哈顿的纽约社会研究新学院从事政治与社会史方面的研究，并专致培养博士研究生，一直工作到 1997 年。③ 他后来也成为该学院政治学系的终身荣誉教授。由于深厚的学术造诣和广泛的学术影响，他还担任英国学术院院士，被聘为美国国家文化与科学院和匈牙利国家科学院荣誉院士，也曾是英国科学院和美国艺术与科学学会研究员。④ 霍布斯鲍姆对共产主义抱有坚定的信仰，对社会主义的未来充满信心，惟其如此，直到 1991 年英国共产党解散前不久，霍布斯鲍姆才被迫终止了自己的党员身份，但此时他并没有发表退党声明。在《有趣的年代：一种 20 世纪的生活》⑤ 中，霍布斯鲍姆记录了自己在这个

---

① "Eric John Ernest Hobsbawm", *World Auther*, *1970 - 1975* Wilsom（New York）1980, p. 396.

② E. J. Hobsbawm, "A life in History", *Past and Present*, Vol. 177, Number 1（November 2002）, p. 4.

③ Harvey J. Kaye, *The British Marxist Historians*: *An Introductory Analysis*, p. 133.

④ "Danny Yee's Book Reviews: The New Century by Eric Hobsbawm", See, http://www. daayreviews. com/index. html.

⑤ See, Eric Hobsbawm, *Interesting Times*: *A Twentieth-Century Life*, Pantheon Book（New York）2002.

人类历史上最为超凡和恐怖的世纪中对现实生活的感受、共产主义的信仰和人类未来命运的估计，尤其深刻认识到所有这些因素对其史学研究的影响。另外，可以看到的是，霍布斯鲍姆具有良好的语言天赋和语言功底，能够讲英语、德语、西班牙语和意大利语等多种语言，还能够运用荷兰语、葡萄牙语和（西班牙）加泰罗尼亚语等少数民族语言从事阅读，这也是他获得较大学术成就的重要保证。

总之，从生平背景和学术经历的角度来看，自从 1933 年霍布斯鲍姆来到英国，直到 21 世纪的当下时期，从历史和现实交互视界的角度看，他就是一个既产生了广泛影响又不乏争议，也充满着鲜明个性色彩的历史人物和历史学家。现在看来，他还是国际学术界最知名、最具影响力和仍然健在的英国马克思主义历史学家。他在匪徒与社会历史、革命者与产业工人运动①、时代变革与世界历史运动等领域，在诸方面都具有创造性的社会历史学研究成果。其史学著作既具有百科全书式的广博知识，又具有通俗易懂的大众魅力，这也为其赢得了国际史学大师的学术美誉。霍布斯鲍姆先后在维也纳、柏林和伦敦受过正规学校教育，早期史学背景涵纳了作为历史学家所应该具有的禀赋涵养，应该说，虽然人生道路并不平坦，但是学术生涯却还算一帆风顺，学术影响日见增长，国际著名学者和史学大师的地位也逐步奠立。

通常来说，历史学家的史学思想与其所处社会时代的关系异常紧密。而这种紧密关系往往可以通过学术人生对历史学家社会历史观的制约作用来反映。作为历史认识主体，霍布斯鲍姆的主体意识和知识结构中，其特定社会历史观始终居于核心地位，它们决定了这位史学家在进行历史思维和研究历史问题时的学术旨趣与价值判断标准。因此，他在历史研究和历史阐释过程中所表现出来的历史视阈和史学思想都是根源于自己特定的社会历史观。诸如通常任何历史学家的社会历史观必然关心的问题：历史的发展过程是否一种客观存在的进步发展过程？推动人类社会进步与发展的根本动力从哪里获得？政治、经济、文化等等社会因素在各种社会历史发展的过程中到底起着什么作用？这些作用之间又存在着如何的关系？基于特定的社会历史观，在自己的史学研究领域中，霍布斯鲍姆对这些人类社会的经济关系、人们的社会关系、政治关系、思想文化交往关系以及相应

---

① 当然，也有学者认为，作为伟大的马克思主义历史学家，霍布斯鲍姆很少关注 20 世纪无产阶级革命运动史。

表现形态的历史演变过程都投以最认真与积极的关注与研究。① 霍布斯鲍姆的历史兴趣极为广泛，他的研究领域也相当宽广，他关心的社会历史问题自然也就丰富多彩，这大多体现在他基于民族国家立场和全球宽阔眼光二重性的世界历史观念对历史价值与人类社会历史等问题的微观考察和宏观分析之中。当他用其特定的社会历史观来考察人类社会历史现象，从而构建起特有的史学研究理路和历史研究框架时，其中包含的史学价值标准及其相应的史学理论与史学观念，就构成了霍布斯鲍姆史学思想的核心内容与理论基础。而这种史学思想的核心内容与理论基础，又反过来指导他的具体史学研究实践。

　　既然学术人生、社会历史观和史学思想紧密相关，接下来，本章选择性地从进步史观、全球史观和"自下而上"的历史观念等方面，考察其以社会历史观为核心的历史本体论思想，昭示霍布斯鲍姆史学研究的重要思想和学术理念。

第一节　进步历史观念的变化和意义

一　西方进步历史观念的嬗变与启示

　　在论及霍布斯鲍姆进步史观之前，需要简单回顾西方进步历史观念的嬗变历程。

　　在西方传统学术语境中，进步历史观念是在特定社会时期人们关于人类社会总体演变、阶段性发展和浩浩荡荡向前递进的方向与趋势的一种核心思想观念或社会历史观。进步历史观念的滥觞可以追溯到18世纪法国大革命以来西欧理性主义社会的普遍性进步观念。法国史学家基佐的著述就试图表明，18世纪的文明首先就意味着社会的进步和人类精神的进步。② 从这个层面上讲，进步史观在严格意义上是近代人类思想的产物，然而，它的源头可以追溯到古希腊和罗马古典时代普遍孕育的进步观念和思想。

　　当代西方史学家罗伯特·尼斯贝特在论及古典时代的进步观念的历史

---

① 关于历史学家的社会历史观涉及的问题，参见杜经国等《历史学概论》，高等教育出版社，1990，第59页。
② 参见基佐《欧洲文明史——自罗马帝国败落起到法国革命》，程洪逵、沅芷译，商务印书馆，1998。

时，就详细考察了赫西俄德、埃斯库罗斯、普罗塔哥拉、修昔底德、柏拉图、亚里士多德和卢克莱修等思想家的相关著作，探讨了包含他们的进步观念的思想片断。① 但是，不管这些哲学思想大家在其他方面的成就多么巨大，他们那时并没有形成完整严密的进步思想体系，也不具备系统的历史进步观念，当时占主导地位的历史思想仍然是历史循环论。当然，进步观念在当时虽还没有成为占主导地位的历史观念，不过，它为近代以来的进步历史观念奠定了思想源渊。

中世纪后期，信奉基督教神学的历史学家和哲学家试图用上帝神谕来阐述的历史进步理论，实际上是一种带有明显"上帝意志"的神学进步史观。然而，这却不足以推动社会历史的发展，因为那是神力的进步而不是人力的进步，历史进步的原动力来自上帝的意旨，这种非世俗的历史进步理论并不利于人们思想观念的解放，反而成为人类思想进步的桎梏。

西方社会历史的发展在经历了漫长的中世纪基督教神学观念的黑暗统治和西方社会思想在受到相应的上帝循环史观的长期钳制之后，随着15、16 和 17 世纪西方社会的全面转型，近代意义上的历史进步观念赖以形成的社会文化土壤与精神生活氛围才逐步完善，严格意义上的系统进步史观得以产生，人们的社会历史观念和时代精神风貌也随之变化。比如，在思想文化领域里，这是一个由文艺复兴时代人文主义文化向近代资产阶级自由主义文化逐渐过渡的阶段。这期间，人们的思想观念流露出从挣脱基督教神学桎梏到追求自由的历史进步的轨迹。在自然科学上，为近代进步观念的形成与奠立做出了积极贡献的是哥白尼和其《天体运行论》思想的追随者开普勒、伽利略以及弗朗西斯·培根与笛卡尔，他们思想观念的共同特点就是崇尚科学与进步，初步显示了人们以知识理性的力量取代一直统治着人们思想的王权和神权的决心和魄力。在社会科学领域，康帕内拉及其代表作《太阳城》和托马斯·莫尔及其著作《乌托邦》初步表现出来的空想社会主义进步思想，无不构筑了蕴含西方进步史观的思想体系的基础。虽然，作为一种关于社会历史的演变发展的趋势与方向的观念，进步史观在 16 和 17 世纪并没有融入西方社会历史的深层结构，也就是说，这个时期还没有哪位著名的历史学家公开主张用一种较完整和严密的进步史观来解释社会历史，但是进步史观却已经完全镶嵌于人们普遍社会心理的心灵深处。

---

① 参见姚军毅《论进步观念》，中国社会科学出版社，2000，第50～52 页。

到 17 世纪，西方社会思想和历史思想中，存在着多种社会历史观念，比如基督教神学史观和循环进步史观等各种观念鱼龙混杂。需要指出的是，在总体上，以基督教正统神学史观最后的主要堡垒、法国牟城主教鲍修哀（Jacques Benigne Bossuet, 1627 ~ 1704）在 1681 年出版《通史论》的主要观点为标志，虽然它复活许多世纪以来被人遗忘或忽视了的奥古斯丁主张的天国与世俗二元论的历史哲学观，鲍修哀自己也被视为西方宗教神学史家的最后象征。① 然而此后，神学史观在西方开始全面衰落，近代进步史观影响却越来越大。这个时期，已经有历史学家运用进步史观来指导世界历史的分析和解释。

18 世纪，理性主义作为一股社会思潮弥漫于整个西方社会，在社会历史观上，理性主义进步史观也占据着支配地位，这种进步观念已经指导社会激进分子和革命大众进行伟大的社会改造和社会革命运动，如法国资产阶级革命。由此，理性主义进步观念已经深入人心，为西方更广泛的知识分子和思想家所认同。18 世纪是西方自然科学和哲学崛起的时期，也是历史学逐步职业化的时期，同时也是历史进步史观走向成熟的时期。而这一切都与思想家伏尔泰、维柯、杜尔哥、孔多塞、狄德罗、亚当·斯密、赫尔德和康德等人历史进步观念的嬗递密切相关。② 因此，学者指出，如果说 18 世纪前的进步理念只是一种关于各个时代断断续续的、验证式的进步观念，它虽然触及历史发展的动力和方向等本质问题，但却无力充分展示出历史发展的规律性东西，那么，18 世纪初以来，启蒙思想家及其理性主义思想的实践者不仅坚定了历史进步的信念，而且已经把过去、现在和将来连贯起来加以考虑，使历史进步理论逐渐成为一种完整的历史发展解释模式，对以后西方史学和社会学的发展产生了深远影响。③ 例如，"启蒙时代的历史学家认为历史应是一门综合性学科，人类历史的各个层面，如政治、科学、生产技术、农工商业、民情风俗、文化艺术、饮食起居、人口增长等等，都是史学研究的对象。他们将历史看作是一个不断由低级阶段向高级阶段连续发展的过程，从而确立了历史的进化

---

① 参见何兆武主编《历史理论与史学理论——近现代西方史学著作选》，商务印书馆，1999，第 29 页。
② 关于这些思想家的具体进步观念，参见姚军毅《论进步观念》，第 69 ~ 80 页。
③ 参见张广智、张广勇《史学，文化中的文化——文化视野中的西方史学》，浙江人民出版社，1990，第 190 页。

观"①。在更大程度上，进步史观也便成为世界历史编纂的主导观念。

19世纪进步观念的演变经历了三个阶段并呈现相应的三个层面。第一，历史哲学思辨阶段，表现在西方一些著名哲学家，上承康德，从费希特开始，经过谢林，到黑格尔那里，这些思想家试图从人类历史演变的必然逻辑来思辨或反思进步观念，把进步视为人类不断获得自由的实现过程；第二，还有一些思想家把进步理解为社会组织机制的进步阶段，表现在圣西门和孔德等人的思想观念里，他们认为进步是社会演变的规律和组织机制，为此，圣西门构建了自己的社会主义学说，而孔德用进步来解释社会演变的动力、过程和机制；以斯宾塞的社会进化论或社会生物学理论体系的创立为标志，19世纪的进步观念来到了它的第三阶段。② 同时，19世纪50年代后，马克思恩格斯创立了唯物史观，这是一种更完整和严密意义上的历史进步史观。19世纪，进步史观已经成为占统治地位的社会历史观念。

20世纪初期，进化论和进步历史观猛烈地冲击着西方资产阶级史学的价值基础，也成为先进马克思主义知识分子在史学领域中进行思想解放、破旧立新的锐利武器。从某种意义上说，没有近代以来进步历史观的嬗变，就没有西方"新史学"和英国马克思主义史学在史学观念上的进步，也便不可能取得在此基础之上的史学理论创新和史学思想突破。

任何一位历史学家的历史进步观念与史学进步观念，从根本上来说，应当是一致的。霍布斯鲍姆的进步观念也固然离不开西方近代以来历史上存在的普遍性进步观念这个前提，特别是一些著名思想家之进步观念的浸润，然而也不可避免地受到现实世界和社会历史发展历程的影响，显露出自身社会历史观的独特性。据此，下文继续探讨霍布斯鲍姆进步史观的变化及其对历史研究和史学思想的指导意义。

二 霍布斯鲍姆进步史观的演化与价值

霍布斯鲍姆的历史观念不可避免地受到前人进步史学观念的熏陶，但更直接地受到卡尔进步史观的影响。在他看来，在历史研究领域里研究能力最强和最具有智慧的历史学家之一——爱德华·卡尔的《历史是什么?》是一本较好地阐明了英国史学中居于支配地位的进步观念及其演变

---

① 马雪萍：《回顾与展望：历史学的命运与机遇》，《陕西师范大学学报》（哲社版）1995年第3期，第29页。
② 参见姚军毅《论进步观念》，第81~91页。

的代表性著作。霍布斯鲍姆十分赞同和大力宣扬卡尔所强调的进步史观之价值取向，极力主张人们去反对依然存在于英国历史和历史学研究中的保守主义思想和保守主义历史观。霍布斯鲍姆对卡尔的进步史观进行了深刻反思，由此也受到极大启迪。1962 年，他在《今日马克思主义》杂志上发表《历史上的进步》一文论证说："卡尔的著述是争辩性的。历史上的对立者，伯林和奥克肖特、波普尔、汤因比以及其他人，都成为他的主要争论目标。但是他的批评的力量不仅仅在于这种争论，而且在于他认识到不同的历史反应代表了一种特殊的历史观念——比如一种没落阶级的、帝国的或世界体系的观念。"[1] 卡尔最大的功绩就是充分意识到人类正在经历着进步，理性和科学的进步就是人类的进步。"就是从这种立场开始，试图批评由对立者提出来的独特理论，并试图确立合适的历史方法和历史观念。"[2] 最后他写道："我们以反对对立者的姿态加入卡尔的行列，坚信历史能够归纳、历史有'垂训作用'、历史可以预测……我们以乐观主义的精神加入他的行列，并信仰进步。"[3]

卡尔强调历史的进步性，认为"历史在一个静止的世界里是毫无意义的。历史就其本质而论就是变化、运动，或者……它就是进步"。[4] 同样，霍布斯鲍姆也坚信，"历史的基本问题是关于进化论的问题：历史是研究人类作为一个整体通过劳动日益控制自然，如何从旧石器社会进化到现代工业社会的进程，或简单地说，研究人类如何从害怕狮子猛兽的时代进入到恐惧核弹头的时代，为什么一些人类社会沿着不同的道路却都不同程度地朝着这一方向前进，人类作为一个整体，除了个别微不足道的例外，现在正承受着资本主义社会的影响而发生转变，而资本主义社会在迄今为止有文字记载的历史序列中还只是一种最新的发展。它只是发生在过去几个世纪内的事情，这种转变的事实是无法否认的。同样，从全球来看，人类控制自然的能力也是朝着同一方向在发展"。[5] 在早期著作生涯里，他基本上不怀疑人类社会历史发展的"进步性"，始终认为："从长时段来看，社会历史学家必须研究历史上基本的动态因素——社会生产的进步过程。就其涉及的范围而言，正如马克思所看到的，这种社会生产的

---

① E. J. Hobsbawm, "Progress in History", *Marxism Today*, February 1962, p. 47.

② E. J. Hobsbawm, "Progress in History", *Marxism Today*, February 1962, p. 48.

③ E. J. Hobsbawm, "Progress in History", *Marxism Today*, February 1962, p. 48.

④ 爱德华·霍列特·卡尔：《历史是什么?》，吴柱存译，商务印书馆，1981，第 144 页。

⑤ E. J. Hobsbawm, "The Contribution of History to Social Science", *International Social Science Journal*, Vol. xxxiii, No. 4, 1981, p. 630.

进步是由历史发展造成的。"① 在霍布斯鲍姆看来，马克思在 1859 年发表的著名《〈政治经济学批判〉序言》里，就试图回答人类历史的进步是否可能的问题，这也是迄今为止有关这个问题最系统和最严肃的思考，马克思对这一历史基本问题的概括和普遍观点，在同时代他的其他著作中也得到详细论述。霍布斯鲍姆坚信马克思明确断言历史是进步的，这也是马克思主义指导世界历史解释与编纂的实践主义价值。

可以从霍布斯鲍姆对英国近代史学的态度上理解其进步历史观之一般特征和延伸意义。他认为英国近代史学的发展就是一个不断进步的过程。1955 年，他撰文讨论英国历史学家的史学思想进步方向问题，试图分析这种史学观念进步发展的某些特征，认为迄今为止还没有充分的证据说明英国史学中正呈现一种相反的趋势。② "这一直是战后以来英国历史著作史中表现非常明显的一种状况。1945 年特别是冷战开始后的约十余年内，我们看到保守主义和反动的历史观念得到了很大的发展。而另一方面，在过去的五年内，我们也看到那样的观念正明显退却"。③ 在霍布斯鲍姆的学术思想体系里，这种认识是非常激动人心的历史观和史学观念上的进步与发展。在进步历史观的支配下，霍布斯鲍姆写出了大量的史学论文④和历史著作。而最能反映其进步史学观念的研究则是他关于 19 世纪和 20 世纪的人类社会历史发展进程的考察及相关成果。

然而，历史具有统一性和多样性，人类社会历史的发展是复杂曲折而充满变数的，由此又造成霍布斯鲍姆进步历史观念的前后些微变化，从某种角度上看，这也体现了其史学思想的矛盾性特征。如果承认"历史中的进步是通过事实跟价值的相互依赖和相互作用而获得的。客观的历史学家便是最能深入到这个相互作用的过程的历史学家"⑤ 的史学解释，那么可以肯定霍布斯鲍姆正是这样一位马克思主义历史学家。概括来说，在对19 世纪和 20 世纪这两个其自认为完全不同的人类社会历史发展时期的分析与考察过程中，霍布斯鲍姆的内心深处流露出关于进步观念的两种

---

① E. J. Hobsbawm, "From Social History to the History of Society", in *On History*, The New Press (New York) 1997, p. 79.

② See, E. J. Hobsbawm, "Where are British Historians Going"? *The Marxism Quarterly*, Vol. 2, No. 1, January 1955, pp. 14 - 26.

③ E. J. Hobsbawm, "Progress in History", *Marxism Today*, February 1962, p. 44.

④ 最能体现其进步史学观念的论文是他基于历史发展的眼光对资本主义社会危机的研究, See, E. J. Hobsbawm, "The Crisis of Capitalism in Historical Perspective", *Marxism Today*, October 1975, pp. 300 - 308。

⑤ 爱德华·霍列特·卡尔：《历史是什么?》，第 143 页。

"辩证性矛盾"含义取向和学术情怀：一是，在前后期迥然相异的历史观念方面，霍布斯鲍姆经历着的由早期的乐观主义进步观念向晚期的悲观主义进步观念的思想转变；二是，在对人类社会物质财富不断增长和进步表现出极其乐观态度的同时，霍布斯鲍姆思想深处也表现出关于人类精神道德文明衰退的深切忧患意识，因而无法掩饰其历史观念上的悲观色调。当然，这并不足以说明霍布斯鲍姆的社会历史观就完全属于悲观颓唐的那种类型。霍布斯鲍姆本人曾经甚至一直是虔诚的共产主义信徒，其思想信仰背景决定了他那种"辩证"的人文视野和对人类社会发展的美好向往态度。当然，我们不应该苛求他对人类社会历史过程中所有问题都有深刻的现实关怀，但他对有关历史发展前景的"辩证"看法确有其合理性。要求霍布斯鲍姆拥有完全正确而全面的关于人类社会历史问题的绝对认识是不现实的，但是在史学研究中力争具有合理的进步史观并非无法企及的目标。

霍布斯鲍姆的19世纪三部曲对于1789年法国革命之后19世纪历史的宏观分析，就是以进步史观为指导，总体上描述了一个科学进步与理性进步的时代。他在自认为叙述资本胜利时期一边倒的历史《资本的年代》的导言中写道："世界资本主义工业经济大发展的历史，是这个经济所代表的社会秩序大踏步前进的历史，是认可这些进步并使它们合法化的思想理论大发展的历史：理性、科学、进步与自由主义。"① 因为这是资本主义大获全胜的阳光时代，也是人类社会取得重大进步的光辉时代，"在物质、知识和道德各方面，漫长的19世纪是一段看来如此，事实上也几乎不曾中断的长期历史进步时期，也就是说，文明生活的所有条件都处在改善之中"。② 简言之，就长远目标和宏观角度上看，"自工业革命以来，世界经济史就是一部科技不断加速进步的历史，其间世界经济呈现不平衡性持续发展和'全球化'增长趋势。换言之，世界范围的劳动分工日益精细和复杂，商品流动交换网络日趋密集，世界经济的任何组成部分都和全球组织体系不可分割。即便在大动乱的年代，科技进步的步伐也不曾片刻停滞，科技不但改变了世界战争的时间，自身也随着世界战争时代而变化。"③ 所有这一切都表明，霍布斯鲍姆高度赞扬和充分肯定人类社会进

① 艾瑞克·霍布斯鲍姆：《资本的年代·导言》，张晓华等译，江苏人民出版社，1999，第4页。
② Eric Hobsbawm. *The Age of Extremes：A History of the World 1914 – 1991*，Pantheon books（New York）1994，p. 13.
③ Eric Hobsbawm. *The Age of Extremes：A History of the World 1914 – 1991*，p. 87.

步发展的积极方面与特定意义。

　　然而正值时代发展到 20 世纪之时，霍布斯鲍姆也清醒地认识到人类进步史上存在着的严重问题，因为"从 1914 年以后，原本被视为发达国家和中产阶级社会环境才持有的生活水平，当时人们极富自信地认为这种生活水准正在向落后地区及相对不开发的人口地区扩展，已经呈现明显的衰退迹象"。① 其实，早在为《帝国的年代》画上句号的时候，他就以无可奈何又充满悲情的笔调写道："1914 年以后，大规模的灾祸和愈来愈多的野蛮手段，已成为文明世界一个必要和可以预见的部分，甚至掩盖了工艺技术和生产能力持续而惊人的进步，乃至世界上许多地区人类社会组织无可否认的进步，一直要到 20 世纪第三个 25 年发生了世界经济大跃进，这些进步才不再为人忽略。就人类的物质进步和对自然的了解控制而言，把 20 世纪视为进步的历史似乎比 19 世纪更令人信服。……但是，我们却有充分理由不再把我们的历史放在进步的轨道上。因为，甚至当 20 世纪的进步已绝对无可否认，还是有人预测未来不会是一个持续上升的时代，而是可能、甚或马上就会大祸临头：另一次更致命的世界大战、生态学上的灾祸、可能毁灭环境的科技胜利，乃至目前的噩梦可能造成的任何事故。我们这个世纪的经验，已经教会我们活在对天启的期待中。"② 这段话已经十分清楚地表明了他对人类付出惨痛代价而获得所谓的"进步"的怀疑态度，在对人类的未来表示出深切忧虑的同时，已经开始担忧人类道德文明是否同样获得了进步，人类社会发展在获取物质文明进步的同时是否必然以道德文明的沦丧为代价？实际上，这是一位具有凝重历史感和强烈现实感的历史学家必然表现出来的矛盾心情与痛苦困惑。

　　顺理成章地在 1994 年，当霍布斯鲍姆出版关于 20 世纪当代世界历史的研究著作《极端的年代》时，面对 20 世纪以来人类遭遇两次世界大战的悲剧，面对冷战以来核毁灭的阴影笼罩，面对人类生态灾难的严重威胁和社会贫困化对于相当多数的广大人类同胞的现状危机，面对诸如此类的人类社会发展现状，作为一位充满社会责任感的历史学家，霍布斯鲍姆不能不再一次产生思想上的困惑疑虑，也感受到心灵的无比震撼和文明忧患意识的痛苦煎熬。霍布斯鲍姆不能不去诘问现实的波谲云诡，怀疑现代科技和文明究竟是福祉还是祸害，到底是给人类带来了物质解放还是精神压迫。正因为这样，在关于 20 世纪世界历史的考察中，从宏观叙述的角度

---

① Eric Hobsbawm. *The Age of Extremes：A History of the World 1914 – 1991*, p. 13.

② 艾瑞克·霍布斯鲍姆：《帝国的年代》，贾士蘅译，江苏人民出版社，1999，第 428 页。

上看，他对这段人类社会历史发展过程的分析，是建立在进步与倒退、积极与消极以及乐观与悲观二元对立思想观念基础之上的历史深思。换言之，他并非盲目和非理性地信奉社会进步观念，在坚持进步史观的同时，也注意到历史发展进程中的消极因素和令人悲观失望的灰色阴暗色彩，因而有时难免流露出对人类社会历史和未来发展前途的悲观情调。一方面，霍布斯鲍姆看到：18世纪以来理性主义和科学主义进步的沉重代价，正是人类社会发展中的灾难和毁灭性的倒退，国家和民族之间的冲突导致无数的利益纷争，终于演变成第一次世界大战造成数百万将士阵亡和无数平民的无辜伤害，以及四个幅员辽阔的帝国遭到无情摧毁的事实，残酷的历史现实背后实际上是资本主义生产力的严重破坏；他还清醒地认识到：第二次世界大战的接踵而来，带来的是更惨烈的人间悲剧，随之而来的军备竞赛、东西方世界的冷战和核威胁又使得人们时刻感觉心神疲惫而处于一种心灵恐慌和精神焦虑的状态。随着东西方铁幕的烟消云散，苏联政权的解体，世界秩序陷入多极化，人类未来却进入一个前途未卜的时代。另一方面，霍布斯鲍姆也深刻地体悟到：伴随着进步观念的成熟，人类社会的发展也相继出现19世纪的工业革命和第一次科技革命，20世纪初社会生产力获得突飞猛进的发展，随后，飞机翱翔蓝天，汽车等先进交通运输工具成为人们生活中不可或缺的东西，科技进步导致卫星上天和人类在月球上行走以及在南北极科考探险等等人间奇迹。所有这样的意识情感和物质意义，深深地影响到霍布斯鲍姆的史学研究及其著述。而所有这些都说明霍布斯鲍姆具有浓重的史学参与意识和史学现实关怀。因此，自始至终，在描述20世纪人类社会大规模的屠杀与生态环境遭到破坏的同时，霍布斯鲍姆的20世纪叙事体当代史，也就完整地勾勒出一部集生产、消费、社会文化和科学的非凡多样性进步的宏伟历史画卷。也许这正是霍布斯鲍姆以其独特的进步史观为指导观察与分析世界历史问题上的二元对立结局。

应该说，历史研究的成果可以充当人类现实实践的思想或观念的指导，其产生根源却是历史学家对于世界历史和现实世界的认识，其中的历史学家作为历史研究主体是通过历史思维和历史逻辑这座桥梁起着纽带作用。而归根结底，这种历史认识成果受制于人类社会实践的现实动机和未来目的。因此，作为人类不同世纪的实践表现形式，19世纪社会历史中的历史理性进步的彰显与科学进步理性的张扬，20世纪社会历史中存在的物质文明的进步与道德文明的衰退之间的矛盾，不可避免地会对历史学家的社会历史观念与研究视域产生特殊的影响。就霍布斯鲍姆来说，人类社会历史的现状无疑使他改变了历史研究和历史编著的基本着眼点与特定历史观，但总体上他对人类社会历史发展的进步方向的信念没有变化，依然没有抛弃历史学研究中的进步史观，不过，在宣扬进步与理性的时候，他显得更为慎重与沉稳，甚至有时略显悲观与不快。就此而言，也许下面这个评价是恰当的："对霍布斯鲍姆来说，1914 年第一次世界大战的爆发（比 1917 年俄国革命更早）已经成为具有重要意义的历史断裂事件，它把人类进步的时代与日益变得野蛮的时代分开。通过反省人类自从萨拉热窝事件到第一次世界大战的全面爆发，到国家认可的纳粹主义和斯大林主义式的屠杀，到能够造成人类彻底毁灭的冷战时期疯狂的军备竞赛和近来一系列恐怖事件，霍布斯鲍姆公然宣称，他继续毫不犹豫地信奉 18 世纪启蒙运动的观念和价值体系，把它当作'存在于我们和一个日益滑向黑暗时代之间的少数几种有价值的东西之一'。也许启蒙运动是过时了，但是他坚信，正是启蒙运动奠定的基础使得我们能够'去建立一个满足生活在地球上任何地方的全部人类生存需要的社会，而且也只有这样才能确保和捍卫他们作为一个人的尊严。'"[1] 2002 年 9 月 22 日《观察者》发表英国新生代历史学家哈特（Tristram Hunt）针对霍布斯鲍姆的题为《极端世纪的人类》专访文章，这篇涉及范围极广的学术访谈试图揭示的中心问题之一，就是霍布斯鲍姆一如既往地坚持信仰进步精神是人类追求幸福的最可靠路途。[2] 不管怎样，霍布斯鲍姆的进步史观念，正是当他面对变幻莫测的现实世界和风云变幻的时代条件，特别是面对 19 世纪以来毁誉参半和功过是非任人评说的人类社会历史发展的进步历程的时候，试图进行历史理性考察与科学理性分析的观念支柱和思想基础。正是在进步史观的继承与发展问题上，霍布斯鲍姆试图改变社会历史和人类文明趋向的强烈愿望和急切心情在相当大程度上塑造了霍布斯鲍姆史学思想意识中的双向理性气质和社会历史信仰。

第二节 "西方中心论"和"全球历史观"

就世界历史观的发展过程而言，从"西欧文明中心论"到"欧洲文

---

[1] Geoffrey G. Field, "A 'Man In Dark Times'：Hobsbawm on History", http：//www. culturefront. org/culturefront/magazine/98/summer/article. 17. html.

[2] Tristram Hunt, "Man of the extreme century-an interview with Eric Hobsbawm", http：//education. guardian. co. uk/higher/artsandhumanities/story/0，12241，797467，00. html.

明中心论"再到"西方文明中心论"，这是具有浓厚种族优越色彩而又长期支配着西方学者和西方人行为方式的一种思想观念，在此暂且可统称之为"西方中心论"。长期以来，"西方中心论"充满了几乎所有西方人的头脑。或者说，很多西方史学家或思想家的世界历史观或思想观念中的一个明显而又根深蒂固的缺陷，就是他们的行为方式自觉或不自觉地仍然受到"西方中心论"的支配和西方历史图式的影响。作为一位具有当代史学思想意识的历史学家，霍布斯鲍姆基本上能够从全球视野出发来认识与分析世界历史发展进程，但是其史学思想深处也不可避免地或多或少地保留有欧洲中心主义的痕迹。

一 "西方文明中心论"到"全球历史观"

在探讨霍布斯鲍姆的世界历史观之前，需要简单陈述"西方中心论"的形成渊源和发展衰败过程，呈现西方思想界历史观念上的从"西方中心论"到"全球历史观"的流变轨迹。

从思想的文化背景和历史根源上看，"西方中心论"源于其最初形态——18 世纪末德意志哥廷根学派中一些史家提出和宣扬西欧是世界历史中心的观点，从此西方开始流行"西欧中心论"。而黑格尔则是"西欧中心论"的最初和最主要代表，正是他在《历史哲学》中，首先系统地从观念理论与宏大世界历史研究实践上提出和阐述这种"西欧中心论"，即虽然世界历史以东方为起点，但是历史运动的终点却在欧洲，特别是在于普鲁士式的君主立宪制度。① 中西学术界普遍认为，黑格尔是一个历史主义者，但他对世界历史的观察却带有一种非历史主义的态度，以至于他的真正历史兴趣始终落在欧洲，而把东方社会的发展仅作为世界历史进程中的一个插曲和陪衬。② 尽管黑格尔这种世界历史的哲学与理论归根到底只是他作为一个欧洲人的幻觉，但却预先道出了近代欧洲以来西欧人的内心真实所想。

19 世纪上半期，由于英国首先取得了西欧工业革命的成功，也由于西欧社会经济的迅速发展与进步，这一切又使更多的西方人长期浸沉于"西方文明优越"的幻觉之中。作为跨越学术思想界与政治活动界两个领域的德国史学家兰克就是一个典型的早期"西欧中心论"者。可以说，

---

① 参见黑格尔《历史哲学》，王造时译，上海书店出版社，1999。
② 参见俞吾金《突破"欧洲中心论"的思维框架》，《学术月刊》1998 年第 5 期，第 18 页。

在黑格尔之后，恰是兰克以种族优越论为理论基础的史学研究实践将西欧中心论推向了更高点。与此同时，有些西方学者大言不惭地说，强迫黄色、棕色和黑色人种的民族采用欧洲人先进的社会发展方式是白色人种的责任和义务，这实际上是明目张胆地为西方殖民主义辩护。① 这是一种典型的西方霸权话语及其实践系统。而简单地说，西方话语的基本内涵可以概括为"西方分权制衡的民主政治制度和以市场为导向的经济制度是人类普遍的价值，是所有其他尚未采用此类制度的国家无法避免的宿命"②。事实上，在世界历史编纂学实践中，世界历史体系按照这种观念得到特意编排，西欧中心论由此迅速演化成为欧洲中心论，从而形成"西方中心论"的完整意识形态和反整体社会历史的畸变实践方式。当然，就"反西方中心主义"观念倾向和对"西方中心论"的反思历程来说，从学术思想史和观念史上对于西方中心主义的批判与反省情况更复杂得多。

整个 19 世纪之中，"西方中心论"在西方社会泛滥成灾的同时，也是西方资本主义殖民扩张主义凯歌行进的时代，同时也是西方中心论的历史学和社会理论兴起的关键时期。③ 若非限于篇幅，本可以举出许多重大的历史事件和人类社会发展进程中的重大线索来证明这点。20 世纪初期以后，欧美学术界直到第一次世界大战才开始动摇"西方中心论"的根基，初步打破资产阶级"永恒进步"的幻梦。第二次世界大战后，随着西方战前建立的殖民体系的分崩离析和社会主义意识形态的胜利，"西方中心论"遭受重大挫折。值得注意的是，尽管"西方中心论"开始失去其在世界历史编纂理论中的支配地位，但是其在人们社会心理中的影响痕迹依然十分明显。表现在对于如何从理论上回答战后发展中国家的社会改

---

① 参见张广智、张广勇《史学，文化中的文化——文化视野中的西方史学》，第 63 页。

② 当下西方"普世话语"因为已经远离其生发的特定历史环境而给人以形式上的抽象的普遍意义，只要我们将这些所谓普世话语还原到生发的具体历史环境，并结合当下欧美以外的国度在推广西方政治经济制度时造成的种种严重社会问题就足以证明，西方普世话语终究不过是地方性和局域性的知识，是一种特定的价值选择。参见张澜、鄢玉枝《从地方性知识角度看西方独特价值的普遍性叙事》，《江西社会科学》2006 年第 6 期。

③ 有学者认为西方中心主义在 18 世纪中后期得到西欧思想家初步理论论证，是以欧洲的文明进步与东方的落后停滞而表现出来。19 世纪，西方社会更把这种思想加以发挥，认为西方白人是人类的优等公民与代表，世界精神的体现者，东方各国处在世界历史发展进程之外。20 世纪，世界各地纷纷按照西方模式建立民族国家，进行工业化建设，西方文明世界化也即世界西方化。参见陈立柱《西方中心主义的初步反省》，《史学理论研究》2005 年第 2 期。

革与社会发展问题时，许多西方学者仍然在世界历史观和方法论上无法摆脱"西方中心论"的纠缠。

从历史发展和史学研究的角度，这里需要提到世界历史编纂中的两种史学观念及其反映出的世界历史进程的趋势走向：一是，20世纪上半叶以来，在"西方中心论"逐渐丧失其理论优势地位的同时，"文明多元论"也随之产生和发展。① 值得指出的是，在反对以西欧为中心的世界历史进步发展的观念过程中，这种观念对于学术思想界力图打破"西方中心论"支配人们的世界历史观念局面，以建构一种新型的全球历史观的思想反思体系，起着积极的作用。二是，在某种意义上说，"文明多元论"的滋长又是在为"全球历史观"成为西方世界史编纂和社会发展问题研究的"世界历史视野"的主流观念开辟道路。随着时间的流逝和历史的发展，在对待人类文明与世界历史东西方发展进程的态度问题上，人们逐渐认识到要建立超越单一民族和某个中心地区的狭隘界限，呼吁树立全球文明史观。比如早在1936年，荷兰著名史学家赫伊津哈就深刻地指出，我们的文明应该首先是以全世界的过去作为它自己过去的文明的基础，人类的历史首先是世界的历史。② 自此以后，"全球文明历史观"的迅速兴起证明了这位世界文化史学家的论断。仍然需要指出的是，从社会历史发展的过程来看，从"文明多元论"向"全球文明历史观"转变的直接原因则在于两次世界大战以来发生的一系列社会重大变革，社会的重大变革使西方史学家对既已存在的世界历史理论产生了相当的不满情绪，人们纷纷认为世界历史的编纂理论和史学实践到了应该"重新定向"的时候。就如马克·布洛赫所论，"唯一真正的历史是世界性的历史，对这一历史的研究

① "文明多元论"的典型代表是斯宾格勒和汤因比。当然，他们的世界历史理论有细微的不同，一般来说，斯宾格勒世界历史理论更多地带有宿命论色彩，而汤因比是在继承与发展了斯宾格勒思想的基础上，进一步昭示世界文明的此起彼落，生生不息，最终还是表现出西方文明的乐观主义态度，这也是作为大师的历史学家写作的真正动机，也说明在作者的思想深处，他们的观念骨子里，本身也没有摆脱"西方中心论"的束缚，因为社会历史观和阶级的局限，他们理论的这种落后性也无可过多非议。而"文明多元论"的进步意义在于，它多少向西方人展示了世界历史的真实一面：世界历史不同的文明在不同程度上为人类的进步与发展作出贡献。这种观念对后来世界历史编纂理论与实践赋予启迪性的作用。他们的具体论述，参见斯宾格勒《西方的没落》，齐世荣等译，商务印书馆，1991；汤因比《历史研究》，曹未风等译，上海人民出版社，1986。
② 参见杰弗里·巴勒克拉夫《当代史学主要趋势》，杨豫译，上海译文出版社，1987，第242页。

只能依靠相互的帮助和借鉴"。① "全球历史观"时代已露端倪。②

从超越民族和地区界限的"全球历史观"角度来说，最早系统提出"全球历史观"的则是巴勒克拉夫，他公开声明，"主要从西欧观点来解释事件已经不够了，我们必须尝试采用更加广阔的世界观"，提倡史学研究需要"跳出欧洲，跳出西方，将视线投射到所有的地区与所有的时代"。③ 因为，"首先，现在世界上某个地区发生的事情不再可能像过去那样对其他地区不发生影响，二十世纪的历史名副其实是全世界的历史。其次，科学和技术不可遏制地进展，在所有地区都形成了新型的社会和知识模式。再次，欧洲的重要地位已经下降"。④ 在此，巴勒克拉夫呼吁彻底抛弃"西方中心论"，而在更加广泛的世界历史视野中即"全球历史观"来考察历史。⑤ 只有用全球的观点，才能正确分析塑造世界历史的各种力量因素，从而准确地诠释世界历史的发展进程。巴勒克拉夫深刻地认识到，历史学家容易获得事后之明，而在自己的时代里却容易产生当局者迷的感觉。但是，"我们可以断言，历史学家的观点愈富有世界性，就愈能够摆脱民族或地域的偏见，愈接近于富有成效的当代历史观念"。⑥ 在实际的史学实践中，曾任英国历史学会主席的巴勒克拉夫，基本能够遵循全球史学视野的引领，学术声誉萌生于欧洲中古史领域，后来以此为基础不断扩展新领域而终成一代史学大师。⑦

20世纪70、80年代，"全球历史观"已经在现代西方史学界关于世界历史编纂理论与实践中居统治观念的地位。美国历史学家 L. S. 斯塔夫

---

① 转引自 J. 勒高夫等主编《新史学》，姚蒙编译，上海译文出版社，1989，第9页。

② 学者认为，20世纪60年代以来，西方史学界开始摆脱西方中心论的思维框架，70、80年代掀起打破西欧中心论的世界历史编纂潮流，世界历史编纂学在总体上进入全球文明史或整体历史（总体史）时代。参见张广智、张广勇《史学，文化中的文化——文化视野中的西方史学》，第66~67页。

③ Geoffrey Barraclough, *History in a Changing World*, University of Oklahoma Press（Norman）1955, p. 27.

④ 杰弗里·巴勒克拉夫：《当代史学主要趋势》，第1页。

⑤ 详细论述可参见张广智《放眼世界，展示全球：巴勒克拉夫的世界史理论与实践（代序）》，载杰弗里·巴勒克拉夫：《当代史导论》，张广勇、张宇宏译，上海社会科学院出版社，1996。

⑥ Geoffrey Barraclough, *History in a Changing World*, p. 182.

⑦ 按照中国学者的观点，巴勒克拉夫著述丰硕，主要在史学理论而非史学实践上宣扬全球史观念，确实因为他自己也没有尝试着写出那样的全球史著作。而体现这种全球性历史观念的代表性著作有，1955年《变动世界中的历史学》，1967年《当代史导论》，1978年《当代史学主要趋势》和《泰晤士世界历史地图集》。参见于沛《变动中的西方史学》，《当代中国史研究》2003年第6期。

里阿诺斯无疑是推行和运用这种观念阐述世界历史的最具代表性人物之一。他认为自己撰写的《全球通史》主题所"研究的是全球而不是某一国家或地区的历史；关注的是整个人类，而不是局限于西方或非西方人"。① 因为，"只有运用全球性观点，才能了解各民族在各个时代相互影响的程度，以及这种相互影响对决定人类进程所起的重大作用"。② 斯塔夫里阿诺斯的著作所表现出来的"全球历史观"与巴勒克拉夫所提倡的"全球历史观"是一致的（两位学者在倡导全球史学研究方面谁继承谁的观念，似乎还没有准确的定论）。然而应该说，"斯塔夫里阿诺斯继承了启蒙时代世界主义者的世界史观念，打破了以兰克为代表的西欧中心论的世界史的传统框架，不是从欧洲一隅而是从世界历史的整体运动出发来展开其世界史"③。大体说来，此后许多西方史学家以自己的实践研究成果来丰富和发展巴勒克拉夫倡导与斯塔夫里阿诺斯实践着的"全球历史观"为核心的世界历史理论。

20世纪80年代，以美国纽约州立大学社会学教授伊曼纽尔·沃勒斯坦的世界历史观念为代表，"世界体系理论"风行一时，无论这些理论体系存在着怎样的缺陷，在一定程度上，它们是"全球历史观"在整体世界史研究过程中的理论转化和具体提升。④ 美国当代史学泰斗，芝加哥大学历史学荣誉教授威廉·麦克尼尔（William H. McNeill，1917~ ）和德国历史学家贡德·弗兰克（Andre Gunder Frank，1929~ ）等也都强调从全球的角度认识历史，共同丰富和各自发展了"全球历史观"的思想。可以说，"西方中心论"—"文明多元论"—"全球历史观"的发展脉络和逻辑路径，有时三条线索没有明显的时序上的划分，更多的只是观念并行或思想交叉，却仍然清晰地展现了19世纪末到20世纪末西方史学界或者西方学术思想界中关于世界历史理论发展的主要线索。这种理论的实践形式则体现于世界历史编纂学的发展与转变过程中。同时，也应该看到，西方学者思想观念中的这种转变过程也是一个西方学者对"西方中

---

① 斯塔夫里阿诺斯：《全球通史——1500年以前的世界》，吴象婴、梁赤民译，上海社会科学院出版社，1999，第54页。
② 斯塔夫里阿诺斯：《全球通史——1500年以前的世界》，第55页。
③ 张广智、张广勇：《史学，文化中的文化——文化视野中的西方史学》，第72页。
④ 国内学者对既往"世界体系理论"的研究现状进行了综合评价，特别围绕着以沃勒斯坦为中心的世界体系理论源流、结构演化、社会科学话语中反欧洲中心主义倾向和相关理论问题比较进行了最新的探讨。参见江华《世界体系理论研究——以沃勒斯坦为中心》，上海三联书店，2007。

心论"的批判与反思的过程。

如果说从巴勒克拉夫到麦克尼尔等学者的"全球史观"可以视作西方学术思想界对"西方中心论"的内在自觉反思，那么传统上不被视作西方学术思想范畴的西方思想家（或可称为正统西方学术思想体系中的外在思想家），他们对"西方中心论"的批判与反思也呈现出一个清晰的思维过程。其实，早在19世纪，马克思作为独立于西方学术界的优秀学者代表和经典马克思主义者，就对"西方中心论"的思维局限和观念困境提出了批判，马克思在他的一些著作中，对于这种西方观念或意识形态的诸种表现，做了鞭辟入里的出色分析。然而，"确实，正是马克思著作中意识形态概念的含糊性部分地造成了有关他的著作遗产的不断论争"①。正如有的学者所说，曾几何时，由于一些教条式马克思主义信徒和机械马克思主义革命者的错误理解，不但马克思著作和手稿中一些重要的有关批判"欧洲中心论"的思想没有得到理解和认识，相反，经典马克思主义者马克思本人也一度被曲解或指责为一种"西方中心论"。这种指责连马克思本人都已经意识到而公开为自己辩护。这种曲解的不公正表现之一，就是后马克思主义者把马克思关于西方社会发展历史的观念，不加分析地套用于东方社会的发展与探索问题上。实际上，马克思晚年的一些研究成果表明，他不但已经意识到只有突破"西方中心论"的思维框架，才能正确理解世界历史的发展，建构完整的世界历史体系，才能完整地理解东方社会的特点和发展规律，而且马克思本人思想也试图突破"西方中心论"这种线性思维的束缚。只是后来很少有西方学者的思想观念中真正达到如马克思那样对"西方中心论"的那种"彻底的突破性"②。

还需简单提及东方学术界关于"反西方中心主义"的观念倾向和反思历程。长期以来，东方学者也展开了对"西方中心论"的批判，"中国史学界早在60年代就提出反对世界史研究中的'欧洲中心论'倾向，记得周谷城先生是当年最积极的一位"③。在中国思想学术界，随着人们世界观的进步与对历史认识能力的提高，越来越多的学者认识到这种观念的症结和实质。可以略举一例：何兆武就指出，"确实，近代科学浸透了世界文明，任何民族再想要游离于近代科学的潮流之外，也是不可能的了。但这决不意味着，西方历史的发展轨道先天地在逻辑上就是一切文明发展

---

① 约翰·B. 汤普森：《意识形态与现代文化》，高銛译，译林出版社，2005，第36页。
② 参见俞吾金《突破"欧洲中心论"的思维框架》，《学术月刊》1998年第5期。
③ 王家范：《解读历史的沉重——评弗兰克的〈白银资本〉》，《史林》2000年第4期。

的普遍客观规律；那就是说，即使不存在西方文明，别的文明也必然要走上这一条唯一的历史道路"。① 大体自他以后，许多学者深刻地认识到，在西方学术界，埋藏在一些思想家心灵深处的西方中心主义观念在社会文化研究与史学研究中是不容忽视的。有学者指出，从 20 世纪 50 年代中期起，随着西欧殖民体系的瓦解和亚非拉新兴国家的独立，在西方学术界出现了一股研究这些新兴国家发展和现代化的热潮，即第三世界依附发展理论，这种发展理论实际上是旧殖民主义时期欧洲中心论的公然变种（应该指出，研究这股热潮的学术现象本身并不具有学术研究倾向上的可怕性）。因此，所幸的是，"这些发展理论在 60 年代末 70 年代初受到强烈的质疑。……在学术领域出现了一股强有力的'反现代化理论'、'反西方理论'和'反欧洲中心主义'的思潮。熊彼特、波拉尼、阿明等人从经济学的角度对宣扬现代化就是西方化的观点提出了挑战，指出西方的发展是以牺牲发展中国家的利益为代价的。赛义德、伯尔纳和阿明等人则从文化领域对以西方为中心观察东方的'东方主义'提出了挑战，指出西方古典文明实际上来源于非洲和亚洲"②。行文现在来到 20 世纪 80～90 年代的日本学术界，在对"西方中心主义"批判的过程中，重点值得一提的是，在史学研究的实践中，滨下武志教授提出了"亚洲经济圈"理论，转换了世界历史研究的视角，构建了亚洲区域的历史模式论，在某种程度上，重构了亚洲史研究的范式，这种亚洲区域模式由网络模式、海域模式和地域模式等构成，从时间和空间的角度，特别是从注重空间领域的角度，来把握亚洲的近代史和世界的历史进程，从而某种程度上反击了传统的西方中心研究模式。③ 应该说，"西方中心论"的根基不但在西方而且在东方社会都受到强烈的质疑并似乎在一定程度上被动摇。

确实，目前还应该心情复杂地看到，从西方学者的思想认识心理和思维逻辑角度上看，由"西方中心论"到"全球历史观"的转变，实际上体现了他们思想观念上存在着一个长期的突破"西方中心论"思维框架局限的过程。然而问题的悲剧在于，要突破"西方中心论"的思维框架并彻底扭转这种思维倾向的确有一定的困难，原因正在于这种理论有其悠

① 何兆武：《译序：反思的历史哲学——评罗素的历史观》，载罗素《论历史》，何兆武等译，广西师范大学出版社，2001，第 34 页。

② 郑伟民：《世界体系论：对西方国家发迹史的强烈质疑》，《中国与世界》2000 年 6 月号，http://www.chinabulletin.com。

③ 参见孟凡东《亚洲区域模式论——滨下武志教授的"亚洲史重构"研究》，《历史教学问题》2005 年第 5 期，第 64～68 页。

远的历史渊源和深厚的现实基础。特别是这种观念已经通过那些在世界范围内产生了重大影响的历史著作文本和社会历史理论，通过西方世界的扩张和西方人的思维逻辑，渗透到包括中西方的许多人潜在思想意识之中（21世纪当下现实中仍然存在这种现象）。当1980年以后的近二十年中，西方学术界再次出现了打破西方中心论潮流的时候，虽然从总体上说，全球文明史或整体历史的时代业已开始，但是许多西方学者思想意识和内心深处却并没有摆脱西方中心主义束缚。还要认识到的事实是，理论与实践总是存在着不小的差距。不言而喻，中西史学研究的实践中依然存在着大量"西方中心论"为指导的世界历史著述成果，真正意义上的"全球史"观念指导下的世界历史著作尚须拭目以待。就此而言，西方著名学者，现代依附理论的主要代表人物之一，弗兰克的观点在一定程度上揭示了这种局面的症结所在。① 就弗兰克的个人愿望来说，他宣称自己就是要一举摧毁"马克思、韦伯、汤因比、波拉尼、布罗代尔、沃勒斯坦以及其他许多现代社会理论家的反历史的、反科学的——其实是意识形态的——欧洲中心论的历史根基"。② 在一些学者看来，弗兰克著作体现了近乎一种"全球学的视野"（globological perspective），他本人也标榜或被奉为彻底的反"中心"论者，所谓"欧洲中心主义"、"中国中心主义"和"印度中心主义"等一切形式的"中心主义"理论倾向都成为其抨击的对象。但至于弗兰克自己有没有摆脱欧洲中心论的思维羁绊，这种疑问本身已成为中西学术界近年来争议的焦点问题。因此在那些批评者看来，弗兰克的理论模式尽管相当激烈，实质并没有割断同欧洲中心主义的关联，似乎也很难做到这点。其实弗兰克思想观念的结局也可想而知，他能不能真正摆脱欧洲中心主义的纠缠，已不是此刻这里需要关注的问题了。可以肯定的是，对于欧洲中心主义这种思想观念，虽然西方学者中辩护者至今大有人在，但在学术界，起码对声称具有批判性的当代各种史学家和社会批评理论家而言，再也不能像20世纪50年代以前的那些西方学者那样大言不惭而是有所收敛了。

无论如何，已经开启的对"欧洲中心论"或"西方中心论"的思想批判历程使许多历史学家逐渐认识到世界历史在时空上是应该囊括全球，对世界历史发展进程的考察应该注意到东西方共同的作用与贡献。不言而

---

① 参见贡德·弗兰克《白银资本——重视经济全球化中的东方》，刘北成译，中央编译出版社，2000。

② 贡德·弗兰克：《白银资本——重视经济全球化中的东方·前言》，第2页。

喻，自 20 世纪以来的当下现实，人类历史全球化的过程在经历了漫长的风雨之后，已经进入到一个名副其实的全球化时代。最后，对历史学界来说，值得指出的是，基于全球化背景的"全球视野下世界历史"的研究与撰写，通过英国史学家巴勒克拉夫、美国史学家斯塔夫里阿诺斯和沃勒斯坦等人的工作，已经成为当代世界历史编纂的主要趋势和特点，一股全球史观及其史学理论与思潮，也逐渐传播开来。至少在中国当前学术界，基于"西方中心论"和"全球史观"之间存在的问题而出现的世界历史发展及其史学编纂问题，不是哪个"中心"的问题，而是如何对待非中心国家的历史作用和国际地位的问题。①

以上从"西方中心论"到"全球历史观"流变的简单梳理，特别是对这些史学家全球史观的扼要陈述，有两点意义：一是对于以全球史观指导世界历史研究这个时代主题的理解不仅有重要的理论意义，而且有一定的现实意义。② 二是有助于理解霍布斯鲍姆的全球历史观的主要表现、基本特点和理论局限性。

二　全球视野与霍布斯鲍姆史学研究

从学理上看，霍布斯鲍姆史学研究中的全球视野和全球史观，基于他对于以欧洲独特性为观念基础的"西方中心论"之批判和反思。1983 年他在《泰晤士报·文学专刊》上发表题为《所有的民族都有历史》一文，全面评述当代美国社会学家和人类学家埃里克·沃尔夫（Eric R. Wolf，

---

① 近年来中国学术界这方面的成果较多，举其要者，如林甘泉的《从"欧洲中心论"到"中国中心论"——对西方学者中国经济史研究新趋向的思考》，《中国经济史研究》2006 年第 2 期；余伟民的《"中心观"与"中心论"》，《史学理论研究》2005 年第 3 期；陈君静的《美国学界的"非西方中心"史观》，《史学理论研究》2006 年第 4 期；何平的《全球定义视野下的中国与欧洲比较研究》，《史学理论研究》2006 年第 4 期；张旭鹏的《"庶民研究"与后殖民史学》，《史学理论研究》2006 年第 4 期。这些文章强调从各自的角度，特别是史学研究的角度，认真审视非西方史学的重新定向问题，为书写非西方历史提供新的模式和理念。

② 全球史观与全球史问题越来越引起国际史学界的重视和关注，撰写全球史或整个世界的历史已经成为国际史学发展的一大趋势。2000 年 8 月在奥斯陆召开的第 19 届国际历史科学大会的主题之一就是全球史问题。2005 年 7 月在澳大利亚悉尼召开的第 20 届国际历史科学大会的宗旨，也没有脱离从全球的视角研究世界历史与史学的全球化问题。2005 年以来国内史学界特别是世界史学界几次全国性学术研讨会，都涉及基于全球史观的"世界历史中的认同问题"。中国史学界近年来也日益重视全球史问题的梳理与研究，取得丰硕成果。可参见中国社会科学院外国史学理论重点学科《2006 年外国史学理论学科发展报告》，《史学理论研究》2007 年第 2 期，第 98～99 页。

1923～1999）的重要著作《欧洲与没有历史的人民》，① 并把它视为一部
具有强大理论智慧和生动社会现实感的著作。霍布斯鲍姆认为沃尔夫在著
作中对非欧洲社会及在资本主义渗透的冲击下非欧洲民族国家或地区社会
历史变迁的深刻描述，是十分值得称道的，全书选择了 1400 年这个时间
作为研究世界的参照点，得到的结论就是欧洲作为一种新的变化趋势的核
心力量迅速崛起，欧洲大陆以外的其他不同来源的社会组织和族群逐渐被
动卷入这个全球性联结的世界体系，有些观点也颇具新意。② 值得指出的
是，在肯定了作者关于 1400 年的世界体系所做的开创性研究成果的同时，
霍布斯鲍姆明确地指出这部著作存在着的几个问题：其一，沃尔夫的研究
方法在为关注全球史的现代历史学家们提供研究动力的同时，也使得赞同
或反对欧洲中心论的争论成为无关紧要的问题。其二，检验该著作的优劣
并不在于人们是否接受它对实际历史文献的阐释问题，也不是作者对于一
些重要问题的重新解释水准，问题在于作者的分析式研究方法是否真正优
越于诸如马克思、弗兰克和沃勒斯坦等那样的马克思主义者的分析模式。
其三，作为一本旨在论述世界体系中的联系而非原因的著作，除了细微差
异外，沃尔夫并未给那些汗牛充栋的有关欧洲扩张及论述资本主义发展的
重大意义的研究成果增加多少新东西。这种评论是否恰如其分，值得进一
步考察。这里，我们应该看到的是，霍布斯鲍姆实际上试图批评和深表不
满的正是沃尔夫根深蒂固的“欧洲中心论”观念，因为在他看来，无论
是历史学还是其他社会科学，都需要“一部能够说明现代世界社会体系
形成的途径的历史，并尽可能用来解释所有社会（包括我们自身）的历
史”。③ 霍布斯鲍姆认为，如同其他历史学家那样，沃尔夫同样没有注意
到的事实是，在自 15 世纪以来的世界历史发展过程中，欧洲以外的地区
在促进世界变革中到底起了多大作用。换言之，欧洲以外的历史被许多历
史学家视为世界历史中无足轻重的边缘部分，而实际历史发展进程中，
“关键在于历史包含了各种不同结构（包括地理分布上的）的社会实体之

① 本书主要学术观点与基本价值取向，参见埃里克·沃尔夫《欧洲与没有历史的人民》，
赵丙祥等译，上海人民出版社，2006。受其学术观点的启发，中国学者从沃尔夫的著作
切入，探讨了世界历史研究中的文化、权力等问题，提出了一些有益见解，参见张旭鹏
《文化、权力与世界历史——兼评埃里克·沃尔夫〈欧洲与没有历史的人民〉》，《史学
理论研究》2007 年第 4 期，第 61～72 页。
② 本文收录于霍布斯鲍姆的《论历史》文集中。See, E. J. Hobsbawm, "All People Have a
History", in On History, pp. 171 – 177.
③ E. J. Hobsbawm, "All People Have a History", in On History, p. 171.

间的相互作用，这种作用使各个实体相互重塑着对方。欧洲与非欧洲地区，与伊本·卡尔敦（Ibn Khaldun）的贝都因人和定栖民族一样密不可分：每一方皆是另一方的历史参照物"。① 由此看来，沃尔夫的史学新著只是为撰写全球性的世界历史作出巨大努力的一种尝试，但是却无力根本上摆脱"欧洲中心论"，因为，"沃尔夫著作集中研究世界历史中的相互作用、互混性和相互修正因素，既体现了其重要实力，也是其主要弱点，因为它倾向于认为把世界从史前史推进到 20 世纪后期的动力是理所当然的"。② 而这种理所当然的发展动力主要却被视为来自欧洲历史的独特性。由此可见，对欧洲历史的独特性问题，恰是霍布斯鲍姆主张深入批判和真正反思的重大理论与实践问题。

那么何为欧洲的独特性？形成欧洲独特性观念的因素主要有哪些？对这种似是而非甚至错误的观念应该如何澄清？霍布斯鲍姆从另一个角度进行了详细论证。1996 年，他以《奇特的欧洲史》为题在德国作了关于欧洲及其历史的演讲，德文版发表于同年 10 月 4 日《时代》周刊上，而文章英文版则收录于《论历史》文集。霍布斯鲍姆认为，在 17 世纪以前的欧洲历史中，基督教作为欧洲历史根深蒂固的部分，对欧洲历史起着聚合作用，欧洲人很少单纯从地理上而是从观念信仰或者意识形态上看待欧洲历史，因为，"经济和军事方面的优势地位在此时强化了这样一个信念：欧洲不是作为现代文明的传播者、而是集体性地作为一种人类类型比其他所有人类类型都要优越"。③ 而实际上，"包括马克思在内的西方哲学家的一个错误认识，就是认为历史发展的动力只能在欧洲而不可能在亚洲或非洲找到，这种错误观念至少部分地由于其他有文字的和城市文明的连续性、与西方历史非连续性这两者之间存在的这种差别所导致"。④ 在霍布斯鲍姆看来，世界各大洲历史的连续性和非连续性历史差异，是造成西方哲学家和思想家观念错误的一个重要因素。同时他也看到，正是自 15、16 世纪西方"复兴运动"以来直至 20 世纪，欧洲历史经过长期演变，获得了前所未有的社会发展，由此造成了在日益形成的全球人类交往体系或"世界"体系中，人们思想观念和行为实践中的奇怪与错误倾向，欧洲的独特地位具有历史必然性和例外性，这样的思维定式被反过来用于解释欧

---

① E. J. Hobsbawm, "All People Have a History", in *On History*, pp. 172 – 173.

② E. J. Hobsbawm, "All People Have a History", in *On History*, p. 177.

③ E. J. Hobsbawm, "The Curious History of Europe", in *On History*, p. 221.

④ E. J. Hobsbawm, "The Curious History of Europe", in *On History*, p. 224.

洲在世界历史中的地位和欧洲历史中的所有问题。因此可以说："从17世纪的某个时候起，崭新而又具有自我意识的'欧洲'以三种形式出现了。其一，从作为全球国家体系出现的'欧洲'视角来看，国家的对外政策被看作是由永恒的'利益'所决定的，也被解释成超然于宗教信仰之上的'国家动机'。……其二，'欧洲'超越了在建构集体精神大厦中的地理边界、语言、对国家的忠诚、义务或个人信仰等因素，构成了一个随时潜在的包融了学者或知识分子等所有范畴在内的知识活动、科学和学术的现代科学社会。……其三，尤其是在19世纪的社会历史发展历程中，'欧洲'主要是作为市民教育、文化和意识形态模式出现的，但是自始这个模式就被看作是可以输出到海外移民社会中去的东西。"① 沿着霍布斯鲍姆的分析思想发展而来，应该清晰地看到，他实质上反对强调一个独特的欧洲，认为同质性的欧洲很大程度上是被构建出来的，因为仔细考察历史事实，历史上肯定并不存在一个同质的欧洲。霍布斯鲍姆认为，"如果质询西方如何摆脱了东方的发展压制，资本主义和现代社会性质如何、并且为何只在欧洲才得到充分的发展，那才是在询问欧洲历史的核心问题"。② 这种思维主导下的历史考察才能够揭示欧洲与非欧洲之间的差异性，解释欧洲的独特性问题。他强调人们应该持有关于欧洲历史独特性的正确解释，避免思想观念陷入那种历史和意识形态之间或历史和文化偏见之间的傲慢无人地带。基于这种考虑，霍布斯鲍姆明确反对欧洲中心主义倾向，坚持认为："历史学家必须放弃那种寻找只有在欧洲才能够见到的特殊因素的陈旧习性，正是这些因素使得我们的文化在质的方面不同于、甚至优于其他文化——像欧洲特有的理性思维、基督教传统、诸如罗马法那样的名目繁多承继于古典时代的特殊遗产等。"③ 因为欧洲产生资本主义和科技革命等先进事物的发展方式并非欧洲或西方独有的，现在的欧洲不再像过去那样处于文明优越至高地位并足以使人目中无人的状态。在霍布斯鲍姆看来，即便欧洲历史理应也本来就是独特的，但是这种独特性并不足以造成对其他地区、民族和国家的统治与征服的力量或理由，欧洲历史的独一无二和欧洲中心论之间不应该存在某种因果模式关系。

　　无论如何，值得肯定的是，霍布斯鲍姆已经清晰地意识到欧洲已经失去在世界历史中的中心地位，那么面对那种丧失了中心地位的欧洲历史，

① E. J. Hobsbawm, "The Curious History of Europe", in *On History*, p. 225.

② E. J. Hobsbawm, "The Curious History of Europe", in *On History*, p. 225.

③ E. J. Hobsbawm, "The Curious History of Europe", in *On History*, p. 226.

历史学家可能采取什么样的态度来研究欧洲史呢？作为全球史的重要组成部分，本质上属于地区史的欧洲历史的未来走向或发展命运如何？这是霍布斯鲍姆十分关注的重要历史命题，在某种程度上看，霍布斯鲍姆许多史学著作的根本动机，似乎是试图在全球历史和世界历史中寻找欧洲历史合法性的，而这正奠定了这位伟大治史者和历史学家思想深处关于欧洲中心主义与全球主义的二律背反（关于这点，后文将有详论）。

结合特定的史学研究实践，我们接着考察霍布斯鲍姆史学研究的全球视野与全球史观。作为一位西方学者、历史学家和思想史家，同时是马克思主义史学的继承者和发展者，霍布斯鲍姆的学术生涯和史学观念虽然没有明显地表现出前期的"西方中心论"和后期的"全球史观"这种截然迥异的观念分野，却也经历了那种由"西方中心论"到"全球历史观"的思想渐进和倾向转变过程，他的史学研究兴趣也逐渐经历了一个由地方性现象的考察到全球性现象的宏观研究和历史解释过程。然而，这种转变能否彻底？他的史学思想中是否依然存在西方人思想观念中那种积重难返的欧洲中心主义情绪？在历史学家写作动机的约束和主观意识的影响下，他又能否避免某种自我中心主义倾向的思维干扰？这是考察其思想发展过程中必须回答的基本问题。从此考察过程中，也可以透视霍布斯鲍姆史学思想某些方面的本质内涵，一定程度上，却流显出包含其自身思想深处中的"西方中心论"与"全球历史观"之间的矛盾与悖论。

应该说，霍布斯鲍姆史著中的全球视野或全球史观也是十分鲜明和独特突出的。霍布斯鲍姆的学术研究之旅和思想心路之途确实经历了一个跳出以英国历史研究为中心的学术圆圈的艰苦历程，体现了一位马克思主义史学家历经英国到欧洲再到全球化时代的世界历史研究的学术发展轨迹。他的著述丰硕，视野恢宏，至今已经发表专著、合著和编著达20余部，专题性论文和评论文章等不计其数。他也许不能被算作那种备受众人关注和趋之若鹜的世界体系理论家，但他对世界历史的重构与布罗代尔的总体史或沃勒斯坦的经济世界史体系等形成强烈对比。凯伊非常赞赏霍布斯鲍姆在建构整体的世界历史方面所作的努力，把他那些著作中所体现的整体世界史观念和撰写方法作为一种范式视阈加以推崇。凯伊认为，在布罗代尔那里，人类（历史）经验——作为基本的唯物主义实践基础与政治、经济尺度被在最大程度上进行了细微化，甚至完全被取消了，从而被所谓生存环境和长时段的整体结构所淹没；在沃勒斯坦的独特世界经济体系中，作为与政治和经济因素相关联的基本人类经验也为这种整体决定论所削弱或否定。而霍布斯鲍姆的整体史构思，实际上也是以一种"全球历史观"为指导，它是在阶级分析的理论框架下，承认社会经济的决定作用和基础决定上层建筑的能力因素，但他并不否定人（类）特别是社会的人（类）之主观能动作用，即不否认人类经验对社会经济或政治经济的作用，也不否认对人类经验的特定依赖性。[1] 霍布斯鲍姆正是试图在这种思想观念指导上重构世界历史的整体图景。实事求是地说，对世界历史现象的研究最能体现他运用马克思主义观察和剖析问题的方法之灵活性，比如，他运用阶级分析方法，把资本主义世界的整个体系的历史考察与他以前对劳工历史和农民研究衔接起来，也最能显现他的整体社会史观和全球历史观的历史眼光，19 世纪历史三部曲与 20 世纪世界通史都是这种研究眼光和研究视阈的产物。

　　在霍布斯鲍姆的前期著作中，最能说明其全球研究视野的是《匪徒》这部代表著作。在西方史学界，霍布斯鲍姆可以称得上是最早着眼于世界范围的角度从事以"土匪"为观察与分析对象的社会史研究的学者之一，1969 年，他出版了后来成为最著名的关于土匪的社会史著作《匪徒》一书。[2] 这本著作基本上反映出霍布斯鲍姆试图以全球的眼光来研究社会历史的强烈愿望，虽然其研究的主题并不称得上怎么引人注目，著作的内容篇幅也不显壮观宏大，但书中蕴含的学术思想价值却不应被人漠然忽视。从社会历史观念上讲，这本著作最突出的一点，就是它已经注意把"土匪活动"行为置于广泛的世界范围内的社会历史背景中加以考察，把他们视为影响当时社会时代发展的一个不可忽视的因素。在这本书中，无论是英法欧洲主要国家的农村地区，还是欧洲的东南部巴尔干半岛和亚平宁半岛，抑或中部欧洲的保加利亚和匈牙利的穷乡僻壤，无论是北部非洲的埃塞俄比亚等地中海沿岸地区，还是亚洲的古老土耳其帝国、中华帝国和印度尼西亚等国的农业社会区域，无论是拉丁美洲的墨西哥的荒凉山地，还是南美洲的巴西和哥伦比亚等国的边远山区，等等诸如此类，世界上许多国家和地区，只要有所谓的土匪与社会运动现象，几乎都被霍布斯鲍姆

---

① See, Harvey J. Kaye, *The British Marxist Historians: An Introductory Analysis*, p. 164.

② E. J. Hobsbawm, *Bandits*, Weidenfeld and Nicolson (Harmondsworth) 1969. 这本著作首次出版发行后，由于获得了极高的评价，也由于霍布斯鲍姆本人追求更高和更严格的学术旨趣，先后又修改和出版了三次，故目前共有 1969 年、1972 年、1981 年和 2000 年四个英文版。现存在中国大陆和台湾两种分别基于不同版次原著的中文译本。参见埃瑞克·霍布斯鲍姆《匪徒：秩序化生活的异类》，李立玮、谷晓静译，中国友谊出版社，2001；艾瑞克·霍布斯邦《盗匪：从罗宾汉到水浒英雄》，郑明萱译，台北麦田出版股份有限公司，1998。

纳入自己研究视野之下。他从多种角度，通过实地考察的方式亲临历史场景，主要通过历史对比研究和社会人类学方法的结合，把"土匪活动"作为一种原始反抗的古老形式和传统社会运动加以研究。简单说来，这部著作在开拓和突显"土匪的国际性"这一研究主题的同时，也是作者自身"全球历史观"的最早流露。虽然在霍布斯鲍姆早期生活的时代还没有遇到像他后期生活时代或者今天这样含义更加广泛的全球化问题，他也没有形成非常系统的有关全球化历史的建构理论。但可以说，他确实试图从全球的视野来研究社会历史问题，关于世界性的社会盗匪问题研究，可以被视为他阐发"世界历史观"的最初尝试，当然也体现了他重要的关于社会盗匪与社会变迁问题的普遍性思想。

在霍布斯鲍姆的后期著作中，最能够体现在全球视野下研究世界历史的作品，是他对20世纪当代历史的考察而撰写的《极端的年代》，这本宏大叙事和微观叙事风格兼具的史学著作，主要的出发点就是把人类社会的发展放在全球的实际世界背景之中来考察，试图用全球化的眼光来看待20世纪世界历史，对两次世界大战及战后乃至新千年之际的历史发展，都从世界史的范围予以说明，从全球范围来认识和理解20世纪世界历史的变化，在重视各个民族和国家历史的发展特点基础上，讨论全球化趋向的出现对各个民族和国家的历史产生的影响，从而展望下个世纪人类历史的发展前景。

霍布斯鲍姆认识到，20世纪人类社会较之19世纪的世界所发生的最重大变化就是："在1914年至20世纪90年代之间，全球越来越逐渐演变成一个单一的运作单位。这不但是前所未有的历史现象，而且也是1914年之前不曾出现的状况。事实上，就许多目标而言，尤以经济事务目的来说，全球正成为基本运作单位。而旧有的诸如按领土国家政治标准所界定的'国家经济'主体，已经转变为跨国性活动的复杂主体。"① 经济全球化问题必将使得世界政治、民族文化和科技发展日益成为相互联系的整体运行，从而促使整个世界各个方面的全球化演变。通常认为，经济史（最终以全球经济发展为研究对象）是多学科交叉与联姻研究的表现和产物。在霍布斯鲍姆看来，在西方史学界，20世纪40、50年代以来的经济史可以被视为一门真正全球性学科，成为全球化时代史学发展的学科基础和重要表现，这也正好能够解释为什么能够大约在1960年左右，西方学术界建立起一个由以布罗代尔和波斯坦为代表的英法史学家共同掌控的国

---

① Eric Hobsbawm. *The Age of Extremes：A History of the World 1914 – 1991*，p. 15.

际史学协会。在英法美等欧美史学较为发达的学术强国，如果说 1950 年代的经济史主要关注商业或企业史研究，那么 1960 年代的经济史则更侧重于计量经济学（即作为回顾和虚构式经济计量学意义上的史学）问题和弗洛伊德"心理史学"问题的研究。① 如果说影响烈度日益加剧的全球化过程是每位肩负社会责任的历史学家从事史学研究应该把握的现实出发点，那么霍布斯鲍姆则是从理论和实践上都比较自觉地或有意识地这样做的历史学家。进入 20 世纪 70 年代以后，以不同历史时期中的社会经济发展问题为视角从事社会的历史研究，则成为英国新社会史学家必然选择的历史研究领域和努力奋斗目标。在霍布斯鲍姆看来，在某种意义上，"社会的历史"成为西方史学界为实现全球史的目标追求而共同高举的一面旗帜，尽管这个术语有时显得模糊，甚至令人误解。② （有关整体"社会的历史"的思想，将在第五章进行讨论。）

由此看来，霍布斯鲍姆试图把实践"社会的历史"的追求途径，作为建构人类世界历史和全球史的重要方式。1994 年，霍布斯鲍姆在《第欧根尼》杂志上发表了以《探索于普遍性和同一性之间的历史学家》③为题的文章，在谈到历史学家的责任和义务时，基本表露了他试图探讨全球历史的理想初衷和强烈愿望，也是对他曾经撰写的世界历史著作的最好注释。该文后来以另一标题收入其论文集《论历史》。他不无感慨地认为："历史学家不论属于哪一个微观世界，他们都有着普世主义的义务，这不仅是出于对我们之中的许多人向往的某种理想的忠诚，而且也是因为这是理解人类历史乃至人类局部历史的必要前提。无论现在还是过去，任何一种人类集体都是一个更广阔和更复杂的世界总体的组成部分。一部只是为犹太人（或者只是为美国黑人、希腊人、妇女、无产阶级或同性恋患者等等）写的历史，尽管它可能取悦于它的读者，但却不可能是一部优秀的历史著作。"④ 霍布斯鲍姆在那篇有关学术人生的论文中，特别分析和反思了西方学术史，尤其是史学研究中的欧洲中心主义倾向问题，主张超越欧洲历史的研究取向，建立全面和整体的世界历史。作为建构全球

---

① See, E. J. Hobsbawm, "A life in History", *Past and Present*, Vol. , 177, Number 1 （November 2002）, p. 10.

② See, E. J. Hobsbawm, "A life in History", *Past and Present*, Vol. , 177, Number 1 （November 2002）, pp. 10 – 11.

③ E. J. Hobsbawm, "The Historian between the Quest for the Universal and the Quest for Identity", *Diogenes*, Vol. 42 （4）, 1994.

④ E. J. Hobsbawm, "Identity History is Not Enough", in *On History*, p. 277.

史的重要途径，他不无深刻地分析认为，一方面，虽然他认为20世纪70年代社会史研究获得较大发展，社会史研究的前途无可限量，但是，即使在20世纪70年代早期，西方意义上的学术史还只是较大程度上限制在第一、二次世界大战和日本史的研究领域，除此之外的史学领域并没有取得想象中的繁荣。而且，除了少数马克思主义者，只要涉及"西方文明"研究，大多数学术史的指导观念仍然遵循着传统史学路线和表现出强烈的欧洲中心论，特别是美国中心主义倾向。历史学家、地理学家、人类学家和语言学家如此，帝国管理者运用这些理念在处理非西方事务时也如此。另一方面，霍布斯鲍姆也看到，从20世纪60年代开始，随着欧洲旧帝国的非殖民化和与此同时作为世界权力中心而存在的美国逐渐兴起，超越欧洲史的研究通过大量的北美大学体系中史学研究事业的推进而得到加强。随着全球化进程的明显进步，作为全球史的世界历史开始正式出现。特别是到了1990年代，第三世界的历史学家，特别是从马克思主义论争中获得理论与实践创新的一些史学家，已经开始赢得全世界的认同。①

　　按照霍布斯鲍姆的思路来理解至少可以形成两点认识，其一，大致从1960年代到1990年代期间，西方学术的观念霸权经历着从欧洲中心论向着美国中心论的转换，在这个过程中，虽然世界帝国的利益就像美国大学的优势资源那样，使得美利坚帝国成为战后新欧洲中心主义历史的中心，这种观念在历史著作文本和史学专业杂志中居于支配地位。需要指出的是，正是这样的观念统治着学术领域，在大多数史学家那里，关于欧洲史、美国史和世界其他地区史的研究仍然处于相互分离状态，非常缺乏对它们其中存在着的共同因素的整体分析。其二，时至20世纪末21世纪初，尽管经过近半个世纪的系统努力，尽管诸如《过去与现在》那样的专业杂志发表了一些具有全球视野的专业论文，力图摆脱史学研究中的地理局限和观念偏见，但是无论是对于作者还是读者来说，非常遗憾的是，历史学的整体环境仍然基本处于一系列狭小的学术市场状态。为此，霍布斯鲍姆写下了一段这样的文字："在我的那个时代里，只有少数几个历史学家试图把欧洲史、美国史和非欧美地区史整合成一个全面的世界历史。但是，考虑到历史学需要把它自身从民族国家的框架中解放出来，也主要由于制度和语言的原因，这样的努力也大体上失败了。回顾起来，这也可

---

① See, E. J. Hobsbawm, "A life in History", *Past and Present*, Vol. , 177, Number 1 (November 2002), pp. 11 – 12.

能是我一生中主修过的最薄弱的科目。"①

　　显然，在整个的学术生涯中，基于全球史观取代狭隘的民族国家史观（或极端民族主义史观）的研究取向，霍布斯鲍姆反对史学著作中的狭隘民族主义或种族主义观念，对西方学者那些充满着种族优越论或西方独特性的著作文本保持基本否定的批判立场。他认为自己历史著述的目标是，研究全球而非某个局部、研究全人类而非某个种族、研究全世界范畴而非某个国家的历史，从而撰写一部全球范围内的人类整体历史。因此学者研究指出："霍布斯鲍姆认为，从总体上看，全球性的相互依存意味着更大的经济单位将来会提供一种人们共同体的基础，20 世纪末期的民族主义已不再是历史发展的主要动力，不再是一种全球性的政治纲领。"② 也正如有学者所言："不能设想一个种族主义者或一个狭隘的民族主义者会去关心其他种族、民族的命运，很难想象持有这种观点的历史学家能够较正确地估计历史上各民族的作用及其相互影响，从而他也不可能真正说明自己种族、民族的过去、现在和将来。"③ 只有着眼于整个人类社会而不局限于某部分人的利益，即以全球历史观为指导写出来的历史著作才更有意义。当然，霍布斯斯鲍姆的这种学术理论在实践中肯定会遇到许多困难，因为这涉及著作者的编著技巧、著史手段和史学观念能否真正满足撰写一部全人类整体历史的要求，不管结果如何，霍布斯鲍姆关于跳出一国一族的研究范式局限，在更广泛的视野内观察世界历史和整个人类社会的历史的主张，是很有见地的，也是难能可贵的。

　　在历史实践研究中，霍布斯鲍姆不仅加强了欧美主要国家和地区问题的研究，而且也日益加强了对非洲、亚洲和拉丁美洲等不发达国家或地区历史的研究，甚至对中国历史曾经越发表现出强烈的关注，特别是对中西历史进行着某种程度的比较研究。这也是符合史学发展的时代主流和思想潮流的。仔细研究就会表明，促使霍布斯鲍姆以此种方式从事人类社会历史研究的决定性因素，恐怕不仅仅是基于对人类历史的内在发展过程考察和学术理路的内在逻辑考虑。从某种意义上，或许存在着某种更加现实的因素促使霍布斯鲍姆断然采取一种全新历史的比较研究视角和逻辑思维方法。霍布斯鲍姆甚至在某种程度上认识到人类历史的整体性发展和全球文

---

① E. J. Hobsbawm, "A life in History", *Past and Present*, Vol., 177, Number 1 (November 2002), p. 12.

② 埃里·凯杜里：《民族主义·代序言》，张明明译，中央编译出版社，2002，第12页。

③ 王加丰：《伏尔泰的世界史观》，《华东师范大学学报》（哲社版）1997 年第 4 期，第 66 页。

化的日益多元化，随着不同文化间相互交流的不断加强、异域文化比较认知的不断深化，越发感觉到固有的西方中心主义再也不应该一意孤行，更不能够大行其道了。对世界历史的研究当然也不能够唯欧洲历史的经验是从或西方社会的马首是瞻。霍布斯鲍姆对于世界历史的分析与重构，其独到之处就在于他不是仅仅停留于某些领域方面、某些具体问题的纠缠与研究上，而是更注意从历史发展规律的高度来研究人类社会的发展或反思人类社会的未来，从而在普遍社会历史观和整体上对世界历史予以说明和解释。这一点明显地继承与发展了马克思主义的世界历史分析路线和实践方式。

三　欧洲中心主义情结与思想悖论

从别样意义上说，霍布斯鲍姆是一位异常博学而研究视野又相当广阔的历史学家，然而不无遗憾的是，通观他的著作，尤其是按时间顺序进行叙述的四卷本 19 世纪通史和 20 世纪当代史，欧洲社会的一切仍然是其考察的中心。除了客观因素外，究其根源，这只能说明他思想骨子里依然摆脱不了欧洲中心主义思想观念的约束。他的思想观念深处聚集着某种欧洲中心主义情结。仔细分析就会发现，他的全球史观无力避免传统西方中心论的感染和侵犯，在某种程度上，他的欧洲中心主义情结是一种显性的和隐蔽的欧洲中心论的结合形态。

就历史文本的解读角度上来说，霍布斯鲍姆的"漫长的 19 世纪"历史三部曲著作，实际上就是其思想深处欧洲中心主义观念的一种载体，他的立足点是对有关西方文明的兴衰因由做系统的阐述，而其前提预设仍然就是欧洲文明的优越性和例外性，他在理论和面相上确实试图颠覆欧洲中心主义观念和社会历史理论，实际客观上也成为对欧洲人的聪明才智与文明独创性热情的讴歌者和赞美者。如马克思所观察到的那样，霍布斯鲍姆认识到人类历史是一个人类自身存在其中并控制自然的不断增长的变化过程，而在这个人类历史的发展过程中曾经出现了两次重大的技术变革：第一次称为"新石器时代革命"，它带来了农业、冶金术、城市、阶级和文字的发展。这一次技术革命是世界不同地区不同国家以不同程度独自发展为特征。第二次指欧洲近代技术革命，它引起了近代科学、技术和经济的巨大变革。这次技术革命仅仅发生在欧洲，因此造成以后几个世纪内欧洲成为世界的中心，几个欧洲国家成为全球霸主。① 这种历史认识自然是非

---

① See, E. J. Hobsbawm, "The Curious History of Europe", in *On History*, p. 227.

常正确的和合乎历史理性的，然而，霍布斯鲍姆的欧洲中心主义情结和对欧洲历史的特殊性处理，却主要来源于他对人类历史曲折发展过程中的两次重大技术变革的正确历史认识的错误思维引申。他认为正是欧洲自第一次工业革命以来奠定的发展优势，使欧洲理所当然地成为世界历史发展的中心，成就了欧洲历史的独特性。欧洲的思想家和历史学家是如此习惯于在欧洲中心主义思维定式中思考问题，以至于"我们不再确切地知道，在一个欧洲已失去了中心地位的世界里，如何来研究欧洲史"。① 比如，他在《帝国的年代》结语中认为，19世纪是一个创造了现代资本主义世界经济、从而创造了世界历史的世纪，"对于欧洲人来说，这个时代特别使人容易动感情，因为它是世界史上的欧洲时代。而对英国人来说，它更是独一无二的，因为英国是这个时代的核心，而且不仅限于经济层面。对于北美洲的人来说，在这个世纪，美国不再只是欧洲外围的一部分。对于世界上其他民族来说，在这个时代，其以往的所有历史，不论有多悠久、多杰出，都到了必须停止的时候"。② 读着以上有关历史研究的模糊性言论，我们似乎可以领会点什么，或许这段话有着其他丰富的思想内涵，也许欧洲史学家和欧洲史学对欧洲中心主义历史那种怀旧情感本身无可避免。但是，我们还发现其中却隐藏着作者内心深处纯西方人种的高贵性和西方文明中心主义的情不自禁的情绪流露，这也是不争的事实。

在《极端的年代》里，霍布斯鲍姆把短促的20世纪世界历史比喻为一块由历史原料配制和丰富史观意识构成的三明治。1914年一战的爆发到1950年，是一个大灾难时期；1950年到1970年代革命前夕，是资本主义经济成长异常繁荣，社会进行重大变迁的二十五年至三十年黄金时期；1973年到苏联政权的解体为止，则是一个政权分散解体、人心彷徨不定和危机重重的天崩地裂的二十年。或许这可以被认为是一个别出心裁的历史分期方法，虽然这种对世界历史的理论分期与实证阐述具有相当强的说服力，但是，我们也必然感到这是一部典型的以欧洲历史为中心的思想指导下的20世纪当代史构想。因为这部当代史中所包含的每个历史时代的不连续性断裂和历史性新起点，本身都是以西方历史在人类世界历史中的独特性和例外性作用与影响程度为价值尺度和衡量标准，书中关于人类各个国家和地区历史发展的分析与考察无不是围绕着欧洲的历史发展来划分，也无不是由欧洲历史标准来确定的。因此，霍布斯鲍姆的这种标志

① E. J. Hobsbawm, "The Curious History of Europe", in *On History*, p. 227.
② 艾瑞克·霍布斯鲍姆：《帝国的年代》，第437~438页。

着世界历史的一个不连续性和断裂性的历史分期法指导下的历史研究实践，主要是由一种潜在的欧洲中心视角造成的，由西方中心主义的历史观内在地规定着的。

随后，霍布斯鲍姆干脆指出，20 世纪极端的年代就是建立在 19 世纪西方文明基础上，只是这个文明从第一次世界大战开始崩溃了。正是由于曾经的"这个文明，表现为经济上的资本主义，法律宪政结构上的自由主义，其代表性的支配阶级则为资产阶级。所有科学、知识、教育和物质方面的进步，甚至道德的提高，都在其中焕发光辉。这个文明，曾经深信欧洲才是世界中心，是科学、艺术、政治、工业和一切革命的发源地。它依靠其经济渗透力和军事武力征服着各地，致使世界的绝大部分地区都屈服在其统治之下。其人口不断增长而达至人类种族的三分之一（包括欧洲众多的海外移民及其子孙后代）。它的众多国家构筑了世界政治体系的主要舞台"。[1] 因此，他断然下结论：19 世纪的西欧资本主义与资产阶级社会，已经成为一种改造世界和统治世界的典型模式，特别是 1917 年以前，它几乎是全人类发展模式。虽然 1917 年后苏维埃共产主义实践着另一条道路，但是从根本上来说，它仍然属于同种性质的实践典范，不同之处仅仅在于共产党扬弃了私有企业与自由主义制度。[2] 按照霍布斯鲍姆的历史逻辑进行推演得到的结论就是："在短暂的 20 世纪时期里，世界上绝大部分地区历史的发展动力是被动衍生型，而非主动原创型……西方模式在根本上被视为代表着开创进步性的社会发展模式。世界上其实并没有另外可供选择的操作性模式。"[3]

我们毫不怀疑霍布斯鲍姆史学思想中的欧洲中心主义倾向，还有一个显然的观念支撑和历史证据：作为具有国际影响力的历史学家和国内公众形象的思想家，霍布斯鲍姆却是拐弯抹角地极力渲染欧洲传统文化的优越性。他在大谈特谈人类社会全球化尤其是文化领域里的全球化趋势时，却难免夸张甚至错误引申地认为："传统文化的传播以一种欧洲模式进行，这已经得到了全球性的认同，并且已经全球化了，即在大阪、芝加哥或者约翰内斯堡举行的一场音乐会将上演相同的保留剧目——欧洲古典音乐。"[4] 应该说，不管是在世界历史的发展还是全球化的过程中，无论所

① Eric Hobsbawm. *The Age of Extremes*：*A History of the World 1914 – 1991*，p. 6.

② Eric Hobsbawm. *The Age of Extremes*：*A History of the World 1914 – 1991*，p. 200.

③ Eric Hobsbawm. *The Age of Extremes*：*A History of the World 1914 – 1991*，p. 200.

④ 艾瑞克·霍布斯鲍姆、安东尼奥·波立陶：《霍布斯鲍姆：新千年访谈录》，殷雄、田培义译，新华出版社，2000，第 170 ~ 171 页。

谓的落后东方和先进的西方之间，还是政治含义浓厚的南半球和北半球之间的合作与交流，历史学家对它们的考察只能建立在顺应历史发展潮流与全球化趋势的前提——平等互利与和平进步基础上，否则难以摆脱某种种族主义和中心主义观念的束缚，事实上也必然陷入那种种族主义的泥潭，也不可避免地受到反（或去）中心主义者的批判和诘难。那么，他所宣扬和实践的在所谓全球主义眼光或世界主义观念下追求总体社会历史目标，也难以逃避新西方中心论的嫌疑和困扰。

　　因此，毋庸置疑，霍布斯鲍姆虽然强调自己对20世纪人类社会历史的理解和全球化问题的关注是着眼于全球范围的一种考察，但实际上仍然没有超越西方人思想感情上以欧洲为中心的传统固有观念。也就是说，他同样强调欧洲历史发展模式的独特性和例外性。然而，对于历史观中存在着的欧洲中心主义情结，霍布斯鲍姆具有自己看似合理的辩护理由。早在1961年《革命的年代》序言中，霍布斯鲍姆就解释说，"本书之所以把视角放在欧洲，更确切地说是放在法、英，那是因为在这个时期，世界或至少是世界上大部分地区的基础转变是发生在欧洲，确切地说，是发生在法、英"。①或许普遍看来，霍布斯鲍姆这些直白言论不能够简单地看成或判断他是否属于欧洲中心主义理论的拥护者的证据，但也不能够成为否认自己具有欧洲中心主义情结的合法性辩护词，因为从人类社会发展类型的转换角度上看，从封建主义社会向资本主义社会转变过程中，经济基础的变革首先发生在欧洲是千真万确的历史事实，因此一般来说，考察资本主义的发生发展史，似乎理应从欧洲社会历史分析开始，所以关于世界历史的宏观论述也多以欧洲为中心，把欧洲历史放在主要的论述对象上。霍布斯鲍姆似乎也清楚地认识到这种历史思维取向的可能性偏差，故在1975年，在《资本的年代》出版序言中他这样写道："1789～1848年的世界史可以以欧洲——事实上是以英国和法国——为中心，这不是什么独辟蹊径。然而随之而来的四分之一个世纪，就再也不能纯粹以欧洲史来概括了，因为这个时代的主旋律是资本主义经济向全世界辐射，撰写这个时期的世界史如不在相当程度上注意其他几个大洲，必定荒诞可笑。我是不是也太欧洲中心主义了呢？可能有此嫌疑。欧洲历史学家对欧洲的了解比对其他洲的了解要多得多，这是可以理解的，于是，他们遂情不自禁地从他们所处环境的特别有利地位来欣赏全球景物。美国历史学家对同样的景

_____

① 艾瑞克·霍布斯鲍姆：《革命的年代》，王章辉等译，江苏人民出版社，1999，序言，第2页。

物会有某些不同看法，这也是可以理解的。不过无论怎么看，19 世纪中叶世界资本主义发展史仍是以欧洲为中心。"① 字里行间足以显现霍布斯鲍姆的良苦用心。1999 年，在接受记者采访时他又进一步辩解说："这是由我所阐述问题的本质所决定的。如果你正在研究现代资本主义和世界经济史，那么直到 19 世纪末以及美国作为一个世界性角色的出现，你只能以欧洲为中心进行评论。"因为，"直到 20 世纪末，西方一直处于中心地位"。② 面对这样的人类社会发展主题和世界历史进程框架，霍布斯鲍姆在《极端的年代》里，表达了同样的史学观念：如果"史学家试图从全球变革的动力视角来考察短促 20 世纪的历史演变，那么其笔下的地理重心难免出现偏移，除此处理方式之外似乎别无他途。这种做法并不意味着历史学家就认同任何民族或者种族优越的心态，也并不表示他就完全赞同那些国家至今普遍存在着的挥之不去的自满意识。事实上，这样的历史学家坚决反对被爱德华·汤普森指称的某些发达国家对贫穷落后地区采取的'无比恩惠'的优越感。"③ 应该说，霍布斯鲍姆的自我辩护固然有其道理，但却不足以洗刷欧洲中心主义的思维定向性嫌疑，在某种程度上也反映了历史学家史学思想的基本观念特质。

　　或许，我们确实能够从时代环境与历史境遇中找到霍布斯鲍姆思想深处预设的那种西方中心主义倾向，特别是欧洲中心主义因素情结的部分理由。还在 1993 年，当《极端的年代：短暂的 20 世纪（1914～1991 年）》即将付梓出版之际，霍布斯鲍姆以《作为历史的现在：撰写个人自身时代的历史》为题在伦敦大学考瑞尔顿讲座作了一次演讲，围绕着历史学家与其时代条件的问题、历史学家个人关于过去的考察如何随着历史发展进程而不断调整的问题和如何避免我们常人经常碰到的时代条件设定问题等三个方面，他重点阐述了历史学家的学术人生际遇对其史学视角的影响，历史学家所处的时代环境对其史学观念的影响，时代历史与历史变迁的潜移默化因素对历史学家撰写自身时代历史的影响问题。在这篇文章里，霍布斯鲍姆告诉我们的一个基本道理就是，历史学家的研究视角可以随着时间变化、世界历史的演变和人类社会历史发展的轨迹而进行调整，即使关于短暂的 20 世纪历史考察和理解，也是如此。因为，"根据我的理

---

① 艾瑞克·霍布斯鲍姆：《资本的年代》，序言，第 2 页。

② 转引自艾瑞克·霍布斯鲍姆、安东尼奥·波立陶《霍布斯鲍姆：新千年访谈录》，第 267 页。

③ Eric Hobsbawm. *The Age of Extremes*：*A History of the World 1914 – 1991*，p. 200.

解，1973 年以来发生变化的并不是世界历史的既定事实，而是自 1989 年以来东西方事件的突然汇合，这几乎迫使我以新的视角来理解过去的二十年历史"。正因为这样，霍布斯鲍姆断言，对于诸如他那样"经历和体验过那些时代的历史的人来说，他或她几乎肯定不会再过多地受到相对短期的历史运动情境的支配了"。① 在面对或亲身经历着世界历史进程中东方和西方社会的客观历史变化过程中，霍布斯鲍姆试图主动在具体的研究中不断地调整历史考察的视角，也说明其史学观念上经历着一个基本转换：由以西方中心为基础的史学观转向以全球中心为基础的全球史观的潜渡。而这种转变可能更需要以历史学家在较长时段中或更广泛的范围内考察自己的研究对象为前提。今天看来，问题是历史学家能否成功或彻底地实现这种观念的转换，一定程度上还取决于他们能否摆脱自身那个时代环境的约束和史家思想心性的困境，能否真正做到没有任何地域偏私和民族偏见来把握全球历史。无论如何，关于 20 世纪史的这种历史认识和史学观念，无疑也可以为霍布斯鲍姆史学思想中固有的"西方中心论"根由找到一种解释的理由，从而缓解了人们对他作为马克思主义历史学家中那种思想偏执性的历史诠释压力。

论者已经看到，欧洲中心主义首先是西方（包括西欧与北美）社会科学的一个典型特征，伴随着世界历史环境的变化，欧洲中心主义经历了从显在到隐蔽的观念演变和理论变迁：显在意义体现了以欧洲历史替代世界历史，将欧洲的历史经验普遍化的过程，隐蔽的欧洲中心主义对欧洲中心主义展开批判，但同时又在其阴影中徘徊。② 因此总体而言，霍布斯鲍姆史学观念中的这种欧洲中心主义情感既是整个西方学者共有的普遍情绪和思维定式的一种特殊反映，又是这位史学家内在隐匿社会历史观念的一种自然流露。犹如中国学者思辨所识，斯塔夫里阿诺斯试图"站在月球上看地球，看世界"历史，但作为西方学界的思想精英，他的历史思维观和研究模式不可避免地显现西方中心论的痕迹。对霍布斯鲍姆的世界历史观和世界历史体系指导思想，也可做如是观。实际上，思想学术史的发展要求，却也如弗兰克所说："我们必须有一个整体主义的全球世界视野，才能把握住这个世界——及其各个部分——的过去、现在和未来的历

---

① E. J. Hobsbawm, "The Present as History", in *On History*, pp. 236 – 237.
② 参见江华《世界体系理论研究——以沃勒斯坦为中心》，上海三联书店，2007，第 156 ~ 172 页。

史。但是，建立一种世界视野、克服欧洲中心论的世界观，也是相当艰难的。"① 无论马克斯·韦伯，还是费尔南·布罗代尔都曾经如此，伊曼纽尔·沃勒斯坦也依然如此。在历史研究过程中，霍布斯鲍姆非常精巧地把对以英国和法国为中心的欧洲资本主义发生发展史的考察，大致等同于对19世纪世界历史的考察，而对所谓的1848年后特别是1914年后20世纪当代世界历史的发展，虽然基本上能够以全球眼光来看待与研究，但终究摆脱不了西方人思想深处的那种傲慢与自大情结。但不管是对19世纪以欧洲史为中心的考察，还是关于20世纪当代世界史的认识，霍布斯鲍姆首先是基于欧洲历史的未来命运的深切担忧，然后试图认识到人类世界历史的未来命运走向，这种双重复杂的思考却最终无力依靠自己作为孤单的历史学家角色和能力来寻求答案，由此只能留下一个可以令所有历史学家深思的问题，"欧洲历史的未来方向是什么？在哥伦布发现新大陆后的第一个欧洲世纪之末，我们作为历史学家，需要重新思考既作为地区史、又作为全球史一部分的欧洲历史的未来"。② 其说可算是意味深长。可以毫不夸张地说，霍布斯鲍姆的史学思想中难免表现出全球历史观和欧洲中心主义的矛盾与冲突。或许可以欣慰的是，他本人并不否认思想深处所具有的欧洲中心主义的思维倾向，他也希望尽量克服曾经深受欧洲中心主义的困扰性局限，突破欧洲中心论的固有思维框架。由是可见，霍布斯鲍姆社会历史观也经历了一个由"西方中心论"到"全球历史观"的思想转变过程，而且这种转变必然伴随着他的整个学术生涯，贯穿于整个史学思想体系，而这又正说明霍布斯鲍姆思想观念中非欧洲中心主义与欧洲中心主义之间的二律背反及其实质，即"西方中心论"与"全球历史观"的悖论。

第三节　"自下而上"的历史观念和底层历史

实际上，可从两个层面上理解"自下而上"历史观念的含义，一是指一种"自下而上"的历史观念指导下的历史研究方法、学术研究视野和史学研究理念；一是指一种新型的历史研究领域或关于底层阶级的行为方式、价值信念和思想体系的反思性研究成果。中西史学界普遍认为，霍布斯鲍姆等英国马克思主义历史学家都坚信"自下而上"的历史观，主

---

① 贡德·弗兰克：《白银资本：重视经济全球化中的东方》，第58～59页。
② E. J. Hobsbawm, "The Curious History of Europe", in *On History*, p. 227.

张"自下而上"的史学研究方法，建构普通大众或底层民众的历史，这种反映底层广大人民群体作为人类社会发展推动力量的历史学即"自下而上的历史学（history from below）"，这种概述实质包含了上面两层意义。目前国内学术界存在着多种意思相近的翻译名称，标明和认识这种史学观念的内涵，如"从底层往上看"的历史学、"从下往上看"的历史学或"自下而上"的历史学等等，为了说法的一致，本文统称"自下而上"的底层历史学。比如，凯伊认为，"在某种程度上，底层历史代表了一种抉择，因为它通过关注大众或人民的生活、活动和经历，把人们的注意力从精英或统治阶级身上吸引开来"。① 这种观点基本上为国际史学界接受。就观念属性而论，该种核心历史观念在霍布斯鲍姆那里表现得更为突出，我们称之为"底层群众历史观"，而把自下而上看的大众历史学或人民的历史学称之为底层历史学（Grassroots history）。这种底层历史学研究的基本认识论前提，就是决心抛弃以美化统治阶级或实用主义目的为出发点的传统史学编纂动机，极力弱化那种倾力于所谓直接创造历史的显赫人物的精英历史或重大历史变迁的历史描述，真正关注人民大众的生活经历与思想意识，以"自下而上"的技术研究手法，撰写普通大众的丰富历史面相。② 本节的基本观点是，霍布斯鲍姆以"自下而上"的历史观为指导，在理论与实践上，与其他英国马克思主义历史学家一道，共同开创了一种社会历史研究的崭新模式。那么接下来面对的问题就是需要理解：霍布斯鲍姆、汤普森和其他英国新社会史学家大都坚信，底层大众与普通民众才是历史发展的主体，才是社会历史发展的真正动力，这也是马克思主义社会历史观的核心内容。他们是怎样从理论的角度真正认识到，首先从普通民众的新角度去解释与探索社会的历史，在史学研究的实践中，基于社会历史的整体发展分析，既研究社会下层的生活经历，也关注社会上层的历史发展，这样才能加深对过去的整体认识，史学研究只有面向大众或走向民众才能得到历史本来面目的检验与印证，客观的社会历史才能被整体性重构与真实性再现。反之，只有这种史学研究才能真正体现人民群众对历

① Harvey J. Kaye, *The British Marxist Historians: An Introductory Analysis*, p. 223.
② See, E. J. Hobsawm, "On History from Below", in *On History*, pp. 201 - 216. 本文最初系霍布斯鲍姆为纪念学术合作者乔治·鲁德（关于底层社会历史研究所作的开创性贡献）而作，此前曾经作为专题内容在鲁德执教过的蒙特利尔肯考迪娅大学发表过演讲，然后发表于克朗兹主编的著作中，体现了作者关于底层历史的重要观念和思想主张。Also See, Eric Hobsbawm, "History from Below", in Frederick Krantz, ed., *History from Below, Studies in Popular Protest and Popular Ideology*, Oxford 1988.

史的创造性作用，才能揭示社会历史发展的真正动力。

一 "自下而上"的历史观与底层历史学

在西方社会史的理论与实践中，作为底层历史学的重要倡导者之一，霍布斯鲍姆总结性地分析认为，在西方史学界，以 1950 年代为标志，底层史学即"自下而上"的历史学从产生到发展主要经历了前后两个阶段：第一，法国大革命爆发到 1950 年代初之前。基本情况是，19 世纪以前传统史家的史学实践主要把研究眼光集中于统治阶级政治活动而没有关注社会的主体——人民大众的历史。法国革命爆发后，虽然传统史学也提及诸如 18 世纪以法国群众性革命运动为起点的一些伟大革命或起义暴动，但是传统史学家往往对人民历史始终抱着一种轻描淡写和漫不经心的漠视态度。按照霍布斯鲍姆的理解，传统史学从来没有真正注意人民群众的历史经验，更不用说详细考察底层民众的思想意识。同时他看到，实际上，随着 18 世纪法国群众性革命运动的兴起，也有少数传统史家开始把研究视线聚焦于普通人民大众的历史，把法国革命历史作为一个特殊的研究领域，在沉浸于传统政治史研究的同时，更热衷于法国底层人民历史的写作，以马克·布洛赫和乔治·勒菲弗（George Lefebvre）为代表，法国历史学家开拓了底层社会历史研究风气，奠定了底层历史学的方法论基础，初步构筑了其大多数研究主题。第二，1950 年代中期后，底层史学才得到真正的发展。它跨出法国一隅，向其他欧洲国家史学界扩散，而这个时期开始，随着劳工运动的蓬勃发展，马克思主义历史学家的学术视野也开阔起来，他们关于底层工人运动史的研究和写作，已经跳出了研究工人本身的狭隘思路，从而全面促进底层史学的发展。[①]

"自下而上"的历史观念构成霍布斯鲍姆"自下而上"史学观念的重要基础，它的价值取向就是，通过科学的底层历史技术方法，借助大量的底层史料，研究与发掘日渐被人们遗忘的人民大众的历史记忆，揭示普通大众的生活经验和思想意识。这里要求研究者抹去对于底层社会固有的隔膜，树立起对普通老百姓的生活经历必要的体验情趣。霍布斯鲍姆这样形象地比喻："……许多底层大众历史就像古代犁地的遗迹。它似乎随着许多世纪以前耕地的人们一起杳无踪迹了。但是，每位航空摄影师都懂得，在一定的光线下，从某个角度看，这种长期以来被遗忘的脊背和犁沟的影

---

① See, E. J. Hobsawm, "On History from Below", in *On History*, pp. 202 – 204.

样依然可以辨认出来。"① 简言之，建立在"自下而上"的历史观基础上的底层史学研究，其价值目标也许就是寻找为人所忽视的底层群体记忆，重新认识人民群体的历史地位与社会作用。

关于霍布斯鲍姆从"自下而上"的历史观出发，主张"底层历史"的研究取向问题，也可以从《过去与现在》创刊的原则宗旨中得到解释。该杂志的副标题为"科学的历史杂志"。这个杂志创办伊始同样非常注重科学理性主义的巨大作用，萨缪尔由此分析道："科学理性似乎成为联结马克思主义政党和非马克思主义政党历史学家的最好纽带之一，也正是1952年，他们组建了《过去与现在》杂志编委会。"② 1959年刊物内部组织结构发生了变化，更多的非马克思主义历史学家进入刊物编委会机构，而且刊物原来的副标题为一个更自然、更纯正、含义更广泛的副标题所取代，由原来抽象性的"科学的历史杂志"变换为大众化和具体化的"历史研究杂志"。③ 应该说，《过去与现在》的办刊宗旨与史学研究旨趣在相当程度上反映了霍布斯鲍姆等英国马克思主义历史学家关于"底层群体历史"的思想主张。

就《过去与现在》的读者圈子和接受对象而言，因为刊物强调历史的社会功用和现实意义的互动关系，作为刊物的创办者自然希望所刊载的文章也能为一般读者所接受。④ 霍布斯鲍姆就认为，就特定研究论题来说，英国马克思主义专业历史学家和其他专业历史学家最大的区别是，后

① E. J. Hobsawm, "On History from Below", in *On History*, p. 209.
② Raphael Samuel, "British Marxist Historians, 1880 - 1980: Part one", *New Left Review*, No. 120 (3 - 4, 1980), p. 85.
③ 西方学者认为，虽然无论是共产党组织还是历史学家小组本身都没有建立起对《过去与现在》刊物的控制，但是马克思主义历史学家在刊物早期发展阶段居支配地位却是事实，第一期的主编和副主编分别是莫里斯和霍布斯鲍姆，而希尔、希尔顿、多布和查尔德等都属编委，而非马克思主义学者只有贝茨（R. R. Betts）、琼斯（A. H. M. Jones）和巴勒克拉夫等人，而巴勒克拉夫在第一期出版后就因学术分歧辞去了编委职务，到1959年刊物编委第一次改组，重组的成员包括伯恩鲍姆（N. Birnbaum）、多布、埃利奥特（J. H. Eliot）、费雷（S. S. Frere）、希尔、希尔顿、琼斯（A. H. M. Jones）、曼宁（B. Manning）、斯通和沃斯利（P. Worsley）等，莫里斯仍然任主编，霍布斯鲍姆和阿什顿（T. H. Ashton）同任副主编。因此，有的学者干脆把《过去与现在》刊物及其史学家组成的阵营称为"过去与现在学会"，而取代开始"卡尔·马克思学会"的称谓。据此，中国学者直接宣称存在着"过去与现在学派"。See, Dennis Dworkin, *Cultural Marxism in Postwar Britain: History, the New Left, and the Origins of Cultural Studies*, Duke University Press (Durnam and London) 1997.
④ See, Christopher Hill, R. H. Hilton and Hobsbawm, "Origins and Early Years", *Past and Present*, No. 100, (August 1983), p. 4.

者注重撰写的是专题性研究或学术论文的影响力，前者则注重在表现学术研究成果的同时，宁可采用一种普遍通俗的语言，让包括劳工在内的普通读者也能阅读和接受。① 而要使广大群众接受自己的研究成果，最重要的一点就是重视"自下而上"的历史研究。事实上，就《过去与现在》刊物的后续发展来看，其办刊宗旨未必现实，但这已不是重要的原则问题。重要的历史事实是，即使 1956 年危机发生之后，虽然许多人退出了共产党，历史学家小组也终于解体，但《过去与现在》刊物并没有随之消失，反而获得了更大的发展空间，在更广泛的意义上说，马克思主义历史学家与非马克思主义历史学家通过联合阵线的形式，消除隔阂，排斥党派之争，② 在学术合作交流的道路上确定了他们共同的发展方向：注重底层大众的历史或人民的历史研究。特别是对霍布斯鲍姆等英国马克思主义历史学家来说，作为马克思主义理论方法的实践者，更是如此，这种"底层历史研究"成为其整体社会史研究实践成效的重要组成部分（这方面的具体论述可参见第六章相关内容）。

二　阶级分析方法与底层历史研究

霍布斯鲍姆等英国马克思主义历史学家坚信"自下而上"的历史观，提倡"自下而上"的历史学是以马克思主义的阶级理论与分析方法为前提条件的，而注重和反映底层阶级历史是彰显"自下而上"的历史观的一个重要途径。总体上，如果说马克思主义的历史唯物主义或唯物史观，可以成为霍布斯鲍姆等英国马克思主义历史学家的理论指导或理论阐述的潜在方法的话，那么马克思主义的阶级分析方法或理论则应该被视为他们研究"自下而上"的社会历史的重要手段之一。

如果可做如是观，需要详细说明的问题则是，霍布斯鲍姆等英国马克思主义者关于阶级分析方法主要来自经典马克思主义的阶级斗争理论。在此基础上，他们的阶级分析方法与理论又有所突破和创新，成为撰写"自下而上"历史的最富有成效的理论与方法。

马克思认为，历史上存在的所有社会形态（尤其是资产阶级的资本主义）都是建立在造成社会阶级两极分化的经济生产方式基础之上：一

---

① Eric Hobsbawm, "The Language of Scholarship", *Time Literary Supplement*, August 17, 1956.

② 霍布斯鲍姆本人写过一篇文章专门讨论了历史研究的党派之见。See, E. J. Hobsbawm, "Partisanship", in *On History*, pp. 124 – 140.

方面是剥削阶级，另一方面是被剥削阶级。由于这样的关系，所有对立阶级均处于无可调和的冲突之中，这种冲突是历史变革的动因，因为被剥削阶级的最后胜利就是引入新型社会和促成历史进化的新阶级。[1] 换言之，在前共产主义社会，社会历史的发展进程是由一个阶级对另一个阶级的阶级斗争来推动的。经典马克思主义阶级观念与阶级理论一个显著特征，就是强调阶级关系首先是或最为根本的是经济关系，正是经济上的不同地位，甚至相互冲突的经济利益，形成了阶级之间的矛盾与斗争，从根本上说，社会的文化因素（哲学、宗教、意识形态）是从社会的经济基础派生而来，并主要是为经济、政治上居统治地位的阶级利益服务的。马克思主义的观点具有强大的理论价值和精神指导意义，并且始终是以霍布斯鲍姆为代表之一的英国马克思主义历史学家在研究底层人民历史过程中的一种理论引导力量。

按照西方学者的知识理解，19 世纪后期和 20 世纪各种各样受到马克思主义影响和启发而形成的理论，无不在一定程度上接受了马克思阶级斗争学说，然而，"其中大多数当代冲突论者只运用了马克思主义的一个或几个要素——如压迫和被压迫阶级的概念，或集团冲突的概念。然而这些理论或者放弃了马克思主义的许多其他要素，或者把这些要素同许多非马克思主义的观点相结合"[2]。相对而言，作为英国马克思主义历史学派的主要代表人物，霍布斯鲍姆基本上是在保留与继承了马克思的阶级思想基础上，对其有所突破和发展。正是在经典马克思主义者的完整和精确的著作文本《德意志意识形态》和 1932 年面世的《1844 年经济学哲学手稿》的启发和刺激下，霍布斯鲍姆等英国马克思主义历史学家们试图寻求关于社会文化因素和社会道德背景如何对阶级意识的形成产生影响的一种理论理解与解释，从而扩大了马克思"阶级"概念的内涵，丰富了马克思主义阶级理论，在实践中深化了"自下而上"的社会历史研究。

为了更好地理解霍布斯鲍姆等人运用阶级分析方法和理论来研究"自下而上"的大众历史的出发点，我们需要论及汤普森关于阶级构成的文化解释问题上的认识。伊格尔斯认为，"对传统马克思主义阶级观点最激烈的攻击是 E. P. 汤普森在《英国工人阶级的形成》一书中所提出的，

---

[1] 参见马克思恩格斯《共产党宣言》，载《马克思恩格斯选集》（第1卷），人民出版社，1995，第 248～307 页。

[2] 尼尔·J. 斯梅尔瑟：《社会学理论》，《国际社会科学杂志》（中文版），1995 年第 1 期（第 12 卷），第 15 页。

并在 20 世纪 60 年代后期及 70 年代的许多其他著作中进行了详尽的阐述"。① 此观点虽略显偏激，但大体反映了英国马克思主义历史学家对马克思阶级理论的批判与继承态度。汤普森从阶级意识与文化因素的角度对英国工人阶级的形成进行研究时，认为阶级文化或阶级经历并非一种整体的生活斗争方式，而是不同利益集团或社会力量因素相互冲突与整合的结果。在汤普森那里，"阶级是社会与文化的形成，其产生的过程只有当它在相当长的历史时期中自我形成时才能考察，若非如此看待阶级，就不可能理解阶级"。在他看来，"当一批人从共同的经历中得出结论（不管这种经历是从前辈那里得来还是亲身体验），感到并明确说出他们之间有共同利益，他们的利益与其他人不同（而且常常对立）时，阶级就产生了"。② 阶级意识或阶级觉悟就是从文化角度处理这些阶级经验或经历的方式，它体现在传统习惯、思想观念和组织形式等价值体系之中。"汤普森文化分析方法的关键在于他对阶级意识发展的错综复杂性的敏锐感受，导致他对阶级意识的态度既不是仅仅把它作为一种因循守旧的关于'客观'压迫的认识，也不是把它作为一系列最接近的或为人们接受或为人们反对的观念来看待"。③ 汤普森曾经自我解释性地说道："我强调阶级是一种历史现象，而不把它看成一种'结构'，更不是一个'范畴'，我把它看成是在人与人的相互关系中确实发生（而且可以证明已经发生）的某种东西。"④ 应该说，汤普森式文化主义分析就是一种阶级分析的新范例，他的历史研究不应只是被看做贴上马克思主义阶级标签的一种理论犹豫，而更应视为马克思阶级分析方法上的一种实践创新，同时也应该看做英国马克思主义历史学家"自下而上"历史观在历史研究中的一种成果反映形式。

当然，国际学术界对于汤普森阶级理论与分析的评价存在诸多不同见解，在此不容分别赘述。当今英国最负盛名的社会史学家之一阿萨·布里格斯就认为："至于爱德华·汤普森，我年轻时候在利兹做教授时就对他很熟悉，他将自己的研究局限于 18 世纪和 19 世纪初期，而就他关于工人阶级的观点来说，我更是同意霍布斯鲍姆而不是汤普森，将英国工人阶级

---

① 伊格尔斯：《欧洲史学新方向》，赵世玲、赵世瑜译，华夏出版社，1989，第 215 页。
② E. P. 汤普森：《英国工人阶级的形成·前言》（上），钱乘旦等译，译林出版社，2001，第 1~4 页。
③ Tim Patterson, "Notes on the Historical Application of Marxist Cultural Theory", *Science & Society*, Volume xxxix, Number 3, Fall 1975, p. 258.
④ E. P. 汤普森：《英国工人阶级的形成·前言》（上），第 1 页。

的形成时间定位在 19 世纪晚期而非 19 世纪早期。不管怎么说，汤普森在
三个方面有着重要意义。首先，他深入考察了英国的阶级概念的整体。其
次，他是一个更加关注经历（包括那些被历史遗漏的人们的经历）而非
观念的历史学家；而这正是他的马克思主义和霍布斯鲍姆的马克思主义之
间的分别。第三，他激励了一代人转向那些吸引我就如同吸引了他的那些
历史研究的主题。"① 这样的评价可谓切中要害，态度非常中肯。在我们
看来，与汤普森相比，霍布斯鲍姆的阶级理论与分析方法更能体现对马克
思主义阶级斗争理论的继承与发展，既反映了其"自下而上"的历史观，
也更能体现这种理论与方法在"自下而上"的历史研究中的自觉运用。
在新的历史语境中，汤普森和霍布斯鲍姆等人都扩大运用了马克思主义的
阶级理论框架，然而，阶级、阶级斗争和阶级意识更是霍布斯鲍姆研究劳
工社会史的核心问题，对历史上阶级、阶级斗争和阶级意识的探讨是霍布
斯鲍姆研究底层阶级历史思想的重要环节。② 霍布斯鲍姆认为，阶级和阶
级斗争两个概念是马克思的基本概念，至少在他探讨资本主义历史的时候
更是如此。但是，"这些概念在马克思的著作中没有明确的定义，而且引
起过无数争论。大量的传统马克思主义史学没有明确地论述它们，因此陷
入极大的困境"。③ 如关于 20 世纪 90 年代以来英国的阶级结构问题，霍
布斯鲍姆认为这取决于如何定义阶级，"从技术上说，如果把阶级定义为
关于物质生产的特殊关系，那么英国的阶级分化既未加剧也未缩小；但另
一方面，英国与其他资本主义国家如美国、澳大利亚和日本相比，对阶级
地位的差别有着特殊的敏感"。④ 在霍布斯鲍姆看来，当代英国社会仍然

① 玛丽亚·露西娅·帕拉蕾丝—伯克编《新史学：自白与对话》，彭刚译，北京大学出版
社，2006，第 36~37 页。
② 霍布斯鲍姆对历史上的阶级与阶级意识的哲学解释与深刻认识，是在批判地继承与发展
了马克思、恩格斯有关阶级与阶级斗争理论，同时又合理地吸收了卢卡奇关于历史与阶
级意识的重要思想的基础上，形成了自己独特的阶级与阶级意识理论。他肯定在历史运
动中，只有当阶级由于获得了它们自己所具有的那种意识的时候，完整意义上的阶级才
产生。他从社会阶层与社会结构的关系角度，区分和考察了资本主义与前资本主义两种
制度下"阶级"和"阶级意识"的含义，认为前资本主义社会里并不必然缺乏阶级意
识，缺乏现代意义上的阶级意识也并不意味着不存在阶级和阶级斗争，在前资本主义社
会里也存在着阶级、阶级意识和阶级冲突，只是与现代意义上的那种阶级、阶级意识和
阶级斗争有根本区别。See, E. J. Hobsbawm, "Class Consciousness in History", in Istvan
Meszaros (ed.), *Aspects of History and Class Consciousness*, pp. 5 – 19.
③ E. J. Hobsbawm, "Marx and History", in *On History*, p. 168.
④ 刘为：《历史学家是有用的——访英国著名史学家 E. J. 霍布斯鲍姆》，《史学理论研究》
1992 年第 4 期，第 61 页。

存在着鲜明的阶级分化和阶级差别，而在社会各阶层的不平等意义上说，英国是最缺乏社会民主的国家。其实，不管是汤普森还是霍布斯鲍姆，他们关于"自下而上"的社会历史观深深地扎根于阶级分析之中，特别是"霍布斯鲍姆有关社会盗匪的研究和其他'原始'反抗形式的研究，同样意味着文化现象和阶级形态之间存在着一种重要的关系"①。由此看来，关于阶级、阶级意识、阶级斗争和阶级理论问题，在霍布斯鲍姆那里有着独特的理解和认识，指引着他从事底层历史的实践研究。

从史学研究方法论来看，撰写底层阶级的历史固然非常重要，不过研究者应该如何书写这种历史，他们运用何样的眼光来书写则显得尤其重要。霍布斯鲍姆是英国马克思主义历史学家中最善于运用经济因素与阶级理论来分析解释历史现象、最主动维护和运用马克思主义社会形态理论来关注与解释社会历史发展的历史学家之一。霍布斯鲍姆的史学影响最初奠立于他关于劳工运动的研究，这也是他运用阶级分析的方法最多的一个领域，劳工历史的研究是霍布斯鲍姆从事"自下而上"的历史研究的最初领域，也是其"自下而上"历史观念表现得最突出的研究领域。而对国内的史学认识主体（以历史学家和史学史家为主）来说，最熟悉的则是他关于工业革命中英国工人阶级生活水平和工人贵族的争论与论述。"霍布斯鲍姆关于这个工人贵族主题的著作已经成为这一领域的重要参考书"②。在霍布斯鲍姆的后期学术生涯中，虽然劳工研究不再是其主要课题，但涉及这类社会史问题时，这位史学家仍然表现出严谨的学术兴趣，并总是能提出独特的见解。③ 比如，面对 20 世纪 80、90 年代西方各国工业经济的迅速发展以及产业经济结构的重新调整，英国乃至整个西方工人阶级的状况发生的明显变化，他认为，总体看来，"第一，工人阶级在人口比重中下降；第二，那种老式的、劳力集中的大工厂工业逐渐为一种新

---

① Tim Patterson, "Notes on the Historical Application of Marxist Cultural Theory", *Science & Society*, Volume xxxix, Number 3, Fall 1975, p. 259. See especially E. J. Hobsbawm, *Primitive Rebels: Studies in Archaic Forms of Social Movement in the 19th and 20th Centuries*, Manchester University Press (Manchester) 1959.

② Harvey J. Kaye, *The British Marxist Historians: An Introductory Analysis*, p. 142.

③ 霍布斯鲍姆曾撰文讨论 1978 年前近 30 年间所谓英国工人运动的危机，认为工人运动的危机是因为运动中存在着"地方主义"而忽视阶级运动的全局利益使然，主张采取更"现实主义"态度对待新时代处于紧张状态的工人运动。观点引起激烈的争论。See, Eric Hobsbawm, "The Forward March of Labour Halted"?, *Marxism Today*, September 1978, pp. 279 – 286; Also See, Eric Hobsbawm, "The Forward March of Labour Halted? —A Response", *Marxism Today*, September 1979, pp. 265 – 268.

结构的制造业所取代……从这个意义上说，社会主义国家、前社会主义国家以及部分第三世界国家代表了工业发展的一个早期阶段，在那里，工业还是那种本世纪初西欧和北美的形式，即大规模、集约化、大批量、大单位的制造业。这就是古典式劳工运动的社会基础，例如波兰的团结工会，在前苏联的土地上的工会运动，以及某些前第三世界国家如巴西的劳工运动就都是建立在这种基础上的"。① 反之，欧美发达资本主义社会中，工人阶级的状况以及运动形式都发生着较大的变化，但工人阶级作为当代资本主义社会历史发展的动力作用仍然不容忽视。

既然霍布斯鲍姆十分重视阶级分析方法，那么，关于阶级分析方法的出发点与目的到底是什么又是如何表现出来的呢？正如在他的著作中可以看到的那样，他并不孤立地研究农民和工人阶级经历，相反，他始终是在历史特殊的阶级关系和冲突的背景中从事这些阶级的历史经历研究，从而撰写"自下而上"的历史。同时，运用这种方法，他扩大了阶级经历的概念，又从来没有忽视马克思指称的那种阶级经历的基本标准、政治程度和政治意义，即关注社会上层历史发展问题的分析。霍布斯鲍姆是所有英国马克思主义史学家中最坚决地坚持以"经济基础决定上层建筑、生产力决定生产关系"原理来分析社会历史运动的历史学家。在凯伊看来，霍布斯鲍姆与其他英国马克思主义史学家阶级研究的方法一样，并没有忽视对精英和统治阶级投以认真的关注。霍布斯鲍姆的《资本的年代》同希尔顿的《中世纪社会》、希尔的《教会的经济问题》和汤普森的《辉格党人与狩猎者》等著作一样，都是着眼于底层阶级历史的研究，又不忽视对上层历史进行考察的典范。② 霍布斯鲍姆等英国马克思主义历史学家们的研究极力避免过于强调上层和底层的文化差异性，甚至截然对立性，也反对过分渲染底层历史的重要性。

在史学研究和历史叙述的实践中，霍布斯鲍姆是英国马克思主义历史学派中把阶级分析方法灵活运用于历史研究的最佳阐释者，也是"自下而上"的历史观最突出的英国马克思主义历史学家。凯伊认为，"运用阶级斗争的分析方法和自下而上的历史观点的研究方法的一个极好的典范，就是霍布斯鲍姆发表于1952年的研究卢德运动的论文《捣毁机器者》"。③

---

① 刘为：《历史学家是有用的——访英国著名史学家 E. J. 霍布斯鲍姆》，《史学理论研究》1992 年第 4 期，第 61 页。

② Harvey J. Kaye, *The British Marxist Historians*: *An Introductory Analysis*, p. 228.

③ Harvey J. Kaye, *The British Marxist Historians*: *An Introductory Analysis*, p. 139.

在这篇文章中，作者摈弃了当时十分流行的观点，这种观点认为早期的工人运动就是盲目的、不自觉的运动，是对悲惨处境的一种本能反应，因而大机器化的胜利是不可避免的。霍布斯鲍姆则运用阶级斗争分析的方法，从工人阶级本身的处境出发，对捣毁机器运动这一事实进行了全新的剖析。据此认为，捣毁机器运动最起码可以分两类。一类是工人本身对机器并无太多的敌意，他们的行为只是特殊情况下对雇佣工厂主施加压力的一种惯用的低级方式。而另一类则是工人阶级盲目对工业革命时代新的大机器（特别是节省劳动力的机器）表露出敌意，对此应该做具体问题具体分析。当时的情况是：第一，捣毁机器运动并不像通常所说的那样具有普遍性；第二，捣毁机器者对机器并不是不加区别盲目地加以排斥，只有当采用机器意味着增加失业并威胁到工人传统的生活水准的时候和地方，才会发生捣毁机器的事件。从这个层面上来说，工人强烈反对的并不是机器本身，而是它被资本家使用后带来的威胁，是工人对资本家依赖机器对工人进行剥削与压迫的事实进行有意识的反抗。最后，他指出，捣毁机器运动有其一定的现实与历史意义，即尽管捣毁机器运动并不能阻止工业化趋势，但也并不是如有些史学家所说或者通常人们相信的那样全无用处和无意义的反抗。① 他还列举了几个捣毁机器的实际例子来强化这种观点。比如后来他与乔治·鲁德合作的《斯温上尉》中叙述的 1830 年代英国农业工人运动就涉及这一问题。② 应该说，这种分析是相当有见地并赋有新意的。

再比如，霍布斯鲍姆对英国工业革命的研究过程中，他坚持辩证的阶级分析立场，反对当时一些历史学家把工业革命写成一连串纯技术改革和技术突破的观点，反对当时一些经济史专家盲目地认为工业革命逐步改善了劳苦大众和工人阶级的生活方式，提高了他们的生活水平和改变了底层人民生活命运的乐观观点。③ 因为，在他看来，这种乐观派观点的症结在于，他们无视劳苦人民在资本主义发展过程中受剥削和受压迫的特殊地位，盲目坚信社会总体向前发展的方向，这些人研究问题和分析问题的立

---

① E. J. Hobsbawm, "The Machine Breakers", in *Labouring Men：Studies in the History of Labour*, London 1964, pp. 5 - 17.

② See, E. J. Hobsbawm, "The Machine Breakers", in *Labouring Men：Studies in the History of Labour*, pp. 5 - 6, p. 7, p. 10, p. 11, p. 13, p. 17. Also see, E. J. Hobsbaw and Gordge Rude, *Captain Swing*, Lawrence & Wishart (London) 1969.

③ See, E. J. Hobsbawm, "Review of A Concise Economic History of Britain：from the Earliest Time to 1750, by J. Clapham", *Time Literary Supplement*, Dec. 30, 1949; "Review of Economic Hisotry of England：the Eighteenth Century, by T. S. Ashton", *Daily Worker*, July. 28, 1955.

场无异于庸俗唯物主义，比如他们错误地认为工人阶级工资的增加就完全等于其生活水平的提高和社会地位的变化。① 实际上就是忽视底层阶级历史的现状与地位，没有从"自下而上"的历史观出发，来研究某个社会的历史。霍布斯鲍姆类似这种研究与这种观点还有许多，它们往往被史学评论家视为对经典马克思主义理论的重要发展。

沿着上述思路，我们回到"自下而上"的历史观念问题上做进一步讨论。正如将在下文看到的那样，某种程度上，就新社会史学研究的史学观念与史学价值取向而言，霍布斯鲍姆与新社会史学派提倡的整体社会史思想就包含了"自下而上"和"自上而下"相互整合研究历史的思想主张，他始终认为人类历史是诸多发展动力产生的合力作用的结果，上层阶级与下层阶级，社会高层与社会底层，统治阶级与被统治阶级，主体民族与非主体民族，国家社会与国际组织等等诸种因素，人类社会各种力量都试图创造历史和改造历史，因而各种力量相互作用，相互影响，构成一个复杂社会性系统，结果大自人类小到区域社会，就形成了众多力量的聚合，社会历史就依照各种聚合力朝着特定方向发展演化。所以，研究世界历史就应该尝试从更全面更诸多的角度，以丰富多样的方法，去综合阐释和分析复原人类社会的历史。霍布斯鲍姆等英国马克思主义历史学家们主张"新社会史"的研究范式，尝试将研究视角由"自上而下"转变为"自下而上"，同时，又力主"自上而下"与"自下而上"的有机结合，侧重于将史学主体立场转移到普通民众那边，从而整体观察人类世界历史。而"自下而上"研究历史实际上也是一种观察问题的视角与指导处理问题的方法，就是阶级理论与分析方法来分析问题与研究历史的一种转化形式，其研究对象正是以普通民众及其日常生活经验与丰富情感等为主体来取代往常完全集中于"精英人物和精英政治"活动的倾向，把注意力从统治阶级和政治精英人物转向普通人民群众的日常生活、社会活动和个体经历。从理论层面上看，在建构整体社会历史的指导思想下，霍布斯鲍姆等马克思主义史学家把自己的眼光视界和理论视野更多地投向了普通百姓和底层民众，他们更多地注重研究"自下而上"的大众历史。而且，他们试图真正关注普通人的历史，不像有些资产阶级新史学家那样，虽然声称关注底层民众历史，或者只是把普通人民的历史作为精英历史的附属

---

① See, E. J. Hobsbawm, "History and 'The Dark Satanic Mills'", *Marxism Today*, May, 1958, pp. 132 – 139; E. J. Hobsbawm, "The British Standard of Living", *Economic History Review*, x, 1975 – 1978, pp. 44 – 68.

和延续状态，或者就是不自觉地居高临下地审视它，没有从根本上和设身处地地同情、理解和阐述底层历史。也就是说，霍布斯鲍姆等人研究重点主要关注被传统精英史学中集体叙事所淹没和遮蔽的底层群体生活中个别声音与个体生活的历史，从底层阶级历史中发掘出作为个体的人的真正生存状态和各自独特的生命体验及其终极价值意义。

在史学研究实践中，同阶级理论与阶级分析方法相互巧妙配合，英国马克思主义历史学家的史学研究和主要价值取向则是撰写"自下而上"的社会历史，但他们并不完全排斥上层阶级的历史研究。也许俄罗斯历史学家阿伦·古列维奇的观点对此是一个很好的注释，他认为："自上而下"的历史本身是不充分的，它必须与"自下而上"的历史联系起来考察，才能得到社会历史的整体构图。① 例如，在以 19 世纪到 20 世纪初的民族主义运动为讨论重点的《民族与民族主义》一书中，霍布斯鲍姆既重视以底层人民或民众为讨论对象的"民族主义原型"的研究，也不忽视法国大革命之后主政阶级即政府上层的观点，以此进一步讨论民族与民族主义问题。② 早在 20 世纪 80 年代，霍布斯鲍姆就写道："我所愿意做的不但要直接地……从那些自以为更了解他们的现代历史学家的傲慢态度中，拯救袜匠和农民的历史，而且还要拯救贵族和国王的过去。"③ 因此，以霍布斯鲍姆为代表之一的英国马克思主义史学家，自始至终就不反对佩里·安德森提倡的"自上而下看的历史"观念及其研究——如研究"错综复杂的阶级统治的系统"或"绝对主义国家的系谱"。④

非但如此，霍布斯鲍姆还曾为安德森《从古代封建到资本主义的过渡》和《绝对主义国家的系谱》两书写过一篇题为《从巴比伦到曼彻斯特》的学术书评，对安德森的"自上而下"的阶级研究范式不无称赞之意，并认为人们无论对其持有怎样的批评，这种研究范式对英国社会史的研究必然产生深远影响。⑤ 霍布斯鲍姆等人强调"自下而上看的历史"只是在更大程度上承认由低层阶级自身创造的持续性阶级斗争和阶级运动的

---

① See, Aaron I. Gureuich, "The Double Responsibility of the Historian", *Diogenes*, No. 168, 1994.
② 参见埃里克·霍布斯鲍姆《民族与民族主义》，李金梅译，上海人民出版社，2000，第 54～121 页。
③ E. J. Hobsbawm, "Comments", *Review*, 1 (Winter/Spring1978), p. 162.
④ 参见佩里·安德森《绝对主义国家的系谱》，刘北成、龚晓庄译，上海人民出版社，2001。
⑤ See, E. J. Hobsbawm, "From Babylon to Manchester", *New Statesman*, 7 February 1975, pp. 177－178.

骤变及其斗争方式，反过来又促成或影响了上层统治阶级的控制权。[1] 因此在评估英国马克思主义历史学派在"自下而上"的历史观指导下，如何运用阶级理论与分析方法来研究历史问题的意义时，凯伊也以赞赏的语气写道："他们强调历史研究中的研究低层阶级经历的重要性，他们也坚决主张低层阶级本身是一直在积极参与创造历史，而不仅仅是历史的消极被动的牺牲品。而且，他们也表明那样的斗争和运动对于历史发展的整体性——即对于价值和观念以及政治经济，一直具有重要的意义，而且由此它们对于后代的经历与斗争也具有贡献。"[2] 由此可见，霍布斯鲍姆等英国马克思主义历史学家是把底层民众创造历史的积极性置于人类社会历史发展过程中一个重要地位来加以考察的。

鉴于以上叙述，可以说，在"自下而上"历史观念的主导基调下，整个英国新社会史学派研究的中心主题也是日益从上层社会经济集团转向中下等阶级利益的历史关注，特别是指向广大民众的历史，从而显示整个西方社会史学研究的中心主题的民众性或大众性。[3] 就历史认识论和方法论角度上说，虽然他们在自己的著作中强调低层阶级的斗争，但是他们并不是没有注意到或不切实际地谈论底层阶级斗争的局限性，也没有忽视底层阶级的和解与妥协方式的缺陷。或许，他们没有也难以恰当地论述底层阶级更为保守的或"极端保守主义的"行为以及社会的或政治的行为。[4] 然而，他们并没有把过去或现在的农民和工人的抵抗运动简单归结为非政治的纯粹性歇斯底里症、潜意识犯罪行为或不符合常规与传统道德观念的狂热行为方式的外化形式，而是在详细研究这些反抗运动实情之后，充分肯定它们的前政治意识和政治意义。因此，以霍布斯鲍姆为代表之一的英国马克思主义历史学派提倡"自下而上"的史学观念的同时，更主要强调普通民众群体的文化价值心理及心态对群体本身及整体社会的历史发展的影响，突出社会阶层中普通人民大众在历史中的作用。在这些历史学家看来，来自社会底层的不同群体有能力形成自己的亚文化非政治行为，有能力在他们自认为最重要的领域里发挥决定性的作用。[5] 英国马克思主义

---

[1] Harvey J. Kaye, *The British Marxist Historians*：*An Introductory Analysis*, p. 229.

[2] Harvey J. Kaye, *The British Marxist Historians*：*An Introductory Analysis*, p. 229.

[3] 谢天冰：《英国的社会史研究评述》，《世界史研究动态》1993 年第 3 期，第 13 页。

[4] See, E. P. Thompson, *Postscript*, in *The Making of the English Working Class*, Penguin（Harmomdsworth）1968，pp. 916 – 917；Or see, Christopher Hill, *The World Turned Upside Down*, Penguin（Harmondsworth）1975，e. g. p. 364.

[5] 陆象淦：《现代历史科学》，重庆出版社，1991，第 253 页。

史学家希尔顿的言论可以代表整个学派对这种史学观念及其价值取向的自我满意程度："从最一般意义上讲，英国马克思主义史学家得到非马克思主义史学家承认的主要成果的特征在于我们写作了'从下面着眼'（from below）的历史，也就是说，我们把历史研究的侧重点从封建的和资本主义的统治阶级及其制度转向了劳动大众，无论是农民、工匠还是无产阶级。不过，统治阶级并没有被忽视，正如克里斯托弗·希尔对17世纪的研究表明的那样。"[①] 实际上，"自下而上的历史学"是英国马克思主义史学家群体赢得国际史学界广泛注意的重要标志。恐怕值得指出的是，从整体的目光出发，在"自下而上"的历史观念指导下，重点提倡"自下而上"历史学的史学观念、史学理想和史学实践，也构成英国新社会史学研究的最重要特征之一。换言之，通过"自下而上"的研究途径，运用阶级理论与阶级分析的方法研究底层阶级经历或底层历史思想，同时又不忽视上层阶级的历史，从而建构整体社会历史的图景，是霍布斯鲍姆等英国马克思主义历史学家倡导"自下而上"的历史观念的重要外化形式。惟其如此，他们开创了一种超越现行的关于社会历史的研究模式和撰写方法的崭新范式。

---

① 庞卓恒：《让马克思主义史学宏扬于国际史坛——访英国著名马克思主义史学家希尔顿》，《史学理论》1987年第3期，第76页。

第三章 历史认识论：过去和现在的理论认知

历史认识论和历史方法论是史学研究与史学思想的核心问题，即人们（主要指包括历史学家在内的历史认识主体）关于历史知识性质的根本看法，这是思考历史主体与历史客体、历史认识主体与历史认识客体之间关系问题时的理论依据，也是认识历史客观过程和指导历史著述与史学研究的基本指导原则。一般说来，对思想家思想的研究，应该聚集于思想家的学术宗旨，把握思想家思想体系的核心内容部分。那么在史学思想研究过程中，任何一种对历史学家关于历史的客观性和历史学的功能等问题的讨论，都离不开对该历史学家的认识论和方法论的考察。而作为历史认识论和方法论中的基本范畴，历史观与历史叙述方式（某种程度上即表现为史学著作成果）两个因素之间，应该是决定与反映的辩证关系，历史认识成果的表现形式受制于历史认识主体的历史观念和史学价值取向。

在历史叙述的问题体系中，即是历史话语的活动方式应受到历史话语主体的历史观和史学观念的调适。或者更进一步来说，持不同社会历史观的历史认识主体，必然会把这种价值观念转化为从事历史著述和史学研究的普遍指导原则——历史方法论和历史认识理论。在不同的历史认识论和方法论指导下，运用不同和具体的史学方法从事历史研究，当然会产生特征迥然不同的历史研究成果或著作即史学表现形式。通过研究这些史学表现形式，人们又可以理解其中蕴藏着的丰富史学思想。这些问题涉及包括历史学家在内的历史认识主体对历史与历史学的态度，对过去、现在和将来构成的社会历史关系系统的认知程度，也直接关涉到对历史认识过程中历史认识主体与历史认识客体的功能关系等问题的深层思考。对这些认识论和方法论上的问题，霍布斯鲍姆作为马克思主义历史学家和史学大师自然给予了极大的关注与认真的探讨，这种历史学的深层次逻辑思维活动均体现在他的史学著作与思想经纬之中。本章和下一章，试图从认识论与方法论的角度，对霍布斯鲍姆史学观念上的中心问题展开分析，探讨并昭示他在史学理论上的主要见解，说明这种创见的基本史学内涵和史学思想价值。

第一节　过去的意义与历史的客观性

一　过去、现在和未来的理论认识前提

霍布斯鲍姆的历史认识论思想，主要表现在对于历史认识主体来说无法回避而与历史认识客体密切相关的关于过去、现在和未来三者之间关系问题的认识态度与认知水平方面。他尤其注意过去与现在关系问题的理论反思和内涵表达。

过去、现在和未来首先是一组时间概念，然而，在社会历史的发展过程中，时间不是抽象的，人们普遍相信时间是一种客观存在物，时间因为作为参与构成历史事件乃至社会历史的基本要素而成为历史的一部分。论者认为，在多数历史认识者和历史学家的心目中，"时间与历史之间的关系是：过去的事件已经成为历史，现在的事件正成为历史，将来的事件也将成为历史，过去、现在、将来这时间的三维组成便以已经静止的过去为核心构成了历史显现的形式。作为历史内容的事件，随着这种形式由动态转为静态，二者结合于一体组成不变的历史存在"①。作为科学的历史学，重建过去是其基本的学科目的。历史研究的过程无外乎就是着眼于过去、现在和未来的三维时间结构中，基本具体研究对象的深入考察，最终对连续发展的历史现象进行系统关注的过程，从而进行科学历史的、艺术历史的再创造，以完成对历史问题的撰写，尽量客观反映"不变的历史存在"的真实面目。

研究表明，在马克思主义经典作家那里，时间有过去、现在、未来三个维度，但统一于现在，因此在时间的三维结构中现在同时又具有总体性。对此可做三个层面的理解：一是过去、现在和未来是一个连续统一体，过去是现在的前提，因而表现为现在的社会物质生活条件，它预先规定了人们活动的基础和范围；现在则是人们的活动的展开，是规定和创造的统一；人们只能通过现在去认识过去，同时预测未来；未来则是现在的可能，同时也是人的活动的目标。二是现在是一个连接点，它不是抽象的现在，而是指现实的存在、现实的实践即具有历史规定性的感性具体。三是时间的三维结构是历史主义方法论的基础，也是我们认识社会和理论、

---

① 陈新：《西方历史叙述学》，社会科学文献出版社，2005，第129页。

范畴的基本方法。① 就其时间特性而言，对于任何事物的各个层次和各个方面的内容变化与发展方向来说，它们都处在生生不息、演进发展的历史过程之中，任何事物都有历史、现实和未来这不同的或三维的时间特性。相应的，在从事史学考察时，研究者应该自觉地应用时间观念和时间方法，在历史中寻求现实的根据，在现在中寻找未来的萌芽，根据未来预测来调整、制导和分析当前的现实等问题，就不能不说是一种重要的思路和方法途径。特别指出，关于马克思基于三维时间构成的历史整体性理论的这种理解，对于认识和反观霍布斯鲍姆着眼于过去、现在和未来的社会历史连续统一体的历史认识理论，也有针对性的和极为重要的参考价值。

英国资产阶级历史学家爱德华·卡尔从另一种角度上对于"过去、现在和将来"这组概念进行了理论阐发，他详细说明："现在只不过是象过去与将来之间一条想象的分界线那样，存在于意念之中的东西罢了。在谈现在的时候，我就已经在这项论证之中偷偷地放进了另外一个时间的量度了。既然过去和将来都是同一时间长度的一部分，我认为要表明对于过去的兴趣跟对于将来的兴趣相互联结在一起，这是很容易的。当人们不再仅仅活在现在之中，而是有意识地，既对他们的过去，同时又对他们的将来发生兴趣时，史前时代跟历史时代之间的这条界限就被跨过了。历史是以把传统传给后世开始的，而传统的意思就是把过去的习惯与教训传给将来。有关过去的记载是为了将来世世代代的好处而开始保存起来的。"② 在某种程度上，卡尔对于时间的理解与马克思的时间理论是一致的，而且他们都明确把时间与历史研究结合在一起了。

霍布斯鲍姆关于过去、现在和未来之间关系问题的理论认识，集中体现了他在历史认识论方面的思想，呈现其史学思想的自身特色。他正是在继承与发展经典马克思主义者如马克思和非马克思主义者如卡尔所指称的时间意义基础上，从时间与历史相互关联的角度上，分析理解过去、现在和未来的内在关系。在这种意义上，霍布斯鲍姆所指称的过去、现在和未来同样已经不仅仅是一组时间概念，而是更加充分渗透了历史意识的过去、现在和未来因素的各种历史实体，它们共同组成了社会历史连续时空统一体。在霍布斯鲍姆那里，历史是由过去、现在和未来构成的连续统一体，而历史学是一门主要在时间中演进和在空间中拓展的科学，对过去、现在和未来的认识也就是对历史和历史学本身的认识。因此，霍布斯鲍姆

① 参见王贵明《论马克思主义的整体性》，《探索》1999年第4期，第65~69页。
② 爱德华·霍列特·卡尔：《历史是什么?》，吴柱存译，商务印书馆，1981，第117页。

强调，"只要由于历史与未来两者之间不存在明显的界线，那么历史不可能逃避未来。我刚才所说的东西现在就属于过去。我准备谈论的就属于将来。在这两者之间的某个地方，存在着一个想象的但经常运动着的点，如果愿意，你就可以称之为'现在'"。① 按照他的这种理解，对于任何历史认识主体、史学研究者或史学编纂者来说，无论是严格区分过去与将来，还是把现在从过去中区分出来的理论企图，都可能存在着技术方法上的实际困难，在某种程度上，没有必要也太不可能做这种截然的实践区分。因为"虽然我们能够凭借历史学家的智慧从遗留下来的问题中推导出间接的答案，但是我们不能要求通过拷问过去对那些尚没有出现的问题提供直接的答案……无论如何，过去、现在和将来形成了一个连续统一体"。② 就从历史认识论的角度上说，对过去、现在和将来之间关系的深刻理论认识，是认识历史客观性的必然需要。霍布斯鲍姆关于过去、现在和未来及其连续性关系问题的思考，反映出他关于社会历史发展的内在规律性观点。因此，揭示霍布斯鲍姆这种历史认识论观点，必然在某种程度上反映出他的社会历史观，即深刻认识到社会历史是一个永远连续统一的发展过程。这也是马克思主义社会历史观的深化与发展。

由此看来，这也是霍布斯鲍姆的整体性史学研究——整体新社会史研究的史学观念基础，实际上，霍布斯鲍姆的整体社会史研究正是建立在以三维时间为基础的整体性史学价值观念基础上，即他对由过去、现在和未来构成的连续统一体的理论认识与分析框架，体现了其基本的历史认识论思想，这种理论与框架最终来源可上溯到经典马克思主义者以时间的三维结构为核心的整体性史学价值观念。因此，在注意到马克思主义的整体性史学价值观念基础上，进而分析当代英国马克思主义历史学家霍布斯鲍姆着眼于过去、现在和未来三维结构基础上的整体社会历史观念具有重要的意义。

二　过去的意义和历史的客观存在

从历史认识论的角度上看，在新叙述主义转型和后现代主义转向之前，历史认识与历史解释、历史实在的客观性和历史认识的客观性（或真实性）等问题是 20 世纪西方史学或历史哲学长期关注与争论的两组基

---

① E. J. Hobsbawm, "Looking forward: History and the Future", in *On History*, The New Press (New York) 1997, p. 38.

② E. J. Hobsbawm, "Looking forward: History and the Future", in *On History*, p. 38.

本理论问题。正如学者认识到的那样，前者涉及的是历史认识如何可能，后者关注的则是历史认识是否可靠。① 实际上，归根结底涉及历史的本质及其规律存在性和历史学的科学性问题。

按照霍布斯鲍姆的看法，关于理解历史的客观存在性问题，我们的分析需要从分析过去的意义入手。纵观他的整体社会历史研究成果，所谓"整体的社会历史"，实际上就是力求从"具体过去"的历史事实切入，从综合分析与比较研究的视野出发，考察人类社会的整体历史运动。在人类社会历史发展长河中，过去的意义何在？过去的历史如何塑造了现在即现实社会？从世界历史的古代、近代、现代和当代几个阶段性发展历程来看，在社会记忆和个人记忆中，世界现代史的大体内容多依稀可辨，甚至耳熟能详，但人们对那些重大历史事件的真实内幕却未必能够做到了如指掌。对那些时刻以关注国家、民族和社会历史命运为己任的人们与心灵来说，他们必然希望理解过去的真实是什么、现实何以俱来和未来走向何处，历史能否借鉴过去的思想资源和吸取往昔的教训经验。比如，过去的意义与历史的客观存在等理论问题可以从历史社会学领域获得学科资源，进行恰当反思和细致考察。20 世纪 90 年代以来，历史社会学在西方已经广泛兴起，按西方学者的研究，历史社会学应该具备的"一种潜能，即以它的成就来表明以下活动的实际价值：调查过去和系统地进行跨时空比较，找出异同点，追溯长时段过程，找出原因并追查结果，指出人们如何塑造了把他们束缚在一起和使他们相分离的机制以及这些机制又如何塑造了他们。它也许有希望提供一条道路，通过理性的、批判的、以及富有想象力的研究来增进人们的理解和更有效的行动"②。因此，从历史社会学的角度进行相关问题的研究，更有利于人们理解诸如社会结构和生活方式问题的"过去与历史"是怎样恰如其分地被塑造出来，也能够理解某些社会现象是如何被重新塑造出来的。凡此种种理论问题和史学意识，均是那些具有思想性的历史著作和思想史家希望理解与解读的。这也是英国马克思主义历史学家，特别是具有独立反思精神与自由思想意识的霍布斯鲍姆，必然要回答或试图从历史认识论上进行解答的理论问题与实践问题。

就历史认识对象即历史认识客体角度上说，霍布斯鲍姆认为，无论是个人和群体，还是国家和社会，它们都拥有独自的过去，这种"过去"

① 参见周建漳《历史及其理解和解释》，社会科学文献出版社，2005，第 173～205 页。
② 丹尼尔·史密斯：《历史社会学的兴起》，周辉荣、井建斌等译，上海人民出版社，2000，第 240 页。

成为一切"现在和未来"的基础，这种"过去"既是组成历史客体本身的重要内容，从而构成历史客观存在的一部分，又必然成为历史认识主体借以认识历史的客观存在的重要对象。"理论上，过去——所有的过去，过去发生的任何事情或每一件事情——都构成了历史。也许有许多过去的东西并不属于历史学家的研究领域，但绝大多数是。而且，在当代社会里，历史学家在编辑和构造有关过去集体记忆时，他们也必须依赖过去"。① 或者说，作为进入历史学家认识视野的那些历史存在，它们的"过去"是历史认识主体必须首先涉及并需要加以认识的历史实际（需要认识的客观世界组成部分）。正如保罗·康纳顿所言：一方面，我们对现在的体验，大多取决于我们对过去的了解；我们有关过去的形象，通常服务于现在社会秩序的合法化；另一方面，有关过去的形象和有关过去的回忆性知识，是在（或多或少是仪式的）操演中传送和保持的。② 这里，第一层意思是要说明历史认识客体的过去与现在的关系，第二层意思是要阐明历史学家作为历史认识主体也就是社会记忆的主体和承担者，在历史认识过程中可以起到衔接"过去与现在"关系的不可忽视的桥梁纽带作用。历史学家认识这种"过去"的目的，是为了更好地理解建立在这种"过去"基础上的处于"现在"状态上的历史客体本身。因此，霍布斯鲍姆这样断言："人类与社会的任何记忆都是根植于过去——根植于他们的家庭、社团、民族的或者其他相关群体的、或者甚至个人的记忆的过去——而且不管是积极还是消极的，所有这些与记忆有关的因素都表明了他们的立场。"③ 一般而言，任何正常的现实社会都是构筑在它的过去基础之上。"过去是现在和未来的原型。过去就如遗传基因一样，通过这种遗传基因每一代都繁殖了它的后代并且确定了他们之间的关系。"④ 1987 年，霍布斯鲍姆在《帝国的年代》的结语部分这样写道："于今回顾，我们可以发现：使 19 世纪资本主义社会得以运作的事物，多半都是从过去继承或接收过来的，然而其发展的过程又适合将这个过去毁灭。"同样，"20 世纪晚期的世界仍然是由资产阶级的世纪所塑造，尤其是由本书所探讨的

① E. J. Hobsbawm, "What Can History Tell Us about Contemporary Society"? in *On History*, pp. 24 - 25.

② 参见保罗·康纳顿《社会如何记忆·导论》，纳日碧力戈译，上海人民出版社，2000，第 4 页。

③ E. J. Hobsbawm, "Looking forward: History and the Future", in *On History*, p. 38.

④ E. J. Hobsbawm, "What Can History Tell Us about Contemporary Society"? in *On History*, p. 25.

'帝国的年代'所塑造，确确实实的塑造……但更重要的是，今日的世界乃是由帝国的年代及其崩溃留下的历史景观所塑造。"① 所以，霍布斯鲍姆非常重视对历史客体的"过去"及其意义的分析考察，并寻求历史存在的客观价值维度。

由此看来，这正如德国著名历史学家约翰·古斯塔夫·德罗伊森所说，"历史研究是同研究者所在的社会及其所生存的时间出发，在遗存的材料中找人类过去的思想、过去的状况。历史研究一方面由看清了既往而增加现今社会的深度及广度，一方面又因为历史研究者认清并追寻隐含在今日生活中的一些因素，而认识到过去的情形"。② 只有认清这种"过去"才能认识大千世界中多种多样各具独特性的历史实际之间的联系，从而认识历史的客观性和理解整个社会的历史存在。

在霍布斯鲍姆看来，历史是呈现连续性的，任何社会和任何个人的历史都具有连续性，而这种连续性通过"过去"对"现在"的塑造与影响这一途径来实现。正因为"历史学家关注的所有社会都拥有自己的过去，甚至被某些自认为最富有创新精神的社会人种所殖民的那些殖民地区也已经有很长的历史"。所以"过去是人类思想的一个永久尺度，是社会惯例风俗、社会价值和人类社会其他观念模式的一个必不可少的组成部分。历史学家的问题就是分析现实社会中'过去的意义'之本质和找寻其变化与变迁的痕迹"。③ 但"现在"从来都不是"过去"的一种机械的再生产和简单化反映，"现在显然不可能是过去的复写副本：在任何实际意义上讲，它也不可能是过去的一种翻版"。④ 历史认识主体应该首先明确的就是：对任何事物来说，过去塑造了现在，现在包含了部分过去，但现在并非过去本身。值得指出的问题在于："撇开理解过去如何向现在转变有助于我们理解现在、并有可能理解未来的某些事情这个事实不论，历史与现实的联系同样也是明显的，因为理解现在与理解过去的过程有许多相似之处"。⑤ 在史学理论与实践研究的结合上，霍布斯鲍姆以欧洲历史的发展

---

① 艾瑞克·霍布斯鲍姆：《帝国的年代》，贾士蘅译，江苏人民出版社，1999，第434~435页。
② 德罗伊森著，耶尔恩·吕森、胡昌智编选《历史知识理论》，胡昌智译，北京大学出版社，2006，第91页。
③ E. J. Hobsbawm, "The Sense of the Past", in *On History*, p. 10.
④ E. J. Hobsbawm, "What Can History Tell Us about Contemporary Society"? in *On History*, p. 26.
⑤ E. J. Hobsbawm, "On History from Below", in *On History*, p. 215.

变迁来说明这个问题，试图揭示历史发展的连续性和本来面目。① 其意蕴也就显得非常鲜明和赋有说服力。

就普遍意义上看，在历史认识活动过程中，关于过去的内在含义和意义阐释，不同的历史学家由于主体意识结构的相异而持有不同的见解，表露了特定的历史观与史学观。意大利历史哲学家思想家克罗齐的"一切真历史都是当代史"的命题已经有了主观史学观念形态，认为"人类真正需要的是在想象中重建过去，并从现在去重想过去，而不是使自己脱离现在，回到已死的过去"。② 寓指一种当代立场必然体现在历史叙述当中。英国历史哲学家思想家柯林武德认为，自然过程和历史过程的过去是不同的，"在自然过程中，过去在它被现在所替代时就消逝了，而在历史过程之中，过去只要它在历史上是已知的，就存活在现在之中"。③ 在瑞士历史学家布克哈特看来，过去的历史无外乎就是"一个时代在另一个时代里发现的值得注意的那些东西的纪录"。④ 法国年鉴学派历史学家费弗尔强调历史学是"关于过去的科学，关于现在的科学"的学科思想体系构成。⑤ 美国历史学家戴格勒注重"史学作为价值的反映者和供应者，既是现在的原因，也是现在的结果"的重要历史意义和社会现实价值。⑥ 从过去与现在的基本关系、历史研究和史学实践的基本条件来看，中外许多学者都指出这样一个事实，历史的每个时代内容并不是互不相容的，而是相互联系的，过去以另一种变化比例或潜在方式被纳入现在之中，过去和现在是一连串内在相关的时间系列，在内容上它们尽管有不相同之处，但并不是彼此独立，而是相互包容。⑦

正如同许多历史学家那样，霍布斯鲍姆承认过去对现在的影响是无时不在的，过去与现在之间关系复杂微妙。然而，他不同意柯林武德"作为过去经验之重演"的史学观念，认为世界上没有两件事情是完全相同的，历史也决不重演，历史上有类似而没有全同。"现在应该是过去的重

---

① See, E. J. Hobsbawm, "The Curious History of Europe", in *On History*, pp. 217 – 227.

② 克罗齐：《历史学的理论与实际》，商务印书馆，1982，第220页。

③ 柯林武德：《历史的观念》，何兆武、张文杰译，商务印书馆，1997，第316页。

④ Jakob Burckhardt, *Judgments on History and Historians*, S. J. Reginald Saunders & Company (London) 1958, p. 158.

⑤ 参见保罗·利科《法国史学对史学理论的贡献》，王建华译，上海社会科学院出版社，1992，第37页。

⑥ Carl N. Degler, "Remaking American History", The Journal of American, Vol. 67, No. 1 (June 1980), pp. 7 – 25.

⑦ 参见何兆武《历史理性批判论集》，清华大学出版社，2001，第217页。

演这种观念，通常是指历史变化的一种非常缓慢的速率，然而只要存在着变化，不管是人口统计的、技术的或其他方面的变化，那么这种变化因素就能够以一种神话化的和或者仪式化的历史形式被吸收到特定形式的现代社会中去。那种所谓‘传统社会’是静态的和不变的观念实际上是一种庸俗社会科学的神话。当然，必须承认，在历史发展到一个确定的变化点之前，现代社会是能够保持‘传统’的，因为过去的模式继续塑造着现在”。① 从理论上看，正因为过去对现在的影响，历史才能保持其连续性，而由于任何社会都富有变化的因素，任何社会都非静止不变的，所以历史才能够不断地发展到未来。换言之，"理论上，每一个时代都尽可能地复制和再生产它的前一个时代，然而考虑到它本身达不到这点，那么这种努力永远只有失败。自然，一个居支配地位的过去总是排斥所有合法性的变化和变革，然而，不可能存在任何一种不承认那种变革的人类社会"。② 从社会历史发展连续性的实现途径问题来看，社会变革起着关键性作用。历史的事实已经证明，任何社会，即使最极端保守的传统主义社会，都面临着变化与革新问题。"当社会变化加速或社会变迁超过一个确定的点，过去必然会停止作为现在的模型，而至多成为现在的一种样式"。③ 也就是说，在已经变革的社会历史里，可以从"现在"找寻到"过去"的影子，但这个影子已经不是原来那个完整的"过去"，而是赋予了现时当代（包括历史认识主体的知识结构因素）的意义。此种情形正如俄国史学家别尔嘉耶夫所言："历史是两种因素，即两种成分——保守成分和创造成分——的混合，否则便不可能有历史……我理解的保守成分是精神上与过去的联系，是内部的传说，是对过去那种神圣无比的事物的接受。而排除动态的创造成分、连续的创造、历史的完成、创造性地解决历史问题的意向，要想理解历史也是不可能的。"④

那么换个角度来说，人类社会的历史就是在"过去"与"现在"之间不断地通过变革来实现"未来"的目标。正如中国学者所言，"人类社会的历史是不断'试错'的历史。那些为众人不满意、不合理的旧事物虽随变革潮流而淘汰，新的不满意、不合理又跟踪而来，不舍昼夜。变革将是无穷无尽，如危崖转石不达其地而不止。前述种种两难，如阴阳两极

---

① See, E. J. Hobsbawm, "The Sense of the Past", in *On History*, pp. 12 – 13.
② E. J. Hobsbawm, "The Sense of the Past", in *On History*, p. 10.
③ E. J. Hobsbawm, "The Sense of the Past", in *On History*, p. 13.
④ 别尔嘉耶夫：《历史的意义》，张雅平译，学林出版社，2002，第30页。

相反相成，重则轻之，轻则重之，矫枉而过正，过正则再矫之，无穷的摆复调整，这就是社会动态的运行，这就是全部社会历史的意义"。① 也正如卡尔所认识到的那样，"根据现在以促进我们对于过去的理解，以及根据过去以促进对现在的理解"。②

以《极端的年代》第二章对"世界大革命"的历史性分析为例，霍布斯鲍姆在论证俄国十月革命对 20 世纪世界造成深远的直接和间接影响问题时，就断然认为："如果说法国大革命追寻的理念比布尔什维克的革命理念持续生命力更为长久，那么 1917 年革命产生的实际后果却比 1789 年革命更为宏伟和深远。"③ 问题的关键就在于革命事件作为历史延续体本身，体现了过去与现在之间的深刻联系，俄国十月革命直接导致了后继社会主义革命的基本模式，也间接引发了自由市场经济和资本主义制度的变革发展。人类世界历史进程证明的一个显而易见的事实就是，现在的世界历史是过去历史经验的日积月累和丰富发展，因此也恰如霍布斯鲍姆认识到的那样，人们在理解过去与现在相互关系的时候，应该明白任何"世界都不可能回到远古社会和旧政体，就好似法国一旦经历了大革命及拿破仑时代，就再也不可能回头那样"。④ 历史上任何事物的发生与存在，或者进入历史学家研究视野的历史存在的"过去的历史"是不能随意一笔抹杀的，比如"即使对那些现在已经被颠覆的具有共产主义政权经历的前共产党国家来说，它们的现在以及它们可以推测的未来，正在和必将永远承烙着那种独特的以反革命取代革命的标记"。⑤ 霍布斯鲍姆通过对特定历史发展的实证考察，再次说明了过去与现在之间存在着千丝万缕的联系，正是这种联系才促成了事物的连续性发展。俄国十月社会主义革命、殖民地解放运动、共产主义运动、西方资本主义国家政治变革等重大历史事件与社会变迁，都涵盖着一种过去与现在的复杂关系。概言之，"无视俄国革命及其直接或间接影响，我们就不能够很好地理解短暂的 20 世纪历史。最起码社会主义苏联被证明是自由资本主义的救星，一方面它的帮助使得西方世界打败了希特勒德国，赢得第二次世界大战的胜利，另一方面它还刺激了资本主义自身进行重大变革。而且最反常的是，苏联对

---

① 王家范：《解读历史的沉重——评弗兰克的〈白银资本〉》，《史林》2000 年第 4 期。

② 爱德华·霍列特·卡尔：《历史是什么?》，第 116 页。

③ Eric Hobsbawm. *The Age of Extremes*：*A History of the World 1914 – 1991*，Pantheon books（New York）1994，p. 55.

④ Eric Hobsbawm. *The Age of Extremes*：*A History of the World 1914 – 1991*，p. 83.

⑤ Eric Hobsbawm. *The Age of Extremes*：*A History of the World 1914 – 1991*，p. 83.

于世界经济大萧条的明显免疫力，也促使资本主义社会抛弃对于自由市场正统性的信条"。① 这都是值得深思的重大社会历史性变迁和思想性根源所在。

总的来说，无论对单个历史认识客体还是对整个社会历史而言，霍布斯鲍姆倾向于把"过去"看做一个它们自身历史上存在着的意义实体，过去塑造现在，历史造就现实，过去是现在和未来的基础。一般而言，一切历史都是连续向前发展的过程，认识了过去的意义便理解了历史的发展，成为把握现在和展望未来的关键步骤。

既然"过去"对现在和未来具有如此重大的意义，那么人们通过认识"过去"是否就可以认识到历史的客观存在呢？传统历史学家认为历史是各种各样"过去"的客观存在，历史学家可以通过各自作为历史认识主体的认识能力并借助特定途径，去努力客观地认识这种"过去"从而再现历史的客观存在。显然，霍布斯鲍姆认为历史认识和史学研究这类事情并非如此简单易行。在他看来，固化的历史思维和追求客观的史学态度有时反而会妨碍我们面对现实世界的主观变化和客观态度。因为，任何个人的历史或社会的历史中确实都客观存在着某种先验的给定的"固化的过去"或"历史的客观实在"，这个过去是真实的和有效的或者合法的，这个"过去"可以在"现在"之中找到它的影子，理论上，这种过去的历史也是可以客观地被认识的。霍布斯鲍姆这里所指称的"过去"就是通常史学理论范畴中的"客观的历史存在"，但是它应该与实际历史认识过程中进入历史学家认识视野内的历史过程、历史现象或历史事实组成的"历史认识的客体"具有区别。换言之，在历史学家等历史认识主体的主观认识或意识介入之前，历史认识客体本身即历史事实或历史存在是客体存在着的东西，本质上它具有客观性。假设历史认识主体对它的历史认识同历史事实本身达成一致完全吻合，那么我们可以认为这种历史认识是具有了客观性的历史真理。然而，人们对过去的理解与历史的叙述是否能够完全客观和准确？这取决于人们如何认识和理解过去，人们所理解的这个"过去"是否是真实的那个"过去"。由此，也便取决于认识的"过去"是否就是合法性的资源？也就是说，"过去"是否是现在的一种合法性认识的客观存在？

就历史认识主体和历史认识客体相互关系的角度看，霍布斯鲍姆对过去的含义和解释以及对"过去的历史认识的客观性问题"，即历史学家的

① Eric Hobsbawm. *The Age of Extremes: A History of the World 1914–1991*, p. 84.

历史认识成果是否具有客观合法性问题有自己独到的理解。他认为任何人（主要指作为历史认识主体的人们）的历史中都存在着两种过去："其一是可相对不带感情予以研究的过去，其二是掺杂了自身的记忆与背景的过去。"① 换言之，一种人们只能通过或借助文献材料或其他非直接的媒介途径才能逐渐认识的过去的存在；另一种是历史认识的主体经历过或生活于其中的过去的存在。对任何人来说，在两种过去之间，在历史和记忆之间都存在着一块很不明确的过渡区，"这块过渡区在时间上可长可短，它特有的模糊和朦胧也有不同程度的差异。但是，永远会有时间上的这么一块无人之地。对于历史学家来说，或对任何人来说，它绝对是历史最难把握的一部分"。② 个人历史如此，社会历史也是这样，个体记忆如此，社会记忆亦然。因此，我们通常所说，作为历史认识主体的人，在认识历史过程中，主体上必然受到自身人生经历、知识结构、个人价值观念和根本历史观等因素的影响，对历史的认识也就大相径庭。可以说，霍布斯鲍姆从独特的逻辑思维角度出发，得到了许多历史学家在历史认识上的相同结论，"历史客体是相对历史认识主体而言的，是历史认识论一对基本范畴相互依存的两个方面。它必须而且只能从历史认识主体的联系中去把握"③。

在霍布斯鲍姆看来，由于不同的历史认识主体或同一历史认识主体的主体意识在不同时期存在着差异，对过去历史的认识也随之存在着两种结果：一是以上两种从时间角度上看来十分明确的"过去"都可能借助相关资料或个人经历的体验得到不同程度的认识，在此层面上，历史认识的主体要么"由我们自己的时代、地点和形势来假设过去，也倾向以我们自己的方式重新塑造过去，去看待那些我们的目光可以洞悉的事物，以及那些我们的看法允许我们认出的事物"的手段。要么历史认识的主体凭借"惯用的工具和材料，研究档案和其他第一手资料，阅读庞大数量的二手文献，一路走过我们前辈学者许多代以来所积累的辩论和异议，走过不断变化的风尚和不同的解释与重要的阶段，永远好奇，（也希望能）不停地问问题"的方式。④ 在不同层面和意义上对过去进行合乎逻辑的重建；二是对于那些介于两种过去之间的不明确"过渡区域"来说，因为

---

①　艾瑞克·霍布斯鲍姆：《帝国的年代·序曲》，第 3~4 页。
②　艾瑞克·霍布斯鲍姆：《帝国的年代·序曲》，第 4 页。
③　陈启能等：《马克思主义史学新探》，社会科学文献出版社，1999，第 123 页。
④　艾瑞克·霍布斯鲍姆：《帝国的年代·序曲》，第 6 页。

"它的本身是过去无条理和不完全理解的形象。它有时比较模糊，有时显然精确，永远是由学术与公私传统的二手记忆所传达。它仍是我们的一部分，但不再是我们个人所能影响的。它所形成的，类似那些斑驳的古代地图——充满了不可靠的轮廓和空白，搭配着怪物和符号"，对它的认识才是历史认识主体面临的最大障碍。①

对历史认识的主体来说，由于既存在着历史资料的盲区，又置身于这种过去之外，历史学家不可能直接同其打交道，不可能直接描绘这种过去，加上历史认识主体的思想意识无法被排除于历史认识之外，所以在多数情况下人们是永远无法认清"历史的客观存在"的真实面貌。在霍布斯鲍姆看来，无论是个人的历史还是社会的历史，都是由这两种过去和不明确的"过渡区域"组成，历史学家的任务与工作实际上就是尽量加深对这种"过去"的历史认识，虽然未必能够彻底认识这种"过去"，从而恢复历史的客观存在。

按照霍布斯鲍姆的逻辑解释，实际情况是，由于存在着"过渡区域"这一障碍，人们对过去的认识或对历史的理解与重构在很大程度上会受到来自历史认识主体意识形态立场的干扰与影响，因为"历史、来自往昔的符号以及塞给往昔的符号，都被看做现时的某些人需要的资源，出自捏造而梳妆打扮成为古典"，② 使得过去的历史披上了一层神秘的面纱，结果"过去的历史"被模糊化了。事实上，霍布斯鲍姆已经撰写并出版的一些著作的主要目标之一，"就是致力于对社会传统、民族和阶级符号象征体系进行符码的解密。这些著作基于这样一种信念，即过去是可以恢复的，而且历史学家的职责（不管人们是否注意到这点）就是'排除障碍'并且戳穿自我辩护的神话，特别是要揭穿那些被用于政治的、种族主义的和民族主义目的的神话"。③ 比如在 1983 年，他与 T. 兰杰合作编著的《传统的创造》就是这样一本书，该书描述和分析了许多种类型的"创造的传统"或"过去"——例如，通过对威尔士和苏格兰"民族文化"的创造、19 世纪和 20 世纪英国皇室大量礼仪的创造和英国在印度或非洲殖民地帝国礼仪的创造等等所谓"传统"的考察，认识到它们如何产生又是怎样运作，认为那些"传统"在构成民族主义、帝国主义和激进主义

---

① 艾瑞克·霍布斯鲍姆：《帝国的年代·序曲》，第 7 页。

② 迈克尔·罗伯茨：《历史》，《国际社会科学杂志》（中文版）1998 年第 3 期（第 15 卷），第 91 页。

③ Geoffrey G. Field, "A 'Man In Dark Times': Hobsbawm on History", http://www. cul-turefront. org/culturefront/magazine/98/summer/article. 17. html.

意识形态过程中扮演着一种重要的角色。本书一个重要观点就是，许多与现在有着千丝万缕联系的那些"传统"或"传统"的观念成为人们正确理解关于威尔士、苏格兰或者非洲等地区"真实的过去"的主要障碍，因此，要看清这样的"过去"必然清除那些"创造的传统"。① 然而，对任何一项历史认识，人们只能尽量剥离历史上存在着类似的"创造的传统"的真假面目，但未必能够彻底肃清所有"被人为合法化的过去"，所以对历史的认识永远只是一个趋于客观的过程，历史认识主体揭示的只能是趋于客观的历史认识，而不是历史的客观存在本身。

　　就本体论即历史研究对象的性质而言，过去的历史（即由那些没有进入历史认识主体视野的历史客体、历史事实或历史现象等组成的所谓客观历史存在）总是永恒不变和客观存在的，然而通过历史认识主体（主要指历史学家）对过去历史的认识而构建的历史学却在不断的发展变化之中。对历史认识的主体来说，每一代人、每一位历史学家不管如何宣称做到客观认识历史，由于存在着两种过去和不明确"过渡区域"，特别是由于历史认识道路上的不明确"过渡区域"的障碍，人们自觉或不自觉地在以当代人的观点重新解释未知的过去。历史学家或历史认识的主体所解释的那个"过去"与客观存在的那个"过去"之间永远存在着差距。换句话说，"过去与现在的关系毕竟是写史者与读史者最关心的所在。他们都想要，也应该想要了解过去如何变为现在，他们也都想要了解过去，但主要的阻碍是过去不似现在"。② 应该说，历史的连续性就是以过去与现在的关系来维系，而对某段社会历史发展过程的认识的关键，就是在厘清现实社会及其过去历史之间的微妙关系。法国史学家皮尔·诺拉（Pierre Nora）写道："回忆就是人生。由于总是一群活人回忆，它遂成为永恒的演进。它受限于记得和遗忘的辩证，觉察不出它的连续的变化，它可以有各种用途，也可以作各种控制。有时它可以潜伏很长的时间，然后突然复苏。历史永远是为已不存在的事物所作的片面和有问题的复原。记忆永远是属于我们的时代，并与无穷的现在依偎相连。历史是过去的再现。"③ 霍布斯鲍姆把这段话作为《帝国的年代》"序曲"一节的引言，说明他赞同如诺拉那样的历史学家关于过去与现在之间关系的这种理解。

① See, E. J. Hobsbawm and Terence Ranger, *The Invention of Tradition*, Cambridge University Press (Cambridge) 1983.
② 艾瑞克·霍布斯鲍姆：《帝国的年代·序曲》，第11页。
③ 转引自艾瑞克·霍布斯鲍姆《帝国的年代·序曲》，第1页。

在某种程度上，对过去历史认识的深化过程又是不断缩小这种差距的认识过程，从而逐渐达到认识历史的真实性，最终理解历史真实或重构历史。总之，对某种历史的研究实际上就是对"过去"进行理解与认识。众多历史认识的主体所理解与认识的这些"过去"的表达形式或历史文本就形成了历史学，在某种程度上，历史研究就是对过去的一种重构行为和恢复活动。

需要顺便指出的是，任何一个史学家，甚至任何一种史学流派，无论他们如何宣布要尊重客观历史事实，要如何对历史现象或历史事实做出纯客观的描述与分析或解释，但他从事着这样的解释时，他的研究成果必然会打上其作为历史学家的认识主体的观念或时代的烙印。① 罗兰·巴尔特认为，"历史的话语，不按内容只按结构来看，本质上是意识形态的产物，或更准确些说，是想象的产物"。② 或许，这种后现代主义观点显得过于绝对而难以为人们接受，不过，从历史认识主体在认识与解释历史时难免受制于自身意识形态的局限这点来看，一定程度上他是深刻地指出了包括历史认识主体自身意识形态立场在内的主观意识结构因素，它们必然成为影响历史认识主体（包括历史学家在内）获得历史真实性认识或接近历史客观存在的障碍这个事实。"任何从今天的道德准则或政治准则的观点出发再现过去的企图显然违背了历史真实的观念；同样，任何在预想的历史发展方案的范围内解释过去的企图也是如此"③。在霍布斯鲍姆看来，历史主体和历史认识主体的"信仰或意识形态的争执对峙，正如充斥这个世纪（20世纪，引者注）诸如此类的观念冲突，恰恰给那些历史学家探寻历史真相的路途设置了重重障碍。这些历史学家的主要任务，并不是判定是非，而是试图揭示那些最难理解的事物真相。但是横亘在理解道路上的障碍，不仅仅只是我们本身固执的观念，还包括形成这些观念的历史人生经验"。④ 此处的"固执的想法"和"历史人生经验"，实指历史认识主体的观念和时代的烙印，两种因素成为影响历史认识主体对历史客观性的认识障碍。霍布斯鲍姆坦然承认历史学家在史学研究实践中必然受到某些既有见解和其他主观因素的影响，而无法做到完全超脱立场和价

① 参见孟广林《密切追踪西方史学流派、深化我国的世界史研究》，《河南大学学报》（社科）2001年第1期，第33页。
② 罗兰·巴尔特：《历史的话语》，载张文杰等编译《现代西方历史哲学译文集》，上海译文出版社，1984，第93页。
③ 伊格尔斯：《欧洲史学新方向》，第229页。
④ Eric Hobsbawm. *The Age of Extremes*: *A History of the World*, *1914 – 1991*, p. 5.

值意识中立，因而历史学家对历史的认识成果未必完全符合历史的客观存在。然而他也清醒地看到，史学家对历史的认识过程是一个追求客观性的过程，它是一个永远趋向客观而无法真正达到客观的过程，历史学家应该最大限度地排除自身在历史认识过程的主观性因素，但同时又要看到历史认识趋于客观的可能性，历史学家永远都在追求历史客观性的艰辛路途之中。史学研究和历史学学科的无穷魅力正在于此。

惟其如此，为了追求历史认识的客观性，无论在理论上还是实践中，霍布斯鲍姆都把过去与现在之间的关系视做历史认识论过程和史学研究中的一个重要环节，异常关注和十分重视如何处理过去与现在之间的关系。在这个问题的处理过程和有关历史客观性的反思历程中，最能体现历史学家作为历史认识主体的主观能动性，而正确理解与处理过去与现在之间的关系又是认识历史客观存在的真实性的重要途径。

正确的历史研究就是一种基于过去与现在关系的理性解读，错误的历史研究诸如民族主义神话（后文将展开讨论）的历史则是一种非理性解读。由此看来，在当今后现代主义的学术思潮和极端相对主义史学观念的氛围中，霍布斯鲍姆所强调的理论解释，对于剥离和驱散后现代主义理论对于"过去"与"现在"之间所进行的神话解读给我们认识现实问题和面对现实变迁的迷雾，起到了一定的积极作用。作为当代美国著名思想史家、历史哲学家和文学批评家的海登·怀特说，"那种被称为比喻学的语言学、文学和符号学的理论分支被人们看成是修辞理论和话语的情节化，在其中，我们有一种手段能将过去事件的外延和内涵的含义这两种维度联系起来，借此，历史学家不仅赋予过去的事件以实在性，也赋予它们意义"。[1] 我们现在知道，怀特广泛吸收哲学、文学和语言学等学科的研究成果，主张采取当前学科正统之外的元科学立场，揭示意识形态要素介入历史学有种种途径，建构一套分析历史文本、著作者和读者之间复杂关系的比喻理论体系。应该说，学术界对于后现代主义的相关论说和理论观念关注的热情有所减退，但依然是众说纷纭，然而被视为后现代主义代表人物的怀特思想，对我们理解涉及过去与现在相关问题和历史学性质的深化思考不无启示。

---

[1] 海登·怀特：《元史学：19 世纪欧洲的历史想像》，陈新译，译林出版社，2004，中译本前言，第1页。

三　过去与现在的内在关系和辩证解释

在史学研究过程中，传统历史学家一般并不重视也没有正确处理过去与现在之间的关系，却刻意追求"纯客观的历史"。这方面的代表人物举不胜举，在此不论。相反，有些传统认识论上的资产阶级历史哲学家却过分夸大过去对现在的影响，从而强调"纯主观的历史"。最典型的还是要数克罗齐，他在精心阐述西方史学成熟时期的思想体系时，试图表达的一个观点是："一种对过去的兴趣始终会（并且必须始终是）反映史家对当代的关心"。① 曾经宣称一切真实的历史都是当代史。另外柯林武德在《历史的观念》宣称的核心思想就是过去是人类经验的重演，一切历史都是思想史。② 无论是克罗齐，还是柯林武德，在某种程度上，他们的史学观念既带来了对传统史学观念的变革，也引来了无数的批评。值得指出的是，自他们以后，过去与现在之间的关系成为包括历史学家在内的历史认识主体在历史认识过程中一个无法回避的认识论问题。

比如，爱德华·卡尔指出传统史学在研究历史时往往忽视真理的表现之一，就是不能正确理解过去与现在的关系。卡尔针对柯林武德的历史哲学观念中涉及的"过去"及其"一切历史都是思想史"的含义，在做了深刻批判和许多保留的同时，也赞同和肯定了他在一定程度上提出了某些为人所忽视的重要问题。在卡尔看来，确实，"我们只有通过现在这双眼睛才能看到过去、才能理解过去"。但是通常历史学家都不属于过去而属于现在，这必然使得历史学家在研究历史时处于一种非常复杂的地位："历史学家的作用既不是爱过去，也不是从过去之中解放自己，而是掌握过去，理解过去，把它当作理解现在的一把钥匙。"③ 如果要理解过去与现在的关系问题，必然涉及一系列诸如关于历史学家作为认识主体的地位、历史学家与历史事实及社会事实等问题。因此，卡尔才会提出史学研究的"对话"说，认为"……历史是历史学家跟他的事实之间相互作用的连续不断的过程，是现在跟过去之间的永无止境的问答交谈"。④ 卡尔的这种观点为后来大多数历史学家所接受，也影响了霍布斯鲍姆关于过去与现在关系的理论思考和实践延续。

---

① B. A. 哈多克：《历史思想导论》，王加丰译，华夏出版社，1989，第196页。
② 参见柯林武德《历史的观念》。
③ 爱德华·霍列特·卡尔：《历史是什么?》，第22~23页。
④ 爱德华·霍列特·卡尔：《历史是什么?》，第28页。

年鉴学派的布罗代尔也认为，"历史学家和社会学家很可能在死材料和活见证、遥远的过去和切近的现时等问题上永远互相踢皮球。我以为这不是主要问题。现时和过去应该互为说明"。① 美国学者多米尼克·拉卡普拉则从另外一个侧面说明了"过去"与"现在"各自在历史中的地位及其关系，并论证说："必须毫无疑问地承认过去有它自己的声音，而这些声音必须得到尊重，尤其当它们抵制我们加在它们头上的解释的时候更是这样。一篇史学作品是一张抵制之网，而一个对话则是一种双向关系；一个好的读者同时也是一个专心致志而耐心的听众。"② 那么对历史学家而言，怎样才能使反映过去无序的史料和现在有序的叙述以及将来的不确定性之间的关系并且在其中建立联系呢？从上面那段话语中，似乎能够体会拉卡普拉的观点：历史学家的任务就是创造一种"对话"环境，在此氛围中，过去有权对现在进行挑战，有权拒绝今人或历史的解释者把古人或过去的历史纳入自己的解释框架的企图，谋求在公平和客观的"对话"中——通过历史学家的著作文本媒介，建立起无序的史料和有序的叙述之间有机连续性的逻辑联系。

其实，对"过去"与"现在"之间辩证关系的重视，在经典马克思主义者那里已经得到充分体现。在马克思和恩格斯看来，一定社会成员是按照他们自己的利益去行动，"历史不过是追求着自己目的的人的活动而已"。而且，"在社会历史领域内进行活动的，全是具有意识的、经过思虑或凭激情行为的、追求某种目的的人；任何事情的发生都不是没有自觉的意图，没有预期的目的的……历史进程是受内在的一般规律支配的"。③ 然而，这种具备鲜明目的性的社会行为必须依赖于过去历史具体情况的确定性。马克思相当明确地指出了这一点："人类始终只提出自己能够解决的任务，因为只要仔细考察就可以发现，任务本身，只有在解决它的物质条件已经存在或至少是在形成过程中的时候，才会产生。"④ 其所指已经存在或正在形成过程中的物质条件，就是"过去的历史条件"。后来马克思更鲜明地强调："人们自己创造自己的历史，但是他们并不是随心所欲地创造，并不是在他们自己选定的条件下创造，而是在直接碰到的、既定

① 费尔南·布罗代尔：《资本主义论丛》，顾良、张慧君译，中央编译出版社，1997，第187页。
② D. Lacapra, *Rethinking Intellectual History*, New York 1984, p. 64.
③ 《马克思恩格斯选集》（第4卷），人民出版社，1995，第247页。
④ 《马克思恩格斯选集》（第2卷），人民出版社，1995，第33页。

的、从过去继承下来的条件下创造。"① 因此，关于有目的的活动及其实现条件的假设，放到过去与现在关系中，说明马克思主义者强调作为历史主体的人和作为历史认识主体的历史学家的主观能动性，实质上这就是马克思和恩格斯在历史认识问题上关于过去与现在关系的基本理论和思想取向。

无论是资产阶级历史学家所持的"对话"理念，还是马克思主义所强调的"能动"学说，在过去与现在关系问题上，这些代表人物的反映论和理论观点都给霍布斯鲍姆关于过去与现在问题的思考带来有益启发。同样，霍布斯鲍姆认为大多数传统历史学家由于根本上不重视历史认识主体的历史主观能动作用，不但对过去与现在的关系总是视而不见，反而活生生地割裂两者的内在关系。他主张要把作为历史认识主体的历史学家长期以来从只知道被动地从故纸堆里搜集资料与考订资料的活动过程，从而对历史加以描述的繁杂环节过程中解放出来，自觉地通过一定的历史思维方式和认识方式手段，与历史认识对象即历史认识客体形成一种互动关系，参与历史学的构建过程。他强调应该确定历史学家的主体性地位，因为历史研究在他看来无疑是根据可靠资料对过去进行重构的思维过程，历史学家总会从现在出发，以自己的价值观念与史学观念为基础，带着自己对历史的看法与成见，形成对历史的连续性和继承性的理解与解释。这样，在以现在和过去为两个历史认识环节的历史认识过程的链条上，历史学家作为认识主体的作用是显而易见的，正是由于历史学家这个联结点，历史阶段和过程发展的有机联系才得以重新生成，只要历史认识主体正确发挥自身主体能动性作用，那么现在和过去客观上的固有历史继承性联系也就得以揭示。布洛赫就说，唯独历史认识上的这种联系才能解释"各时代的统一性是如此紧密，古今之间的关系是双向的。对现实的曲解必定源于对历史的无知；而对现实一无所知的人，要了解历史也必定是徒劳无功的"。② 作为历史学家，不仅仅要看到现在与过去之间客观上的联系，还要看到这种主观认识上的联系。在这点上，霍布斯鲍姆与年鉴学派的创始人是默契的和一致的。

霍布斯鲍姆关于过去与现在关系的历史认识论思想，既是对经典马克思主义者基本思想的继承，又是在非马克思主义者相关观念基础上的一种

---

① 《马克思恩格斯选集》（第 1 卷），人民出版社，1995，第 585 页。
② 马克·布洛赫：《历史学家的技艺》，张和声、程郁译，上海社会科学院出版社，1992，第 36 页。

理论反思。在历史认识和史学实践中，作为新社会史家的霍布斯鲍姆则把社会史研究看做现代历史学家对"过去"的理解，并以"现在"为基础对以往社会历史进行重构，而在重构社会历史的时候，他总是以人为中心，同时又尊重"过去"的历史合法性地位，而不能随意篡改"过去"。正如布洛赫所言："从本质上看，历史学的对象是人。还是让我们把它称为'人类'吧。复数比单数更便于抽象，相对而言，复数的语法形态更适用于一门研究变化的科学。地形特征、工具和机器、似乎是最正式的文献、似乎是与其缔造者完全脱离的制度，而在所有这些东西背后的是人类。"① 历史研究要体现"现在"和"过去"的有机对话，可以客观明确地表述为现在的人（历史学家）与过去的人（研究对象）的思想对话。总体上，在霍布斯鲍姆看来，历史学家的任务不是仅仅发现过去而是解释过去，而且在解释过去的时候合理地说明它与现在的联系，从而获得接近历史客观存在的客观认识。这也是他著述《论历史》一书的基本主题。

我们可以用卡尔所说的一段话作为本节的结束："20 世纪 20 年代的历史学家，跟 19 世纪 80 年代的历史学家比起来，要更接近于客观的判断，而今天的历史学家又比 20 年代的历史学家要接近些，纪元两千年时候的历史学家可能会更加接近些。这就说明了我的命题：历史中的客观性不依靠、也不可能依靠在将来积累起来的、随着历史前进的过程而演变的一种标准。只有当历史在过去与未来之间建立起有联贯的关系时，它才获得意义与客观性。"② 这种联系的建立，唯有依靠具有主观能动性的作为历史认识主体的历史学家，在人类命运的终极关怀和现实视野的前提下，通过自身的史学研究实践来逐渐完成。

第二节　历史认识、历史预测与
历史学的社会功能

历史认识、历史解释或者历史研究是人类社会思想认识实践的一种必要思维方式和重要认知结构形式，历史学的最大社会功能就是具有现实指导意义和历史的训诫作用，接近"历史的客观存在"的历史研究成果或历史认识成果具有指导人们社会实践的现实意义。历史学家对未来进行必要的预测是实现历史学这种社会功能的一种途径，作为历史认识和史学认

---

① 马克·布洛赫：《历史学家的技艺》，第 23 页。
② 爱德华·霍列特·卡尔：《历史是什么?》，第 142 页。

识的重要方式之一，历史预测或史学预测本身也是历史学功能的体现，但它必须建立在接近客观的历史认识过程基础之上。当然，对未来进行必要的预测使之服务于社会现实本身就是一个复杂的系统过程。通常说来，任何史学思想家必须具有洞见社会历史现象实质或历史表象内质的眼光，也应该具备预见未来社会历史发展的普遍能力和基本构想。基于史学研究的社会功能思考，在关于未来的预测问题上，霍布斯鲍姆提出了一些独特的看法，体现了特定的史学思想内涵。

一　历史认识的实践价值和历史学的预测功能

霍布斯鲍姆在多种场合谈论和诠释了历史研究中有关未来的预测问题。1981 年他在伦敦经济学院举办的一次纪念英国皇家学会著名社会科学家大卫·格拉斯演讲会上，宣读了一篇题为《祈盼：历史与未来》的论文。[①] 文章指出："在某种程度上，对未来进行一番预测，不但合乎需要，而且也是可能的，甚至是必须的。纵然如此，这并不意味着未来就是被决定的，或必定是可知的。它并不意味着不存在可供选择的选择机会或后果，而且更不是说预测就一定是对的。我铭记于内心的问题是：能在多大程度上进行预测？预测什么？如何才能提高预测的准确性？以及历史学家在哪里适合运用预测？由于理论与实践的原因，即使任何人都能回答这些问题，还存在许多关于未来的问题我们一无所知，但至少我们可以更有效地集中我们的精力努力预测未来。"[②] 霍布斯鲍姆对于未来的预测是建立在一种基本的社会历史发展的逻辑基础之上，即人类社会历史是呈现过去、现在和未来组成的连续性发展特征的，在一定范围内，特定的过去必然塑造特定的现在，一定的现实都是一定历史的产物，当历史认识主体把过去与现在、历史与现实联系起来加以双向考察时（即一方面通过了解历史来认识现实，另一方面又通过认识现在而加深对过去的理解），才能在某种程度上对过去的历史进行合理和科学的评价，在此基础上对人类历史发展的前途或未来做出恰当的预测。

人们预测未来的行为也是一种历史认识活动，实际上就是在理解过去、现在与将来的关系基础上，在历史发展过程中寻找同一性或连续性的基本根源，从而寻找展望未来的有关线索问题的思维活动。卡尔分析认

---

① 这篇文章首先分别在《伦敦经济学院论文集》与《新左派评论》1981 年 2 月第 125 期第 3～19 页上发表，后有所删改并收录到《论历史》论文集。

② E. J. Hobsbawm, "Looking forward: History and the Future", in *On History*, p. 39.

为："好的历史学家，不管他们想不想到这一点，他们都要确信将来。除开'为什么？'这个问题之外，历史学家还要问另一个问题：往何处去？"① 在卡尔看来，在预测未来的时候，历史学家通过两个环节把过去、现在和未来有机地结合起来。首先探讨过去与现在的关系问题，再者思考历史往何处去？探索现在与将来的关系问题，由此涉及历史的发展方向与历史进步性的问题。显然，作为马克思主义历史学家，霍布斯鲍姆在这点上持同样的看法："过去、现在和未来都是同一个连续体的组成部分，因而，历史学家们的看法也可能成为对未来的预言和建议。"② 历史研究的题材是过去，更主要"由于经常面临过去、现在和将来，以学识、记忆和经验为基础的那些压倒多数的大部分有意识的人类行为就组成了一个巨大的结构。人们情不自禁地就试图通过理解过去的某种表达方式去预测未来"。③ 不过，这里他强调进行人类社会历史结构分析基础上，进行更为理性的历史认识思维，从而认识过去与现在之间的关系，寻找社会历史的生命力和人类未来的发展方向。

因而，"作为一名历史学家，我总是关注未来——不管是作为已经超越了过去历史的未来，还是作为将要超越过去和现在的连续体的未来而言"。④ 霍布斯鲍姆认为，历史学家对未来的预测必须建立在过去的知识基础上，因为"与一个更遥远的过去相比，它们的未来必然会成为现在或一个更近的过去"。⑤ 而且只有当未来的事件与过去的事件之间存在着某种必然内在因果联系的时候，历史学家才能够通过揭示过去那些重要事件的基本要素，最终鉴别这些事件的发展趋势与存在的问题。对事件发展趋势的预测如此，对社会历史发展趋势进行预测也是如此。

新千年之际，当意大利记者恳请他以一位职业历史学家的身份，从过去与未来的结合点——20世纪开始，对新千年的总体发展趋势进行预测与展望时，霍布斯鲍姆依然表达了同样的观点：从理论上讲，历史学家可以也能够以过去的知识为基础，对未来进行预测，而它的基本着眼点就是人类社会历史发展的结构趋势与客观规律性。不过对预测行为应持更加谨慎的态度："不论在实践中，还是在理论上，我们都需要懂得未来的许多

---

① 爱德华·霍列特·卡尔：《历史是什么？》，第117页。

② E. J. Hobsbawm, "Historians and Economists: I", in *On History*, p. 97.

③ E. J. Hobsbawm, "Looking forward: History and the Future", in *On History*, p. 38.

④ E. J. Hobsbawm, "Historians and Economists: I", in *On History*, p. 108.

⑤ E. J. Hobsbawm, "Looking forward: History and the Future", in *On History*, p. 43.

事件是完全不可预测的。"① 另外，在霍布斯鲍姆看来，在历史研究过程
中，对历史的未来进行预测存在一定的风险，或者说有其局限性，因为未
来有着确定和不确定两重性，这也是为什么许多历史学家对预测的功能持
怀疑态度的原因，即使承认历史研究对未来的预测功能的必要性和可能性
的马克思主义历史学家，也不能保证历史预测的完全准确性。因为对历史
预测会受到许多因素的干扰。正因为如此，更具体地从霍布斯鲍姆的分析
看来，不管人类有计划的预测多么有效和多么能起作用，预测者的做法及
其后果有时是令人沮丧的，他们的预测所以存在着很大的局限性，主要是
因为人们有限的知识认识能力和历史预测能力，加上被预测对象自身复杂
的多种因素影响以及许多不可预测性事物的存在（从宏观上讲，如对人
类社会历史进程的预测，既充满着可预测性又布满了预测的认知困境），
导致人们在预测未来时陷入一种尴尬的境地：在获得有限的和可能正确的
预测结果的同时，却冒着大量潜在的可能是错误预测结果的风险。然而，
他认为历史预测之可错误性和不确定性不应该完全挫败历史学家对未来进
行预测的信念和信心。

历史学家需要更好地发挥史学认识的社会功能，提高历史预测的技术
水平不失为基本要求和重要途径，这涉及历史研究和史学判断的诸多环
节。针对如何提高历史学家的预测能力或准确性，霍布斯鲍姆并没有提出
更多具体技术方法，只是非常强调："最基本的一点是，我们必须非常谨
慎地区分建立在分析基础上的预测和基于愿望的预言。"例如，"在马克
思关于资本主义积累的历史趋势的著名论断中，依靠不同的历史—理论分
析，他提出关于通过'资本主义生产自身的内在法则'来没收个人资本
主义财产的预测，他还预言无产阶级作为一个阶级将必然成为'剥夺者
的剥夺者'。这两个预言，虽相互联系却并不一致，而且事实上我们可能
接受第一个而不会接受第二个预言。"② 按照他的论证，第二种预测是建
立在良好的愿望基础上，而诸如无产阶级成为资本主义的掘墓人那样的历
史预测，却只是一个关于未来的美好设想。这样他认为基于历史分析的预
测和基于一般愿望的预言有着本质的区别，也面临着不同的命运。检验历
史预测的正确与否的标准，并不在于人的主观态度和认识水平，而在于它
是否与历史发展方向一致，在于预测是否真正能够反映事物发展的未来趋

① 艾瑞克·霍布斯鲍姆、安东尼奥·波立陶：《霍布斯鲍姆：新千年访谈录·绪论》，第2
页。
② E. J. Hobsbawm, "Looking forward: History and the Future", in *On History*, pp. 40 - 41.

势，这实质上抓住了历史预测问题的要害和关键环节。总之，基于主观愿望和基于客观事实或过去知识为基础的预测虽然看似不可分离，也颇能使人误入迷津，但它们之间有着本质的区别。霍布斯鲍姆强调作为历史认识主体的历史学家应该从事奠基于客观事实综合分析和实证研究之上的历史认识与历史预测。

二　预测未来和社会改造：历史学与社会科学的功能差异

英国学者曾经从社会学角度对以科学本身为研究对象的科学学科体系进行了较为系统的研究，力图指出科学（主要指自然科学）在社会中所起的作用及所能够起到的作用，特别是其中关于科学和社会改造问题的论述，对本文的相关解释具有启示意义。针对科学如何改变社会问题，贝尔纳写道："科学通过它所促成的技术改革，不自觉地和间接地对社会产生作用，它还通过它思想的力量，直接地和自觉地对社会产生作用。人们接受了科学思想就等于是对人类现状的一种含蓄批判，而且还会开辟无止境地改善现状的可能性。"① 显然，作为科学史学家的贝尔纳，在此强调的是科学或科学思想作为一种改革力量，应该或如何发挥其全部社会效能问题。在我们看来，作为人文社会科学的历史学家，同科学家一样，也应该发展和传播史学思想（或科学思想）作为自己的神圣工作，借助各自的实践行为，推广学科的社会改造功能。从理论上说，预测未来也是历史学实现改造社会的一项重要史学实践，然而，问题在于现代历史学理论与史学实践都在很大程度上缺乏预见力，未来的历史学研究也很难产生某种具有准确与强力的蕴藏预见能力的史学理论。细致考察不难发现，这固然是由人文社会科学的性质所决定的。实际上，历史学属于缺乏准确预见能力的人文社会科学重要成员，而缺乏预见力是所有社会科学的一个基本特征。应该说，人文社会科学研究及其学科的重要功能主要是在力图准确地描述和缜密地解释社会历史事件、社会现实发展和时代变迁过程的基础上，尽可能地估计和预测未来发展方向。当然也应该指出，由于社会发展过程诸多的不确实因素，也没有必要因为人文社会科学理论家和实践家未能准确地预测到某个事物发展演变的确切状态，从而否定其可能具备的科学解释能力。这样或许就可以说，人文社会科学的解释作用是第一位的，其次就是其预测功能。因此，霍布斯鲍姆认为，无论在历史学研究还是在

① J. D. 贝尔纳：《科学的社会功能》，陈体芳译，广西师范大学出版社，2003，第 448～449 页。

社会科学研究领域中，预测行为都是非常普遍的。不管是历史学家还是其他社会科学家，只要论及人类历史的将来，就不可避免地要涉及预测行为，即历史认识与预测未来的综合分析。

历史学家和其他社会科学家的预测行为是两种并不完全一样的社会实践行为，其影响也便大不一样。霍布斯鲍姆通过实证分析发现，历史预测可以从两方面区分于任何其他形式的预测：一方面，历史学家和其他社会科学家关注与认识的对象不同，历史学关注的对象归根到底是现实的人类世界，而其他社会科学则更注重具体的领域，因而预测的方法也就根本不同。对历史学家来说，不存在一个空想虚构的世界性实验场所，以便他可以据此构建经济学中那种市场价格与金融货币供给之间必然的可预测性联系机制。历史学家是通过抽象的定义来关注复杂的和正在变化的社会整体，在严密的社会结构中选出特定的一些组成部分，并通过这些结构进行趋势和特征的预测与估量；另一方面，与其他社会科学不同，对历史学家来说，特别是史学理论家并不关心预测的结果是否能够得到检验。他们的许多预测往往数代时间内都不能得到证明，因为历史从最根本上说是研究跨时代的复杂社会变革。不管预测要不要经受检验，预测行为都会自然地从关于社会的过去、现在和未来这个连续统一体的阐述中冒出来，只要这种陈述涉及未来，那么预测就是认识社会历史的一个重要环节。① 在这种意义上，霍布斯鲍姆所主张的历史学家进行预测性历史认识或预测未来的行为，实际上是一个复杂而具体的历史研究和历史逻辑思维过程，它本身就是认识历史客观存在的一个重要环节。

霍布斯鲍姆还通过分析历史学的预测功能，从而强调历史学的学科地位，通过指出历史研究过程中历史预测与其他社会科学中预测行为之间的差异，来突出历史学的社会改造功能。值得指出的是，他认为历史学的预测更大程度上是涉及回顾性的预测，也可称之为事后的认识。只要回顾过去，历史学家就经常在预测。在他看来，事后的史学认识与预测者及其预测行为本身息息相关，它们在本质上是一致的。它们的基础不仅仅在于各种各样有助于指导现实的大量积累起来的实际历史经验，而且还依赖于过去预测性记载的可靠性保证。回顾性的预测可通过与实际实践活动进行对比得到检验。因此，一般而言，历史学家对历史的回顾性预测，是借助两种方式实现的："通过概括的方法来预测趋势，或者称之为制造模型的方

---

① See, E. J. Hobsbawm, "Looking forward: History and the Future", in *On History*, pp. 42 - 43.

法；或者通过一系列的分析途径对实际事件或后果进行预测。如对英国经济的持续衰退进行预测属于第一种途径，预测撒切尔夫人政府的未来则属于第二种情况的例子。预测比如俄国的或者伊朗的革命（对这种革命我们只知道一种情况，却还不了解其他情况）则是结合使用了两种方法。"①依据霍布斯鲍姆的史学理解，预测社会历史整体发展趋势比预测具体的某一事件发生的时间和发展的方向更容易些。因为，人们或许知道按照某种趋势有可能会发生什么结果，但却难于知道什么时候发生。当然，有些这样的预测结果的实际发生进程比大多数观察者所预料到的和期望的进程要慢，而有些则比所期望发生的时间要快些，而另一些则比它被预测的时间或更快或更慢些，这只是时间上的差异，而不涉及预测行为本身的性质问题。所以，"'将会发生什么的问题'是一个方法论上的问题，它与'何时发生'的问题有着明显的不同"。② 就预测的结果或准确性来说，历史学家一般倾向于预测"将会发生什么"而不侧重"何时发生"。这也是建立在正确的历史认识基础上的历史预测的价值所在。其实，关于这点，中国学者也颇有同感，得出了相似的史学认识："历史学没有任何理由过分扩张自己的功能。历史学应该高度关注现实，善于从现实中不断汲取对社会和人生的体验，并以历史的智慧为人们正确把握社会发展提供某种（有限的而不是无限的）帮助。但当由历史进而预测未来时，则需要十分地克制。"③

　　由此霍布斯鲍姆进一步分析认为，历史学家有责任尽可能地对历史的未来进程和人类命运做恰如其分的展望，而对社会发展趋势进行预测的主要任务更多地只能由历史学家和历史学科来承担。历史学家的预测能够对人类的未来发展提供方向性的指导，不借助于历史科学研究来预测社会发展的方向和个人发展的方向，在全球化时代、信息化时代和高科技时代就会迷失前进的路标与实践的方向。因此，"历史学家像其他人一样，有权利为人类设想一个充满希望的未来并为这种未来奋斗，而且当他们发现历史看起来好像按他们设想的历史本来道路发展时，他们有权感到高兴……历史学家的责任是发现我们从哪里来的或我们将走向何方，作为一门职业它不应该因为我们是否喜欢预期的结果而受到影响"。④

① E. J. Hobsbawm, "Looking forward: History and the Future", in *On History*, p. 44.
② E. J. Hobsbawm, "Looking forward: History and the Future", in *On History*, p. 50.
③ 王家范：《解读历史的沉重——评弗兰克的〈白银资本〉》，《史林》2000年第4期。
④ E. J. Hobsbawm, "Looking forward: History and the Future", in *On History*, p. 54.

　　值得指出的是，霍布斯鲍姆也试图进一步阐明，历史学家在史学研究时可以也应该对未来进行预测，但却不是未卜先知的预言家。"虽然对任何想把他们的行为和计划建立在比超人的见解、占星术或唯意志论更好的形式基础之上的人来说，历史知识和历史理解是基本的，但考察人类历史演变踪迹的目的并不是准确预测未来会发生什么事情。比如，历史学家以绝对的自信所能告诉我们关于一种赛马的唯一结果只是已经比赛的事实。因此，历史学不能为我们的希望——或者恐惧——为人类的命运发现或设计合理性……历史学都不是一种世俗的末世学（引者注：研究死、末日审判、天堂和地狱等）。我们能够把对事物的理解强行塞进历史之中，但我们却不能从中引申出真实的历史来"。[1] 这对任何人文科学家来说都是一样，因为"一个人文科学家可以成为有远见的人，但不是'先知'"。[2] 所有这些都说明，对于人类社会的发展史，虽然其中不乏预测性的趋势要研究，但历史学绝不是现代末世学，历史学家也不能随意操纵人类社会发展的未来，历史学家只是在一定意义上对未来做出自己的恰当判断，而这种判断还会受到各式各样复杂的因素的干扰与影响，导致判断的结果出现意想不到的偏差。

　　关于"极端的年代"的独特理解和史学预测，霍布斯鲍姆就认为，面临 20 世纪行将结束之际，由于错综复杂的因素，"没有人能够确切地明白接下来未来的阶段人类命运将会如何，第三个千年纪元又将以何种面貌出现；虽然人们可以断定它的基本情形必然是在短暂 20 世纪的影响下塑造成形"。但是，对于 20 世纪的历史学家来说，"尽管可以鉴往知来，据以过去的了解，揣测不可知的未来，但他们毕竟不是赛马场上的刺探，可以未卜先知地预测下一世纪的事态。历史学家敢于据以分析的战况，更多的是那些胜负早已明了的赛事"。[3] 正因为这样，在预测和展望 21 世纪人类社会未来历史的发展方向时，他表现出两种截然不同的心态：其一，对于人类未来发展的细节，历史学家除了希望或恐惧，只有茫然无知和惶惑不确，因为人类社会发展历程"能够确证的人们早已心存疑虑的事实就是，历史——除了其他或更重要的事情以外——乃是人类罪恶和愚行的记

---

① E. J. Hobsbawm, "What Can History Tell Us about Contemporary Society"？in On History, p. 30.

② 赫苏斯·加西亚·马林：《马克思、马克思主义和总体历史学——皮埃尔·维拉尔教授访问记》，《国外社会科学动态》1983 年第 9 期，第 25 页。

③ Eric Hobsbawm. The Age of Extremes：A History of the World, 1914 - 1991, p. 5.

录。预言对于人类未来没有任何帮助"。① 其二，对于前途未卜的人类命运及其走向，历史学家可以确认的是，"隐藏在人类无知和对于详细结果的不确定性这种不透明云雾背后，是那股塑造了 20 世纪的历史力量，它仍将继续起作用"。然而似乎同样显而易见的是，"人类若想要获得一个明晰的未来，绝不会是等着依靠过去或现在的延续达到"，而且它需要经历社会的重大变革。② 需要指出的是，如果按照霍布斯鲍姆的预测逻辑进行分析，面对当今世界未来的不确定命运，作为历史认识主体的预测显然苍白无力，并不是历史预测的功能出了问题，而是预测的对象发生了变化，史学预测的运行机制没有很好地把握。那么，人们的预测行为应该根据不断变化的预测对象的情况进行微调，这样才能避免预测错误的危险和对历史的滥用。

霍布斯鲍姆晚年的史学著作更多地关注世界的未来，为人类的未卜前途或摇摆不定的未来命运而深切焦虑，但总体上对人类历史的发展既忧虑重重又心怀美好的愿望。这方面代表性的著作就是他最近出版的《处于新世纪的边缘》③（即中译本《霍布斯鲍姆新千年访谈录》）等书。我们赞同这样的基本评价："不管我们是否赞成霍布斯鲍姆对历史的评判或我们是否欣赏他对未来的担忧，他的声音仍然是响亮的和清晰的。"④

就历史认识论角度看，关于历史认识与预测未来之间关系的观点，反映了霍布斯鲍姆对历史与历史学自身的思考是深刻而富有哲理的，充分表明了他对人类社会历史发展过程认识的深度，也表现了马克思主义史学家霍布斯鲍姆的史学忧患意识，同时也折射出史学研究和史学思想中的生命意识与现实价值，而霍布斯鲍姆的史学忧患意识和现实关怀问题则是后面相关章节需要继续考察的内容。

---

① Eric Hobsbawm. *The Age of Extremes：A History of the World，1914 – 1991*，p. 584.

② Eric Hobsbawm. *The Age of Extremes：A History of the World，1914 – 1991*，p. 585.

③ See，E. J. Hobsbawm，*On the Edge of the New Century*，The New Press（New York）2000.

④ Geoffrey G. Field，"A 'Man In Dark Times'：HobsbawmonHistory"，http：//www. culture-front. org/culturefront/magazine/98/summer/article. 17. html.

第四章 历史方法论：历史证据、历史学和社会科学

一般来说，对历史方法论范畴存在着两种理解。一是，所谓的历史方法论就是指史学研究和编纂方法，即史学方法，它指历史学家在通过批判地鉴定史料信息基础上，对如何编纂历史著作，思考用什么样的方法或反思怎样向外输出传递研究成果，借助于一定文本载体来表现特定的史学观念和历史价值观。按此说法，霍布斯鲍姆没有专文概说或专著论述史学方法，但从他丰富多元的历史著作中，或能窥见其历史方法论之一般内涵。二是，从更广泛意义上理解历史方法论，它指包括据以认识历史客观存在的史料性质、解释历史的普遍哲学观念或理论方法，以及用以阐明叙述历史的基本原则等方面的分析，也涉及历史学与其他相关社会科学关系问题的看法。① 在这个角度上看，霍布斯鲍姆史学思想中确实包含了丰富的历史方法论的基本范畴、合理因素和特质论点。

第一节 历史方法论的分析前提

霍布斯鲍姆的历史方法论基础或分析前提就是马克思主义的科学方法论。他在《马克思主义史》第 1 卷的导言中写道："'迄今为止，哲学家只是解释世界，而问题在于改造世界'。马克思主义，作为现代世界历史上最具有实践影响力（或者说具有深厚的实践根基）的理论学派，它既是一种解释世界的有力手段，又是改造世界的有力方法，那么我们在撰写马克思主义的历史时也应该遵循同样的原则。"② 他强调不仅要研究马克思主义（从马克思主义的诞生开始）思想的发展史，而且要研究受此思

---

① 关于历史方法论的理解与界定，可参见各种史学大辞典的相关词条。如蒋大椿、陈启能主编《史学理论大辞典》，安徽教育出版社，2000，第 458 页。

② E. J. Hobsbawm, "Preface", in *The History of Marxism*, *Volume 1*: *Marxism in Marx's Day*, The Harvester Press (Brighton) 1982, pp. vii-viii.

想体系影响的现实社会历史运动的过程及其意义，① 用以指导工人运动的实践。早在1969年，他就著文指明，"我只能坚持我的信念，那就是马克思的方法仍然是能够保证我们解释整个人类历史运动过程的唯一方法，也成为我们讨论现代问题的最富有成效的出发点"。② 这种把马克思主义当做一种解释世界与改造世界科学方法的态度是十分可取的。总体上，这既是他在负责编著《马克思主义》这套丛书的总体方法论原则，也成为他进行具体的史学研究的方法论基础，其目的就是建立与完善马克思主义历史学。

历史唯物主义方法是马克思主义历史理论方法的核心内容，霍布斯鲍姆对马克思的历史唯物主义方法具有深刻的理解，并认真地分析道："马克思的方法首先包括两个方面：第一，通过人类社会生产（或再生产）方式的变革，它提供了一个历史转变的基本结构模式，在这种生产（或再生产）方式中，人们处于各种各样的社会关系之中，这种生产关系与某一物质生产力的发展的一定阶段相一致，虽然它们之间时而发生冲突。第二，它为人类的其他社会活动（即马克思称之为'上层建筑'或特有'社会意识形式'）同社会的经济结构之间彼此的关系提供了一种解释模式……马克思的方法还包含了第三个方面，即有意识的人类活动与不以人的意志为转移的历史变革之间的关系。"③ 在霍布斯鲍姆看来，最后一个方面说明，马克思所关心的主要是建立不以人类意志和人类意愿行为为转移的普遍意义上长时段历史发展模式，即社会历史发展的结构关系。不过，虽然他注意到了这种独特关系，却暂时没有详尽阐述这种关系的内

---

① 霍布斯鲍姆《卡尔·马克思和英国工人运动》一文是运用这种历史研究的科学方法的典型例子。文章不但主要考察了马克思有关英国工人运动思想的历史，还分析了英国工人运动在某一阶段实际发展的历程。霍布斯鲍非常现实地分析和指出，马克思和英国劳工运动之间的关系是：一方面，马克思关于英国工人运动的思想对英国工人运动的发展有贡献；另一方面，这种贡献的重要性并没有达到后来的马克思主义者所期望的程度。关键是19世纪50、60年代到70、80年代工人运动的现实条件发生了变化，因为1848年欧洲革命失败后，尤其是60、70年代革命条件并不成熟，所以马克思和恩格斯对英国工人运动的期望过高，造成英国马克思主义者领导的工人运动所犯"左"或"右"倾失误也就越大。直到恩格斯去世之前，国际工运条件再次成熟前，英国工人运动也没有达到他们朴实的最初目标。See, E. J. Hobsbawm, "Karl Marxand the British Labour Movement", in *Revolutionaries*：*Contemporary Essays*, Weidenfeld & Nicolson（London）1973, pp. 95–108.

② E. J. Hobsbawm, "What Do Historians Owe to Karl Marx"? in *On History*, The New Press（New York）1997, p. 155.

③ E. J. Hobsbawm, "The Contribution of History to Social Science", *International Social Science Journal*, Vol. xxxiii, No. 4, 1981, p. 631.

质，这种模式本质上与社会科学，特别是那些涉及政策规则的社会科学具有直接联系。应该说，正是社会结构的历史模式，成为历史学与其他社会科学可以相互影响相互促进的直接对话平台和方法论基础。

"历史科学"对于理解马克思、恩格斯的社会历史思想来说是具有全局性的重要观念。马克思、恩格斯曾经反复强调："我们仅仅知道一门唯一的科学，即历史科学。历史可以从两方面来考察，可以把它划分为自然史和人类史。"① 通常认为，这其中的含义主要有二：一是基于自然科学、社会科学和人文科学意义区分上的学科划分，一是基于唯物史观基础上科学研究原则与方法意义的统一。② 实际上，对长期以来的学术界而言，这个貌似独断的命题，往往被看做是引起中西学术界关于历史学是否属于科学性质争论的起点。时至今日，中西史学界对历史学性质的论说仍然众说纷纭而没有定论。在此，我们并不打算重新涉及这种争辩难题。从历史学和其他社会科学的方法论基础上来说，霍布斯鲍姆也曾经指出，从理论上来说，历史学与其他社会科学之间存在着一种相互融合又相互分离的关系（对此，后文将详细论说），但是，"它好比把历史的货物分别装进一系列互不相通的容器中。我认为并没有什么经济史、社会史、人类学史或是精神分析史：只有一门历史学"。③ 需要指出的是，按照霍布斯鲍姆的理解，马克思、恩格斯此言并非指具体的历史学性质为何，其实际上主要寓意和暗示了一种科学的研究方法，把关于世界上任何事物的观察研究，根本上都视为历史的一种发展过程的分析方法，即历史唯物主义的方法。它在科学研究中被广泛接受，20 世纪社会科学普遍历史化的趋势即是一个证明。就人类已经建立的社会制度而言，霍布斯鲍姆认为，历史无法排除意识、文化以及有计划或目的性社会行为的影响，因此"马克思主义是研究历史的最好方法，因为比起其他方法来说，马克思主义更清楚地意识到，人类作为历史主体和历史创造者，哪些事情他们能够做到，也明确认识到，人类作为历史客体（引者注：历史认识的对象），他们所不能做哪些事情"。④ 也就是说，作为一种科学的社会历史观，马克思主义能够提供分析问题与解决问题的方法论原则。作为认知社会学和社会学方法论的开创者，基于经济基础与上层建筑相互关系问题的思考，马克思运用自己独特

---

① 《马克思恩格斯全集》（第 3 卷），人民出版社，1960，第 20 页注 1。
② 参见沈湘平《马克思、恩格斯的"历史科学"观念》，《中国社会科学院院报》2005 年 9 月 8 日。
③ E. J. Hobsbawm, "Has History Made Progress"? in *On History*, p. 66.
④ E. J. Hobsbawm, "Has History Made Progress"? in *On History*, p. 65.

的思维和分析，进一步提出和开创性发展了有关历史学家自身思想始终受到其社会存在影响的理论成果。但在霍布斯鲍姆的社会历史理论思维中，关于如何看待马克思的方法，霍布斯鲍姆"并不认为'马克思总是正确的'，虽然马克思的方法是最富有成效的"。而且强调在运用历史进化论的观点解释历史发展过程时，"还有两点值得注意：其一，大多数其他那样的观点现在不再具有影响；其二，马克思主义历史学的那些方法，不管有没有糅合那些接受马克思的问题但又试图提出有助于改变结果的其他历史学家和社会学家的反思方法，它依然保持着对当代历史学最强有力的影响。当然这并不意味着在这种普遍方法内就不可能得到各种不同的答案"。[①] 凡此种种说明，对于马克思主义的基本态度应该是：马克思主义历史学的方法依然具有强大的生命力，只是马克思主义史学方法并非生搬硬套的教条，它更主要地是个总的方法论原则。

　　霍布斯鲍姆治史动机、解释历史和史学研究的方法与路径，大体上与一般马克思主义历史学家并无二致，一方面试图对社会历史各个方面进行分门别类的深入研究；另一方面又希望对研究的内容进行高度的综合叙述。但他更成功有效地把马克思主义的历史唯物主义方法看成解释全部人类历史的唯一科学的方法，或者说历史唯物主义史学方法论，依靠历史唯物主义的方法来分辨和阐述各种复杂社会现象所赖以存在的社会机制内部的相互关系，其历史方法论的主要特征就是借鉴相关社会科学学科的理论模式和方法概念，采用跨学科研究的方法，把握社会历史的总体，撰写整体社会史，这未必不能够说是一种新的理论发现。在具体的史学实践中，他善于用一套行之有效的具体操作方法，在具体的历史研究实践与历史理论的结合过程中，以实践来检验理论，并在新的研究中丰富与发展、修正与提升原有的结论。

　　以马克思主义历史分期理论分析与实践应用为例，对历史进行分期研究是马克思主义传统方法，霍布斯鲍姆在此基础上开创了一种独特的历史分期理论与研究方法。20 世纪 40、50 年代期间，西方史学界许多马克思主义史学家都涉猎到那场有关由封建主义向资本主义过渡问题的讨论，实际上是关于世界历史的分期问题的理论实践论争。[②] 霍布斯鲍姆积极参与

---

① E. J. Hobsbawm, "The Contribution of History to Social Science", *International Social Science Journal*, Vol. xxxiii, No. 4, 1981, pp. 630 – 631.

② See, Rodney Hilton, "Introduction", in *The Transition from Feudalism to Capitalism*, Version (London) 1987, pp. 9 – 29.

这种争辩，认为社会经济的发展从封建制度向资本主义制度过渡期间，可以划分为六个阶段：（1）从西罗马帝国的灭亡到 10 世纪的时代；（2）中古时代的封建社会盛期；（3）13 世纪到 14 世纪封建社会的危机时代；（4）早期资本主义时代；（5）17 世纪的危机时期；（6）资本主义社会的真正胜利时代。① 这样的历史分期理论在学术界产生了重要影响。当然，霍布斯鲍姆认为自己的这种观点只是一家之见，他也深知理解社会的变迁应建立在具体的研究与事实的论证基础之上，分期理论并不是也不可能是单纯固化公式，他早已承认"运用一种普遍性的趋势来说明由封建制度向资本主义社会的过渡，目前显然是深受怀疑的"。也就是说，封建主义向资本主义社会过渡的问题在当时并没有也难以得到圆满的历史解释和模式分析。② 然而，霍布斯鲍姆的观点却表明了其马克思主义传统历史理念的发展姿态和认知水平。

再有，霍布斯鲍姆把人类社会 20 世纪历史从 1914 年算到 1991 年，这种历史分期理论观点和实践分析方法确实引人注目。这种分期取向在学术界也造成了波澜不惊的反响。霍布斯鲍姆坦言 20 世纪历史是他花费五年时间一直思考的主题领域，当然 20 世纪人类社会的历史也是许多人都备感兴趣的主题，许多学者已经撰写或准备撰写多种多样的 20 世纪历史，不过，"我所感兴趣的这个时期结束于苏联解体的 1990 年代早期"。③ 当意大利记者对他进行新千年采访时，霍布斯鲍姆就为什么选择苏联解体事件作为新旧世纪分期标志问题给予了一种新的意义解释，并直言不讳地认为："挑选一个特定的日期是一种惯例，并不是历史学家所刻意追求的东西。"④ 在他看来，对历史进行分期与其说是一个个时代特征的分段表现形式，毋宁说是为了历史研究的叙述方便，人类历史发展犹如由过去、现

---

① E. J. Hobsbawm, "From Feudalism to Capitalism", *Marxism Today*, Vol. 6, No. 9 (Aug. 1962), p. 255.

② E. J. Hobsbawm, "From Feudalism to Capitalism", *Marxism Today*, Vol. 6, No. 9 (Aug. 1962), p. 255. 20 世纪 40、50 年代及 70 年代后期，西方史学界对于欧洲的封建主义向资本主义过渡问题曾经展开了两次国际学术讨论，中国学者认为讨论并没有很好地解释欧洲和英国从封建主义向资本主义过渡的问题。参见沈汉《近代英国农业的结构和性质问题：兼论从封建主义向资本主义过渡问题》，《史学理论研究》2007 年第 1 期，第 50～57 页。

③ "A life in writing: to criticize the future/by Genre Interview with EricHobsbawm", *The Guardian*, Saturday December 23, 2000. , See, http://www.books.guardian.co.uk/departments/history/story/0, 6000, 414796, 00. html.

④ 艾瑞克·霍布斯鲍姆、安东尼奥·波立陶：《霍布斯鲍姆：新千年访谈录》，殷雄、田培义译，新华出版社，2000，第 5 页。

在和未来组成的连续不断滚滚向前的长河，前一个时期与后一个时期很难说有严格的断裂标志。以至于他认为诸如苏联解体事件的影响虽然是巨大而持久的，但不能把它们看得太重，"如果我今天能够重新撰写《极端的年代》一书，那么我在预测资本主义经济在不远的将来突然在全世界扩张时，将会更加谨慎。"① 言下之意，即未必会以苏联的解体作为历史分期的标志和历史预测的起点。由此可见其灵活调整的研究态度和实事求是的学术立场。

需要顺便指出的是，一种合理的历史分期法对史学研究无疑具有重要的意义。卡尔有段名言："把历史分成若干时期并不是一种实际情况，而是一种必要的假设，或者思想工具。这种假设或工具只要能说明问题便能发生效力，而且是靠解释发生效力。"② 中国学者论及文学史研究历史分期的学术意义时也说道："历史是个流动着的时间过程，前后相连，永不止息。史家把这个没有间断的发展过程划分成若干段落，除了叙述的方便，主要还在于表达对诸如历史是如何发展演变的、什么是发生变异的动力和出现转折的原因，以及应该以什么事件作为不同阶段的主要标志关系全局的一系列课题的理解。因此，分期问题在建构文学史的框架格局中，同样具有深刻的学术意义。"③ 岂止如此，历史分期对史学研究及其意义表现更是这样，这也能表达霍布斯鲍姆关于历史分期理论实践的理论价值和学术意义。

霍布斯鲍姆的历史方法论到底主要关注什么？描述历史应该采取"艺术式"、"个别描述式"的方法，还是适用于"科学"式、"法则归纳"式的方法？自然科学、社会科学方法究竟能不能或在哪些范围内能够运用到历史研究领域？反之，历史学对其他社会科学又有什么贡献？诸如此类的问题，在西方史学界历来存在激烈的争论，包括许多学派之间或历史学家个体之间各种观念的冲突。中西史学界对此论述颇多，在此无须赘述。而从方法论上对历史学与社会科学之间关系问题的讨论，长期以来更是史学界争议最多的问题之一。实际上，关于历史学与社会科学之间关系的反思，最集中地体现了霍布斯鲍姆的历史方法论。本文以下试图从这个核心问题入手，探讨霍布斯鲍姆关于历史研究方法的价值及其对社会科学意义的思维向度，从而展现这位历史学家关于历史方法论的具体要求看

---

① 艾瑞克·霍布斯鲍姆、安东尼奥·波立陶：《霍布斯鲍姆：新千年访谈录》，第6页。

② 爱德华·霍列特·卡尔：《历史是什么？》，第62~63页。

③ 樊骏：《论文学史家王瑶》，《文学评论》1994年第5期，第56~57页。

法：历史学与社会科学的关系，历史的证据和历史学的研究方法对社会科学的方法论意义；历史学和社会科学与历史证据的关系。

第二节　历史学和社会科学

历史学家的史学思想研究可以从不同的视角切入，其中探讨历史学与社会科学的相互关系无疑是经常被注意的理论角度，能够体现史学理论分析的重要内容。本节主要从学科方法论的相互借鉴层面，论述霍布斯鲍姆对历史学与社会科学之间关系的理论认识。普遍而言，历史学家是在两层含义上来谈论历史学与社会科学的关系：一方面，为了澄清历史学与社会科学之间方法论上的区别，把历史学从人文社会科学群体中单独分离出来，使它与其他社会科学各自独立存在，并行发展；另一方面，为了说明历史学与社会科学之间的联系，又把历史学本身看成一门社会科学与其他社会科学相提并论，使之统属于社会科学群体，互补发展。霍布斯鲍姆大体上在两种意义上使用历史学与社会科学这组学科概念，并反思讨论它们之间的关系，他试图更直接探讨的是历史学既作为一门独立学科，也作为一种思想认识方式，与广义上的社会科学和社会文化背景之间的纷繁关系，但有时更侧重于第一个层面的细致论说。

一　历史学与社会科学关系的传统论争

笼统地说来，从 19 世纪历史学越来越专业化，并成为一门独立的或自主性学科以来，历史学家关于历史学与社会科学之间关系的传统争论，大致可分两类观点：一类历史学家认为历史学与社会（或其他任何）科学存在本质上或性质上的不同，因而否认历史学与社会科学有任何联系或有任何相关性。就学术论争而言，人们不可能剥夺那些持有这种观点的历史学家自称为历史学家的权力，况且他们的观点也颇有其思维价值而令人感兴趣，在此无意深探。另一类历史学家则认为历史学和社会科学在本质上没有鲜明的差别，它们的根本研究对象是一致的，都是研究具有思想意识和文化背景的社会动物（或者社会人群）和人类社会的发展状态或进化问题。基于此，历史学与社会科学是相互联系在一起的知识思想体系，而知识思想主体联结点就是作为历史认识主体（历史学家）和社会科学知识认识主体（社会科学家）等学科知识创建者，知识思想客体即学科纽带就是人类自身作为社会存在的演化和变迁，即人类社会历史的结构变迁。这样，历史学和社会科学在研究方法与主题思维方面，就存在许多值得相互借鉴的地方，特别是历史学对社会科学的发展产生了多方面的影响。年鉴派史学家就非常重视历史学与社会科学间的关系，比如"布洛赫不止一次地声称，历史学与社会学之间并没有真正的差别"。① 勒高夫也认为，历史学的发展"关键是要打破学科间的隔膜和区分，特别是在历史学和社会学之间"。② 正因为如此，在跨学科交流层面上看，"年鉴学派为法国树立了社会学和历史学相互交流的榜样"。③ 与年鉴学派历史学家一样，霍布斯鲍姆也是持后一种观念的典型代表，但其观点显得更为具体和立场鲜明。如早在 1975 年出版的《资本的年代》中，他就指出，"虽然从事学术研究的历史学家沿着做学问的路走，历史学却依然是新兴社会科学的主要组成部分。这一点在一派繁荣的语言学领域里尤为明显，用现在通行的术语，那时的语言学应该称作历史比较语言学"。④ 霍布斯鲍姆 1979 年在伦敦大学伯克贝克学院作了题为"历史学是否进步了"的学术演讲，结合历史学著述的演变历程和自己的研究领域，从历史学科发展史和历史撰述进步趋向的角度，试图阐述历史学与其他社会科学之间的复杂关系。⑤ 这都说明霍布斯鲍姆早就已经重视历史学和社会科学之间的关系问题。总体上，虽然历史学和社会科学在本质上没有鲜明的差异，但霍布斯鲍姆认为历史学还是具有不同于其他社会科学普遍意义上的独特人文社会科学学科特征。⑥ 关于历史学与社会科学关系的传统论争，预示着史学研究从传统理论视角向现代分析视阈的变换趋向。

---

① 杰弗里·巴勒克拉夫：《当代史学主要趋势》，杨豫译，上海译文出版社，1987，第 64 页。

② 雅克·勒高夫：《新史学》，顾良译，《史学理论》1987 年第 1 期，第 46 页。

③ 转引自杰弗里·巴勒克拉夫《当代史学主要趋势》，第 65 页。

④ 艾瑞克·霍布斯鲍姆：《资本的年代》，张晓华等译，江苏人民出版社，1999，第 360 页。

⑤ See, E. J. Hobsbawm, "Has History Made Progress"? in On History, pp. 56 – 70.

⑥ 在国外比如法国学术界，人文社会科学的学科分类几乎涉及人类的所有知识，分成三类领域：第一类，人文科学。包括考古学、史学史学、历史学及人类学等，主要是挖掘和寻求人类文化遗迹及其历史遗迹。第二类，社会科学。包括社会学、法学、政治学、经济学、管理学、地理学、建筑、城市规划等。第三类，语言、知识和创造类。包括语言学、新兴的认识科学以及文学、科学史和艺术创造等。主要任务是分析研究文化观念及其连续性和阶段性；了解和探讨人类文化发展史及其相关的认识；采用跨学科研究与传统研究相结合的方式，对新兴学科领域进行的研究。（参见丁玉灵等《法国人文社会科学现状与发展》，中国社会科学出版社，1999，第 108 页）当代中国学术界，一般地说，社会科学包括主要有法学、经济学、政治学、社会学、心理学等等一级学科；人文科学则主要指历史学、哲学、文学等基础性学科。值得指出，不管是中国还是国外学术界，人文科学与社会科学的划分是复杂性与多样性的统一。但具体的划分却并不一致和统一。不过，可以肯定，如果说人文科学与社会科学都是以人为中心，那么相对而言，人文科学更贴近于人，甚至可以说，是研究人本身及其相互关系的学科。

二　历史学对社会科学的方法论意义

在霍布斯鲍姆看来，历史学与社会科学之间虽然不是相互隔绝的性质对立，却存在学科表征和知识方法特征上的差异，它们之间既存在研究对象侧重点的不同又存在研究方法上的相互借鉴关系。虽然历史学和社会科学根本研究对象都集中于人之作为社会存在的演变和变迁问题，这是它们可以相互合作和相互影响的前提条件，但是它们之间还是存在着具体研究兴趣的不同和分析问题的方式方法之别，这又是它们可以相互借鉴各自的新观点和新见解之根据所在。

实际上，霍布斯鲍姆认为，历史学是一门研究人类社会历史发展的一个特殊领域的社会学科，历史学既注重普遍性也关心特殊性的研究，但它必然要甚至首先需要解释特殊性的问题。对历史学家来说，"正如马克思所认识到的，系统地阐述人类社会演变的结构和人类通过劳动（物质性的生产力和社会生产关系的结合）的社会过程而获得了日益增长的控制自然环境的能力是不够的，还必须对社会和形势发展的特殊阶段进行特别的分析……或许历史应该被定义为这样一门研究永远不会相同或设想根本不可能相同的具体事件的学科。更进一步说，它不仅需要阐明普遍变化的结构和在特定发展阶段的特定条件内的结构变化，而且需要阐明变化所带来的具体结果。比如回答为什么 A 这种局面紧接着的是 B 而不是 C 或 D 或其他状况出现的问题"。[1] 也就是说，历史学首先需要关注特殊阶段社会历史的发展进程，再分析整个人类社会发展的历史进程。社会科学通常对这些程度上的问题根本不感兴趣，因为社会科学一般不注重特殊性解释，而主张普遍意义上的过程理解。"对历史学而言，对以上这些具体的结果则必须做出解释。为什么在两次战争中是德国而不是英国变成了法西斯主义……这类问题历史学家是无法回避的"。[2] 霍布斯鲍姆承认，通常那种与历史相关的社会科学满足于比人文历史学家所要求的那种解释更普遍得多的解释。相比之下，历史学家感兴趣的则是更具体的历史解释。当然，作为马克思主义历史学家，他更强调社会历史发展过程中普遍性和特殊性的统一。

---

[1]　E. J. Hobsbawm, "The Contribution of History to Social Science", *International Social Science Journal*, Vol. xxxiii, No. 4, 1981, p. 633.

[2]　E. J. Hobsbawm, "The Contribution of History to Social Science", *International Social Science Journal*, Vol. xxxiii, No. 4, 1981, p. 633.

按霍布斯鲍姆的理解，虽然各门社会科学的目的在于追求普遍真理，即关于认识对象的普遍性解释。但是在研究过程中，它们也必然涉及类似于历史学所碰到的个别现象的解释，不过它们描述的个别现象多是作为普遍规律的例证或个案而起作用，其侧重点不在于个别现象中的特殊性，而是为了寻求和发现个别现象中的普遍性。例如，"历史地球物理学不能仅仅停留在满足于建立一般意义上的大陆漂移结构学说的解释，而且还要试图发现——在大致范围内——现在的大陆和海洋怎样或如何获得它现时的形状和目前的分布。进化论生物学家希望解释的不仅仅是大体上的演化，而且要解释恐龙的诞生和灭绝或者鸟禽和哺乳动物（还不必提及任何特别的种类或物种）的进化，除了一般意义上的自然选择规律，也面临对历史问题进行具体的解释"。[1] 然而，历史学作为研究人类社会历史发展的一门特殊学科，它在研究社会历史现象的时候是遵循客观历史发展的时间序列去描述和解释这些现象的复杂性。正如德里克所说，"就像我们所理解的那样，历史就是坚持差异，是反对启蒙运动主张的普遍主义这个过程的产物"。[2] 历史学的学科特点在于描述个别现象，同时又从普遍性的角度去解释这种个别现象。这是两种不同的学科解释门径与逻辑推理过程，这就是历史学与社会学科之间的重要区别之一。

传统历史学家十分强调历史研究方法的独特性而显得过于保守和忠诚，或者说传统历史学家因为史学观念的保守而极力要求保卫社会科学和人文学科之间的界限。从19世纪90年代，随着历史学作为一门独立的学科被建立起来，越来越多的历史学家认为历史学与社会科学之间关系是相互隔绝。霍布斯鲍姆试图完全摒弃这种观念。在强调它们之间学科表征差异的同时，他认为历史学与社会科学之间应该保持着一种相互影响和相互促进的关系。"事实上我们在20世纪期间所看到的正是19世纪90年代正统历史学家全然摒弃的东西：历史学与社会科学之间相互融合关系的恢复。当然，历史学不能过多地纳入社会科学或任何其他科学的论题之下。我并不是说应该阻止某些历史学家去集中研究那些可由具有历史意识的人口学家或经济学家解决的问题……恢复历史学家与社会科学之间的和睦关系不能仅取决于单独某一方。如果历史学家越来越多地向各种社会科学寻求研究方法和解释模式，社会科学家也会设法使自己历史化，并会同样关

---

[1]　E. J. Hobsbawm, "The Contribution of History to Social Science", *International Social Science Journal*, Vol. xxxiii, No. 4, 1981, p. 634.

[2]　德里克：《后现代主义与中国历史》，《中国学术》2001年第1期。

注历史学家们的研究成果"。① 然而，令霍布斯鲍姆深感不解的是，20世纪晚期仍然有一些历史学家如同19世纪晚期的历史学家那样，拒绝历史学与社会科学的知识融合。霍布斯鲍姆认为这才是历史学进步的最大障碍："如果历史学以种种借口与其他研究世界万物变迁或研究人类进化的学科隔绝开来，我认为历史学作为一门严肃的学科就不可能取得进展。"② 因此，他呼吁作为不完全等同于其他社会科学的一门独立人文社会学科而存在的历史学，应该积极地借用社会科学的理论与方法："只要其他社会科学的方法与思想观念对历史研究有用，与历史学有关，我就不反对历史学家借用，也不反对他们把这些社会科学的最新发展融入自己的研究工作中去。"③ 总之，历史学与社会科学之间确实存在着学科领域差异和知识特征界限，但二者并非绝对不相容，它们的区别不能以忽视它们相互之间的联系为代价。这种看法是很有见地的。

　　珀金论及作为历史学的分支学科社会史学与作为社会科学的重要学科社会学之间的关系时写道："社会史学家同社会学家的区别恰如经济史学家同经济学家之间的区别一样。社会史学家和经济史学家同后二者一样，它们是一个队里的伙伴，彼此都不能忽视对方的见解和评价。"④ 任何社会科学都不应该脱离历史学上的时间维度和空间广度，任何社会科学家都需要历史学家的多重历史感觉和丰富历史意识。应该说，珀金从一个侧面说明了历史学与社会科学的交汇互动关系。霍布斯鲍姆同样认识到，正是历史学与社会科学汇集在一起，"20世纪的历史学的发展才取得了进步，尽管是以动作迟缓的、曲折的方式前进的，但的的确确是进步了。我的意思是说，'进步'一词完全适用于历史学科，历史学有可能更好地解释客观真实的人类社会的发展过程，即更好地解释复杂、对立、但并非捉摸不定的人类社会的发展"。⑤ 从学科整合角度上看，在某种程度上，新社会史研究应是以历史学与社会学为主体的跨学科整合成果（霍布斯鲍姆关于整体新社会史学与社会科学之间关系的思想，将在第五章详细说明，于此暂且不论）。

　　霍布斯鲍姆关于历史学与社会科学之间关系的认识与看法，构成了其

① E. J. Hobsbawm, "Has History Made Progress"? in On History, p. 63.
② E. J. Hobsbawm, "Has History Made Progress"? in On History, pp. 63 – 64.
③ E. J. Hobsbawm, "Has History Made Progress"? in On History, p. 66.
④ H. 珀金：《社会史》，载蔡少卿主编《再现过去：社会史的理论视野》，浙江人民出版社，1988，第130页。
⑤ E. J. Hobsbawm, "Has History Made Progress"? in On History, p. 69.

历史认识论思想的重要内容，也成为西方史学家在这个问题上不容忽视的
圭臬之言。实际上，强调历史学与社会科学之间的相互关联越来越成为许
多当代历史学家史学思想的一个重要观念。当然，具体到不同的历史学
家，这种观念的侧重面显然有很大差别。如果说巴勒克拉夫着意强调社会
科学对历史学的影响，① 那么霍布斯鲍姆则更注重历史学对社会科学的贡
献和方法论意义。

强调历史的证据和历史学的研究方法对社会科学具有重要的方法论意
义，最能体现霍布斯鲍姆关于历史学对社会科学的贡献和方法论意义的观
点，充分体现了霍布斯鲍姆关于历史方法论的思想认知。

霍布斯鲍姆认为历史的证据应该成为任何社会科学的基础，他对历史
学中普遍存在着原始资料的价值认识、处理方法和发掘资料原则问题进行
了系统论述，认为这些都对其他社会科学有特定的核心价值。在他看来，
当代社会科学里利用历史资料的现象非常普遍，不言而喻："任何社会科
学只要涉及社会的现实问题，都需要历史学的证据，或都试图通过有关证
据来证实或证伪其一般的理论模式。因为任何证据都是凭这种目的而为任
何社会科学家收集，不管它多么具有当代性，一旦它被收集起来就变成了
'历史的'证据，那就是说它涉及过去，即使它涉及的是最接近的过
去。"② 比如，"政治学家在分析美国政治制度的性质及其稳定性的时候，
显然要涉及过去，譬如 19 世纪 30 年代德·托克维尔对这一制度的描述与
分析。在研究革命或战争类型时，为了概括和比较，往往更普遍地分别运
用过去和现在的一些例子来论证"。③ 由此，霍布斯鲍姆特别强调进入历
史认识主体研究视野的历史证据的重要性，历史证据对其他社会科学具有
普遍性意义。

历史学作为研究人类社会发展的一个既具有综合性又具有特殊性的领
域，其研究方法对社会科学有着重要的借鉴意义，社会科学不但需要历史
的证据，而且需要历史的研究方法。这样历史学研究的疆域也就自然而然
地扩大了。正如论者所言："历史研究能够为其他所有学科的研究提供一
种共同的方法。因此，历史研究也许是适合于组织全部人类知识的唯一学

---

① 参见杰弗里·巴勒克拉夫《当代史学主要趋势》，第 70～147 页。

② E. J. Hobsbawm, "The Contribution of History to Social Science", *International Social Science Journal*, Vol. xxxiii, No. 4, 1981, p. 624.

③ E. J. Hobsbawm, "The Contribution of History to Social Science", *International Social Science Journal*, Vol. xxxiii, No. 4, 1981, pp. 625–626.

科，这个功能有着不可等闲视之的价值。"① 换言之，历史的方法在社会科学研究中占据重要的学科方法论地位。实际上，甚至在并不怎么直接关怀人文精神的学科里，历史证据和历史方法也起作用，在诸如经济学和心理学等社会科学研究中充满着历史的解释方式可资证明。

从学科研究的主题领域、问题意识和方法论运用的角度来看，霍布斯鲍姆认识到，历史学关注的一些问题也产生于任何涉及历史问题的社会科学之中，然而，在某种程度上，社会科学更需要历史学那种针对主题领域的研究方法、问题意识和具体解释能力。举例来说，气象学或经济学等学科也不得不考虑诸如天气问题对伦敦航空公司的影响，或诸如苏丹阿拉伯国家发生的政变对一个公司、一个国家或世界经济发展的可能性影响问题，所以，任何涉及复杂历史变革的科学必须用更特殊的历史理论和解释来补充它的普遍性理论。② 实际上，社会科学这种做法是对资料证据的态度与处理方式方面同历史学相异的一种表现形式。1980 年，霍布斯鲍姆应剑桥大学经济学系"马歇尔讲座"论坛的邀请，面向那些具有经济学背景的教师，热情洋溢地作了关于"历史学家与经济学家"的主题演讲。在此基础上，霍布斯鲍姆特意撰文系统讨论历史学与经济学，历史学家、经济史家和经济学家之间有关各自研究领域、研究对象以及研究方法等等一些认识论与方法论问题时，甚至开宗明义地写下这样的断语："脱离历史学，经济学就是一艘迷失方向的船只，而没有了历史，经济学家甚至不知道向何处航行。"③ 他系统论证并突出强调历史学和历史学家对经济学和经济学家的方法论意义。

由此观之，霍布斯鲍姆从方法论角度上强调历史学与社会科学之间关系的重要一点就是：历史的证据和历史的方法不可能只局限于历史学本身，作为本质上都是涉及诸如社会变革和思想转变以及社会发展动力问题的学科，历史学对社会科学具有十分重大而深远的意义。

第三节　历史证据、历史学和社会科学

本节主要阐述霍布斯鲍姆关于历史学和社会科学与历史证据之间关系

---

① 唐纳德·奥斯特洛夫斯基：《回到史料》，《第欧根尼》（中文版）1989 年第 1 期（总第 9 期，1989 年 6 月），第 34 页。

② E. J. Hobsbawm, "The Contribution of History to Social Science", *International Social Science Journal*, Vol. xxxiii, No. 4, 1981, pp. 633 – 634.

③ E. J. Hobsbawm, "Historians and Economists: I", in *On History*, p. 106.

的观点，同时论及他关于史料（或历史证据）判别与运用的方法论思想。霍布斯鲍姆十分强调掌握和考证原始的史料，也注重非原始资料的运用，并着意崇尚借用其他社会科学的理论与方法对历史进行科学的概括与解释。在史学实践中，他注重开掘与广泛运用多种多样的史料，阅读他的史著，人们自然无不为他宽阔的知识面而震惊，也会被他独特的史学观念所吸引，而这一切大多表现于他对丰富史料的掌控与运用技能。虽然霍布斯鲍姆对于原始资料的掌握不可谓第一权威，但他掌握和具备历史资料之多、历史知识之广及历史思想之深的能力与程度却更加令人钦佩。特别是，其史著在历史研究的资料范围、确定证据的经验标准、分析证据的方式方法及组织史料进行论证的模式方面均有其自身特点。接下来的文字，仅以历史学和社会科学与历史证据间的关系问题为切入点做些深度分析。

一 历史证据、历史事实与历史学的科学性

首先，霍布斯鲍姆十分注意历史事件及其文献资料与历史认识主体（如历史学家或对历史关注的个体）对这些事件的描述解释两者之间的关系，也即客观的历史和历史的解释之间的显存差别与相互联系。他认为要正确处理这种关系，历史认识主体对史料的认识、挖掘与运用起着至关重要的核心作用。这里从根本上来说涉及如何处理历史认识过程中历史认识主体和历史认识客体之间的关系问题。霍布斯鲍姆认为，对历史认识主体中的主观因素，不但不应该抹煞其作用功能，而且非常有必要从各种角度进行研究，并努力使其更好地发挥历史认识主体的能动价值。然而，任何问题都不能走向极端，如果背离了辩证法，片面强调历史认识主体的作用，那么历史学家对历史的解释就容易陷入相对主义、唯心主义和历史虚无主义。事实上，历史学的进退维谷或两难处境正反映了人类认识能力和客观认识对象之间最深刻的矛盾——主观解释行为和客观存在事实之间的矛盾。从人类认识发展史的历程来看，人类认识的全部努力都是在试图跨越主观和客观之间那似乎永远不可能跨越的价值鸿沟，因为主客体之间的关系虽然可能通过一定的努力处于一个统一认识共同体之中，但二者却不可能完全同一。人类认识包括历史认识的进步，犹如宗教信仰中的理想彼岸与现实世界之间的关系，人类认识每向彼岸靠近一步，人们却会发现理想中的这个彼岸又会以同样甚至更快的速度后撤。此处存在一个理论逻辑上的悖论，即每一个新认识的完成总是伴随着新的未知领域的出现，更重要的是，历史的客观存在性与人们认识历史真相的程度不可能完全吻合，人类思维的历史逻辑和现实世界的发展逻辑不是也不可能完全重合。其中

的关键因素在于历史认识的主体对历史证据掌握程度与史料无限性之间的矛盾无法根本解决。然而，"知其不可为而为之"，这才是事物发展的真谛，而在历史学领域，每一位历史学家正是在这种无穷尽的追求中获得各自的职业乐趣、生存价值与心灵满足。

其次，与传统社会史学家相比，在新社会史家的霍布斯鲍姆看来，历史学家与史料的关系不是被动而是主动的，历史认识主体的主观态度有时会从根本上影响史料的性质与功能，从而制约历史认识的思维成果。当然，这也是大多数西方新史学家对待史料的态度，正如有的学者指出，新史学家大都承认历史学家不是消极被动地搜集史料，也不是一个简单机械的史料档案管理人员和考据者，历史学家预计提出的问题与他原来固有的专业思想素养两个因素，确定了他对文献材料的把握与对所依赖的研究文献的态度。① 这就决定了史料的性质与功能，即只有在这种意义上，当历史学家根据自己的研究目标有目的有计划地去发现和寻求史料，并尽可能地从中获取自己所需要的信息为研究项目服务时，毫无相关的各种材料才成其为具备思想价值的历史资料。因此哈罗·利斯说："不论在何种情况下，历史学家都不会使用任何特殊的记载历史事件的史料。"② 历史认识主体的主观性态度居于决定性的作用。如前所述，强调历史认识主体的主观态度的重要性，并不意味着就可以随意对待史料，任意利用史料来构造历史，假若这样，史学研究也会陷入历史虚构的相对主义泥潭。霍布斯鲍姆认为，"历史的证据（正如所观察到的，也包括所有过去流行的证据）仅仅只是作为一种假设存在。虽然我们可以试图从证据中推断出某种可能性，但是我们不能把证据中没有的信息强加进去，包括那些编辑这些证据的人心目中没有的那些问题的可能性答案"。③ 在霍布斯鲍姆看来，历史学家需要判断所占有资料的性质，即是原始资料还是非原始资料，通过准确理解准备完成那项研究所应该占有的资料来解释历史，从而尽可能认识客观的历史存在。霍布斯鲍姆也非常重视原始资料的价值，而且，"最恰当的原始资料是那种必然寓含着某种观点的单纯记载行为的资料。它们几乎总是某种方法——无论如何——即历史学家心目中已经存在的发问方式

---

① 参见陈启能《略论当代西方史学的观念变革》，《学习与探索》1996年第1期，第134页。

② 转引自唐纳德·奥斯特洛夫斯基《回到史料》，《第欧根尼》（中文版）1989年第1期（总第9期，1989年6月），第27页。

③ E. J. Hobsbawm, "The Contribution of History to Social Science", *International Social Science Journal*, Vol. xxxiii, No. 4, 1981, p. 624.

的结果。然而，一般而言，它们相当具有说服力"。① 当然，他也认识到，能否不忽视非原始资料对主题论证的价值，受到历史认识主体自身认识水平的局限，尽管他有可能面对浩如烟海的各种各样史料，有时历史学家不可避免地几乎全部依赖二手甚至三手资料，比如"研究 19 世纪的著作已可堆成高耸入云的大山，使历史的天空黯然失色，而每年在高山顶尖上仍有新的作品不断增添……连最博学、最百科全书式的大学问家，也感到无法应付"。② 因此，历史学家必须借鉴他人研究成果，在此基础上继续前进。

霍布斯鲍姆强烈反对学术界目前正存在着的后现代主义观念倾向：第一，就是历史小说家们把他们的构思更多是建立虚构的而非现实的记载基础之上，从而混淆了历史事实与虚构之间的界线。第二，西方知识分子中间普遍流行的"后现代主义"倾向，特别是文学和人类学领域，这种"后现代主义"倾向意味着所有声称主观存在的东西都不过是知识性的一种结构，本质上仍然认为事实和虚构之间不存在明显的区别。③ 在他看来，由于受这股思潮的影响，历史作为一种虚构在"后现代主义"史学中表现得越来越明显——轻视历史的证据，也不注重资料的挖掘与考证。

在后现代主义者那里，事实只作为一个先验的概念和按照概念来阐释问题的功能而存在，历史学家研究的过去仅为他们内心的一种知识结构，因而客观实在性是不可能获得的。对后现代主义思潮来说，这是 20 世纪80 年代中国史学界才注意到或知道的一股学术思潮，相反，在西方学术界，正如有的学者分析指出："欧美一些历史学家已经意识到，后现代主义的挑战引发了史学的'认识论危机'，而'客观性问题'则涉及史学存在的基础，关乎历史学家工作的意义。"④ 然而早在 20 世纪 50、60 年代西方史学研究取向的普遍转变时期，针对这种后现代主义史学思潮，霍布斯鲍姆就已经严肃地指明："我强烈捍卫历史学家所调查研究的是真实的观点。这是历史学家的必然起点，然而远远不是终点，对他们来说，最基本的是要绝对区分能确证的事实和虚构两者之间的主要差别，区分是建立在主要证据或从属证据基础上的历史叙述抑或不是建立在两者基础之上的历史叙述之间的差别。"由此他坚信和倡导"如果不存在事实真相和非事

① E. J. Hobsbawm, "On History from Below", in *On History*, p. 208.
② 艾瑞克·霍布斯鲍姆：《资本的年代·序言》，第 3～5 页。
③ E. J. Hobsbawm, "Outside and Inside History", in *On History*, p. 6.
④ 李剑鸣：《历史学家的修养和技艺》，上海三联书店，2007，第 81 页。

实真相，也就没有历史"的学科立场。① 显然他对"后现代主义"持尖锐批判和否定的态度，"因为它对于事实与虚构、客观存在与概念推演之间的区别播下了怀疑的种子。它是深刻的相对主义"。② 按照霍布斯鲍姆的反后现代主义史学观念的批评思想和鲜明观点，"并非所有的历史叙述都是捏造的或虚构的，因而把历史学重新定义为一种介于两个对立的文本之间的一种对话，这已经导致一种模糊历史学前景的'知识上的含糊'"。③ 更糟糕的是，它会进一步歪曲历史并由此促进相对主义或怀疑主义的泛滥。"这种怀疑论——甚至可以说是虚无主义——不折不扣地导致一种对知识的否定，因为后者发现自身被变成一种偶然的和任意的陈述，甚至一种幻觉"。④ 在强调历史学的基础——证据的无上权威性这一点上，最突出的例子是他强烈反对和批判各种民族主义神话对历史的虚构与捏造，霍布斯鲍姆宣布，只有"当诸如此类的历史杜撰不得不接受威严的专家群体的批判性眼光的检验时，纯粹的胡编乱造也就再也不可能发生了"。⑤

因此，霍布斯鲍姆认为，我们不能够虚构我们借以研究历史的事实，捏造史学分析的事实基础。"事实和虚构之间的区别确实存在，而且对历史学家，甚至对我们之间最具批判性的反实证主义者而言，区分这两者的能力都是绝对基本的"。⑥ 历史问题的回答只能建立在毫不含糊的证据基础之上，这种证据有时就是历史存在（或历史实际和历史事实）本身。

应该说，基于历史证据权威性的相关解说，霍布斯鲍姆已经看到后现代主义的实质，就是对传统史学和现代史学共同遵守的以理性方法形成客观性认识或达成历史共识的可能性持完全怀疑的态度。这里，霍布斯鲍姆所说的理性方法不单单是指那种广义上的科学理性方式，而寓指那种史学研究中基于历史证据的抽象逻辑思维方式和认识活动能力。后现代主义在史学理论上的根本危害在于，它否定了历史的客观真实性，也就根本上质疑历史证据的权威性和抽象逻辑思维能力，从而否定历史学的科学性。由此可知，正是那些后现代主义倾向的历史学家成为霍布斯鲍姆的主要批评

---

① E. J. Hobsbawm, *On History*, Preface p. viii.
② E. J. Hobsbawm, "Identity Historyis Not Enough", in *On History*, p. 271.
③ Geoffrey G. Field, "A 'Man In Dark Times': Hobsbawm on History", http://www. culturefront. org/culturefront/magazine/98/summer/article. 17. html.
④ 弗朗索瓦·贝达里达：《历史实践与责任》，《第欧根尼》（中文版）1996年第1期（总第23期，1996年6月），第115页。
⑤ E. J. Hobsbawm, "Identity History is Not Enough", in *On History*, p. 271.
⑥ E. J. Hobsbawm, "Outside and Inside History", in *On History*, p. 6.

目标，"后现代主义理论，这种对文本、解释和认同历史之间的区别模糊不清的理论，极端地声称所有的真相都是随意建构的，而除了语言不存在任何东西、历史意义之外没有历史真实，对霍布斯鲍姆而言，这构成了一种基本的否认历史学的理论，因为它们攻击的是历史学作为科学的非常重要的基础：'证据的至高无上地位'"。① 本质上，这些人试图否认历史作为一门科学的重要性和内在统一性，这是对科学历史学一种严重的挑战，它以一种对历史真相抱着极度相对主义和怀疑主义的形态和面目出现，实质是逃避广泛的社会历史问题，否定社会历史。

二　历史证据对于历史学、社会科学的共同价值

在史料的范围与历史研究关系方面，霍布斯鲍姆认为，理论上，既然要构建全面和整体的社会历史（其整体社会史学思想将于后文讨论），就需要全面地了解与体验过去时代人们的行为活动和思想内容，因此，任何同人们有关的行为方式与思想方式的材料都可以纳入历史研究的视野。他非常看重历史的多样性，而反映历史多样性的基本依据就是挖掘丰富多样的历史材料，否则写出来的历史著作也不足为据，这类历史学家也只能是可恨可怜可悲的历史学家。他反对那些极端经验主义者和沉浸于琐碎档案材料研究或总是喜欢关注那些宏观社会与政治变革的传统主义学者们对待史料的方法与态度，强调要从新的角度开发新的资料来源，巧妙地运用于新型历史研究。

在史学研究实践上，任何一位历史学家或社会科学家，只要从事研究，首先最基本的就是面临着技术难题：资料的甄别选择与如何运用问题。霍布斯鲍姆的许多著作，也体现了对新史料和多样化史料的开掘及其使用的学术意义，甚至不乏这种史料的选择性运用。比如，他在20世纪70年代发现了图像资料在研究工人运动中男女工人形象的重要价值。他收集于论文集中的一篇题为《男人和女人：左翼形象》的文章，就是选择以分析与工人运动有关的形象和标志（包括漫画、油画、青铜雕像、徽章、绘画作品以及行业公会的会标等）等资料所表达的意识形态立场、象征意义与隐喻价值，从而研究与说明在19世纪至20世纪初的革命运动和社会主义运动中，那些裸体形象与着衣整齐男女形象的政治意义和革命作用，特别是探讨了妇女形象在社会主义工人运动中如何男性化的转换过

---

① Geoffrey G. Field, "A 'Man In Dark Times': Hobsbawm on History", http://www.culturefront.org/culturefront/magazine/98/summer/article.17.html.

程及其历史意义。文章观点认为 20 世纪的工人运动中，女性作为道德和理想的化身、作为政治自由女神和缪斯、作为具有革命性和叛逆性的贞德形象，已经在政治图像中失去了她们在 19 世纪时代的特定意义。① 正是获得了新的资料来源，霍布斯鲍姆才能得出关于 20 世纪工人运动中女性地位变化及其时代价值的新观点。

从史料挖掘和底层社会历史研究的意义角度看，霍布斯鲍姆提倡"自下而上"的底层历史学，并对这种史学的方法论问题进行了较为系统的反思，认为底层历史学家的主体意识因素、各种资料的来源与取舍方法和建构史料分析的模式等等环节，都无不直接影响到对底层历史的研究。② 而底层历史学的关键是发掘反映底层群体生活经历和意识思想的为人所忽视的边缘史料。虽然底层历史研究的资料来源如同传统史学家那样依赖于历史学家先验的知识、基本的社会理论和史学家主体认识的直觉本能，甚至底层历史学家运用内省和批判的眼光对史料做出选择的态度也显得同等重要。但是霍布斯鲍姆更为强调的是，从事底层历史研究的史学家不可能是传统的实证主义者，他们需要寻找一些新的历史解释途径。因为，对底层历史学家来说，"为了既弄清楚那些模糊的思想，并为了证实或证伪我们对这些思想的假设，我们需要一幅清晰完整的图画，或者用你们乐于使用的术语来说，一个模式。因为我们的问题并不仅仅是为了寻找好的资料。即使是最好的资料——譬如那些记载出生、婚姻和死亡的人口统计资料——也只能阐明人们行为、情感和思想的特定方面。我们通常必须做的是把常常支离破碎的广泛资料集中起来：这么做的话，如果你们允许我打个比方，我们必须自己去构造这个七巧板，那就是弄清楚这些资料应该怎样适宜地合并到一起"。③ 由此看来，底层历史学家需要具备高于传统历史学家通常所采取实证主义方法发现和处理史料的素质能力，需要凭借自身的知识、经验、想象能力和判断标准，结合特定的课题，建立相应的史料分析模式，从而建构一个关于特定主题的条理性连续性行为和思想的历史解释体系。

例如关于底层社会研究中的社会抢劫问题，在霍布斯鲍姆看来，就属于这种高度标准化的底层史料研究类型。"这包含着三个分析步骤：第

---

① 艾瑞克·霍布斯鲍姆：《非凡的小人物：反抗、造反及爵士乐》，王翔译，新华出版社，2001，第 149~175 页。

② See, E. J. Hobsawm, "On History from Below", in *On History*, pp. 204 – 216.

③ E. J. Hobsbawm, "On History from Below", in *On History*, p. 209.

一，我们要弄清楚恰如医生所说的综合征是什么意思——即全部'症状'或是那些必定结合在一起的犬牙交错的难题，或至少是其中足以相互融合的那些难题。第二，我们必须建立起一个能够解释所有这些行为的模型，即找到一系列假设，使这些不同种类的行为结合按照某种理性框架相互依存。第三，我们还必须发现是否有独立的证据来证实这些理论猜测"。①这实际上是一个系统的和严密的研究分析过程，它的目标，"不只是简单地发现历史，还要去解释历史，并且为此提供与现实的联系。历史学中一个巨大的诱惑就是单纯地发现迄今尚未人所知的事实，然后沉醉在我们的发现之中"。②对底层社会的历史来说，这种强大诱惑来自对底层群体的行为方式和思想信念的积极探寻。因为，在霍布斯鲍姆看来，历史学家真正想知道的是："人们为什么会有这样的信念，这些信念是如何与那些群体（或群体作为其组成部分的较大社会的价值体系）的价值体系的其他部分保持一致的，它们为什么会发展变化或为什么没有变化。"③即根据底层史料，仔细思考和密切关注社会内部结构和层次的历史演变及其内存因素问题。

　　因此，关于底层历史研究的问题，就史料学分类的角度而言，一方面，霍布斯鲍姆固然强调使用浩如烟海的各种类型的官方史料或半官方史料的传统史料，如法庭审判记录、庄园土地的转让证书等证据。他据此分析说："为什么那么多现代底层史学都产生于对法国革命的研究，原因之一就是这个伟大历史事件包含了两个在这个时期以前很少同时具有的特征。其一，作为一次重要的革命，它出乎意料地把各种各样的以前很少注意除了他们的家庭与邻居以外事情的人们的注意力吸引到这次革命的活动方面来。其二，这次革命提供了大量的、分类的和矫揉造作的官方文件，并保存在法国的民族与部门档案馆里，从而方便了历史学家的研究。"④另一方面，他非常强调抱着明确的目的，运用自己假设的模式，积极挖掘新史料。人类学的新理论和新观念使历史学家们从一种全新的角度观察诸如传统的政治、军事等题材和传统的诸如宗教案卷等资料。那些过去被认为没有意义的、与历史无关的或历史学家们不怎么感兴趣的历史事件，例如魔术与迷信资料等等这些新型材料，都应被当做人类的合理经历加以认

---

① E. J. Hobsbawm, "On History from Below", in *On History*, p. 213.
② E. J. Hobsbawm, "On History from Below", in *On History*, p. 214.
③ E. J. Hobsbawm, "On History from Below", in *On History*, p. 215.
④ E. J. Hobsbawm, "On History from Below", in *On History*, pp. 204 – 205.

真的分析。① 他深深地理解一种历史现象，就是诸如各种各样人口统计结果可以从不直接涉及人口统计状况的教区记事簿中那些专门记录教区居民的出生或死亡等方面的资料中得到；通过 18 世纪遗嘱的惯用语、葬礼铭文和纪念碑文等原始资料的分析，历史学家能够估量出当时人们的基督教信仰的普遍衰弱和世俗世界观的产生情况。② 所有这些史料对历史学（尤其是底层历史学）与其他社会科学都具有重要的意义。

　　霍布斯鲍姆在《极端的年代》的前言中，说明了"从 1914 年到 1990 年苏联解体这段短促的 20 世纪历史研究主题"与史料选择性之间的关系处理方式，从某种程度上反映了这位历史学家运用史料的基本技巧和灵活态度：一则，霍布斯鲍姆清醒地认识到，"有关这段历史时期的学术文献及档案史料，长期以来通过人数众多的 20 世纪历史学家的刻苦努力而成果丰硕"。但是他强调，自己对这个时期的历史认识和观点解释，固然有一部分建立在这些传统资料基础之上，却不是主要依靠的资料来源。因为面对如此浩瀚的史料，霍布斯鲍姆清楚，作为个体的历史学家，"绝不可能仅仅依靠任何一己之力就可窥其全貌，哪怕仅限一种语言也是做不到的"。③ 因此积极的态度就是，历史学家必须从庞杂的文字档案材料及其造成的限制和束缚中挣脱出来，调整文献史料的使用方法和效应原则。二则，霍布斯鲍姆把这本史著的史料分析视野奠立于大量其他资料来源基础，为此"凭借亲身经历'短暂 20 世纪'历史的角色身份，亦即扮演社会人类学家声称的'参与性观察者'角色，或者索性称之为周游列国、四处观望的旅行者身份，累积了大量的知识、记忆及某些人的见解"。换言之，他对 20 世纪的认识更多地是来源于自己对现实的亲身感悟，许多真正有价值和意义的资料不是来源于上层官方机构，而是来自底层平民百姓。因为在他看来，比如在拉丁美洲"与总统或其他政府决策者进行交谈，往往收获甚微。显而易见的原因就是，这些精英人物多为公开记录而发言。真正可能带来闪光思想的，是那些可以或愿意自由言谈，并且对重

---

① See, C. Ginzburg, "Anthropology and History in the 1980s", *Journal of Interdisciplinary History*, 1981 (Vol, 12), 2, p. 277.

② See, E. J. Hobsbawm, "The Contribution of History to Social Science", *International Social Science Journal*, Vol. xxxiii, No. 4, 1981, pp. 627 – 628.

③ Eric Hobsbawm. *The Age of Extremes: A History of the World 1914 – 1991*, Pantheon books (New York) 1994, Preface and Acknowledgements, p. ix.

大事务没有担负责任的普通人"。① 重视非官方的普通百姓声音，注重更为广泛的资料来源，这也便是他所宣称"倘若作为一名历史学家，能够在某种意义上理解这个世纪的历史，在相当大程度上则归功于其擅长的时时观察与聆听行为。我希望自己正是通过这种方式将获得的某种历史理解传递给本书的读者"之真正含义。② 在确定了研究主题之后，除了最大努力收集各种著作文献资料外，还要最广泛地挖掘各种新的资料来源，但是，历史学家从事历史研究却不能靠纯粹搜集和罗列事实来进行，还需要历史学家的感悟，或者干脆说历史学家的思想，在此基础上，才能建构起对历史认识客体完整和接近客观的认识，这也是霍布斯鲍姆关于史料及其运用的基本原则和实现目标。还是拿底层历史研究来说，"像过去那样，我们的任务之一是要提示普通民众的生活和思想，把他们从爱德华·汤普森所说的'子孙后代极大的傲慢态度'中解脱出来，因此我们现在的问题是，既要清除那些同样认为自己既懂得事实又明确问题的解决方案的人的想当然的假设，也要清除那些谋求把他们的观点强加给人们的自大假设"。③ 简言之，底层历史领域的历史学家需要花费大量的时间和精力去做的事情，就是借助丰富的底层史料，对底层社会历史进行正本清源，研究底层社会的普通民众生活方式和思想状况的基本运行情况，从底层的视角去揭示和反映社会发展的变化趋势。

在西方史学界，随着史学观念的进步和研究方法的更新，人们对史料的看法与利用的态度也有很大的变化。惟其如此，霍布斯鲍姆既然深受新史学思想的影响，自身就是一位重要的新史学家，那么新史学的科学特征所包含着强调史料的批判性鉴别态度自然也在他的史著中得以体现。他也强调在对史料进行批判鉴别的基础上反映过去，寻求通往现在和未来的纽带与桥梁。"历史学家的任务在于揭示为什么过去的人做了和想了我们早就知道的那些事情"。④ 在这个过程中，历史学家依靠的只能是尚存的有限史料。在霍布斯鲍姆看来，历史学家从事的是一种追求历史真理及其现实意义的宏伟事业，需要无数代和众多的历史学家共同努力不断承担史学

① Eric Hobsbawm. *The Age of Extremes*：*A History of the World 1914 - 1991*, Preface and Acknowledgements, p. x.
② Eric Hobsbawm. *The Age of Extremes*：*A History of the World 1914 - 1991*, Preface and Acknowledgements, p. x.
③ E. J. Hobsbawm, "On History from Below", in *On History*, p. 215.
④ 唐纳德·奥斯特洛夫斯基：《回到史料》，《第欧根尼》（中文版）1989 年第 1 期（总第 9 期，1989 年 6 月），第 28 页。

研究的宏观微观任务。无论在理论还是在实践上，史学研究和历史研究就是力图发现某种历史的逻辑进程，过去的人类活动中发生了什么，理解这些为何会发生，它与现在有着什么联系的问题，这些固然取决于资料的性质与范围，但也取决于资料的选择及其运用。

由此涉及的问题是：史学研究需要对资料进行筛选取舍和依据这些资料进行相关主题的可靠论证，史学研究成果的可接受性取决于研究者或历史学家选择资料时的主观意图和证据本身的可靠性质。霍布斯鲍姆认为，"材料必须精简，精简成一段或两段，精简成一行，或一笔带过，或只作细小的处理，或索性忍痛割爱"。① 当然，就历史研究成果和历史学的科学性来说，"可接受性本身依赖于我们对某种分析形式的熟悉程度，比如对时间系列、趋势、统计的概率等等运用程度。在其他情况下，它们依然会引起争论。例如，利用图像证据来研究思想意识，或从结婚签名这一特性来评价人们识字的程度。必须指出的主要一点是，所有这些资料都不是'固有的'存在着，而是为了回答历史学家的问题而被摘取、推论或建构出来，它们的选择、展示和加工如同它们的解释一样很可能受到历史学家主观意图即偏见和先验因素影响"。② 可以说，历史学家比其他社会科学家更经常面临着这种资料选择的方法论上的复杂性，反之，他们的经验又能为其他社会科学家提供有价值的指导。

然而，不管是社会科学还是历史学，不同的研究主题和不同的研究目的，对资料的取舍方式也不尽相同，产生的解释效果也不一样。霍布斯鲍姆认为，"由于不同的目的，大多数社会科学也运用更严格意义上的历史资料，特别是涉及证实趋势或跨时间的一般意义上的比较研究时更显得如此。这些资料在时间上到底能够追溯到多远，部分地取决于证据的有效性，而部分地取决于研究的性质"。③ 而且有些资料有它的适应范围和时段，"通常人口普查资料仅仅至多在两个世纪里有效……为了建立人口统计增长的曲线图，拥有一种时间系列资料是必要的，而其他目的的人口统计则没有必要……关于趋势的研究必须依赖动态的长时段中的系列资料"。④

---

① 艾瑞克·霍布斯鲍姆：《资本的年代·序言》，第5页。

② E. J. Hobsbawm, "The Contribution of History to Social Science", *International Social Science Journal*, Vol. xxxiii, No. 4, 1981, p. 628.

③ E. J. Hobsbawm, "The Contribution of History to Social Science", *International Social Science Journal*, Vol. xxxiii, No. 4, 1981, pp. 624 – 625.

④ E. J. Hobsbawm, "The Contribution of History to Social Science", *International Social Science Journal*, Vol. xxxiii, No. 4, 1981, p. 625.

如果历史学家没有发现丰富资料的愿望、没有统计数据的技能、没有掌握大量论据的分析，不借助于其他社会科学领域长期发展起来的分工协作的技术手段，要达到历史研究的基本目标几乎是不可能的，关于历史真相的揭示也是难以想象的。就此而言，正如中国学者所说："史学要存在，除了依靠很不完美的史料，并没有其他更好的办法。正是因为史料很不完美，才对史家的智性和悟性提出了极有冲击力的挑战，需要精审考订，细密推敲，极尽求真求实之能事。"①

还应指出，霍布斯鲍姆强调历史证据对于历史学和社会科学的共同价值，但是他也清楚地认识到，虽然社会科学里运用历史证据的现象非常普遍，但是社会科学家在对待历史证据的性质、历史证据的评价和历史证据的处理等问题方面，与历史学家有着很大的不同，历史学家对历史证据的分析方式和史料判别的标准等方法论资源，对社会科学及其研究实践具有更大的参考价值。例如，传统历史学与社会科学各自对待证据的态度和处理资料的方法就有很大的不同，传统的"历史学家像律师一样，把对证据采取怀疑主义态度作为他们的出发点……本质上，证据评价的标准如同资料的性质一样会随着历史学家自己从事研究问题的变化而改变"。② 那就是说，传统历史学家注重原始资料的考证，而社会科学在对待与关注历史资料并用之研究问题时并非采取这种传统史学方法。社会科学家们对于利用那种证据时的困境认识不足，在运用证据时也缺乏批判的眼光。例如，在社会学家们中间，一种普遍的现象就是把第二手资料当做原始资料来运用，然后对这些资料进行"理论化"。问题不是不能运用非原始资料，而是如何运用二手甚至三手资料。

综上所述，霍布斯鲍姆提倡历史学家要具有敏锐的史学研究的批判精神与史料鉴别能力。面对浩如烟海的文献材料与其他史料，虽然我们看不出他始终主张一种明察秋毫的编纂历史与历史著述的眼光，但是他还是有一套自成体系的驾驭史料的方式和方法。实际上，他在强调史料的选择和鉴别、分析与运用以及建构历史研究成果时，无不体现出他作为一位历史学家对史学价值的真实性追求，他关于历史学、社会科学与历史证据之间关系的一些史学观念，本质上与我国史学传统、中国马克思主义史学和当代中国史学所追求的史料与史识的有机统一是一致的。

---

① 李剑鸣：《历史学家的修养和技艺》，第 249 页。

② E. J. Hobsbawm, "The Contribution of History to Social Science", *International Social Science Journal*, Vol. xxxiii, No. 4, 1981, p. 626.

第五章 理论属性和史观取向：
整体社会史的理论方法

在我们看来，霍布斯鲍姆的著作文本里，新社会史与整体社会史是两个等量齐观经常通用的概念、理论和思想体系。本章目的并不在于系统陈述霍布斯鲍姆整体社会史的实践成果，主要旨在阐述他关于社会历史和整体社会史学或新社会史研究的一些基本理念与认识论倾向，试图把对霍布斯鲍姆社会史学思想的研究推向深入。基于中西学术界 20 世纪初以来西方整体史研究成果的综合性反思，仔细研究，不难发现，这种"整体社会史"并不是任何别种单纯的线性史学分支学科谱系，而是有着多重的外缘性社会科学理论资源、内缘性学科知识内涵和整体性社会历史结构变迁背景。霍布斯鲍姆关于"整体社会史"的相关理论认识，虽不意味着一种崭新的社会史研究范式的最终形成，但无疑从发端上昭示着西方社会史研究取向的意向性转换和社会史研究领域的精神变化。至今，中西史学发展史表明，社会史学的发展还远远没有达到可以提出一种整体性取向的完美地步，甚至也根本就没有也不可能形成某种万能的过于理论化的研究模式。霍布斯鲍姆的学术理想在于："整体社会史"的目的并不只是需要改造旧的社会史研究，而且需要在基本结构上实现重大调整和转换。在一定程度上，作为融合其社会历史观、历史认识论和方法论为一体的史学理论与指导其整体社会史研究实践的史学观念，他在整体社会史研究方面的见解体现了其史学思想的重要内容。学术界对此有所涉猎，但缺少系统深入的历史观察和理论分析，对其社会史理论渊源和学术特征也审视不多。

或许，从某种角度上说，通过对霍布斯鲍姆整体社会史学思想的理论思考，有利于开拓中国社会史研究思路和分析视野，为旨在"建构本土化的中国社会史/中国历史叙述"① 的努力提供可资借鉴的参考。同时，也有益于中国史学界更好地理解这样的学理问题：为什么历史学可以依靠自身逐渐发展起来的独特的理论资源和自身的学科优势，在某种程度上，仍然承担它作为社会科学中的重要成员，在与其他学科进行平等交流或对

---

① 杨念群、黄兴涛、毛丹：《新史学：多学科对话的图景》（下），中国人民大学出版社，2003，第 677 页。

话过程中所起到的角色和作用，从而彰显"整体社会史学"在历史学的内在系统即新社会史学内部与外在环境即社会科学体系中的双重价值。英国新社会史思潮和新社会史学科并非横空出世自然而然地产生的，亦非霍布斯鲍姆单独的个体行为和学术观念的推动使然，而是英国马克思主义历史学家在英国乃至西方学术氛围和从传统史学到现代史学转变过程中所谓史家群体运动的共同结晶，惟其如此，新社会史学运动也成为国际史学界的共同趋势。所以，本章和下一章都致力于从新社会史研究内部的关键环节和某些切入点，解释这种研究的显著变化，特别是说明霍布斯鲍姆等人为代表的英国新社会史学派在这场国际性社会史学运动中的重要作用。同时，从整体视野和全球视角出发，以一个历史研究主体的超然态度，在广泛的国际社会历史条件和文化背景中，尽量客观地考察霍布斯鲍姆整体社会史学的本质特征，及其借以进行史学实践的根本原则，从而确立霍布斯鲍姆整体社会史研究的内部学理探讨和外部学术背景解释机制。

第一节　西方社会史研究传统取向和现代"解释类型"转换

德国学者雅斯贝斯曾经认为，"人类的生存，无论是过去的还是当前的，都不可能被完整地加以认识。相比个人的真实状况，每一种被一般地理解的状况都是一个抽象，对它的描述无非是对一种类型的描述"。[①] 在这里，作为思想者的雅斯贝斯，他主要是认为人类精神思想的形成是一个广泛的动态过程，在看到那些人类精神思想的阶段性固化表现形式的同时，更应该注意到人类精神思想在整体目标倾向上绝不会凝结成为一个完成了的立体塑像。人类认识自身精神状况的途径自然多种多样，因此要因势利导，主要采用特殊性考察与整体性考察相结合的类型描述方式，加深对于人类精神思想的认识。如果借用雅斯贝斯考察人类的生存状态的方式发现时代精神特征的途径，在考察人类社会历史的整体发展问题时，也可以运用类型描述方式来解释相关问题。而这种类型描述的前提和类型研究成果的表达，归根结底取决于人类社会历史自身内在的结构关系和实际状态。

从方法论上来说，社会史的研究实质上就应该采取某种类型研究的理

---

① 卡尔·雅斯贝斯：《时代的精神状况》，王德锋译，上海译文出版社，2005，导言，第22页。

论视角和实践路径。一般而言，广义的社会史指受近代进化论和马克思主义理论的影响，探讨人类社会演进过程的历史，它以研究社会性质和社会形态为主题，是社会发展史或生产方式演变史；狭义的社会史则主要考察或研究社会风俗与民俗习惯等大众生活、社会分类、组织结构及其相互间的关系，但又不仅仅指人们的群体生活和生活方式。本文涉及社会史的广义和狭义两个层面的交叉理解。

长期以来，中西史学界，关于社会史的研究对象与范畴、任务与功能及社会史与历史学其他专门史，甚至同其他社会科学分支学科的关系等内容，展开了激烈的讨论。在西方史学界，在关于社会历史的研究及其学科性质的喋喋不休的争论中，霍布斯鲍姆并没有谦虚地退出，也没有掩上自家门户而充耳不闻，或干脆在学术争论之外充当"麦田守望者"的角色，而是积极热衷于社会历史的实践研究，并投身于这种社会"问题史学"的学术论争，勇于提出自己的真知灼见。就西方社会史研究历程而言，1970年，在《从社会史到社会的历史》那篇文章里，霍布斯鲍姆开宗明义地指出，迄今为止社会史研究可以分成三个发展时期：第一个时期，1944年屈维廉在《英国社会史》中提出"除去政治的人民历史"的社会史观念之前的旧社会史研究时期；此期并没有形成一个专门化的社会史研究领域。第二个时期，1950年代到1970年之间20年新社会史兴起时期；此期社会史作为一门学科逐渐专门化同时又与相近的社会科学相互影响。第三个时期，1970年代后，新社会史逐渐确立其学科地位并显示出勃勃生机的新时期。[1] 此种认识基本上揭示了西方社会史的行进轨迹。20世纪70年代以来，国际社会史学研究的发展现状基本上证实了霍布斯鲍姆的看法。2001年12月，以现任国际历史学会会长身份到中国做学术访问的德国著名社会史学家于尔根·科卡认为，20世纪下半叶国际历史科学发展的三大新潮流之一，就是自20世纪50年代开始立足，60、70年代获得国际史坛中心地位的社会史研究潮流的壮大。[2] 科卡的观点既是对国际社会史学发展的充分肯定，又成为霍布斯鲍姆关于社会史研究的观点阐释的最好脚注。

在西方史学界，新史学本身就因包罗万象、派别林立而导致国际史坛

---

[1] See, E. J. Hobsbawm, "From Social History to the History of Society", in *On History*, pp. 71 - 93.

[2] 参见于尔根·科卡《20世纪下半叶国际历史科学的新潮流》，《史学理论研究》2002年第1期，第5~6页。或参见于尔根·科卡《社会史理论与实践》，景德祥译，上海人民出版社，2006，第237~242页。

风气更加激荡，表现之一就是它们各自对社会史的内涵、研究对象和研究方法的理解从来都众说纷纭、莫衷一是。有学者干脆认为："当代历史学一直面临着两大困境，一个是认识论意义上的，一个是方法论意义上的。"① 由此，主导着中西史学长期以来科学主义历史观与人本主义历史观、客观主义史学与相对主义史学等多方面多层次的纷争、对话、相互消融和重构的史学现代化发展过程。具体到某个历史学家和某部历史著作时，由于著作者世界观和方法论原则的差异，其对社会史的性质和相关问题的理解则迥然相异。结合霍布斯鲍姆对社会史研究的分段情况，大体上说来，西方史学界存在着三种对社会史的理解与社会史学实践类型。

20 世纪上半期英国著名社会史家，早年毕业于剑桥大学的乔治·马考莱·屈维廉（George Macaulay Trevelyan，1876 ~ 1962）的社会史主张与实践固然是第一种历史研究类型的典型代表。从学术渊源来说，他的史学思想来自业师诺德·阿克顿剑桥学派的"客观主义"或"实证主义"的史学观念，他 1926 年出版的《英国通史》中呈现的治学态度与方法，体现了他以社会史研究为中心的史学研究取向：社会历史的研究应当集中于诸如家庭组织、工业生产、社区日常生活及道德习俗等等非政治历史对象的考察。后来，屈维廉在《英国社会史》前言中把社会史简单定义和武断宣扬为"除去政治的人民史就是社会史"，② 其实这是一种狭义的社会史观。这种观点把社会史视为政治、经济和军事之外的社会活动所构成的历史，缺乏深厚的社会结构的解释基础。③ 本质上，追寻这种研究取向的社会史实践必然使社会史学自身变得琐碎和浅薄。因为，他们注重微观历史的研究，而忽视宏观理论的指导。按照马克思主义历史理论的解释，微观的具体研究必须具有宏观理论的关照，否则具体的历史研究，特别是社会历史的研究就会脱离理论的控制，必然走向过分烦琐和细节化，背离了史著者撰写整体社会史的初衷，当然就无法展示整体社会历史的全貌。但是屈维廉关于社会史研究的理论，相当长时期内指引着英国社会史的兴起，呈现了其史学价值。实际上，后来他强调社会史的本质似乎更在于："经济状况构成社会生活的全部基础，而社会生活反过来又为政治活动提供了基础；没有社会史，经济史便无价值可言，而政治史则是一笔糊

---

① 郭松义、赵世瑜等：《历史、史学与性别》，《历史研究》2002 年第 6 期，第 150 页。

② G. M. Trevelyan, *English Social History: A Survey of Six Centuries Chaucer to Queen Victoria*, London 1946, p. vii.

③ 参见 J. 布雷维纳《何谓社会史》，载蔡少卿主编《再现过去：社会史的理论视野》，浙江人民出版社，1988，第 145 页。

涂账。"①

第二种类型以法国年鉴学派的"总体的社会史"为代表，主张写出包罗万象和日常生活结构的社会历史。实际上，法国年鉴派史学家早就注意到总体史的目标追求有可能趋向烦琐和细节的危险问题，他们甚至警告，所谓"全面"是指研究所有的人类活动，并非力求包含一切琐碎的细节。年鉴派创始人思想与理论上已注意到"社会史"是一个几乎能涵盖人类全部社会生活经历的史学门类，其学术刊物的名称《经济和社会史年鉴》自身就显示出其同传统史学风格与观念倾向背道而驰的学术理念，认为琐碎的研究本质上无助于总体社会史研究的健康发展，历史规律的揭示并不是无数具体史实的简单堆砌和任意排比。这表露其试图以研究总体和全面社会史为重心的庞大目标与宏伟决心。费弗尔解释说："'社会'作为一个形容词，由于含义太多而最后变得几乎毫无意义……所谓经济史和社会史其实并不存在，只存在作为整体的历史。就其定义而言，整个历史就是社会的历史。"② 年鉴派刻意以"社会史"这个内涵广泛的概念，来构筑"总体史观"指导下的史学实践体系，因此，年鉴学派既被视为西方传统总体史学思想与理论的继承者和发展者，又被推崇为当代西方总体新社会史的开拓者。③ 应该看到，年鉴学派"历史学家的最终目标是在其所有方面重构人类生活，或用成为年鉴学派战斗口号的术语表述：书写'总体史'"的探索。④ 然而，年鉴学派总体史的美好理想，却由于自身在实践中的困难与无法把握，最终没有也无法完全实现。到了布罗代尔时代，尽管"这种理想的追求赋予费尔南德·布罗代尔以很高的学术声望"，然而即便在《菲利普二世时代的地中海与地中海世界》中，总体史的实践也没有达到目标的要求，"正如许多批评家所指出的，不同研究方法并未能彼此很好地整合在一起：作为该书第三，也是结束部分的政治记述，大体上与前两部分论及的地理和经济现象脱节"⑤。但是，实践上的纰漏，并无损理论上的理想诉求。即便在当代美国史学发展史中，

---

① 舒小昀：《分化与整合：1688~1783年英国社会结构分析》，南京大学出版社，2003，第45页。

② 转引自顾良《布罗代尔与年鉴学派》，《史学理论研究》1994年第1期，第108页。

③ 关于年鉴学派总体史的思想渊源，参见张广智、张广勇《史学，文化中的文化——文化视野中的西方史学》，浙江人民出版社，1990，第389~390页。

④ 约翰·托什：《史学导论：现代历史学的目标、方法和新方向》，吴英译，北京大学出版社，2007，第118页。

⑤ 约翰·托什：《史学导论：现代历史学的目标、方法和新方向》，第118页。

正如学者所识，20 世纪 90 年代末，柯文在向中国学界介绍其 1984 年出版的《在中国发现历史》内涵的"中国中心观"思想时，就十分赞赏地提到布洛赫关于对历史进行多科性综合研究的倡议，强调多科性综合研究是历史研究的发展方向。① 由此，足见法国年鉴派"总体社会史"叙述类型的当代影响。

在英国非马克思主义历史学家中，也有一些"新史学"的代表人物试图从另一个角度赋予社会史包罗万象的性质和成效。举其要者如自由主义历史学家和社会学家、兰开斯特大学的社会史教授 H. 珀金，20 世纪60 年代初，他立足系统结构论原理的立场，把相互联系的历史实际各个方面的综合研究都纳入到社会史的研究范围和任务中，主要包括社会同自然环境关系、社会的整体结构及其结构功能的规律性、社会意识和社会问题及其解决办法等内容。珀金主要附和了"全面和总体历史"的思想："社会史不是历史的一个部分，从社会角度看，它是全部历史。"②

这种总体和全面社会史观或日常生活结构史观在消除第一种类型旧社会史的不足与缺陷方面起过积极作用，但它在后来的发展过程中，却不断地遭到西方学者的批评，不断有学者参与并发动针锋相对的论争。按照布雷维里的观念，这种总体和全面社会史的建立，是以假设存在着某一特定地区或整体社会的社会结构为前提，它是根据各种社会因素在社会历史发展过程中的地位出发进行分析。这种论证的方式是反历史的和循环的，不具有客观意义。③ 问题在于是否存在着某种规定人们的社会活动与行为方式的特定社会结构，这涉及论证过程中逻辑前提的真与假问题。前提受到质疑，那么论证结果就必然存在问题。实际上，要重构和书写社会史，关键是把握社会史的核心内容，而不是眉毛胡子一把抓，要将社会历史的变迁连同人民群众日常生活联系起来做整体综合的分析与考察。

最后一种类型的社会史理论与实践模式提倡整个社会的历史就是社会史，它在批评前两种观点与继承其合理化的实践成果基础上，主张广义和狭义相结合的社会史，即"整体社会史"，始作俑者和重要的代表人物则是霍布斯鲍姆。其理论基础就是"整体的社会史观"，这种"整体的社会

---

① 朱政惠：《柯文教授的清史研究》，《江西师范大学学报》（哲社版）2004 年第 6 期，第27 页。
② 转引自兹韦耶列娃、列宾娜《英国的社会史和"新史学"》，《世界史研究动态》1989年第 2 期，第 43 页。
③ 参见 J. 布雷维里等《何谓社会史》，载蔡少卿主编《再现过去：社会史的理论视野》，第 146 页。

史观"主张对社会历史的考察应由过去相互割裂的精英人物史、政治斗争史、经济交往史、文化交流史等等分支学科的研究，全面过渡到"社会的历史"的研究，其主要精神实质就是强调历史研究的重心应当不再是"社会"或"社会"林林总总不成体系的各个侧面，而是一个有机的"整体的社会"构成，政治、经济、文化因素和精神状态、社会生活层面以及生态环境系统等等都是相互联系的有机组成部分，须得运用整体主义的眼光全面考察与分析，才能得到社会历史的总体图景。值得指出的是，如果说年鉴学派的"总体史"本质上更多地是寓意着社会史研究的包罗万象和碎化现象，那么霍布斯鲍姆等英国历史学家提倡的"整体社会史"，则更容易让人联想到对社会历史的真正整体综合研究或整合性考察的可行性。后文将会证明，以霍布斯鲍姆为显例的英国新社会史学派正是以唯物史观为指南，吸取诸如年鉴学派在内的众多学派或学者对社会历史的定义与先进研究成果，阐述社会历史的内涵，试图开辟一种新社会史的整体研究框架模式。

马克思主义者普遍认为，社会历史并非只是政治史和阶级斗争的发展史，它包括社会的政治、经济和思想文化各个发展过程，或者说它是涵盖创造一切历史成果的人之主体活动的发展过程。同样，按照霍布斯鲍姆的观点，结合他的史学著作来看，诸如各式各样的政治史、经济史、军事史、文化史和阶级状况与意识形态、思想史等各专门史的研究内容，都将成为丰富多彩社会历史研究领域的某一方面。霍布斯鲍姆的社会史研究实践意在建构的理念是：社会的历史就是共同生存的按社会学标准界定的特定人类群体（比如区别于类人猿和蚂蚁等自然社会群体）的历史。社会史的总体任务就是通过各专门史的研究（即某些类型的社会及其潜在社会关系的历史）来理解整体的社会历史内涵及整个社会发展的普遍趋势，其主观意图并不是取消上层统治阶级的历史，而是将对普通民众历史的研究放置在基本社会结构的视野之内，作为观察整体社会的基本出发点。在实际的史学研究实践中，霍布斯鲍姆始终恪守的行为准则是："史学家尽管关注的是微观方面的事情，但是他们必须放眼全世界……因为它是理解人类历史、包括任何人类特殊部分历史的必要前提。因为所有人类的集体现在是，也一直都是更广大、更复杂的世界总体的一部分。"① 纵观霍布斯鲍姆的史学著作，我们会发现，他的历史研究就是以历史唯物主义基本

---

① E. J. Hobsbawm, "Identity History is Not Enough", in *On History*, The New Press (New York) 1997, p. 277.

原理为指导，以下层群体为基点，以多角度、多层次和多样式的历史研究方法来认识错综复杂的社会历史整体。"在霍布斯鲍姆看来，历史学家的主要任务就是要为撰写'社会的历史'贡献自己的力量，这种'社会的历史'并不是被分割而各自独立地从'社会史'中抽取出来的政权史、政治史和经济史，恰恰相反它是有联系的整体'社会的历史'。'社会的历史'必须使历史探究一体化，目的是在那些各自独立而又相互联系的历史过程中寻找复杂的关系，在各种历史维度上，在任何特定的社会或任何一种国际关系中，追寻政权是如何建立、怎样维持和如何运作等中心问题的答案"①。当然，在强调从各个角度、各个层次之间相互联系与互为补充的多种多样史学观念基础上，去研究统一多样化的社会历史的同时，他更注重从社会下层着眼来观察社会历史发展的过程，从而逐步地揭示出多样化人类历史发展的真实过程。正如希尔顿所说："如果从底层往上看，而不是从上面去看社会，我们就可能获得对整个社会和国家较为确切的图景。"② 整体社会史观念、研究方法及由此形成的英国新社会史研究领域及其实践成果，正是霍布斯鲍姆与他的同事们对当代国际史学的开创性贡献。

尤其应该指出的是，在西方史学界，关于社会史内涵的理解与社会史实践模式向来不能统一，即便关于社会史定义问题的看法也是多种多样。历史学家对社会史定义的解释不知凡几，但没有一种定义能够准确而全面地把握社会史的所有内容和特征，因而没有哪个定义或解释能为人们普遍接受。这种争论具有深远的学术根源，这种争辩因为具有复杂的现实背景而将长期延续，它直接与历史学的学科特征密切相关。我们不指望也不可能期望就"何谓社会史"的复杂问题达成史学界一致共识，因为社会史学科的建设与发展本身就是长期不断向前的过程，要给出一个静态的标准定义几乎是不可能的事情。正如布罗代尔就史学中的"定义问题"所言："……谁以为我们已经找到了真正的原则，划定鲜明的界限或建立了好的学派，那么就未免太天真了。其实，各部门学科都由于自身或整体的运动而不断在变革，历史学并不例外。"③ 这段话正好能够说明西方学者围绕

---

① Pat Thane and Geoffery Crossick, "Introduction. Capitalism and its Pre-capitalist Heritage", in Pat Thane et al (ed), *The Power of the Past*: *Essays for Eric Hobsbawm*, p. 2.

② 庞卓恒:《让马克思主义史学宏扬于国际史坛——访英国著名马克思主义史学家希尔顿》,《史学理论》1987 年第 3 期, 第 76 页。

③ 费尔南·布罗代尔:《资本主义论丛》, 顾良、张慧君译, 中央编译出版社, 1997, 第183 页。

着关于社会史学研究的对象与定义等社会史内涵问题展开的长期学术争议，及其众说纷纭、莫衷一是的尴尬结局。因此，越来越多的学者改变态度，认为社会史学家的任务不是纠缠于社会史的定义问题，而应该"去考察是什么样的思想赋予这类行为的方式以某种意义，就像去考察有关制度具有什么样的意义一样。这很难说是某种专门史所研究的领域。相反，它必须使每一种历史都同行为和制度的社会本质进行详细对比。社会史不是一种特殊的历史，而是在每一种历史中都存在着的一个方面"①。英国的 D. 加纳迪甚至呼吁，没有必要人为地给社会史框定什么范围，除了实实在在地研究和描述，不可能有什么精确的定义："社会史变得越来越广博而丰富……社会史的确易于捍卫而难于定义。而且无论如何，最优秀的社会史决不限于做这些，它的最杰出的研究家们总是明智地用更多的时间来研究它而不是为它下定义。考虑到屈维廉的那个受人误解的定义的历史命运，人们就不能去责备这些历史学家。事实告诉我们应该以他们为榜样继续研究社会史。"② 此说可代表目前西方社会史学界的普遍学术心态。可以这样认为，20 世纪 30 年代末和 40 年代初，社会史研究在西方兴起之初，传统社会史学界对于社会史概念、范畴与理论问题的讨论曾经相当活跃，在社会史的内涵和学科体系等核心内容方面出现过许多争论的热点问题。20 世纪 60、70 年代以来，这些讨论非但没有趋于沉寂，反而逐渐热烈，却始终没有得出一致的结论。

由此看来，关于社会史的定义与研究对象等内涵问题，20 世纪 70 年代以前的英国与西方，不论是非马克思主义社会史学家还是马克思主义社会史学家，都没有也不可能实质性地指出社会史是什么，也没有详细完全而明确具体地列出社会史研究的所有领域。

虽然社会史难于定义而易于捍卫，霍布斯鲍姆也深知社会史研究领域的广阔与博大，但他还是努力探索新社会史研究的内涵。关于社会史的研究领域，在回顾 20 年来新社会史研究状况的基础上，他进行了恰如其分的归纳："这期间令人感兴趣的社会史研究课题主要集中于下列主题或问题：（1）人口统计学和家族血缘关系；（2）就我们领域里所涉及的城市问题；（3）阶级和社会群体；（4）人类学意义上的心智史或集体意识史

---

① J. 布雷维纳：《何为社会史》，载蔡少卿主编《再现过去：社会史的理论视野》，第 148 页。
② D. 加纳迪：《何为社会史》，载蔡少卿主编《再现过去：社会史的理论视野》，第 149～150 页。

或者'文化'史；（5）社会变迁（例如现代化或者工业化）；（6）社会运动和社会反抗现象。"① 霍布斯鲍姆对社会史的解析充满着学术隽永和深刻内涵，仔细思索，他这种片言只语式的解释却能够使人们对社会史问题产生深切的观念感触。无论如何，实际上这为后来社会史的系统化和制度化研究做了初步的尝试，多少弥补过去西方社会史研究过程中研究领域相对模糊的缺陷。显而易见，他没有也不可能完全指明社会史的研究主题。

简明扼要地说，霍布斯鲍姆对以往社会史研究成果所进行的这种归纳，一方面可以使我们从过去相关问题的研究中获得社会史研究的方法论和分析思路，另一方面也为专业历史学家和普通读者指明社会史研究与关注的方向。当然，即使弄清这些问题也并不意味着社会史研究工作的终极目标实现，而只是深入研究和探索深层次问题的出发点。从学科发展的角度上说，霍布斯鲍姆的学术研究工作是极其有意义的。

第二节　整体社会史的理论属性和学科特性

一　理论依据与整体社会史研究

伴随着传统社会史观的解体和新社会史合理化的发端，于此，从理论上探讨整体社会史的依据和来源。按照马克思主义理论，历史学家追求整体社会史学的目标是由社会的总体性决定的。而马克思社会理论的核心部分是社会总体性思想或关于整体观念的假设与理论，马克思主义的基本理论成为霍布斯鲍姆从事整体社会史研究的重要理论依据。马克思主义基本理论主要包括以下两个内涵：

其一，社会是一个相互联系的整体统一系统。马克思认为，社会显然可以表现为包括相异元素的多元体，具体包括技术设备、人类技能、所有制关系、权力结构、超阶级因素和从属因素、生产方式、分配和消费、政治制度、法律、伦理学、美学以及宗教观念、意识形态等等。马克思说："我们得到的结论并不是说，生产、分配、交换、消费是同一的东西，而是说，它们构成一个总体的各个环节、一个统一体内部的差别……因此，一定的生产决定一定的消费、分配、交换和这些不同要素相互间的一定关

---

① E. J. Hobsbawm, "From Social History to the History of Society", in *On History*, p. 83.

系……不同要素之间存在着相互作用。每一个有机整体都是这样。"① 这段话的意思是，社会并不是一些简单的、机械因素的结合体，也不是此种或那种现象简单的、机械的堆积物，任何一个社会都是按一定社会方式和社会关系组织起来的整体系统。对于这样的社会整体系统，马克思历来都是以总体性的观点来分析与理解的。在《政治经济学批判》（1857～1858年草稿）中，马克思再一次明确指出，"社会不是由个人构成，而是表示这些个人彼此发生的那些联系和关系的总和"。② 即不是个人构成了社会，而是社会构成了个人，每个人都毫无例外地处于这些社会关系和联系之中。换言之，按马克思的观点来看，即便是研究任何个体的特质，也必须通过社会这个总体才能得到反映。如果说个体在本质上是由社会关系的总和所决定的，那么一定的社会关系总和则是由生产力水平决定的以上相异元素的多元体组成的。

其二，关于社会历史研究的总体性方法。1983 年 3 月 16 日，为纪念马克思逝世一百周年，布罗代尔在法国《世界报》上发表一篇短文，文章认为："马克思的思想活力，却是要在寻求整合的氛围下，把这些构建中的'科学'混合在一起。马克思在谈论严肃的政治问题时，始终不脱离开社会学、经济学、历史学等其他学科。"③ 其实，马克思早在《〈政治经济学批判〉序言》中就指出："我所得到的、并且一经得到就用于指导我的研究工作的总的结果，可以简要地表述如下：人们在自己生活的社会生产中发生的、必然的、不以他们意志为转移的关系，即同他们的物质生产力的一定发展阶段相适合的生产关系。这些生产关系的总和构成社会的经济结构，即有法律的和政治的上层建筑竖立其上并有一定的社会意识形式与之相适应的现实基础。"④ 这段引文包含了马克思关于社会总体研究的基本思路：首先研究生产关系，其次把生产关系与生产力联系起来考察，接着在生产关系和生产力之间的矛盾运动中分析整个社会历史运动过程。这在经典马克思主义作家那里已经得到充分阐述，在此无须赘言。新马克思主义者卢卡奇解释说："总体性范畴，总体之于部分的完全至高无上的地位，这是马克思从黑格尔那里汲取的方法论的精华，并把它出色地改造成一门崭新科学的基础。" 这门学科就是历史学。同时，"马克思主

---

① 《马克思恩格斯选集》（第 2 卷），人民出版社，1995，第 17 页。
② 《马克思恩格斯全集》（第 46 卷）（上），人民出版社，1979，第 220 页。
③ 《布罗代尔：卡尔·马克思》，张慧君译，http://philosophyol.com/research/shownews.asp? NewsID =342。
④ 《马克思恩格斯全集》（第 13 卷），人民出版社，1962，第 8 页。

义并没有承认法律、经济或历史等等科学是独立存在的：作为一个整体，这里只有一种唯一的、统一的——辩证的和历史的——社会发展的科学。"后来，卢卡奇在对第二国际理论家的经济决定论的观点进行批评时又补充说："马克思主义与资产阶级思想的根本分歧并不在于从历史来解释经济动机的首要作用，而在于总体性的观点。"①

根据卢卡奇的理解模式，总体性不仅是马克思主义理论与方法论的本质，也是进行社会历史研究的总的指导原则。正如布罗代尔所认识到的那样，"马克思不单是历史学家，不单是社会学家，不单是经济学家，更不单是政治学家。他同时具备着历史的整体观和长时段观，所以在马克思身后，历史就再也不能是以往的那种历史了"。②固然，具有西方马克思主义传统的开创者卢卡奇的这种解释不够全面，但却有症候式的指导意义。在历史研究中，对于历史学家而言，正是由于社会的这种总体性，在解释社会的历史发展时，就不能不在研究相异元素的各个多元体系基础上，从而写出整体社会史。也就是说，无论他们考察的问题有如何细微、多么具有独立性，社会史学家始终应该着眼于其研究课题与整体社会历史之间的关系问题，把它放在整体性的框架中进行解释。

那么如何揭示这种整体的社会历史，就成了马克思主义历史辩证研究方法的中心课题，但从马克思主义经典著作中寻找不到现成的答案。总体性是一个基本的概念，而相当程度上，它又是一个具有相当基础主义色彩的理论。马克思最重大的理论贡献之一，就是提出并坚持用总体性观点来研究与分析社会历史，即，马克思在历史观上为历史学所起的最重要作用就是他关于社会关系的总体性思想。这样的历史理论必然影响到了霍布斯鲍姆那样的马克思主义史学家。正是在马克思总体性观点的基本思路指导下，霍布斯鲍姆逐渐认识到考察社会历史的一些基本原则：世界或社会是一个整体，也应该把它作为一个整体来把握；必须把这个整体看成一个在历史中生成变化和不断发展的过程；而要把世界或社会作为整体来把握就不能停留于构成社会的现象和事物的表层，而应该深入揭示社会内部的联系与结构，对社会历史做必要的深层结构分析。这些基本原则指导着他从事社会历史的研究与社会现象的解释。实际上，马克思关于社会总体性思想就是霍布斯鲍姆社会整体史构架的批判理论与分析基础。霍布斯鲍姆始

①　卢卡奇：《历史和阶级意识》，杜章智等译，重庆出版社，1993，第30～32页。
②　《布罗代尔：卡尔·马克思》，张慧君译，http://philosophyol.com/research/shownews.asp? NewsID = 342。

终把马克思主义理论当做观察社会和分析历史的工具与方法论，马克思的总体性思想和方法论，正启发了他对社会历史研究的分析思路。对此，他后来解释得非常清楚："我被马克思的思想所折服了，即历史是可以从整体上加以观察与分析的，并且它具有某种特征，我不能说它就是法律，因为那样会很容易引起人们对老派实证主义的回忆，而是说它具有结构与模式，是人类社会在长期演化过程中所形成的。"[①]

在历史认识论的目标上，霍布斯鲍姆新社会史的理论模式或框架结构，就是试图建立人本主义的社会史认识论和结构主义的社会史认识论相结合的整体社会史构图。在社会史的研究实践中，这种整体社会史构图应该体现两个方面的内容：一则注重社会结构和社会进程或发展趋势的研究，即重视研究产生人类行为的社会条件和探研社会运动发展的后果，从而阐释社会历史发展的结构大变迁。这是广义的理解，也突显了其史学方法论意义，是区别一切相对陈旧的传统史学的新方法，也属于新史学研究领域与范畴。比如他对19世纪和20世纪历史的研究就是一个证明。在说明以整体史观指导写作《资本的年代》时，他说："我的目的并非是将已知的事实做一番总结，亦非叙述何时发生何事，而是将事实归纳起来，进行整体的历史综合，从而'了解'19世纪第三个25年，并在一定限度内把我们今日世界的'根'追溯到那个时期。"[②] 二则注重研究人类社会中历史个体或历史群体、阶层和阶级的行为活动与经历，解释他们创造的社会物质和精神文化现象及其对社会历史进程产生的影响，即重视在结构变迁中普通大众的工作和生活体验。这是狭义的解释，也是新史学的研究方法之一，不失为一种颠覆传统史学方法论的尝试途径。他对工人运动史的研究就是一个证明；也许《帝国的年代》序言中的一段话更能表明其整体社会史的价值向度，他说自己的19世纪三部曲"是要了解和解释19世纪及其在历史上的地位，了解与解释在革命性转变时期的一个世界，在过去的土壤上追溯现代的根源；或者更重要的，视过去为一个凝聚的整体，而非（如历史的专门化往往强迫我们以为它是）许多单独主题——国外史、政治史、经济史和文化史等的集合"。[③] 他希望让人觉得自己的史著

---

① 艾瑞克·霍布斯鲍姆、安东尼奥·波立陶：《霍布斯鲍姆：新千年访谈录》，殷雄、田培义译，新华出版社，2000，第7页。

② 艾里克·霍布斯鲍姆：《资本的年代》，张晓华等译，江苏人民出版社，1999，序言，第3页。

③ 艾里克·霍布斯鲍姆：《帝国的年代》，贾士蘅译，江苏人民出版社，1999，序言，第2页。

就是在一种整体分析与批判理论的指导下，通过各章节的描写来追踪与展现某个时代的主题和某个社会的特质，从而呈现社会的历史整体动态发展过程。这不失为一种颠覆传统史学研究方法的尝试途径。

从新社会史的学科性质上说，作为一位实践的和理论的历史学家，为了拓展社会史研究的新课题，霍布斯鲍姆除了对近代以来西方资产阶级社会史学做了全面性和系统性的检讨与反思外，还对新社会史的任务、方法及史学工作者自身素养提出了更严格、更明确的要求。比如，他特别不满于长期以来历史科学与社会科学彼此之间在很大程度上的自我封闭状态，认为社会史的研究要致力于打破学科壁垒，把社会史学塑造成一门真正的"综合学科"。

在霍布斯鲍姆的整体社会史思想体系里，新社会史学与社会科学的一些相邻学科之间是一种相互交叉相互渗透的关系。实际上，他认为各种社会科学确实应该具备学科之间畛域，但并不能够产生或人为制造门户之争。这也是当代西方社会史的显著特征之一。霍布斯鲍姆也论述了社会史与社会学、经济学以及与其他社会科学的关系。一方面，新社会史学（历史学）的研究主题、概念和方法正逐渐向社会科学渗透："也许当回顾它们之间这时出现的最重要的发展时，最有意义的是发生在这期间的社会科学的普遍历史化问题。"因为"历史问题和历史概念（有时，如就'现代化'或'经济增长'那种近乎粗糙的概念而言）甚至已经占据了迄今与历史学最为接近的学科。历史学的这种不断渗透在经济学上反映最为明显。"一定程度上，包括新社会史学在内的历史学与社会科学都是以社会的历史为研究对象，"除了与社会结构及其转变无关的琐碎生活方式之外——没有社会的历史，历史学家现在不可能从事社会科学家的许多活动。"① 另一方面，社会科学对新社会史学的发展也有贡献，换言之，社会史学家总是能从其他社会科学那里获取一些有益的东西。"自1950年以来，不但通过其他社会科学的专业结构（例如，他们为大学生开设的专业课程）、方法和技术，而且通过其他社会科学研究的问题，社会史获得了巨大的改观与明显的进步。"在深入分析特殊的个人和小群体的具体情形时，社会史学同样也需要社会科学观察和分析问题的方法，例如，"历史人类学的参与性观察、深入交谈、甚至心理分析的方法。最起码，这些不同的方法能够促进我们在历史学的领域内对待相应和同样的研究，有助

---

① E. J. Hobsbawm，"From Social History to the History of Society"，in *On History*，p. 74.

于回答那些费解的问题。"① 正是在这种相互结合的发展过程中，整个历史学科已经显示出自身的进步。事实也正如评论者所言，"特别是在最近的三代里，通过与社会科学日益加深的结合，历史学已经获得了一种积极和真正的普遍进步"。②

在霍布斯鲍姆那里，"社会的历史"的真正含义在于新社会史的研究领域是传统社会科学和传统史学所忽视的课题，特别是社会科学和历史学研究相结合与交叉的领域，他把撰写"整体社会的历史"作为新社会史的核心和宗旨。③ 因此，有学者解释说，新社会史学本身就是跨学科交流的产物，典型的例子比如社会史学与社会学的相互渗透，它们的研究对象正在相互重叠和走向融合，诸如婚姻与家庭、犯罪与社会反抗、民众心理与行为方式等等主题，原本是社会学的独立研究课题，现在也越来越成为新社会史问津的领域。④ 对此，伊格尔斯可谓一语中的："历史学要建立的是一系列事件发生的先后顺序，社会学则关注同一时间事件之间的关系……尽管存在这些差别，但历史学和社会学在某些重要的方面是一致的。"⑤ 新社会史学作为历史学的一个分支学科，与社会学的关系也是这样。当然，霍布斯鲍姆也看到，社会学与新社会史学之间除了保持着相互渗透与影响的暧昧关系，也存在理论与方法论上的本质区别。正如珀金论证的那样，社会史不是社会学的一个分支，它不是寻求实际知识，它是历史学的一种，像所有历史研究一样，它首先需要关注的是："在一定的时间和空间内所发生的具体事件。也就是说具有特定的时间、地点、发生在特定的社会之中的事件。"⑥

强调打破学科畛域，疏通各种学科之间人为的学术藩篱，进行跨学科的交流与对话，从事跨学科合作研究，既是学术发展的思想潮流，又是历史研究的重要趋势。跨学科研究历史的方法当然并不是霍布斯鲍姆的发明与独创，当代西方学术界对这种方法的大力提倡自不待言，但霍布斯鲍姆可说得上把这种方法理解得较为明白透彻，运用得也十分精致自如的历史

① E. J. Hobsbawm, "From Social History to the History of Society", in *On History*, pp. 76–77.
② Geoffrey G. Field, "A 'ManIn Dark Times': Hobsbawm on History", http://www.culturefront.org/culturefront/magazine/98/summer/article.17.html.
③ Felix Gilbert & Stephen R. Graubard, *Historical Studies Today*, New York 1972, p. 4.
④ 参见侯建新《西方社会史定义与发展趋势》，《世界史研究动态》1992年第5期，第48页。
⑤ 转引自侯建新《西方社会史定义与发展趋势》，《世界史研究动态》1992年第5期，第48页。
⑥ H. 珀金：《社会史》，载蔡少卿主编《再现过去：社会史的理论视野》，第130页。

学家。如此看来，霍布斯鲍姆主张把新社会史发展成一门跨学科的"综合的学科"，就是要把原来各自独立发展的经济史、政治史、文化史、思想史、宗教史、家庭史和工人运动史等专业化和分散化的研究，通过借鉴社会学、文化人类学和经济学等学科的研究方法和手段，使之归结于社会史学研究的成果框图里。按照他的标准，其实历史学自产生以来就是一门综合性学科，特别是从 17 世纪后期开始，那些诸如属于自然科学的牛顿经典物理学知识、属于政治哲学领域的霍布斯和洛克学说，以及属于文学批评研究主题的米尔顿理论，还有从前纯粹属于社会人类学家所关注的如家庭制度和宗族仇杀等问题领域，所有这些以前各自独立的研究课题都可以被纳入到所有英国历史学家的历史解释和历史叙述体系之中。由此他特别指出："如果说历史学就是这样被迫构建人类活动的全部历史或建立不同专业学科的研究主题之间的关系，那么某些种类的历史学（如马克思历史学）则一直在系统而有意识地这样做。他们这样做不仅迫使历史学家必须阐明概念，而且有助于建构社会科学的领域。这就是为什么对社会科学最富有成效的方法——18 世纪马克斯·韦伯那种古典政治经济学——本质上是以一种历史结构的解释方式在发挥作用，甚至当它们的实践者自己起初并非历史学家时也如此。"①

霍布斯鲍姆目的在于说明，各种专门史只是研究社会的某一方面，整体的社会史要求把各种专门史纳入到一个统一的框架中进行研究，新社会史学实质上是一门崭新的整合性学科。所以，他强调用一种变换的目光来看待社会史学与其他分支史学的关系，并坚持认为："与经济学或其他用连字号连接的历史学一样，社会史学从来就不可能是另外一个专门化的学科，因为它的主题不能孤立起来……文化史家可以（就其责任而言）不关注经济学，经济史学家可以不关注莎士比亚。然而，社会史学家如果忽视了其中任何一方面，断不会有太大的作为。反之，把一本关于普罗旺斯诗歌的著作看成经济史或者把一本有关通货膨胀的专著当成文化史的研究对象都是行不通的，然而在某种程度上，这两者却可以成为社会史的研究对象。"② 当然，新社会史学不是各种分支学科和其他学科的简单总和，新社会历史也不是各地区的所有历史内容简单叠加构成在一起的历史。正如珀金大彻大悟地指出的那样："社会的历史不是社会上发生的所有事情

---

① E. J. Hobsbawm, "The Contribution of History to Social Science", *International Social Science Journal*, Vol. xxxiii, No. 4, 1981, p. 639.

② E. J. Hobsbawm, "From Social History to the History of Society", in *On History*, pp. 75 – 76.

的历史。全部历史、思想史使人能够完整地理解人类的过去，这是每个真正的历史学家所梦想、所为之努力的目标，他们仅仅视之为一种手段，而不是终结。社会史学家必须避免同时兼顾一切。"① 从纯粹理论的角度看，如果要完全实现这种新社会史学的构想，就必然迫使研究者面对整个人类社会有史以来发生过的历史经验，对所有的历史内容进行分析与研究，从中概括出人类社会历史的本质特征。显然，理论上这是一个宏大的而不可能完成和达到的任务与目标。有鉴于此，霍布斯鲍姆主张，新社会史的预设目标实际上要求社会历史的研究主体放弃那种将各种历史机械叠加的建构方式，而寻求一种新的整体研究的框架模式与整合方式（这正是下一节要阐述的核心问题）。

二　整体社会史的价值目标追求

在霍布斯鲍姆那里，新社会史的研究应该具有明确目标与相应研究手段。从规范角度来看，探究整体的社会历史是新社会史的理想目标，但从策略角度来说，这种新社会史研究也必须寻求自己最初的研究领域。布洛赫曾说："面对纷繁复杂的现实，历史学家必须开辟出一块供他耕耘的特殊领地。显然，他必须作出选择，这种选择不同于生物学家，但那必须是历史学家的适当选择。"② 如果承认布洛赫言论的正确性，那么，霍布斯鲍姆则认为新社会史学也应该拥有自身独特的研究领域，并且历史学家必须有选择性地建构自己的社会史领域，也应该创立自身独特的方法论体系。"仅仅因为他们不可能（除了纯粹方法上的便利或确实有某种必要性）把过去全部人类活动的总体内容作为他们研究的主题，而应该从中做出选择。即使当历史学家不管出于什么原因，集中选择某些人类活动而忽视其他活动时，它总是被按照一种有意无意的分析的优先权的判断标准被选择"。③ 在他看来，新社会史学家明显与传统史学家不同，传统历史学家只集中精力研究帝王将相和内阁、战争和外交等所谓精英历史，他们认为历史上统治集团内部决策者的行为是推动历史最重要的力量，而忽视广大下层民众对历史发展的推动作用。当然，关于社会历史发展的动力问

① H. 珀金：《社会史》，载蔡少卿主编《再现过去：社会史的理论视野》，第 129～130 页。
② M. 布洛赫：《历史学家的技艺》，张和声、程郁译，上海社会科学院出版社，1992，第 20 页。
③ E. J. Hobsbawm, "The Contribution of History to Social Science", *International Social Science Journal*, Vol. xxxiii, No. 4, 1981, pp. 638-639.

题是一个涉及社会历史观的重大理论问题，霍布斯鲍姆在此没有强求非马克思主义传统史学家应完全赞同马克思主义史学家关于人民群众是历史发展主要推动力的观念。

如此说来，霍布斯鲍姆强调新社会史学家在理论上应把整个社会的方方面面作为自己研究的对象，但在实践中允许选择各自研究的主题，在选择研究主题和建构研究领域的同时采取综合研究的方法，新社会史研究的对象绝不意味着包罗繁芜，更不仅仅指那些满足于研究主题的新鲜好奇和猎奇争艳，它更应该强调对社会史理论的逻辑体会与实践领悟，避免具体问题的琐碎考证和单纯描述。"所有历史学家，无论他们怎样看待推动历史发展的最主要力量，都应该知道他们必须把自己引入到与过去的其他现象有着一定联系的关系系统之中，并在他们的视野范围之内，对包括政治、经济、文化、宗教或其他任何因素进行系统综合分析"。① 不管是历史学家还是社会科学家，他们在建构研究领域和选择研究主题的时候总是具有相当的主观性，而这种主观性在某种程度上是可以接受的。在这点上，霍布斯鲍姆与珀金的观点是完全相同的："社会史学家不必成为他所涉及的每一个学科内的专家……描述往往被科学家所忽略的动量理论的人并不一定都得是科学家。描写过去社会中的音乐、城市发展、宗教或赌博的人也不一定非得是音乐家、城市设计者、神学家或赌注登记者。"② 新社会史研究必然选择适当的研究对象或考察目标，以此为基础，上下推论，左右印证，同时注意史学认识对象与社会历史整体之间的结构关系。至少，应该在方法论上注意整体性认识与局部对象认知之间的复杂关系。

三　整体社会史的学科特征归属

现在结束本节的论述似乎显得有些仓促，因此还要提纲挈领式地概括霍布斯鲍姆从下述层面所理解的新社会史内涵和研究对象及学科特性：

第一，就社会史的研究对象来说，作为历史学家，要把整个社会的内容作为历史研究的主题，并从中做出选择。不但要涉及社会结构、社会结构的持续与演变的机制以及结构变革的普遍可能性模式，通过普遍模式，比较研究其他社会关系的系统趋势，而且还要涉及社会历史实际所发生的内容。首先从微观入手，再与宏观结合的角度，即透过社会历史的某一方

① E. J. Hobsbawm, "The Contribution of History to Social Science", *International Social Science Journal*, Vol. xxxiii, No. 4, 1981, p. 639.
② H. 珀金：《社会史》，载蔡少卿主编《再现过去：社会史的理论视野》，第142页。

面历史发展来认识社会的整体变动，以某一方面为认识维度，来考察与社会整体变迁的联结关系。然后从宏观视野出发，深入到某一方面的微观层面，来昭示不同时代和地区的社会复杂面貌。最后从整体上把握，通过比较研究来解释过去、了解或接近现在和"推测"社会历史未来的发展。当然，所谓"社会的历史是一种历史，那就是说社会的历史把真正的编年时间作为它的一个维度"。① 实质上，对社会历史的研究过程就是把处于社会结构和变化的一般模式与一系列实际发生的独特现象重新进行的一个整合过程。

第二，就新社会史研究的任务来说，它需要研究整体的社会历史，应该涉及大大小小各种各样的社会关系系统的历史，它要体现的是社会结构和社会变化的一般模式、一系列实际发生的独特现象的集合体以及错综复杂关系的统一体，要考察不同时代和不同区域社会的政治、经济与文化演变，对某种社会历史主导因素的影响与触动，从而真正展示社会历史某一方面乃至整体人类社会的变化脉络和历史图景。其中社会经济关系是其研究的最根本和决定性因素。"现代社会历史的一个重要主题是它们的社会规模、内在同质性或者至少在社会关系的集中化与直接性方面增强了，由多元性向根本上的单一结构演化"。② 因此，社会史的研究要寻找经济因素上的突破口，进而研究整体社会历史的内容。

第三，新社会史的研究需要历史学家以社会关系的中心问题为意识，来建立社会历史的结构分析模式。"社会的历史需要我们运用，如果不是一个定形的和深思熟虑的那种模式结构，那么至少也是一个近似的研究前提、规则和某种诸如构成了我们主题的重要联系或复杂关系的研究假设，当然，这些问题隐含着模式。每个社会史学家实际上都在进行这种假设，并占有那些前提"。③ 反之，历史学家应按心中既定的模型，去把握社会历史发展变迁中的固有的内在的结构状态。

如前所述，在霍布斯鲍姆那里，新社会史有自己独特的方法论和价值观念体系，新社会史学应是一门"综合的或整合的学科"。它必然包括两个重要的环节：一是体现整体的社会历史各个系统的主要内容；二是体现社会史学那种超越经济史学、文化史学、宗教史学和政治史学等史学分支学科之上的综合功能。而只有当研究者通过霍布斯鲍姆所指称的某种方式

① E. J. Hobsbawm, "From Social History to the History of Society", in *On History*, pp. 79 – 80.

② E. J. Hobsbawm, "From Social History to the History of Society", in *On History*, p. 81.

③ E. J. Hobsbawm, "From Social History to the History of Society", in *On History*, p. 81.

或模式把这两个环节有机地结合，才能建构出所追求的整体社会史成果。

时至今日，中西方史学面临的问题是，就新社会史的定义及其具体研究对象而言，由于学科特征所限，新社会史依然迄无定论。理应指出的是，霍布斯鲍姆已经看到，新社会史的研究领域是一项正在勃发而且也应该得到不断开创的事业。但是新社会史研究的创新需要解决目前面临的两大难题：其一，如何建立一个明确的概念体系和结构分析模式。比如，马克思"阶级"概念具有两重性，事实上情况又要比这繁杂得多，那么要理解一种阶级社会的历史，只有在明确"阶级"概念的基础上，依靠预设的结构模式，运用一定的方法来组织既有的丰富史料，才能正确地分析与解释关于这个社会的复杂社会关系及其变化的普遍问题。其二，清除扩大史料来源方面的障碍。他认为，目前"这个领域产生了令人气馁的技术困境，即使研究对象和概念清晰的地方也存在这种情况，特别是当涉及考察诸如加入或离开特定的社会群体问题，或者农民土地占有权变迁问题的时候。我们可能有幸获得反映这些变化的资料（例如，作为一个群体的贵族或乡绅的家谱记录），或者得到有助于我们的分析结构得以建立的材料（例如，通过历史人口学方法，或者中国官僚制度的价值研究所依赖的数据）。但是关于印度种姓制度，我们能够做什么，又能够说些什么呢？尽管我们已经得知有关种姓制度的变迁以及两代人之间的关系，然而迄今为止还不可能做哪怕是粗略的定量表述"。[1] 基于对新社会史学科特征的充分理解，社会史研究领域还有许多问题值得深化认识，还存在着大量方法论上的迷雾等待史学认识主体去驱散，而这一切首先取决于多种多样史料的获得。然而，就社会历史研究的主体来说，问题还在于，面对浩如烟海的史料，仅仅以其单个人之能力，采用传统的研究手段，是断难吸收和消化如此众多的史料信息。实质上，从某种意义上看，英国新社会史的兴起，不仅是史学研究在史学观念上的变革，同时也是一种史料范围的拓展、史料处理方法的丰富和史学研究方法的更新。不要说世界范围的研究主题，就是某一地区或区域的社会历史，面对浩如烟海的墓志、族谱、方志、宗教教区人口资料和其他档案材料，即便是具备最广博的史学研究视野的史家，有时也感到无能为力，那么对其他史学工作者的挑战就更加显得严峻。就此角度而言，新社会史的研究需要我们借鉴社会科学的研究模式和经验，以研究者团结合作的方式，运用现代科技如计算机集约化处理的手段，对各种信息进行综合分析与整理，从而实现研究的目标和成效

---

① E. J. Hobsbawm, "From Social History to the History of Society", in *On History*, p. 86.

的创新。

通过上述浮光掠影般的分析与举证，目的只是要说明，霍布斯鲍姆如何剖析与理解社会历史的真正现代性内涵。正是由于社会史的研究存在着这样的困境，所以霍布斯鲍姆对于发展到 20 世纪 70 年代为止的社会史研究现状并不乐观，但对它的预期前景却充满信心。他认为，当代社会的历史一直处于变化与重构的过程之中，客观地看，自从作为社会史研究理论开创者的马克·布洛赫和卡尔·马克思的探索性研究之后，虽然还没有任何一项让人完全满意和深受鼓舞的社会史研究成果问世，但毕竟"社会史正处于创新阶段……现在是成为一个社会历史学家的大好时机。即使那些从不声称自己是社会历史学家的人，今天也不想否认这个事实"。① 新社会史是一门充满活力、蕴藏希望和期待创新的整体性学科。可以说，霍布斯鲍姆对整体社会史研究目标的剖析与诉求，既代表了英国新社会史学派的最强音，又是对当代西方史学整体化趋势的回应，同时又反过来作为一种整体社会史学批判与分析理论框架的基础。

第三节　整体社会史学的理论架构和分析模式诉求

实际上，如前文所述，整体性社会史的研究是 20 世纪史学研究的总趋势，中西学者在研究中都日益重视对整体结构的社会历史的研究，他们十分清楚，虽然不能以对结构的研究来取代对历史事件过程的描述，而结构的研究又离不开对历史事件过程的分析，但整体结构的研究越来越显现其强大的感召力和影响力。霍布斯鲍姆对此无疑也有深刻的认识和理解，他的新社会史学研究目的之一，似乎就是要确立"社会的历史"这一研究任务的中心地位，将从 19 世纪到 20 世纪欧洲历史到世界历史的运动，本质上都视为世界范围内社会历史体系结构的变化；同时，他的著作也将世界历史整体化的发展与某个国家或民族或地区社会历史的矛盾运动，视为人类社会历史体系结构内在演化的一种基本矛盾的交织变化。而能否撰写出一部恰如其分的整体人类社会历史，关键在于历史学家如何把握这个矛盾，处理好宏观与微观对象、视角和方法之间的关系。一般来说，或许整个社会关系的特征与发展趋势，在微观层面可能具有更为清晰的体现，所以社会史家对微观社会结构和区域社会发展进程的探讨，在某种程度上肯定会加深认识者对宏观社会结构及其发展特征的理解，从而运用特定的

---

① E. J. Hobsbawm, "From Social History to the History of Society", in *On History*, p. 93.

表述形式，重新构建人类社会的整个历史发展过程。

如何揭示这种整体的社会历史，是马克思主义历史辩证研究方法的中心课题，但从马克思主义经典著作中寻找不到具体方案和现成答案。霍布斯鲍姆的新社会史理论架构就是通过以人为本的结构模式的综合分析，追求或撰写整体的社会历史。这可以体现他的整体社会史理论的重要价值取向和解释方式，通过对其整体社会史理论架构的分析，可以展现他对经典马克思主义社会理论和当代社会史理论的关注程度与吸纳态度，也能够反映英国社会史研究的新趋势。

在霍布斯鲍姆的新社会史学思想中，如何建立和运用结构或理论模式是构建整体社会史的核心问题。

一 理论框架的宏观建构与结构分析的精心运用

霍布斯鲍姆非常重视理论框架的宏观建构与结构分析在历史研究中的重要作用，更重视理论模式与结构分析在社会历史研究中的有条件精心运用。

从根本上分析，结构分析与框架理论是社会学研究方法的前提条件，首先拥有理论，然后提出论点，再按照观点的需要寻求实践支持，再重新归纳获得理论提升，即"理论—实际—理论"分析模式。这与那种传统的借助史料媒介，通过"实际—理论"的历史研究模式显然大相径庭。通过历史学与社会学的相互结合，两种分析模式可以达到方法论上的默契，从而获取研究效果和历史效用的统一。比如说历史学家要对作为社会史的重要内容——社会文化进行特别的动态研究的话，就需要建构一种特定的研究模式。"这种研究所使用资料的特性，已经使历史学家无法将自己局限于简单的事实性研究和阐述。他从一开始就被迫建构模式，也就是说，把他掌握的部分和零星分散的资料纳入到内在统一的系统之中，如果不这样处理，这些资料将只不过同奇闻轶事相差无几。按这种研究模式的标准，不但应该把它的各部分有机地连为一体，而且还要为揭示特殊社会状况下集体行动的性质及其界限提供指导"。[1] 美国新经济史学家的代表者福格尔等就传统史学和新史学展开讨论时也认为，对于是否运用社会行为模式分析，历史学家的确没有选择的余地，因为所有说明历史行为的努力都包含了某种模式。[2] 在他们看来，优秀的新社会史学著作和优秀的传

---

[1] E. J. Hobsbawm, "From Social History to the History of Society", in *On History*, p. 88.

[2] See, R. W. Fogel and G. R. Elton, *Which Road to the Past: Two Views of History*, Yale University Press (London) 1983, p. 25.

统社会史学著作，也许正是在研究的范围、确定证据的经验标准、分析史料的方式以及论证观点的模式上有一定相似之处。但是，霍布斯鲍姆清楚地意识到，新社会史学在吸收传统社会史学和其他社会科学的先进经验的同时，首先要求历史学家完善与丰富自己的分析框架与理论模式。分析框架与理论模式的建构是社会史学家研究社会历史的理论基础和依据。

霍布斯鲍姆试图使人们明白的道理就是："一个特定的历史时期不会是永恒的，人类社会是一个成功的结构，因为它能够不断地变革，所以目前的状况并不是它所要达到的目标。"① 而是永远向前发展。在任何时期内，人类社会都表现出某种结构状态，而对社会历史的分析就是在一种预设的结构前提下，对已经发生的事件和已经存在的人物组成的各种因素或关系系统进行分析，既要揭示这些因素与系统的本质，又要阐述整个社会历史结构的运动。"历史学所能做的就是去发现，在过去几个世纪激剧和广泛的变化之中，一般意义上历史变化或者更特别意义上人类社会变迁的模式和结构"。② 这是直接与当代社会及其发展前景相关联的问题，新社会史学的重要功能也就是发现在某个特定时期内社会历史发展的结构及其变迁。反之，这也是为社会历史的分析寻找一种分析框架或模式。只是这种框架是建立在人类社会发展的一个基本结构的方向性变化基础之上，这种人类社会发展的结构是客观的，因而具有可观察性，不过，它不是直观的，而必须经过逻辑思考与辩证分析才能得到对某种社会结构的认识。整个人类社会历史的理解和构建必须以人类历史本身发展的起点为出发点，按照人类历史发展的内部结构去分析历史运动过程，把社会历史的分析模式或框架与社会历史发展的内在结构有机地结合起来。

霍布斯鲍姆非常重视模式建构与结构分析在社会历史研究中的有条件精心运用。他在《帝国的年代》"序曲"一节中，开诚布公地引用巴勒克拉夫的言论："除非我们同时也明白基本结构上的变化，否则只描述事件的经过，即使是以全世界为范围，也不大可能使我们对今日世界上的各种力量，有较佳的了解。今天我们最需要的是一种新构架，一种新的回溯方式。这些也就是本书所想要呈现的。"③ 西方学者评论说，"对霍布斯鲍姆来说，历史学就是一项揭示那些变革世界的'模式和结构'的日积月累

---

① 艾瑞克·霍布斯鲍姆、安东尼奥·波立陶：《霍布斯鲍姆：新千年访谈录》，第9页。
② E. J. Hobsbawm, "What Can History Tell Us about Contemporary Society"? in *On History*, pp. 30 –31.
③ 艾瑞克·霍布斯鲍姆：《帝国的年代·序曲》，第1~2页。

式和群体式的研究事业"。① 霍布斯鲍姆承认，就个体的历史学家而言，他只能研究比较短时期内的某个社会或世界范围内的社会史构架，比如，他在撰写欧洲史或世界史的时候，偏重于"从封建制度到资本主义的兴起"这一时期社会结构的变迁分析。通过个体历史学家的多次多角度研究和众多历史学家分工合作的整体研究，在理论上整个社会历史的整体研究成果最终总会实现，不过在实践中，这是一个永恒和逐渐完善的研究过程。

可以确信的是，这种模式建构与结构分析是有条件的，霍布斯鲍姆拒绝对任何模式的迷信和崇拜，质疑任何形式化的理论或模式。因为没有任何人或什么学派能够为社会历史研究提供一个完全科学的、无所不能的理论体系或解释模式。他的"新社会史"并不奢望其自身成为人们顶礼膜拜的某种研究范式，他本人甚至根本就不指望自己的研究模式成为某种过于理论化的研究范式。比如，他特别反对那种学究式的、机械的套用诸如马克思主义模式的方法和态度，据他看来，如果对任何社会历史的分析都搬用马克思主义的方法，那么这种研究只是把研究对象固定在某种生产方式中，而这种生产方式的特点似乎是早已确定的，研究者所能够或所希望做的工作只不过是通过摆弄生产力和生产关系的原理而进行表皮的分析与概括。对这样的研究者而言，其目的或许是从了解生产方式出发而达到对社会历史的全面理解。他认为，这实际上只是方法论的出发点，而不是具体研究工作的基本点。他清楚地意识到，在社会历史的研究中，最佳的分析思路与操作方式就是，首先提出一种局部或过渡类型的模式，然后逐步加以扩展。他提倡结构研究的真实意图和分析理路在于：要求历史学家在研究社会问题之前"试图提出模糊的假设，在此基础上进行精确的研究，并且自问事实上这一方案是否是系统阐述自然结构和社会结构及其历史变迁或稳定机制的最佳方法，再来反思建立在其他问题基础上的其他研究方案能否与之相一致，要么发现比它更可行，要么发现运用这一方法几乎可以产生恰如从正面和侧面角度同时展示的毕加索肖像画时得到的完全重叠一致的效果"。②

仔细观察就会发现，霍布斯鲍姆的理论设想前提或预设平台是，就社会的历史研究而言，不经过理性的分析与逻辑的推理，不把实证的解释和

---

① Geoffrey G. Field, *A 'Man In Dark Times': Hobsbawm on History*, http://www. culture-front. org/culturefront/magazine/98/summer/article. 17. html.

② E. J. Hobsbawm, "From Social History to the History of Society", in *On History*, p. 82.

理论的阐发结合起来，社会历史学家就不可能凭空设想和提出关于某种社会—历史的整体和全面解释模式。作为社会历史的阐释者和建构者，他清晰地看到，社会史家研究的社会结构与他的研究方式之间存在着某种联系，要建立起这种联系，关键是社会史家作为历史认识主体能否有机地协调两者之间的关系。在他看来，"经济与社会史不仅关心结构及其持续与变化的机制以及社会演变的可能性与模式"，而且关心"事实上发生了什么"，因而，他所理解的社会历史是"社会结构与变化的一般"模式以及一系列特殊现象的结合。① 要正确理解与深刻认识这些，必须依赖社会史家自身的主体意识水平，依赖于他以历史哲学方法或逻辑方法对之进行历史思维的清理与分析能力。

归根结底，在霍布斯鲍姆和英国新社会史学派看来，由于历史现实中的社会领域就其本质而言是综合性和总体性的，因此社会史的本质内容也是整体性的，不宜将它们分开。而要探讨社会史的整体性本质，就必然要涉及社会结构问题的考察。"根据历史唯物主义的分析，对社会结构可能有两种不同的见解，二者不是相互排斥，而是相互补充的。一种是探讨直接纳入社会结构中的社会历史共性和社会中的社会细胞，这是把社会结构本身（就这个词的狭义而言）作为社会制度的横切面之一而论的。另一种是探讨作为个体之间的联系的社会关系，这种关系使个体从属于社会历史共性和社会细胞，并综合全部结构的社会各个方面"。② 霍布斯鲍姆认为，在社会史研究中，对社会历史分析的这两个方面可以通过众多领域的研究者关于社会史研究对象的理解与跨学科方法的运用得到了有机的结合而实现。③

这里试图指出的则是，霍布斯鲍姆十分强调理论分析框架的独特性，这有助于清除遮蔽着史家视野的其他条条框框，开拓研究人类社会历史的新领域。如后文所看到的那样，在新社会史的研究实践中，以霍布斯鲍姆整体社会史研究为代表的英国新社会史研究实际上体现了两种类型的实体研究：一是，研究关于历史上过去某个时期、某个领域或多个领域的历史事实和历史知识；二是，它又是建立在跨学科基础上的、当代历史科学内部存在着的具有独特研究领域的表现形式或综合性分支学科。由此决定这

① 转引自 C. 罗依德《社会史的理论方法》，《世界史研究动态》1991 年第 11 期，第 29 页。

② 兹韦耶列娃、列宾娜：《英国的社会史和"新史学"》，《世界史研究动态》1989 年第 2 期，第 48~49 页。

③ E. J. Hobsbawm, "From Social History to the History of Society", in *On History*, p. 76.

种新社会史中既有历史本身的解释，又体现着新社会史学理论的阐释与创新。例如，霍布斯鲍姆对社会历史发展图式：前工业（传统的）社会——工业革命时代的社会——工业社会（现代以来的）这个图式中有关社会发展的某个阶段的具体情况，试图进行宏观和微观辩证的解释研究。因此，在他的社会史著作中，既有对历史知识层面的叙述，又有通过这些因素的社会物质结构和社会精神文化状态的表述，从而对社会进行整体研究与整体描述，进而构建整体社会史研究在史学史学科和史学理论领域的应有学科知识谱系。

二　传统社会结构模式的借鉴与现代社会理论模式的超越

霍布斯鲍姆强调对传统社会结构史学分析模式的借鉴与超越。霍布斯鲍姆认为社会历史的整体研究模式可以通过结构分析不断获得创新，而对于如何重现某种社会历史的结构，他强调既要从社会规模、社会内部系统方面或者作为社会关系的普遍类型方面加以研究建构，也要在深层次上对这些问题进行思考，即对它们的社会存在、社会关系以及社会行为系统的各个方面进行思考与认识。关于这点，犹如巴勒克拉夫所说："社会结构是不可能直接观察到的，只是从分析观察到的行为中产生的抽象。不过，按照一定的逻辑将这些抽象联系起来，使之呈现出模式，我们便可以通过这些模式看到社会的本质，并把社会看作一个单一的整体。"① 这样，一定的社会结构就显现出来了。虽然，巴勒克拉夫这番言词是针对人类学家和社会学家所建构的社会结构模式研究而发，但是，这种结构模式的建立对历史学特别是社会史学有着十分重要的指导意义，而建立结构模式需要从其他社会科学中借鉴理论模式和方法。这也正是霍布斯鲍姆所主张的观点。

一般而言，那些从社会科学领域借鉴过来的历史研究结构模式对马克思主义史学家和非马克思主义史学家都会产生影响。但在运用某种结构模式进行社会历史的研究时，两种史学家的态度是有根本区别的。比如伊格尔斯论及马克思主义者同新经济史学家的共同之处和分歧的时候，就认为："他们共同关心经济因素。他们都喜欢用数量来表示和应用概念模式。马克思主义者与新经济史学家的区别在于，前者坚持认为经济因素、政治事件及社会学的数据等因素决不会与更广泛的社会关系和历史发展的

① 杰弗里·巴勒克拉夫：《当代史学主要趋势》，杨豫译，上海译文出版社，1987，第84页。

内容分开。"① 而新经济史家一般只孤立地考察那些因素。前者的观点正能说明，作为马克思主义史学家的霍布斯鲍姆在新社会史研究中对待和吸收其他社会科学领域中的理论模式与方法的灵活态度。

就历史学认识途径和史学方法层面而言，霍布斯鲍姆始终坚持社会史研究同其他社会科学相互结合的态度，运用跨学科比较方法和借鉴其他学科的新成果及现代化辅助研究手段。比如，他善于采用先进的比较研究方法，不把自己研究的时间跨度仅仅局限于几年或几十年的短暂时期，而是注重长时段的比较研究，使人们在读他的史学著作时，能清晰地领略到某个社会现象甚至整个社会的历史发展脉络，一目了然地理解历史发展的因果关系。如果我们承认，马克思、恩格斯创立的唯物史观与社会发展观，是对19世纪西方社会学及人类学理论进行批判总结的产物。② 那么，霍布斯鲍姆和英国新社会史学派则是利用唯物史观与社会发展观来指导自己的历史研究，这本身就是一种跨学科研究理论的提倡与方法的应用。

从更深层次的理论体系角度看，霍布斯鲍姆注重辩证地对待社会学理论或模式对社会史学研究的功用和价值。一方面，他非常清楚地认识到，"理论是这样一种机制，借助于它，可以把时常是独立进行、互不相谋的经验研究活动（其报道的概念背景每每不同）的分散结果放在一个框架中进行系统的整理并建立相互关系"。③ 正如巴勒克拉夫所言："理论模型的价值就在于它有能力把那些杂乱无章的资料组织起来，并使它有意义；它们帮助历史学家突破特殊性的限制。" 然而，"模型的重要性并不在于为历史学家提供解决问题的办法，而在于指出历史学家可以成功地用以说明和解释历史证据的关系和模式。"④ 在霍布斯鲍姆的史著中，存在大量运用社会学理论模式来组织史料和解释历史问题的现象。这样的情况，确如萨缪尔把历史学借用社会学理论时所比喻的那样："社会学提供了一个空洞的理论外壳；而历史学家的任务是用事实来填充它。"⑤ 另一方面，霍布斯鲍姆并不主张过分夸大其他社会科学的理论模式对历史学的指导作

① Georg G. Iggers and Harold T. Parker, *Introduction：The Transformation of Historical Studies in Historical Perspective*, in *International Handbook of Historical Studies：Contemporary Research and Theory*, Greenwood Press 1979, p. 12.
② 参见王学典《新时期史学思潮的演变》，《中国社会科学》1994年第2期。
③ 尼尔·J. 斯梅氏尔瑟：《社会学理论》，《国际社会科学杂志》（中文版），第12卷第1期（1995年2月），第10～11页。
④ 杰弗里·巴勒克拉夫：《当代史学主要趋势》，第93页。
⑤ Raphael Samuel, "History and Theory", in *People's History and Socialist Theory*, p. xli.

用。他明确地说道："当我对流行的经济理论作为对社会的历史性分析的框架持怀疑态度时（而且由此对新经济史的有关主张也表示怀疑），我倾向于认为经济学对社会历史学家的潜在可能性价值是巨大的。"① 这种无意贬低社会科学家和社会科学对历史学作用的态度，却毫不掩饰历史学对社会科学的相对独立的优势地位。应该说，迄今为止，中西史学界都缺乏对待历史学和社会科学两个母体学科体系均驾驭自如的研究者，诸如对社会史和社会学这两个学科的基本概念、研究对象、研究内容和研究方法都尚待深化讨论，甚至学术界对社会史与文化史、社会史与社会心理学、社会史与人类学的关系到底如何都缺乏深入的研究。相比较而言，霍布斯鲍姆更重视社会史的理论求索，既强调确立严格的学科学术规范，又主张跨学科之间的实践交融。

霍布斯鲍姆分析认为，非历史社会科学家由于自身学科的缺陷而经常向历史学家来寻求解决问题的方案，而一旦历史学科的专业人员没有提供这种解释，他们只能勉为其难，他们大多数人只是应用一些粗糙的机械概念和模式去简化历史。"目前的这种状况对那些愿意向其他学科学习的历史学家来说，需要的是教而不是学。社会的历史不能依靠运用其他科学内容贫乏的现成模式来写；它需要构建恰当的新模式——或者，至少（马克思主义者这样认为）需要把现有的框架发展成新模式"。② 那就是，一方面，霍布斯鲍姆提倡突破其他学科现成分析模式的思维局限，鼓励社会史家自身的创造性，另一方面，又强调重视其他社会科学的理论借鉴作用。霍布斯鲍姆细致考察并论证说："在英国，社会人类学已经成为社会科学中一门重要学科。至少这是包括我在内的一些历史学家已经发现的始终感兴趣的唯一的学科，从这门学科中我们可以始终获益……总之所有其他类型的社会人类学家，在某种意义上都教育了或启发了我们，即使我认为很少有历史学家已经大规模采用社会人类学模式。"③ 霍布斯鲍姆承认自己在关注下层历史的研究中借鉴和使用了社会人类学结构模式和分析方法，"我已经尝试过这种建构——向社会人类学家学习借鉴了方法……关于社会盗匪问题的另外一种现象就适合于这种分析类型，因为它是相当标准化的现象"。④

---

① E. J. Hobsbawm, "From Social History to the History of Society", in *On History*, p. 79.
② E. J. Hobsbawm, "From Social History to the History of Society", in *On History*, p. 77.
③ E. J. Hobsbawm, "British History and the Annals: A Note", in *On History*, p. 183.
④ E. J. Hobsbawm, "On History from Below", in *On History*, p. 213.

由此看来，霍布斯鲍姆之所以重视其他社会科学的理论，比如社会学和社会人类学的理论模式对社会历史研究的作用，即通过运用历史的材料与社会科学的方法有机结合来探讨一些社会历史问题，主要在于他认为这些学科为历史学家分析问题提供了一种新的认识角度和一套有用的隐喻、概念及理论术语。这些学科包含着许多结构模式，其中最好的"结构—功能模式"对历史学研究确实能够起到一些启发性作用。巴勒克拉夫曾经写道："历史学的眼光和历史学家的工作应当对来自自然科学、社会科学和人文科学的推动力作出更加有效的反应，这样，新的道路便拓开了。"① 由此对照，在某种意义上，就新社会史学的发展动力来说，霍布斯鲍姆是重视来自非历史学科本身特别是来自社会科学理论模式的"推动力"的，但是他也强调不能夸大这种理论模式的作用。否则社会史研究的成果会受到预设框架的束缚。因为这样有可能导致的后果是，在社会历史研究过程中，过分偏重对社会历史形态与深层结构的审度，而忽略对社会历史主流内容（如家庭历史）实际运行状态的探索，最终导致对整个世界或地区社会历史认识与理解的简化或抽象化，无法揭示社会历史的复杂多维主体图景。归根到底，这在史学理论上的弊端，则是没有突破现存理论模式的桎梏，没有正确树立历史学家的主体意识，而过分依赖其他学科诸如社会人类学的理论模式。

三　马克思主义理论的反思与整体社会史的建构

应该说，在有关社会历史的结构分析问题上，马克思主义理论与纯粹结构主义理论是关于同一整体命题理解和借以阐释具体问题的不同两极。霍布斯鲍姆试图从整体社会史的视角对这个问题的两种含义和意义阐释进行综合性解释。他强调理论建构与方法创新相结合，运用批判的目光对待马克思主义理论，反对纯粹结构主义分析模式，主张两者的有机结合。社会史学研究不能大规模地不加批判地运用或简单套用先验的诸如社会人类学等学科的理论模式。任何学科都有其自身特征与学科要求，不能把其他学科的理论与模式不加分析地搬进历史学的研究领域中来。需要指出的是，霍布斯鲍姆强调理论的建构与方法的创新相结合，反对纯粹结构主义思维模式，他用批判的眼光对待马克思主义理论，怀疑除此之外的任何单纯结构分析模式。他也认识到历史学研究不能大规模地不加批判地运用或简单套用某些先验诸如社会人类学等学科的理论模式。但他并不彻底否定

① 杰弗里·巴勒克拉夫：《当代史学主要趋势》，第63页。

结构分析模式。他毫不隐讳自己的观点："我非常怀疑像把经济历史变成还原的经济理论一样把社会史变成一门社会学的向后研究课题的学科的观点和做法，因为这些学科目前并不能为我们提供研究长时段'历史的'社会经济变迁的有用的分析模式或分析框架。"① 因为对于很多社会历史的发展问题，远非简单的"结构—功能模式"所能解决。比如，关于人类如何从穴居人进化到现代工业主义或后工业主义时代，何种程度的社会变化与这种进步有关，或者产生变革的必要条件及其结果是什么，这种情况是怎样甚或为何发生？等等。霍布斯鲍姆坦言，对于诸如此类社会历史发展的重大问题，不管社会学和社会人类学偶尔能对社会历史的研究具有怎样的帮助，但是"结构—功能模式"的分析框架并不能完全解释这些问题。"如果我们排除像马克思主义之类的思潮的话，事实上，这些学科即使与社会经济的变革相关，但它们的主要内容并没有涉及到这些变革"。②

具体而言，问题在于，他反对那种"社会学与人类学所创造的笼统的各种各样的结构主义模式。因为这样的模式把事物简单化了，它假设'一切事物都是同样的'并寄希望于这些假设逐渐接近现实状况。这种分析本身就是非常危险的。每个历史学家都深知，'一切事物从来也不可能相同'，而社会的现实状况又是如此复杂，以致任何一种模式都根本无法恰当地对它们加以描述或分析"。③ 从学科特性及其发展史看，"历史学（特别是新社会史学——引者注）所研究的不是一般意义上人们所理解的抽象社会，而是研究从过去脱胎而来的社会系统。就研究者对任何人类社会这样一种社会系统所作的单纯结构—功能主义分析而言，不管这种分析模式如何管用，它却忽视了一个主要问题，即为什么这种社会系统由特定'成分'而不是其他功能相同的'成分'组成；或者到底哪种适应那种功能的'成分'对结构起作用；或者如其不然，历史上特定情况在多大程度上抑制了那种适应性"。④ 显然，面对社会历史的这种表面观念掩盖下的复杂性，任何单纯的结构—功能主义分析模式都是不够的。就此，如果说需要其他分析方式来弥补单纯结构—功能主义分析模式的缺陷，那么"可以把人与精神、思想与事件的新型历史看作对社会—经济结构和趋势

---

① E. J. Hobsbawm, "From Social History to the History of Society", in *On History*, pp. 77 – 78.

② E. J. Hobsbawm, "From Social History to the History of Society", in *On History*, p. 78.

③ E. J. Hobsbawm, "The Contribution of History to Social Science", *International Social Science Journal*, Vol. xxxiii, No. 4, 1981, p. 629.

④ E. J. Hobsbawm, "The Contribution of History to Social Science", *International Social Science Journal*, Vol. xxxiii, No. 4, 1981, p. 636.

分析的补充，但不能视为它的替代物"。① 比如，按照霍布斯鲍姆的逻辑分析和观念推论，对于世袭君主政体在经历了以多种方式改变了它们的特性与功能之后竟然能与资本主义的发展和现代资本主义社会和谐相处的现象，人们或许会追问的问题就是，为什么君主政体在某些资本主义社会中一直存在而在大多数资本主义社会中却通常被抛弃？对这个历史现象的解释，既需要通过对资本主义工业社会文明中经济、政治或其他因素之间的相互影响关系做一种结构考察，又需要按照一种游牧文化与农耕文明之间相互影响和交互冲突的模式来解释农业世界的发展情况，甚至对当时资本主义向前资本主义社会的扩张模式做一番分析，更需要对两种资本主义社会中以人为本的思想意识做些深层次思辨后，才能阐明这种现象形成的内部因素和外部因素所在，才能解释这种历史现象。② 这种逻辑分析的出发点在于，对人类社会历史的各种现象，要求对它们进行整体的一种综合分析，或者干脆需要一个建立在多种社会体制基础上的社会存在和社会意识相互影响的分析模式，在这个框架模式中，重新建构整体性人类社会历史的知识图景。为此，他强调对社会历史的研究既要做结构主义的分析又要进行人本主义的分析，才能得到某种社会历史的整体图式，才能注意到长期存在的社会深层结构运动与历史发展趋势。

由是观之，霍布斯鲍姆的新社会史学理论表明，以社会演变或社会历史变革中的社会结构与社会变化过程、社会运动与社会发展、社会体制的稳定性与社会结构的变动性之间的辩证关系作为自己研究的出发点，这也是以历史唯物主义和辩证唯物主义为基础的所有马克思主史学家从事历史编纂和历史研究的逻辑起点，这个研究过程就是社会史学家或历史学家对社会发展的总体历史进行认识的过程，即对社会历史发展的整体思考与全面分析。霍布斯鲍姆毫不隐讳地认为，马克思主义与诸如列维—斯特劳斯那样的结构—功能主义之间，不但存在着术语之争，而且有着根本上的分歧："一是关于对不同类型社会的价值判断，换言之，即不同的社会按各种等级制度排列的可能性，二是社会变迁的机制问题。"③ 双方分歧的焦点在于，到底是动态抑或是静态地考察人类社会发展史？如果"大多数结构—功能主义的分析是同步式的，而且它们越是精致复杂，就越被局限

---

① E. J. Hobsbawm, "The Revival of Narrative: Some Comments", *Past and Present*, No. 86 (Feb. 1980), pp. 6 - 7.

② See, E. J. Hobsbawm, "The Contribution of History to Social Science", *International Social Science Journal*, Vol. xxxiii, No. 4, 1981, p. 636.

③ E. J. Hobsbawm, "What Do Historians Owe to Karl Marx"? in *On History*, p. 150.

于社会静态学说框架之中"。① 那么相比之下，"马克思主义远不是单纯的结构—功能主义的社会理论，虽然它有理由声称自己是结构—功能学派的开创者，但是，它与其他结构—功能学派有两点不同：第一，它坚信社会现象是划分为层次的（如'基础'与'上层建筑'）；第二，它坚持认为任何社会内部都存在着张力（'矛盾'）运动，这一矛盾阻碍这一社会系统保持它自身既定的发展趋势"。② 按照这种观点，霍布斯鲍姆实际上是在充分肯定马克思主义的社会历史理论对于推动历史学成为社会科学中的一门重要学科的主流发展趋势中所起的积极作用。相比而言，结构功能主义的分析框架也是一种在历史学的领域中起着或起过作用的社会分析模式。但是"马克思主义强大的生命力在于，它既始终坚持社会结构的实际存在，又坚持社会结构的历史性，亦即重视社会变迁的内在动力"。③

从这个意义上，霍布斯鲍姆干脆进一步指出："马克思主义从其他结构—功能主义理论中区别开来的特殊条件：一是层次模式，社会生产关系是其基础；二是制度内在矛盾的存在，其中阶级斗争仅是一个特例而已。"④ 对此伊格尔斯就认为，"对于坚持马克思主义观点的历史学家来说，重要的是，一定要在不断变化的一套社会关系的框架里观察所有社会现象和历史事件"。⑤ 在这种社会历史的分析框架里，以生产关系为中心的经济因素是一切历史分析的出发点。在伊格尔斯看来，作为马克思主义历史学家，霍布斯鲍姆与其他马克思主义者一道"为一种有关结构变化的广泛的社会史做出了重要的贡献"。⑥ 这种评价是非常恰当的。埃利论及英国社会史的方法论新动向时，也认为20世纪70、80年代以来社会史发展的一般特征，就是社会史作为历史的分支学科，总体上已经发展起来了，它非常强调社会史的结构分析与理论研究。⑦ 可以说，霍布斯鲍姆提倡和重视在政治经济等中心因素的基础上尽量对社会历史的各种关系系统进行结构分析与历史分析的主张，同时，重视人之作为历史主体与历史客体之间关系桥梁的考察，对英国社会史研究走出"没有政治的历史"的史

---

① E. J. Hobsbawm, "What Do Historians Owe to Karl Marx"? in *On History*, p. 151.
② E. J. Hobsbawm, "What Do Historians Owe to Karl Marx"? in *On History*, pp. 148 – 149.
③ E. J. Hobsbawm, "What Do Historians Owe to Karl Marx"? in *On History*, p. 149.
④ E. J. Hobsbawm, "What Do Historians Owe to Karl Marx"? in *On History*, p. 152.
⑤ 伊格尔斯：《欧洲史学新方向》，赵世玲、赵世瑜译，华夏出版社，1989，第43页。
⑥ 伊格尔斯：《欧洲史学新方向》，第45页。
⑦ See, Geoff Eley, *Some Recent Tendencies in Social History*, in Georg G. Iggers and Harold T. Parker, *International Handbook of Historical Studies: Contemporary Research and Theory*, p. 64.

学观念误区起了不可忽视的作用，对英国新社会史的重新定向也产生了积极影响。

也应该指出，霍布斯鲍姆重视对社会历史的结构分析与历史分析无疑最能体现马克思主义传统。① 他对新社会史研究最大的理论贡献，就是在继承马克思主义生产力和生产关系、经济基础和上层建筑关系分析模式的基础上，再一次创造性地提出或提倡借鉴社会科学领域的理论与模式，注重社会历史结构分析与其他分析方式相结合的史学思想主张。霍布斯鲍姆注重以马克思主义社会历史理论模式指导下的宏观社会发展史或"社会形态演进"历史的叙述，又不忽视具体的内容丰富的地域或局部社会历史的解释，崇尚以血肉丰富的基以社会生活为主体的狭义社会史，来拓展呆板单调的基以生产方式变迁的社会形态发展为核心的广义社会史。正如他自己所言："马克思的巨大力量在于他既强调社会结构的存在，也不忽视它的历史真实性，换言之，它发生变化的内部动力。"② 比如，霍布斯鲍姆进一步解释说，"事实上，我们想要理解任何社会或任何时期历史变革的动力和人类活动的本质或特征的话，我们显然首先应该分析物质生活中的生产方式。如果我们希望理解 19 世纪世界历史中的任何哪个事件，在不是与全球历史隔绝的范围内，我们必须从资本主义经济取得成功的这一主要事实开始进行分析与研究。任何其他分析的起点或解释，将迟早被证明只是涉及到某些资本主义的阶段或某些方面，而且只能造成对其他部分认识的模糊"。③ 正因为上述的基本设论，他认为，社会首先是个涉及人与人之间关系的系统，说得确切点，也就是各个人类集团之间相互关系的系统，其次又是一个涉及人与自然事物之间复杂的关系系统。"生产方式"概念模式只是用来确定指导不同社会中的这些集团在某一特定系列内各种行动的动力，但是生产方式并不等于社会结构历史本身。霍布斯鲍姆的理论分析，向中外史学界的后学阐释着社会结构史中的根本性问题，

---

① 西方学者认为，以唯物史观和历史分析方法为核心的马克思主义理论既不是无历史的结构，也不是无结构的历史，而是具有历史和结构双重特征的历史辩证法，而无论列维—斯特劳斯数学函数模式结构主义，还是阿尔都塞学派结构主义的马克思主义，都是割裂历史和结构的反历史主义与缺乏历史意识的解释模式，唯有马克思理论构成了较为科学的结构主义历史思维的重要模式。参见施密特《历史和结构——论黑格尔马克思主义和结构主义的历史学说》，张伟译，重庆出版社，1993。

② E. J. Hobsbawm, "Karl Marx's Contribution to Historiography", in Robin Blackburn, *Ideology in Social Science*, New York 1973, p. 274.

③ E. J. Hobsbawm, "The Contribution of History to Social Science", *International Social Science Journal*, Vol. xxxiii, No. 4, 1981, p. 631.

他的言论极富影响，其有关新社会史的思维模式已然改变着相当多数的中外学者的宏观社会结构史思维模式，特别是这将在未来相当长的时间里，在相当大的程度上，促进中国社会史研究的健康发展。20 世纪 80 年代，中国社会史研究重新定向，"其动力主要来自史学界从中国历史实际出发对历史理论方法的反思、由于现实生活方式变化对于马克思主义生活方式理论的探讨、国外社会史理论传入和社会学等社会科学重建的三方互动"。事实上，"还历史以血肉的社会生活研究、揭示社会精神面貌的社会文化研究、置社会史于地理空间的区域社会研究是当代中国社会史研究的三大特征"①。

不可否认，霍布斯鲍姆关于整体社会史的理论与方法了难免存在着自身的缺陷。或许，以马克思主义社会历史实践为己任的霍布斯鲍姆，其整体社会史学的理论旨归尽管逻辑深奥，关于社会史学的学理价值虽然陈义极高，但正如其他任何社会历史研究实践一样，真正实现理论与实践的有机统一并非易事，因此霍布斯鲍姆关于新社会史的理论要切实付诸实践似乎也并不那么容易。因为，问题的复杂性在于，人类社会的历史正是包含着这种丰富多彩的因素系统，而诸如各种社会制度、生产模式、生活习俗和社会风气以及人们普遍存在着的社会心理状态，反过来又都对社会历史的生成和发展、由此又对社会史学研究的理论模式和风格倾向起着决定性的影响。所谓社会存在决定社会意识，从这个角度分析，新社会史研究内容的重新定向，绝不仅仅是某个研究领域或整个研究领域的调整，而应当是全新的研究范式转换，要尽量把整体社会历史的内容纳入历史考察的视野。譬如，我们可以重新解释过去那些早已有了定论的东西，有必要恢复以往忽略的基层社会的历史、普通民众的生活状态历史、民间社会日常生活与文化历史等社会历史研究对象的本来面目，从而重构整体社会历史体系，复原整个社会的记忆和民间社会思想状态。然而，不管是整个人类社会的历史还是任何独特社会类型的社会历史，它们内在的一切，又必然奠基于整个人类或各个民族的社会文化传统之上。由此构成了整个人类社会这样一个错综复杂的庞大结构整体。诸如物质因素与精神因素，物质与物质层面，精神与精神领域，凡此等等因素彼此以不同的方式有机地结合在一起。其中任何事物都是普遍联系着的，而没有独特孤立的事物。那么，对任何社会历史的研究来说，最能更接近本质的认识都应该是带有整体性

---

① 常建华：《中国社会史研究十年》，《历史研究》1997 年第 1 期，第 164～178 页。或常建华：《中国社会史研究的回顾与展望》，http：//www.ccec.edu.cn/ccec/depart/shx/shxhis.htm。

的综合观察。这就回到了历史学的基本问题，即"意味着它既要揭示各种人类社会群体分化的机制，又要考察人类社会由一种形态向另一种形态转变的机制，或者未能转变的机制"①。换言之，社会史学研究的价值，应该具备总体上的寓意，它意味着在一个相当长的时段内，人类社会历史不同于一般生物进化机制的单向性进步发展趋势。对这种巨大社会系统的历史研究与历史考察，首先需采取整体性研究路径并树立整体研究的目标，然后即使为了便于观察，在使用多种理论和方法把每一个别、具体的事物分割开来加以分析的时候，不应也不可能消除其中与整体相连的或明或暗的标志性线索。由此看来，关于所有这一切问题的研究，对研究者来说存在着巨大的挑战，要求研究者找到一种操作简便、行之有效和一劳永逸的方法殊不容易。从这样的角度来说，霍布斯鲍姆关于整体社会史的理论与方法方面的操作性难题和缺陷，又是可以理解和需要超越的。

　　基于上述分析可以看出，作为社会历史实践产物的霍布斯鲍姆史学研究成果，其史著的内容或史学价值取向同样反映着一定社会历史参与者的精神世界的变迁。只是，霍布斯鲍姆较为深刻地理解了马克思主义的生产力与生产关系、经济基础与上层建筑之间矛盾运动的分析模式，并在这种简化了的思想体系的指导下，综合地分析社会历史过程，研究社会历史发展的根源，预测其发展的前景。同时，运用综合分析方法，考察社会历史整体，完善马克思主义史学体系。在他看来，正是这个矛盾的运动和发展决定了整个社会历史发展的基本内容，许多复杂的社会历史现象与问题都可以按照这种矛盾运动线索获得合理的解释与解答。归根结底，这种整体社会史理论框架是经典马克思主义关于生产力与生产关系、经济基础与上层建筑分析模式的理论自觉形态。据此而论，这也可视为整体社会史提供了一种新的解释模式，开拓了社会史的分析视野，丰富了研究者分析观察问题的层次与维度，乃至成为人们认识整体社会历史的结构与本质的崭新方法论路径。在社会历史的研究中，对生产方式结构和模式的重视、研究及运用正是霍布斯鲍姆实践整体社会史研究目标的一个理论前提和逻辑起点。在社会历史的研究中，对生产方式结构和模式的重视、研究及运用，也是霍布斯鲍姆在马克思主义总体性思想原则指导下，试图实现整体社会史研究目标的理论实践过程。从学术贡献的角度上看，霍布斯鲍姆整体社会史学思想的理论与实践，具有筚路蓝缕以发其端的重要作用（关于其整体社会史的实践及国际反响问题，将在下文展开讨论）。

---

① E. J. Hobsbawm, "What Do Historians Owe to Karl Marx"? in *On History*, p. 150.

第六章　整体社会史研究实践的
基本特征和国际反响

作为当代著名英国马克思主义历史学家，霍布斯鲍姆的史学研究和探求真知的学术热情从未消减，其学术生涯也极少具有过冷却时期，即便是晚年也是笔耕不辍潜心学问。就其整体社会史研究来说，大体而言，至目前止可分为以 1960 年代、1970 年代为主要时段的前期和以 1980 年代、1990 年代为主要时段的后期两个阶段，相应地，他的史著及其研究领域也呈现出前后不同的特征。前期（20 世纪 60、70 年代）是以劳工社会经济史和乡村农民与社会盗匪等社会运动问题为研究重心——实际上这是霍布斯鲍姆关于整体社会史研究的发轫期与过渡期；后期（20 世纪 80、90 年代）学术方向发生了些微的变化，侧重于世界历史的宏观叙述，倾注于世界历史体系的重构——是其整体社会史的全面造就和实践研究时期。霍布斯鲍姆的史学研究兴趣涉及历史理论与史学理论，研究领域包括社会经济史、国际劳工运动史、社会反抗运动史，甚至还有本论著没有涉及的政治、文学和时事评论等现实性很强的思想领域和学术范畴。其历史研究时段跨度之广，从 17 世纪伸展到当下，而内容之丰富几乎包括所有欧洲和拉丁美洲的历史，也涉及亚洲和非洲等地区的历史。固然，前期和后期的人为划分只是就他整个学术生涯的相对分期，其中没有严格的时间界限，他的史学思想基本上没有明显的断裂层面，而呈现出一个明显的连续发展过程。但如从研究成果的出版时间上看，其连续写成的 19 世纪三部曲，就跨越了前后两个研究时期，堪称有关人类社会历史和世界历史编纂的一种实践范型，它们与其 20 世纪当代史研究从本质上是面对一个特质鲜明而前后衔接的演变主题：从资本主义社会向社会主义社会发展的历史。从史学研究体系来说，它们客观上共同建构了他追求的整体的世界历史体系。

本章试图以霍布斯鲍姆的学术生涯为经，以其阶段性重要代表著作为纬，从价值判断的角度，聚焦于其主要内容及其史学价值，简单陈述其史学著作中既已形成的历史问题意识、学术研究旨趣与思想发展脉络，试图呈现这位马克思主义史家的社会历史研究的实践成效，指出其整体社会史学研究实践的基本特征和整体社会史学思想的国际回响。

第一节　整体社会史学研究的实践成效

基于前述霍布斯鲍姆史学思想的研究，可以发现，他主张两种史学认识论与方法论的价值向度：一是"自下而上"的历史观念与史学观念，注重"自下而上"的史学方法与理论取向，也不忽视"自上而下"的史学研究路径；二是"整体史学观念"，强调整体的社会历史研究方法与理论取向。这两个方面是相互影响和相互作用的，共同构成霍布斯鲍姆整体社会史架构的史学理论基础与实践分析路径。

在史学实践中，虽然不能说霍布斯鲍姆从一开始就追求整体社会史的史学目标，况且这种整体史理论框架的学术理想只是在 20 世纪 70 年代才明确提出，结合他的治史实践看，那些内容与主题在客观上已经构成霍布斯鲍姆整体社会史学实践的表现形式，在某种程度上，为世界历史体系的构建提供了史学实践典范。

第一，构成霍布斯鲍姆整体社会史的第一个基本方面是关于劳工运动领域的研究。1948 年霍布斯鲍姆出版《劳动的转折：1880～1900 年》，[1] 虽然这只是一本关于劳工研究的论文集，却堪称英国劳工史领域开山之作。此后一段时期内，他撰写了大量研究英国和世界劳工运动的论文。1964 年的《劳动者》[2] 和 1984 年的《劳动界》[3] 两本论文集，基本上收集了霍布斯鲍姆从 1940 年代到 20 世纪 80 年代关于劳工主题的文章。按照国外学者的观点，总体说来，霍布斯鲍姆之前的劳工史研究，实际上是劳工运动的直接编年史占主导或居支配地位，这种劳工史也就是劳工机构或组织机构的历史，它主要注重工人运动和工人组织特别是注重领导人活动的精英研究。而霍布斯鲍姆于 1960 年代早期就注意到要寻求建立一种考察工人阶级经历的那种历史架构，与当时绝大多数的劳工史著作不同的是，他重视对工人阶级经历的"整体"的历史关注。1984 年他发表题为《工人阶级的形成，1870～1914 年》的文章，考察和探讨了 20 世纪上半

---

① Eric Hobsbawm, (ed.), *Labour's Turning Point*, *1880 – 1900*, Lawrence and Wishart (London) 1948.

② Eric Hobsbawm, *Labouring Men*: *Studies in the History of Labour*, Weidenfeld and Nicholson (London) 1964.

③ E. J. Hobsbawm, *Worlds of Labour*: *Further Studies in the History of Labour*, Weidenfeld and Nicolson (London) 1984.

期那些所谓"传统的"英国工人阶级生活方式及其历史起源问题。① 尽管
他的研究本身没有涉及工人阶级生活的所有层面，但他的工人运动史著作
对于扩大这一领域的研究视阈发挥了重要的作用。② 应该说，霍布斯鲍姆
对劳工史的研究为"新社会史"研究做出了开创性贡献，也构成了他自
己整体社会史研究体系的重要内涵和实践基点。换言之，关注劳工社会生
活与历史经验，便成为霍布斯鲍姆聚力于社会史研究的重要视角，在他的
这类史学著作中，关于劳工运动、资本主义社会制度和社会历史变迁问题
研究，为资本主义世界市场形成以来的世界历史体系的分析提供了经验分
析和实证支持。

第二，集中于下层社会反抗和社会革命等社会反抗运动或社会文化现
象的历史运动过程、历史活动意义及其特质的研究，努力探索历史深处的
幽微，构成霍布斯鲍姆整体社会史第二个方面的核心内容。但他首先把整
个社会作为自己的研究对象，他的著作多以下层激进主义、个人的叛逆与
普遍的反抗行为、群众的暴力运动、犯罪与监禁、革命与斗争以及"社
会支配"与"反社会控制"典型事件为内容。而其核心概念和研究目标
即是"社会的历史"和"世界历史体系"。霍布斯鲍姆对微观意义上的社
会历史题材具有浓厚的兴趣，作为西方社会反抗运动史研究的启蒙性人物
和实践倡导者，在实践上最重要的代表性著作则有 1959 年发表的《原始
的反抗者》，1969 年的《盗匪》和《斯温上尉》等。在霍布斯鲍姆的这
种史学著作中，现代资本主义的种种因素入侵或渗透传统的农民社会底层
经历、资本主义制度下统治阶级的政治关系和现代资本主义社会的复杂运
行机制，共同构成了由传统前资本主义社会转向现代资本主义社会的普遍
统治秩序与世界性体系。在这种世界秩序中，农民的反抗运动成为牵动各
个方面或因素的主要力量，社会历史的结局正如研究者认识到的那样：
"由于现代资本主义世界的这种降生是通过农民不理解经济力量的作用而
发生的一个隐性过程，或者是通过夺取政权或改变制度而造成的突发入
侵，因此在农民看来不啻对于他们的生活方式的致命进攻。农民群众对于
这种被认为是不可忍受地不公正的新秩序的反抗，往往源于对传统世界、
'美好的过去'（或多或少是神秘的）的怀旧，而且采取一种所谓的'政

① 参见艾瑞克·霍布斯鲍姆《非凡的小人物：反抗、造反及爵士乐》，王翔译，新华出版
社，2001，第 93～119 页。
② See, Harvey J. Kaye, *The British Marxist Historians: An Introductory Analysis*, Polity Press
(Cambridge) 1984, pp. 138－139.

治卢德主义'的形式。"①

在这种看似微观的社会史研究领域里，霍布斯鲍姆明确地从整体上强调分析前资本主义和资本主义社会中的社会底层抵抗与造反运动的历史过程，同时，他更强调这些运动的前政治意识特征，在宏观上揭示这种底层社会历史运动的现实意义。"霍布斯鲍姆著作的价值……把注意力指向宗教和政治运动共有的特征（例如魅力超凡的领袖），而这些特征过去只是被孤立地研究过"②。比如，霍布斯鲍姆自《原始的反抗者》出版以来所撰写的系列论著，就是"概述了在不同的西欧国家中，他称之为社会盗匪活动传统的历史发展"，并且"探讨了某些社会集团对一种脱离了其政治、社会或经济形势的感觉所作出的反应"③。在某种程度上，诸如霍布斯鲍姆基于非欧洲地区特别是拉丁美洲国家的系列第一手调研资料写成的《农民与政治》、《农民的占地运动》和《匪徒朱利亚诺》等文章，进一步深化了这种微观底层社会与宏观整体社会史研究的实践路径。④ 正是从前政治意识与下层民众社会反抗交互作用的视角，从群体政治、国家政治和国际政治的理论视野，在个体与整体相互关系的实践层面，霍布斯鲍姆以独特的研究方法为人们提供了一幅丰富生动的以下层社会历史运动为背景线索的资本主义世界历史图景。

第三，构成霍布斯鲍姆整体社会史的第三个重要方面，是他从宏观意义上对于欧洲社会历史和世界社会历史运动过程那种令人印象深刻的系统研究，深入阐述了英国工业化与民族精神的演进及其实质，进而展示了人类社会历史的发展演变众像，体现了作者关于人类历史走向的基本思考和世界历史体系的基本构想。代表性著作有 1962 年的《革命的年代》，1975 年的《资本的年代》，1987 年的《帝国的年代》和 1994 年的《极端的年代》等。这些"年代"研究理所当然是互相关联的。如果放宽一点儿来看，其内容和观点构成了整个人类社会发展历程的重要描述和组成部分，而且各卷本又尽显各自独立的思想特色。从历史发展的时代上说，霍布斯鲍姆的"年代"研究成果，可以非常方便地令读者把它们作为单独

---

① 米夏埃尔·勒维：《从斯温队长到潘乔·比利亚——埃里克·霍布斯鲍姆史学著作中的农民反抗》，载陆象淦主编《新大陆 VS. 旧大陆》（当代人文译丛，第 I 辑），社会科学文献出版社，2006，第 397 页。

② 彼得·伯克：《历史学与社会理论》，姚朋等译，上海人民出版社，2001，第 107 页。

③ 伊格尔斯：《欧洲史学新方向》，赵世玲、赵世瑜译，华夏出版社，1989，第 188～189 页。

④ 参见艾瑞克·霍布斯鲍姆《非凡的小人物：反抗、造反及爵士乐》，第 227～306 页。

著作来解读。从这些"年代"涉及的所谓"双元革命"等重大主题和时代观念来看，霍布斯鲍姆的有关论说无疑成为国际史学界的重要思想内容。比如，英国是开启世界资本主义国家工业化之先驱，而工业革命改变了人类社会的历史进程，以它为标志，人类社会分成工业社会和前工业社会两个阶段。正如学者所言，"英国是现代化的领路人，开创了全世界史的现代化之路"。① 英国史学界关于工业革命的研究，成果丰硕，这里不想多加叙述。霍布斯鲍姆及其研究成果作为这种研究理路的重要组成部分，无疑受到其他学者的重视，引起学术共鸣。

在那篇题为《作为历史的现在：撰写个人自身时代的历史》的文章里，我们已经注意到霍布斯鲍姆论述了历史学家自身境遇与当代历史的写作实践之间的关系与困境，也涉及全球性资本主义衰变时代的历史会通与历史学家之史学视角的调整问题，这些问题都值得进一步加以认识和理解。这里，我们注意到的是，霍布斯鲍姆特别强调 20 世纪历史学家关于 20 世纪史的历史写作应该以时代独特的视角和整体史观为指导，"无论我们是谁，我们都不能不把这个世纪作为一个整体来看待……认为我们现在能够如置身于 19 世纪之外那样置身于 20 世纪之外是非常荒谬的观点，而且我们至少可以把 20 世纪视为一个整体。总之，20 世纪 90 年代撰写的 20 世纪史，必须以独特的内容区别于任何以往撰写的这类历史"。② 事实上，在正式构思撰写这部 20 世纪短暂的世界历史和世纪运动的时候，霍布斯鲍姆就是按照这种思路来组织材料和撰写成文的。用他自己的话来总结，就是把这个短暂的世纪看成一种相互比较和有机联系的前后两部分历史运动构成：前半部分经从 1914 年到第二次世纪大战结束的历史，是个基本上充满社会灾难、社会革命不断、传统帝国解体、世界经济近乎崩溃和自由民主制度日渐衰落的时代变奏。而从 20 世纪 40 年代后期开始的历史演变，则反其道而行之，属于一个自由资本主义社会借由各种方式自我改革和自我恢复以达到空前繁荣的时代。③ 在此，霍布斯鲍姆把资本主义世界所取得的前所未有和无与伦比的经济快速发展现象，都视为 20 世纪人类社会发展的核心内容，特别认为 20 世纪 80 年代是发达资本主义世界真正繁荣的阶段。当然，他也指出不应该忽视的一个事实是，正是到 20

---

① 钱乘旦、陈晓律：《英国文化模式溯源》，上海社会科学出版社，2003，前言，第 1 页。
② E. J. Hobsbawm, "The Present as History", in *On History*, The New Press（New York）1997, p. 235.
③ E. J. Hobsbawm, "The Present as History", in *On History*, p. 235.

世纪 80 年代，社会主义已经处于明显的劣势地位，以至于这个时代的人们不能不担心社会主义还是不是资本主义在全球的替代物的问题。实际上，20 世纪的历史作为一个整体现象不断发展和连续演变，正是由于资本主义和社会主义两种社会经济制度作为二元对立形式的相互影响力度，使得"短暂的 20 世纪历史现在看起来更像是一部三幅一联的作品或者一块三明治：一个相对短暂的黄金时期把两个主要的危机阶段分隔开来了"。① 历史学家的任务就是试图通过比较研究的方法揭示作为整体的 20 世纪历史中的内在基本因素及其变化轨迹，从而预测人类社会历史的未来趋向，尽管这种预测存在着相当的时代困境。

概括来说，霍布斯鲍姆这些史著包含的内容，共同构成其对人类社会历史的整体性研究。借用霍布斯鲍姆自认为不甚完备的史学义理法则来说，整体的社会历史研究，需要"从最广泛意义上，探寻历史所涉及的重要内容：（现代）智人为什么会和如何从旧石器时代发展到原子能时代"，② 在此基础上，21 世纪史学研究的中心任务则是进一步思考"人类怎样从旧石器时代向国际互联网络时代发展"的问题。③ 据此，对世界历史体系的实践构建，体现了他心目中的世界历史运动特征：其一，宏大叙事与微观分析的结合。既有对大事件、大发展和重大变革做的宏观叙述。如现代化研究：从前现代—现代—后现代；工业化研究：农耕社会—工业社会—后工业社会；市场化研究：小商品经济—商品经济—现代市场经济。也有关于社会生活状况的描述和基层社会史的研究：社会下层生活方式、妇女、家庭和社会团体、社会盗匪和农民问题、劳工阶级的斗争方式、文化意识和心理思想等等，都是宏观视野下的微观叙事分析。其二，"自上而下看历史"和"自下而上看历史"两种史学分析视角和阶级方法的结合。在资本主义世界史体系的实践研究中，既有重视上层精英阶层引领的社会历史重大变迁和重大事件的重点分析，也有关于下层社会阶层参与改造社会历史状况的深厚描述。有百年革命等政治军事变革的历史解释，也有意识形态和文化科学艺术等层面的历史叙述。其三，史学传统实证研究方法与新史学跨学科研究方法的结合。他曾经自我勉励，史学研究的辩证关注态度应该是：一方面要利用系统实证阐述方法，另一方面又力

---

① E. J. Hobsbawm, "The Present as History", in *On History*, p. 236.
② E. J. Hobsbawm, "A life in History", *Past and Present*, Vol., 177, Number 1 (November 2002), p. 12.
③ E. J. Hobsbawm, "A life in History", *Past and Present*, Vol., 177, Number 1 (November 2002), p. 16.

求避免叙述过程只是将已知的事实做一番陈列式总结，并非是叙述何时何地发生何事，而是对事实进行归纳，对社会历史做整体的分析与综合。

霍布斯鲍姆正是从微观与宏观的角度对社会的历史进行整体研究，实践着自己的新社会史理论与建构社会历史的整体解释框架。因此，在他的整体新社会史学著作里，深化社会整体性研究是极其重要的实践特色。这种整体性又直接以其著作的鲜明而引人注目的大众性为依托，就是既关注当时的现实社会运动，又着眼于社会变革的主体——人民大众历史的研究。

第二节　整体社会史研究实践的基本特征

以霍布斯鲍姆为史学拓荒者和研究主将之一的英国新社会史学派，既长成于第二次世界大战后新史学派在西方主要国家占主导地位的国际史学环境之中，又浸润于英国传统社会史的学术场景，双重学术氛围使它本身又成为西方新史学潮流中重要而别具特色的学术分支。在阐述霍布斯鲍姆整体社会史研究的特征前，值得明确以下三个方面的问题：

第一，以霍布斯鲍姆整体社会史研究为显例的英国新社会史学实际上体现了两个层面的实体研究：一方面，研究关于历史上过去某个时期、某个领域或多个领域的历史事实和历史学知识；另一方面，它又是建立在跨学科基础上的、当代历史科学内部存在着的具有独特研究领域的表现形式或综合性分支学科。一般情况下，英国新社会史学派的研究是在上述二重意义上体现新社会史和新社会史学的含义，其研究是一个分析和综合历史发展过程中互相联系着的历史事实、历史证据与历史本质的历史辩证过程。换言之，这种新社会史学中既有历史本身的解释，又体现着新社会史学理论的阐释与创新。例如，霍布斯鲍姆对一般历史学家共同默认的而且恪守为常的社会历史解释图式即前工业（传统的）社会——工业革命时代的社会——工业社会这个图式中社会发展的某个阶段有关具体情况试图进行宏观和微观辩证的研究。实际上，在其史学著作中，他既力图说明特定阶段（如资本主义发展阶段和社会主义发展阶段的社会历史）乃至整个人类社会发展图式的社会结构、集体或个人行为及其意识相互关系间的典型特征，又试图对社会史研究的主要对象和中心主题——社会本身的内部状况、产生社会持续性稳定发展的诸种因素、造成社会不协调发展以及它与传统社会决裂的各种因素之间乃至在整个社会内部中错综复杂的关系系统，进行综合分析与深入考察。因此，在他的社会史著作中，既有对历史知识层面的逻辑叙述，又有通过针对这些因素的社会物质基础和社会精神文化的历史表述，从而对社会进行整体研究与整体描述，进而构建整体社会史研究在史学史和史学理论上的学术谱系，构建了作者独特的世界历史的内容体系。

第二，就英国新社会史学派的渊源来看，在英国社会史研究与学术发展历程中，霍布斯鲍姆等人倡导的新社会史研究，固然是建立在以屈维廉为代表的英国传统社会史研究基础上，但是又与这种旧社会史有着明显的区别，于此无需赘述。实际上，它也区别于1964年成立的剑桥人口与社会结构史研究所倡导的人口与社会结构史取向，这种"人口与社会结构史"学派"主张运用包括数理统计在内的历史人口学新方法，从各地教会簿册中挖掘新材料，企图通过结构分析，探索人口变动的数量背后的社会关系"①。这个剑桥学派的缺陷在于它对社会结构的研究在实质上是脱离历史总体进程的联系而孤立地分析与考察社会结构和历史进程，它不是整体考察隐藏在历史现象背后的深层本质。由于该学派缺乏正确的理论指导，其研究结果必然无法揭示社会历史发展的内在联系，无法解释社会历史进程的内在变化与性质，学派命运也就可想而知。相比较而言，英国新社会史学派及其整体史研究取向，则更加引人关注，影响也更为深远。

第三，英国新社会史学派确实从年鉴学派那里获取了灵感与营养，但是，以霍布斯鲍姆为代表的英国马克思主义社会史学与以年鉴学派代表的非马克思主义社会史学从具体主张、分析方法和发展前景等方面又有明显的区别。霍布斯鲍姆坦率承认："我与年鉴学派有许多共同点，而分歧却只有一点。他们认为历史从来不会变化，具有永恒的结构，而我则认为历史是变化的。"② 从他的著作可以看出，他主张历史研究应从人们的社会生活现实与经历出发，可借助于一定的结构分析框架来认识历史事实，观察社会历史发展的长期规律。但是他认为人们是能动地有意识地创造社会历史，而不听任历史"结构"与"规律"的摆布。实际上，霍布斯鲍姆等人倡导的马克思主义社会历史学，在性质上属于人本主义的马克思主义史学，它并不忽视"结构"的分析与考察，一定程度上可以称之为人本主义和结构主义相结合的新社会史学。它同结构主义的年鉴学派特别强调

---

① 姜芃：《英国新社会史及其在中国的回响》，载鲍绍霖编《西方史学的东方回响》，社会科学文献出版社，2001年2月，第149页。

② 艾瑞克·霍布斯鲍姆、安东尼奥·波立陶：《霍布斯鲍姆：新千年访谈录》，殷雄、田培义译，新华出版社，2000，第8页。

社会史研究从单纯的社会结构——功能模式分析的出发点与归宿都有所不同。比如，前者主张"自下而上"的史学观念，后者信奉"大众日常生活"的史学宗旨；前者以阶级斗争与阶级分析方法为工具的多种分析方式，并不排除结构分析的具体运用，而后者依赖于结构主义的分析方法，终于陷入"无人的历史"① 的实践困境；概略言之，英国马克思主义社会史学的"自下而上"的史学观念与年鉴学派或其他非马克思主义的社会史学所主张的大众日常生活史观念，在研究的价值取向上最大的不同就是，"前者是带着阶级斗争观点和社会主义的立场从事劳动大众史的研究，而且把这种研究同实现人类彻底解放的目标联系起来"②。前者从事和追求以人类彻底解放与发展为目标的历史研究，后者日益忽视人类的现实关怀而走向单纯的自然环境与地理结构层面等生态环境的"长节拍"研究，很大程度上忽视了人类社会终极关怀的当下考察。

注意到上述三个问题，基于霍布斯鲍姆整体社会史研究成果是英国新社会史学重要形态的史学认识，对霍布斯鲍姆整体社会史研究特点进行重点分析，由此透视英国新社会史学的某些基本特征，关于霍布斯鲍姆世界历史体系的构建轨迹就看得比较清楚了。

一　整体社会史研究的大众叙述性

以霍布斯鲍姆整体社会史研究为显例的英国新社会史研究，集诸如表现形式的叙述性和聚焦问题的分析性、史学价值的社会性和史著读者的大众化、研究主题的广泛性和研究视野的整体性为一体，在西方史学界占有一席之地。

就研究成果的表现形式而言，霍布斯鲍姆整体社会史研究与英国新社会史学著作以其鲜明的社会性和大众化在国际史学界名声显赫而独树一帜。反之，大众化和社会性本身又是这种新社会史学之所以迅速发展极其活跃的内部动力因素。而大众化趋势和社会性主要表现于研究对象、表述形式及发展趋势诸方面，均要受到来自社会大众方面的制约和影响。从一般理论层面来理解，"史学研究的大众化倾向，主要包括以下几方面，即一，在研究内容上，日益注重对广大普通社会成员的日常生活的研究；二，在表现形式上，保持大众可以接受的风格；三，在发展趋势上，要以

① Raphael Samuel, "People's history", in *Raphael Samuel* (ed.), *People's History and Socialist Theory*, Routledge & Kegan Paul Ltd (London) 1981. p. xvi.
② 庞卓恒主编《西方新史学述评》，高等教育出版社，1992，第74页。

社会需求形式表现出来的大众思想为根据，不断调整自己的研究"①。众所周知，历史是关于人的科学，M. 布洛赫就说，作为总体史学的新社会史学的研究对象则是复数的人，"正是复数的人，他们才是历史学所要把握的"。② 这里"复数的人"即指普通人民大众，在这个层面上，英国新社会史学更能反映历史学的学科特征。这种史学观念的价值取向在霍布斯鲍姆的史学著作中表现得最为明显。这种表现又集中体现在史著的叙述性风格方面。

按照普遍的解释，历史学既应该运用生动的语言和丰富的实例去展示历史上丰富多彩的个别事物与个别人物的个性，去描述一次性而非重复性的社会生活层面的独特景观，也需要对社会历史中那些群体性和重复性的现象进行严肃冷静的分析思考与科学探讨。在此，前者属于"个别描述式"的方法，偏重于实证研究中的应用；后者则属于"法则归纳式"的方法，在理论研究中运用广泛。霍布斯鲍姆的史学著作则十分推崇叙述史学并在史学实践大量运用历史叙述的方法，实际上是"个别描述式"和"法则归纳式"方法的一种结合形式。其实，20 世纪 60、70 年代以来存在的"叙述史学的复兴"思潮是英国历史编纂学中、也是西方当代史学编纂的一个重要特征。③ 如果说劳伦·斯通的《贵族的危机》可以让人们看到当代英国历史编著学的新范式，④ 那么可以说，霍布斯鲍姆的后期史著更是运用新叙述方法来撰写社会历史的实践典范。其实，不管是早年以马克思主义和共产主义者身份开始从事工人阶级和阶级意识领域的尝试性研究，还是凭以获得博士学位的费边社、新工联主义和劳工运动领域的转

① 参见葛志毅《由社会史研究引发的史学思考——论史学发展中的科学化与大众化问题》，《求是学刊》1997 年第 5 期，第 93～99 页。

② 陆象淦：《现代历史科学》，重庆出版社，1991，第 220～221 页。国内学者根据俄罗斯史学家古列维奇的看法，认为年鉴派创始人的主要传统是文化史和心态史，或布洛赫的新社会史，年鉴派在布罗代尔史学思想占据主导地位之前的时期，其创始人也是把活生生的人的内容作为社会历史最重要的本质。而布罗代尔的经济—地理决定论却离开了这点。此说极具代表性，参见陈启能《超越布罗代尔》，http://www. peopledai-ly. com. cn/bookshop。

③ 著名英籍美国历史学家劳伦·斯通在《叙述史学的复兴》一文中指出，无论哪种历史，无论它充满了多少数据和图表，实际上都是一种故事，它们只是历史叙述的一个片断，只不过具有不同叙述模式的区别而已。尽管阐述史料的方式发生了新的变化，但注重文学修辞，诉求人类情感的行文风格没有改变，它总是几乎毫无例外地会分析其认识意义、方法论价值和意识形态立场。See, Lawrence Stone, "The Revival of Narrative: Reflections on New Old History", *Past & Present*, No. 85, (November. 1979), p. 24.

④ See, Lawrence Stone, *The Crisis of the Aristocracy 1558 – 1641*, Clarendon (Oxford) 1965.

折性研究，霍布斯鲍姆的治史对象和史学价值取向都是十分鲜明的，那就是始终兼顾少数的专业化学者和更广泛的非专业受众可理解向度。在早年接受的专业访谈时，霍布斯鲍姆就坦诚分析，认为对他自己甚至所有历史学家来说，根据民众意向而非纯学术目的去撰写历史是非常重要的。任何社会科学尤其是历史学都具有社会政治功用和社会公共价值，至少它必须尝试与普通市民观念达成相互交流的史学实践效能。因为在他看来，就如亚当·斯密（Adam Smith）、卡尔·马克思和约翰·凯恩斯（John Maynard Keynes）等经济学家撰写出来的作品也都不仅仅只考虑专业人士而能够适合民众的口味。那么对开放的历史学和称职的历史学家来说，就更应该如此。① 不过，霍布斯鲍姆也清楚地明白，在某种程度上，追求大众化和专业化兼容并包的史学研究取向既是学术理想也可能是学科幻想，因为并非每位著作者都真正能够为普通读者写作历史，能够真正掌握和了解普通读者的知识视阈或学科眼界。如果因为历史学家的史学作品面对的是受过基本教育的普通民众，那么历史学家就需要明白以下两种写作取向的真正价值：为你能够理解他们的基本文化和教育背景的民众写作，同为你不能够理解他们的基本文化和教育背景的民众写作，这两者之间存在着一种巨大差异。按照霍布斯鲍姆的独特理解，史学研究实际上是借助文化媒介的一种大众思想资源的认识论循环，历史学家则是通过史学作品构架专业作者与普通读者之间观念沟通的重要桥梁。而这种桥梁的畅通与否直接关涉到历史学家作品的大众化与专业化的有机结合程度。霍布斯鲍姆谦虚地认为自己的史学著作并非就很好地做到了这点，虽然他自己首先是作为专业历史学家通过深思熟虑的研究方式为专业读者撰写史著而得到广泛认可，但是"我仍然希望我所提供的大多数作品能够为那些非专业的民众所阅读"。② 这也是霍布斯鲍姆毕生的史学价值追求和史学实践目标。

霍布斯鲍姆在触及其四部曲成因问题时的自我解释，从一个侧面强调说明了宏观叙述史著的巨大魅力和学术反响。虽然《革命的年代》只是作为单行本出版发行的，但当1975年霍布斯鲍姆完成《资本的年代》的时候，他似乎意识到自己的研究工作事实上已经进行到一个非常庞大计划的中程。甚至他解释说："如果我早意识到这点，或许我就不会有这么大

① Marho, "Interviews with Eric Hobsbawm", in *Visions of History：Interviews with Radical Historians*, Pantheon Books（New York）1983, pp. 30 – 32.

② Marho, "Interviews with Eric Hobsbawm", in *Visions of History：Interviews with Radical Historians*, p. 32.

的勇气来从事如此巨大的一项研究工作。"① 事实上，1987年他又出版了《帝国的年代》，而1994年最后完成关于短促的20世纪历史《极端的年代》的撰写。这些著作的问世既是作者长期从事历史研究辛勤劳动水到渠成的必然结果，又来源于普通大众呼唤优秀的叙述史学著作的外在推动力。这四部足以构成独特的霍布斯鲍姆世界历史体系的著作，一部比一部更多地赢得了世界性的影响，也成为国际史学界少有的畅销历史著作，其中重要的成功因素得益于著作者充满艺术性的叙述手法。早年劳工史研究是霍布斯鲍姆取得广泛影响的一个重要领域，就其著作接受对象的范围而言，他在一本书的序言中这样写道："我希望那些对劳工历史没有专业兴趣的或者可能对任何历史都不感兴趣的人也许能够带着愉悦的心情阅读这些著作，或者说这些著作将会被他们所理解。"② 作者在后来的研究中更是把历史叙述的方法发挥得淋漓尽致，以至西方学者如是评论说："今天，他的四卷本有关'漫长的'19世纪和'短暂的'20世纪史赢得了大多数人的广泛赞誉——不单单是因为它们的渊博和大胆的分析，而且还因为作者深信，历史学家必须书写那种宏大的关于过去历史的解释，同时不至于淹没历史的多样性和复杂性的著作，与此同时，这种叙述还要有可读性而不能晦涩难懂，要有利于非专业性读者的理解。"③

在英国新社会史研究领域，历史著作的叙述性方法有着优良的传统和内在的推动因素。霍布斯鲍姆甚至早已认识到，在英国历史学家一直存在着为广大民众需要而书写历史的传统，"你可以回溯到如吉本和麦考莱那样的人那里，他们撰写的自认为是以严肃资料为基础的著作，不但可以提供给一群专业人员研究，也可提供给一般广大民众去阅读"。霍布斯鲍姆致力于运用大众化和通俗化的历史作品把读者从对小说的迷恋中吸引过来，对一般民众而言，"我也认为最近一些年小说已经退居次要地位。民众对真实生活的历史比对虚构的历史表现出更不可思议的、令人震撼的和情趣激昂的热情。而且在我们的社会里，我认为这个社会缺乏很多过去的根基，人们具有一种为他们自身历史定位或者试图发现他们来自何方的心

---

① "A life in writing: to criticize the future/by Genre Interview with Eric Hobsbawm", *The Guardian*, Saturday December 23, 2000., See, http://www.books.guardian.co.uk/departments/history/story/0, 6000, 414796, 00.html.

② E. J. Hobsbawm, *Worlds of Labour: Further Studies in the History of Labour*, Weidenfeld and Nicolson (London) 1984, Preface, p. x.

③ Geoffrey G. Field, "A 'ManIn Dark Times': Hobsbawm on History", http://www.culturefront.org/culturefront/magazine/98/summer/article.17.html.

理需要"①。因此，任何一位历史学家都应该为满足民众这种需求而研究历史和撰写历史，正是霍布斯鲍姆学术研究后期致力于倡导叙述史学写作的内在动机。

整体社会史研究成果的大众性和普及性，并不影响霍布斯鲍姆史学思想的深邃和认识洞察力。他的史著并不缺少史学哲学基础的分析与思辨，他曾经不无自信地说过，在当代学术兴趣倾向史学观念和方法论问题反思的时候，"即使最没有哲学头脑的历史学家，也不可避免地会对他们的学科进行总体上的反思"。② 然而，即使在《论历史》这样一本对他的研究主题和所在学科进行深层反思的论文专集里，他也时刻铭记史著写作必须注意大众化与专业化相结合的宗旨："这个出版物的写作阅读范围主要是针对在大学里的一般读者，也针对那些职业历史学家或经济学家的特殊群体。"③ 这种写作动机再次充分反映了著作者追求大众化史著的良好初衷。

叙述性史学实践和善于运用叙述方法是霍布斯鲍姆后期史学著作中明显和典型的学术特征。史著的宏大叙事方式和微观叙述方式结合，叙述与思辨的有机结合，既能使得他的史学著作具有独特的叙述风格而爽朗上口，又能使人感受到自己正面对历史学家思想深处所萌发的那种丰富活泼的个性灵感，还能使读者体味到著作者作品与思想观念的历史蕴意，就好似嵌镶在一种深层社会结构之中的耀眼明珠。人们能够体会到这种著作文本所流露出来的强烈而深刻的分析色彩、理论反思与现实关照，同时体察这类史著所夹带着鲜明的微观描述与宏观叙述完美结合的历史学色彩。就霍布斯鲍姆的历史著作本身来说，有时他会以其思想的深邃和理论冲击力受到关注，有时别出心裁的行文和天马行空的笔调又显得过于平稳绵长，从而使得史学著述的体系略显思路零乱、文字晦涩和思想模糊，但总体上，其史著主题是明确的，语言是流畅的，思维是清晰的，意义是确定的。

确实，霍布斯鲍姆试图将叙述史学的影响魅力扩及大众，力求史学著作通俗化而又不失较高的史学思想价值。他预期自己的作品应该既面向业

---

① "A life in writing: to criticize the future/by Genre Interview with Eric Hobsbawm", *The Guardian*, Saturday December 23, 2000., See, http://www.books.guardian.co.uk/departments/history/story/0, 6000, 414796, 00.html.

② E. J. Hobsbawm, *On History*, Preface, p. vii.

③ E. J. Hobsbawm, *On History*, Preface, p. x.

余普通读者，又为饱学之士或专业史学提供进一步研讨的思想文本。① 从史学技艺的角度，他十分重视英国史学注重文字表述的优良传统，即历史著作之文字表述的艺术性要求。也许下面的一段话大致能体现他的叙述目的和著史意图："我总认为创造一种不令人厌烦的东西是非常重要的。我晚上在伯克学院有非全日制教学任务，这要考验我能否让那些学生在晚上8到9点这段时间保持清醒头脑来听我上课，因为他们是在从事了白天的工作后来听我的课，甚至可能上我的课前已经听过两堂其他的课。"② 从史学影响的传播角度，专业授课、学术交流和社会演说无疑是任何历史学家传播历史知识与培养专业后备力量的一项重要工作，霍布斯鲍姆始终把它们看做传播叙述史学魅力的最佳表达形式和最好活动场域。

阅读霍布斯鲍姆的史学著作，给人感觉确实非同一般，它既有那种专业学问艺术的精深典雅，绝非学术圈内学人专家的孤芳自赏，也能够适应许多民众的阅读需要和社会发展的现实需求，呈现学术新域的发展方向和旺盛活力。在某种程度上，推崇宏观叙述史著作的大众取向也是西方史学文化繁荣的功效表征。中国读者这样评论霍布斯鲍姆的19世纪三部曲和20世纪当代史著作：作者落笔宏观且个性，流畅而不虚白，时而织网（建构），以某种原创的核心概念划定历史阶段的基线与骨架，时而拆网（解构），从中抽出单独的织线。这类作品既有成熟的历史思考，又有活鲜的历史叙述，品赏起来耐想，浏览起来不累，既不大众，也不小众，便是某种中众读本。③ 阅读这样的著作，确实可以做到一卷在手，不仅使人们对人类社会的普遍历史有个基本认识，而且可以对地区国家的民族历史，乃至西方史学中一些重大社会历史背景和专业领域问题有所涉猎，不但启人心智而且催人奋进。霍布斯鲍姆大多数史学论著，都写得深入浅出，著述风格犹如田园短诗般质朴宜人和生动逼真，即使普通读者也容易理解并且深受震撼。

就研究成果的主题内容而言，值得注意的是，霍布斯鲍姆整体社会史研究和英国新社会史学著作的叙述性、社会性与大众化特征，本身就决定了其内容的丰富广泛性和整体性特点。研究内容的广泛性和整体性又必然

---

① 参见艾瑞克·霍布斯鲍姆《革命的年代》，王章辉等译，江苏人民出版社，1999，序言，第2页。

② "A life in writing：to criticize the future/by Genre Interview with Eric Hobsbawm"，*The Guardian*，Saturday December 23，2000.，See，http：//www.books.guardian.co.uk/departments/history/story/0，6000，414796，00.html.

③ 2000年1月1日《文汇读书周报》，http：//www.dushu.in-china.com。

对学科性质的客观性和成果表现形成的叙述性等方面造成不可忽视的影响。可以说，英国新社会史研究近年来呈现出的特征之一，就是课题研究的广泛性，这也是整个西方社会学发展过程中的一个基本趋势："社会史研究范围也随之日趋扩大，家庭婚姻史、性差别和妇女问题、人口史（含出生率、死亡率）、民众贫困问题与大众文化、城乡社区的演变、教育和信仰、法律道德观念的变化、社会冲突与骚乱、自杀与犯罪，等等。"① 英国新社会史学与其他史学及史学研究的显著区别在于它的"新颖"之处，表现在研究对象方面，新社会史学突破了传统政治史与军事史的局限，强调对人类社会生活的一切方面一切内容进行新的综合和世界历史体系的重构。

也许令霍布斯鲍姆自己也会感到欣慰的是，他所撰写的大多数著作自发表以来都经历了时间的检验，也证明许多史学观念和思想观点都是站得住脚的。面对那些历史学著作，对于来自不同学科领域的研究者，甚至业余读者来说，可以从其史学著述的不同面相，吸收采纳不同的知识灵光、思维方式、价值观念和理论内涵。当然，这也与严谨的治史态度息息相关，他几乎总是注意以研究整体性社会的历史为目标和出发点来阐述某个社会区域类型或人类社会的历史，尽可能向最大范围读者群体而不是向任何单纯的学术群体解释或阐明自己的历史理论，总是从全面和总体的角度来关注任何史学问题与社会现象，对社会历史进行全面的综合解释。正如美国学者所言："他的四卷本有关从 1789 年到 1991 年现代世界的演变研究可以被证明是当今美国最震撼人心的和得到广泛传播的历史综合成果。"② 所有这些特点都使他拥有相当大的读者群，整体叙述史的社会价值由此声名远播，发扬光大。

二 整体社会史研究的跨学科特性

以霍布斯鲍姆整体社会史研究为代表的英国新社会史学，强调跨学科的研究方法及其灵活运用，追求超越传统学科樊篱与学术壁垒的可能性。由于英国新社会史学所涉及研究范围相当广泛与宽宏，它的发展与研究不可避免地会向其他史学研究领域如经济史、人口史、家庭史和妇女儿童史等分支学科渗透辐射，其他学科的理论与方法（如社会学、经济学、心

---

① 参见谢天冰《英国的社会史研究评述》，《世界史研究动态》1993 年第 3 期，第 12 页。

② Geoffrey G. Field, "A 'Man In Dark Times': Hobsbawm on History", http://www.culturefront.org/culturefront/magazine/98/summer/article.17.html.

理学和计量统计学等）也必然而且已然影响到新社会史的研究，因此，英国新社会史学派强调打破历史学同其他学科之间的樊篱与壁垒，强调跨学科研究及其方法的运用，对社会历史进行综合研究，其学术意义也就非同凡响。

　　像霍布斯鲍姆那样的新社会史学家，他们突破了传统史学单纯强调史料考证而追求历史客观存在的史学研究方法的视野局限，提倡研究方法的大胆革新，重视理论概括与历史哲学解释。例如对资料的处理与运用，就不能光靠传统的方法，而应采用跨学科的先进方法，进行集体综合研究。霍布斯鲍姆认为："以旧式历史学家的前工业社会手工工匠式的方法来研究大量头绪纷繁的资料是不恰当的。这些资料要求团队合作和运用现代技术手段。我猜想单个学者所做的大量工作只是标志着这类研究处于早期阶段，一方面它将让位于系统的合作研究方案，另一方面也将让位于分期性的综合研究尝试（或许还是单独完成的）。这在我最熟习的工人阶级这一研究领域里表现得十分明显。甚至最雄心勃勃的单独完成的研究计划——汤普森的研究著作——虽然这项研究只涉及到一个相当短期的时期，也只不过是一部残缺不全的史学巨著。"[1] 对于社会史的研究虽然不能求全责备，但采取新方法和新手段进行研究，无疑是促使新社会史研究不断创新的重要保证。其他西方学者恰如其分地进行了评论："埃里克·霍布斯鲍姆的一个伟大的成就，不但在于他在扩大历史学家研究领域方面的贡献，而且更重要的是，他费尽心机地要把更具综合性和创造性的历史分析方法糅合在一起并运用于历史研究。"[2] 也就是运用跨学科综合方法追求整体的社会史目标。霍布斯鲍姆所主张的历史研究与叙述方式，就是一种历史综合方法的表现方式，而这种历史研究与叙述过程也就是一种历史综合过程。如果说最近更多的学者已经勇于面对这种历史综合方式的挑战，那么可以肯定，霍布斯鲍姆的史学著作无疑在一定程度上起着典范的引领作用。

　　就历史学认识途径和史学方法层面而言，霍布斯鲍姆始终不渝地坚持社会史研究同其他社会科学相结合的传统，运用跨学科比较方法和借鉴其他学科的新成果及现代化辅助研究手段。比如，他善于采用先进的比较研

① E. J. Hobsbawm, "From Social History to the History of Society", in *On History*, p. 86.

② Pat Thane and Geoffery Crossick, "Introduction. Capitalism and its Pre-capitalist Heritage", in Pat Thane et al（ed），*The Power of the Past*：*Essays for Eric Hobsbawm*, Cambridge University Press（Cambridge）1984, p. 2.

究方法，不把自己研究的时间跨度仅仅局限于几年或几十年的短时期，而是注重长时段的比较研究，使人们在阅读他的史学著作时，能清晰地领略到某个社会现象甚至整个社会的历史发展脉络，一目了然地理解社会历史发展的因果关系。如果承认这样一种观念，认为马克思、恩格斯创立的唯物史观与社会发展观，是对 19 世纪西方社会学及人类学理论进行批判总结的产物，① 那么，霍布斯鲍姆等人开创的英国新社会史学派，利用唯物史观与社会发展观来指导历史研究，这种过程本身就是一种跨学科研究的视觉转换、理论倡导和实践应用。

从学术发展史的角度看，德国（从联邦德国时期到 20 世纪末统一的德国时代）"历史社会科学派"的重要代表人物于尔根·科卡曾经长期热衷于考察 20 世纪 50 年代以来西方历史科学与社会科学之间的交流合作研究，认为西方历史学与社会科学之间的总体关系存在着消除相互之间鸿沟的主动靠拢又始终相互保持一定距离的两难关系。科卡试图揭示这种相互关系的动态新趋势：历史学家对社会科学的兴趣逐渐从政治学、经济学与社会学向人类学与文化社会学视阈转移，"一方面，跨学科合作越来越深入；另一方面，各专业内部的分散性也越来越大。跨学科的交流与联合曾是相互促进与创新的汩汩源泉。"②

从对照的角度来看，20 世纪 50 年代以来，当代英国新社会史学的研究实践，注重对形形色色的社会科学理论方法的兼容并蓄和汲取采纳，是英国史学传统方法转换和理论更新的一个重要趋势。该学派受到人类学和社会学两个学科的影响颇大。特别是 20 世纪 60、70 年代的英国新社会史研究就借鉴了许多文化社会学和社会人类学的方法。譬如，汤普森就颇受法国结构主义文化人类学家列维—施特劳斯的影响，史学著作中关于 19 世纪许多欧洲乡村运动中的游街形式、18 世纪农民的生活与休闲方式等等的微观叙述，都借鉴了人类学的描写方法，这些著作本身就是极好的文化人类学研究的丰硕成果。③ 霍布斯鲍姆也强调从社会人类学和文化人类学科那里借鉴研究方法并加以实践运用。④ 应该说，英国新社会史学采纳

---

① 参见王学典《新时期史学思潮的演变》，《中国社会科学》1994 年第 2 期。

② 于尔根·科卡：《社会史的理论与实践》，景德祥译，上海人民出版社，2006，第 31 ~ 48 页。

③ See, E. P. Thompson, *Customs in Common：Studies in Traditional Popular Culture*, Merlin Press（London）1991.

④ See, E. J. Hobsbawm, *Primitive Rebels：Studies in Archaic Forms of Social Movement in the 19th and 20th Centuries*, Manchester University Press（Manchester）1959.

和综合了许多学科的研究方法，研究方法更新与方法论突破正是新社会史社会性特征的重要表现，也是激励英国新社会史奋起勃发的一个重要因素。因此，哈佛历史和文学系主任约翰·布鲁尔的评论就显得非常在理和意味深刻：英国马克思主义历史学家"从不作茧自缚，从不把历史当做经院学问来做，他们踊跃参加现实政治辩论，与文学、哲学等学科的马克思主义学者广泛交换意见，从而大大加强了自己的力量"。①

还可以霍布斯鲍姆关于计量史学方法的观点为例来讨论这个问题。计量史学的提倡在英国早具传统姑且不去详论，有些英国历史学家，比如凯思·托马斯十分看重计量史学方法，甚至认为缺乏计量分析的史著是一种不完美的著作。② 霍布斯鲍姆历来都对当代各种社会科学理论、概念和方法保持一种相当开放宽容的态度，对经济学、社会学、社会心理学与人类学等所有学科的理论、概念和方法，尽量在批判的基础上加以谨慎考虑，并运用于他的分析主题。作为英国马克思主义史学家，霍布斯鲍姆对自然科学的数量精确性有着良好的印象，在早期史学著作里，历史叙述作为研究与撰写历史的一种方法，其标准也发生了变化，他认为历史叙述的形式不仅要有经过严格考证的"事实"和"事件"组成，同时也应该有数量的特征，他把计量方法看做史学叙述方法的另一种表现形式。因此，他在自己的史著中相当重视计量统计学方法，也相当重视运用历史图表来说明核心问题，并不失时机地把它们运用于具体的历史研究。③ 甚至对"阶级"和"阶级意识"那些看似观念分析问题，也主张采取量化分析方法，"诸如随着时间的推移阶级内部可能发生的成员变化，这需要进行复杂的量化研究"。④

在推崇史学叙述方式变革的前提下，霍布斯鲍姆认为历史学家在运用计量方法研究经济史问题时需要采取十分谨慎的态度，否则反而不利于主题的说明。如同关注政治和社会领域里对历史的运用与滥用问题那样，霍布斯鲍姆同样十分重视考察和批判了当前史学界存在着的那种过分依赖统

---

① 约翰·布鲁尔：《英国马克思主义史学的两种流派》，《世界历史》1983年第6期，第75页。

② See, Keith Thomas, Religion and the Decline of Magic: Studies in the Popular Beliefs in Sixteenth and Seventeenth Century England, London 1971, Preface.

③ 霍布斯鲍姆历史研究中运用计量史学方法和历史图表方法的典型著作就是《工业与帝国》，See, E. J. Hobsbawm, *Industry and Empire: From 1750 to the Present Day*, Penguin Books（Weidenfeld & Nicolson）1969。

④ E. J. Hobsbawm, "From Social History to the History of Society", in *On History*, p. 86.

计数据的唯计量学方法论倾向。① 也应该看到，他也并非全盘否定史学研究中的定量分析，因为，"经济史从本质上看是定量的，因此运用统计学方法不失为一种好的方法。然而，数字有它自己的局限性，这种局限性不但不太为外行所理解，有时也为专业人员所忽视，因为他们需要它们，所以他们就几乎毫不怀疑地接受它们"。② 运用统计方法的一个基本前提就是，除非有人首先专门做过数字记录工作，否则就失去了研究这种方法的基础，也就不存在可依赖的统计资料。实际上霍布斯鲍姆认为，"历史上有确切统计数字的记载是相当晚近的事情（比如，1854 年前就没有关于煤出口量的数字记载，1921 年前也不存在关于失业人员的充分数字）。在那种情况下，对于这些问题的研究，因为没有统计资料，我们只能采取非正式的估计，或者大致而粗糙的猜测方法。所以，我们最期望得到的就是有条理的数量资料"。③ 当然，统计资料的存在只是统计方法运用的一个前提条件，在具体的经济历史研究过程中，占有了统计材料后，研究主体还应尽量减少用数字资料来解释历史的误差。尽管如此，误差却是不可避免的，因为"不管我们怎样努力，我们都不可能穷尽所有我们想得到的统计资料……为了任何目的收集的统计资料都会有误差，而且这些资料收集得越早，它们的可靠性就越低。所有的统计资料都是用来回答专门的和极其狭窄的问题，而如果用它们来解决其他问题，就得非常谨慎"。④ 对此，可以从两方面来理解，一方面，应该充分认识到历史统计方法鲜明的可靠性，特别当没有旁证的时候，这些统计材料是必要的，它们有助于把某一问题解释得更为精确和生动形象；另一方面，也应该避免陷入计量史学的"神秘主义"迷雾，看到它们并非任何时候都必然比平铺直叙式的近似方法更可靠。遵循霍布斯鲍姆的研究结论，在社会史特别是社会经济史的研究中，近似估计的定性方法与统计计量的定量方法应该有机地结合起来。惟其如此，霍布斯鲍姆对计量史学方法之辩证提倡，也符合伊格尔斯的科学评价："多数马克思主义历史研究，特别是不受狭隘的宗派教条主义影响的历史研究，已将定量分析法和定性阐释法二者结合起来，既认

---

① 霍布斯鲍姆详细指出了计量学存在着四个方面的严重缺陷。See, E. J. Hobsawm, "Historians and Economists: II", in *On History*, pp. 114 – 118.

② E. J. Hobsbawm, *Industry and Empire: From 1750 to the Present Day*, Penguin Books (Weidenfeld & Nicolson) 1969, p. 11.

③ E. J. Hobsbawm, *Industry and Empire: From 1750 to the Present Day*, p. 11.

④ E. J. Hobsbawm, *Industry and Empire: From 1750 to the Present Day*, p. 11.

识到这两种研究方法的必要性，也明了它们的局限。"①

三　整体社会史研究的综合性特征

由此看来，霍布斯鲍姆整体社会史研究和英国新社会史学研究为共同构成一门综合性极强的新型学科做出了自己的贡献，而这种综合性主要是通过人本主义和结构主义相结合的整体结构模式分析途径来实现的。

霍布斯鲍姆无疑自诩以真正的马克思主义历史唯物主义理论为指针，反对机械唯物主义与简单的经济决定论，认为社会历史的演变是众多丰富多彩的普遍群体生活及其思想演变的辩证发展过程，强调在社会存在与社会意识关系的指导下，社会非物质因素与力量或者精神文化因素对历史发展的影响作用。主张整体社会史研究实质是个"综合体认"过程，这个过程需要强调"自下而上"又不忽视"自上而下"的途径来研究各阶层历史的统一，抛开表象世界和直觉现象的干扰，对社会历史进行综合并撰写整体社会历史。例如，霍布斯鲍姆在分析资本主义社会的历史时，即是以唯物史观的基本原理为基础，用历史唯物主义的方法、概念和范畴来解决在研究资本主义社会的历史这种实践中碰到的问题。他把资本主义的生产关系作为社会发展的主宰性因素加以分析，在此基础上，对资本主义历史上的一些经济因素进行了综合考察，由此进一步分析资本主义社会的政治意识形态方面的因素。这实际上也就是用经济基础和上层建筑相互关系的理论，考察社会上人们的精神生活和物质生活的关系。霍布斯鲍姆坚持经济基础的决定作用，也不否认思想文化因素的相对独立性，但是反对过分强调对社会现象的解释从精神因素方面寻找原因的感性做法。霍布斯鲍姆认为，"强调辩证和相互依赖的关系可能仅仅会产生关于辩证法的模糊化和一般化概念，或者使人们相信上层建筑并非机械地决定于经济基础，而是反作用于经济基础并时常统帅经济基础"。② 其目的就是要求在社会历史的诠释或史学研究中不把马克思主义简单模式化：一方面，从社会历史发展的横向联合上，把握社会总体各个因素之间相互关系的最好办法就是建立一种横向因素的研究模式；另一方面，从社会历史发展的纵向进程来看，历史学家也应该建立一种"社会动力的分析模式"，历史学家甚至

① 伊格尔斯：《欧洲史学新方向》，第45页。

② James Cronin, "Creating a Marxist Historiography: The Contribution of Hobsbawm", *Radical History Review*, 19, Winter 1978 – 1979, p. 97.

应该看到，"社会结构同时具有丧失或重建其平衡的普遍机制"；① 社会历史的研究就是应该把理论模式与实践研究有机地结合起来，由此才能辩证地反映和合理地解释社会历史的全部关系，从而深刻挖掘社会历史发展的长期变迁，对社会历史进行综合研究和整体性描述，在某种程度上追求和实现对世界历史体系的构建。

　　基于上述分析，可以肯定，新社会史研究或新社会史学既是历史学的一个分支学科，本身又是一门典型的面向大众和大众化的综合性学科。在英国新社会史那里，"自下而上"的史学观念和整体社会史观，它们是一个问题即新社会历史重构的两个方面，是在一种趋势上共同发展的两种史学理念和实践操作方式。应该说，以霍布斯鲍姆为代表的整体社会史观和整个英国马克思主义史学"从底层往上看"或"自下而上"的史学观念是相互感应相互促进的。霍布斯鲍姆的整体社会史观与"自下而上"的史学观念也是大多数英国马克思主义历史学家们所追求的新社会史学目标的两个指导原则。在这种原则的指导下，追求整体社会史的研究旨归，促使和激励他们不断地探索，不断地开拓社会史研究的新领域。就此而言，"整体社会史观"的实践效应、"自下而上"的史学观念和"面向大众的历史学"的价值取向是新社会史学中三个基本要素，它们三位一体并共同构筑了英国新社会史学的综合大厦。新社会史学家正是在整体社会史观的指导下，运用跨学科的史学方法，建构整体社会史和世界历史的理想图式。

　　整体社会史研究的史学目标是国际史学界共同的思想倾向和实践诉求，但是霍布斯鲍姆等英国新社会史学家在其中从事着艰辛劳动也做出了重要贡献。论者普遍认为，在西方史学的发展过程中，20 世纪 50、60 年代以年鉴学派为代表推动而兴起的史学整体化趋势，到 70、80 年代普遍出现和形成的大众化趋势，体现了一种重返人文叙事传统的真正意义上的大众历史学的复归。在这种总体环境和背景的大气候下，以霍布斯鲍姆为典型代表的英国新社会史学得到相对迅猛的发展。反之，英国新社会史学的发展又促进和加强了西方史学的大众化发展趋势，而整个国际史学界对新社会史的研究也越来越表现出整体性、社会性和大众性等基本特性。事实上，正如美国社会史学家 G. 埃利所说："近来社会史学家不仅对工会活动、社会救济和教育等诸如此类的特殊社会实践活动感兴趣，而且对它们与整体社会结构的关系也感兴趣；它开始朝着更重视各种结构及其社会

---

① E. J. Hobsbawm, "From Social History to the History of Society", in *On History*, p. 82.

关系本身而不仅仅是探讨各种纯粹的组织的方向发展……人们正越来越达成的广泛共识是：把社会史理解为'整个社会的历史'，而非各种零碎孤立的诸如劳工、社会问题、教育、人口统计等等主题。"① 由此看来，对以霍布斯鲍姆为代表的英国整体社会史（新社会史）思想和研究实践在东西方史学研究中的影响与回应，则是下文接着需要专门阐述的问题。

第三节　整体社会史学思想的国际回响

　　霍布斯鲍姆史学思想国际影响的一个重要方面，就是霍布斯鲍姆等英国马克思主义历史学家们从事的马克思主义史学研究，特别是新社会史学研究引起极大的国际反响，确立了自身国际性新社会史学家地位。研究表明，20 世纪后半叶开始，作为科学历史知识分支学科的社会史学在英国获得质变性的飞跃。"马克思主义的和接近马克思主义的职业历史学家的著作，首先是 E. 汤普森、C. 希尔、E. J. 霍布斯鲍姆、G. 鲁德、R. 希尔顿、A. L. 莫尔顿等的理论方法论的、具体历史的和历史编纂学的著作，对社会史的发展做出了最有分量的贡献"② 当代西方社会史学家非常重视霍布斯鲍姆在提倡整体新社会史研究活动，并促成国际史学中社会史研究潮流滚滚向前发展过程中的独特贡献，确如科卡所言："在今日的国际历史科学中，社会史潮流仍有着重要地位。这一点，我们只要想起英国的霍布斯鲍姆、德国的韦勒（H. -U. Wehler）以及重视历史的社会科学家，如美国的蒂利与沃勒斯坦，就能体会到。"③ 实际上，以霍布斯鲍姆史学思想为例证的英国新社会史思想，在东西方史学研究领域里已经引起极大的回应与反响。霍布斯鲍姆史学思想的观念演进，特别是整体社会史学思想的更新进程，在本质上映衬了西方新史学现代化和世界化的过程。一方面他的史学观念、史学精神和整体史学思想对英国传统史学的现代化进程起了积极变革和助推作用，另一方面英国新社会史的现代解释模式又为世

---

①　Geoff Eley, "Some Recent Tendencies in Social History", in Georg. G. Iggers & Harold T. Parker, *International Handbook of Historical Studies*: *Contemporary Research and Theory*, Greenwood Press 1979, p. 56.

②　兹韦耶列娃、列宾娜:《英国的社会史和"新史学"》,《世界史研究动态》1989 年第 2 期，第 43 页。

③　于尔根·科卡:《20 世纪下半叶国际历史科学的新潮流》,《史学理论研究》2002 年第 1 期，第 6 页。

界其他地区的史学现代化提供了一种可供效法的崭新模式。如果从比较广泛的角度来分析，在国际史学发展格局正处重新调整的背景下，以霍布斯鲍姆为显例的英国马克思主义新社会史学家们，他们提倡的这种审视社会历史的新视角、新观念和新方法，他们在实践中贯彻的历史结构分析法、跨学科研究法和全面整体历史审视法等诸条新史学研究路径，对国际史学发展的推动性作用是不可忽视的，这也集中体现了其史学思想与史学实践的国际反响。

一　对西方非马克思主义历史学家的潜在影响

以霍布斯鲍姆为例证的马克思主义新社会史研究的解释方法与结构模式，对西方非马克思主义历史学家的影响是不容忽视的。一定程度上，它继承了马克思主义史学——注重总体社会结构分析的传统，为西方非马克思主义史学家继续提供了观察社会历史现象的科学方法论。正如伊格尔斯所说，"马克思主义史学明显地影响了非马克思主义史学家。它把他们的视线引到历史中的经济因素，引导他们研究被剥削者和被压迫者。但是马克思对现代史学最重要的贡献也许是强调了社会作为一个各种因素相互关系的整体而运动的思想以及力图找到历史现象在其中发生的结构要素，把这些同生产和再生产的过程联系起来，系统地阐述可以分析造成变革的各种因素的概念模式"。① 对西方非马克思主义的当代历史学家而言，在某种范围内，由于受到马克思主义历史学家的影响，"他们毫无疑问地已经变得更加意识到假设是研究的基础，同时也意识到必须对他们借以研究题材的假设和问题给予明确的解释"。② 许多其他西方新史学派的代表人物，就受到马克思主义阶级分析方法的影响。例如，只要通读沃勒斯坦的重要著作，可以发现他对马克思主义阶级分析方法的运用，"华勒斯坦（即沃勒斯坦——引者注）在诊断资本主义的政治、经济、文化时，明显受到了马克思阶级分析方法的影响。不过在他看来，'阶级'既存在于资本主义国家内部，更存在于整个世界。整个资本主义世界就是一个由中心、半

---

① Georg G. Iggers and Harold T. Parker, "Introduction: The Transformation of Historical Studies in Historical Perspective", in *International Handbook of Historical Studies: Contemporary Research and Theory*, p. 12.

② Georg G. Iggers and Harold T. Parker, "Introduction: The Transformation of Historical Studies in Historical Perspective", in *International Handbook of Historical Studies: Contemporary Research and Theory*, Introduction, p. 13.

边缘地区、边缘地区组成的阶级体系"①。在20世纪下半叶，西方非马克思主义史学，尤其在社会史学研究方面，也形成一个共同研究倾向：重视在历史人文环境与历史背景的条件下，从社会和经济诸因素出发阐释历史行为和历史观念的表现形式，特别重视"从底层向上看的历史"。这种史学研究的价值取向，虽然并非马克思主义特有性质，但显然受到马克思主义影响。② 英国新社会史学是马克思主义史学中重要的一支生力军，西方非马克思主义史学必然受到它的影响。例如，霍布斯鲍姆等英国马克思主义历史学家与西方非马克思主义历史学家努力进行了真诚与愉快的合作，两种不同派别和风格的史学家亲密共事结成了浓厚的情谊，也通过不懈的努力，由此扩大了英国马克思主义史学的国际影响。这点可以从希尔、希尔顿和霍布斯鲍姆为纪念《过去与现在》创刊100期合写的专文中看出。文章回顾与见证了英国马克思主义历史学家与非马克思主义历史学家共同创办学术阵地的艰辛历程与可喜成绩，也高度评价了这个刊物在学术界产生的强烈影响及其为国际史学所作的贡献。③ 事实恰如希尔顿所说："马克思主义与非马克思主义的历史学家之间的合作的最好的例子，大概要算《过去与现在》杂志的创办。你可以从这家杂志的第100期上看到，马克思主义的创办者们一直在有意地把它办成一个合作刊物。在编委会里，马克思主义者与非马克思主义者之间关系一直不错。不同观点的同事之间的争辩总是富有成果的。"④

特别来说，霍布斯鲍姆等英国马克思主义历史学家所提倡的整体新社会史观念，就得到英国史学界和西方史学界各类学者的关注和重视。曾任英国社会史学会会长的非马克思主义学者A. 布里格斯，更是十分欣赏和完全赞同霍布斯鲍姆提出的"从社会史到社会的历史"口号，认为"社会史就是社会的历史，它研究结构和过程……不存在和它无关的事物"。⑤ 时任牛津大学拉斯金学院社会史和社会学讲师的马克思主义青年学者拉斐尔·萨缪尔也著文提出，社会史研究的活力在于它关心的是普通百姓真实

---

① 郑伟民：《世界体系论：对西方国家发迹史的强烈质疑》，http：//www. chinabulle-tin. com。

② 冯承柏等：《现代西方史学理论发展的趋向和特点》，《史学理论》1987年3月，第9页。

③ See, Christopher Hill, R. H. Hilton, and Eric Hobsbawm, "Past and Present: Origins and Early Years, &, Jacques Le Goff, Later History", *Past and Present*, No. 100, August 1983.

④ 转引自庞卓恒《让马克思主义史学宏扬于国际史坛——访英国著名马克思主义史学家希尔顿》，《史学理论》1987年第3期，第74页。

⑤ A. A. Briggs, *British Social History*, London 1983, p. 8.

的日常生活，而不是抽象的概念，也不是权贵精英和耸人听闻的重大事件。① 即认为普通民众及其日常生活是社会史学考察的主要课题和重要领域。这种史学观念正是对霍布斯鲍姆等马克思主义历史学家所倡导的"自下而上的或从底层往上看的"史学观念的继承与发展，实际上，也是社会整体历史学观念的核心内容或重要组成部分。应该说，对新社会史学来说，探究下层社会历史虽然并不是历史学研究的终极领域或唯一目标，却是不可忽视的重要方向或关键环节，是传统社会史学走向整体历史或总体史学的必由之路。激进主义历史学家 P. 伯克在对社会科学给历史学的冲击作了概要性考察的同时，也异常强调对社会史的多种解释和多维阐述，并将它们统称为：社会关系史、社会结构史、日常生活史、私生活史、社会共性和社会冲突史、社会阶级史和社会集团史等众多分支学科领域。② 这实际上是基本赞同了霍布斯鲍姆的整体社会史学观念和实践成就。

二　对英国马克思主义历史学家的显性激励

以霍布斯鲍姆为显例的英国马克思主义历史学家的新社会史学观念与研究路径，也对英国整整一代年轻的马克思主义历史学家带来了不可估量的积极影响和激励作用。英国曾经掀起了一场马克思主义新社会史研究运动，为此凯伊有这样的论说："虽然这里不可能用所有的证据来评论这点，但首先我提到一本杂志——作为这种运动的一部分，即《历史工作坊》（它的副标题为一本'社会主义者或女权主义者历史学家的刊物'）。"③ 霍布斯鲍姆对于《历史工作坊》的史学意义作了中肯评介，认为至少在它周围集中了许多业余和职业史家、知识分子和工人，甚至大量后来成为英国史学界著名历史学家爱德华·汤普森那样的青年才俊。④ 事实上，这个最初发源于 1960 年代拉斯金学院的学术运动，试图把英国马克思主义史学家的观念传统与劳工历史学家研究劳工史的史学传统结合起来。⑤ 作为产生于 20 世纪 60 年代文化革命中的学术左派思潮，《历史工

① See, Raphael Samuel, *People's History and Socialist Theory*, Routledge & Kegan Paul (London) 1981.
② See, Peter Burke, *History and Sociology*, George Allen and Unwin (London) 1980, p. 13, p. 31.
③ Harvey J. Kaye, *The British Marxist Historians*: *An Introductory Analysis*, p. 230.
④ See, E. J. Hobsbawm, "A life in History", *Past and Present*, Vol. 177, Number 1 (November 2002), p. 14.
⑤ See, "The Ruskin History Workshop Students' Collective, Worker—Historians in the 1920s'", in Raphael Samuel (ed.), *People's History and Socialist Theory*, pp. 15 – 20.

作坊》及其成员的学术努力初步改变英国史学话语的品质，为英国整整
一代史学家确定了新的学术发展方向。可以这样说，霍布斯鲍姆等众多学
人所倡导的新社会史学，能够在后来的社会史研究中得到进一步发展，就
是直接得益于这种学术传统。作为《历史工作坊》的领导人物，1956 年
前历史学家小组中最年轻的共产党员学者拉斐尔·萨缪尔直接肯定了年长
一些的英国马克思主义历史学家的典范作用，他不无深情地写道："我们
是在受人尊敬的年长一辈——特别是希尔、霍布斯鲍姆和汤普森的形象影
响之下成长起来的。"① 在英国社会史学界，后来萨缪尔等人提倡在"人
民的历史"观念基础上②的英国马克思主义史学取向及其实践，正是站在
新社会史学前辈肩膀上继续前进的成果表现，因为正是"他们大力组织
各行各业的普遍男女大众从事'口述史'、'社会区域史'的写作"③。论
者认为，从理论上强调大众的社会抵抗这一点，可以清晰地看到英国马克
思主义历史学家对它的影响。这种对大众抵抗运动的强调随后继续发展的
结果，就是人们对社会主义和女权主义历史学的信奉，在实践上，另外两
个与《历史工作坊》有着密切联系的历史学家，由此进一步努力承担起
由霍布斯鲍姆等先贤学者开创的这种研究，那就是学界熟习的希拉·罗博
瑟姆（Sheila Rowbotham）和斯特德曼·琼斯（Gareth Stedman Jones）两
位顶极学者。④ 而且人们还能注意到的是："R. 玻特的《18 世纪的英国
社会》和 R. 马尔科姆森的《1700～1780 年英国的生活和劳动》等颇有
名气的著作，便是这种'整体社会史'的体现"。⑤ 当代英国历史学家凯
思·托马斯坦然承认他们与同时代历史学家的学术渊薮，虽然没有直接受
到希尔和霍布斯鲍姆等那样的马克思主义历史学家的政治奉劝与信仰昭
示，但是在作为英国史学重镇的牛津大学里，"巴利奥学院中我许多的同
代人都是严肃的马克思主义者。事实上，人们必定会很关注马克思主义，
因为这个地方有那么多聪明睿智的本科生都是名副其实的马克思主义
者……在那个年代，马克思主义对我而言，乃是某种几乎是没心没肺的政

---

① R. Samuel, "History Workshop, 1966–1980", in R. Samuel（ed.），*People's History and Socialist Theory*, p. 414.

② Raphael Samuel, "People's History", in *Raphael Samuel*（ed.），*People's History and Socialist Theory*, pp. xv-xxxix.

③ 庞卓恒主编《西方新史学述评》，第 74 页。

④ See, Harvey J. Kaye, *The British Marxist Historians：An Introductory Analysis*, p. 231.

⑤ 侯建新：《西方社会史定义与发展趋势》，《世界史研究动态》1990 年第 5 期，第 45 页。

治经验主义唯一的替代品"。① 因此，无论是史学的学术风格，还是研究的指导思想，抑或史学研究的领域选择，无不体现了希尔和霍布斯鲍姆等马克思主义历史学家的巨大人格魄力与学术吸引力，当时的英国马克思主义历史学家们影响了后来一大批青年学子。从学术传承的角度说，也由此奠定英国未来史学的发展基础，借此，英国新社会史学成为一股强大的发展潮流。

如前所述，霍布斯鲍姆等英国马克思主义历史学家提倡的"整体社会史"构想就具有特定的含义，提出的一些见解确实富有创见性，当然有些见解在理论上还探究得不深，肯定还有很多相关的问题没有涉及，值得进一步探索讨论。不过，他们的"整体社会史"构想及其实践在开阔历史学家的研究视野、开拓史学的研究范围以及促成新社会史学的研究价值体系的转向方面，都有不可忽视的作用。

根据所掌握史料可知，英国史学界至少有两本史学著作就是按照霍布斯鲍姆整体社会史学思想路线和研究路径而精心编著出版的，编著者在学术意图方面也十分明确，其著史动机之一，就是把这种研究成果献给这位著名历史学家，彰显这位史学大师在新社会史学领域里居于开拓性和引领性地位的学术贡献，这样的学术礼遇和思想影响，对这位尚且健在的马克思主义历史学家来说，无疑具有非同寻常的意义：

其一，由萨缪尔和斯特德曼·琼斯合编的《文化、思想和政治》一书，就是受霍布斯鲍姆学术著作与学术思想的影响和启发，并专门献给他及其同事们的一种国际学者间合作研究的学术成果，书中作者共同关注并详细论述了有关象征秩序或符号体系（the symbolic order），及其与政治权力和宗教信仰之间的关系问题。② 从这本著作中那些作者及其论文论述的主题和内容形式来看，他们热衷于运用霍布斯鲍姆惯用的那种处理问题的方式和理论方法，来研究从 18 世纪到 20 世纪英国或欧洲历史发展中的一些重要主题，诸如民众起义、"前工业化时期"的社会反抗、革命政党、都市化和工业化等社会历史问题，与传统社会历史学家的研究课题和思维途径相比，这些论题及其领域在霍布斯鲍姆那里一直占有更重要的地位，霍布斯鲍姆是最早试图对这些主题及其相关领域进行详细勾画和严密论述

---

① 参见玛丽亚·露西娅·帕拉蕾丝—伯克编《新史学：自白与对话》，彭刚译，北京大学出版社，2006，第 95 ~ 97 页。

② Raphael Samuel and Gareth Stedman Jones, *Culture*, *Ideology and Politics*: *Essays for Eric Hobsbawm*, Preface, p. ix.

的历史学家。而这些后继者精心设计的研究论文也无疑表明，霍布斯鲍姆著作的影响远远超出了他曾经特别关注的那些领域和时代本身，显示了深邃的学术洞察力和思想影响力。仔细考察这本书，就会发现，正是由于诸如霍布斯鲍姆那样的历史学家们进行了坚持不懈的学术追求，努力把传统马克思主义的理论（如"基础"和"上层建筑"、"社会存在"和"社会意识"关系逻辑）和传统社会与经济历史学家的经验方法通过一种严密的结构分析方式结合起来，才开辟了一条研究社会历史的新路径，才使得新一代英国马克思主义史学工作者摆脱了他们固有思想观念上的狭隘性，形成了在新社会史学领域中关于一些主题的全新"共同观念"，进一步完善和建构了社会史研究的"新范式"。①

其二，由帕特·塞恩（Pat Thane）、杰弗里·克罗辛克（Geoffrey Crossick）和罗德里克·弗拉德（Roderick Floud）等人合编的《过去的力量》这本论文集，它的出版是为了纪念霍布斯鲍姆从伯克贝克大学退休而专门献给他的学术礼物。这本书的学术思想更是着重体现了像霍布斯鲍姆那样的马克思主义历史学家所重视的那种历史关怀意识和史学探索的基本路向。该论文集的研究主题和学术思想涉及的一种重要理念和路径问题是："霍布斯鲍姆著作众多主题中的一个重要主题观念：即资本主义制度和它的前资本主义遗产之间的辩证关系问题；在从旧社会过渡到全面工业化的资本主义社会的过程中，旧社会中的哪些方面要被抵制与彻底变革，哪些方面仍然可以适应新社会而被保留；这是一个涉及在特定或者作为一个整体的社会范围内由前资本主义遗产塑造并昭示存在于所有社会集团中的经济、政治、文化和社会变革的过程。"② 对于具有追求科学真理的明确目标、坚定信念的马克思主义理论视野的霍布斯鲍姆来说，正是他们这些马克思主义历史学家通过以往多年的努力研究，开创了一种研究工人阶级与资本主义历史的新途径。霍布斯鲍姆以自己渊博的学识和深刻的研究为基础，为后学提供了一种如何巧妙地编排人类经历与历史问题的重要经验方式和理论思路。如此说来，编辑这样一本论文集，本身的学术意义就更是非同寻常。比如，国外学者在批判性地评价这本著作时提到同样的看法，认为整个论文集就是围绕着霍布斯鲍姆的重要观念和理论来展开，这

---

① See, Raphael Samuel and Gareth Stedman Jones, *Culture, Ideology and Politics: Essays for Eric Hobsbawm.*

② Pat Thane and Geoffrey Crossick, "Introduction. Capitalism and its Pre-capitalist Heritage", in *Pat Thane et al (ed), The Power of the Past: Essays for Eric Hobsbawm*, p. 1.

种理念强调，要理解近代以来的工业社会中的"人民"观念，必须以充分理解前资本主义和前工业化历史中"人民"的相关含义为前提。因为任何当下的经济、政治和意识形态体制都产生于过去的阶级社会结构之中。过去与现在构成了一幅复杂的整体历史网络，在不同的国家和不同的时期，正是由于存在着复杂的整体及其基础的变化，资本主义的发展和阶级斗争的实质才呈现了相当的不一致性。[1] 如果需要理解这种状况，完全可以借助霍布斯鲍姆的分析路线，从某种角度研究工人阶级运动与社会变迁等重要社会历史问题。从这个角度上说，霍布斯鲍姆等英国马克思主义历史学家们开创的新社会史研究领域首先在英国史学界逐渐突显，他们的史学研究旨意和价值取向也才由此被发扬光大。

这种开创性贡献和典范性研究在霍布斯鲍姆最擅长的"社会运动"研究领域及其产生的广泛影响中看得更加清楚。所谓"社会运动"即是由日常的社会反抗心理转化而来的公开社会性的起义或其他形式的群众运动。伯克认为，"社会运动"这一术语从 20 世纪 50 年代开始在美国社会学家中流行使用，"埃里克·霍布斯鲍姆是最先使用这一术语的历史学家之一，他的《原始造反者》一书的副标题是'19 和 20 世纪的旧式社会运动研究'，其范围从土匪一直到千年王国的信徒。在他的书出版后涌现出一大批研究千年至福运动的著作，特别是许多人类学家、社会学家、历史学家合作研究的成果"。[2] 难怪当代西方学者如此评论说道："1960 年代和 1970 年代，他最具影响力的研究就是对劳工历史、革命和社会盗匪运动的研究，无疑这些研究有助于促进正在日益繁荣的社会历史研究。"[3]

确实，霍布斯鲍姆多次撰文研究农民运动与政治关系这一主题，继 1959 年出版《原始造反者》论述农民反抗运动这个专题后，先后发表了《农民与政治》、《农民的占地行动》和《匪徒朱利亚诺》等系列文章。他自己也承认这些文章基本上是运用具体的事例来讨论农民运动对历史发展的推动力量及其局限性，它们延续了《原始造反者》一书关于"传统"农民与他们本乡本土以外的群体和统治机构之间的政治关系。[4] 在传统史学看来，这样的研究对象原本无足轻重，但是霍布斯鲍姆从事这样的微观

[1] See, McNall, Scott G., "Marxist History", Contemporary Sociology, 1/1/1986, Vol. 15, Issue 1, p. 54.
[2] 彼得·伯克：《历史学与社会理论》，第 107 页。
[3] Geoffrey G. Field, "A 'Man In Dark Times': Hobsbawm on History", http://www.culturefront.org/culturefront/magazine/98/summer/article.17.html.
[4] 参见艾瑞克·霍布斯鲍姆《非凡的小人物：反抗、造反及爵士乐》，第 227～306 页。

研究实践，却无疑拓展了社会历史的研究空间。随着 1969 年那部着眼于世界范围内的土匪活动的研究成果《盗匪》（或《匪徒》）的出版，他独特的社会史学研究理路引起了学术界广泛注意，也由此开创和丰富了对社会史学界关于普遍存在的社会现象——如集体政治意识、社会反抗运动、社会思想演变和社会文化变迁等现象研究的途径。在有关以盗匪活动为视点的社会反抗运动研究方面，霍布斯鲍姆自己也认为他的《匪徒》一书实际上构成了目前正在飞速发展的匪徒史研究的出发点。①

再试举一例，作为霍布斯鲍姆的学生，英国学者菲尔·比林斯利（Phil Billingsley）在学术理路方面深受霍布斯鲍姆等历史学家的影响，菲尔写下颇具社会史学价值的著作——《民国时期的土匪》，然而，一定程度上，他只是沿着老师关于土匪问题研究的理论与实践之路迈向了一个更广泛的研究层面。② 比林斯利对于霍布斯鲍姆这本开创之作赞不绝口，认为"尽管此书篇幅不大，却成为后来很多学者研究土匪活动的专题的指南"。而且这本著作"开拓性的内涵不仅使它具有神话般的特性，而且确定了它成为人们从各个方面考察和研究的对象。自从此书面世以来，学者们已经考察了世界各地的土匪活动的现象"。③ 当然，霍布斯鲍姆关于"社会运动"的研究难免存在自身的局限性和不足之处，据此伯克分析说道："《原始造反者》一书的一个弱点可能是，它广泛地使用'社会运动'这一术语，以至于从仅持续几个小时的暴乱到持久的组织，从烧炭党到黑手党，它都予以涵盖。"④ 由此造成的学术风格就是，研究的内容由于显得过于细化而趋于烦琐，在某种程度上，这就是其新社会史研究的瑕疵和缺陷。但无论如何，这无损于霍布斯鲍姆的研究路径对于新社会史研究进展的开创性意义。

三　成为国际社会史学的重要推动因素

霍布斯鲍姆等英国马克思主义历史学家开创的马克思主义新社会史学研究，对以欧美国家为重要代表的国际社会史学也起到重要推动作用。毋庸置疑，这个学派为开创西方史学的新局面起到异乎寻常的作用：无论是

---

① 埃瑞克·霍布斯鲍姆：《匪徒：秩序化生活的异类》，李立玮、谷晓静译，中国友谊出版社，2001，作者序，第 1 页。

② See, Phil Billingsley, *Bandits in Republican China*, Stanford University Press 1988.

③ 转引自徐有威《一书两译话土匪》，http：//www. cuhk. edu. hk/ics/21c/issue/article/017014g. htm。

④ 彼得·伯克：《历史学与社会理论》，第 107 页。

注重从社会底层的角度和大众文化的层面进行历史研究的方法，还是重视对小人物或弱势群体参与历史运动过程进行微观描述的史学观念，甚至在这种观念指导下进行的具体史学研究，英国马克思主义新社会史学曾经一度形成或推进了西方史学领域一股颇为引人注目的史学发展趋势。英国新社会史的诞生及其发展，"是近15年到20年来历史编纂学方面最重要的发展"①。它不仅对欧洲而且对中西国际史学界都产生着重大而深远的影响，即使传统的实证派史学在受到年鉴派和英国新社会史学派的冲击之后，其研究对象也较昔日有所调整和侧重转向，表现之一即社会史研究的比例上升，结果造成"目前，几乎所有的历史都是社会史"②。

从本质上说，以"自下而上"的史学观念和整体史学观念为基础的社会历史核心思想，就是强调新社会史应该反映普通人民的声音，而奠基于这种观念上的新社会史学，在20世纪60年代由于霍布斯鲍姆这些英国马克思主义史学家的提倡与实践，首先在英国确立了它的主流史学地位。恰如汤普森本人所言，他有许多朋友，包括约翰·萨维尔、埃里克·霍布斯鲍姆等人，作为一个团结奋斗的集体，他们在从事着一项共同的事业，而他所做的只是这项事业的一部分，而且是他自己最擅长的一部分。③ 20世纪80年代霍布斯鲍姆作为访问教授曾经在纽约社会研究新学院做政治与社会史方面的专门研究，并培养博士研究生，由此他和整个英国马克思主义史学流派的学术思想也直接影响到美国学术界。西方其他国家的历史学界也逐渐接受了这种史学观念，纷纷调整史学研究的视野，变革传统的史学研究模式。这里仅以美国和北美史学界的情况为例，略加引申以示佐证。

在当代美国史学界，自1960年代始兴起的新社会史学研究思潮与英国马克思主义新社会史学的影响密切相关。自20世纪30、40年代以来当代美国史学如同西方新史学一样，经历着由传统史学向新社会史研究的范式转换，史学研究视角也实现了从传统政治史的社会上层视野向新社会史的"自下而上"视野的变化，研究内容也由社会上层的精英分子重点转向了社会底层的普通群众。产生这种变化的主要原因有二："第一，60年代声势浩大的民权运动和妇女运动给史学研究以深刻影响，并使新的种族

---

① 伊格尔斯：《欧洲史学新方向》，第191页。

② 伊格尔斯：《欧洲史学新方向》，第206页。

③ Marho, "Interview with Edward Palmer Thompson", in *Visions of History*: *Interviews with Radical Historians*, Pantheon Books（New York）1983, pp. 21 – 22.

理论和女权主义理论渗入史学。第二，来自外国的史学潮流的影响，如法国年鉴派的影响、英国 E. P. 汤普森（以其名著《英国工人阶级的形成》著称于国际史学界）等人的影响、马克思主义史学的影响，等等"①。从第二个层面原因看来，包括英国马克思主义新社会史思潮在内的西方史学思潮及其思想方法对当代美国史学新的研究取向起了很大的刺激作用。遵循这种研究路径与理论方法，20 世纪 60～80 年代的当代美国史学界，以非洲裔美国黑人史为突破口，从美国整体史与美国少数族裔群体史有机结合的角度，展开关涉妇女群体、劳工群体、印第安人、拉美移民、东欧南欧移民，以及亚裔群体等为重要内容的新社会历史研究，形成了一股颇具影响力的以大众历史和大众文化为重要内容的当代美国新社会史研究思潮。因此，西方学者认为，"最近许多大众文化研究，在美国或其他地方，都是以激进主义或马克思主义观点写成的有关人民问题的著作来承担。马克思主义者或激进主义者认识到文化，特别是广义上的工人阶级文化是与政治行为、工会的存在与否和工会的形式、有关选举活动或反抗运动密切联系在一起"。② 正是受到英国马克思主义新社会史学的直接影响，"人们普遍把社会史限定在对社会一般成员，而不是精英集团中个人的研究之上，其次，人民大众及其日常生活的框架——家庭、生产和生活用品、社区生活、生与死，以便对一个时期做出历史性的概括"③。以至有学者说，虽然"美国没有明确的社会史流派，社会史在美国有一些开创者和土壤，但其主流依赖于和仍然十分依赖于法国、英国和其他地区的研究……殖民地家庭和工人阶级史的历史学家不能不感谢 E. P. 汤普森、霍布斯鲍姆和其他一些人"。④ 凯伊也兴奋地写道："如同在英国一样，我们也能看到英国马克思主义史学家对美国整个社会史著作的影响，特别是由于在《激进历史评论》杂志社工作或为这个刊物投稿的历史学家的努力

① 2000 年 6 月 13 日，时任美国历史学会主席、哥伦比亚大学德威特·克林顿讲座教授埃里克·方纳（Eric Foner）应邀在中国社会科学院世界历史所作题为"当代美国史学研究的最新发展"的报告，从美国社会史、妇女史、政治史等史学分支学科发展现状出发，分析美国史学理论方法与史学在社会中的地位、作用和公共知识分子的角色等重要问题，特别强调了美国新社会研究所取得的成就和发展原因。参见风鸣《方纳谈当代美国史学》，《史学理论研究》2000 年第 4 期。
② Tim Patterson, "Notes on the Historical Application of Marxist Cultural Theory", *Science & Society*, Volume XXXIX, Number 3, Fall 1975, p. 258.
③ 侯建新：《西方社会史定义与发展趋势》，《世界史研究动态》1990 年第 5 期，第 48 页。
④ 彼得·N. 斯特恩：《拓宽视野：美国社会史研究的趋势》，载蔡少卿主编《再现过去：社会史的理论视野》，浙江人民出版社，1988，第 34 页。

而取得那些成果。我们应该特别提及诸如艾伦·道利（Alan Dawley）、肖恩·威伦茨（Sean Wilenytz）、威廉·休厄尔（William Sewell Jr）和史蒂文·斯特恩（Steven Stern）那样的历史学家。当然，还有前面已经提到且资格更老的研究19世纪到20世纪美国工人阶级史的历史学家——尤金·吉诺维斯、赫伯特·加特曼和大卫·蒙哥马利（David Montgomery）。"[1] 由于受霍布斯鲍姆等历史学家的史学观念的影响，即使美国新自由主义派史家，在战后也特别提出了"自下而上"的基层史学口号。[2] 这里的"基层"就是指底层或下层之意。当代美国学者亨里塔（James A. Henretta）撰文评论美国新社会史学的基本内涵和可喜成就时，把法国年鉴史学与英国马克思主义史学相提并论，特别强调了英国马克思主义史学派有关社会史理念和霍布斯鲍姆等人的社会史理论对美国新社会史研究的学术影响。[3] 从研究成果的接受态度和方法论影响的学术视角看，霍布斯鲍姆整体社会史的思想传播路径和观念影响区域，足以代表性地说明英国马克思主义史学对域外史学的普遍影响和国际反响状况。

20世纪60、70年代，由于美国民权运动出现新高涨，引起史学界研究人员成分的新变化，不少犹太人、妇女、黑人史学家进入史学界，他们从全新的历史视角对史学界传统的核心价值观展开批判，美国出现了新黑人史学。从史学理论、史学方法和史学对象上讲，这种史学思潮深受英国"新社会史"、新马克思主义史学和新左派运动的影响，表现在对底层阶级加以特别同情和细微关注，把他们作为历史活动的主角。[4] 帕尔默认为，"美国最自觉、最有影响的马克思主义历史著作无疑是尤金·吉诺维斯关于奴隶制的专论"。[5] 吉诺维斯是美国新社会史学和黑人史研究的权威学者，作为美国著名的马克思主义史学家，他的学术影响非常大，关于他的研究成果也较多。虽然学者认为吉诺塞威（Eugene Genovese，译名不同）深受意大利马克思主义者格拉姆奇（Antonio Gramsci）即葛兰西霸权理论影响，运用"阶级"核心概念指导关于美国种植园奴隶制度及其社

---

[1]　Harvey J. Kaye, *The British Marxist Historians*：*An Introductory Analysis*, p. 231.

[2]　参见张玲蓉《战后美国史学主要流派及方法论述》，《杭州师范学院学报》1996年第2期。

[3]　See, James A. Henretta, "Social History as Lived and Written", *The American Historical Review*, Vol. 84, No. 5. (Dec., 1979), pp. 1295 – 1296.

[4]　参见陈其《美国史学界黑人奴隶制研究综述》，http：//www.pep.com.cn/lishi/xueshu/dtzs/19.htm。

[5]　赵世玲：《西方马克思主义史学的发展现状——访加拿大学者布赖恩·帕尔默教授》，载陈启能主编《当代西方史学思想的困惑》，中国社会科学出版社，1991，第328页。

会关系的历史解释。① 但其学术渊源主要还是来自英国马克思主义史学。应该说，英国新社会史学派的影响在促进美国当代史学的发展及其与国外史学的交流过程中也有反映。"正是在以汤普森、霍布斯鲍姆、鲁德等为代表的欧洲史学家的影响下，过去20多年里，美国史学家开始关注城市底层民众、尤其是劳工的各种社会特性，诸如他们的'种族背景、宗教信仰、技艺传统、家庭生活、社团组织'，因此，汤普森的《英国工人阶级的形成》成了研究美国工人阶级形成的模式，霍布斯鲍姆的'原始的反叛'概念被作为研究城市中社会底层帮派团伙的样板"②。

　　就整体社会史研究影响的深层结构和地域范围看，诚如加拿大学者布赖恩·帕尔默所言，虽然，从根本上说马克思主义史学在以美国为代表的北美历史学界的影响是有限的，但是，"汤普逊、霍布斯鲍姆以及其他英国马克思主义历史学家可以说在北美曾名噪一时。例如，所谓的'汤普逊式劳工史'在加拿大和在美国曾硕果累累，就像在世界上其他地方一样。汤普逊对赫伯特·加特曼（Herbert Gutman）的影响不可低估，而加特曼的著作则孕育了整整一代北美学者"③。20世纪70、80年代，"汤普森和霍布斯鲍姆的著作的冲击力对美国历史学家仍然产生了创造性的影响；赫伯特·加特曼大量有关前工业社会和工业社会文化之间冲突的讨论文章是明显地受到这种研究方法影响的最新研究成果"④。比如，加特曼对于美国工人阶级中存在着的劳工和激进运动所做全面整体的研究，一定程度上就是受到霍布斯鲍姆和汤普森对于劳工史研究的影响。他考察了19世纪美国工业劳工力量的构成，并指出相当一部分工人只是最近才由前工业环境移居到工业社会。1880年，在纽约、芝加哥、圣·弗兰西斯科、底特律、圣·路易斯等地，80%或80%以上的人口要么是出生于国外，要么是移民的后代。甚至到第二次世界大战结束，工人阶级的主要组成部分仍然是新移民。这样，在"文化"（来源于他们原有的习惯、价值、信仰和生活方式）和"社会"（新的工业资本主义条件）之间必然会

---

① 陈其：《美国史学界黑奴制研究的主要流派与观点》，《历史教学问题》2003年第2期，第60页。

② 参见张广勇《论美国史学理论取向》，《史林》1996年第4期，第95~96页。

③ 赵世玲：《西方马克思主义史学的发展现状——访加拿大学者布赖恩·帕尔默教授》，载陈启能主编《当代西方史学思想的困惑》，第327页。

④ Tim Patterson, "Notes on the Historical Application of Marxist Cultural Theory", *Science & Society*, Volume XXXIX, Number 3, Fall 1975, p. 259.

产生一种经常性的紧张关系。① 而研究这种文化观念或社会价值之间的冲突关系正是加特曼研究美国工人阶级历史的核心目标所在。也就是说，由于受到英国马克思主义史学的影响，以劳工史为中心发展起来的新社会史在北美有一个渊源独特的分支谱系。

最后，霍布斯鲍姆整体社会史研究和英国马克思主义新社会史学研究的价值取向，特别是霍布斯鲍姆关于原始农民反抗运动及其形式的研究途径，在印度史学界也有着强烈的反响，一些印度历史学家和人类社会学家步其后尘，专心研究自 19 世纪以来至现时代印度农民抵抗资本主义现代化的激进形态和历史意义。国外学者认为，受汤普森和霍布斯鲍姆等开创的"自下而上的人民历史"和葛兰西理论及其他方面因素的影响与启发，印度一些马克思主义历史学家也着手探讨现代时期印度底层阶级的行为方式和思想倾向。② 其标志性研究成果是以 1982 年创刊的《底层研究》上发表的一系列代表性著作。具有突出贡献的典型是拉纳吉特·古哈及其在1983 年出版的著作《农民叛乱的根本因素》。③ 这本书主要是详细而缜密地记载了那些力求理解农民思想和观念特征的习惯行为状况，书中的叙述无时不在显示农民反抗的符号特征及象征性意义，比如千禧年运动。如果按学科归类，显然它既是一部历史人类学名著，又是一部优秀的社会史著作。西方学者认识到，这本书的一个基本观念就是："农民是历史的主体，有他们自己特定形式的觉悟，而且按照自己的意图改造世界。"④ 其讨论的主题是 19 世纪印度农民面临英国殖民统治而发动的对现存统治秩序的反抗运动，显然这种研究途径是遵循了霍布斯鲍姆开辟的以社会反抗运动为内容的社会史研究路线。查特吉论证说，"早期《底层研究》经常与由英国马克思主义历史学家普及的'自下而上的历史'（history from below）的方法有某种联系。很显然，底层研究的历史学家们热心于从克里斯托夫·希尔、汤普森、霍布斯鲍姆以及'历史工作坊'（History Workshop）的作者们那里为撰写大众的历史发掘方法上的线索"。⑤ 可以肯定

① Herbert Gutman, "Work, Culture, and Society in Industrializing America, 1815 – 1919", *American Historical Review*, June 1973.

② 参见迈克尔·罗伯茨《历史》，《国际社会科学杂志》（中文版）第 15 卷第 3 期（1998年 8 月），第 94 页。

③ See, Gutta. R., *Elementary Aspects of Peasant Insurgency*, Oxford University Press（Delhi）1983.

④ Chatterjee, *The Nation and Its Fragments*, Princeton University Press（Princeton）1993, p. 160.

⑤ 查特吉：《关注底层》，《读书》2001 年第 8 期，第 16 页。

的是，由于受英国新社会史学派的影响，也由于拉纳吉特·古哈等一些印度本土历史学家的卓越研究和艰苦努力，印度学术界兴起了一场围绕这部书，及《底层研究》丛书所涉及现实与理论的规模空前的大辩论，为印度开创一个影响巨大的"底层历史学派"奠定了基础。

顺便提及，在"自下而上"的历史观念指导下，英国马克思主义历史学家所提倡的"自下而上的史学研究方法"和整体社会史研究，作为西方新史学思想体系中重要的方法论观念和史学实践问题，也必然对中国学术界产生深远影响。现在越来越多的史学研究者在自觉反思自身的史学观念和更新历史研究的方法，表现在把握历史主体与历史主线的基础上，努力厘清"自上与自下"研究历史的辩证关系，撰写整体社会历史。世纪之交，在展望中国马克思主义史学如何面向未来的问题时，有学者谈到："现在史学界流行一种说法，即所谓'自下而上地看历史'，这也是从国外传来的。'下'的意思也就是民间的意思。这个问题要放到一个正确的位置来看，不要对立起来，不要强调一个，排斥一个。这也是个扩展领域的问题。有些问题历史学家不重视，过去侧重研究典籍、政治制度史、精英人物史，但搞民俗学的、社会史的还是注意底层的问题的。农民问题过去也研究，搞经济史的比较重视。历史学家应该重视这方面的研究。但也不要用这个代替那个，形成所谓'范式转换'。历史研究是多层次的，有人认为只有上升到历史哲学高度的东西才是研究历史，也是太偏了。历史有许多是描述性的，不能以史代替论，也不能以论代替史。考证也是需要的，历史哲学有思辨性质，但是要建立在可靠的事实的基础上。搞'自下向上'可以，但是不要排斥'自上向下'。不要把两者对立起来。"① 这段话既反映了国内社会历史研究的现状，又指出了历史研究过程中史学观念更新应该注意的问题，基本上代表了国内学术界把外来史学观念与中国具体史学研究实践相结合的辩证态度。用诸如英国马克思主义史学派史学研究的眼光来重新审视中国社会史的研究，我们就会发现"整体的视野"和"自下而上"与"自上而下"相结合的史学研究门径在中国学术界那些社会史学领域里还是多么缺乏。当然，这种缺乏正通过越来越多的中国史学工作者日益关注域外史学理论与境内史学实践的结合而得到缓解。前些年由湖北教育出版社推出的两卷本120万字的《中国社会史论》一书，就是中国社会史学界诸多学者在这个领域集体探索的有

---

① 瞿林东、龚书铎等：《面向新世纪，马克思主义史学研究如何深入——既要"自下向上"也要"自上向下"》，《求是》2000年第11期，第59页。

关社会史理论与实践相结合的新近研究成果。① 最近几年，中国经济史、社会史与区域史研究成果不断涌现，呈现多彩纷纭的局面，形势似乎一片大好，当然存在着的问题也不可忽视，相关情况将在本书附录有所提及。

　　综上所述，以霍布斯鲍姆等历史学家为代表的英国马克思主义新社会史学派及其史学思潮的发展，对当代国际历史科学研究领域中那股新社会史潮流的滚滚向前发展产生了不可忽视的影响，对国际整体社会史学走向现代化进程起着重要的作用。当代史学现代化的内在要求排斥任何单一研究眼光的史学成果，而注重社会历史的综合研究，整体新社会史研究是促进当代史学现代化的非常重要的途径。然而，还须指出，目前国际史学界虽然表现出一股日渐成熟的整体新社会史研究趋势，但距离中外史学的理想目标还很遥远，史学研究的整体价值取向还远没有达成一致。目前，总体上，现代史学的发展状况，仍然犹如伊格尔斯所言："甚至在政治史范围内，这样一个对当代社会科学观念较有抵制力的领域内，那些通常注重叙述独特重大事件的学者与试图有意识地将政治事件同更广阔的社会乃至文化因素联系起来分析历史的学者之间仍存在着分歧……现代史学虽然往往没有试图写出埃里克·霍布斯鲍姆所呼唤的'社会的历史'，但史学研究的观念已经有很大发展。讨论传统精英阶层的研究日益减少，而讨论大众广泛生活的各方面内容的研究日渐增多，人们几乎不再孤立地研究上层文化，而更注重大众生活方式、性别、家庭、闲暇时间以及大众态度。新型史料也得到了利用。口述历史、教区记录、人口调查和考古发掘材料补充了公共和国家档案中书面文献的不足。各种新型证据不仅为大众历史和更深层次意识观念的解释打开了通道，同时也为非西方社会的研究提供了研究方法。"② 这种评价是恰当而中肯的。国际新社会史学的发展正处于蓬勃向前的路向转换时期，但远没有到达理想的彼岸或充分的程度。

---

① 参见小也整理《拓宽社会史领域，深化社会史研究——〈中国社会史论〉出版座谈会纪要》，2001 年 4 月 3 日《光明日报》。

② Georg G. Iggers and Harold T. Parker, *Introduction*：*The Transformation of Historical Studies in Historical Perspective*, in *International Handbook of Historical Studies*：*Contemporary Research and Theory*, Introduction, pp. 7 – 8.

第七章　史学思想现实关怀和历史学家社会责任

　　历史和历史学家能否作为现实政治的指导？换言之，历史和历史学的社会政治功能是什么？历史学家本应遵循的职业准则是否必然会同历史与史学的这种社会政治功能及其实现途径相互冲突与矛盾？历史学家作为历史认识的构建者和过去历史的记录者，他能否克服或消除这种矛盾性悖论？这归根结底涉及任何一位历史学家的职业道德准绳和社会责任问题，也触及历史的客观存在性问题和历史学的客观性问题，即历史知识的合法性和历史学的科学性。今天，中西史学界的史学研究精英都充分意识到，包含历史学在内的人文社会科学的发展，正日益受到现实社会高度物质化、技术化因素的重重包围与制度制约，特别是历史科学面临着许多关涉到有无存在必要的认识论质疑与自身能否发展的核心问题。其中最根本问题是学科存在价值与终极社会关怀，包括史学在内的人文社会科学之学科意义何在？人们不禁要再次询问那个马克·布洛赫的小孩曾经疑惑不解的问题谜思：学习和研究历史到底有何用处？这实质上关系到历史学的社会功能与现实关怀问题。从关注社会现实和当下社会问题出发，研究社会历史和撰写历史著作，是所有历史学家应该勇于担当作为历史学家社会责任的出发点。反之，任何具有社会责任感的历史学家，都会自觉或不自觉地在史著中表现出强烈的生命意识和凝重的现实关怀。对于从事历史研究与历史写作的马克思主义者来说，霍布斯鲍姆史学思想中的这种意识表现得尤为突出。联系国际史学的发展趋向来说，2000 年 8 月在挪威首都奥斯陆召开的第 19 届国际历史科学大会，其中心议题是"历史和历史学家经历的 20 世纪"，强调研究 20 世纪的历史。大会讨论的三大主题：一是全球史的前景及其方法论；二是千禧年、时代与历史；三是古今对历史的利用和滥用以及历史学家的责任。在全球化时代，从现实需要出发，国际社会和国内社会都需要法律与秩序的保护，失去各种保护的社会，将是混乱的社会，也是可怕的社会；同样，从历史的功用和历史学家的责任来看，人类社会的发展需要以自身历史记忆为基础，没有历史的社会，将是没有前途的社会，忘记历史的国家，将是危险的国家。历史学家仍将是最重要的承担"社会记忆"①的知识谱系学家。比照来说，作为马克思主义史学家的史学思想家，霍布斯鲍姆从自己独特的视角体现了关于"时代与历史"和"史家责任与史学功用"问题的认知与判断。

本章试图以当代英国马克思主义史学家埃里克·霍布斯鲍姆历史著作和史学实践的社会价值基础为视角，从其史学思想的现实关怀问题切入，透过作为历史认识主体的职业史学家之意识形态立场与历史学之社会政治功能关系问题的分析，思考有关史学研究与现实关怀、历史与神话、历史学家与社会责任等史学理论和史学实践问题，指出霍布斯鲍姆史学思想的独特品性。我们深切地知道，但凡历史研究，不应也从来都不能只是做着纯粹的索引钩沉式的考据工作和实证研究，而更应是史学家基于历史事实的材料分析和主体意识基础上的历史认识思想重构的复杂过程。而某种程度上，对现实问题的关照，对现实社会的关怀，无疑是史学社会功能得以履行和实现的重要标志。这样，我们似乎就可以此来认识：作为一位至今尚健在而且思维活跃的著名马克思主义历史学家，霍布斯鲍姆也是一位具有强烈的社会责任感和凝重的历史使命感的人文社会科学家。他在史著中所表达与流露的现实关怀思想和社会责任意识，他对历史客观性的探索旨趣，努力追求历史学的普遍科学性与民族文化认同和政治认同性之间公正平衡的著史立场，充分展示了这位马克思主义历史学家所具有的社会责任感与历史使命感完美结合的幽深程度、史学思想和崇高境界。作为英国马克思主义历史学家中的重要成员，他更是一位富有人道主义、现实主义关怀和历史主义社会责任的智者学人。

第一节　世界文明的忧患意识与
史学研究的现实关怀

现实问题的历史渊源是霍布斯鲍姆史学研究兴趣所维系的历史话题，现实问题的历史回应也是霍布斯鲍姆史学认识论的出发点和归宿。霍布斯

---

①　20世纪80年代以来西方学术界许多学科领域的研究者就从不同的角度，共同关注"记忆问题"，提出"社会记忆"是一个大我族群的全体成员的社会经验的总和。它主要被视为与"文化记忆"、"沟通记忆"和诸如"集体记忆"等其他记忆分类形式既相互联系又相互区别的关于过去的感知或诠释意义体系。所有关于过去的记忆模式，特别是社会记忆，在构成过去、传承历史和服务社会方面都起着非同寻常的作用。参见哈拉尔德·韦尔策编《社会历史：历史、回忆、传承》，季斌、王立君、白锡堃译，北京大学出版社，2007。

鲍姆的史学研究和史学思想彰显出鲜明的时代意义，在任何社会动荡、政治变革和社会结构形态变动的时代，其史学研究的价值取向始终保持着对现实的深切关怀，以及对马克思主义历史理论的艰苦探索和马克思主义实践理想的不懈追求。20 世纪 50、60 和 70 年代是世界各国各地区的激进社会运动蓬勃发展时期，正是霍布斯鲍姆史学研究步入正轨的初期，在这种形势下，他积极关心当时社会发展的命运，呈现出强烈的社会现实意识，潜心研究西方社会早期和当时下层社会群体的历史，他撰写的那些颇具影响力的社会史著作，都体现了这种史学研究的现实意义和学术价值。而这些著作所涉及的研究领域大多与当时社会现实有直接的关系，他的研究主题大都有深刻的社会政治背景和社会生活源泉。例如，霍布斯鲍姆解释自己在学术研究初期为何选择最感兴趣的农民反资本主义社会的所谓"原始"反抗运动作为研究主题时，当时的他就开宗明义地宣称："尽管以现代农民运动的标准来看（农村传统的劳动者——引者注），他们的运动因在许多方面仍处于盲目无序和摸索状态之中而显得不重要和处于边缘政治的地位。但是这本书所涉及的那些人们即便今天也许仍然是世界大多数国家的主体国民，而恰是他们的政治觉醒使我们这个世纪成为历史上最革命的世纪。惟其如此，研究他们的运动就不仅仅是出于好奇或兴趣……而且具有现实意义。"[1] 霍布斯鲍姆其他论著中还有许多这样的解释，也确实能够说明这个史学问题的基本症候。

霍布斯鲍姆自从少年时期参加英国共产党后，直至 1991 年英国共产党最终随着苏联解体而解散，始终都没有明确脱党或主动宣布退党（虽然他的党员身份后来因为英国共产党组织活动的不复存在或形同虚设而名存实亡），哪怕是在 1956 年前后的国际共产主义运动遭受重大困境和异常挫折的时候，他也没有动摇对共产主义的信念。在那本自传体著作中，霍布斯鲍姆花费大量的笔调，浓墨重彩地描述和一针见血地分析斯大林时代结束后国际形势的变化和英国共产党组织及其党的命运，也毫无保留地道出了他自身继续留在党内的复杂心态和大致原因。[2] 最后他这样写道："但是——在此我是作为自传作者而非历史学家在诉说——我还不会忘记一种个人情感：自豪。虽然排除共产党员身份这个障碍会在许多方面促进

---

[1]　E. J. Hobsbawm, *Primitive Rebels: Studies in Archaic Forms of Social Movement in the 19th and 20th Centuries*, Manchester University Press（Manchester）1959, pp. 2 – 3.

[2]　See, E. J. Hobsbawm, *Interesting Times: A Twentieth-Century Life*, New York: Pantheon Book 2002, pp. 197 – 218.

我的事业，尤其在美国。这种身份也能够非常容易地悄然割裂。但是我却通过成为一位知名共产主义者的成功来证明我自己——不管'成功'意味着什么——而不顾那种障碍，甚至在冷战中期也是如此。"① 因为在霍布斯鲍姆心目中，共产主义具有无与伦比的思想力量，而非仅仅某种自我主义的表现形式，所以他继续留在了党内。当然，自从马克思主义理论诞生之后，在世界共产主义理想的实践探索道路上，随着社会主义事业的暂时成功和几度挫折，霍布斯鲍姆也经历着内心的喜悦和悲苦的矛盾，但是他似乎从来没有后悔自己的选择，因为他对共产主义理想抱有极大的期望。20世纪90年代的霍布斯鲍姆还这样说道："尽管我一生大部分时间，也许准确地说是我一生具有自觉意识的大部分时间，都在致力于显然曾经令人沮丧的希望，也投身于一种显然还没有成功的事业——由十月革命开创的共产主义事业。但是，世界上也不存在其他如失败那样的事情更能够使历史学家的心智变得敏锐。"② 由此看来，霍布斯鲍姆始终提倡从失败中吸取经验教训，十分注重从历史研究中获得启迪。实际上，从批评斯大林主义政治信仰的实践迷踪到推崇"新社会史"的史学研究范式，霍布斯鲍姆曾经历了政治思想和学术思想的微妙交锋，随后他把主要精力投入到了艰苦细致的史学研究，从而获得了极富成效的史学实践经验。从对机械唯物主义和经验教条主义的批判到强调历史主体和历史认识主体——人和史学家的能动作用，从对传统史学的批判和背离到为创建新社会史的探索和贡献，在他一生的学术研究与信仰追求过程中，我们可以看到霍布斯鲍姆播撒的汗水与付出的艰辛。他的每一篇历史专题论文和每一部历史著作，在研究历史与构造史学的视角、方法和解释框架等方面，虽然未必都能够独树一帜，但是大体能够引起学术界的认真对待和深刻反思。他的每一本著作虽然未必都有一段总括全书的明确结语，读者不经深究也未必能够真正领会其思想精髓，达到拨云见日的思想境地，但它们无不张扬着他为继承马克思主义理论和发扬马克思主义史学传统而艰辛笔耕或躬身实践的时代精神，无不彰显着他为开创新社会史学的局面而锐意进取，为探索历史学的现实意义而敏于批判的学术发展轨迹。

霍布斯鲍姆的史学研究强调历史学的经世匡时与未来垂训两者之间的权衡态度。而对现实社会的关切态度和关怀程度，可以从他对于当代一些重大现实问题的思考与分析的事实上得到说明，在他的历史研究中，诸如

---

① E. J. Hobsbawm, *Interesting Times*: *A Twentieth-Century Life*, p. 218.

② E. J. Hobsbawm, "The Present as History", in *On History*, p. 239.

左翼政治势力与认同政治力量问题、民主政治问题、民族主义问题、现代战争比如伊拉克战争与和平发展问题，以及全球化进程问题等世界历史中的重大主题，都被纳入他的思索范围之内。比如，世纪之交，国际经济和政治形势出现一个引人注目的现实走向，就是欧洲联盟的发展及欧盟东扩问题，国际形势的风云变幻并没有过多地改变广大欧洲民众和许多欧洲学者眼前过于乐观的信念：所谓欧洲的民族国家正日益趋于全方位的趋同，欧洲的同一性正在形成。① 同样，霍布斯鲍姆非常关注欧洲现实社会的发展问题，撇开欧洲联盟存在的合理性不谈，他却独树一帜地认为欧洲联盟"正陷入比许多人所能想象的更大的困境"，因为当人类作为一个整体有可能获得更好的经济境况和国际社会环境的时候，他却为潜在的"正在扩大的社会和经济不平等"现象而担忧。② 凡此种种，无不流露出这位历史学家的社会现实思考与人类生命意识。

再例如，针对20世纪以来的世界战争与国际和平问题，按照霍布斯鲍姆的观点，回顾20世纪人类文明史上的悲喜杂剧，人类社会经历了以两次世界大战为典型的胜利大逃亡，但是人类的道德在这个世纪的战争中已经败坏得荡然无存。举例来说，如果说在1912年4月10日这一天，那艘标注着人类对航海的盲目自信与征服的自大狂妄、号称"永不沉没"的超级客轮泰坦尼克号，当它开启从南安普敦到纽约的令世界瞩目的处女航行，却遭遇了一场人类远洋航运史上的重大悲剧，那么实际上，人类社会历史文明的发展也是从此搭乘上了驶向灾难的"泰坦尼克"。霍布斯鲍姆清楚地看到，从海湾战争后的伊拉克武器核查危机到索马里内战、波黑内战和科索沃冲突，及至伊拉克战争的人类屠杀行为，却正是那个向来傲慢与偏执的以美国为首的西方社会屡次得手，刻意炮制了残酷的"刺刀下的和平"。③ 2003年6月11日，霍布斯鲍姆从历史与现实的角度，着眼于16至17世纪时期西班牙帝国、19至20世纪不列颠帝国和20至21世纪美利坚帝国称霸世界的各种因素对比研究的宏观视野，撰写长篇文章，对于2003年美英发动伊拉克战争并获得胜利之后世界形势及其特点、美

---

① 例如，在历史学领域，德国社会史学家科卡就认为，目前一个呈现欧洲同一性的真正欧洲历史科学正在形成。参见于尔根·科卡《20世纪下半叶国际历史科学的新潮流》，《史学理论研究》2002年第1期，第10页。

② "A life in writing: to criticize the future/by Genre Interview with Eric Hobsbawm", *The Guardian*, Saturday December 23, 2000. , See, http://www.books.guardian.co.uk/departments/history/story/0, 6000, 414796, 00. html.

③ 参见霍布斯鲍姆《复仇的不死鸟》，《百姓》2002年第5期，第46~49页。

国扩张的渺茫前景和全球霸权的现实困境进行了深刻分析，认为美利坚帝国要想直接或间接控制当今全球局势，几乎是不可能的事情。即便是类似伊拉克战争那样所谓成功的军事行为，也将带来对双方乃至全世界无穷无尽的生存灾难。① 然而，正如霍布斯鲍姆精辟地分析所指出的，人类的道德已经为世纪战争破坏得荡然无存，西方社会却无视弱势民族与边缘国家的屈辱在漫漫长夜的沉默中聚积，仇恨在烈日的暴晒下逐渐增长的现实，强势力量却更无视弱小民族的呐喊与呻吟完全淹没在西方为世界"新秩序"剪彩的颂词与碰杯声中的事实。霍布斯鲍姆断言，就人类未来的历史发展来说，如果人类文明的发展依然以人类正常秩序的破坏为代价，那么，传说中的复仇的不死鸟将从余温未尽的灰烬中转世再生就绝不是危言耸听，到那个时候，西方世界本身或许将不再是远离人世苦难的一片"极乐净土"。② 因为，"20世纪的战争不再是有限战争，而是全民的战争，这不仅因为每个人都将成为战争的参与者，也因为每个人都有可能成为战争的受害者"。③ 在霍布斯鲍姆那里，人类似乎应该有效地恢复早已为人类工业文明破坏几乎荡然无存的18世纪理性主义因子，才能摆脱已经在各种竞争中"迷失"了本性的人类自身困惑，才能避免人类自身正处在比以往任何时候都更加危险的尴尬境地。无须提出更多的例证，应该指出，基于马克思主义历史理论的角度和全球现实主义情怀的思考，霍布斯鲍姆对于20世纪人类文明的忧思和忧虑，呈现了关于人类历史与未来命运的远见和卓识，他关于百年战争与和平周期的思考，深深地嵌入了作为马克思主义史学家那份现实情感和生命体验，理解他那种对历史与现实的关怀，人们便能够感触到经由霍布斯鲍姆史学主体意识赋予社会历史特别是人类文明史以精神灵魂拷问的方式，触摸与此紧密相关的价值心灵碰撞的历史波澜。

在具体的史学研究中，霍布斯鲍姆善于从考察历史问题出发而关注当下社会现实问题。比如，他对传统农民阶级与现实政治之间关系问题的研究正能说明这点。关于农民阶级现状与历史的分析，也是他着力较多的阶级分析对象，以此为出发点，分析了阶级政党与国家权力之间的关系。他明确地把对初期农民反抗行为的研究看成一种理论实践探讨：反思理论

---

① Eric Hobsbawm, After Winning the War: The Empire Expands Wider and Still Wider. http://www.counterpunch.org/hobsbawm06112003.html.

② 参见霍布斯鲍姆《复仇的不死鸟》，《百姓》2002年第5期，第49页。

③ 《霍布斯鲍姆：人类文明沉思录》，http://www.6000year.com/readartile.asp? t_id = 26296&classid = 5.

"是否需要一个具有坚强组织系统的党"的尝试性实践。譬如，如果农民阶级能够组成一个组织严密的政党，那么他们就能够在更大限度内影响社会历史的进程。1973 年，他撰写了《农民与政治》一文，主要论述了传统农民在工业化前的传统时期或转变时期与现实政治之间的关系，就是这种分析方式的重要代表性作品。在文章的结尾，作者顺便指出了现代政治形势下农民阶级的当代命运和特点：农民作为一个阶级具有特殊性，他们的"政治"革命性逐渐消失，当代资本主义社会民主选举制度并没有使农民作为一个阶级而发挥作用。① 后来，他承认自己对初期农民造反的研究在某种程度上是出于当时现实政治考虑，从而他的史学现实意识获得史学思想的实证澄清和反面说明。时至 20 世纪 80 年代，他依然非常重视关于阶级政党的重要性问题："重要的政治变化只有在全民族甚至更大的范围内才能实现，而这样一个大范围内的政治行为没有全民族规模的政治组织如政党是无法想象的……一个政党的作用在于它实际地组织民众从而在政府和人民、领袖和他们的支持者之间提供一个桥梁。"由此他尖锐地抨击说，"许多社会主义国家（现在已大多变成前社会主义国家）中的政党的显而易见的毛病是，它排斥一切党外的政治行为。这最终导致了一种完全没有自下而上的渠道的实际上的专制政体……这种国家的政治体制的根本弱点在于它们离开普通公民的所欲、所想、所为越来越远"。② 霍布斯鲍姆还对东欧前社会主义政党的封闭性和专制性进行了毫不留情的批评，认为这种政党是没有也不应该具有前途的，因为一个执政党应该最广泛地代表广大人民群众的利益，否则必然为人民所推翻。诚如斯言，这样的理论论证和历史观点，确实具有十分重大的现实意义。

霍布斯鲍姆对于西方社会长期存在的左翼政治力量与认同政治关系问题的分析，充分显示了他对西方社会政治和经济发展等现实问题的详密叙述和深度思考。③ 20 世纪 80 年代，在西方社会的政治舞台上，随着英国撒切尔夫人上台重组内阁，里根入主美国白宫，他们推行保守主义政治，左翼政治力量日渐势微，由此，一股保守主义思潮开始弥漫整个西方社会政治、经济和思想文化各个领域。国内外形势的变化，必然影响到诸如霍

---

① 参见艾瑞克·霍布斯鲍姆《非凡的小人物：反抗、造反及爵士乐》，王翔译，新华出版社，2001，第 227～254 页。
② 刘为：《历史学家是有用的——访英国著名史学家 E. J. 霍布斯鲍姆》，《史学理论研究》1992 年第 4 期，第 62～63 页。
③ 参见霍布斯鲍姆《认同政治与左翼》，《马克思主义与现实》1999 年第 2 期，第 35～40 页。

布斯鲍姆这样的史学家及其思想观念。作为一位马克思主义者，霍布斯鲍姆对撒切尔夫人政府及撒切尔主义始终保持尖锐的批评态度。20 世纪 80 年代，《和平社会主义问题》杂志编辑部就马克思主义在英国的发展情况访问《今日马克思主义》杂志主编马·杰克斯等人时，杰克斯就认为："如果说 70 年代是理论兴趣激增的 10 年，那么在 80 年代，兴趣主要在于马克思主义的政治分析。如果说过去的 10 年受到特别注意的是国家和社会的相互关系问题、阶级领导权的概念、危机理论，那么后来研究者们探讨的则是较具体的政治问题，撒切尔夫人和右派激进主义的本质、形成原因、社会基础及发展趋势。为什么左派力量衰落，他们发生危机的原因何在，我们能不能由此理解工人阶级中发生的各种变化的实质和意义？"[①]无疑，霍布斯鲍姆对这些政治现实问题和理论实践问题都进行了及时的当下反思。例如，恰如国内外论者所看到的那样，霍布斯鲍姆对于 20 世纪共产主义运动思潮与 20 世纪历史之间的关系，特别是有关"共产主义"的历史地位、资本主义与社会主义两大体制之间的关系、对中国社会主义制度特别是改革开放以来中国特色发展道路等当代历史重大问题，都试图进行深刻反思，对与此相关的社会历史发展理论也进行反复思考，提出独特的观点。[②]

　　历史的时代感悟和史学的现实关怀，是作为历史学家史学思想境界的重要特质之一。世纪之交的 2000 年，当霍布斯鲍姆面对意大利记者关于"左翼留下了什么"的采访话题时，他对百年前随着工人运动而产生的左翼势力到 20 世纪末以来的各种左翼力量进行了通盘审视，表现出其强烈的时代感悟与现实关怀。按照他的理解，不管是 19 世纪的传统资产阶级左翼，还是 19 世纪末到 20 世纪中期第二左翼运动的力量即社会主义左翼，或者 20 世纪 60 年代以来出现的新左翼势力，都是不同历史时期的产物，各自拥有不完全相同的政治目标和阶级基础，也取得了一定的成就。如果说传统左翼以工人运动和革命运动为中心，第二左翼以社会民主主义政治为纲领，那么新左翼则主要进行单一的诸如妇女运动和环境保护运动那样的活动，甚至完全接受自由市场政策。[③] 他认为，在总体上，"左翼

①　马·杰克斯等：《马克思主义在英国：昨天和今天》，《马列主义研究资料》1988 年第 3辑，第 182～183 页。

②　参见林春《二十世纪与"历史共产主义"：霍布斯鲍姆的〈极端年代〉》，http://www. ea. sinica. edu. tw/lib/abso87. html。

③　参见艾瑞克·霍布斯鲍姆、安东尼奥·波立陶《霍布斯鲍姆：新千年访谈录》，殷雄、田培义译，新华出版社，2000，第 132～163 页。

与右翼已经变得难以区分了，对 2000 年的政纲进行区分的唯一界线，就是进步的政纲与保守的政纲"。① 值得指出的是，无论何时何种类型的左翼势力走向终结，它肯定会留下一笔可贵的历史遗产和现实财富。这就是他对左翼政治力量的基本看法和现实态度。应该说，新左派运动的出现，为西方资本主义理论界与思想界提供了一个独特的社会运动研究范例与思考路径，它与传统左派有着许多不尽相同之处。如果说两者在赞同资本主义社会经济发展现实成果这方面是一致的，那么新左派清晰地看到资本主义制度发展在对普遍人性异化的负面影响，呼唤资本主义体制下的融洽与和谐的人性化发展，对资本主义制度存在着的高度组织性、纪律性和本质上高压式民主化的现实深感失望，表现出对资本主义体制的强烈批判意识。

　　自由主义、社会主义和新自由主义作为政治意识形态分类在霍布斯鲍姆那里经常得到深刻的反思。② 霍布斯鲍姆对新自由主义自始至终都是采取坚决的批判态度，这也反映了他对当代社会现实政治的深切关注。1990 年代初，他在一次接受中国学者的专访时就公开表态："正式地来说，自由民主主义③当然处在空前胜利的阶段。但在我看来这些自由民主国家中的问题正在日益严重，就像在两次大战之间一样。这是一个非常非常令人不安的趋向。"④ 他对新自由主义表露出公开的怀疑立场。佩里·安德森就认为，"即使到了 1998 年，霍布斯鲍姆和《今日马克思主义》杂志的作家们还在满怀希望地宣传新自由主义的终结"。⑤ 当然，霍布斯鲍姆对

---

① 艾瑞克·霍布斯鲍姆、安东尼奥·波立陶：《霍布斯鲍姆：新千年访谈录》，第 153 页。

② 参见霍布斯鲍姆《当今的意识形态危机》，《国外社会科学》1993 年第 6 期，第 16 ~ 21 页。

③ 新自由主义是一个含义非常广泛的理论术语，这里的自由民主主义包含于新自由主义含义之中。新自由主义理论不仅是一个经济理论，而且还是一个政治理论。该理论主要认为，在一个典型的民主体制社会里，商业占主导的模式将是最行之有效的。但这个社会必须是一个政治体制相对薄弱的社会，而且社会各阶层、特别是穷人和工人阶级非政治化的程度要较高，实际上这是 1980 年代保守主义在 90 年代的变种。新自由主义的主要代表人物是英国经济学家哈耶克，他认为资本主义经济本身有一种自行趋于稳定的功能，国家对经济的干预不但无效多余而且有弊无利。显然，这里面充满着悖论。比霍布斯鲍姆更进一步的是，沃勒斯坦对这种理论表示不屑，他认为"新自由主义"是一种疯狂的妄想与空想，作为一种理论其影响会很快衰弱。参见伊曼纽尔·沃勒斯坦《世界左派历史理论的崩溃与未来》，http：//www.csdn618.com.cn/century/wencui/020225200/0202252006.htm。

④ 刘为：《历史学家是有用的——访英国著名史学家 E. J. 霍布斯鲍姆》，《史学理论研究》1992 年第 4 期，第 62 页。

⑤ 邓广：《〈新左翼评论〉的"更新"》，《国外理论动态》2001 年第 7 期，第 19 页。

新自由主义保守势力并非完全否定，"撒切尔夫人的保守政策继承者们沿着自由市场的方向进行激进的社会改革，其激进程度超过世界上现有的任何其他右翼"。① 应该指出，作为在《新左翼评论》的长期担纲主编的学者，安德森本人对新自由主义的态度则完全相反，而持无条件拥护和赞扬的态度。他认为新左翼运动作为一股激进主义社会主义运动，"要理性地认识到历史性的失败"，"资本主义已经全面击退了所有对其制度的威胁"，在目前全球视野的范围内，"仍然没有一个集体力量能同资本的强大力量相抗衡"，这些完全背离新左翼运动宗旨的自由言论，根本上来源于他对资本主义发展运动的错误认识，因为在他看来，变革资本主义的唯一动力是"科技进步，即生产力进步"，是"资本主义本身的新陈代谢"。② 安德森的这种"更新"性理论观念，自然遭到来自包括霍布斯鲍姆等老一辈马克思主义者和其他新左派代表人物的坚决批判与有力回击。

在史学研究中，试图把民族与民族主义的历史考察与政治现实结合起来研究，强烈映衬了霍布斯鲍姆史学思想的社会现实关怀。霍布斯鲍姆自认为是民族问题研究理论家中少数几个对民族主义的支配力量和主宰性始终抱怀疑主义态度的学者之一。他从民族与民族主义新义、民族主义和民族感情（爱国主义）、民族主义原型与近代民族主义之间的关系、民族主义的历史转型与未来命运以及民族主义理论反思与理论关照等多个角度和多个方面，对前近代时期到20世纪晚期世界上出现过与存在着的主要民族与多种多样类型的民族主义形态做了全景式考察分析。③ 可以说，他十分关注的是自近代以来欧洲和世界政治与社会力量中的民族与民族主义问题，作为一位历史学家，他另辟蹊径地分析研究了现实社会中依然存在着的民族主义问题，并提出一个别具特色的讨论民族主义问题的论纲，这个论纲也从一个侧面体现了研究者关于社会现实的沉思。由于篇幅和研究主题侧重点方面的原因，我们无意详细分析与探讨其关于民族主义理论的政治思想，关于霍布斯鲍姆的政治思想，需要另文论述。在此肯定的一点是，从《民族与民族主义》及其早期著作中，从他对人民与民族、民族主义的历史经验的考察过程中，可以发现这位历史学家极力提倡"人民政治"，这个概念自有其独自的含义，这已不是本节讨论的重点问题。值得指出的是，在一定程度上，其民族主义理论或论纲，是其早期"人民

① 艾瑞克·霍布斯鲍姆、安东尼奥·波立陶：《霍布斯鲍姆：新千年访谈录》，第147页。
② 转引自邓广《〈新左翼评论〉的"更新"》，《国外理论动态》2001年第7期，第19页，
③ 参见埃里克·霍布斯鲍姆《民族与民族主义》，李金梅译，上海人民出版社，2000。

政治"意识见解（蕴含于《原始造反者》、《盗匪》等早期作品之中）的进一步阐发和理论升华。问题的关键在于，作为马克思主义史学家，霍布斯鲍姆能够从现实关怀的角度出发，认真思索自己研究的历史课题和时代主题所具有的深刻意义，并试图让更多广泛的读者感受这种强烈现实意识。

关于全球化问题的理性诠释，对于全球化时代政治、经济和文化统一秩序的不同诉求的理解和阐释，也集中体现了霍布斯鲍姆史学观念的现实意识和生命意识。在接受新千年访谈时，面对人们普遍谈论的所谓"全球化"时代主题和人类社会是否已经进入"全球性"时代的问题，他解释说，全球化是一个永久性的历史转变过程。他反对所谓"全球化过程已经完成"的观点，认为目前人们可以肯定的只是今后乃至上百年时间之内人类全球化程度会越来越高，而眼前却无法断言这个过程何时结束和何时才能到达最终目的地，不过，人类社会的发展客观上已经呈现越来越剧烈的全球化趋势。最重要的是他也指出全球化并不是一种在人类活动的所有领域以同样方式运作的普遍过程。① 就当前而言，世界经济一体化和全球化过程发展迅猛，而政治全球化前途却未为可知，比如，"政治组织全球化的自然趋势，可与经济全球化的自然趋势相提并论。这是两件非常不同的事情"。因为，"一个国际权力机构能否存在，依赖于一个政治决定，而不是一种经济或者技术发展的逻辑"。② 文化领域里的全球化更是异常复杂而呈现不同于政治和经济领域里那些景观的独特风景线。③ 总之，霍布斯鲍姆清晰地看到全球化问题的长期性和复杂性，也承认全球化给人类社会历史的发展带来的现实机遇。据说霍布斯鲍姆目前正围绕着全球化、民主化与恐怖主义问题进行深入研究，只要天命许诺这位马克思主义史学大家，相信不久就会有这方面的专著问世。然而，全球化等问题本身并非本文讨论的重点，我们涉及它是为了进一步佐证：霍布斯鲍姆作为一位马克思主义历史学家所具有的现实问题意识和对社会现实及人类全球化趋向的思辨态度。

就上述意义而言，对现实的关怀和人类社会未来命运的关切，史学研究亦应适当地参与现实的学术理念，贯穿着霍布斯鲍姆整个史学研究生

---

① 参见艾瑞克·霍布斯鲍姆、安东尼奥·波立陶《霍布斯鲍姆：新千年访谈录》，第90～91页。

② 艾瑞克·霍布斯鲍姆、安东尼奥·波立陶：《霍布斯鲍姆：新千年访谈录》，第115页。

③ 参见艾瑞克·霍布斯鲍姆、安东尼奥·波立陶《霍布斯鲍姆：新千年访谈录》，第164～195页。

涯，也体现了其史学思想强烈的现实感悟与历史使命感。更为突出的是，霍布斯鲍姆强烈主张历史学家撰写自身居于其中的当代史，并实践性地出版了举世闻名的《极端的年代》，他也多次在学术演讲中大力宣扬或撰文阐明当代人书写当代史的技术优势、思想困境和史学现实意义。① 因此，在霍布斯鲍姆史学观念中，无时不体现他自身对历史问题的价值判断和对时代精神的理性张扬，其历史著作昭示出的现实意识与生命关怀，更是其史学思想的丰富源泉。他十分强调分析在历史认识和史学认识过程中党派偏见与意识形态倾向的作用，正是基于史学家意识形态立场与理论联系实际，史学家才能够基于现实关怀，面对今天的现实世界，从过去历史中研究、思考和总结出有意义的经验教训。当然，毋庸讳莫如深，历史学家表现其强烈的现实关怀的时候，有可能造福人类社会，也可能阻碍社会的发展，历史研究的成果是成为人类福祉，抑或危害人类自身，取决于史学认识主体能否紧跟社会发展的思想意识主流，体察时代精神的动态脉搏，采取合乎逻辑的思想理论方法，理解与把握历史研究或历史学的普遍科学性与政治认同性之间的平衡，从而承担起历史学家的社会责任。凡此种种，都是需要进一步讨论的问题。

第二节　神话化的历史研究与
历史学家的社会责任

在某种程度上说，史学研究实践是时代的社会实践，史学研究成果是时代的文化产物，时代精神的塑造需要历史学的积极介入，社会文化的重构也需要历史学家的自觉参与。但是任何强烈的史学现实关怀无疑冲击着史学的科学合法性，考验着历史学作为历史记忆承载者的社会责任感。中国学者早已认识到："史学不同于社会科学，它是以不可逆转的过去时空中的人及其活动为研究对象的人文学科，它的成长需要以深厚的人文积累为滋养。史学研究的目的是追求可靠的历史知识，提出令人信服的历史解释，这需要一种相对中性和平和的立场，需要和变幻莫测、难以界定的现实保持一定的距离，需要一种对知识的庄严而恒定的信念。如果怀有过于强烈的现实关怀，对时代精神不加辨析和保持警惕，不免使史学的特性受到损害。"② 然而当代历史学家遇到的一个历史哲学难题即是：史学参与

---

① See, E. J. Hobsbawm, "The Present as History", in *On History*, pp. 228–2240.

② 李剑鸣：《关于二十世纪美国史学的思考》，《美国研究》1999 年第 1 期，第 23 页。

现实的合理性同历史学的客观科学性相悖。普遍的理解是，历史知识的主观性与历史存在的客观性、史学研究的现实性与史学成果的科学性之间存在着需要历史学家严格把握的合理张力。也就是说，历史文本的形式与内容的科学统一，主要是由历史认识主体的思想意识与历史认识客体的现实视角之间的衔接关系程度决定的，而非纯粹由历史存在或历史本身决定的。其中关键因素是历史学家或其他历史认识主体怎样发挥抑或发挥怎么样的作用。作为一位具有强烈现实感与历史使命感的历史学家，霍布斯鲍姆力图寻求历史学的普遍科学性与政治认同性之间的平衡，由此他强调捍卫历史学家的社会责任和道德良知，呼吁历史研究既要反映时代精神与历史精神，又要坚持科学价值与历史理性。这是他追求历史的真实性与史学的客观性的重要价值标准。换言之，寻求历史学的普遍科学性和政治认同性之间的平衡应该成为历史学家从事史学研究的认识论前提，霍布斯鲍姆认为历史学家的职责之一，就是追求历史学的客观性和科学性，避免历史学家成为纯粹的意识形态史家或政治学家的附属物，摆脱或避免历史和历史学家在社会和政治权力中的有失历史客观公正的利益共谋关系中，克服某些历史研究成果因为过分狭隘的政治偏见（比如民族主义意识形态话语体系）所造成或所居于的尴尬处境。强调真正实现历史的政治价值和挖掘史学的社会功能，并履行历史学家的责任。

一　意识形态、认同历史和史学研究效果

从学科属性上说，"意识形态"范畴多为哲学、政治学和社会学等学科共同关注的对象。对此国内外学者多有研究。① 这里，还需要从学科关联的角度，简单回溯意识形态理论的基本含义。②

在人类精神思想领域里，作为一种思想观念和政治倾向，特别在西方知识界，意识形态具有异常渊远的根源，也长期存在于知识的增长与历史的发展过程之中。当代英国学者大卫·麦克里兰对意识形态的思想源流及其研究路径进行了研究，认为西方思想界存在着两种意识形态认识论传

① 西方学者对于"意识形态"这个关键词及其基本概念内涵的变化给予了较多关注与解释，可参见雷蒙·威廉斯《关键词：文化与社会的词汇》，刘建基译，生活·读书·新知三联书店，2005，第 217~223 页。

② 在后现代主义语境中，所有历史的论述特别是大写的历史，都是意识形态的历史或涉及主观意识形态因素，这样的观点及其产生背景值得重视和反思。参见基思·詹金斯《论"历史是什么？"——从卡尔和艾尔顿到罗蒂和怀特》，导论：历史、理论、意识形态，江政宽译，商务印书馆，2007，第 3~21 页。

统：其一，英法美哲学中以人性理性为基础的非马克思主义传统，社会科学方法应该采用与自然科学方法一致的思维方式去追求可靠的客观知识；其二，发源于德国哲学中的历史主义基础上的马克思主义传统，认为自然科学方法不适宜解决社会问题，不存在任何客观中立的研究方法，因为意识形态总是与社会的局部利益相联系的。经过仔细的研究，麦克里兰指出，那些自称是超意识形态的理论实质上本身就是意识形态体系，世界历史和当代世界的任何话语中都不存在什么非意识形态的社会科学，"迄今为止没有出现意识形态终结的任何迹象"。[1] 某些西方学者提出意识形态终结的命题，更是一种意识形态的表露。当代英国社会学家约翰·汤普森则从意识形态与现代文化的视角，考察意识形态的多层面含义，特别提到意识形态概念在马克思那里具有中心地位和特定的理论背景。[2] 研究表明，现代社会中意识形态的社会影响力日趋强化，比如意识形态作为价值观念的控制途径，可以成为国家社会思想整合的重要因素，也成为民族国家和社会历史达成思想共识，保持社会稳定和构筑认同历史的重要和基本途径。历史如此，现实也这样，"任何社会的整合是有效也最为根本的途径就是使某种意识形态社会化"[3]。这里，意识形态已经作为一种社会控制和历史生成的资源存在了。换言之，直到当代世界历史、民族政治与国际关系格局中，意识形态因素就是认同历史必不可少的动力资源，民族国家和官方权力机构通过占统治地位的意识形态来影响社会公众，形成一定的历史文化资源，使普通民众构筑与之相应的历史观念、理想信仰、价值观念、道德准则、法律意识和社会心理等精神文化力量，制造民族国家历史和合法性历史认同。认同历史的形成机理，也完全符合政治社会化的一般原理，其核心任务就是将意识形态内在的价值观念与理想信仰及时有效地传递与分配给普通社会历史成员，并内化为他们的政治认同。不管是历史还是现实中，"在人民群众的心目中，自发地具有一种对国家和法的权威的认可和尊重，这种自然的本能的态度正是从意识形态的教化中获得的"[4]。因此，从政治学和历史学的相互关联上看，意识形态就是一种价值体系，当然存在科学的和非科学的价值体系之分。本节并不打算继续研讨各家各派关于"意识形态"的不同理解，主要试图指出的是，历史学

---

[1] 参见大卫·麦克里兰《意识形态》，孔兆政、蒋龙翔译，吉林人民出版社，2005，第2版。

[2] 参见约翰·B. 汤普森《意识形态与现代文化》，高铦译，译林出版社，2005。

[3] 王邦佐等编著《中国政党制度的社会生态分析》，上海人民出版社，2000，第246页。

[4] 俞吾金：《意识形态论》，上海人民出版社，1995，第242页。

家在历史认识、史学研究和史学成果中表现出来的主体知识结构和认识论倾向，归根结底也是一种意识形态的表现形式。认同历史与意识形态之间存在着非常紧密的关联，对它们的认识和把握，关涉到历史学家及其史学研究的社会效用和史学表现形式的后果问题。

在特定范围内，基于历史认识论中的主客体关系思考，历史的神话化、历史学家的意识形态立场和史学认识成果的效果问题，也是霍布斯鲍姆在史学研究实践中经常碰到和认真讨论的主题。霍布斯鲍姆认为，在历史学成为具有法定形式的科学之前，特别是 19 世纪历史学步入职业化历程之时，由于种种因素的作用，历史学必然会同当代政治生活错综复杂地联系在一起，在某些时期，历史有可能完全成为政治的投影，法国大革命研究和历史编纂是一个典型例子。随着 20 世纪人类社会的进步和历史的发展，虽然历史学日益成为一门相对独立的学科，但是当历史学已经取得有目共睹的成就的时候，依然存在着的事实就是："历史受思想和政治的影响如此之深，以至于它真正的研究对象、研究目的有时受到质疑，尤其当它的研究成果带来了不合需要的政治后果时更是如此。这点已经在 1914 年以前时期德国学术史上体现出来，而且事实上到了 1914 年后，情况尤其如此。"[1] 因此，现时代的历史学依然摆脱不了政治立场的或意识形态的影响和约束，马克思主义史学也不例外，伊格尔斯就曾经说："马克思主义的史学著作大多直接与当前政治形势的需要有关，并且由一种总的哲学设想和政治价值观所指导。"[2] 因此，在任何史学研究领域中，历史学家的意识形态立场和史学研究成果之间存在着不可否认的事实关联，关键是如何认识、理解和处理其中的复杂关系。

霍布斯鲍姆在 1979 年发表的那篇《党派偏见》文章中也承认，历史学是最具鲜明政治色彩的一门学科，历史学家不可避免地具有意识形态立场或在其史著中表现出自己的党派性。然而，对此，需要从两个方面来认识：其一，从历史学的科学属性角度上说，史学研究首先要采取客观的立场和科学的标准，意识形态立场应该受到某种程度的限制，党派偏见的负面影响需要得到控制。"概括起来说，对任何从事科学论述的人来说，无论他们意识形态观念上的因果逻辑关系和由此决定的著作动机如何，其论点正确与否必须取决于科学的方法和标准的精确性原则，而不是取决于他

---

① E. J. Hobsbawm, "Has History Made Progress"? in *On History*, The New Press (New York) 1997, pp. 69 – 70.

② 伊格尔斯：《欧洲史学新方向》，赵世玲、赵世瑜译，华夏出版社，1989，第 136 页。

们的党派属性。更不是取决于他们是否依然具有重要性、价值意义的从属不同话语体系的观念原则"。① 这符合历史学研究的科学合理性或学术规范性的要求。其二，历史学家的主体意识在史学研究中也会或应该具有积极的意义和正面的价值，因此，从历史学家必然具有的意识形态立场和党派属性角度看，至少我们很难想象没有政治信念的人会成为伟大和成熟的历史学家。在这个层面上，霍布斯鲍姆敏锐地看到："无可否认的事实就是，诸如社会科学的发展从来没有与党派偏见相分离，甚至可以说，没有党派偏见某些学科就根本不可能形成。"② 接着，霍布斯鲍姆详细地论证了这样一个问题：在一定程度上，历史学家明确的党派政治偏见和学术研究的主体意识倾向，是抵制某种学术霸权话语的自我封闭状态的有效因素，是消除科学研究中的僵化呆板倾向的必要环节。而且，历史学应该通过史学家的主体意识有意识地借鉴整个社会科学领域的有效外部资源，"今天比以往更加必不可少的是，需要建立一种能够把新思想、新问题和新挑战从学科外部带入学科内部的有效机制。或许党派偏见就是这样一种颇具威力的机制，甚至是目前人文科学领域中最具有影响力的机制。没有它，这些科学的发展将遭受一定的风险"。③ 所以，我们并不反对的是："不同的历史学实践者拥有形形色色的世界观；确实，对于坚持如霍布斯鲍姆宣扬的马克思主义和社会主义党派原则和思想信仰的人来说，这种原则和信仰实际上为历史研究注入了一股新的创造活力，由此也防止了它们的研究领域走向自我封闭或变得僵化"④。但正如伊格尔斯所看到的，"历史学家探讨过去现实的概念体系反映了他们工作的社会、政治和文化环境的差异和利益（历史研究确实比其他学科在更大的程度上受上述条件的影响）。因此，思想意识成分未必将要或者未必能够被排除于历史学术之外。但是，正是历史研究本身如此深深地扎根于它们在其中从事研究的历史环境这一事实，也许有益于丰富对历史的理解"。⑤ 这也如我们后文将要指出的那样，霍布斯鲍姆通过毕生的史学研究实践去证明，自克罗齐提出所有真正历史都是当代史的观念以来，史学研究领域中一个既成事实就是，历史编纂学与当代意识形态和政治权力就一直如影随形，这实际上在

---

① E. J. Hobsbawm, "Partisanship", in *On History*, p. 128.
② E. J. Hobsbawm, "Partisanship", in *On History*, p. 135.
③ E. J. Hobsbawm, "Partisanship", in *On History*, p. 140.
④ Geoffrey G. Field, "A 'Man In Dark Times': Hobsbawm on History", http://www. culturefront. org/culturefront/magazine/98/summer/article. 17. html.
⑤ 伊格尔斯：《欧洲史学新方向》，第229页。

某种意义上开启了误用历史之门。但同时也应该看到，任何历史认识主体没有也不可能在永恒的事实外表下，作为客观的观察者和分析者置身于其研究对象之外，来客观地塑造和研究历史。因为包括史学家在内的历史认识者谁都不可避免地受到自身时代和现状地位的设定或约束之中。① 如此说来，历史解释不可能做到不偏不倚和绝对客观公正，但是历史学家的主观性解释及其在历史研究过程中表现出来的这种党派性和意识形态倾向不能被过分地夸大，否则就会强化历史学家所具有的那些"具有令人生畏的权力，即塑造今天的历史意识和明天的记忆并使之合情合理的权力"②。造成历史学家不顾历史事实试图代替历史立言的欲望不合理地膨胀。合理地理解和把握史学研究中的意识形态立场和史学研究成果之间的关系，充分发挥历史认识主体的能动作用，有力规范史学研究成果的社会成效，这也是霍布斯鲍姆坚决主张的立场和观点。

当今世界极具影响力的思想家，美国学者萨义德（Edward W. Said, 1935 ~ 2003）强调知识分子要向权势说真话，从理论上来说，知识分子应该做到完全自由独立。因为"严格说来知识分子不是公务员或雇员，不应完全听命于政府、集团，甚或志同道合的专业人士所组成的行会的政策目标"。然而社会和道德的各种诱惑却无处不在，"许多知识分子完全屈服于这些诱惑，而就某个程度而言，我们全都如此。没有人能全然自给自足，即使最崇高伟大的自由灵魂也做不到"。③ 从史学研究和知识性质的角度来说，历史学家无疑是非常重要的知识分子群体，他们的史学研究成果有可能成为社会历史的重要知识权力，在理论上，只有历史学家基于事实的客观性史学研究才能对人类社会历史的健康发展起着十分重要的作用。霍布斯鲍姆通过史学家意识形态立场与史学研究成果的相互关系角度，在特定程度上强调这种历史认识论观点，同时，宣称力求避免史学研究完全意识形态化，避免历史和历史学家沦为政治与政治家的附属物，正当发挥史学研究成果作为知识权力的重要作用。他十分强调历史学家作为社会知识分子的社会责任和道德良知，希望史学研究尊重历史的真实性和客观存在性，他并不笼统地排除史学的"价值判断"和"价值导向"，否则历史学也便失去了其社会政治功能，从而丧失其人文社会科学知识的存

---

① E. J. Hobsbawm, "Identity History is Not Enough", in *On History*, p. 276.

② 弗朗索瓦·贝达里达：《历史实践与责任》，《第欧根尼》（中文版）1996 年第 1 期（总第 23 期，1996 年 6 月），第 113 页。

③ 爱德华·W. 萨义德：《知识分子论》，单德兴译，生活·读书·新知三联书店，2002，第 75 页。

在价值。但他也反对为了实现历史学的政治作用与社会功能而牺牲历史的真实性和丧失历史学家的独立性。

　　问题是，历史学家能否按照这样的理论认知指导史学研究呢？换言之，历史学家如何保持史学研究中那份普遍科学性与政治认同性之间的平衡，怎样避免神话化的历史与史学家的社会责任之间的悖论？霍布斯鲍姆认为，"职业历史学家的全部问题就是他们研究的课题具有重要的社会和政治功能。这些功能依赖于他们的工作来实现，因为除了历史学家，又有谁来发现和记录过去？然而同时，这种政治和社会功能同时又很难同他们的职业准绳相吻合"。① 此言寓意着史学实践活动中存在着矛盾性的两难相悖：（1）历史和历史学只能通过历史学家的研究工作，来实现它们的社会和政治功能作用；（2）这种社会和政治功能的实现意味着历史学家必然在某种程度上背离他们的职业准绳和道德素养，而损害历史学的客观性和科学性。不过，在霍布斯鲍姆看来，这种背离的主要原因不在于历史学家自身，而在于非历史学家的纯粹意识形态立场的介入或干扰，或者在于国家政治权力的深度影响，主要缘由在于："需要和享用历史学家生产的商品，并成为其主要销售对象（取决于政治需求）的非专业学者们不甘心受'严格的科学程序'与'修辞结构'之间截然区别的束缚"之故。在这些人看来，至关重要的问题就是，"'好的历史'的标准，实际上就是'对我们有益的历史'——即对'我们的国家'、'我们的事业'或对'我们的情感满足'直截了当地'有利的历史'。"② 霍布斯鲍姆遗憾地指出，过往的历史已经证明，职业历史学家的研究成果中确实存在着许多在为非专业人士提供任其使用或误用的历史素材。因此，要避免历史学家成为政治霸权力量与纯粹意识形态的附属品，关键在于"历史学家在其自身领域里所承担的责任是以两个条件为基础的。首先是独立自主，不管是在政治上还是在理智上；这是对自由的要求。其次是一丝不苟地尊重这个学科的各项准则；这是对真实性的要求"。③ 应该说，霍布斯鲍姆所强调的这两个方面对历史学家来说既是基本的，又是非常难以做到的，但对任何具有社会责任感的历史认识主体（职业历史学家）而言，却是历史研究追求的理想境界和历史学家操守的职业准绳。

---

① E. J. Hobsbawm, "Identity History is Not Enough", in *On History*, pp. 269–270.
② E. J. Hobsbawm, "Identity History is Not Enough", in *On History*, p. 270.
③ 弗朗索瓦·贝达里达：《历史实践与责任》，《第欧根尼》（中文版）1996年第1期（总第23期，1996年6月），第112页。

由此看来，意识形态与民族认同历史、史学研究效果与民族国家历史建构、时代的历史或史学研究，它们与当下政治权力存在着一种错综复杂和千丝万缕的关系，长期以来许多历史学家都在按照这种约定俗成的学科规范从事着不同的学术论争。人类历史发展到当前世界情形，民族国家历史仍然是一种非常值得注意的历史记忆和历史叙事形式，正如中国学者越来越共同认识到的那样，"且不说历史学至今仍然是回溯民族之根，梳理传统脉络，建立文化认同的学科，就是从历史叙事的角度看，国别史也还是一个有效清理历史的形式"①。然而，在具体的史学实践中，关于民族国家历史和人类世界历史的编纂与阐释涉及更为复杂的史学元素，其中历史认识主体的意识形态立场则成为至关重要的构成因素，史学研究主体的合理意识形态因素和过度意识形态化倾向之间的引导或规制，成为传统史学话语和现当代史学认识都无法回避的理论问题。通过严肃系统的史学考察，霍布斯鲍姆认为千真万确的史学事实是："历史编纂学与当代意识形态和政治的如影随形，正如克罗齐所指出的那样，一切历史都是当代史，却开启了滥用历史之门。"② 因此，过分渲染历史认识主体的"价值判断"或"价值导向"导致的后果是严重的，这在旧式民族主义史学传统或虚构民族主义神话传统的历史学家那里表现得尤为突出。历史学家可以合理解读和参与正常形态的民族历史建构，但是那些被赋予过多意识形态因素的民族主义则是"装扮成历史，以神话形式出现，扎根于历史过去中的认同文化的一个典型事例"。③ 从神话化的历史角度看，制造民族主义的认同历史通常采取的形式，就是对这个民族过去的模糊历史进行时代误植、断章取义和移花接木，刻意塑造相应那个民族的民族性构成，总之，属于认同历史的民族主义神话是典型的历史发明和传统创造。实际上，当人们把历史施用于国家政治或服务于民族精神的创造活动之时，也就是国家主义或民族主义神话泛滥之时，这是一切认同政治类型的历史必然与实际状况。诸如民族主义神话的背后，就是对历史事实的大量虚构和大胆捏造。霍布斯鲍姆分析说，在虚构历史或捏造过去的民族主义神话行为那里，在某种程度上，是由于现实不能令人满意，转而试图从过去寻求政治的依托，过去的时光经常被解释为美好的旧岁月，不真实的过去被篡改为合法的历史传承，诸如以色列犹太复国主义史学传统、爱尔兰民族主

---

① 葛兆光：《彼此环绕和交错的历史》，《读书》2008 年第 1 期，第 80 页。

② E. J. Hobsbawm, "Identity History is Not Enough", in *On History*, p. 276.

③ E. J. Hobsbawm, "Identity History is Not Enough", in *On History*, p. 270.

义史学编纂和马其顿民族主义史学神话等等，都是这样。因为在制造民族主义神话的人看来，或许过去就能提供一个模式而以一种令人满意的形式重新构建现在，起到政治宣传和权力控制的目的。这实际上是一种典型的乌托邦式的政治性怀乡病或意识形态虚构的价值体系。于是，可能出现的后果就是，为了重返根本不存在的过去，只能恶性循环式地创造出更多种民族主义历史神话。然而，不管是犹太复国主义，还是其他任何近代民族主义形态，并不能依靠想象力而返回到它们所谓失去的过去，历史的客观存在是，在19世纪以前，这种假设的地域民族或国家显然是不存在的。①归属于认同历史的民族主义神话拥有非常深厚的国内社会背景和民族心理基础，比如，"在以色列，史家之争绝非罕见，而且几乎从来不是史学界内部的事情。人们把史学家们的争论，几乎自动地看成了一种威胁，一种对一言堂式的犹太复国主义回忆文化和对涉及过去的日常谈话讨论的威胁。以色列社会担心，历史神话的破灭会危及犹太人的集体回忆和集体行为模式。因此，整个社会都对此有敏感而强烈的反应"②。实际上，民族主义者只是出于民族凝聚力和民族认同的需要而虚构了它声称的历史，企图让人们相信这种被合法化的过去，为其政治霸权与文化霸权目的服务。正如学者所识："使一个民族或一个国家具有共同的过去，在这种遥远的过去中铸造一种集体同一体，也许是历史学最古老和最经常的社会职能。"③ 这样的论说似乎已经指出了问题的要害。

在布达佩斯中欧大学举行的1933～1994年学术年会揭幕仪式上，在面向来自前共产主义国家和前苏联的全体学生作的一次讲演中，当再一次触及历史学家被民族主义神话利用和认同历史被过度意识形态化的后果话题时，霍布斯鲍姆的史学价值倾向和批判民族主义史学的政治立场十分鲜明。他比喻性地写道："就犹如罂粟作为可吸食成瘾的海洛因原料一样，历史就是民族主义的、种族主义的或原教旨主义的意识形态所需要的原始构成材料。在这些意识形态里，过去是一个核心要素，很可能是个最基本的因素。如果不存在可适用的过去，他们总是能够虚构一个过去，因为这些意识形态声称已经证明为正确的现象，并非是古老和永恒不变的现象，

---

① See, E. J. Hobsbawm, "What Can History Tell Us about Contemporary Society"? in *On History*, pp. 25 – 26.

② 哈拉尔德·韦尔策编《社会历史：历史、回忆、传承》，第232页。

③ 恩里科·弗洛雷斯卡诺：《历史学的社会职责》，《第欧根尼》1994年第168期，第44页。

只不过是对历史的虚构而已。"① 结果就是虚构的过去被合法化。"在这种情况下，历史学家发现自己处于意想不到的政治演员的角色地位。我向来认为，职业历史学家与通常所说的比如核物理学家不同，历史学家至少能够保证不做有害于人类的事情。现在，我明白这种事情同样可以发生。就像爱尔兰共和军已经学会了的那种把化学材料转化成一种炸药的手工作坊一样，我们的书斋也能够变成炸弹工厂。"② 最要命的是，在霍布斯鲍姆看来，真要是这样，本来应该认识历史真实性的历史学家，本该为历史学的科学性而辩护的历史学家，不但会成为损害历史的客观存在性的始作俑者，而且还有可能成为危害人类的帮凶甚至成为元凶。后现代主义者的理论反思，也促进了人们对这个问题的理解，德里克就说，问题的关键是："两个世纪以来历史曾被赋予了裁定社会和文化差异的责任，但是现在却表现为一种在社会和文化意义上有限的认识论，在一大堆可以认识过去的方法中，历史仅仅是它们中的一种而已。它的领域缩小了，并在这个过程中失去了方向，激进主义者曾利用过去来指明未来的方向，而那些权力拥有者们则用过去来使现在的政治安排合法化。"③ 果真如此，也便应验了法国史学家夏多布里昂的那句名言："尽管历史学家的作用是有益的，但也是危险的。"④

　　历史叙述与历史写作的主体是职业史学家，而现代历史研究与史学著述的受众则包含多种人群：专业的历史学家、各类学校的学生、普通的公众和民族政治精英等各种社会阶层分子。被捧为"批判理论"与新马克思主义的主要代表人物的法兰克福大学哲学和社会学教授尤尔根·哈贝马斯认为："一部成功的历史叙述应当既能够合乎科学的批判标准，又能够满足一般读者的阅读期待。当然，历史学家不能被读者牵着鼻子走，因为读者要求历史学家明确表明自己的立场。"⑤ 这里蕴含着多重意思，归纳起来恐怕主要有两层含义：其一，历史观察者不可能隐藏自身的意识形态视角，而历史认识主体的意识形态因素又需以历史学的科学性为约束；其二，历史的分析与研究需要考虑接受者的视野，但又要防止历史学蜕化为民族主义神话那样的历史政治和认同历史。就历史研究与历史著述来说，

---

①　E. J. Hobsbawm, "Outside and Inside History", in *On History*, p. 5.

②　E. J. Hobsbawm, "Outside and Inside History", in *On History*, pp. 5 – 6.

③　德里克：《后现代主义与中国历史》，《中国学术》2001 年第 1 期。

④　转引自弗朗索瓦·贝达里达《历史实践与责任》，《第欧根尼》（中文版）1996 年第 1 期（总第 23 期，1996 年 6 月），第 113 页。

⑤　尤尔根·哈贝马斯：《后民族结构》，曹卫东译，上海人民出版社，2002，第 38 页。

按哈贝马斯的理解，"只有那些坚持观察者视角和参与者视角之间存在差异的学者才会是可靠的专家"。①　历史学才能更好地发挥其社会功能，因为历史学的社会功能之一就是垂训作用（对此下文将详细论述与结合说明），人们一般是通过史家的著作文本来了解过去，获得历史知识，增强历史意识，培养历史情感。

正如前文已经谈到的那样，在霍布斯鲍姆看来，考察近代史学的发展过程就可知道，不管职业历史学家的主观意愿如何，他们的学术理想如何崇高，他们创造的精神产品有时只能或很可能成为政治精英和凡夫俗子们滥用于政治与运用于生活的原料而已。根据霍布斯鲍姆的分析，如果历史学家不能尽可能反映真实的过去和历史的真实，而是完全曲意迎合政治（包括个人、群体、民族、国家和国际政治意图）的需要去虚构历史或炮制历史神话，那么对于史学精神产品的普遍受众，特别那些现在能够直接阅读到或将来会面临这种不宽容性的史学著作与带有浓厚政治性宣传产品的专业人群来说，历史学家的这种行为必然会损害他们的利益，这是一种极不负责的著史态度。从史学的传播和知识的接受角度上讲，毕竟，"无论如何理解，庞杂的集体的和国家的历史，或者其他群体的历史，不是来源于公众记忆，而是依赖于历史学家、编年学者和古文物学家关于过去直接的研究成果或是他们撰写的学校教科书。它依赖于教师如何运用这些教科书教育他们的学生，依赖于小说创作者、电影制作人或电视及影碟制作人如何改编他们的素材"。②　由此，显而易见的是，职业历史学家很有可能成为把原始材料成为宣传素材和神话历史的始作俑者。实际上，历史学家作为社会主体人群的重要组成部分，他们与社会以及社会其他成员之间的关系十分密切，又异常复杂，历史学家对历史的认识成果即史学能否真实地反映客观历史过程，直接关涉到历史学家能不能对自己的社会角色正确定位，能不能真正履行历史学家的社会责任。霍布斯鲍姆坚信和昭示的观念意识就是："历史不是祖传的记忆或集体主义的传统。历史是人们从牧师、学校教师、历史著作者和期刊杂志以及电视节目的编辑者那里学到的知识性东西。对历史学家而言，非常重要的是铭记他们的责任，这种责任首先就是远离身份认同政治的感情——即使我们也感受到这种激情，也必须尽力退出。"③　因此，作为客观上其研究成果有可能被变成政治宣传

---

① 尤尔根·哈贝马斯：《后民族结构》，第 38 页。

② E. J. Hobsbawm, "Identity History is Not Enough", in *On History*, p. 276.

③ E. J. Hobsbawm, "Outside and Inside History", in *On History*, p. 8.

和政治神话材料的历史学家，就必须牢记实现史学的社会功能有可能来自两方面的侵害，一方面，正是由于某些信奉认同政治的非历史学家的巧妙利用，历史学家"正在我们的领域里培育的各种精神食粮也许存在着蜕变为某种毒害民众的精神鸦片的危险"。① 另一方面，危险来自有些历史学家自身的创作动机，他们"试图将属于人类某一部分的历史，即历史学家所在的那一部分历史，或者事实上是他的诞生地或他所偏爱的地区的历史同其大环境割裂开来"。② 从而使自己的史学研究变成狭隘的民族主义偏见、地方主义论说与历史政治产物，使真实的过去被所谓理性的历史隐晦或假象遮蔽。换言之，历史学作为历史进程的意识反映体能否尽可能与客观历史存在保持协调一致，直接关乎历史学的科学性及其社会功能的实现。因此，作为任何恪守职业操守和遵循道德良知的历史学家，为了履行自己作为历史学家的社会责任和捍卫历史学的科学尊严，一方面，应该对历史的实在抱有负责的态度，尽可能摆脱政治权力的控制与影响，维护历史学家自身的独立自主地位，追求与维护历史的真实性，从而编织历史或编纂真实的历史著作；另一方面，特别应该批判那种站在纯粹政治意识形态立场上滥用历史的行为。关于这点，霍布斯鲍姆的认识是颇有见地也是值得重视的（下文中将有更为详细的分析）。就此而言，作为一位致力于追求真理或崇尚史学求真精神的学者，在史学研究实践中，为了恢复历史原貌，他从来没有放弃对客观历史的期望和历史知识的科学追求，更没有背弃历史学家的社会责任。

二　神话历史、历史记忆和意识形态话语批判

作为历史学科的原初基本矛盾、基础研究课题和重大理论关系问题，"神话与历史"相互间的关系话题是一个亘古存在和不断演化前行的学术论题。在中西学术界，神话作为一种历史叙述的古老方法和传统方式，其作用得到了较为系统的研究和较多的正面论说。③ 然而正是神话与历史之间存在着原初关系，造就了古典史学以降关于神话与历史之间的原初矛盾，因此，后世史学内在的一股发展趋势，就是寻求去神话化的历史，历

---

① E. J. Hobsbawm, "Identity History is Not Enough", in *On History*, p. 276.
② E. J. Hobsbawm, "Identity History is Not Enough", in *On History*, p. 276.
③ 比如有学者从古代西方历史叙述类型的角度，论述神话与认知传统社会之间的关系，肯定神话具有保持和延续社会传统的意义，神话叙述作为早期历史叙述的重要方式，在西方史学起源时期起到传递历史意识和认知传统社会的原生态作用。参见陈新《西方历史叙述学》，社会科学文献出版社，2005，第4~8页。

史学家的史学研究成果在历史叙述方式的表现方面，总体上是试图摆脱神话化历史的束缚。或许就是基于"神话与历史"的矛盾性认知，自尼采以来，西方学者对于历史功能的哲学反思就已经日益确信，历史有时是有用的，也是有害的，有时也是一种负担，但却是有意义的。然而中国学者似乎也认识到，长期以来，尼采那个关于历史的用途与滥用问题，并没有真正引起国内学术界足够的重视，那么到底"谁能遏制历史之滥用"问题，就必然再次引发人们的深刻思考。① 最近国内史学界越来越注意到，近代以来的科学历史学逐渐继续发展，历史学家们的历史认识体系虽然日益完备，但是认识水平却参差不齐千差万别。无论如何，许多历史学家越来越认识到的理论事实就是，主观认识的历史被客观化前提，特别是错误或歪曲性主观历史认识的客观化过程，则是形成历史神话的根本因素所在。从学术渊源看，"神话与历史"历史存在模式及其史学叙述方式之间似乎存在着一种有着长期的内在衍生和外在演变机制，从社会历史与现实发展上看，神话化的历史与历史的记忆，就像一对充满着悖论的生物怪胎，它们需要人们特别是历史学家运用正确的理论和方法去识别与对待。② 2005 年 7 月在澳大利亚悉尼市新南威尔士大学举行的第 20 届国际历史科学大会确定充满创意的三大主题之一即"神话与历史的关系"，其他两个主题分别是"历史上的人和自然"，"战争、和平、社会与历史上的国际秩序"。21 世纪国际历史学科有关"神话与历史"关系问题的讨论被分成三个层次：其一，"神话史及其建立"，重点研究欧洲、非洲、印度和日本的神话及它们各自神话史的建立。其二，"神话、力量和历史"，主要讨论 19 世纪以来由于民族主义的兴起，作为"科学"历史的民族国家历史的出现。其三，"历史与乌托邦"，研究历史与乌托邦空想之间的关系。③ 由此可见，在当代史学研究和意识形态话语体系中，神话化的历史、历史的记忆和意识形态话语批判就是必然存在着的三种因素，其中许多问题值得深入研究。

---

① 参见张耕华《历史哲学引论》，复旦大学出版社，2004，第 168 ~ 171 页。

② 有学者通过剖析"神话"和"历史"两个概念互动和认知的转移过程，试图从意义层面说明，在现代学科整合视野的背景中，神话与历史并非传统理解的相互排斥关系，而是汇合交织的关系。这种学术观点，参见魏爱棠《"神话"／"历史"的对立与整合：一种历史人类学视野下的理解》，《史学理论研究》2006 年第 1 期，第 130 ~ 135 页。

③ 国际历史科学大会的历史悠长，通常每五年举行一次，选择世界各地中的重要史学研究重镇举办。有的中国学者把其名称翻译成"世界历史科学大会"。李世安：《第 20 次世界历史科学大会评析》，2005 年 11 月 29 日《光明日报》。

着眼于意识形态话语批判的反思前提，霍布斯鲍姆似乎已经清醒地意识到，现代史学中"神话与历史"内在关系依然错综复杂。霍布斯鲍姆关于历史与神话之间关系问题讨论的全部观点在于，事实上正是有些历史学家或者在自己的史学研究作品中留有严重的意识形态弊端，表现出违背历史事实的明显政治偏向和民族狭隘立场，或者放逐历史认识者的主体意识而虚构了过去的历史，歪曲了历史的真相，或者参与炮制酿造了几乎全部的历史神话，使神话化的历史与历史化的神话变得异常诡秘，在相当大的程度上影响着人们对于历史的合法性认识，也制约着史学研究的合理性解释。在《传统的发明》和《论历史》两部论文集的相关论述中，作者主要针对官方历史记忆中的纯粹意识形态话语和合法性问题展开分析，也涉及诸如历史学家的社会认同、身份认同和有关历史解释的合法权力与社会功能问题。① 特别涉及民族认同、民族主义和国家历史认同问题，正如国外学者所论："霍布斯鲍姆尤其认为，民族和民族主义应归功于从 1830 年之后开始，特别是在 1870 年之后趋于繁荣的对民族的历史、神话和象征等所作的文学及历史的创造。"② 因此，霍布斯鲍姆把历史学家的一种重要社会角色和社会责任取向，定位于所谓"历史神话的终结者"，试图突显史学研究实践中的理想性史学价值和现实性社会功能之间的认识偏差、矛盾冲突乃至理论悖论，目的是唤醒历史学家对相关问题的警惕，尽可能寻求解决问题的方案，这样的史学观念已经引起学术界的广泛关注，其史学理论价值真可谓意味深长。

实际上，"神话与历史"关系问题最终会涉及历史之本质及其意义问题，具有不同政治哲学倾向和意识形态立场的历史学家必然给出不同的阐释。在西方学术界，关于历史意义问题的研究成果不知凡几，而就天启宗

---

① 法国当代最具影响力的社会理论家之一，皮埃尔·布尔迪厄突破传统的学科视阈，其研究涉猎文学艺术、语言教育、法律宗教、科学政治和劳动体育甚至大众文化等广泛领域，学术思想体现了社会学、人类学、历史学和哲学等多维的研究取向，取得了极为丰硕的学术成果，自 20 世纪 60 年代末始，在"文化资本"与"文化实践"、"符号暴力"与"社会世界"、"符号权力"与"习性场域"等概念基础上构筑了围绕"文化与权力"关系问题为核心的西方社会学理论体系，标志着其思想体系逐渐成熟，学术声望和地位影响也更受世人关注。这里要关注的是，正如西方学者所认为的，对于布尔迪厄来说，权力并非孤立的研究领域，而是居于所有社会生活的核心……文化不能免于政治的内容，而是政治的一种表达。或许这样的观点，有助于理解历史学的"文本与权力"讨论和历史学家的"身份与合法性"问题。参见戴维·斯沃茨《文化与权力：布尔迪厄的社会学》，陶东风译，上海译文出版社，2006，第 7 页。

② 安东尼·史密斯：《民族主义：理论，意识形态，历史》，叶江译，上海人民出版社，2006，第 83 页。

教所能够揭示人类历史的意义角度，特别在有关神话传说与人类历史关系的理解层面，在作为 19 世纪末 20 世纪初自由主义思想家和宗教哲学家的俄国学者别尔嘉耶夫（1874～1948）那里，其所呈现的历史意义及其本质问题，或许对现在身处理性历史解释意义体系的人而言仍然具有启示作用。关于历史的本质和有关天国神话的历史理解，别尔嘉耶夫首先试图从历史的和形而上学的双重相互关系立场去解释人类命运的发展规律，强调天国的向尘世的、历史的向形而上学的、外在的向内在的复杂因素转变关系在人类早期历史和未来发展过程中所起的作用，尤其重视宗教意义上的神秘精神是维系人类历史文化永恒性的内在力量。正如学术界所识，基于历史哲学上的主观唯心主义倾向，在别尔嘉耶夫的思想观念中，既不乏真知灼见和当代价值，又有明显立场局限和认识偏见。① 特别是别尔嘉耶夫关于宗教神秘主义的强调和充满启示录情调的末世论问题，更需要额外深入的讨论。② 一般来说，别尔嘉耶夫和霍布斯鲍姆两位立场完全不同的学者之间似乎很难联系起来，似乎也不具备历史理论和史学思想上的可比性。而如针对性地看，别尔嘉耶夫关于"历史不是客观经验的赐予，历史是神话。神话也并非杜撰，神话是现实，只不过是另一序列上，是比所谓客观经验的赐予更现实的现实"的论说，③ 在霍布斯鲍姆那里得到了意想不到的和进一步的反例证实，正是围绕"神话与历史"问题的有关论述，两位学者关于历史哲学领域的重要理论问题展开的不同理解，恰是他们的内在关联所在。作为当代英国马克思主义史学家和坚定的历史唯物主义者，霍布斯鲍姆自然坚持真实客观的历史标准、史学研究的科学性和历史解释的客观性取向，理论上主张反对神话的历史和历史的神话，实践中充分认识到神话与历史之间的微妙关系，认为这种关系值得人们认真辨识与正确对待，这特别在民族主义历史神话的批判中充分得到体现。换言之，批判民族主义历史神话体系作为史学认识的一个特殊领域和从史学思想方面理解世界历史的一种特殊形式，应该成为所有历史学家，不管是马克思主义史学家还是非马克思主义史学家，特别是具有当代历史哲学思维或史学理论批判精神的历史学家值得关注的问题。

在"神话与历史"之间错综复杂的关系之中，最具代表性的话题是

① 参见别尔嘉耶夫《历史的意义》，张雅平译，学林出版社，2002，出版说明。
② 有关基本观点可参见陈红《别尔嘉耶夫的末世论及其人本主义上帝观》，《俄罗斯研究》2006 年第 2 期。
③ 别尔嘉耶夫：《历史的意义》，张雅平译，第 16 页。

民族主义、民族主义神话和意识形态问题。在国外学者的理论视阈中，作为民族政治、文化认同和信仰体系而言，可以肯定的是"如果简单地与主流的意识形态相比，如自由主义、社会主义、保守主义等，民族主义通常不是清晰的意识形态"①。在中西学术领域里，"民族主义问题是一个开放的、富有争议的领域，并不存在一个统一的关于民族主义的理论，更没有以学术传统为依据的民族主义流派"②。然而还可以肯定的是，从史学（历史）研究、史学（历史）认识及其社会功能问题的角度上考察，民族主义神话却是一种典型的以纯粹意识形态为价值取向的精英话语系统，民族主义神话的历史建构则是一种本质上违背历史真实而滥用历史的精英政治行为实践。那么作为一种独特的"神话化的历史和历史化的神话"类型，霍布斯鲍姆认为尤其值得重视的是，民族主义神话起源于哪里又是如何诞生的呢？根据现代建构主义的理论与观念，任何一种体制性的规范话语、文化认同乃至民族身份体认建构中的非物质性因素，都必然在国家和民族、民族主义的形成过程中发挥着重要或潜移默化的作用，最终，这却都有助于形成强有力的某种民族主义思潮的共同心理意识和想象共同体的集体认同感。当代西方著名历史哲学家，德国埃森文化科学研究所所长耶尔·恩吕森在《历史的观念译丛》总序中写道："在跨文化交流不断加强的当下，如影相随的是，我们面对着全球化时代的一种紧迫要求，即必须更好地理解文化差异及特殊性……在历史中，人们形成并且反映他们与其他人的认同感、归属感，以及与他者的差异。在归属感和差异的宽泛视界中来看待'世界诸文明'，人们才能够谈及'文化认同'。"③ 依据这种观念，民族主义神话显然是一种建立在历史认识偏执基础上的文化差异表征和种族特性标志，它试图通过刻意重构历史甚至粉饰历史来寻求自身的文化归属感和身份认同感。当代英国学者认为："总的说来，民族主义意识形态受到普遍存在的虚假意识的影响。它的神话颠倒了事实：它声称捍卫民间文化，而事实上，却在构建一种高层次文化；它声称保护着一个古老的民间社会，而事实上，却在为建立一个没有个性特征的大众社会推波助澜。"④ 在全球化日益加剧的当下社会，民族主义神话可能改头换面重新

---

① 安东尼·史密斯：《民族主义：理论，意识形态，历史》，叶江译，上海人民出版社，2006，第24页。
② 徐迅：《民族主义》（修订版），中国社会科学文献出版社，2005，引言，第4页。
③ 可参见玛丽亚·露西娅·帕拉蕾丝—伯克编《新史学：自白与对话》，彭刚译，北京大学出版社，2006。
④ 厄内斯特·盖尔纳：《民族与民族主义》，韩红译，中央编译出版社，2002，第163页。

登场，但是正如任何的文化沙龙主义或文化民粹主义那样，如果说诸如此类的极端社会历史思潮对国家政权和民族历史来说毫无疑问就是某种"谋杀致命的甘甜毒药"，那么民族主义神话也无异于国家政权或民族历史的隐匿灾难，而非"匡时济世的苦口良方"。值得指出，在霍布斯鲍姆的史学观念中，民族主义神话体系呈现了深刻含义，也被赋予了独特解释。

首先，作为过度虚构和合法化过去的意识形态话语，民族主义神话是种被巧妙编织渗透的政治历史文化意识和经过精心建构的民族国家历史理论形态。在霍布斯鲍姆的史学研究话语体系里，如在《历史之内与之外》等论题中，霍布斯鲍姆多次谈到，民族主义神话系统是一种基于特定历史事实和客观性过去的过度虚构与合法化过程，表现为国家和民族历史的神话化过程，就是过去历史的过度民族主义认同化。霍布斯鲍姆认为，很少或者几乎没有不容异说的意识形态论争，会愚蠢至极而建立在简单的谎言或根本不存在证据的纯粹虚构基础之上，它们表面上看似乎没有明显的纰缪。恰恰相反，它们是建立在特定的历史政治脉络基础上，是或多或少地对事实的精心扭曲。历史学中最常见的意识形态上滥用历史行为，是依靠混淆时代顺序的历史事实与历史虚构之间界限的途径来伪造历史神话，而不是光凭赤裸裸的历史谎言。"换句话说，过去被重新设计了，有点像'最新时装式样'，为一项特定的政治目标披上了一件时髦的外衣，从而使它以他们所希望的面目出现"。① 举例来说，巴尔干半岛上的科索沃危机和战争确实具有深刻的历史根源，"毕竟，在 1389 年确实发生过一场科索沃战争，而且塞尔维亚武士和他们的盟军方阵被土耳其穆斯林打败了的事实，这才会导致塞尔维亚人的大众记忆中那种深刻的精神创伤"。② 问题是在这种民族身份认同的根源寻踪过程中，因为两个民族一代又一代对立各方各执己见的意识形态化宣传，经过少数民族主义精英分子的蓄意策划，民族主义神话通过一些意识形态民族史学家的特别途径，把对于历史与文献著作的歪曲看法强加到普通大众身上，造成民族国家历史中的人为的情感纽带和观念结合，就是"现在占当地 90% 人口的阿尔巴尼亚人对塞族人的压迫是正当合法的，而塞族人则宣称这块土地本质上是属于他们"③ 的意识形态观念对立。这种人为制造出来的政治文化热情和被涂脂

---

① 艾瑞克·霍布斯鲍姆、安东尼奥·波立陶：《霍布斯鲍姆：新千年访谈录》，第 42 页。

② E. J. Hobsbawm, "Outside and Inside History", in *On History*, p. 6.

③ E. J. Hobsbawm, "Outside and Inside History", in *On History*, pp. 6 – 7.

抹粉的所谓"历史真实"的必然后果，则表现为族群矛盾的激化，最终导致民族冲突与诱发战争悲剧。历史正如学者深刻分析民族主义的政治因素后指出的那样，"民族主义是采用意识形态手段对爱国主义进行分解的产物，是组成恐惧和仇恨的重要元素。而正是这种恐惧和仇恨煽动、遮掩、混淆和开脱种族清洗。而在种族清洗中个体和集体也随之消失"。①

由此看来，如果说普遍意义上的"民族主义作为集体行为的有效形式，是一种历史的社会力量。作为政治学、社会学、文化学及其他学科的要领，民族主义也有自己演进的历史"②。那么从历史学与其他学科交叉的背景下理解，所谓民族主义神话（历史），就是一个民族的历史因为政治文化意义上的意图，而被故意地界定于人为认识框架之中的话语形式，它刻意掩盖或迷糊民族历史的来龙去脉，成为一种历史的消极社会力量。然而，这种虚构历史事实和捏造民族认同的行为显然是违背史学研究的宗旨的，这种话语形式及其历史行为的影响，不但对一个民族的命运产生往往适得其反的结果，而且可能或者已经造成人类社会历史的悲惨现状，甚至对整个人类的未来影响也是令人担忧的。在全球化的今天，就世界范围或局部地区内的政治动荡局势、国际冲突和民族矛盾纷争的现实状况来说，本质上导致人们对一个民族生存根基的怀疑和思想观念的动摇，本身就是民族历史的悲哀和灾难。从更深层次来说，许多可怕的历史灾难，都是由民族主义神话虚构与认同历史思维方式的极端偏执而促成的。归根结底，这种思维对国家、民族的政治文化、公众舆论乃至思想理论的合理形成和理性发展，都是十分不利的。因而，防止类似"犹太民族主义"话语系统的政治建构和揭穿民族主义神话的历史滥用与本来面目，不能不成为历史学家的重要责任之一。因此，霍布斯鲍姆深情地写道："笼统地说，我们要对历史事实负责，具体地说，我们要承担批判历史中政治和意识形态弊端的责任。"③ 通过上述分析可知，显然这里霍布斯鲍姆所要批判的"意识形态弊端"，锋芒直指那些根本上违背历史事实的政治行为或民族偏见——民族主义神话体系的建构行为及其消极后果。

其次，作为社会思潮而存在的权力话语，民族主义神话也具有深厚的社会根源和民族大众心理基础。一般而言，大凡神话可以通过自下而上和

---

① 吉尔·德拉诺瓦：《民族与民族主义》，郑文彬、洪晖译，生活·读书·新知三联书店，2005，第216页。

② 徐迅：《民族主义》（修订版），引言，第5页。

③ E. J. Hobsbawm, "Outside and Inside History", in *On History*, p. 6.

自上而下两种途径进行人为建构或认同制造。对民族主义神话的宏大叙事而言，这种民族心理确实具有滋养它的肥沃土壤。"不是从人民的实际经历中自发产生的，它们是人民从其他方面获得的，包括从书本、历史学家和电影里获得的，现在则是从制作电视节目的人那里获得。它们并不是历史记忆或者生活传统中的普遍部分（一些特殊情形除外，这个领域里的某些东西最后变成了神话），而是一种宗教的产物"①。也就是说，民族主义神话是一种寻找种族渊源、宗教信仰和当代政治权力的霸权话语。它是为塑造一种具有当代意义的社会历史神话服务的，霍布斯鲍姆认为："对于今天仍然用种族渊源、宗教信仰、用过去或目前的国家边界来确定自己身份的人而言，神话和虚构是不可或缺的，他们试图从一个模糊不清又动荡不安的世界中找寻某些确定的成分，从而大言不惭地宣称：'我们不同并优于其他民族'。"② 不管是就所谓历史学家受管理国家的少数政治精英分子的利用而编造的民族主义神话而言，还是对于人民群众如何强烈地受到诸如此类的民族主义乃至神秘主义的影响方面来说，在霍布斯鲍姆看来，这些都是基于特定社会存在着的一种普遍的社会心理需要，"从社会心理学的观点看，能够以拥有一段悠久历史而自豪，从某种意义上来说这也是一种优越性。这就是为什么民族主义尽管只是一种新的现象，却总有人宣称它已经非常古老的理由"③。霍布斯鲍姆清醒地认识到，如果说"在历史学步入学术规范化时代以前，几乎没有办法阻止纯粹的历史杜撰，比如人们伪造历史手稿（如在波希米亚），编造迎合俗人心愿的古代苏格兰光荣民族史诗（詹姆斯·麦克弗森的《奥西安》），或者诸如在威尔士人国家中，人们炮制试图将凯尔特人的古代礼仪书搬上舞台的纯粹想象性的历史脚本（这也是每年在这个小国中举行的民族文化节——或称艾斯特福德——的高潮）"④。那么今天在一定程度上，随着历史学的专业化和规范化要求的日益加强，历史学家的基本社会责任和历史研究的基本职业使命则是：第一，坚持证据的至高无上性，辨别可证明的史实与虚构的历史；第二，戳穿披着历史外衣的政治神话和社会神话，并且祛除这样伪造的历史或编造的神话。⑤ 这两个方面是相互印证和相互促进的，只有揭露和剥离这种伪造的历史或编造的神话的神秘外衣，历史学家才能捍卫

---

① 艾瑞克·霍布斯鲍姆、安东尼奥·波立陶：《霍布斯鲍姆：新千年访谈录》，第37页。

② E. J. Hobsbawm, "Outside and Inside History", in *On History*, p. 7.

③ 艾瑞克·霍布斯鲍姆、安东尼奥·波立陶：《霍布斯鲍姆：新千年访谈录》，第44页。

④ E. J. Hobsbawm, "Identity History is Not Enough", in *On History*, pp. 270 – 271.

⑤ See, E. J. Hobsbawm, "Identity History is Not Enough", in *On History*, p. 273.

历史学科的基础——证据的无上权威性，而要捍卫证据的权威性，就必须摒弃捏造的历史神话，揭示历史的真相，这是历史学家履行自身职责和完成专业使命的唯一途径。按照霍布斯鲍姆的观念主张，历史学家需要而且必须在揭露民族主义神话的历史建构与批判民族主义神话话语体系过程中，捍卫历史证据和历史真实的权威，从而捍卫历史学家的社会责任和地位尊严。

再次，历史学和历史学家在批判民族主义神话的权力话语和揭露民族主义神话的历史建构方面，由于主客观因素的制约而存在着明显的局限性。从以上分析可知，霍布斯鲍姆强调对充满民族主义神话史学传统的批判，强调历史学家要正确地认识自身的社会角色地位，呼唤历史学家的社会责任感和历史使命感的回归，只有这样，才能真正实现历史学的社会政治功能。然而，揭示历史的真相或追求历史解释的真实性是历史研究的崇高的理想，也是项艰巨的长期任务和系统工程，它本身受到历史实在、历史主体与历史客体、历史认识主体与历史认识客体的各自特性及"主体间性"[①] 等多重因素的约束。因为"假如历史真实性是政治和意识形态主张的核心基础，那么，对这些主张进行历史验证就极为重要"[②]。可是，在霍布斯鲍姆看来，人类历史长河中有些历史的真相是可以浮出水面的，而许多历史的真实性诉求是难以实现和达到的。因为实证主义的方法固然可取，这种研究方法是传统与现代史学的基本功力，摒弃它的历史研究绝非史学，但由于种种缘故，有些历史真相是没有也不可能有相应的证据或经典的证据来证明。当代中国学者在论及思想史的研究和建构历史的真实及已然消失的历史思想观念时如此写道："有很多东西是无法重新恢复了的，它的消失无可挽回，它们的消失，带走了很多背后的观念性内容。可能有一些古代的观念，我们永远也无法知道了，这是已经消失了的知识和思想，以及这些知识和思想曾经是那么合情合理甚至很神圣的思想语境。"[③] 这显然表达了与霍布斯鲍姆类似的观点，从一个侧面映照了这位马克思主义史学家的史学理论的前瞻性和学术思想的重要价值。这种思想理论的要旨是，对于这类主题，研究的方法只能是用心理的分析和理论上的类推等别样的技术方法来论证，从此层面上看，历史学家正确认识历史

---

① 关于"主体间性"与历史解释的客观性问题。参见陈新《西方历史叙述学》，社会科学文献出版社，2005，第 166 ~ 176 页。

② E. J. Hobsbawm, "Identity History is Not Enough", in *On History*, p. 272.

③ 葛兆光：《思想史：既做加法也做减法》，《读书》2003 年第 1 期，第 8 页。

的途径除了考据，只能是尽可能科学地事后认识和事后推测。惟其如此，霍布斯鲍姆同时看到，历史学家在履行历史神话揭穿者的职能，运用史学的批判功能发挥作为史学神话终结者的作用时，存在着三个方面局限性：第一，有时他们的批判能力只能表现为"证伪"而不是"证实"；第二，历史学家只能揭穿那些建立在可以被证明是伪命题基础上的历史神话，如果缺乏证据，或者证据相互矛盾和在不同情况下有所出入，就不能驳斥某个命题，尽管它很不可靠；第三，当历史学家面对众多宁可相信历史神话的人们，特别是掌握政治权力的民族主义精英人物时，他们只能束手无策，尤其对于民族主义神话，历史的批判能力显得苍白无力。① 然而他退而求其次地强调："历史学家的职责之一就是试图揭除这些认识历史的障碍物——哪怕是稍微或偶尔揭穿它们——只有这样做，他们才能辨别当代社会可能从历史中获得哪些有益的东西，即使是勉强受益于历史。"② 值得指出的是，尽管历史的诠释力量与批判功能是有局限的，但历史批判的这些局限性无论如何不能成为削弱历史学家责任感的借口，"只要我们事实上还没有抛弃作为历史学家的称号，就不能置我们的职业准则于不顾。我们就不能坚持可以证明是谬误的言论"。③ 确实，历史学家应该致力于揭示遥远过去的复杂而真实景象，但历史真相的诡诈与史学研究的专业规范又苛求史学著作者或历史认识者在探求客观存在的过程中，不可能如其他学科的认识主体那样在认识历史过程中具有左右逢源的诡谲思维和游刃有余的学术空间，这才是所有历史学家面临的最大困惑。换言之，无论作为个体还是群体的历史学家，他们可以选择拒绝纯粹意识形态式的认同历史、认同政治和现代历史神话的强势压力，但由于复杂的因素存在，他们毕竟还无力或无法从根本上阻挡它们的出现，但是无论如何具有强烈社会责任感的历史学家应该遏制过度化的认同历史和民族主义神话的蔓延。

最后，应该涉及霍布斯鲍姆关于如何尽可能科学对待当代史学研究中的意识形态偏向问题。从这个分析层面上看，霍布斯鲍姆既注意到职业历史学家本身在承担除掉那种民族历史神话面纱的神圣使命的艰巨性，又强调历史学家不应该心甘情愿地满足于成为某些政治理论家的附庸。在某种程度上，历史研究确实具有论证过去合法性和现实社会合理性的功能，

---

①　See, E. J. Hobsbawm, "Identity History is Not Enough", in *On History*, pp. 274 – 275.

②　E. J. Hobsbawm, "What Can History Tell Us about Contemporary Society"? in *On History*, p. 36.

③　E. J. Hobsbawm, "Identity History is Not Enough", in *On History*, p. 276.

"任何值得人们生活其中的社会都得为普通人着想，而不是为那些富人、精明人、杰出人物事先设计好的社会，虽然任何值得依恋的社会也必须为那些少数人提供生存空间和活动范围。但是世界不是为我们个人的利益而存在，我们在这个世界上也不是单纯地为我们个人的利益而生活。一个声称只以个人利益为目的的世界不是一个完善的世界、而且必然不会维持长久的世界"。① 换言之，一个合理社会的存在与发展，不是为了少数特权人物的利益，而是为了满足大多数普通人的利益，否则，这个社会本身也便丧失了其存在的合理性和发展的必要性。同样，历史的研究并不是为了少数特权阶级的利益，而是为了满足大多数普通阶层的需要，否则历史学也只能是认同政治的附属物。就此而言，我们能够理解霍布斯鲍姆为什么一再强调历史学家的社会责任就是抵制民族的、种族的、或者其他的历史神话和社会神话的形成。

还须肯定，霍布斯鲍姆认识到，西方史学的发展特别是在近代西方史学发展史上，也由于一些史学家的努力，使虚构的和民族主义的历史从内部受到批判与抨击。比如他注意到："大约在以色列国家形成之后的四十年内，在以色列，不再有人把以色列建国的历史主要看做为民族宣传或者犹太复国主义的问题来撰写。在爱尔兰也是如此。在爱尔兰的大部分地区赢得独立之后的半个世纪左右，爱尔兰的历史学家不再根据有关民族解放运动的神话来书写这个岛国的历史。"② 相当一部分民族主义史学家能够摆脱关于他们国家历史的巨大精神创伤和认同政治激情的束缚，较为客观地撰写历史。因此，历史的书写正摆脱旧式民族主义史学传统的束缚，进入一个新的时代。但是历史科学性的追求将是一项系统艰巨的长期工程，对民族主义神话式的历史话语的系统批判，仍是澄清历史真相，维护史学的科学地位，履行史学家社会责任的重要途径。

同是西方学者的"吉登斯认为，民族主义意识形态提供了一种传统外衣并使得支配阶级可以界定和诉诸'民族利益'"③。然而，霍布斯鲍姆精辟地指出，"解构披着历史合法外衣的政治和社会神话，长期以来一直是史学家职业义务的一部分，是不随他们的主观同情心而转移的"。④ 实际上，对旧式民族主义史学传统和民族主义神话的批判与分析，体现了

---

①　E. J. Hobsbawm, "Outside and Inside History", in *On History*, p. 9.

②　E. J. Hobsbawm, "Outside and Inside History", in *On History*, p. 8.

③　丹尼斯·史密斯：《历史社会学的兴起》，周辉荣、井建斌等译，上海人民出版社，2000，第197页。

④　E. J. Hobsbawm, "Identity History is Not Enough", in *On History*, p. 273.

以霍布斯鲍姆为代表的英国马克思主义史学家们提倡意识形态分析与批判的态度，也说明霍布斯鲍姆等人甚至把意识形态分析与批判作为一种历史研究的视角或史学诠释的方法。按照马克思的历史理论和政治观点，意识形态特别是国家意识形态是自由民主精神的一种异化形式和对立形式，它高出于政体之上，呈悬浮状态，本质上是为政治权力基础服务的。按霍布斯鲍姆的历史逻辑，但凡严肃的历史学家，是不可能也不会回避政治问题的，但却不能过分地陷入政治权力话语。历史认识主体和史家主体的政治立场作为意识形态一个不可缺少的维度，是历史研究和史学研究难以逾越的类似于文化比较研究中的"李约瑟难题"。然而，对于追求历史学的科学普遍性与政治认同性之间平衡的历史学家来说，他却不能不避免纯粹意识形态立场的干扰。正是在这里，霍布斯鲍姆等英国马克思主义史学家的历史思想中表现出对经典马克思主义历史理论的回归与升华。

可以举出各种文化研究过程中存在的意识形态分析案例与批判方法来佐证我们的观点。作为战后马克思主义理论家和文化唯物主义思潮的重要代表人物，现为美国杜克大学英文系教授的弗里德里克·詹姆逊（Fredric Jameson）对文化活动领域中的意识形态批判有着相当深刻的认识。他在《政治无意识》中写道："本书将论证对文学文本进行政治阐释的优越性。它不把政治视角作为某种增补的方法，不是作为对当今流行的其他阐释方法……的选择性补充，而是作为一切阅读和一切阐释的绝对视界。"[①] 根据詹姆逊的文化理路，任何文化文本都积淀或寓于了一定的政治无意识，即文化文本是认识主体的政治立场、阶级话语和文化意识等因素组成的一个多元思想体系，正是认识主体的意识形态和文本叙述形式相互构成了文化文本自身。1998年秋天和2002年夏季，詹姆逊两次来华进行学术交流。后一次在参与《读书》杂志社主持的涉及"现代性概念"交流座谈时，他指出任何文本分析都存在着一个意识形态分析难题，人们总认为在包括马克思主义传统在内的一切哲学中，意识形态总是一组错误的理念，学术研究只有祛除它才能揭示客观实际。但问题是，"意识形态不是错误的概念，我们不能用正确的理念或科学来替换意识形态，意识形态是我们生活在世界上的方式"。[②] 关键不是如何"淡化意识形态"色彩，而是怎样认识和理解认识主体的意识形态立场对文本意义造成的影响，从而获得

---

① 弗里德里克·詹姆逊：《政治无意识》，王振逢、陈永国译，中国社会科学出版社，1999，第8页。
② 詹明信等：《回归"当前事件的哲学"》，《读书》2002年第12期，第16页。

更接近客观标准的思想认识。

　　同样，在历史研究的叙述文本或英国马克思主义史学著作的文本分析中，也可剥离出历史认识主体的意识形态批判与分析的基本特征。应该说，霍布斯鲍姆在分析民族主义的由来和民族主义神话传统的问题时，就广泛地运用历史学、文化人类学、民族学和政治学的理论，采用了政治分析和意识形态批判的方法。他认为不但民族主义作为一种意识形态是人为的创造物，而且民族也是一种"想象的共同体"（Imagined Communities）①，然而这并不意味着民族主义和民族问题皆是空穴来风。论者证明，它源于近代西欧教权与王权之争和法国大革命时期的民族主义，它与其他话语和运动的一个重要不同，就在于民族主义运动同时也是一场社会运动，不进行广泛的社会动员，民族主义就无法在一个社会获得普遍的影响力，也不足以成为建立现代国家的推动性力量。② 如前所述，在霍布斯鲍姆看来，民族主义神话带着浓重的意识形态色彩，许多民族主义都是借助披着历史外衣出现的根植于过去的认同文化和政治历史传统的一种神话。如果说正是部分历史学家参与了民族主义神话的构造过程，那么这样的历史认识也就符合耶尔恩·吕森的观念："历史学家们的专业学术工作往往涉及并依赖于认同形成的文化过程。由于这种牵涉，无论历史学家是否意识到，政治都在他们的工作中起着重要作用。"③ 而对于某种错误的文化认同的形成及其过程来说，在霍布斯鲍姆看来，"欧内斯特·勒南一个多世纪以前对此作了考察：'我想说即使是历史错误，遗忘是一个民族形成的基本因素，所以历史研究的进步对于民族性来说往往成为一种危险。'因为，所有的民族都是谋取在黑暗时代之后生存的历史新实体。他们的历史的民族主义版本不可避免地是由借古喻今之论、文过饰非之词，从这种背景下演绎出来的民族主义故事，在最极端的情况下，甚至就是谎言"。④ 只是这种民族主义谎言是建立在故意混乱时代序列和精心歪曲历史事实基础上的一种政治欺骗、政治大杂烩和"少数人统治"的历史诠注。从某种意义上看，就相当部分历史学家来说，科学的史学研究就是要对这种民族主义神话进行毫不留情的批判，理性反思和适度重塑民族主义史学传统的既有内在谱系和合理思想资源。

---

① 这个概念首先出自爱尔兰籍美国学者本尼迪克特·安德森的著作。参见本尼迪克特·安德森《想象的共同体：民族主义的起源与散布》，吴叡人译，上海人民出版社，2005。

② 参见程亚文《民族主义原型、苏联解体与政治认同》，http://www.csdn618.com.cn。

③ 可参见玛丽亚·露西娅·帕拉蕾丝—伯克编《新史学：自白与对话》。

④ E. J. Hobsbawm, "Identity History is Not Enough", in *On History*, p. 270.

在霍布斯鲍姆的史学思想中，我们发现"传统的发明"和"民族主义神话"两个命题合二为一，反映了学术界针对共同主题的一种理性回答方案：历史的客观性指向哪里？历史的连续性靠什么来维持？历史学的学科合法性和科学性能够得到何种程度的证明和维系？

三　史学社会功能、史家社会责任和史学神话终结

如前所叙，我们还必须看到这样的学科事实，鉴于传统历史研究的教训，霍布斯鲍姆承认历史学家的史学价值体系同意识形态和政治因素之间存在着不可分割和千丝万缕的联系，不管是对马克思主义史学家还是对非马克思主义史学家来说都一样。从 19 世纪 90 年代中期历史学作为一门受人尊敬的学科已经牢固地建立以来，到 20 世纪 70、80 年代当代学术的发展，没有哪位历史学家、社会科学家或哲学家还会固执己见地认为，包括史学在内的广义的社会科学研究能够获得纯客观的和价值自由的科学合法性。霍布斯鲍姆运用"党派偏见"一词指称这种非科学合法性，它包括相互重叠的两个方面：一是有关事实（历史认识客体）描述过程中的党派偏见，指研究事实的过程和研究结果从属于意识形态或政治倾向的需要而忽视历史的客观存在，从这个意义上看，它导致关于事实的判断没有纯客观和价值自由的科学的东西；一是有关人（历史认识主体）的党派偏见，指史学家的主观认识行为的介入，决定史学的研究过程和研究结果都不可避免地具有某种特殊的政治或意识形态功能和目的，并与某种特定的社会或政治群体及组织紧密相连。① 在社会史研究领域，霍布斯鲍姆也承认意识形态对历史学家及其研究的影响。他曾对社会史研究的动机和目的，以及与此相关的问题进行了公开的批判，认为长期以来对社会历史研究中，在讨论意识形态问题时，"所有关于社会史的讨论都会碰到这两种谬误：第一个谬误是把作者与其所持论点区别开来，除非作者明确否认这种区别，有时即使作者明确否认这种区别而实际上并未区别开。第二个谬误是把研究的思想动机或政治动机及其功用同研究的科学价值混淆起来"。② 有鉴于此，他认为社会史家的职责是大力抨击或斥责这种研究动机和研究方法，由此得出的结论虽然不能被漠视却自然应谨慎对待，否则，这种理论上的不一致性必然致使社会史研究的成果显得苍白无力。

---

① See，E. J. Hobsbawm，"Partisanship"，in *On History*，pp. 124 – 125.
② 转引自蔡少卿主编《再现过去：社会史的理论视野》，浙江人民出版社，1988，第 1～2 页。

　　惟其如此，为了尽量避免出现上述悖论，或干脆说缩小历史认识成果和历史客观实在之间的差异，霍布斯鲍姆强调要尽量排除意识形态和政治立场对历史研究的干扰，建构社会历史的真实图景，强调对历史的理解，尤其对社会历史的解释也应该尽量排斥研究者个人的意识形态立场，不能把历史和社会生活简单化与公式化。但他又认识到，不管在历史学还是在其他社会科学里，虽然，"政治见解和意识形态及作为历史事实臆断的假设无可抗拒地会在这些科学中呈现出来。但问题并不是简单地去认识这点，或者认识到我们任何人都会受到这些观念的限制，而是发现如何获得一种对人类社会日益深刻的理解"。① 这就是说，一方面，他并不赞成有些人借口历史认识主体意识形态或政治立场的因素存在，就从根本上怀疑历史学或社会科学对人类社会日益深刻认识的可能性。要是这样，任何科学都是名不副实的或者将不复存在的学科。如果这样，捍卫学科的合法性也流于空谈。另一方面，在史学研究中，他强调对于必然存在着历史观察者的意识形态视角和政治因素，历史学家要采取非常谨慎的态度，应该把它们变成为历史学家分析历史复杂性的一种可能性的观念指南，而不应该使它们成为妨碍马克思主义史学与非马克思主义史学之间观念汇集与思想交流的语境障碍。而如果这样，或许具有不同政治倾向和价值取向的历史学家就能够共同捍卫历史学的科学性，履行历史学家的社会责任。

　　然而，问题还存在另一方面的深刻寓意之中。近来当代中国有些学者指出：我们反对那种标签史学、比附史学，更反对影射史学。但这不等于说史学可以脱离现实，史学与政治没有关系。所谓"淡化意识形态"的提法，是自欺欺人之谈。作为意识形态之一的史学是社会存在的反映，又必然对社会存在产生一定反作用。历史学历来如此。歪曲历史以迎合一种观点，与史学家研究历史要关心现实，关心国家兴衰和人类命运，有本质不同。② 必须指出，在史学理论观念和史学研究实践中，霍布斯鲍姆早已注意到，那种完全建立在意识形态立场上的民族主义神话，与那些受到意识形态判断方式影响而充满着历史认识主体的正常"价值判断"或"价值导向"因素的历史认识和史学研究成果，两者之间是有本质区别的。我们不难判断，与历史学家有着千丝万缕联系的民族主义神话，多半只是一时自负心态和强烈的民族主义虚构心理的反映，它具有鲜明的历史虚构

---

① E. J. Hobsbawm, "The Contribution of History to Social Science", *International Social Science Journal*, Vol. xxxiii, No. 4, 1981, p. 639.

② 参见刘新成主编《历史学百年》，北京出版社，1999，第74~75页。

倾向性。客观地讲，历史学家不可能保持价值中立，当然这直接与作为历史认识主体的历史学家人生经历和世界观紧密相连，历史研究中也不可能排除历史认识主体的对认识对象所做出的"价值判断"，任何历史事实的研究、史学现象的分析和史学理论的建构，都会注入研究者自身的感情、意识、价值观和想象力。早在《资本的年代》导言中，霍布斯鲍姆就指出，由于历史学家的专业知识等意识因素的影响，历史学家不可能非常客观或绝对真实地反映他所研究的历史时期，其历史认识成果必然烙上史家主观性的价值判断痕迹。① 直到20世纪90年代，霍布斯鲍姆还在坚持原有的一个史学问题意识：历史和历史学是一个具有鲜明政治性的学科，历史研究不可能做到纯粹客观的"价值中立"，正如爱德华·汤普森所说："在任何时刻的研究中，历史学家都不可能在没有价值观的情况下提出问题或收集证据。"② 历史学家的史学研究肯定会呈现某种价值倾向，也应该具有一定的现实意识和人文关怀，然而过分强烈的政治意识对史家而言则是非常危险的。在霍布斯鲍姆那里，因为"历史是一个非常政治化的领域，所以历史学家总是不断地被要求在政治问题上发表意见，特别是那种与当前政治有关的意见"。由是之故，当前史学政治化的最大危险，仍然是："随着民族主义情绪的增长，民族主义政党和民族主义意识形态需要历史的帮助。他们需要一个过去。没有过去的民族是不存在的，而这个过去则通常是神话的、臆造的，因为民族主义是一个非常近代的现象，但却极力要打扮成年深日久的。因此他们要求历史学家提供给他们这样一个过去。历史学家不能这样做，而且想做也做不到。"③ 因而，作为一个明智和具有社会责任心的历史学家，反而应该也必须避免这点，而能否避免的关键前提在于历史学家的价值观念这一指导思想正确与否。前苏联史学家巴尔格说："历史学的历史有力地证明，无论在过去一切时代，还是在现今的历史编纂学中，世界观对于研究对象研究目的的概念的形成，对于这个知识领域的研究方法的形成，起着多么重大的作用，一句话，研究对象带着多么沉重的'超史料知识'负荷。"④ 在我们看来，一定程度上，这种说法似乎深刻地揭示了历史认识主体的价值观念倾向对历史客观性认

---

① 参见艾里克·霍布斯鲍姆《资本的年代·导言》，张晓华等译，江苏人民出版社，1999，第6页。

② Ch. Loryd, *Explanation in Social History*, Basil Blackwell（Oxford）1986, p. xii.

③ 刘为：《历史学家是有用的——访英国著名史学家 E. J. 霍布斯鲍姆》，《史学理论研究》1992年第4期，第63页。

④ 巴尔格：《历史学的范畴和方法》，莫润先、陈桂荣译，华夏出版社，1989，第15页。

识的影响，但是无论如何，也不足以成为纯粹意识形态史学家为自身辩护的理由。

毋庸置疑，能否正确对待与处理历史研究中的"价值判断"或"价值导向"因素直接关系到历史学的另一个社会功能的正常实现：垂训作用及其功能实现在于史学研究能够为当代社会的发展提供经验教训。人们坚信，历史学家的理性思辨有能力说明过去和尽可能重构历史。因而，历史学家应该肩负教育后人和灌输历史垂训的社会教化作用。不论对于整个人类社会还是对于某个国家，如果没有历史的记忆或正常的历史研究，也便失去了这个社会和国家的传统与历史，就会迷失发展的方向。中国有句俗语"忘记历史就意味着背叛"，在当今向往社会和平与人类幸福的全球化时代，其意义更是不言而喻。在西方学术思想界，特别是自古典主义史学向现当代史学演进的过程中，强调历史与历史学的社会教化功用与垂训功能者大有人在，许多著名史学家更是极力主张史学研究的社会功能。兰克一生著作宏富，几乎为欧洲每个民族撰写了一部历史，在《拉丁和条顿民族史》序言中，他道出了自己基本的著史动机和史学价值取向，就是"评判过去，教导现在，以利于未来"。① 关于所谓客观主义史学家兰克史学思想的研究，在国内外学术界确是见仁见智的问题，在此不必赘述。② 但是兰克这句不断为人征引的名言中包含着的鲜明史学社会功用寓涵，却并不为人所看重。实际上，兰克"敬重上帝般的宗教信仰"式的史学信条、"如实直书"的史学理念和"消灭自我"的史家立场等史学著作实践及其客观主义史学效用，都最终因为后世人们的理解和运用，高度统一到史学研究的社会垂训和教化价值中来了。汤因比也非常强调过去的作用和历史教训的意义，认为西方许多人往往忽视过去和忘记历史，忽视过去的教训，"世界上大多数人都缺乏历史感，往事对他们来说是不存在的，而且有一点历史意识的人只是微乎其微"。然而"当人们宣称过去不值得回顾，而现在和未来则值得花费我们所有的注意力的时候，我们就能满怀信心地寻找一种为外人所不知的家丑"。对过去历史的忘记必然会造成严重的后果，"第二次世界大战以来美国所遭到的许多挫折，都可以归咎于没有根据过去来看待现在。人生存在于时间的深度上；现在行动的发生不仅预示着未来，而且也依赖于过去。如果你故意忽视、不想或磨灭往

---

① 转引自乔治·皮博迪·古奇《十九世纪历史学与历史学家》（上册），耿淡如译，商务印书馆，1997，第178页。

② 相关的最新成果和学术观点，可参见易兰《兰克史学研究》，复旦大学出版社，2006。

事，那么你就会妨碍自己存在采取理智的行动"。①

美国著名哲学家乔治·桑塔亚纳曾经说过："忽视未来的人，将会冒失去未来的危险。忘记过去的人，必然会重蹈历史的覆辙。"② 作为一位极具现实意识和生命意识的史学家，霍布斯鲍姆同样重视历史和历史学的这种社会教化功能。在他看来，历史既存在着多样性，又具有相似性，一般而言，当代社会应该能够从过去的历史中吸取经验教训。然而纵观世界近现代历史，几乎没有哪个人或哪个集团甚至国家政权能够真正从历史上接受教训。甚至在当代社会里，"历史学的经验告诉历史学家一个不幸事实就是没有任何人似乎从过去的历史中吸取教训"。③ 霍布斯鲍姆认为，人类社会历史发展的悲剧却是历史的教训很少被搞清或引起注意，究其原因，主要在于世界上存在着模糊人们视界的两种因素。其一，人们通常依靠一种非历史的机械模式和途径来研究历史。然而，这种途径既不可能考虑到任何自始就无法渗透到这个模式之中的事物，也不可能把所有多变的事物塞进这个模式。所以，人们对世界的认识必然受到限制。其二，世界还存在许多为了非理性目的而系统地歪曲历史的行为。比如，所有政权都促使他们的年轻一代在学校研究历史，其目的不在于为了理解他们的社会和理解社会怎样变化，而是为了使他们赞同现实社会的合理存在，为现行社会感到自豪。其中原因和动机是一致的。历史学作为一种反映社会内在发展趋势的精神创造和思想体系日渐变成社会自我辩护的神话。因此，没有比这种蒙蔽人的事物更危险的了，比如近代历史上的民族和民族主义就证实了这点。④ 事实上，如果对客观历史的认识采取机械、片面和强制的态度，或者历史的真实性受到国家政权和意识形态的干预，那么历史只能受到歪曲与中伤，从历史中汲取教训也便成为空洞的道德说教。

正是基于以上分析，历史学作为史学认识主体精神活动的成果，可以大体认为，在可以预设的未来，问题不在于历史研究能不能为政治服务，也不在于历史认识能不能具有"价值判断"或"价值导向"，而是历史学

---

① 阿诺德·汤因比：《汤因比论汤因比——汤因比与厄本对话录》，王少如、沈晓红译，上海三联书店，1997，第 67～69 页。

② 转引自马丁·吉尔伯特《二十世纪世界史》（第 1 卷），史建云等译，陕西师范大学出版社，2000，出版前言。

③ E. J. Hobsbawm, "What Can History Tell Us about Contemporary Society"? in *On History*, p. 35.

④ See, E. J. Hobsbawm, "What Can History Tell Us about Contemporary Society"? in *On History*, pp. 35 – 36.

家在历史的研究过程中，怎样做到尽可能真实客观和对历史经验的借鉴如何不至于篡改历史真实，克服民族主义神话那样的极端倾向，忠实履行历史学家和历史学承担与实现神话终结者的职责和愿望。到20世纪末，已经没有什么思潮比当代民族主义更能够在全球范畴内对当代世界历史体系构成真正意义上的威胁。是故，霍布斯鲍姆曾经再次发出感慨："历史如果能作为现实政治指导的话那就太妙了。但历史的主要教训是从来没有人从历史当中接受过任何教训。"① 然而，历史学家的重大职责之一就是帮助社会恢复失去的历史记忆，指导人们找寻失去或者尘封的过去，进而从历史上吸取经验教训。无论如何，我们不能背弃历史学家的责任，也不能忽视历史学家的作用和历史学的功能。霍布斯鲍姆多次表达了这种观念。在1984年的一次演讲会上，他又大声呼吁说："实践上，我应该承认，大多数历史事实告诉我们当代社会是建立在对过去的历史经验和未来的历史展望的综合基础之上。历史学家的职责就是了解比其他人更多的有关过去的大量知识，而且，不管有没有理论，除非他们弄清并认识到历史的相似性和相异性，否则他们不可能是称职的历史学家。"② 1994年，他在谈论20世纪那个极端年代的时候，又深有感触地写道："过去已经遭受到毁灭，或者说那个将当代经验与前代经验承传相连的社会机制，如今已经毁灭不存。这种现在与过去社会完全割裂断绝的现象，是20世纪末期最显著和最怪异的特征之一。"由此，他大胆地断言："在第二个千年纪元行将结束之际，这使得历史学家的地位遂愈发比以前重要，他们的职责就是记住已经为其他人所忘怀的历史经验。特别是基于同样的理由，历史学家们所担任的角色也应该比以前更多，不应再只是单纯地作为一种编年记事、历史记忆和资料编纂者而存在，虽然这些也是他们的必要职能。"③ 在这位马克思主义史学家看来，作为历史学家，如果"我们可以回溯我们借由到达这里的历史之路，那么就实现了本书所欲达到的写作宗旨"。④ 可以看出，霍布斯鲍姆深知作为历史学家肩负的重任之一，就是承担社会记忆的责任，恢复和弄清楚过去与现在之间的联系，尽量撰写客观公正的

---

① 刘为：《历史学家是有用的——访英国著名史学家 E. J. 霍布斯鲍姆》，《史学理论研究》1992年第4期，第63页。

② E. J. Hobsbawm, "What Can History Tell Us about Contemporary Society"? in *On History*, p. 35.

③ Eric Hobsbawm. *The Age of Extremes：A History of the World 1914 – 1991*, Pantheon books (New York) 1994, p. 3.

④ Eric Hobsbawm. *The Age of Extremes：A History of the World 1914 – 1991*, p. 17.

历史，捍卫历史学的科学性。

从历史认识论的角度分析，历史认识不能指望达到完全的客观公正，但不能否认它可能或怎样趋于接近完全的客观，这就涉及人类社会历史的历史记忆依托于何方，历史记忆的传承合法性与重构的合理机制问题。每个人都有自己对历史的记忆，但社会历史的延续只能依赖于历史学家对客观历史的认识层次。当然历史学家如何构造社会历史记忆或依赖什么材料来恢复认识的历史，这却是一个系统的历史方法论意义上的课题，当代中西史学界对此早有经久不衰的讨论，于此不赘。而仅就霍布斯鲍姆对社会历史记忆的重构进行简单扼要的阐发。其实，1990 年代初，霍布斯鲍姆接受特约记者采访时，就历史学家对恢复社会的记忆的重要作用展开谈话时，就坦言承认："首先，他们是整个社会的记忆装置，特别是这个抹杀过去的现代文明社会里，非常重要的一点是能有人专门从事记忆工作，记忆过去都发生过什么……其次，任何像样的历史学家能对以往的趋势做出一番对未来的发展有所裨益的分析。"① 这正体现了历史学家所承担的社会记忆角色的功能作用。后来，他又重申："社会需要历史学家，正是作为专业的历史社会记忆者的历史学家，才保存了市民同胞希望忘却的历史。"② 2000 年在接受意大利《共和国报》记者采访时，他再次指出历史学家的社会职责就是"铭记别人所忘掉的事情"。③ 实际上，如何合理地履行"历史学家的社会记忆责任"，这是当今时代所有历史学家应该具备的职业意识，更是 21 世纪理想历史学家的专业追求，就此而言，霍布斯鲍姆与其他西方学者如阿龙·I. 古列维奇的主张不谋而合："20 世纪末和21 世纪初的模范历史学家（一种理想的和迫切需要的历史学家）在我的眼里是这样的学者：他深思熟虑地考虑过去，同时始终继续完善他自己的认知手段。他不断地重新评价自己的思想，而且从来不忘记批判地检查他所依据的前提、他的分析方法和他的各种概括。"④

综上所述，从霍布斯鲍姆的史学思想和史学观念来看，他重视历史学的普遍科学性与政治认同性之间的平衡，反对历史学的主观性与客观性关系的二元对立式理解，避免简单处理科学性与认同性的二分法方式，正确

① 刘为：《历史学家是有用的——访英国著名史学家 E. J. 霍布斯鲍姆》，《史学理论研究》1992 年第 4 期，第 63 页。
② Eric Hobsbawm. *The Age of Extremes: A History of the World 1914 - 1991*, p. 103.
③ 艾瑞克·霍布斯鲍姆、安东尼奥·波立陶：《霍布斯鲍姆：新千年访谈录》，第 269 页。
④ 阿龙·I. 古列维奇：《历史学家的双重责任》，载《第欧根尼》中文精选版编辑委员会编选《对历史的理解》，商务印书馆，2007，第 170 页。

对待历史学家的意识形态立场在史学话语中的正反作用，寻求历史认识主体在史学研究中的主观倾向或党派偏见发生积极作用的内在机理。呼吁注重真正发挥历史学的社会功能，从而强调履行历史学家的社会责任。学术界普遍认为历史学具有历史实在的客观性和历史认识的真实性这样二重性。反思地说，在传统史学向新史学转型的诸多领域中，这种二重性的含义及其发生效用的内在机理有时却表现得非常复杂，以至可以形容成约束史学认识活动和史学研究实践的"吊诡性质"。正是这样，历史学家就面临着一种矛盾性的学理解释和实证分析的交织状况，那就是所有史学活动及其研究成果，特别是寻求过分强化其史学政治效果和史学社会现实价值的史学话语体系，都似乎在理论和实践上遵循着看似明显而又自相矛盾的主观与客观、主体与客体、想象与科学、相对与绝对等二元对立式的分析路线。一则历史学家需要通过确立自身的主体性，确保史学研究活动的自主性和创造性，尽可能地发挥史学认识活动环节的主体意识和史学认识成果的社会现代功能，从而确立认识主体作为相关研究领域中的史学精神文化生产者地位；二则历史学家需要遵循基于历史客观存在与史料真实性的史学前提或研究条件、学术规范或制度安排、职业准则或社会道德，确保史学认识成果的充分客观性和真实可靠性，避免史学认识活动过分地受制于认同历史的侵害和民族政治的干扰，保障实现自身史学精神文化生产方式和认识合法性的最低努力目标。中国学者慨然写道："我们曾经习惯于做走两个极端的历史学家：一个是为虚假的、狂热的、大规模的运动烘云托月——譬如中国'文革'时期的'影射史学'，以及纳粹德国时期的'法西斯史学'——这日渐为人不齿，但还是有时不能免除'做注'之俗；另一个是日渐普遍的趋势，那就是冷冰冰地对待我们的研究对象，好像解剖医生面对着尸体，或者生物学家望着显微镜下的细菌，仿佛这样就可以达到'科学'的殿堂，或者逃避现实。"① 概括地说，霍布斯鲍姆不但不是这样，而且他还主张任何真正职业史学家都不应该如此，试图打破历史学乃至社会科学中存在着的二元对立解释模式，相信在科学性和认同性、客观性和主观性之间能够找到平衡点，寻找到其中的制约机制，主张历史学家通过多维度的分析或多向度的探索不断地丰富关于社会历史的深刻认识。在霍布斯鲍姆看来，在近代学术史上，如果说，由于种种因素的制约，特别是史学家拘泥于自身意识形态和外部政治权威协力的双重影响，相当一部分史学家已经成为宣传机构、社会神话和民族主义谎言的始

---

① 赵世瑜：《世间已无汤恩比》，http://www.csdn618.com.cn。

作俑者，那么，人类社会进入现代历程以来，历史学家在从事职业学术研究时，特别是记忆社会历史时，就应该努力驱逐可能受到的内外压力或消除影响历史客观性的主观因素，捍卫历史学的科学性。否则，某些看似严谨的历史研究成果，实质上却是漫不经意的历史神话虚构，对人类历史就会造成意想不到的消极后果和灾难性影响。百年世纪之交，面对迄今为止人类社会发展的历史状况，他曾经不无忧虑地宣称："就像我们这个千禧年之末的世界大部分地区的局势所证明的那样，坏的历史并非无害的历史，而是危险的历史。敲在键盘上的那些明显是无关紧要的句子，却可能是死亡的判决。"① 总之，一方面，他关注社会现实问题，表现了强烈的社会现实关怀与生命意识，是一位具有强烈社会责任感的历史学家，他坚决反对历史学和历史学家沦落为政治学的附庸和政治家的工具；另一方面，他是一位具有伟大历史使命感的历史学家，他强烈主张历史研究要捍卫历史的真实性和科学地位，但同时，他希望历史学家能够通过自己的精彩和深刻的艺术性历史描写、尽量约束史学自身的意识形态取向、逐渐接近对历史的客观性研究，反映当代历史学发展的要求，以促进社会的全面进步，呈现史学研究的社会价值和时代精神的基本风貌。

---

① E. J. Hobsbawm, "Identity History is Not Enough", in *On History*, p. 277.

第八章　马克思主义史学的理论
创新和研究取向

霍布斯鲍姆具有较高的史学理论素养，他至今仍从事着历史研究，史学论著颇多，研究领域更加宽阔。通观其具体史著，从更严格意义上来说，也许与其他著名国际史学家相比，霍布斯鲍姆没有形成一个完整而精深的史学理论体系，也没有一个完备而严密的史学认识论和方法论体系，因而算不上一位纯粹的史学理论家，也没有如汤因比写出《历史研究》那样体大思精的宏观历史著作。但这并不排除他具有独特的史学思想，不过历史对他来说更多并非只是朴素的观念和基本的事实，应该说他既以马克思主义理论为总的指导原则，又往往通过事实的细致描述与逻辑的演绎分析，来折射自己的历史思想与理论创新学说。如前所述，在他的著作中，随时都可以看到分析问题和考察历史的不同方式，他也注意并探讨历史学家的理论框架是如何影响历史学家对历史实际的分析和限制历史学家的结论（表现在整体社会史的理论建构与实践方面）等问题，也涉及历史的道德评判与历史学的价值判断、历史解释的性质与历史学的学科地位、历史的客观性与历史学的真实性等等一些诸如历史哲学基础上深层次条理性问题的思考。霍布斯鲍姆的理论贡献是多方面的，本章主要通过讨论霍布斯鲍姆对经典马克思主义历史理论的继承与发展问题，围绕着霍布斯鲍姆具备的马克思主义史学理论创新属性和史学研究价值取向这个中心问题，结合其理论经历的简单线索，勾勒和分析其史学研究的理论创新所在，展示其史学理论的渗透能力和操作空间，从而昭示和确立其史学思想的学术意义及其本人的马克思主义史学家地位。

第一节　唯物史观与史学思想的理论创新

本节所论霍布斯鲍姆史学思想的理论创新主要指：作为英国马克思主义历史学派的著名历史学家，霍布斯鲍姆对经典马克思主义历史理论的批判继承与创新发展问题。在某种程度上，则指在历史理论反思和史学研究实践中，对以唯物史观为基础的马克思主义史学理论的重新认识与系统言说，并把它作为史学研究指导原则加以运用。这本身就是一个英国马克思主义史学理论创新的过程，也是理论创新的重要体现。应该说，霍布斯鲍姆等马克思主义者都强调结合英国历史与世界现实，自觉地解释与回答世界社会历史发展中出现的一系列尖锐的问题。但是，作为国际马克思主义史学的优秀史家和杰出代表，霍布斯鲍姆理论联系实际地追寻马克思主义唯物史观的行迹，刻苦研读马克思主义史学原创作家的经典著作，为丰富、发展和完善国际马克思主义史学理论与方法，做出了重要的独特贡献。实际上，深入关注社会历史和密切联系现实生活，是马克思主义史学诞生以来就遵奉的史学研究宗旨，它既是理论创新的历史研究过程，也是英国马克思主义史学理论创新的重要内容和实践表现，从而也昭示了霍布斯鲍姆史学思想的理论价值和学术意义。

　　史学研究的理论风格与史学理论的实践创新是霍布斯鲍姆史学思想中一个鲜明的治学特征和追求宗旨。霍布斯鲍姆史学研究的理论取向与路径选择和经典马克思主义渊源极深。其史学研究的理论风格既来源于他的马克思主义理论素养，也来源于他对时代新问题的现实思考。一方面，他在精读和理解经典马克思主义的重要理论原著基础上，掌握和运用马克思主义的概念与方法，在马克思主义史学语境中，不断地开拓史学研究的理论思路。与此同时，他对马克思主义的相关历史理论进行了直截了当、严肃认真与清醒明晰的反思，在此基础上，进行史学理论上的实践创新，主要表现在对历史唯物主义理论的批判继承和发展创新方面。当然，在某种程度上，这也是一种解读经典和表述马克思主义理论与方法的方式。

一　马克思主义历史理论的史学认知和理性继承

　　霍布斯鲍姆的马克思主义史学理论创新，主要表现于对历史唯物主义理论的指导思想定位和对历史唯物主义分析模式的史学价值认知。

　　在我国史学理论界，一般认为历史唯物主义的基本概念与基本理论是马克思主义历史理论的基本内核，这种历史理论就是要阐明人类社会历史发展是否有规律，社会发展的根本动力是什么，人类历史发展的统一性与多样性等一些社会历史发展的基本问题。1844 年，马克思从对黑格尔法哲学的批判性分析入手，为创立唯物主义历史观进行了艰苦而系统严密的理论探索。1859 年，他在《〈政治经济学批判〉序言》中，对唯物史观进行了第一次系统表述："我所得到的、并且一经得到就用于指导我的研究工作的总的结果，可以简要地表述如下：人们在自己生活的社会生产中发生一定的、必然的、不以他们的意志为转移的关系，即同他们的物质生产力的一定发展阶段相适合的生产关系。这些生产关系的总和构成社会的经济结构，即有法律的和政治的上层建筑竖立其上并有一定的社会意识形式与之相适应的现实基础。物质生活的生产方式制约着整个社会生活、政治生活和精神生活的过程。不是人们的意识决定人们的存在，相反，是人们的社会存在决定人们的意识。社会的物质生产力发展到一定阶段，便同它们一直在其中活动的现存生产关系或财产关系（这只是生产关系的法律用语）发生矛盾。于是这些关系便由生产力的发展形式变成生产力的桎梏。那时社会革命的时代就到来了。随着经济基础的变更，全部庞大的上层建筑也或慢或快地发生变革。"① 这种经典表述，大体上奠定了它作为社会发展的普遍规律性科学理论的基础。唯物史观是马克思主义理论的核心所在，在《德意志意识形态》中，马克思和恩格斯进一步说明，"这种历史观就在于：从直接生活的物质生产出发来考察现实的生产过程，并把与该生产方式相联系的、它所产生的交往形式，即各个不同阶段上的市民社会，理解为整个历史的基础；然后必须在国家生活的范围内描述市民社会的活动，同时从市民社会出发来阐明各种不同的理论产物和意识形式，如宗教、哲学、道德等等，并在这个基础上追溯它们产生的过程。这样做当然就能够完整地描述全部过程（因而也就能够描述这个过程的各个不同方面之间的相互作用）了"。② 毫无疑问，唯物史观的产生，标志和促进了马克思主义史学逐渐形成。应该说，马克思、恩格斯所创立的以社会存在决定社会意识、生产力决定生产关系以及经济基础决定上层建筑等等为基本内容的唯物史观基本原理，构成了马克思主义史学理论的基本理论范畴和社会历史解释框架。

马克思主义自诞生而历经百年，曾几何时，人们对它既产生过误解，也表现出异常的漠视。现在，马克思主义的科学内核依然经受着人类社会历史发展的考验，它的基本内容得到了极大的丰富。但是，仍然需要指出，在马克思主义及马克思的社会历史思想的重要性仍然受到许多怀疑的当下人类社会，我们看到的不仅仅是对它误解的日积月累，也应看到对马克思主义理论理解的渐然深入。事实上，中西方理论界对马克思主义的研究也取得了许多重大的理论成果。就长期以来那些所谓以马克思主义理论为指导的各国各式各样的历史实践和社会实践而言，它们有成功之处，也有失败与受挫之时。总体而言，这取决于人们把正确理解马克思主义基本原理与各个新时代的具体实践相结合的程度，取决于人们能否在实践中与

① 《马克思恩格斯选集》（第2卷），人民出版社，1995，第32～33页。
② 《马克思恩格斯全集》（第3卷），人民出版社，1960，第42～43页。

时俱进地对马克思主义理论进行恰当的发展与创新，而不再是将马克思主义或它的创造者简单化为某种标签式的不变理论模式和实践方式，或将丰富多彩的马克思主义思想知识固化为某种典型教条式命题。

还需要着重指出的是，马克思主义唯物史观并不等于马克思主义史学理论本身，它首先是一切马克思主义史学的理论基础和指导思想。① 而所谓的马克思主义史学研究，实际上就是以马克思主义为指导从事的历史研究及其成果体系，这是需要依赖于历史学科学方法和广泛占有材料基础上，坚持长期钻研，吸取历史学科的外部资源与理论，弘扬时代精神，从而开拓创新的科学研究过程来保证。马克思主义经典作家反复强调，其学说不是僵死的教条。比如，关于如何运用唯物史观的基本方法去观察社会现象和解决实际问题，恩格斯就不止一次地强调，"如果不把唯物主义方法当作研究历史的指南，而把它当作现成的公式，按照它来剪裁各种历史事实，那它就会转变为自己的对立物"。② 马克思主义本来就是一个思想内涵博大精深、涉及问题宏富广阔和理论体系不断充实与开放的学说。在此理论体系的指导下，马克思主义历史学也应是尽可能全面地反映丰富多彩的社会现实生活的一门科学。

中西学术界对马克思主义史学以前的史学成就早已充分地肯定，大都认为过去一部部辉煌长篇巨著如同一尊尊时代的里程碑，无不标志着人类史学演进的步伐。但是，就历史理论而言，与以唯物主义历史观为基础的马克思主义史学相比，在总体上，它们存在着殊途同归的两个主要缺陷，"第一，以往的历史理论至多只是考察了人们历史活动的思想动机，而没有研究产生这些动机的原因，没有探索社会关系体系发展的客观规律性，没有把物质生产的发展程度看作这些关系的根源；第二，以往的理论从来忽视居民群众的活动，只有历史唯物主义才第一次使我们能以自然科学的精确性去研究群众生活的社会条件以及这些条件的变更"③。应该说，马克思主义体系中的世界观和历史观，实质上构筑了历史的和辩证的唯物主义基本内涵。因此，马克思主义历史学诞生后，它的历史理论与史学原则长期成为中西史学界颇受欢迎的指导思想。然而，1895 年 8 月恩格斯去世前的理论遗训，就是承认和告诫："马克思的整个世界观不是教义，而

---

① 关于马克思主义唯物史观与具体史学理论之间的区别与联系，参见张艳国《张艳国自选集》，华中理工大学出版社，1999，第 70~82 页。
② 《马克思恩格斯选集》（第 4 卷），人民出版社，1995，第 688 页。
③ 《列宁选集》（第 2 卷），人民出版社，1995，第 425 页。

是方法。它提供的不是现成的教条，而是进一步研究的出发点和供这种研究使用的方法。"① 列宁则更坦诚地说："同样，历史唯物主义也从来没有企求说明一切，而只企求指出'唯一科学的'（用马克思在《资本论》中的话来说）说明历史的方法。"② 作为指导史学研究的理论方法和理论范畴，在最高层面上说，它们理应成为英国马克思主义史学家进行历史研究的指导思想与理论原则，同时，更应该是英国马克思主义史学家理论创新的动力源泉。

综上论述，目的是要说明，尽管历史学是一门拥有自身悠久历史的人文社会学科，它也必须随着时代的发展而更新理念和方法。本着这样的思考，我们来分析以霍布斯鲍姆为代表的英国马克思主义史学家对以唯物史观为核心的马克思主义理论与方法的认识程度与继承情况，从而阐述英国马克思主义史学的马克思主义理论渊源，进而触及霍布斯鲍姆对马克思主义史学理论的创新问题，显得尤有重要意义。

霍布斯鲍姆认为马克思主义是一种理论准则与思想体系。1983 年，在英国《今日马克思主义》编辑部为纪念马克思逝世一百周年而举行的座谈会上，作为英国马克思主义史学派代表，霍布斯鲍姆撰文首次提出马克思主义是一种激励着几代人的理论与思想方法的观点。他坦然承认："作为一位历史学家，我尤其重视历史唯物主义，我相信无论是在理论上还是在实践上，它都是马克思主义的核心。"③ 同年，在圣马力诺共和国举行的一次马克思纪念会上的演讲里，他直截了当地指出"这种观念不是历史本身，而是历史的指南，是一个研究提纲"。④ 他引用非马克思主义者恩斯特·盖尔纳的表述来论证这一点："不管人们是否积极明确地信仰马克思主义方案，迄今为止还没有一种具体的、表述明确的可与之匹敌的模式出现，无论是东方还是西方，而且像诸如必须反思那些僵化思想的人，甚至（或者尤其）那些不接受马克思主义历史理论的人，当他们试图说明自己明确的思想信仰时也倾向于依靠马克思主义的观念。"⑤ 而且，霍布斯鲍姆把历史唯物主义当做服务于历史研究的一种既具有解释能力又是行动指南的重要理论。因此，英国新左派学者安德森在论及英国马克思

---

① 《马克思恩格斯全集》（第 39 卷），人民出版社，1974，第 406 页。

② 《列宁选集》（第 1 卷），人民出版社，1995，第 13～14 页。

③ 霍布斯鲍姆等：《卡尔·马克思——百年不衰》，《国外社会科学动态》1983 年第 9 期，第 59 页。

④ E. J. Hobsbawm, "Marx and History", in *On History*, p. 161.

⑤ *Times Literary Supplement*. 16 March 1984.

主义学派之理论特色时也明确指出，自 20 世纪 50 年代《过去与现在》杂志创办以后，这个学派非常注意与非马克思主义学者之间的交流与对话，但其史学传统依然存在，实质上，"在这个历史学派内部，存在着两个潮流。一个是较为经典的马克思主义模式，强调阶段性的生产方式的变化（在一定阶级关系中的社会经济关系），这是经典历史唯物主义的特点。罗德尼·希尔顿、霍布斯鲍姆等是其中的代表人物。另一潮流影响更为广泛，他们与前一派有着许多交叉，但更为强调文化的作用，重点放在传统马克思主义所谈及的上层建筑方面"。①

霍布斯鲍姆清楚地看到马克思最大贡献并非史学研究的具体实践成就方面，马克思确实没有做出那种严格历史学意义的专题式文章，但他精通于人类历史的观察与研究，善于驾驭事物现象的分析与特定社会历史背景的有机考察，奠定了历史理论的基本原理。或许，人们会说马克思对具体的历史著述并没有明显的影响，他最大的贡献就在于创立的唯物史观成为马克思主义史学的指导思想。霍布斯鲍姆认为，"虽然历史唯物主义概念是马克思主义的核心，而且尽管马克思所写的每一件事情都充满着历史感，但是他自己并没有写出很多如历史学家所理解的那种历史。就此而言，恩格斯倒更像一位历史学家，他写了更多的能够合理地归入图书馆珍藏的那类'历史'著作"。② 按照霍布斯鲍姆的理解，马克思确实没有写出我们今天"历史学"意义上那种研究主题的文章，但马克思却精通于人类历史的观察与研究，而且是个非常博学的伟人，他对事物的考察与分析往往能够与特定社会历史背景结合在一起。他的这类政治分析性历史著作，如《法兰西阶级斗争》和《路易·波拿巴的雾月十八日》确实非常优秀，只是它们不是被当做恰如人们所追求与所理解的研究"过去"的那种历史来书写的。然而不可否认的是，马克思对于资本主义的研究却包含着数量丰富的历史材料、历史解释以及其他与历史学家相关的主题。正是通过对资本主义的研究，马克思把他那独具特色的历史著作同他的理论著作和政治著作统一起来了。因为所有这些著作都是对特定历史时期社会转变的分析，都考虑到在一个相对稳定的长时段结构内部社会历史的发展，也涉及人类发展的整个过程，即注重人类历史发展的规律性和趋势性问题的探

---

① 汪晖：《新左翼、自由主义与社会主义：P. 安德森访谈》，《中国学术论坛》，http：// www. frchina. net/data/detail. php？ id =1940，2005 年 1 月 23 日。

② E. J. Hobsbawm, "Marx and History", in *On History*, The New Press（New York）1997, p. 158.

讨。霍布斯鲍姆再次强调说，"马克思作为历史学家的关键重要性，在于他建立了唯物史观和历史的分析模式——而至今为止还没有人这样做"。① 在这个意义上讲，马克思称得上一位真正而伟大的历史学家和历史理论家，这正是霍布斯鲍姆敬重马克思和重视马克思主义历史理论的主要根据。

事实上，正是马克思主义的历史理论精髓和马克思作为伟大思想家的人格魅力激发了霍布斯鲍姆对历史学的浓厚兴趣，坚定了他对历史研究的执著，而对马克思主义历史方法的学习与积累，又奠定了他后来作为历史学大师的理论基础。用一种不太恰当的比喻来说，从接触到马克思主义和接受正规教育开始，他从来没有否认马克思主义这种标签。若干年后，在《论历史》的序言中，他再次坦然承认："没有马克思我肯定不会对历史产生任何更特别的兴趣，因为在 1930 年代前半期，历史学科并非一门令人振奋的学科，虽然在伦敦普通中学里也有令人羡慕的自由党教师执教，但那里主要以一种保守的德国大学预科教学方法来教育学生。没有马克思，我几乎肯定不会把当一位职业历史学家作为谋生的手段。马克思和青年马克思主义激进派的活动领域，不但给我指出了研究的课题，而且激发了我的写作灵感。即使我认为马克思对历史学的大部分方法需要抛弃，虽然不乏批评的态度，但我仍然继续对一位我欠债太多而永远不能偿还的思想大师表示深深敬意。即便如此，我依然发现（限定在这些论文的发现之中）马克思的'历史唯物主义观念'无疑是历史学最好的指南。"② 这些字里行间已经充分说明马克思主义对他产生了重要的理论影响和学术熏陶作用，他这种自述式的文字在映衬了马克思主义理论所蕴藉着的隽永魅力的同时，在一定程度上，也凸显了马克思主义历史理论在他内心日臻完美的形象境地和被理性反思的继承性倾向程度。

是故，经典马克思主义者对人类历史发展的一些重大问题的根本性分析与考察模式，是霍布斯鲍姆进行特定的历史思维和历史认识活动的理论准绳，也是其形成历史认识和解释社会历史现象的实践尺度。同样对受到马克思主义影响的历史学家而言，马克思主义唯物论也是一切史学问题分析的逻辑起点和必要方法论前提。

二　马克思主义史学理论的批判反思和创新阐释

统而言之，霍布斯鲍姆在极力反对与批判历史上庸俗教条式马克思主

---

① E. J. Hobsbawm, "What Can History Tell Us about Contemporary Society", in *On History*, p. 31.

② E. J. Hobsbawm, *On History*, Preface, p. ix.

义基础上，毫不隐讳对马克思主义理论和历史唯物主义的批评性反思，特别强调马克思主义的开放特性和马克思主义的理论创新。同时，霍布斯鲍姆的马克思主义史学理论创新，则主要表现于对历史唯物主义分析模式的实践运用和理论提升。

马克思对人类自身历史发展进程中一些根本性重大问题的理论分析与考察方法，既是任何历史认识主体进行特定的历史研究实践的理论指导，又是他们认识和解释相关研究主题的理论尺度。例如，马克思主义对人类社会历史发展规律的一个重大发现在于：从根本上说，构成人类历史变迁的基础是社会经济的发展变化，其中社会经济形态的更替起着决定性作用。而作为一种自然历史过程的社会经济形态发展，必然呈现出不同特征的发展阶段。归根结底，人类社会历史从低级向高级逐渐发展的不同社会阶段，则是由社会经济形态的不同发展阶段决定的。这种唯物史观的基本原理和历史理论，可以作为马克思主义史学工作者从事历史研究的基本指南。霍布斯鲍姆早就认为，任何人如果进行有关历史的严肃讨论与理论反思，都不可能不涉及马克思，更准确地说，他们必然会从马克思开始思索的地方着手研究与观察。那就是要接受历史唯物主义的基本原理和概念范畴，对社会历史的变迁进一步体认和感悟，从而开掘和发展马克思主义理论。特别是对于受到马克思主义影响的历史学家而言，"马克思仍是我们进行任何历史分析的原则基础，因为，迄今只有他一个人试图提出论述全部复杂历史的方法论原理，并试图概括和解释人类社会发展的整个过程。就这种观点而言，马克思高出于他的唯一真正对手马克斯·韦伯"。在霍布斯鲍姆看来，在许多方面，韦伯只能被看做是对马克思主义理论（如社会学）的补充和修正，但他对于历史学家的理论影响远不如马克思："一部以马克思的思想为基础的历史可以不用韦伯的理论来补充，但一部以韦伯的观点为基础的历史离开了马克思的原理，或者，至少可以说，如果离开了作为出发点的马克思主义立场，那是不可想象的。如果我们想考察人类社会发展的重大问题，那么只能沿袭马克思已经提出过的东西，即便我们不想接受他的全部答案。如果我们想回答包含在上述问题中的另一个大问题——为什么这种发展不是单一形式的和直线的，而是极其不规则和复杂的，那么情况也是如此。"① 所以，霍布斯鲍姆已经清楚地认识到两点：其一，不能说马克思总是对的，或者他的分析总是充满完美品性的，因为他的大部分著作确实只是论述以往历史的某些特殊方面，不可避

---

① E. J. Hobsbawm, "Marx and History", in *On History*, pp. 167 – 168.

免地反映出其时代的历史认识局限。其二，必须特别强调，马克思主义的唯物论只是一切历史问题的分析起点和必不可少的方法论，马克思远远没有提出最终的结论。其三，就历史的本质和社会经济形态更替以及社会内部发展和相互作用的机制等问题而言，马克思确实作了最早的论述。对于一切从事史学研究实践的人们来说，所以必须铭记的是，唯物史观只是历史解释的理论基础，并非历史解释本身，从事历史研究，应该运用马克思主义唯物史观来指导史学实践，但不能够简单化、绝对化和片面化，任何历史学家都有义务有责任继续马克思主义者所开创的探索路线与研究历程。

例如，20世纪60年代霍布斯鲍姆在关于自由主义，包括社会民主主义的问题展开批判与讨论时，就是以马克思历史唯物主义为指导进行分析的，认为自由主义是一种崩溃了的东西。然而，在90年代，当他接受中国学者采访时，针对20世纪上半期苏联斯大林主义时期的社会体制、经济运行机制和社会发展状况，进一步补充说："经济上的自由主义已经复活了，但没有复活的是那种自由主义的社会结构，那种能使自由主义经济同时成为一个社会运作体系的结构，就像整个19世纪和20世纪早期那样。"[①] 按照霍布斯鲍姆的理论逻辑和分析思路，在社会主义制度建立和运行初期，斯大林主义时期那种极端的自由主义经济理论与19世纪中产阶级所谓的那种自由主义经济理论并非一致，马克思以及任何马克思主义者所需要批评的，正是那种凌驾于东欧前社会主义国家政权之上如同斯大林主义中那些专断的神学信仰式经济理论。当然历史和现实地看，斯大林主义经济理论确实有其产生的社会历史条件和国内外政治环境等复杂因素，类似这种理论也具有复杂的思想内涵，并非简单或武断性的"神学信仰式"几个字所能够表达，但是其最重要的特征至少可归结为一点，就是把市场关系的解决机制凌驾于任何人与人之间的关系系统之上，过分强调国家行政管理手段的干预作用和异常迷恋宏观调控机制的运行效用。关于自由主义经济理论与市场实践的分析，实际上关涉到社会历史演变与社会形态变迁问题的阐释，而马克思关于人类社会历史演变学说体现了一个重要的史学问题意识和史学实践方式，就是对于资本主义向社会主义过渡的特定社会历史转变的历史理论分析。1997年，为纪念《共产党宣言》发表150周年，霍布斯鲍姆以《"共产党宣言"介绍》为题对其中有关重

---

① 刘为：《历史学家是有用的——访英国著名史学家 E. J. 霍布斯鲍姆》，《史学理论研究》1992年第4期，第62页。

大理论问题进行重新理解和深入解释。认为马克思主义理论并非历史决定论，尽管有人长期以来对此形成根深蒂固的误解，就《共产党宣言》中的有关理论论断来说，"当'宣言'离开历史研究的领域进入现实世界时，它是一份供选择的文献、一份关于政治可能性的文献，而非关于概率的文献，更不用说是关于必然性的文献了"。① 由此可见，"马克思在原则上是正确的，错就错在他对时间的预测上，因为在《共产党宣言》发表一个世纪以后，资本主义的可怕社会结果，资本主义对社会关系的破坏在某种程度上被它吸收和同化旧传统的能力所抵消。正是这种旧传统和新观念的结合成了 20 世纪下半叶资本主义的特色"。② 借此，他强烈批评了特定历史时期自由资本主义社会的民主政治与自由经济的主要症候，认为虽然表面上诸如资本市场、私有经济、选举议会等制度依然存在，但这些制度已经今非昔比徒具形式。而且，"从理论上说，政治程序包容所有人，它产生一个建立在多元民主基础上的有序政府体制；但在实际上它却处于危机之中，至少是潜在的危机，有的是现实的危机"。③ 今天看来，霍布斯鲍姆对于当代英美西方资本主义社会制度的历史考察与社会现实的宏观分析，是符合马克思在《〈政治经济学批判〉序言》中所提出的关于生产力与生产关系、经济基础与上层建筑之间矛盾的贡献性分析原则的，当然，他也不可能完美地指出解决资本主义矛盾的办法。但是，他对所谓自由民主的资本主义社会制度的批判性态度，却无不显示出这位马克思主义历史学家捍卫与发展马克思主义唯物史观的立场，这本身就是他发展马克思主义历史理论的一个重要表现。

可以说，从马克思主义的诞生到 1960 年代之前，唯物史观被看做是马克思主义无可非议的理论成分，而且被大多数马克思主义者信奉为马克思主义的基本核心思想。然而，1960 年代，在国际共产主义运动史上既是一个充满激情又是个充满叛逆的短暂时期，马克思主义面临着时代严峻的考验。霍布斯鲍姆清醒地认识到，"更深入长期地研究讨论唯物史观是十分必要的。因为今天不仅非马克思主义和反马克思主义的研究者对之提

---

① 此文作为单独一章新收录于霍布斯鲍姆《论历史》论文集的中译本。埃里克·霍布斯鲍姆：《史学家：历史神话的终结者》，马俊亚、郭英剑译，上海人民出版社，2002，第341页。

② 刘为：《历史学家是有用的——访英国著名史学家 E. J. 霍布斯鲍姆》，《史学理论研究》1992 年第 4 期，第62 页。

③ 刘为：《历史学家是有用的——访英国著名史学家 E. J. 霍布斯鲍姆》，《史学理论研究》1992 年第 4 期，第62 页。

出疑问和批评，而且马克思主义内部也面临同样的问题"。① 事实上，曾几何时，无论苏东社会主义国家的马克思主义史学还是西方社会的马克思主义史学，都把马克思主义历史理论变成了教条主义和公式化的说教，这不仅使历史和现实失去了丰富内容与个性色彩，也使历史学科变成了教条的理论学科，同时也造成马克思主义的理论困境和实践难题。英国马克思主义史学家也经历着 1960 年代的思想转折，他们强烈希望摆脱所谓正统马克思主义的束缚，实际上是针对前苏东马克思主义史学和西方马克思主义史学中机械论和教条主义，从历史的批判与理论的反思路线出发关于马克思主义历史学的新出路和新路径的自我寻觅，霍布斯鲍姆是其中最积极的旗手性人物之一。

　　毋庸置疑，霍布斯鲍姆极力反对与批判历史上庸俗教条式马克思主义，他并不隐瞒更不讳言关于马克思主义理论和历史唯物主义的批评和反思，在此基础上，强调对教条马克思主义的匡正，对马克思主义的理论创新。② 他认为，马克思关于历史发展的特定模式——包括阶级冲突的作用、社会经济形态的演进和由一种形态向另一种形态变革的结构——都存在着相当大的争议性，马克思对有些社会问题的分析是建立在不充分甚至令人误解的证据基础之上的。特别是关于东方社会的研究，马克思深邃的

---

① E. J. Hobsbawm, "Marx and History", in *On History*, p. 160.

② 霍布斯鲍姆撰文论证，庸俗马克思主义具备以下特征：第一，纯粹"历史的经济解释"，而忽视其他因素的能动性；第二，把"基础与上层建筑"作为一种简单的决定与依赖关系模式而广泛运用的历史解释观念；第三，片面地理解马克思《共产党宣言》中"迄今为止一切有文字记载的社会历史都是阶级斗争的历史"，从而强调"阶级利益与阶级斗争"；第四，片面强调马克思主张的人类社会历史系统和必然发展趋势即"历史法则与历史必然性"，注重长时段社会运动的普遍概括，也经常集中关注个人与历史偶然事件在历史中的作用问题，但另一方面却把社会经济形态的演进看成一种僵化的与强加的规律性，甚至一种排除历史上其他可能性的机械决定论；第五，历史研究的特定主题局限于马克思自身感兴趣的诸如资本主义发展史和工业化等问题；第六，这种研究的特定主题与其说来自马克思，不如说来自对与马克思理论相关的运动的兴趣，如农民和工人等被压迫阶级的造反或者革命运动；第七，由第二点引发的关于历史编纂学性质与范围的多种考察，有助于解释历史学家的动机与方法，这些历史学家声称公正客观地追求历史真实性。霍布斯鲍姆认为庸俗马克思主义的有些观念根本不能代表马克思主义本身，在历史研究与分析过程中，应该把庸俗马克思主义成分与马克思主义成分区分开来。虽然庸俗马克思主义史学自称是受到马克思主义史学影响而形成的产物，但实质上它与马克思的思想没有特别联系，充其量是对马克思主义的变异。See, E. J. Hobsbawm, "What do historians owe to Karl Marx"? in *On History*, pp. 147 - 148. 霍布斯鲍姆在其他文章里也对庸俗马克思主义进行了批判。See, E. J. Hobsbawm, "Karl Marx's Contribution to Historiography", in Robin Blackburn, *Ideology in Social Science: Readings in Critical Social Theory*, Fontana/Collins (London) 1972.

见解却建立在一个错误的假设基础上——东方社会内部那种超稳定性。例如，他认为，在分析特定社会类型的社会结构时，毫无疑问，马克思和恩格斯正确地强调了政治、法律和其他思想观念等上层建筑因素都是从经济基础因素中产生这一事实，但在某种程度上，他们只偏重了这个过程的内容方面而忽视了其形式方面的东西。这种处理问题的方式不仅体现在他们把政治的、法律的和其他制度因素作为意识形态来分析过程中，而且在分析上层建筑因素的相对独立性时也如此。"这样，在马克思和恩格斯关于这类主题的已知看法中就存在着相当大的空白，因此关于这些空白究竟是或可能是什么的问题自然就非常不明确。当一种寻求更完备的马克思主义理论的需要出现时，随后那些试图填补这些空白（例如，法律方面）的马克思主义者在经典著作中就几乎找不到能够引导他们的文本。我们没有理由相信，马克思和恩格斯——特别是马克思，凭借他丰富和渊博的智慧优势——在发展他们有关这些命题的思想方面会碰到任何困难。但另一方面，正是马克思和恩格斯著作中缺少对他们合适的文本导致了后来的马克思主义理论发展的偏离和歪曲"。① 这里，霍布斯鲍姆试图说明的是，马克思和恩格斯只是凡人中的伟人而非神明圣贤，他们对人类社会历史的观察可以逐渐丰富，关于人类社会历史的理论可以逐步完善，但马克思主义理论绝非包罗万象的锦囊，可以供后来者不尽地取用，作为马克思主义的（史学）信徒，我们也应该修正马克思主义理论中的不合理性和不适应时代变化的内容，并寻求摆脱马克思和恩格斯理论困境的途径。

虽然霍布斯鲍姆此处并没有明确指出马克思主义理论体系中哪些方面存在着一些具体的空白或缺陷，② 但是他对造成这种缺陷的原因有着独特的理解："我们不难理解为什么马克思和恩格斯没有尽力去填补这些在我们今天看来十分明显的他们理论体系中的空白。因为，他们的著作所涉及的历史重要时期已经不同于所有随后的那些时期，也不同于包括（除了恩格斯生命的最后几年的一个重叠时期）马克思主义政党发展成为群众

---

① E. J. Hobsbawm, "Marx, Engels and Politics", in *The History of Marxism*, *Volume 1*：*Marxism in Marx's Day*, The Harvester Press （Brighton） 1982, p. 228.

② 马克思主义著作中存在的最大理论空白应该在其政治学方面。比如，虽然马克思强调分析当代的政治事件（雾月十八日、法兰西的阶级斗争和法兰西内战等），但并没有提出具体的国家学说，主题也正是他试图解决而没能解决的重要问题。后来的马克思主义者的著作中关于资产阶级国家理论的论述超越了马克思本人。See, David McLellan, "Introduction：the Legacy of Marx", in *Marxism after Marx*：*An Introduction*, Macmillan Press Ltd （London） 1998, p. 4.

性的组织或其相反发展成为一股具有重要意义的政治力量的时期。作为积极的共产主义者，马克思和恩格斯当时自身处境也只是偶尔能与他们的信徒后来从事政治活动时的处境相提并论。"① 霍布斯鲍姆认为，造成理论上空白的原因还在于，在马克思和恩格斯的有生之年，与他们政治上的信徒如第一国际及各国共产党的一些著名领导人物亲自或直接参加了一系列的政治实践活动不同，他们自身反而几乎没有参与特别复杂的政治实践活动。在当时的国际共运中，尽管马克思和恩格斯获得了崇高的声望与尊重，但国际共运的一些实际领导人并非总是毫无保留地接受他们的建议或理论指导。究其原因，在很大程度上是由于马克思和恩格斯没有直接的政治实践活动经历之故。"或许，马克思和恩格斯唯独一次能与后来某些马克思主义组织领导人的政治经历相比较的政治实践，就是作为共产主义同盟（1847～1852）领导人的经历，惟其如此，它为后来的列宁主义者对马克思主义的发展提供了出发点"。② 需要指出的是，马克思和恩格斯实践经验上的缺乏，并没有根本性地影响他们的理论感召力。

曾几何时，马克思主义的暂时挫折被视为一种意识形态信仰的严重危机，然而，关于马克思主义的危机问题，霍布斯鲍姆有着与他人观念迥异的深刻理解。在后马克思主义时代（大体上自第二国际分裂之后到20世纪末期乃至目前），除了马克思的马克思主义外，还存在着许许多多和形形色色的马克思主义，每一代人都不仅发现了马克思，而且创造了自己的马克思主义。但是，由于实践中马克思主义的信仰者存在"左"或"右"倾思想偏向，它们都没有正确处理马克思主义理论与各国具体实践相结合的问题，导致经典马克思主义的精髓在某种程度上遭到了损害，甚至导致了一定时期内"马克思主义的危机"。对此，霍布斯鲍姆认为，这实际上并不是马克思主义的危机，而是人们对什么是马克思主义核心内容的统一认识存在着危机。③ 这里存在着马克思主义的认识危机与马克思主义的危机认识二元对立问题。事实上的结果，"如我们所知，存在着不止一种马克思主义，而是许多马克思主义，它们相互之间进行着惨烈的冲突性争

---

① E. J. Hobsbawm, "Marx, Engels and Politics", in *The History of Marxism*, *Volume 1*: *Marxism in Marx's Day*, pp. 228 - 229.

② E. J. Hobsbawm, "Marx, Engels and Politics", in *The History of Marxism*, *Volume 1*: *Marxism in Marx's Day*, p. 229.

③ 霍布斯鲍姆等:《卡尔·马克思——百年不衰》,《国外社会科学动态》1983 年第 9 期,第 62 页。

辩，并且相互否认各自的正统地位"。① 因此，为了克服马克思主义的这种危机，就必须对马克思主义进行重新思考，重新回到马克思那里去，具体到社会历史发展理论来说，在被西方学术界公认为"批判理论"和新马克思主义主要代表人物哈贝马斯那里，表现为一种"重建历史唯物主义"的理论诉求。② 然而在霍布斯鲍姆看来，"对马克思主义重新获得某种一致的认识是可能的，也是应该的。这种认识将会——至少也应该会——在历史唯物主义的基础上得到恢复"。③

在霍布斯鲍姆那里，其史学理论的创新，就在于对于那种建构于唯物史观大厦基础上的马克思主义历史理论的反思，从马克思主义理论的原始生命力出发，依靠力求注重历史观和史学观相统一的认识高度，解答从资本主义到社会主义发展的根本道路，关注人类社会全球化过程中所面临着的基于历史观与价值观差异而衍生出来的历史和现实问题。因此，霍布斯鲍姆强调重返马克思的原义，对关系到人类社会未来发展轨迹的马克思主义理论重建问题，负有一种近乎神圣的理论思考姿态和实践言说使命感。在《关于马克思主义的对话》中，通过考察马克思主义的发展史，他强调对马克思主义的重新思考与发现，"共产主义者日益认识到，他们极力信仰和强调的并不是真正的'马克思主义'，而是为列宁所发展了的马克思主义，特别是在苏联斯大林时代僵化的、简单化的、甚至于被歪曲的马克思主义。真正的'马克思主义'并不是一个已经完成了的理论或学说，而是一个发展过程：例如，马克思自己的思想就是在一生中不断发展的。毫无疑问，对于我们面临的特殊问题，马克思能够提供潜在的答案，但却不能提出确切的解决办法：一方面是由于自马克思或列宁时代之后，形势已经发生了变化；另一方面也因为在事实上，无论是马克思还是列宁都不可能对于他们那个时代存在的某个问题和今天依然对我们具有重要指导意义的问题做出永恒的解释"。④ 霍布斯鲍姆在思考和总结马克思主义对他

---

① E. J. Hobsbawm, "Preface", in *The History of Marxism*, *Volume 1*: *Marxism in Marx's Day*, p. ix.

② 哈贝马斯从社会历史理论的角度提出了"重建历史唯物主义"理论的基本框架，表达了西方新马克思主义的基本特点，虽然理论观点未必精确，但是无疑有益于人们加强对马克思历史唯物主义的认识。参见尤尔根·哈贝马斯《重建历史唯物主义》，郭官义译，社会科学文献出版社，2000，第138～192页。

③ 霍布斯鲍姆等：《卡尔·马克思——百年不衰》，《国外社会科学动态》1983年第9期，第62～63页。

④ E. J. Hobsbawm, "The Dialogue on Marxism", in *Revolutionaries*: *Contemporary Essays*, Weidenfeld & Nicolson (London) 1973, p. 115.

逝世后百年间的历史学的影响时曾经指出，"正如今天已经论述和讨论的那样，至少在大多数国家，马克思主义历史学把马克思作为它的出发点，而不是它的终点。我的意思并不是说，必然会出现同马克思原理相悖的现象，但只要这些原理被证明确实是错误的或者已经过时，就应该即时准备修正"。他接着解释道："我并不是说，这就必然要求修正或者摈弃唯物史观的基本路线，但如果必要，还是应该随时准备以批判的眼光对之进行考察。至于我个人则无意抛弃唯物史观。但是，马克思主义史学，就它比较富有成效的一些观念而言，现在主要是运用马克思的方法而不是注释他的某些原理（当然，那些真正值得评注的原理除外）。我们正在试图做马克思未曾做过的事情。"① 例如，他认为，马克思关于东方社会和"亚细亚生产方式"的观点以及有关原始社会及其演变的观点就是如此，尽管一般来说马克思的见解是杰出和深刻的。

　　霍布斯鲍姆早年就坦然承认，马克思主义史学就是在马克思主义者与反马克思主义者之间的对话中得到发展的。② 即便随着时间的流逝和空间的更替，霍布斯鲍姆也并不主张把马克思主义当做完结了的理论放进历史的资料库，"马克思主义史学在今天是多元的，单一'正确'的历史解释并不是马克思留给我们的遗产"。③ 在这点上，汤普森持同样的观点，可以佐证霍布斯鲍姆的论说，因为汤普森也极力"避免将马克思主义看作遗产，从两个方面保留了马克思主义的精髓：第一，强调马克思主义的独创性；第二，强调马克思主义不是一成不变的，而是随着时代发展不断的新的内容出现"。④ 马克思主义史学体系是一个开放的多元空间、内涵丰富和对人类社会发展问题具有穿透性认识能力的思想体系。

　　从唯物史观和马克思主义理论发展的方法论路向来看，更进一步说，马克思主义的理论体系并非一成不变而放之四海皆准的真理，马克思主义的历史理论也只是一种认识论思想和方法论体系。尽管列宁在论述马克思的马克思主义时指出："凡是人类社会所创造的一切，他都有批判地重新加以探讨，任何一点也没有忽略过去。凡是人类思想所建树的一切，他都放在工人运动中检验过，重新加以探讨，加以批判，从而得出了那些被资

① E. J. Hobsbawm, "Marx and History", in *On History*, p. 169.
② See, Marho, "Interviews with Eric Hobsbawm", in *Visions of History*: *Interviews with Radical Historians*, Pantheon Books (New York) 1983, pp. 39 – 40.
③ E. J. Hobsbawm, "Marx and History", in *On History*, p. 169.
④ 张文涛：《E. P. 汤普森视野下的马克思主义》，《史学理论研究》2006 年第 2 期，第 84 页。

产阶级狭隘性所限制或被资产阶级偏见束缚住的人所不能得出的结论。"①
但是，这也只能说明马克思的科学研究方法或相关理论只是在一定范围内
具有相当的权威性。霍布斯鲍姆同样认为，我们不能把马克思主义当成现
成模式去剪裁历史，而应该把唯物史观看做一种指南和科学方法，摸索研
究历史的具体方法，对人类历史的发展进程提供系统的和最严肃的解答。
正如前面提到，20 世纪 40、50 年代和 70 年代后期，西方学术界对于欧
洲的封建主义向资本主义过渡问题展开了两次大规模学术论争。② 霍布斯
鲍姆也曾经致力于人类社会由封建主义向资本主义过渡问题的讨论，正是
他在 20 世纪 50 年代首先提出 "17 世纪的西欧和东欧地区存在一场普遍
的封建主义危机" 的观点。③ 这促进和深化了英国历史学界乃至国际史学
界关于从封建主义到资本主义转变的大讨论。因此，在涉及社会经济制度
变迁问题的论述时，霍布斯鲍姆分析和解决问题的根本指导思想就是马克
思主义的历史唯物主义理论和方法，其基本的出发点也就是马克思经典作
家的出发点——从经济因素切入观察社会历史。然而，他自信地表明：
"自始至终一目了然的是，历史唯物主义不是经济决定论，并非历史发展
的所有非经济现象都可以从特殊的经济现象中推演出来，特别是某些个别
事件或时期并不能按照这类公式来确定。"④ 按照霍布斯鲍姆的思路，不

① 《列宁选集》（第 4 卷），人民出版社，1995，第 284～285 页。
② 关于两次论争的基本情况，参见沈汉《国外对欧洲封建社会向资本主义社会过渡研究之
评述》，《史学月刊》1995 年第 2 期、《近代英国农业的结构和性质问题——兼论从封建
主义向资本主义过渡问题》，《史学理论研究》2007 年第 1 期。
③ 英国史学界经常展开关于 "17 世纪危机问题" 的讨论，如《过去与现在》组织笔谈，
发表了国内几位著名社会经济史家的相关观点。See, Roland Mousnier, J. H. Elliott,
Lawrence Stone, H. K. Trevor-Roper, E. H. Kossmann, E. J. Hobsbawm, J. H. Hexter, "Dis-
cussion of H. R. Trevor-Roper: 'The General Crisis of Seventeenth Century'", *Past and Pres-
ent*, No. 18. (Nov., 1960), pp. 8 – 42. 霍布斯鲍姆既从经济也从政治因素方面分析
"17 世纪危机" 的实质，认为其根源在于封建社会，尤其是农村封建制度的衰落和工业
资本主义的发展之间的矛盾运动。See, E. J. Hobsbawm, "The Seventeenth Century in the
Development of Capitalism", *Science & Society*, Volume XXIV, No. 2, Spring 1960, pp. 97 –
112. 国外学者对于霍布斯鲍姆关于 "危机问题" 研究进行了分析，也指出了其观点的
优劣。See, Jon S. Cohen, "The Achievements of Economic History: The Marxist Scholl",
The Journal of Economic History, Vol. 38, No. 1, The Task of Economic History, (Mar.,
1978), pp. 43 – 45. 对于是否存在着一个 "17 世纪危机" 和它波及的范围，西方史学界
目前仍然众说纷纭，弗兰克认为根本不存在普遍化的长期的 "17 世纪危机"，当然，这
个世纪中确实存在着一些短期危机现象。参见贡德·弗兰克《白银资本——重视经济全
球化中的东方》，刘北成译，中央编译出版社，2000，第 314～344 页。
④ E. J. Hobsbawm, "Marx and History", in *On History*, pp. 161 – 162.

管是马克思主义基本的理论体系还是马克思主义历史理论和史学理论，都应当具有开放性和创新性，唯有基于开放的姿态从事历史研究的成果，才能经得起历史实践的检验。

关于制度变迁与理论发展问题，霍布斯鲍姆也进行了积极探索和理论分析。具体到对世界历史发展进程的考察与分析，即资本主义国家和社会主义国家的发展道路这个问题，霍布斯鲍姆强烈主张，应该在马克思主义的科学理论指导下，允许各国的马克思主义者自己去探索不同的方法，而不应该把马克思主义变成一个具体而僵死的、封闭的和一成不变的范式。他意识到，在马克思的一般分析中，马克思首先"是从个别事件和特殊社会抽象出自己的结论。在他流行最普遍的论著中，像在《序言》中，假定把它们作为生产的社会关系的特殊事例来看（在阶级社会的长历史时期内），马克思甚至没有提到那种意义上的阶级"。[①] 其次，马克思似乎也注意到了另一种因素，而后马克思主义者详细阐述了这个因素。"这就是相互影响的不同人类社会或结构不同的社会政治与经济单位，或者处于各个不同发展阶段，但相互处于一个统一体之中的各种因素之间的关系。简言之，就是列宁所说的'不平衡发展法则'或考茨基马克思主义者所说'混合的和不平衡发展'理论。资本主义世界被区分为'发达'和'不发达'国家的事实证明了这点"。因此，霍布斯鲍姆承认马克思只是"构建了一种关于全部人类社会变迁相当普遍的模式，这种模式很少论述任何特殊的社会阶段或任何特别的社会。然后，他建立关于特别类型与社会阶段的更特殊模式——'生产方式'——虽然这种模式具有更大的局限性，却一直得到非常广泛的运用"。[②] 霍布斯鲍姆精辟地指出，问题在于，马克思试图通过资本主义内部的矛盾来详尽阐述的模式就是资本主义过渡的模式，而对其他生产方式的类似模式事实上大多只是暗示或暗指。或者说，马克思只是在他自己所处的世纪里运用自己的方法来分析当时的具体情况或特殊情形。那么，我们试图以基础与上层建筑两者关系模式来论述和分析所有值得考虑的复杂性的人类社会长时段的普遍结构，显然就既不充分也容易出问题。

依照霍布斯鲍姆的逻辑思考理路分析下去，也就是说，马克思关于人

① E. J. Hobsbawm, "The Contribution of History to Social Science", *International Social Science Journal*, Vol. xxxiii, No. 4, 1981, p. 631.

② E. J. Hobsbawm, "The Contribution of History to Social Science", *International Social Science Journal*, Vol. xxxiii, No. 4, 1981, p. 632.

类社会历史发展过程的理论，是以他所能了解的西方社会情况为焦点，马克思主义的历史理论虽然具有普遍的指导意义，但难免烙上区域或时代的印记，需要后来者进一步补充与创新。事实上，对任何历史的考察来说，它既应提供复杂的普遍解释，也要考虑到具体和特殊的情形。历史的非线性发展问题实际上是世界历史发展的一个重要问题，在历史上这曾经被当做最普遍和全球性的形式来考虑。马克思本人也打算不仅需要解释各种形式的历史发展，而且还要解释其发展的稳定性和持续性，即为什么有些社会趋向各种各样的平衡发展，而有些社会则走向自我不稳定甚至变革。但是限于自身和历史条件，他最终没有也不可能解决这个问题，却为他的后继者留下了难题。这也是为什么马克思主义者日益被迫在他们的历史分析中包含和讨论这个问题的最初原因。

　　霍布斯鲍姆还认识到，马克思主义是吸收和容纳了人类文化的一切优秀知识成果的产物，马克思主义的产生与发展同当时流行的各种社会思潮有着密切的关系。① 这也符合列宁早年深刻提出的"马克思主义同'宗派主义'毫无相似之处，它绝不是离开世界文明发展大道而产生的一种故步自封、僵化不变的学说"的论断。② 因此，霍布斯鲍姆从实证研究中体察到，马克思主义的历史学家必须面对社会与现实新问题并做出建设性和开创性回答。比如，他认为19世纪的劳工运动的兴起，就是以资本主义的发展造成社会分化为大多数的劳苦大众和极少数的资产者的假设为前提，但是，如果现在（20世纪）仍然以这种前提为基础来分析劳工运动，显然难以具有说服力，因为这与社会现实不相符。作为马克思主义历史学家应该面对这个社会现实，并必须解释与回答那些近百年来社会变迁等问题。③

　　鉴于此，霍布斯鲍姆声称，在运用马克思主义理论分析与考察历史问题时首先要坚持两个原则：继承的原则和发展的原则。"第一，不管是马克思还是随后的马克思主义者的思想和实践都是他们时代的产物，无论它们持久的知识效力或实践成就如何。必须按照他们系统阐述的历史条件来分析他们的思想与实践……第二，作为一种特殊历史条件的产物，马克思

---

① 比如，关于马克思主义的形成与发展同当时西欧各种社会主义思潮的关系问题，霍布斯鲍姆有专门论述。可参见 E. J. Hobsbawm, "Marx, Engels and Pre-Marxian Socialism", in *The History of Marxism, Volume 1: Marxism in Marx's Day*, pp. 1–28.

② 《列宁选集》（第2卷），人民出版社，1995，第309页。

③ James Cronin, "Creating a Marxist Historiography: The Contribution of Hobsbawm", *Radical History Review*, 19, Winter 1978–1979, pp. 130–131.

主义不可避免地要根据历史形势的变化而被发展和修正（这种变化不但指更大规模的历史变革、变动的形势、新事实的发现和经验教训，而且包括周围的知识氛围）。不管是对马克思主义理论还是对马克思主义策略来说，情况都是这样。不过，这并不意味着马克思主义会从根本被修正（例如，像伯恩斯坦修正主义所做的那样）"。① 只有继承才有发展，有发展才称得上创新，但是创新绝不是背叛与彻底抛弃。

例如，回到马克思关于五种社会形态的历史时代演进序列——"亚细亚生产方式"的问题，霍布斯鲍姆认为，由于马克思本来只是在最一般意义上对这个理论进行高度抽象的概括，人们通常却对它产生了许多误解，正因为这样，人们在研究各个地区的社会历史时就不能生搬硬套这个分析模式。《马克思〈资本主义生产以前各形态〉导言》认为，马克思希望并且始终"关心的是建立各种社会变化的一般结构，如：与物质的生产力发展一定阶段相适应的社会生产关系的形式；生产力与生产关系之间定期发生的冲突；'在社会革命年代'社会生产关系再次经过自我调整而适应生产力水平"。因此，"这种概括性分析并不意味着说明了特定的历史时期和任何生产力与生产关系"。② 在霍布斯鲍姆看来，马克思所概括的亚细亚的、古代的、封建的和资本主义的形态虽然是一个"连续进步的"形态系统，但并不意味着我们可以对历史采取简单的、单线的看法，也不意味着一切社会历史必然依次经历这一进步发展的程序。这仅仅表明上述每种制度在其重要方面都是由人类的原始状态推演而来，又在此基础上进一步发展而去。

其实，马克思和恩格斯早年就已经意识到自己这个理论有可能被他们的批评者所误解甚至利用，认为如果出于蹩脚宣传的需要，某些别有用心的人把他们有关历史理论不分历史条件和现实条件加以绝对化和生搬硬套，是显然错误的。马克思本人甚至用讥讽的语调指出："他一定要把我关于西欧资本主义起源的历史概述变成一般发展道路的历史哲学理论，一切民族，不管他们所处的历史环境如何，都注定要走这条道路，——以便最后都达到在保证社会劳动生产力极高度发展的同时又保证人类最全面的发展的这样一种经济形态。但是我要请他原谅。他这样做，会给我过多的

---

① E. J. Hobsbawm, "Preface", in *The History of Marxism*, *Volume 1*：*Marxism in Marx's Day*, p. xii.

② E. J. Hobsbawm, *Karl Marx*：*Pre-Capitalist Economic Formations*, Lawrence & Wishart (London) 1964, p. 11.

荣誉，同时也会给我过多的侮辱。"① 即便到后来，他们自身对这个时代序列和社会形态的论述也不满意。基于自身独特的理论意识和理性的价值判断，霍布斯鲍姆已经认识到这点并敏锐地指出："马克思确实暗示这个问题的存在，因为他敏锐地意识到历史的发展不是直线式的。我认为，他并不承认全部人类社会总是在同一阶梯上攀登，也不认为注定迟早要靠他们自己达到顶峰，只是有些社会比其他社会攀登的速度更慢些。他粗略地勾画了一种分析模式，即为什么某些社会比其他社会发展得更快些，而某些所谓'亚细亚生产方式'则倾向于稳定从而抑制了其进一步发展。这种模式是非常概括式的，实际上他关于某些社会的观点是错误的。"② 马克思和恩格斯对社会形态的分析是从个别情况和个别社会条件中抽象出来的一般形式，他们或许已经意识到将来会遇到一些具体问题，但却受时代和其他因素限制而没有及时详细论述它们，而这些正是后来的马克思主义者试图详细讨论和引发争论的问题。不能也无法否认的是，不同的社会、不同的社会政治经济发展结构和不同的社会历史发展阶段共处于一个复杂的统一体，总体上促成各个社会历史由低级向高级不断发展。在霍布斯鲍姆看来，"马克思本人无疑不是一个单线发展论者，他曾经说明了为什么在古代有些社会通过封建主义发展到资本主义，而另一些社会（他用亚细亚生产方式来近似地概括这一组广泛的社会）却没有出现类似的演变"。③ 当然，马克思关于五种社会形态理论确实说明了一点，即社会历史转变的动力主要来自事物内部的矛盾运动，这就要求人们仔细分析不同社会历史中具体和特殊的事物。④ 这里，霍布斯鲍姆非但无意为马克思主义社会形态理论进行辩护，甚至始终认为马克思确实是抱着非常严肃而认真的态度，试图系统地阐明人类社会历史的发展进程。因此，本质上，它是一种富有理论说服力而又有实践成效的社会规律学说。

应该指出的是，英国马克思主义历史学派成员在史学思想方法上当然各有独到之处，甚至史学思想观念也自成一体，然而该群体最大的共同点，则是拥有一种为他们自己丰富与发展了的马克思主义理论传统，马克

---

① 《马克思恩格斯全集》（第19卷），人民出版社，1963，第130页。

② E. J. Hobsbawm, "The contribution of history to social science", *International Social Science Journal*, Vol. xxxiii, No. 4, 1981, p. 632.

③ E. J. Hobsbawm, "Marx and History", in *On History*, p. 164.

④ 霍布斯鲍姆所编著《卡尔·马克思〈前资本主义经济形态〉》的导言中，对马克思和恩格斯关于社会形态发展理论进行了集中分析与重点研究。See, E. J. Hobsbawm, "Introduction", in *Karl Marx*: *Pre-Capitalist Economic Formations*, pp. 9 – 65.

思主义的唯物史观则仍然算得上其基本的理论核心。汤普森就坦诚表明："社会存在和社会意识……之间的辩证交流无论如何是传统的马克思主义理解历史过程的核心。"[1] 1973 年，他在致东欧马克思主义学者科拉克夫斯基的一封公开信中又解释道："在英国，作为一位马克思主义历史学家从事历史研究就意味着按照马克思创立的传统进行研究……我没有任何可能的理由为拥有这种传统感到羞愧。"[2] 汤普森认为这种传统正是首先由威廉·莫里斯的深刻见解所丰富和补充，它的内涵后来又为包括汤普森自己在内的诸如戈登·柴尔德（V. Gordon Childe）、莫里斯·多布、多纳·托尔和乔治·汤姆逊（George Thomson）、希尔、希尔顿、霍布斯鲍姆、基尔南和萨维尔等一大批英国马克思主义史学家按照他们特有的专业研究方式所扩充。作为马克思主义史家就必须坚持历史唯物主义的基本观点，否则就不成其为马克思主义者。

从史学比较的角度看，这里可以汤普森关于唯物史观的理解与运用情况为例来加深对此问题的思考与认识。汤普森反对用一种所谓固定的马克思主义理论模式来指导历史研究："马克思主义史学不是一个作为实体而出现的马克思主义理论的伴随物，或者说它处于理论的某种附属状态（或许以哲学形式存在）。相反，如果对于所有马克思主义者来说存在着共同的实践场景的话，那必然只能是马克思本人分析问题时所依赖的场景——即唯物主义，这是所有马克思主义理论的起点，也是它必然的归宿。"[3] 据此，马克思主义史学家共同遵循与用来指导历史研究的理论就是历史唯物主义和唯物辩证法，但它绝不是现成的理论模式，更不能替代具体的历史研究和历史研究的具体结论。

任何马克思主义历史学家都可以也应该进行历史理论和史学理论上的实践创新。创新的关键是在历史研究中怎样运用历史唯物主义来指导历史研究，在史学实践中提升马克思主义史学理论。

就马克思主义理论的继承与发展角度说，在英国马克思主义史学派的所有成员里，霍布斯鲍姆最坚决地坚持马克思主义以下基本理论与原则：坚持生产力与生产关系、上层建筑与经济基础关系的理论，坚持社会历史的发展不以人的主观意志为转移的客观规律，坚持社会历史发展的总体一

---

[1]　E. P. Thompson, *The Poverty of Theory and Other Essays*, p. 289.

[2]　E. P. Thompson, "An Open Letter to Leszek Kolalowski", in *The Poverty of Theory and Other Essays*, p. 333.

[3]　E. P. Thompson, *The Poverty of Theory and Other Essays*, p. 44.

致性与局部差异性、历史的统一性与历史的多样性、各国历史发展的不平衡性以及社会发展的动力问题即社会转变的根本动力来自社会内部的矛盾运动理论，等等。他这种坚持并不完全是重复，而是在马克思主义思想的基础上有所创新。他非常强调马克思主义理论的"一般方法论"和"一般层面上的理论"意义。在方法论上，他视唯物史观的研究方法为基本的哲学方法和历史科学研究的一般方法，这为他在特定领域里运用具体的研究方法奠定了基础。

例如，霍布斯鲍姆认为，历史学不但要关注多样性或差异性，也要关注历史的统一性。如他非常关注 1797 年和 1997 年的英国君主制度的差异性。古代日本的历史与今天日本的历史有关联，或者唐朝与 1997 年的中国有着怎样的内在联系。但也不能由此把这些国家今天的历史理解为它们过去历史的不折不扣的延伸。因为，自从 18 世纪末期，特别是 20 世纪中叶以来，那种迅速的、深远的、剧烈的和连续的变革也是世界历史的特性之一。① 他深刻地认识到历史发展过程中的统一性与多样性、普遍性与特殊性关系，其中起着关键作用的因素是历史变革因素和历史革新力量。他对马克思主义的继承与发展既摆脱了教条主义的束缚又具有批判性，他一般是通过具体的研究和分析，有时证实马克思主义的某些结论，有时又修正其中某些结论的不足；他还探讨了马克思和恩格斯不曾研究过的问题与领域，观察了他们那个时代不曾观察的历史现象。

众所周知，在社会历史的发展和变化过程中，对于经典马克思主义者来说，生产关系一直被看做社会历史变革中最终决定性的因素，然而绝不是唯一决定性因素。正如恩格斯所说："……根据唯物史观，历史过程中的决定性因素归根到底是现实生活的生产和再生产。无论马克思或我都从来没有肯定过比这更多的东西。如果有人在这里加以歪曲，说经济因素是唯一决定性的因素，那末他就是把这个命题变成毫无内容的、抽象的、荒诞无稽的空话。经济状况是基础，但是对历史斗争的进程发生影响并且在许多情况下主要是决定着这一斗争的形式的，还有上层建筑的各种因素……这里表现为一切因素间的相互作用，而在这种相互作用中归根到底是经济运动作为必然的东西通过无穷无尽的偶然事件（……）向前发展。否则把理论应用于任何历史时期，就会比解一个最简单的一次方程式更容

---

① E. J. Hobsbawm, "What Can History Tell Us about Contemporary Society"? in *On History*, p. 29.

易了。"① 值得指出的是，霍布斯鲍姆对马克思主义关于生产力与生产关系、经济基础和上层建筑理论极力捍卫与维护，同时对马克思关于"人类物质生产"的概念与理论也做了不遗余力的解释与补充。霍布斯鲍姆领会到，马克思和恩格斯从来就没有把人类社会历史描绘成一种高度抽象和不可逆性的线性发展模式，而是试图展现个体生动和活泼变动的曲折历史状态。马克思主义经典作家大概也没有预料后来者会不假思索地把他们有关"经济基础与上层建筑相互关系原理"绝对化和模式化。仔细考察不难发现，马克思和恩格斯在强调社会经济因素对社会政治诸因素的决定性作用时，其实非常慎重地附加了"最终"或"归根到底"这样的限定语词，应该说，他们确实考虑到在经济基础决定上层建筑的时候，必然存在着相当复杂的因素或极为曲折的历史过程。霍布斯鲍姆强调，"我们且不谈马克思是否把文化排除在外这个问题（据我看来，在他真正的历史著作中，马克思是与经济还原主义相对立的）。我们应该注意的一个基本事实是，对历史发展任意时期的任何社会分析，必须首先从关于这个社会的生产方式分析入手；即必须从下面两点出发：其一，'人与自然之间的新陈代谢'的技术—经济形式，即人适应自然并通过劳动改造自然的方式；其二，劳动赖以得到转换、分配和收益所处的社会秩序"。② 他也清楚地认识到，"不管是何种类型的社会生产关系，不管它们可能在社会中具有何种其他职能，生产方式是决定生产力发展和剩余价值分配采取何种形式的结构，是决定社会怎样进行可能的结构改革并在适当的时候又怎样能够向着另一种生产方式过渡的结构。它还规定上层建筑所可能有的结构层次。总而言之，生产方式是我们认识人类社会的多样性及其相互作用的基础，也是认识它们历史动力的基础"。③ 奠立于马克思主义理论基石之上，霍布斯鲍姆关于"人类物质生产"对社会历史发展的决定性作用的重新思考具有重大意义，这种理论认识也成为他建构整体新社会史的理论前提之一。

　　针对斯大林主义提出的列宁关于帝国主义作为资本主义社会的最后阶段的理论学说，霍布斯鲍姆以自19世纪70、80年代到第一次世界大战的历史时空为广阔视野，通过社会历史的分析，对这一提法进行质疑并试图加以修正。认为帝国主义并不是资本主义的最后阶段，事实上列宁也没有

---

① 《马克思恩格斯选集》（第4卷），人民出版社，1995，第695~696页。

② E. J. Hobsbawm, "Marx and History", in *On History*, p. 162.

③ E. J. Hobsbawm, "Marx and History", in *On History*, pp. 164-165.

说它是，因为人类社会后来的发展并没有进入一个与资本主义本质上完全不同的新时期或新形态。与人类社会的其他时期或社会形态相比，在从1875年到1914年的帝国时代内部，"不存在其他逆转的历史模式，或可逐渐破坏其时代基础的历史模式。它是一个全然内化的历史转型过程。直到今天它仍在持续发展"。① 霍布斯鲍姆证明，就社会性质来说，他所讨论的这段时期实际上只是一个不同于传统封建帝国时期的新型的帝国时代，即殖民帝国的时代，它显然并不代表现代工业世界的永恒社会制度形式，只是代表资本主义制度早期发展的一个阶段。即使到了20世纪80年代，"当代世界的发展（指资本主义世界——引者注），也与19世纪自由主义资产阶级的社会认同"。② 同时霍布斯鲍姆注意到，从社会发展的具体过程上看，第一次世界大战后，20世纪剩余时期的资本主义时代，支撑这个时代的资本主义经济结构、改变这个时代的资产阶级革命思想和渗透着新时代气息的文化诸因素，就都与19世纪时期的资产阶级经济、思想和文化因素大相径庭。不过人们需要注意："自1914年以后，世界果真变得与以往完全不同，虽然它的改变方式与大多数先知所预期或预言的不一样……无论如何，自1914年以后，资产阶级的世纪已属于历史的陈迹。"③ 概言之，在相当长的一段时期内，资本主义社会并没有发生性质的变化，因而，不能笼统地断言帝国主义是资本主义的最后阶段。

综上所述，霍布斯鲍姆等英国马克思主义历史学家对以唯物史观为核心的马克思主义历史理论有一个较为深刻的理解、较为系统的言说和概括性的论断。霍布斯鲍姆认为马克思主义的基本轮廓和思想品格具有以下四个基本特征："它直接扎根于马克思自己的思想。它致力于改变世界而不只是解释世界，而且像马克思那样是根据对社会及其变化的科学分析去进行改变。它是或者想要成为关于世界的前后一贯和全面的观点。最后它是灵活的和可以无限发展的。"④ 这样的认识和观点可谓十分精辟，从总体上反映了英国马克思主义史学家对马克思主义的把握程度，也正是在这种理论认识基础上，把马克思历史唯物主义作为一种方法和行动的指南，而不是一堆教义和现成结论，用于指导历史研究，又在史学实践进一步提

① 艾里克·霍布斯鲍姆：《帝国的年代》，贾士蘅译，江苏人民出版社，1999，序曲，第14页。

② 艾里克·霍布斯鲍姆：《帝国的年代》，序曲，第15页。

③ 艾里克·霍布斯鲍姆：《帝国的年代》，序曲，第15～16页。

④ E. J. 霍布斯鲍姆：《判断马克思主义的思想或观点的标准》，《国外社会科学动态》1983年第3期，第20页。

升。作为借鉴，我们对待马克思主义历史理论的态度就是，在马克思主义唯物史观基本原理的指导下，继续深化对中国历史特殊性和世界历史普遍性的探索与研究。

应该说，霍布斯鲍姆通过马克思主义的唯物史观与历史学的探讨，不仅坚持了马克思主义史学的基本立场和原则方法，而且拓展了其理论主题和表达形式，试图提出一条通往当代马克思主义史学的新途径。这种马克思主义史学理论创新，不是任何形式的简单地对马克思主义的断言与论说，而是在他自身特定的研究视阈或主题论域中，提出具体的理论反思意见，展现了把马克思主义作为元理论来解答具体社会现象的问题意识、逻辑思维和处理途径，由此证明马克思主义史学理论和历史理论的多样性、可能性和当代性价值诉求。

第二节　史学研究取向与双重理论视阈
（代结语）

一　霍布斯鲍姆和英国马克思主义史学研究取向

（一）霍布斯鲍姆的史学研究取向

从客观性认识与主观性结论的角度看，学术界通常把英国马克思主义历史学派作为战后西方新史学潮流中一支重要力量加以评述，本著作在掌握霍布斯鲍姆丰富多彩的史学著作及相关材料的基础上，尝试着在英国马克思主义史学自身的内在发展轨迹和国际史学特别是西方新史学这个外部环境双重性背景与交迭互动关系中，对其史学思想从渊源到发展与创新做了较为系统的研究，在注意到英国马克思主义历史学派史学思想的普遍性前提下，重视阐述霍布斯鲍姆史学思想的个性特征与史学实践的特殊具象。当然，毋庸讳言，基于霍布斯鲍姆史学思想为重心的英国马克思主义史学研究，实质上仍然是研究者在尽量做到客观研究或客观性认识的基础上的一种主观性史学解释，因此，论证过程还需要逐渐完善，得到的结论还有待于进一步修正，在此，也期望得到方家批评指正。

总的来说，20世纪50、60年代在英国如同西方其他国家一样，在政治上普遍兴起激进主义运动的同时，文化界和学术思想界也经历着一场自我批评与自我反省运动。现存的一切秩序与观念都经受着重新审视与批判。在史学界，对英国传统史学理论框架的继承与批判尤其激烈，比如，

19 世纪以来的辉格史学受到广泛质疑和批判。① 作为资本主义思想理论对立面的马克思主义历史理论与史学思想对英国新生代史学工作者产生了重大影响。或许，20 世纪 30 年代到 50 年代的那些年月中，在英国历史思想和史学思想的发展过程里，最值得注意的变化，就是以辉格史学为代表的英国传统史学研究的左转，向马克思主义史学靠拢，这既是一个英国史学如何从以经验主义的史学方法研究社会历史的传统合理地向着自由资本主义及议会政治制度发展研究过渡的过程，也是一个由此转向以马克思主义的史学方法来解释整个人类社会历史发展的升华过程。正是这个过程，促进了以霍布斯鲍姆为代表的英国马克思主义史学派的形成和整体新社会史的勃兴。事实上，本身经历了自我反省的马克思主义理论被一些学者用来攻击与批判几乎所有不合时宜的资产阶级传统史学思想体系，结果在英国加速了英国新的马克思主义史学派的发展。此外，霍布斯鲍姆等人的史学思想也自始至终就与西方正统的马克思主义划清了界限，成为经典马克思主义史学的一种新的发展形式。

在西方史学界，年届九十余岁高龄的霍布斯鲍姆是位相当多产而富有创造力却显得非常谦逊的学者，同时也是最能引起人们广泛兴趣和热情关注、颇具贡献性研究的马克思主义历史学家。从史学现象上看，中西史学界都很少有其他史学家如他那样在许多争论性的领域里扮演着那种创新性和挑战性的史家角色，也很少有学者显示出比他更广泛的研究兴趣。在具体的研究实践里，霍布斯鲍姆作为史学家非常注重审视自己的研究领域与研究对象，并努力从其他学派和学科领域汲取有益的方法，以便在拓宽研究领域的方式下重构马克思主义历史学思想体系，其目的有二：一则可在跨学科研究的基础上进一步加强社会历史的科学研究；二则通过兼容多学派和多学科的方法来巩固自身独立的学术地位，从而扩大英国马克思主义史学派的影响。总体上，霍布斯鲍姆史学著作具有多元性特征，每个时期都具有不同的侧重面，学术研究明显具有理论色彩和时代特征，特别是其新社会史学主张与实践成果，从根本上呈现出整个西方新史学的发展趋势。霍布斯鲍姆最初以社会反抗运动研究而崭露头角，随后以英国劳工史研究成果在史坛上引人注目，在后来的学术生涯中以此为基础，基本以底层民众历史为着眼点，以马克思主义史学为归宿，广泛地关注英国新社会史研究，并由此涉及整个世界历史的宏观与微观方面。通过历史语言文字

---

① E. J. Hobsbawm, "Where Are British Historians Going", *Marxist Quarterly*, 2 (January 1955), pp. 19 – 23.

的史学演衍和历史思维的逻辑推论，他撰写了学贯古今、纵横欧洲内外的社会史、论及世界各国历史的 19 世纪通史和 20 世纪当代史等史学著作，终成当代历史学大师和当代英国最伟大马克思主义历史学家之一。

同其他英国马克思主义史学家一样，霍布斯鲍姆所生活和工作的时代是一个长期充满社会巨变与国际政治风云变幻莫测的历史时期。同当代普通人一样，他也生活在一个和平与发展、冲突与危机并存的国际新秩序重建时期。比如，他同汤普森一样，既经历了二战中的苦难与艰辛，又体验了世界反法西斯战争的胜利与喜悦；既亲眼目睹了东方社会主义运动在世界范围内的凯歌行进与辉煌成功，又经历了冷战后期国际共运中的冲突与分裂。尤其在"柏林墙的倒塌"之际，他亲眼目睹了苏联解体后"不可置信的经济与社会悲剧"，痛心疾首地品尝了"现实中的社会主义"和社会主义制度在前苏联和东欧国家的巨大挫折。霍布斯鲍姆对"现实中的社会主义"进行了认真的历史反思，确信人们对社会主义的未来也充满着既定的更大期望："人们对社会主义的需求尽管在某些方面与过去不太一样，但依然是那么巨大。资本主义也仍然在产生着它自身无法解决的问题和矛盾，产生着不平等和非人道，前者能通过温和改良得以缓和，后者则不能。这些事实正是社会主义的未来的基础，世界的问题既无法靠社会民主主义，也无法靠社会市场经济来加以解决，它需要由国家和国际组织采取系统的和有计划的行动，需要对消费性市场经济进行限制。人们需要的不仅是比过去更好的社会，而是像社会主义者一贯坚持的那样，需要的是一个与现状不同的社会，这一社会不仅能使人性从不受控制的生产制度中得到拯救，还能使人类的生活变得有价值，不仅舒适，还有尊严。"[①]可以看出，像霍布斯鲍姆和汤普森那样的英国马克思主义史学家，在以 20 世纪社会主义与资本主义制度冲突和观念演变为主要内容的世界历史研究过程中，他们信奉马克思主义思想与理论，始终坚持用马克思主义历史理论与方法来指导自己的历史研究，按照经典马克思主义传统进行历史研究和史学写作；[②] 他们还受到西方马克思主义思潮和其他许多人文社会科学思潮的影响。比如，汤普森"参与了 60 年代西方知识分子对马克思主义进行重新理解和解释的过程；在 70 年代，他又对知识分子的这种脱

---

① 霍布斯鲍姆：《从历史看社会主义的未来》，《马克思主义与现实》1998 年第 2 期，第 61 页。

② See, Corner Paul, "Marxism and British Historiographical Tradition", in Zygmunt G. Baranski (ed, .) *Developing Contemporary Marxism*, The Mac Millan Press (London) 1985.

离群众运动和诡辩的方式进行了批评"。① 如果说，汤普森是一位民主、自由和人道主义的社会主义斗士，他的历史研究是以文化研究为基础，一方面强调文化因素对历史发展的推动力作用，另一方面又不否认经济作用与阶级斗争的推动力，如果说汤普森是一位思想丰富又极具争议的思想家和能对世界上重大社会改革与社会思潮及时做出积极反应的马克思主义历史学家。那么，霍布斯鲍姆同样也是一位具有如此独特的思想个性品质与行为人格魅力的历史学家和马克思主义实践家。不过他的研究更多地体现在新社会史的理论与实践方面，而以其独特的思维方式和史学实践从事着与汤普森等人一样的事业。迄今为止，在整个史学研究生涯中，特别是在学术生涯的晚期，霍布斯鲍姆非常自觉而有意识地直面社会现实和时代挑战，从全球史观出发，正视世界历史的现实要求，把现实世界的历史看做对未来希望的一种反映，从不回避现实提出的问题，而是积极履行一个历史学家的社会责任，力图实现历史学的社会功能。

有位名称保罗·科斯特洛的外国学者这样理解：如果历史学家"面对世界历史也就意味着面对一些有关人类命运的终极问题……逃避全球视野的挑战，也就是不敢面对历史学家的中心任务——译解历史的意义。在一个危机时代拒绝世界历史，也就是拒绝承担历史学家的根本责任：用一种有意义和有益的方式让社会反思自己的过去"。② 对霍布斯鲍姆而言，他的著作对当代世界的许多重大问题也投入了极大的关注，对资本主义和社会主义的基础都进行了恰如其分的分析，对人类社会前途的预测虽然充满着悲观色彩，但内心深处充满着对人类美好未来的积极向往。这种史学研究具有强烈的生命意识和现实意识。他的历史研究就是在全球视野下整合世界历史、解释世界历史和履行历史学社会功能的实践过程。为了接近与实现这一目标，他辛勤耕耘，笔耕不辍，努力去构造一种纵横交错的整体社会史，尤其是对世界历史的研究成果，就是以这种理论为指导思想，完全体现了一位具有崇高历史责任心和使命感的历史学家的研究初衷或认识世界与改造世界的现实情怀。

不可否认，作为历史学家，霍布斯鲍姆的史学研究蕴含着丰富的从事历史学科研究的历史精神和综合素养，也蕴藏着准确把握时代精神和现实脉搏的认识能力。正是如此，他才有可能拥有那种努力探寻具有真实性的

---

① Marho, "Interview with Edward Palmer Thompson", in *Visions of History*: *Interviews with Radical Historians*, p. 10.

② 贡德·弗兰克：《白银资本——重视经济全球化中的东方》，第 348 页。

历史认识和历史客观存在之间差异性的力量，从而才有可能追求达到与历史认识的客体即历史研究的事实和历史研究的对象本来面目相近相符的结论。在这种意义上，他的历史思想和时代精神是通过其研究成果与史学著作表达出来，而著作共同反映出的历史思想与时代精神就是：基于解释世界和改造世界的历史唯物主义要求，叩问和发掘现实社会的历史根源，审思、正视与肯定历史学的普遍科学性、客观性和政治认同性的相互存在，面对现实社会与现实生活，尊重历史事实与历史发展潜在逻辑，尽可能自觉和主动地适应历史发展进程的要求，努力揭示历史发展趋势和客观规律性，预示和追求人类历史发展的充满曲折却无限光明的前景。如果说英国马克思主义史学家作为一个特殊群体，他们的史家意识与主体意识的觉醒与焕发的结果，就是通过历史著作表现出一定的现实关怀、时代精神与历史思想，那么作为最为坚定地以马克思主义理论为指导的历史学家，霍布斯鲍姆在一定程度上正是通过自己的历史著作，形象和逻辑地表现了他所研究的那些时代历史风貌、历史进程和现实意识，也成为他们所属那个时代历史精神和历史理性的实践者和宣扬者。这也正是霍布斯鲍姆史学思想的重要价值所系，也是当代英国马克思主义史学发展的前途所在。

霍布斯鲍姆史学的理论风格与理论创新是建立在对经典马克思主义史学的深刻理解和接受程度上，他在史学理论上的创新基本上是在一个理论范式与史学类型的有机结合模式支配下进行的反思和实践。霍布斯鲍姆强调当代学术自由的社会制度下，史学家共同体的理想追求，这个范式就是"马克思主义史学与新社会史学的结合"模式，在史学现代化需要的时代要求下，这个范式背后还有一个更加根本的史学理念——马克思主义史学日益成为时代"主流史学"。惟其如此，在总结马克思对于他逝世百年来历史学发展影响的时候，霍布斯鲍姆就非常肯定地声称："马克思的影响不仅在大批自称是马克思主义者或者在承认马克思主义对于历史的重大价值的人们中间（如法国的布罗代尔和德国的比勒菲尔德学派），而且也在大量非马克思主义者——往往是杰出历史学家——中间表现出来，他们承认马克思的名字在世界上享有崇高地位（例如波斯坦）。此外，50 年前主要是由马克思主义者加以阐明的许多原理今天已成为主流史学的组成部分。"[1]

从认识到历史认识主体或历史学家自身存在着不可避免的主体意识与意识形态因素出发，霍布斯鲍姆认为马克思主义是一个开放的理论体系，

---

[1] E. J. Hobsbawm, "Marx and History", in *On History*, p. 169.

马克思主义史学也应该具有"海纳百川"的情怀，尽量排除历史学家的政治意识形态立场的偏见，把马克思主义史学发展成真正意义上的一支国际史学流派。他特别强调："今天的马克思主义史学不是也不可能与其他历史思想和史学研究相隔绝。这个论断包括两个方面。一方面，马克思主义者不再排斥不承认自己是马克思主义者或者公开声称是反马克思主义者的历史学的著作（除了在著作资料来源方面）……另一方面，马克思主义已经大大地改变了历史学的主流，今天往往很难说某部著作是出自马克思主义者抑或是非马克思主义者之手，除非作者公开宣称自己的意识形态立场。"① 这种理论豪情与思想洞察力是颇值得中国马克思主义史学理论界的同人推崇的。无论如何，自马克思主义史学诞生之时，它就最大程度地向人文社会科学各个领域敞开自身的大门，也向非马克思主义史学展示自身的博大和魅力，随着时间的发展，无疑它会越来越成为一个开放的新史学体系。英国马克思主义史学又何尝不是如此。为此，霍布斯鲍姆似乎想为世界马克思主义者提出一个共同的马克思主义史学思想发展方案："我祈盼有朝一日，人们不再寻问作者是不是马克思主义者之类的问题，因为到那个时候，马克思主义者将满足于借助马克思的思想彻底改变了历史。"② 当然，这个具体方案会是怎样及后果如何，绝非靠霍布斯鲍姆一己之力，也不是单独依赖英国马克思主义史学流派的成员就能够完成，需要后马克思主义时代所有学科群体共同长期不懈的努力去探索和完善。但是，恰是霍布斯鲍姆身体力行，始终都追求建立一种基于人类如何从旧石器时代向互联网时代演进的思考前提下的开放性史学研究体系，向史学研究的终极关怀迈进。在他看来，人类历史经历了漫长的变迁，正如天体的演变一样，目前"历史正镶嵌于一个全球演变的框架之中。现在，我们意识到现代人类作为一个种族仍然显得多么格外的年轻"。③ 霍布斯鲍姆充满激情地指出，作为历史学家就应该更加关注人类未来的命运，在马克思主义理论的指导下，吸收关于种族起源的达尔文进化主义、社会学和还原论理论与模式的有益成分，运用恰当的分析框架去研究名副其实的全球历史。他甚至满怀信心地认为 21 世纪历史学需要承担的重要事业和解决的中心问题，就是通过各种方法搞清楚人类如何从旧石器时代向因特网时

---

① E. J. Hobsbawm, "Marx and History", in *On History*, p. 170.

② E. J. Hobsbawm, "Marx and History", in *On History*, p. 170.

③ E. J. Hobsbawm, "A life in History", *Past and Present*, Vol. , 177, Number 1（November 2002）, p. 15.

代发展的全球史，而且他希望自己还能足够年轻地参与这项事业。①

　　追求真正意义上的全球史和世界历史正是霍布斯鲍姆史学研究的最高目标。20 世纪 60 年代以后，英国马克思主义史学的发展在很大程度上得益于有如霍布斯鲍姆那样的史学家对马克思主义史学的反思与实践。在对待马克思主义这个思想武器和马克思主义历史理论的态度上，霍布斯鲍姆等人经历了摆脱教条马克思主义的束缚到灵活运用马克思主义的理论与方法的转变，从事史学研究。比如，作为科学历史学的目的和任务，在他看来不能归结为用事实来补充历史唯物主义的原理，不能只用具体的事例来图解社会发展规律与构建所谓的模式，而应该看重两者的结合。历史科学在研究历史过程中既要建构研究的模式，又不仅仅是按照设想的"公式"来收集事实与资料，而是关注所取得成果的科学普遍性与政治认同性之间的平衡和历史学的科学价值。这说明，历史唯物主义原理的指导作用和马克思主义历史学的认识功能还是有区别的。正如论者认为，历史唯物主义通过研究历史实际而揭示社会发展规律。历史学则把重心放在这些规律的具体表现的研究上。它的任务是描绘历史实际。②

　　霍布斯鲍姆为数不多的海外学生之一，美国马克思主义史学家、美国罗彻斯特大学历史系主任尤金·吉诺维斯这样评价霍布斯鲍姆史著的意义："他的著作构成了一个强烈地捍卫历史唯物主义的体系，大多数著作显著地持续证明：历史唯物主义能够全面解释艺术、科学、宗教和意识，甚至它没有放弃解释隐含的主观主义'批判理论'的社会心理、较低层阶级'文化'的浪漫事迹或者各种各样其他的文化风尚。"③ 事实上，从早期著作开始，霍布斯鲍姆就赞成基本的唯物主义观点，为此他曾经写道："马克思的思想与实践和随后马克思主义者的思想与实践都是他们时代的产物，不论他们永久的智力方面的合法性或者实践方面的成就如何。"④ 这正能说明霍布斯鲍姆等英国马克思主义历史学家在马克思主义历史理论与史学理论，以及史学实践方面的创新程度和发展方向。

---

① See, E. J. Hobsbawm, "A life in History", *Past and Present*, Vol. , 177, Number 1 (November 2002), pp. 15 – 16.

② 参见 B. H. 普里皮斯诺夫《论历史唯物主义与历史学的关系》，《哲学问题》1961 年第 1 期。

③ Eugene D. Genovese, "The Politics of Class Struggle in the History of Society: An Appraisal of the Work of Eric Hobsbawm", in *Pat Thane et al* (ed), *The Power of the Past: Essays for Eric Hobsbawm*, p. 13.

④ E. J. Hobsbawm, "Preface", in *The History of Marxism*, *Vol. 1. Marxism in Marx's Day*, p. xii.

应该说，霍布斯鲍姆强有力地捍卫了马克思主义的理论纲领，这种历史唯物主义的理论纲领，马克思早在著名的《〈政治经济学批判〉序言》前言中就再次对它进行了历史性阐发。① 虽然这被看做一种最好的理论纲领，但他自己并没有被马克思的历史唯物主义理论范畴束缚。相反，他把历史唯物主义的原理创造性地加以运用，并在关于具体的历史过程及其知识不断深化基础上运用新的观念与结论来丰富与发展这些原理，彰显出这种理论对历史科学研究的指导作用及其现实发展过程中的重要意义。国外学者在评论《论历史》论文集的时候，特别当谈及他始终不渝地坚持马克思主义理论的态度和把历史唯物主义作为一种分析工具的灵活性时，十分准确地写道："最有力的证据是过去些年中霍布斯鲍姆的基本观念几乎没变。对他而言，当他处于柏林和伦敦学校生活的时代，马克思似乎就是理解现代世界中历史变化结构最好的指导思想，而且他反复断言迄今为止没有发现可与之媲美的分析工具。他对马克思主义概念的分析和在自己著作中对它们的精妙和灵活的运用……已经产生了相当大的影响。"②

霍布斯鲍姆对马克思主义理论的史学认知与创新阐释，虽然不能说多么全面系统，但可称得上非常深刻或真切实际。如果说，马克思主义所主张的是一种考察社会历史和社会生活诸方面的"全面"的社会理论，那么它所指导的马克思主义史学也应该是一种同时综合考察社会历史各个方面的"整体"史学，而霍布斯鲍姆及以他为显例的英国马克思主义史学正是如此。因此，本文赞同国外学者这样评价霍布斯鲍姆："尽管他的理论和方法非常富有启发性，但最终依然是一种如传统马克思主义处理类似'基础'与'上层建筑'之间关系那种老问题的方法。对于具体历史事实的研究，他不同寻常地具有把明晰的理论、抽象的概括和一种非同寻常的研究眼光与学术视野结合起来的能力。正因为这种能力，我们研读他的历史著作时，就能发现其中蕴藏着一种显著而给人启发和富有想象力的整体研究效力。这在他关于社会历史的研究著作中表现得尤其明显，对后来学者也最具影响力。"③ 从这个意义上说，关于史学的实践创新，是霍布斯鲍姆反省历史实际和历史学反思的必然归宿。这不仅体现在其开拓新社会

---

① See, E. J. Hobsbawm, *The Structure of Capital*, in *Revolutionaries*: *Contemporary Essays*, p. 149; also see, E. J. Hobwbawm, *Karl Marx*: *Pre-Capitalist Economic Formations*, p. 10.

② Geoffrey G. Field, "A 'Man In Dark Times': Hobsbawm on History", http://www. culturefront. org/culturefront/magazine/98/summer/article. 17. html.

③ Raphael Samuel and Gareth Stedman Jones, *Culture*, *Ideology and Politics*: *Essays for Eric Hobsbawm*, Preface, p. x.

史学的研究领域方面，而且体现在他把马克思主义的许多观念和科学分析方法运用到具体的历史研究过程之中。

霍布斯鲍姆在史学研究过程中表现出明显的理论思辨能力和思想批判风格，这位来自欧洲大陆的犹太人后裔史学家是个颇能以其渊博的学问联系社会历史实际，并直陈其说的国际著名学者。只要细细研究其著作就会看出，霍布斯鲍姆承继的是马克思的历史思想方法与史学批评路线。其史学思想的批判性，正是得益于马克思主义智性的创造能力和科学的历史思维。他对西方传统史学的批判和对经典马克思主义史学的反思与继承，并不像有些没有思想根基而略显观念轻飘的西方学者那样，在关注世界历史的命运和做起史学研究的时候，总是显得理论思维智性有余而实践感性不足。相反，其史学研究中的这种理论批评风格，正符合中国学者的史学观念：理论的"批判要有历史责任感和建设的情怀，不是为批判而批判，为破坏而批判，不应该再是'先破后立''不破不立''大乱者，治中国之良药也'式的批判了。"① 而且应该在理论上经过细微分析和观念上深刻批评之后，有效解决实际问题并进行史学理论建设。

对于传统史学而言，霍布斯鲍姆是以一位批判者和挑战者的姿态出现的；作为开拓新社会史的先锋派史家，俨然又以捣毁者和建设者的角色自居，他对新社会历史的重构设想和实践是整体的与多维的，既是一位建构社会历史大厦的建筑设计师，又是一位身体力行的实践者。但是，他的史学理论与研究方法远非完美无缺，历史观念与历史结论也并非无可挑剔，他参与创立的英国新社会史学派的未来命运如何甚至还难于断然下结论。不过，应该看到霍布斯鲍姆的史学思想与史学实践在当代国际史学发展大潮中的地位与作用是毋庸置疑的。伊格尔斯经过研究得到的结论之一就是："历史科学的发展未必可能产出一个公认的历史，而历史学科也并不希望如此。它正在开始做的，是为力图描述和解释过去而提出一系列范围更广泛的问题，为有助于提供答案而发展范围同样广泛的概念。"② 这可被看做霍布斯鲍姆史学研究与历史著述创新的基本出发点和归宿，也是霍布斯鲍姆整体史学研究的一种观念写照和成果反映。

霍布斯鲍姆始终坚持以马克思主义的历史眼光来观察人类世界历史和社会现状这种重要历史理论形式与史学叙事方式。霍布斯鲍姆无论在开掘

---

① 呼延华：《四期儒学、后现代主义及新左派——访李泽厚》，http://www.booker.com. cn/gb/paper23/4/class002300003/hwz25346.htm。

② 伊格尔斯：《欧洲史学新方向》，赵世玲、赵世瑜译，华夏出版社，1989，第193页。

历史的研究领域还是在拓展历史研究的思路方法方面都是抱着马克思主义的开放态度，他把史学研究当做一个永无止境的社会历史实践和理论探索过程。他的著作行文中充满了反思与诘问，他的结论很少是专断的说教和貌似永恒的真理，而总是指向更深入问题的理性探究。概而言之，他就是在马克思主义唯物史观基本原则和史学方法论指导下，结合具体的研究领域或具体的历史认识对象，根据充分的和可靠的历史资料，利用历史学科和借鉴跨学科多种研究方法，从辩证的角度和发展的视野综合分析或整合叙述种种问题，建构新的历史认识和进行新的理论概括。霍布斯鲍姆的史学体系包含着多方面极具思辨力度的理论色彩与思想内涵。就霍布斯鲍姆的学术理路和史学理念而言，通观他的著作可以发现，其史学研究的基本思路是，以英国社会历史文化母体为基点，运用马克思主义理论和方法（其中不乏创新与发展），批判地吸收和融通各门社会科学理论与方法（如人类学、社会学和经济学等理论模式与方法），来阐述英国社会历史、与英国有关的资本主义世界各国各地区的历史和现实，从而构建新社会史的整体框架。对这种学术理路的揭示，可以表现出霍布斯鲍姆独特的学术研究范式与史学思想倾向，进而显现霍布斯鲍姆乃至整个英国马克思主义史学派的一批智者学人或历史学家的艰苦学术理路和复杂心路历程。

纵观前述关于霍布斯鲍姆史学著作及其思想的研究，我们特别要注意其在史学认识论与方法论上交互影响的两种价值向度："自下而上"史学观念和"整体史学观念"。正是它们共同构成霍布斯鲍姆整体新社会史架构的史学理论基础与实践基础。作为当代具有国际影响的马克思主义历史学家和著名学者，霍布斯鲍姆的整体社会史理论思维又具有明显的特点：其一，公开而明确的马克思主义思想来源和理论立场；其二，对后现代主义采取谨慎批判和基本拒斥姿态；其三，史学研究的经验实证取向和理论风格的灵活运用。这种同时具备的多元史学特征，在众多西方史学家中是不多见的。

我们借用尤金·吉诺维斯的一段文字作为霍布斯鲍姆史学思想与史学实践的总体评价："尽管对于任何一位严肃的历史学家来说，不管是马克思主义者还是非马克思主义者，很少不从霍布斯鲍姆的著作中大受其益，但是第一眼不经意看过去，我们发现埃里克·霍布斯鲍姆对马克思主义历史学的影响比他同时代的一些史学家对马克思主义历史学的影响要小得多。因为没有出现一个'霍布斯鲍姆学派'，我们也不指望出现这样一个学派。但只要集中研究一下他把自己整个身心都投入到那样一个与政治运动相联系的'学派'的发展过程，我们就会发现，霍布斯鲍姆已经促进了一种同时具有活力的、连贯的、非教条的、居支配地位的马克思主义的发展前景。他在一系列学科中令人惊奇的独特成就，他出人意料的天才成果，总的看来意味着它证明了历史唯物主义作为一种方法与世界观的优势地位。作为他的学生——作为所有试图撰写当代马克思主义历史学的学者——成为'霍布斯鲍姆主义者'等于意味着成为马克思主义者，尽管它并不意味着我们必须接受他所有的观点、判断或者解释，尽管并不意味着自己比他更多地接受了所有马克思的东西。"① 然而，关于英国马克思主义史学，特别是如霍布斯鲍姆那样具有典型特征的马克思主义历史学家，他对于历史学和新社会史学的理论贡献与实践成效都是显著的，他的史学思想也是值得重视和值得称赞的，更值得学术界继续关注和深刻理解。

于此还要指出，任何从事史学研究的学者都不会否认，目前，世界正处于政治、经济和文化诸方面或全方位的全球化进程，在这个过程中，历史学界需要强调的显然应该是：既要注意在全球视野下东西方史学文化的共同性和共通性的相似之点，也要注意个体性和特殊性的差异之处，而中西史学界这种普遍与特殊相结合的共生性的基本前提就是史学理论和史学思想的相互借鉴与相互交流。因此，东西方史学在理论价值上和实践价值上寻求达成比较一致的观念，并建立我们共同需要的普遍理论体系，这不仅是可能的，而且也是现实的需要。要做到这点，对于中国学者来说，行之有效的方法之一，就是研究与探讨西方各种史学流派及其主流史家的史学思想，确认他们的史学理论与史学方法的国际地位，从而在自己的史学实践中加以借鉴与运用，提高我们的史学理论水平和史学研究能力。如此来说，关于霍布斯鲍姆的史学思想及其相关的史学实践研究则是这样一种学术实践尝试。

（二）英国马克思主义史学研究的价值取向

正如本书第一章所述，从社会变革与学术渊源的相互关系层面来看，英国马克思主义历史学派产生的时代条件不但与 19 世纪末 20 世纪初世界政治风云和经济变革形势息息相关，更与国际社会主义运动活跃时期马克思主义理论的广泛传播以及马克思主义实践蓬勃发展的历史趋势密切相连。20 世纪 40、50 年代起，马克思主义革命运动与思想运动日渐成为时代潮流，在接受和传播马克思主义思想理论的运动过程中，西方社会的知

---

① Eugene D. Genovese, "The Politics of Class Struggle in the History of Society: An Appraisal of the Work of Eric Hobsbawm", in *Pat Thane et al*, *The Power of the Past*: *Essays for Eric Hobsbawm*, p. 13.

识分子逐渐成为一股重要的力量，而人数众多的具有马克思主义思想倾向的史学家作为这股力量的重要成员更是毫不犹豫地投入这场运动。英国一些新生代的历史学家本着马克思主义是解释社会历史与改造现实社会的最好思想武器这一宗旨，从事历史研究。应该说，是当时英国的社会文化资源、时代的政治氛围和学术环境条件逐渐造就了英国马克思主义史学派。研究表明，作为马克思之后的马克思主义史学家中的创造者，以霍布斯鲍姆和汤普森等人为代表的英国马克思主义史学派，是20世纪国际史学中重要的一个史学派别。因此，分析英国马克思主义史学产生的理论渊源与学术背景，只要在社会变革与学术流派间相互关系的总体框架下，从学派形成的历史条件及学派发展的国际思潮背景着眼，我们已经能够清楚地看到英国马克思主义史学渊源的大体脉络。该学派形成与发展的重要学术前提，在于西方新史学与马克思主义史学之间的交互作用和互动机制，而学派奠立及其学术创新的思想背景资源，则依赖于当时国内外的社会政治、社会心理思潮和学术文化机制等重要社会环境资源。另外，英国传统史学理论与方法论体系对英国马克思主义历史学产生了至关重要的影响。

从英国马克思主义史学本身的发展历程和历史穿透力看，它以马克思主义为指导，在史学实践中，该学派引导人们从经济活动的基础出发，去观察英国社会和人类社会活动，尤其是明确地提出并构建了"自下而上"的史学宗旨和史学观念，这是一种特有的思维方式和观念角度，它在20世纪顽强地生存与发展并获得辉煌成就，已经证明它是一种很具特色的史学派别。随着西方新史学的发展，英国马克思主义史学派也应如整个马克思主义史学思潮那样，逐渐剥离意识形态的外衣，更广泛地与非马克思主义史学对话和交流，向着学术价值取向和现实关怀并重的历史学科属性回归，作为一种普通的史学派别和英国其他历史学派处于平等的地位，才可能在未来马克思主义史学发展的过程中获得更强的生命力。

限于篇幅，在此并没有打算也不可能全面概述当代英国马克思主义历史编纂学的所有研究问题和认识论倾向。在国内史学界开始关注英国马克思主义历史学派及其史学编纂问题的时候，自然离不开汤普森和霍布斯鲍姆，因为他们都是英国著名的马克思主义史学家，实际上也是著名的新社会史专家。他们著作中提出的一些思想和观念，可以说是代表了英国马克思主义史学家关于历史问题研究和史学问题认识的极为重要的理论思考、学术动向和思想观念。结合前文所论，试图简单说明的是，作为杰出的英国马克思主义史学家，霍布斯鲍姆的史学观念及其史学思想特征，基本上反映了整个英国马克思主义史学派的学术特征和主要研究取向。由此看来，构成英国马克思主义史学的主要研究取向表现在以下两个方面。

其一，自下而上的史学观念、阶级分析的史学方法与底层社会历史取向。

从史学观念和研究方法的创新来看，英国马克思主义史学在关注整体性和个案性的相互关系研究的基础上，特别着重地方社会和底层历史的研究，加强底层社会的文化研究取向。换言之，从研究范式的转换角度来说，从对精英政治和重要历史事件的研究，转向对长期历史变迁过程和各个阶层社会群体的研究过程中，英国马克思主义史学家起到了重要作用。

正如前文所得到的结论，在英国马克思主义史学或英国新社会史那里，"自下而上"的史学观念或阶级的分析方法和整体社会史观是一个问题的两个方面，一种趋势的共同发展的两个方向，最后又集中表现于他们整体社会历史的研究成果之中。一般而言，"整体社会史观"、"自下而上"的史学观念和"面向大众的历史学"是新社会史学中三个基本要素，共同构成了新社会史学的基本构架。新社会史学家正是在整体社会史观的指导下，运用"自下而上"和阶级分析的史学方法，建构总体社会史的理想图式。因此，美国史学家凯伊才会认为，"在某种程度上，底层历史代表了一种抉择，因为它通过关注大众或人民的生活、活动和经历，把人们的注意力从精英或统治阶级身上吸引开来。然而，底层历史实际上只是表示各种各样方法的一个通称，英国马克思主义历史学家的'自下而上的历史'仅仅只是其中的一种"。[①] 但是，英国马克思主义史学家在阐释和运用这种史学观念和分析方法时，更显得灵活变通与变化发展。比如霍布斯鲍姆就十分强调"人民的历史"，主张历史科学方法与大众史学方法并重，而两者建构的桥梁就是新社会史的三个基本要素。霍布斯鲍姆与希尔、希尔顿和约翰·莫里斯等马克思主义史学家一道，致力于这种史学研究实践。

关于这点，可以从希尔顿的那些著作中看出其主要症候。希尔顿突破了以往那种传统的历史研究方法，在史学研究实践中，以一种崭新的马克思主义史学理论分析视角来看待和研究历史。如关于封建主义问题研究，传统史学观点认为，封建主义与其说是一种现象或制度，毋宁说是领主与其附庸之间存在的一种政治军事或法律社会综合关系。希尔顿从社会生产关系特别是剥削与被剥削关系原理出发，考察封建社会如何发生、发展、

---

① Harvey J. Kaye, *The British Marxist Historians: An Introductory Analysis*, Polity Press (Cambridge) 1984, p. 223.

危机以至灭亡的历史，在此基础上提出一系列独到的观点。希尔顿通过对社会关系特别是地主与农民之间的经济政治关系的深入和细致分析，认为封建制度的本质是土地所有者同受压迫的农民之间的一种剥削与被剥削的关系。从这种意义上说，作为马克思主义史学家，希尔顿同样深受经典马克思主义著作家和理论家的影响，但他并没有成为教条的马克思主义者，而是秉承马克思主义历史理论与分析方法，力图运用客观的分析来解释历史的客观发展过程，揭示封建社会制度下底层民众的真实状况。归根结底，他试图详细论证和充分肯定农村与农民阶级的历史，确立农民底层阶级在促进整个英国社会从封建主义社会制度向资本主义社会制度发展过程中所起的积极历史作用。

其二，整体的史学观念、跨学科研究方法与世界历史体系构建取向。

整体史学观念的内在蕴涵和特征彰显、跨学科研究方法的理论提倡和实践运用、世界历史体系的框架建构和过程揭示，这些实际上成为战后西方新史学特征凝集和新史学研究取向明显标志的东西，也成为当前国际史学多元性发展的显著特征之一。这种特征在英国、法国和美国等新史学潮流率先突起的国度，甚至如在传统史学根底异常深厚的德国史学发展历程上，都有不同程度的体现。相比而言，当代英法史学更多地附加了这种标志着国际史学多元性发展的特征。无疑，当代英国马克思主义史学也是这种多元性史学特征的有力载体，在英国马克思主义史学派中的众多历史学家的史学著作中，尤其是如汤普森和霍布斯鲍姆那样的历史学家，这种聚集整体史学观念、跨学科研究方法和世界历史研究取向于一体的史学多元性特征就表现得更为突出。如果承认马克思主义者的正确认识，即社会历史并非只是政治史和阶级斗争的发展史，它包括社会的政治、经济和思想文化各个发展过程，或者说它是涵盖创造一切历史成果的人之主体活动的发展过程，那么可以认为，在继承与发展了马克思主义总体性理论的基础上，霍布斯鲍姆等英国马克思主义新社会史学家们则是大力提倡整体的社会历史研究取向。

这种"整体社会史"研究模式的理论基础就是马克思主义"整体的社会史观"，主张对社会历史的考察应由过去相互割裂的精英人物史、政治斗争史、经济交往史、文化交流史等分支学科的研究，全面过渡到"社会的历史"研究，其精神实质在于强调历史研究的重心应当不再是抽象"社会"或"社会"各侧面，而是有机的"整体的社会"构成。政治、经济、文化因素和精神状态、社会生活层面以及生态环境系统等都是相互联系的有机组成部分，须得运用整体主义的眼光全面考察与分析才能得到社会历史的整体图景。霍布斯鲍姆清晰地认识到，在社会史研究领域，基于总体史观的历史研究无外乎两种成功范例："第一种，像法国人那样，把总体的历史作为自己的研究目标，即从经济、政治、文化、社会、人口等各个层面全面研究整个社会的历史；第二种情况，力图把历史学中所有有关的社会性科学形成一个整体，也就是说，社会史不能与经济史、文化史、思想史、政治史等并列，成为一个分支学科，而应该是上述各学科的综合。"① 通过研究已经证明，从研究内容和学科属性来看，年鉴学派的"总体史"更多地是寓意社会史研究的包罗万象和碎化现象，霍布斯鲍姆等人的"整体社会史"则更切合对社会历史的整体综合研究或整合性考察。以霍布斯鲍姆为显例的英国马克思主义新社会史学派正是以唯物史观为指南，吸取诸如年鉴派等众多学派对社会历史研究的先进成果，阐述社会历史的内涵，试图开辟一种新社会史的研究框架和分析模式，由此构建整体的世界历史发展历程的基本面貌。

综上所论，正如我们所认识到的那样，霍布斯鲍姆等英国马克思主义新社会史学家们的理论分析，也向中国学术界阐释和提出了社会历史中的根本性问题，他们的言论已然改变着相当多数中外学者的宏观社会历史思维模式和研究视野，这将在未来相当长的时间和相当大的程度上，促进当代国际社会史研究的健康发展。这正如前文提及，整体社会史观念、跨学科研究方法及由此形成的英国新社会史研究成果及其领域，并借此构建的世界历史体系问题，正是霍布斯鲍姆与他的同事们对当代国际史学的开创性贡献。英国马克思主义史学为国际史学界，特别是中国史学界展示并提供了新问题、新领域、新思维和新方法，如果能够以实事求是的态度，谨慎把握或努力促使马克思主义普遍性和中国史学民族特性有机的结合，它必将使中国马克思主义史学的发展获得新的契机、新的生长点。

二　注重对当代英国马克思主义历史学的双重考察

马克思主义理论形成后对整个人类社会历史的进程产生了重大影响。学术界普遍认为马克思主义对世界历史的进程影响巨大，特别对当代西方社会科学的影响深远，既促成了新型学术流派的诞生，更开拓了社会科学的新分支学科。作为具世界性魄力的社会思潮，在它的旗帜下，聚集了种类众多的社会科学家和思想实践者。就学术流派及其研究的角度看，国际著名马克思主义研究者戴维·麦克莱伦认为，对马克思以后的马克思主义

① 鲍绍霖等：《西方史学的东方回响》，社会科学文献出版社，2001，第150页。

者来说，马克思的遗产既丰富又充满着复杂矛盾性，需要我们认真地对待、研究和发展。随着马克思主义历史学的学科地位的确立，马克思主义理论和方法不断开辟史学研究的新领域，为史学发展提供新思维，也遗留和拓展了众多需要寻求解释的新旧问题和学术思想。以英国马克思主义史学为例，作为后马克思主义时代的重要史学思潮，无论是对个体马克思主义史学家的研究，还是对整个学派的考察，在以往的研究中，学者们较多地注意了英国马克思主义对于经典马克思主义关于阶级、阶级意识和阶级结构关系变化、国家与意识形态、民族和世界历史进程中的一般历史理论批判和现象分析，却很少去研究这些批判和分析史学赖以发生的内在社会文化思想背景、理论框架和方法论渊源。较多地留意英国马克思主义史学自身的研究范式及其史学思想内核，却极少从文化研究的视野，去探究当代英国马克思主义史学思潮与西方马克思主义思潮之间的理论关联，来反衬其史学价值观念和文化研究基础。包括本课题的研究，也只是从某些方面和某种程度上，略做了一些探索性努力，以求教于同人。

（一）关注当代英国马克思主义史学的理论渊源研究

当代英国马克思主义史学基于两大理论渊源：其一，是经典马克思主义理论；其二，是西方马克思主义理论，尤其是其文化研究的理论传统。因此，可以说，英国马克思主义史学家几乎都具备经典理论和文化理论的双重视阈。

由此，关注英国马克思主义史学的理论基础研究可以作为史学思想研究的一个重要视角和学理探讨的主题。从英国马克思主义史学著作原典入手，同时重读马克思主义经典，探寻两者之者有关理论、方法及观念的承继关系和创新发展，理应成为英国马克思主义史学思想研究不可忽视的重要内容。这点仅从英国马克思主义史学家群体对于唯物史观的认知程度和运用态度，即可说明其史学研究实践的马克思主义理论基础。麦克莱伦认为英国始终未能形成具有广泛基础的马克思主义政治运动，但马克思主义理论却对英国知识分子兴趣集中的文学、历史学和经济学等传统领域起了重要理论指导作用。霍布斯鲍姆就曾断言马克思主义是种激励着几代人的理论与思想方法，历史唯物主义无论在理论还是实践上都是马克思主义的核心。历史唯物主义应作为服务于历史研究的一种既具有解释能力又是行动指南的重要纲领。在运用和发展马克思主义理论过程中，英国马克思主义史学家是各有创见。正如稍后的年轻代英国新左派学者安德森在论及英国马克思主义学派之理论基础和特色时强调指出，20世纪50年代以后学派在与非马克思主义学者交流对话过程中，形成了两种十分突出的理论取向和史学传统：其一，较为经典的马克思主义研究模式，在希尔顿和霍布斯鲍姆的研究中体现更为明显，它强调阶段性生产方式的变化。其二，是强调文化因素的作用，重点放在经典马克思主义上层建筑方面，侧重文化研究取向。马克思主义基本历史理论，特别是唯物史观，作为指导史学研究的理论方法和范畴，既已成为英国马克思主义史学家进行历史研究的指导思想与理论原则，更是英国马克思主义史学家理论创新的不竭源泉。

从英国马克思主义史学的发展历程看，随着西方学术思想的发展，它也如整个马克思主义史学思潮那样，逐渐剥离意识形态的外衣，更广泛地与非马克思主义史学对话和交流，向着学术价值取向和史学现实关怀并重的历史学科属性回归。该学派的史学著作蕴含着丰富的学术观念和史学思想，他们当中有些人诸如霍布斯鲍姆和汤普森都愿意花费毕生精力，在精读和理解经典马克思主义的重要理论原著基础上，掌握和运用马克思主义的概念与方法，在马克思主义史学语境中，不断地拓展史学研究的理论思路。同时，他们对马克思主义历史理论进行了或直截了当或严肃清醒的反思，主要表现在对历史唯物主义理论的批判与继承方面，强调要避免马克思主义的危机，重新回归马克思主义。他们中有的人诸如希尔顿和希尔则运用马克思主义方法，将研究的切入点放在重大历史主题或如中世纪问题与英国工业革命问题等学术前沿领域，用史学研究的实践对马克思主义的历史理论进行继承性和分析性批判，提出了富有当下时代意义的历史阐释。这些理论思想都值得认真深入研究。作为研究者，关键问题之一就是去研究这种史学赖以发生的内在社会文化背景、理论基础和方法论渊源，从而加深对它的认识。

（二）关注文化研究传统中的英国马克思主义史学

文化研究既是中西学术界非常重视的一种研究视阈，也是一种研究理论方法。正如美国马克思主义学者詹姆逊所言，这是一种开放的适应当代多元范式的时代要求，并与之配伍的超学科、超学术、超理论的研究方式。文化研究是当代"学科大联合"或跨学科研究的一种积极努力。从文化研究的视野来审视英国马克思主义史学的文化研究传统，将文化研究的方法运用于英国马克思主义史学思想领域，既可以昭示研究对象的特质内涵，又能使研究者开拓新的研究主题。限于能力和篇幅，仅从两方面加以说明。

首先，英国马克思主义史学拥有赖以生成的社会文化资源和丰富的文化研究内涵。英国马克思主义史学是当时英国社会、政治、经济、文化的变化在史学领域的反映，也是马克思主义诞生百年后，英国部分史学家对于欧洲资本主义的历史、文化与社会重新思考的产物。从社会文化背景方面讲，最值得提的是新旧左派思潮对英国马克思主义史学派的影响，它为历史学界接受马克思主义提供了合适的文化土壤和思想养分。1930 年代的英国学术与政治运动一样，经历着一场由激进主义走向共产主义的思想文化反思运动，一些学术骨干分子对英国过去传统的历史文化进行重新发现，而对文化意义上的庸俗马克思主义观念则表现出强烈不满。最终导致马克思主义成为英国共产党和具有进步倾向的历史学家坚持的正统思想，造就了一批英国马克思主义史学家。新左派运动更是 20 世纪 60、70 年代席卷西欧和北美核心资本主义国家的一场激进思想文化运动，运动的参与主体是以不满资本主义社会现实和怀有对社会主义未来的理想情怀的青年学生或知识分子。以英国为例，同 30 年代当时各国共产党党员为主的左派激进分子相比，60 年代新左派的人员构成和思想面貌大不相同。他们更注重个体性和马克思人道主义思想，强调文化斗争。但随着 1970 年代末之后主要资本主义国家的社会形势逆转，保守势力上台造成社会意识形态急剧右转，新左派的社会张力渐趋式微。新左派知识分子政治上失意的同时，却实现了学术思想上的成功转向，其积极后果则是导致 1980 年代以来，西方文学、史学、社会学等领域无不受到新左派思想文化的影响或改造，西方马克思主义史学也必然受到这种思潮的涤荡，世纪之交产生的一些著名理论家都与新左派有着千丝万缕的联系。

20 世纪 30 年代即资本主义世界性的经济和社会危机爆发之后，西方马克思主义史学逐渐形成和影响迅速扩大。英国马克思主义史学家们大多著作等身，撰写了众多气魄宏大、涉足领域宽广、思想丰富的著作。无论是人称"文化马克思主义者"的汤普森，还是被尊为"实践马克思主义者"的霍布斯鲍姆，或者"当代最杰出的马克思主义思想家之一"的新左派旗手安德森，他们的著作大都触及历史学、社会学、哲学、政治学、文学等诸多领域，并在每一个领域中都不乏独到见解。正如有人所言，历史学家这个带有专门治学内涵的头衔，放在他们身上未免显得小气。在当下学科界限森严、学术研究日益精细化、不免失之琐碎的时代，恰是英国马克思主义史学家中拥有许多跨人文社会科学和跨文化研究的大师级学者和思想家。从文化研究的视角出发，立足社会文化背景，探讨英国马克思主义史学家史学思想的文化品格，可使我们了解许多未曾注意的内容和特质。

其次，如前所述，英国马克思主义史学具有西方马克思主义文化研究的理论传统。从方法论和史学价值观的角度看，本文所指英国马克思主义史学实质属于广泛意义上的西方马克思主义史学范畴，被包括于整个西方马克思主义史学内部。英国马克思主义拥有西方马克思主义文化研究的理论传统，可从英国马克思主义史学与西方马克思主义思潮关系层面得到佐证或解释。英国马克思主义史学家表现出对西方马克思主义思潮极大的思想关注和文化研究效应。

"西方马克思主义"是相对于经典马克思主义而言的西方多种社会和哲学思潮统称，诸如萨特存在主义、弗洛伊德主义、阿尔都塞结构主义和新黑格尔主义等，它们大都以"重新发现马克思主义"为己任，试图对经典马克思主义在进行消解的过程中重新建构。西方马克思主义者根据西方社会历史条件、文化传统和自身理论来源与背景，提出了一系列有关主观革命论、总体革命论和总体异化论等试图解释社会存在和社会意识相互关系及其社会变革的理论，从而试图解读和重新建构马克思主义哲学理论，反过来指导社会实践。正是这样一种复杂的马克思主义思潮，它的理论与方法特别是文化研究的理论传统，无疑影响到英国马克思主义史学流派及其史学范式。不管是英国马克思主义史学思潮，还是西方马克思主义哲学思潮，它们都处于各自对于马克思主义理论的解释背景和理论建构的体系之中，展开对马克思主义的理论解读或实践尝试。这既同各自所处的历史条件的变化有关，也同其文化哲学背景密切相关，文化研究取向正是两者间的一座重要理论承继桥梁和联系纽带。

略举几例，试图说明英国马克思主义史学派受到西方马克思主义思潮的文化传统影响。如英国马克思主义史学家强调和实践着的"底层历史"的文化研究取向，首先来自西方马克思主义的先驱葛兰西有关底层历史研究的文化价值观念。西方学者甚至认为葛兰西的领导权观点强调英国工人的文化和民众的文化，是导致英国"文化的马克思主义"现象的重要原因。雷蒙德·威廉斯是英国当代文学批评家中最坚信马克思主义的一位学者，也是一位成果卓著的马克思主义史学家，其学术理念以文化研究见长。所以，美国著名学者诺曼·F. 肯特才会认为，威廉斯的学术思想博采众家，但当代西方马克思主义思想在他的文化研究和理论体系中占有独特地位。

汤普森是以文化研究理论的探讨与实践著称的大师。他的《英国工人阶级的形成》本身就是文化研究的经典之作，他的《理论的贫困及其他》中多次直接对西方马克思主义思潮——阿尔都塞的结构主义进行了严肃的审视和文化的批判，创见迭出。霍布斯鲍姆强调重视社会结构分析的同时，更要注重历史文化结构的变迁意识，他在批评庸俗马克思主义的同时，也批评诸如阿尔都塞主义式的结构马克思主义，指出阿尔都塞主义文化因素的弱点与症结，即太注重文化结构，而缺乏历史变迁意识、忽视历史发展过程中的特殊性和变动性。当然，萨缪尔公开承认英国马克思主义者深受1960年代以来法国阿尔都塞结构主义乃至弗洛伊德精神心理深层结构分析模式等西方马克思主义思潮的渗透，指出不管结构主义如何忽视真正的客观世界、有时陷入语言和思想观念范畴的纠缠而不能自拔，但是结构主义分析模式对于历史学家在解释自身不能满意地理解的那些思想与意识因素、深层次的经济与社会现象之间相互关系方面所起的作用是不可忽视的。英国马克思主义史学家不是从根本上否认阿尔都塞主义，至少在英国热闹一时的阿尔都塞结构主义刺激了马克思主义史学的反思与发展，为英国马克思主义史学提供了理论反思资源。

综合而言，从文化研究的视野出发，可以体察到西方马克思主义哲学思潮和英国马克思主义史学思潮之间的大致关系。虽然对于文化研究的认识众说纷纭，中西学术界关于文化研究的关注越来越成为主流思考的问题，从文化研究的角度出发，来考察历史学问题或马克思主义史学，也不失为考察英国马克思主义史学思想的新途径。

附录 当代英国马克思主义史学在中国的反响研究

纵观中国近代以来中国学术史发展历程，只要稍加综合和分析，我们可能就会发现，中国史学发展特别是中国当代史学研究的路径与理念，似乎大多来源于西方的学术系统。有学者甚至指出，"自20世纪以来，中国的任何一种历史现实都只能在别人的概念框架下获得解释，好像离开了别人的命名系统，我们无法理解自己在干什么，我们生活的意义来自别人的定义"。① 这种现象在中国的世界史学界尤为突出，已经引起学者的警惕和注意，"这种'本末倒置'的现象主要表现为对中国传统史学和中国马克思主义史学的优良传统视而不见，妄自菲薄；而对外国史学理论的意义和作用则盲目夸大，不加分析地生搬硬套、乱发议论，夸夸其谈，用一些晦涩的'新概念'、'新术语'非常轻率地否定中国史学理论与方法"②。在笔者看来，中国学术对域外资源的依赖问题虽然并没有到这么严重的地步，但是西方学术对中国学术影响异常深刻，也是不争的事实。

20世纪90年代以来，经过多年的探索与实践，大陆学术界越来越认识到和重视国外史学理论的借鉴与域外史学经验方法的本土化问题和运用途径。更加注重以下几个方面的研究取向：按社会结构的不同阶层与组成成分为分类研究对象，以民间信仰、宗教仪式与文化变迁、地方绅士与国家政治互动关系为考察对象的底层社会历史或社会生活史；按区域、省、县、城市为分类研究范围，以地方商贸交往与文化交流、地方精英政治化与国家政治格局、城镇变迁与地方社会发展为考察取向的区域社会经济史；按社会发展与自然为分类研究对象，以研究人与人关系、人与自然关系、自然与社会生态关系为取向的环境史，以科技发展与社会历史综合关系为研究视角的科技史；按史学理论及方法为分类研究对象，关于历史认识论问题的研究，特别是马克思主义历史认识论的兴起、发展和影响，中西方马克思主义史学的学术背景、理论焦点及其思想发展趋势问题，构成

---

① 张旭东：《全球化时代的中国文化反思——我们现在怎样做中国人》，2002年7月17日《中华读书报》。

② 于沛：《变动中的西方史学》，《当代中国史研究》2003年第6期。

了马克思主义史学史研究的重要问题。显然，马克思主义史学问题是当代中国史学关注的一个重要领域。付诸学术史的考察，中国当代史学发展的历程显示，我们的史学研究特别是中国马克思主义史学和新社会史研究已经取得了巨大成就。对此，已经有众多学者撰文进行了专门讨论。于此，我们主要考察中国学者视野下的马克思主义史学及其"影响研究"。① 作为马克思主义史学重要组成部分，英国马克思主义史学自然成为我们关注的一个焦点。事实上，关于英国马克思主义史学的研究已经成为当代中国马克思主义史学进一步发展的理论借鉴和学术资源。

从学术理论发展史的角度来看，曾经作为中国史学界主流意识形态的中国马克思主义问题的研究，近年来已再度勃兴，已然成为史学理论研究中的一朵绚丽鲜花。因此，从学术发展史上来检讨，关注英国马克思主义史学问题的研究以及围绕此问题展开的深入细致讨论，毫无疑问具有不可忽视的理论意义和学术价值。在某种程度上，中国史学深受当代英国史学（如杰弗里·巴勒克拉夫的史学理论与方法）特别是英国马克思主义史学的影响。

一 中国学者视阈下的英国马克思主义史学研究

改革开放使中国学术界撕破了长期封闭的局面和僵化的思想禁锢，中国学者大量引进发生了重要学术转向的西方新史学思潮，掀起中西史学交流的高潮，提出了种种研究西方学术的热点话题。因此，中国史学界关于英国马克思主义史学的研究也起步于 20 世纪 80 年代末。在中国学者自身主体意识和史学指导思想的引导之下，史学领域涌现了一批研究英国马克思主义史学派的知名学者，其成果表现为一些编著的专门论述和数十篇公开发表的学术论文。编著方面如何兆武、陈启能主编《当代西方史学理论》等书②中的专门研究，而分散在学术刊物上的许多论文，如沈汉的《爱德华·汤普森的史学思想》等文章③，代表了英国马克思主义史学研究的总体状况。中国学者对于英国马克思主义史学的关注主要集中于两个方面：

第一，关于英国马克思主义学派史学基础理论和方法论的研究。认为

---

① 关于"影响研究"的概念，可参见张广智《探索无止境》，载朱政惠主编《美国中国学史研究》，上海古籍出版社，2004。
② 何兆武、陈启能主编《当代西方史学理论》，中国社会科学出版社，1996。
③ 沈汉：《爱德华·汤普森的史学思想》，《历史研究》1987 年第 6 期。

他们以唯物主义历史观为指导，在社会历史研究领域创立和运用了"从底层向上看（history from below）"的理论方法。在马克思主义唯物论看来，人是社会历史活动的主体，人类社会发展是一个历史的过程，而社会历史发展是一个合乎规律的运动进程，人民群众是历史的主体。因此英国马克思主义史学家的这种理论方法正是对马克思主义唯物论的继承和发展。学者们认为，英国马克思主义史学派继承撰写人民史的传统，注意普通大众的历史研究，史学观念上最突出的一点是提出"自下向上看"的史学信条，反对用孤立和封闭方法，主张把普通劳动者放在特定的历史环境中把握，并进一步把研究他们的物质与精神活动，同那种考察整个社会关系乃至上层建筑变迁机制结合起来。站在他们的立场去考察与解释历史，反映了当代英国马克思主义历史学家在史学思想上的新研究取向。① 还有学者在肯定"从基层往上看的史学"新潮流的同时，更是把它与当代西方史坛上其他学派史学家（如年鉴派）倡导的"从下往上看"史学观点做了对比。② 总之，学者们认为英国马克思主义史学家反对一切形式的历史决定论，在具体的历史研究中，不把人类社会历史的发展放置于程式化了的社会发展诸阶段之中孤立地考察，反对关于人类社会的发展趋势或终极形态的任何偏见。英国马克思主义史家在探讨历史运动内在规律性的过程中，反对经济基础—上层建筑结构模式决定论，即提出了反对粗俗的物质基础决定论。这是对马克思历史唯物主义的基本原理提出自己的新见解。③ 正如庞卓恒著文所言，"既反对粗俗阶级斗争决定论，也反对粗俗的物质基础决定论"，英国马克思主义史家否认了这两种不科学的决定论以后还应持一种科学的决定论，否则就难以揭示社会历史发展的共同的规律。④ 实际上，反对经济基础—上层建筑决定论，并非完全放弃经济基础—上层建筑的理论模式。刘为著文谈到，霍布斯鲍姆本人就认为马克思主义在原则上是对的，经济基础—上层建筑模式不失为理解历史的一个线索，至少对他涉及的时代研究而言。如理解战后历史，只有一个起点，即

① 参见徐浩《弘扬英国马克思主义的历史科学——英国马克思主义史学辨析》，《学习与探索》1993年第6期，第121～122页；张广智主著《西方史学史》，复旦大学出版社，2004，第2版，第339～343页；姜芃：《试析英国马克思主义史学的现状和历史命运》，《史学理论研究》1998年第3期，第88页。

② 参见庞卓恒《让马克思主义史学宏扬国际史坛——访英国著名马克思主义史学家希尔顿》，《史学理论》1987年第3期，第76～78页。

③ 参见沈汉《爱德华·汤普森的史学思想》，《历史研究》1987年第6期，第31页。

④ 庞卓恒：《让马克思主义史学宏扬于国际史坛——访英国著名马克思主义史学家希尔顿》，《史学理论》1987年第3期，第79页。

从理解技术和经济的转变入手。即便研究战后文化，也须首先把眼光放在物质生产的基本转变上，他认为只要是在 19 世纪、20 世纪史的范围内，经济基础—上层建筑模式就是唯一出发点。①

　　在"阶级斗争分析法"方面，他们赋予了阶级和阶级意识全新意义，超越了阶级斗争和阶级的抽象概念，把它们变成了具体历史过程和历史研究课题，并在动态过程中具体考察错综复杂的阶级关系。徐浩在《学习与探索》1993 年第 6 期上发表的那篇文章对此有较典型的论述，他以为这种理论上的重视本身是"从底层向上看"理论的逻辑延伸，也是它在历史分析中的具体应用。文章肯定英国马克思主义史学家在扩大"阶级"概念内涵及其相关理论方面超越经典马克思主义的贡献，作者特别指出英国马克思主义史学家认为阶级既是一个历史范畴，又是一种发展过程，它是同特定的政治、经济、文化、意识和社会生活紧密联系的一种"关系"。沈汉和姜芃都认为对阶级和阶级问题的研究，是包括汤普森在内的当代英国马克思主义史家极为关心和着重解决的理论课题，如爱德华·汤普森不是单纯用经济的方法来研究阶级，而是采取社会文化学的方法对阶级进行综合考察。也正如姜芃文章所说，汤普森的研究使人感到，英国工人阶级意识的形成不仅是经济上生产地位的反映，同时也是工人对各种文化传统、价值体系、思想观念通过接触、取舍、批判或继承而形成新的文化的发展过程。② 关于"阶级"概念和理论，是马克思主义历史理论中较抽象又十分重要的组成部分，汤普森的理论贡献正是实现了他在《英国工人阶级的形成》前言中关于"希望这部书对于人们理解阶级做一点贡献"的诺言。③ 事实正如此，汤普森的这部著作唤起广泛的社会影响，理论上它是对马克思主义的一种超越和发展。

　　从史学的基础理论与方法论角度来看，应该说，以新社会史学为主导的英国马克思主义史学及其史学家试图研究的，并非属于传统社会史的狭隘内容，而是力图撰写整体的社会历史，即从整体的视野，"自下而上

① 参见刘为《历史学家是有用的——访英国著名史学家 E. J. 霍布斯鲍姆》，《史学理论研究》1992 年第 4 期，第 61~62 页。

② 参见沈汉《爱德华·汤普森的史学思想》，《历史研究》1987 年第 6 期，第 19~23 页；姜芃《E. P. 汤普森的史学思想研究》，《史学理论研究》1992 年第 2 期，第 97~99 页；赵世玲《人·文化·历史—爱德华·汤普森及其〈英国工人阶级的形成〉》，《史学理论》1987 年第 4 期。

③ E. P. Thompson, *The Making of the English Working Class*, Penguin（Harmomdsworth），1968，p. 10.

地"有机考察长期"沉默不语"的芸芸众生和普通大众的生活、行为和经历的历史，既非单纯地研究传统史学中有关政治、经济、军事、思想等精英历史，也非承袭旧社会史学中除去政治军事史的包罗万象的社会历史。正如学者们已经注意到的那样，新马克思主义在研究历史时，遵循着几项具体原则：其一，它不是孤立地研究农民和工人阶级的经历，而是在特定的、历史性的阶级关系和冲突中，自下而上地观察历史。然而它不像某些新社会史学家那样，把统治阶级和上层阶级以及政治完全排除出历史，导致单纯着眼于底层人民的日常生活。其二，它不但强调底层阶级经历的重要性，而且坚持认为他们是创造历史过程中的主动参加者，而非被动的受害者。其三，它强调被统治阶级的反抗，但不忽视他们采取的妥协和合作模式的局限性，它对底层阶级抵抗运动的关注，促成了社会主义史和女权史研究的繁荣。① 由此看来，"自下而上"和"自上而下"相互结合的史学方法与理论是英国马克思主义史学获得重大成就的显著标志，其中特别注重"从下往上看"的史学方法与史学观念。

实际上，"自下往上看"的史学方法与史学观念最突出的表现于英国马克思主义史学家关于新社会史研究成果之中。学者们认为英国马克思主义史学派一定程度上又可称为新社会史学派，他们创立了一整套新社会史的相关理论。新社会史研究则是以马克思主义理论为指导，吸收其他社会科学的新观念和新方法从事历史认识和研究活动。新社会史学家最突出的理论建树是提出和强调扩大的总体社会史理论，代表人物是霍布斯鲍姆和汤普森。姜芃在《试析英国马克思主义史学的现状和历史命运》和《霍布斯鲍姆与新社会史》两文中对此有较深刻的评论，认为霍布斯鲍姆《从社会史到社会的历史》一文是解释新社会史的经典论述，霍布斯鲍姆从根本上强调必须把历史研究的整个领域作为社会史的研究领域，要求历史学家树立历史的总体史观，他自己在史学研究实践中总结出一套行之有效的包容社会各方面的研究模式。但霍布斯鲍姆并不要求别人生搬硬套他的模式，而强调在研究中要自觉吸收其他学科的新观念和新方法②。

第二，中国学者对英国马克思主义史学研究的主要成果比较集中地体

---

① 参见陈其《西方新马克思主义史学及其启示》，http://www.pep.com.cn/200212/ca38271.htm。
② 参见姜芃《试析英国马克思主义史学的现状和历史命运》，《史学理论研究》1998年第3期，第88页；《霍布斯鲍姆与社会史》，载陈启能主编《八十年代的西方史学》，中国社会科学出版社，1990。亦可参见姜芃《中国社会史的发展与英国新社会史的若干比较与思考》，《史学理论研究》1994年第1期；徐志勇《英国新社会史学派概述》，《社会科学》（沪）1986年第10期。

现在另一方面，是比较翔实地介绍了他们的代表人物所从事主要研究领域和取得的主要学术成就，充分估计了其对中国当代史学发展的价值。[①] 如徐浩的《弘扬马克思主义的历史科学——英国马克思主义史学辨析》一文和杨豫《西方史学史》相关章节均做了大体一致的介绍和总结。[②] 值得指出的是，随着与国外学术和文化的交流机会日渐增多，中国大陆学者能陆续接触到西方马克思主义史家一些重要著述，包括他们本人的第一手资料。但受语言和交往途径的限制，实际还很不全面，甚至只是冰山一角，无疑给我们继续深入研究英国马克思主义史学这一重要领域造成了不少障碍。

就目前中国史学界对于英国马克思主义史学研究的具体成果来看，学者们对这一领域关注的现状主要呈现出两个明显的偏好：其一，研究的对象主要以英国马克思主义史学个体的考察为中心，以史学家本身或相关的某一内容作为切入点，在一定问题意识的指引下，力图分析、讨论和诠释这些史学家关于社会历史发展变迁中某些重要问题的看法及得失。如从成

---

① 据统计国内十余位学者有关这种研究共发表近 30 篇文章，参见沈汉《希尔与英国革命史研究》，《世界史研究动态》1988 年第 11 期。《论杰出的英国马克思主义学者密里本德》，《史学理论研究》1995 年第 1 期。《评爱德华·汤普森的新作〈民众的习惯〉》，《史学理论研究》1992 年第 2 期。《史学巨擘杰出一生：悼念爱德华·汤普森》，《世界历史》1994 年第 1 期。《纪念英国左翼史学家拉菲尔·萨缪尔》，《史学理论研究》1998 年第 1 期。周俊文《英国史学家霍布斯鲍姆论工业革命》，《世界史研究动态》1985 年第 6 期。姜芃《霍布斯鲍姆的马克思主义史学研究》，《山东社会科学》1991 年第 1 期。《E. P. 汤普森的史学思想研究》，《史学理论研究》1992 年第 2 期。《试析英国马克思主义史学的现状和历史命运》，《史学理论研究》1998 年第 3 期。庞卓恒《让马克思主义史学宏扬于国际史坛》，《史学理论》1987 年第 3 期。徐浩《论西方马克思主义史学的演进》，《学习与探索》1994 年第 6 期。《弘扬马克思主义的历史科学——英国马克思主义史学辨析》，《学习与探索》1993 年第 6 期。《马克思主义与西方史学的变迁》，《学习与探索》1991 年第 2 期。程汉大《当代西方马克思主义史学的主要理论特征》，《山东师范大学学报》（社科）1999 年第 2 期。《多布与封建主义向资本主义过渡问题的讨论》，《山东师范大学学报》（社科）1990 年第 4 期。刘为《历史学家是有用的——访英国著名史学家 E. J. 霍布斯鲍姆》，《史学理论研究》1992 年第 4 期。《有立必有破——访英国著名历史学家 E. P. 汤普森》，《史学理论研究》1992 年第 3 期。钱乘旦《E. P. 汤普森和〈英国工人阶级的形成〉》，《世界史研究动态》1993 年第 11 期。刘军《E. P. 汤普森阶级理论述评》，《世界历史》1996 年第 2 期。《当代西方马克思主义历史学的演变趋势》，《社会科学评论》（西安）1987 年第 9 期。易克信《霍布斯鲍姆论唯物史观》，《国外社会科学》1994 年第 7 期。马俊亚《史学与史学家的社会功能：霍布斯鲍姆的〈史学家——历史神话的终结者〉读后》，《马克思主义与现实》2004 年第 1 期。邵大伟《当代西方新马克思主义历史理论评析》，《郑州大学学报》（哲学社会科学版）2005 年第 1 期。等等。

② 有关这方面的最初成果，See, Harvey J. Kaye, *The British Marxist Historians: An Introductory Analysis*, Polity Press (Cambridge) 1984。

果的表现形式上看，自80年代尤其近年来，关于英国马克思主义史学及其主要代表人物汤普森、霍布斯鲍姆、希尔和希尔顿等人史学思想的研究成果，属于介绍性、个案性和评述性的成果居多，而较系统的比较论述并不多见，还谈不上英国马克思主义史学家代表人物的史学思想和实践方面的比较研究成果。应该说，英国马克思主义史学派与非马克思主义史学家学术派别间有关史学认识论、史学本体论和史学方法论诸方面的比较成果也显得不足，甚至可以说，对此的关注基本还是个案而缺乏理论自觉的。其二，从研究对象的时间跨度上看，偏重于20世纪50、60年代到70年代英国马克思主义史学形成和发展时期，而对80年代以来特别是90年代其行程和走向则少有研究成果问世。鲜有从整体上对英国马克思主义史学的发展历程进行把握和总结的文章，当然如姜芃《试析英国马克思主义史学的现状和历史命运》一文还是取得一定的研究效果，文章认为进入80年代特别是90年代以来，英国马克思主义史学在经历国际共运的沉寂期（如东欧剧变）后，作为一股史学流派是衰落了，并分析了衰落的原因。① 但总的来说，这种局面难免会造成一种结果，就是不利于扩大对于马克思主义史学研究的视野，也不利于避免研究内容的低层次重复，也就无法通过对英国马克思主义史学及其相关问题的考察和钩沉，揭示某些重要而以往忽视的马克思主义史学整体历史面相。

毫无疑问，经过近几十年的实践探索和研究尝试，中国史学界对英国马克思主义史学的研究已积累了相当水准的部分成果。然而，在这众多的成果中，由于研究者所受学术训练和学术视野的不同，学术取向和治学理念也存在明显差异，还有许多问题有待于深化认识。不管怎样，中国史学界颇具成绩的研究至少为中国马克思主义史学界对马克思主义理论的关注提供了良好的基础，也为进一步探讨英国马克思主义史学留下了有意义的省思空间。比如，英国马克思主义史学作为西方马克思主义史学的重要组成部分，中国学者在有关西方马克思主义史学的历史理论渊源和形成条件、关于西方马克思主义史学流派界定标准问题、关于包含西方马克思主义史学在内的马克思主义史学与现当代西方资产阶级史学的关系问题、关于西方马克思主义哲学思潮与西方马克思主义史学的关系和关于西方马克思主义史学的国际影响问题等方面，都需要进行更为详细和深入的讨论。也仍然有许多理论问题值得放在广泛的思想史体系和学术史学背景中加以

---

① 参见姜芃《试析英国马克思主义史学的现状与历史命运》，《史学理论研究》1998年第3期。

深入研究与反思。

二 英国马克思主义史学在中国学术界的传播路径

就学术思潮而言，正如学者们已经认识到的那样，在中国，马克思主义史学思潮的引进，马克思主义史学作为中国历史学的重要内容的发展，经历了一条并不平坦的道路，中国的马克思主义史学家也经历了一种异常复杂的心路历程。自20世纪20、30年代始，一批留学欧美和日本的中国知识分子与史学工作者，在破旧立新、深受西方社会思潮影响和提倡效法西方社会思想制度的时候，已经明确提出，研究西方史学思潮和重视西方新史学思潮。马克思主义史学作为一股西方新史学思潮，在五四运动之后中国史学界"建设中国新史学"的口号下，通过一批著名历史学家，诸如李大钊、郭沫若、吕振羽、翦伯赞、范文澜、侯外庐等中国马克思主义史学工作者中优秀代表人物的艰苦努力，经过与其他西方史学新思潮和中国固有的封建主义史学思想的激烈交锋，他们坚持马克思主义的唯物史观，丰富和发展了中国马克思主义史学的理论与方法，终于成为20世纪上半叶中国史坛中异军突起和最重要的史学流派，为最终使马克思主义史学在新时代的中国史学发展阵营中占主导和统治地位奠定了坚实基础。

从史学理论的角度来看，20世纪20年代马克思主义史学理论引入中国，80年代以后史学的发展实践完成了中国马克思主义史学理论体系的建构。但是，由于历史学的发展受到国内极"左"思潮和西方非马克思主义史学思想的影响，中国马克思主义史学理论发展的历程显得异常复杂。因此，值得指出的是，在当代中国史学界，在史学思想的认识问题上，马克思主义史学曾经随着整个马克思主义产生过的危机和兴衰而沉浮。在那个斯大林主义理论教条流行的时期，特别是在1956年前后斯大林式马克思主义理论信誉扫地和1960年代国际共产主义信仰内部因为种种原因其影响力逐渐下降的历史时期，世界各国的马克思主义史学无疑也因为理论指导思想的马克思主义传统受到排斥和曲折的过程而蒙受牵连。正如学者看到的那样，"作为史学理论所依托的有生命力的史学思潮，往往和反映了社会历史矛盾运动发展趋势的社会思潮有着直接的联系。在这种情况下，史学思潮和社会思潮是分不开的，史学思潮同样也是社会思潮。或者说，史学思潮是社会思潮的重要组成部分"。[1] 因此，自20世纪

---

[1] 于沛：《没有理论就没有历史科学——20世纪中国史学理论的回顾与思考》，《史学理论研究》2000年第3期，第19页。

80年代以来，在面临思想饥渴和社会革新的世界各国，特别是英国和中国，学术界和思想界掀起了多重理论热潮或社会思想的回潮，其中之一，就是马克思主义理论的热潮重返史坛和重新进入社会思潮阵营。

从更严格意义的史学思想传承角度上看，20世纪80年代以前，中国史学界对于英国马克思主义史学关注和认识都十分模糊，可以举出的研究性文章和学术性材料几乎没有。但80年代改革开放以来，随着中国史学研究的繁花似锦式的新变化，中外史学交流领域的扩大，中国学术界对于英国马克思主义史学关注和研究，与此相关的学术大师的名字，如汤普森和霍布斯鲍姆，以及从英国史学环境中产生的英国马克思主义的丰富遗产，也开始有了其史学传统恢复的可能。在中国，关键是这些史学传统对当代中国史学的持续影响：汤普森、霍布斯鲍姆等英国史学家，同西方马克思主义者，诸如葛兰西、阿多尔诺、马尔库塞和阿尔都塞等西方新马克思主义者一样，他们的大量著作都被翻译和出版了，他们的史学著作和思想观念已经得到中国学术界的强烈关注，扩大了学术界和学人的眼界。

特别值得指出的是，从全球史观和整体视野的角度来看，历史学的国际化和历史学的民族特色，是一个事物和问题的两个方面。正因为有如此内在特征，才使得国际历史学获得了多元性发展。而在多学性史学发展背景中，作为西方新史学流派中的一股重要史学思潮和史学派别，自20世纪70、80年代以来，英国马克思主义史学在中国通过多种途径获得了极大的传播。接下来，从接受史学的角度上，我们集中关注和梳理英国马克思主义史学在中国的传播途径问题，是为了更好地评价和理解这股史学思潮及其史学家的成就，确立其在中国马克思主义史学中的理论地位与实践价值。

（一）国内主要学术期刊成为英国马克思主义史学的传播媒介

以国内主要学术期刊为媒介，英国马克思主义史学得到专题研究和倾向性传播。从学术思想的接受和史学传播的角度看，20世纪是西方史学思潮大规模传入中国的世纪。20世纪80年代以来，中国史学界更加自觉地加强和扩大了西方史学流派的研究，[①] 值得指出的是，中国学者以论文形式对英国马克思主义史学的评价问题，主要是放置于有关近二三十年来

---

① 西方史学对中国史学的影响是全方位的，学者认为，就史学理论而言，有两大史学范型（或模式）影响了20世纪中国史学，一是兰克史学范型，对20世纪上半期中国史学影响很深，一是年鉴学派史学范型，对20世纪80年代以后的中国史学影响日益彰显。参见张广智《再论20世纪中外史学交流史的若干问题》，《学术研究》2006年第4期。

西方史学输入中国历程做总体考察的文章中附加进行评述的，阐明英国马克思主义新社会史思潮对中国史学的潜移默化作用。① 另外，学者们对英国马克思主义史学派的一些史学理论和方法问题也进行了总体或较深入的考释，如前文所列，学术界的主流刊物发表了大量关于英国马克思主义史学的研究成果，揭示对中国史学的当代意义。文章基本能够独辟蹊径从马克思主义史学的转折和传播相互关系的角度，来审视与评价英国马克思主义史学家的理论成就和实证成果，揭示其史学价值和当代意义，既为后来者奠定了基础，也由此扩大了英国马克思主义史学在中国的传播和影响。恰如学者所言，自新时期以来，从历史观的角度看，中国的马克思主义史学就受到了包括英国马克思主义史学在内的西方马克思主义史学理论的影响，如英国马克思主义史家群体大力宣扬"自下而上"史观取向，就激起了中国史学界的有力反响。②

当然，由于中国史学的复杂性，英国马克思主义史学传入中国面临的情况自然也有其复杂性，正如唯物史观和马克思主义本身传入中国的历程一样，它既面临着机遇也存在着严峻的挑战。但是，最终结果却犹如20世纪以来西方史学在所经历了极为复杂的变迁之后，唯物史观和马克思主义历史科学的影响却逐渐增强，这同西方资产阶级史学经历的巨大危机和变迁分不开，并势必驱使日益增多的史学向唯物史观靠拢。③ 英国马克思主义史学在中国的传播轨迹和存在着的问题，自始至终就离不开20世纪以来西方新史学的流变及其在当代中国的接受程度。我们如将西方史学和马克思主义结合起来进行综合考察，从思想史的角度切入，对有关史学家的史学思想置于更广泛的学术交往过程与社会历史背景中进行深层次的思

---

① 较早的代表性论文有，朱本源：《近两个世纪来西方史学发展的两大趋势》，《世界历史》1986年第10期；朱孝远：《西方现代史学流派的特征与方法》，《历史研究》1987年第2期。稍晚的代表性论文有，张广智：《20世纪后期西方史学输入中国的行程》，《史学理论研究》1996年第2期；《近20年来中国的西方史学史研究》，《史学史研究》1998年第4期；《处于变革中的当代西方史学》，《复旦学报》（社科版）1989年第6期。近年代表性论文有，陈启能：《二战后西方历史学的发展趋势》，《学习与探索》2002年第1期；于沛：《20世纪中外史学交流及其影响》；邹兆辰：《20年来我国学者对西方史学的理性认识与方法借鉴》，载瞿林东主编《史学理论与史学史学刊》（2003年卷），社会科学文献出版社，2004，第289~299页、第355~374页。
② 张广智：《关于马克思主义史学遗产传承中的几个问题》，《复旦学报》（社科版）2005年第5期。
③ 庞卓恒：《唯物史观与西方史学的危机与变迁》，《世界历史》1984年第4期。

考，或许更能够看清英国马克思主义史学在中国的传播、影响和未来命运。① 比如中国学者曾经撰写多篇文章，从中外史学交流的角度出发，在史学理论研究视野的总体框架下，强调从研究方法而不是从世界观、价值观意义上，把包括英国马克思主义史学在内的史学流派及其理论建树作为 20 世纪西方史学的主要内容之一加以介绍和评介，在某种程度上，使中国学者对马克思主义史学获得了重新认识，积极地介绍和传播了英国马克思主义史学的主要成果和史学思想。② 近年来，有些书刊如天津师大历史系经济—社会史研究中心主办的《经济—社会史》杂志，在《经济—社会史——历史研究的新方向》那一期上，发表了徐洁题为《英国经济社会史研究：理论与实际》的文章，充分肯定了以霍布斯鲍姆为代表的英国马克思主义新社会史学家对当代的英国经济社会史研究的贡献。

（二）网络信息成为英国马克思主义史学的快速通道

以网络信息为快速通道，英国马克思主义史学得到广泛介绍和普及性传播。除了外文专业网站中的大量原版文章外，其实许多研究者和读者是从大量的中文专业网站栏目上相关文章中获得英国马克思主义史学的有关信息的。比如，陈其在《西方新马克思主义史学及其启示》文中，以西欧和美国地域的新马克思主义史学为视角，从自下而上的史观信念、经济基础和上层建筑相互关系、阶级斗争和阶级方法、阶级意识与阶级关系等史学认识论或史学本体论方面，对 20 世纪 60 年代兴起的西方新马克思主义史学思潮进行了探讨。英国马克思主义史学作为西方新马克思主义史学流派中的重要代表，受到格外重视，认为西方新马克思主义史学是西方社会、政治、经济、文化的变化在学术界的反映，也是在马克思主义诞生一个多世纪后西方一部分历史学家对欧美资本主义的历史与现实重新思考的

---

① 有学者对西方史学史研究中的问题和方法提出了独到的见解，对于英国马克思主义史学的理解也有借鉴意义，参见于沛《西方史学史研究中的问题和方法》，《史学史研究》2002 年第 4 期；对其史学思想方面的研究与分析，可参见姜芃《中国社会史的发展与英国新社会史：若干比较与思考》，《史学理论研究》1994 年第 1 期；国恩松《佩里·安德森的史学思想评介》，《史学理论研究》1998 年第 4 期。

② 代表作有，于沛：《变动中的西方史学》，《当代中国史研究》2003 年第 6 期；《外国史学理论的引入和回响》，《历史研究》1996 年第 3 期；《面向新世纪的中国史学理论研究》，《史学理论研究》2003 年第 3 期；《西方史学的传入和回响》，《浙江学刊》2004 年第 6 期。邹兆辰：《新时期以来对中国史学影响较大的几个西方史学流派》，《江西社会科学》2004 年第 1 期。朱政惠等：《20 世纪中外史学交流回顾》，《史林》2004 年第 5 期。

产物。结合对现实的思考，它发展了传统的马克思主义史学。与现代修正主义不同的是，新马克思主义史学在坚持传统马克思主义史学基本原理的前提下，对某些基本原理做了进一步阐释，对某些核心概念做了重新界定，克服了传统马克思主义史学因时代变迁而产生的某些局限性，使它在解释人类历史、特别是西方资本主义发展史时更具说服力。西方新马克思主义史学家把这些理论运用到历史研究领域，开拓了社会生活史、工人史、妇女史、黑人史等底层人民史研究的新领域，使用了新的研究方法，繁荣和丰富了历史研究。① 例如，作为马克思主义史学和中世纪史学家，希尔顿的史学成就也得到了进一步认识，其中世纪史学家地位的公认来源于其专著《中世纪晚期的英国农民》研究，在这本著作中，希尔顿从社会生产关系特别是剥削关系的角度，考察封建社会如何发生、发展、危机以至灭亡的历史，在此基础上提出的一系列观点为国际史坛所公认，使他成为与前苏联的科斯敏斯基、法国年鉴学派的第三代核心勒·鲁瓦·拉杜里等齐名的中世纪史研究专家。② 另外，于沛在《20 世纪西方史学及史学名著》、刘军在《战后西方史学的主要流派和发展趋势》、姜芃在《新社会史学派简说》、陈启能在《战后西方史学发展的特点和趋势》和徐文路在《马克思主义、史学、后现代：多元基进的辩证》等文章中，都不同程度地提及英国马克思主义史学及其重要观念。③ 而关于霍布斯鲍姆的19 世纪三部曲和 20 世纪通史性专著等多部著作，或汤普森的经典之作《英国工人阶级的形成》等著作的介绍或评析，在网络上更是屡见不鲜，足见学术界对英国马克思主义史学的极大重视。④ 网络评论栏目成为大众读者了解英国马克思主义史学知识的重要窗口。

① 陈其：《西方新马克思主义史学及其启示》，http：//www. pep. com. cn/200212/ca38271. htm.

② 布赖·恩曼宁：《探索者的声音》，《社会主义者杂志》第 265 期，2002 年 7/8 月，http：//lihuacheng. blogdriver. com/lihuacheng/index. html；佚名：《希尔顿与〈中世纪晚期的英国农民〉》，http：//lihuacheng. blogdriver. com/lihuacheng/411711. html.

③ 于沛：《20 世纪西方史学及史学名著》，http：//www. booker. com. cn/gb/paper18/7/class001800003/hwz58033. htm；刘军：《战后西方史学的主要流派和发展趋势》，http：//www. qddx. gov. cn/theory/culture/cul0014. htm；姜芃：《新社会史学派简说》，http：//www. gmdaily. com. cn/2_ pindao/kaogu/dssb/sb23. htm；陈启能：《战后西方史学发展的特点和趋势》，www. people. com. cn，2000 - 10 - 20；徐文路：《马克思主义、史学、后现代：多元基进的辩证》，中国经济史论坛，2003 - 7 - 22，或世纪中国网，www. cc. org. cn，2003 - 1 - 24。

④ 陈新：《英国马克思主义史学的经典之作》，2001 年 2 月 21 日《中华读书报》，或参见人民网。

（三）史学著作成为英国马克思主义史学的观念载体

以史学著作为观念载体，英国马克思主义史学得到总体研究和系统性传播。改革开放之后，吸收西方学术思潮也包括英国马克思主义史学思潮中的思想精华逐渐成为学者们的普遍认识，大多数中国学人，要么通过直接阅读马克思主义史学原典著作，来反思马克思主义史学实践成效，要么借由阅读英国马克思主义史学著作，来拓展自己的史学研究视野，借助其史学理论和方法，研究并写出大量专著，提升中国马克思主义史学研究的演进路径和思想品格。如陈启能主编的《八十年代的西方史学》（中国社会科学出版社 1990 年），陆象淦的《现代历史科学》（重庆出版社 1991年），《史学理论丛书》编辑部编的《当代西方史学思想的困惑》（中国社会科学出版社 1991 年），庞卓恒主编的《西方新史学述评》（高等教育出版社 1992 年），陈勇和罗通秀编著的《西方史学思想导论》（武汉大学出版社 1995 年），罗凤礼主编的《现代西方史学思潮评析》（中央编译出版社 1996 年），张广智和张广勇合著的《现代西方史学》（复旦大学出版社 1996 年），徐浩和侯建新合著的《当代西方史学流派》（中国人民大学出版社 1996 年），何兆武和陈启能主编的《当代西方史学理论》（中国社会科学出版社 1996 年或上海社会科学院出版社 2003 年），杨豫和胡成合著的《历史学的思想和方法》（南京大学出版社 1999 年），陈启能等著的《马克思主义史学新探》（社会科学文献出版社 1999 年），鲍绍霖等著的《西方史学的东方回响》（社会科学文献出版社 2001 年），张广智和张广勇合著的《史学：文化中的文化》（上海社会科学院出版社 2003 年），陈启能等主编的《西方历史学名著提要》（江西人民出版社 2001 年或 2005年版）等近二十部专著，在介绍西方史学流派的时候，或者把英国新社会史学派和年鉴学派同等视之，或者较为详细地评价英国马克思主义史学的学术思想贡献，足见其国际史学流派或马克思主义史学的重要地位与价值。顺便提及的是，英国马克思主义史学在中国台湾学术界和社会知识界的声名远播，得益于中兴大学历史系教授周樑楷的专门研究和介绍。[1] 中国台湾史学界关于英国马克思主义史学的研究成果也补充与促进了大陆学术界对它的理解和解读。

---

[1] 周樑楷：《史学思想与现实意识的辩证：近代英国左派史家的研究》，合志文化事业股份有限公司，2001；《1956 年对英国马克思史家的冲击：以哈布斯颠和汤姆森为分析对象》，载国立中兴大学历史学系主编《第三届史学史国际研讨会论文集》，台湾青峰出版社，1992；《英国史学上的"经济史取向"：其形成及艾希顿的贡献》，载中兴大学历史系主编《中西史学史研讨会论文集》，台中，中兴大学，1986。

（四）　史学原著翻译成为透视英国马克思主义史学的重要依据

以史学原著的翻译为中介和蓝本，英国马克思主义史学经典得到更大范围的体系思考和认知性传播。

20世纪80年代以来，中国学术面临着各种各样的国外社会思潮的挑战，中国史学也迫切需要了解国外史学新思潮的理论资源和吸收有益的营养。正如学者早就认识到的那样，"中国历史学家从长期的封闭状态中走了出来，大大加快了对西方史学理论引进的步伐。一方面，他们迈步走向世界，有机会亲自接触到西方史学，研究它的理论、历史与现状……不仅带回了国际史学界的最新的学术信息，也让国外学者能及时听到中国史学家的声音。另一方面，外国学者也应邀纷纷来华访问讲学，直接传播海外的史学信息。图书资料与信息传递都较以前大为改观。所有这些都为中外（西）史学家的交流与'对话'创造了良好的条件"。① 同样，随着文化水平的提高和社会的进步，这个时候西方史学的输入，特别是英国马克思主义史学原著和观念的输入，可以借助多种渠道来实现。其中，直接的途径，是中国图书机构和出版集团通过直接引进或购买原著的方式，让许多没有语言障碍的学者研读大多数英国马克思主义史学家如汤普森、霍布斯鲍姆、希尔和希尔顿等历史学家的大部分原版著作。这无疑是中国史学界深化关于国外马克思主义史学研究的重要因素。但是，对于大多数非本专业领域的史学工作者和读者来说，能够运用外文阅读并且直接体悟和理解原著精髓的人终究只是少数。因此，通过翻译作品了解英国马克思主义史学乃至西方史学的大概和精华，仍然是中国史学界或大众知识界的一条重要辅助渠道，某种程度上甚至是主导方式。因受时代影响，翻译作品时有出现但数量还不算多，包括陆续刊于国内外中文刊物上的英国马克思主义史家本人的文章、中国学者翻译的专著和国外西方马克思主义史学研究者的论文论著。译著方面，英国马克思主义史学作为主流思潮和经典学术著作被大陆或台湾出版单位译介过来，如江苏人民出版社、中国友谊出版公司、新华出版社和上海人民出版社等多家出版机构出版了霍布斯鲍姆的19世纪三部曲《革命的年代》、《资本的年代》、《帝国的年代》，20世纪历史《极端的年代》、《民族与民族主义》、《盗匪》、《霍布斯鲍姆新千年访谈录》、《非凡的小人物：反抗、造反及爵士乐》、《史学家——历史神话的终结者》和《传统的发明》等；译林出版社和上海人民出版社出版了汤普森的《英国工人阶级的形成》和《共有的习惯》等。此外，作为

---

① 何兆武、陈启能主编《当代西方史学理论》，第753页。

当代英国著名马克思主义历史学家、新左派理论家和政论家佩里·安德森的名著中译本《历史唯物主义的轨迹》、《西方马克思主义探讨》、《从古代向封建社会的过渡》和《专制主义国家的谱系》等，早已先后经由人民出版社、东方出版社和上海人民出版社出版发行；西方马克思主义史家的论文有霍布斯鲍姆的《马克思与历史认识》① 等等；国外研究者的论文如日本的松村高夫《英国社会史研究与马克思主义史学》②、伊格斯尔《马克思主义与现代社会史》③ 等等。此外，国外学者的研究性论著或文集中，如伊格尔斯主编的《历史研究国际手册》和他撰写的《欧洲史学新方向》、《20 世纪的历史学——从科学的客观性到后现代的挑战》等专著中，都有相关的章节讨论马克思主义历史科学、马克思主义史学的英国传统及其影响问题。④ 戴维·麦克莱伦在其名著《马克思以后的马克思主义》中，对于马克思的遗产——英国马克思主义和马克思主义史学家也

① 埃里克·霍布斯鲍姆：《马克思与历史认识》，《国外社会科学动态》1984 年第 9 期；《判断马克思主义的思想或观点的标准》，《国外社会科学动态》1983 年第 3 期；《认同政治与左翼》，《马克思主义与现实》1999 年第 2 期；《美国想要世界霸权：埃·霍布斯鲍姆访谈》，《国外理论动态》2002 年第 6 期；《霍布斯鲍姆论全球化时代的自由民主政体》，《国外理论动态》2003 年第 6 期；《没有权力的权力：霍布斯鲍姆谈美国的 "人权帝国主义" 与欧美关系》，《国外理论动态》2003 年第 11 期；《从社会史到社会的历史》，《代达罗斯》（1971 年冬季号）；《历史对社会科学的贡献》，《国际社会科学杂志》（第 33 卷）1981 年第 4 期；《徘徊于寻求普遍性与寻求认同性之间的历史学家》，《第欧根尼》1995 年第 2 期；《从历史看社会主义的未来》，《马克思主义与现实》1998 年第 2 期。罗德尼·希尔顿：《封建主义的危机》，《世界历史译丛》1980 年第 5 期。克里斯托弗·希尔：《是一次资产阶级革命吗?》，《世界史研究动态》1986 年第 10 期。爱德华·汤普森：《英国近代阶级关系和 1832 年改革》，《世界史研究动态》1987 年第 5 期。爱德华·汤普森：《民俗学、人类学与社会史》，载蔡少卿主编《再现过去：社会史的理论视野》，浙江人民出版社，1988。
② 松村高夫：《英国社会史研究与马克思主义史学》，《国外社会科学》1985 年第 1 期；约翰·布鲁尔：《英国马克思主义史学的两种流派》，《世界历史》1983 年第 6 期；居伊·布瓦：《马克思主义和新史学》，《国外社会科学动态》1981 年第 4 期；沃尔冈·屈特勒：《马克思主义史学与 "叙事体" 史学》，《史学理论》1988 年第 1 期；兹韦耶列娃列宾娜：《英国的社会史和 "新史学"》，《世界史研究动态》1989 年第 2 期。
③ 伊格尔斯：《欧洲史学新方向》，赵世玲、赵世瑜译，华夏出版社，1989，第 136～198 页。伊格尔斯对英国马克思主义史学颇有研究，他的论著都强调了汤普森和霍布斯鲍姆等人作为新社会史学家的地位。如，伊格尔斯：《近十五年西方历史学的新发展》，《文史哲》2005 年第 4 期。
④ 伊格尔斯：《20 世纪的历史学——从科学的客观性到后现代的挑战》，何兆武译，辽宁教育出版社，2003。

做了中肯的评述。① 再有雅克·勒高夫等主编的《新史学》也涉及相关的论述。② 而杰弗里·巴勒克拉夫在《当代史学主要趋势》中，就有关于"马克思主义和马克思主义史学"内容的章节，特别肯定了英国马克思主义史学的重要成就，认为在英国年青一代史学家中已经形成蓬勃向上而且很有影响的马克思主义史学派。③

　　再者，早些年推出的外国史学理论名著译丛、当代外国史学理论丛书、史学理论探索丛书、名人名著译丛和汉译世界学术名著丛书等，都有许多类似的论著问世。这些西方史学原著的一些内容中，包含着丰富的马克思主义史学理论和方法。当前，中国学术界正涌现新一轮翻译西方学术名著的热潮，各种门类的汉译精品译丛令人目不暇接，虽然翻译产品存在着规范性不同、风格差异和水平层次不一的问题，但是也不乏真正的精品巨制。按照当代中国学术精英编选的意图和视野，在继续推出的众多史学名著中，英国马克思主义史家的著作也不时可见其相应的译著，光是译丛名目就不胜枚举，如在译林出版社的"人文与社会译丛"、江苏人民出版社的"汉译大众精品文库"、社会科学文献出版社的"社科文献精品文库"、辽宁教育出版社的"新史学译丛"、上海人民出版社的"社会与历史译丛"、中国人民大学出版社的"马克思主义研究译丛"和中央编译出版社的"新世纪学术译丛"等。所有这些译者、论文和作品，或者是外国学者研究西方马克思主义史学的重要代表性成果，成为中国学者理解和认知英国马克思主义史学的重要窗口和第二手材料，也成为中国学术界最受欢迎和关注的著作。或者是英国马克思主义史学在中国得到有力传播的标志，成为中国学者研究英国马克思主义史学的重要中文材料和出发点。实际上，不要说西方学术名著浩如烟海，就是英国马克思主义史学家的经典之作也是层出不穷，如前所述，霍布斯鲍姆著作等身，涉及领域甚广，思想体系庞杂，学术影响甚巨。因此，目前为数有限的汉文移译作品充其量也只能为进一步了解其学术思想体系打开一个近似窗口，史学专业之外的读者或许能够从此领略其史学内涵的大致风景，但如果真正想体悟英国马克思主义史学派的学术活动和治学经历全貌、学术旨趣和史学理论体系的全部景观，则还需要专业学者依据自身的主体

---

① 戴维·麦克莱伦：《马克思以后的马克思主义》，李智译，中国人民大学出版社，2004。
② J. 勒高夫等主编《新史学》，姚蒙编译，上海译文出版社，1989。
③ 杰弗里·巴勒克拉夫：《当代史学主要趋势》，杨豫译，上海译文出版社，1987，第41页。

意识和学术旨趣做深入的探研，从而加强英国马克思主义史学在中国的传播和影响。

（五）学校专业教育成为传播英国马克思主义史学基本观念的重要途径

选择英国马克思主义史学的代表性成果和主要史学观念，编写进入普通中学和普通高校的历史课堂教学所依据的专业教材与大量的专业辅助读本，无疑是普及传播英国马克思主义史学的又一重要方式和手段。[①] 在人教版的全日制普通高级中学教科书（选修）《世界近代现代史》下册中，也有关于新马克思主义史学的有关内容介绍和思想陈述。从学术思潮和历史教育的相互关系角度，对于 20 世纪 60 年代包括英国在内的西方主要资本主义国家出现了所谓新马克思主义史学进行了基本的介绍。认为它是西方社会、政治、经济、文化的变化在学术界的反映，也是在马克思主义诞生一个多世纪后西方一部分历史学家对欧美资本主义的历史与现实重新思考的产物。作为一股思潮，20 世纪 90 年代以来，由于时代的变化，特别是社会主义和资本主义的新发展，欧美新马克思主义史学逐渐衰落和沉寂下来，但是他们的理论和方法在不同的程度和范围内，对我们的历史研究仍具有启发作用。而在高校本科历史专业使用的教材如《史学导论》[②]、《史学概论》[③]、《西方史学史》[④]、《当代世界史》和《世界通史》中，在相关的社会思潮与史学新思潮部分，都有关于英国马克思主义史学基本情况的介绍。根据北京师范大学黄安年教授的附记可知，由刘宗绪、徐天新、于沛三位教授任总主编的 20 卷本《世界大通史》于 1996 年开始启

---

①　较早的专业辅助读本，如，何兆武主编《历史理论与史学理论——近现代西方史学著作选》，刘鑫等译，商务印书馆，1999。为了扩大史学专业学生的阅读量，2002 年教育部高等学校历史学科教学指导委员会向全国高校历史系主任联系会议推荐了《普通高等学校历史专业本科生基本阅读书目》。同样，为了提高学生专业论文的写作能力，2006 年伊始，史学界同人和北京大学出版社推出了大学历史学论文系列读本，目前近十种，内容非常丰富。这套丛书总策划郭双林在《总序》中强调的选文标准立足于知识性、典型性、规范性和可读性，是十分有道理的。其中刘北成和陈新所编《史学理论读本》之史学分支概论中，就选择了霍布斯鲍姆后来收录在《论历史》文集中的《底层的历史》和马克·史密斯的《理解社会史——新话题与新史学家》等涉及英国新社会史家，诸如霍布斯鲍姆和汤普森在社会史领域的地位问题或西方新社会史内容的篇章，也可见中国学者对于英国马克思主义史学家的重视程度。参见刘北成、陈新《史学理论读本》，北京大学出版社，2006。

②　代表性著作，姜义华等：《史学导论》，复旦大学出版社，2003。

③　代表性著作，庞卓恒：《史学概论》，高等教育出版社，2006。

④　代表性著作，张广智主著《西方史学史》，复旦大学出版社，2004，第 2 版。

动，1998 年前后全部完工，按照和出版社签订的合同，多卷本大通史理应在 1999 年内出版，由于并非编委会和作者方面的原因，这部 1200 万字的多卷本世界大通史迄今尚未出版面世。由黄安年担任世界历史当代部分（1945 年第二次世界大战结束以来）的分卷主编，当代部分共分经济卷、政治卷和社会思想文化卷三卷，总共 200 万字左右。到 1997 年底，三卷作者近百人通力协作全部完稿，下限一直到 1995 年。鉴于世界大通史的出版遥遥无期，为了纪念总主编刘宗绪教授逝世周年（6 月 4 日），黄先生特别在网上发表了当代社会思想文化卷目录。从目录来看，其中就有由张广智先生撰写的第七章历史学的新发展及其主要趋势之第三部分，就是关于包括英国马克思主义史学在内的马克思主义史学的发展及其新取向等内容。

最后我们注意到，以学术会议为信息平台和交流契机，英国马克思主义史学的相关问题得到学者们面对面的讨论和解读。实际上，自 2000 年第 11 届全国史学理论研讨会以来，历届全国性中外史学专题研讨会，2004 年以来历届中国世界史研究论坛学术年会等学术会议，都有学者从不同的角度，以不同的研究对象，对英国马克思主义史学的相关问题进行探讨和交流。当代历史学家普遍认为，历史学是关于人和社会的科学，历史学家应力求多角度、多层次地反映社会历史的发展和演变。在英国马克思主义史学的园地内还有许多尚未开垦的处女地，就是英国马克思主义史学家的众多作品，还有许多有待于翻译介绍进来，让更多的普通大众了解它们的思想精华。同时，也可为后来的史学工作者或历史学家提供广阔的研究领域或用武之地。

三　英国马克思主义史学对中国史学的潜在影响

从总体上来说，英国新社会史研究理论、方法和成果等史学思想元素的输入，为中国史学特别是当代中国社会史研究提供了一个新的研究视角和史观倾向，也在客观上推动了中国社会史研究领域的扩大。

随着 20 世纪 80 年代中国学术遭遇国外学术大潮的新时期到来，当代中国社会史研究也随着启动。受到西方社会史学界关于社会史学的基本概念、研究对象、理论和方法等问题讨论的影响，结合中国史学研究的实践，对于中国新社会史研究的兴起情境、发展的总体状况、学科界限诸问题及其代表人物，已经有许多学者做出了专门学术史探讨，《历史研究》、《史学理论研究》和《世界历史》等杂志曾连续刊发一些论文，主要观点在此不赘。① 关于中国新社会史也好，区域经济社会史也好，它们的兴起和发展，应该说，西方学术思潮特别是新社会史思潮及其理论方法的影响是不可忽视的，当然，当代中国社会史的进展得到了中外社会学学科发展及其相关问题研究的大量理论资源，也是不争的事实。早在 1986 年 10 月由南开大学历史系、《历史研究》杂志社、天津人民出版社发起，在天津举行了首届中国社会史研讨会，就中国社会史的研究对象、范畴、社会史与其他学科的关系、开展社会史研究的意义进行了热烈讨论，取得了把社会史作为史学专门史或流派对待的共识，强调借鉴社会学、民俗学、民族学、人类学的理论与方法对开展社会史研究的重要性，把研究的视角指向人民大众的生活。② 显然，借助西方社会学等社会科学理论，在当代中国社会史研究中运用跨学科的理论方法，逐渐成为中国社会史学界的共识。其实，正如我们前面所论述的那样，英国新社会史学重要代表人物霍布斯鲍姆就是一位大力提倡跨学科理论方法运用于社会史研究的身体力行者。因此，我们专注于中国当代社会史发生和发展的外在动力因素的考察，就自然会提到英国马克思主义新社会史学的影响问题。论者曾经总结 1980 年代中国社会史研究兴起的动力问题，提到了多重因素，著文指出："80 年代初，中国学术界开始重新思考社会史研究的问题，试图建立以社会生活、生活方式为主要内容的新社会史。这种重新思考的大历史背景是改革开放形势下的思想解放，其动力主要来自史学界从中国历史实际出发对史学理论方法的反思、由于现实生活方式变化对马克思主义生活方式理论的探讨、国外社会史理论传入和社会学等社会科学学科重建的三方互动。"③ 史学研究的实践证明，在新时期中国社会史的发展历程中，中国学者强调运用社会史的理论和方法进行具体研究，使得中国新社会史的研究得以深

---

① 据学者不完全统计，大致从 1987～1997 年间，国内关于社会史学科建设问题讨论发表的文章不下 60 篇，还不包括 20 余篇会议综述，当然现在数量还在增加。这方面的代表作，可参见冯尔康《开展社会史研究》，《历史研究》1987 年第 1 期。陆震：《关于社会史研究的学科对象诸问题》，《历史研究》1987 年第 1 期。蔡少卿等：《回顾与前瞻——关于社会史研究的几个问题》，《历史研究》1989 年第 4 期。乔志强：《中国社会史研究的对象和方法》，《光明日报》1986 年 8 月 13 日。王家范：《中国社会史学科建设刍议》，《历史研究》1989 年第 4 期。周晓虹：《浅论社会史研究的若干理论问题》，《历史研究》1997 年第 3 期。王先明：《中国社会史理论研究概述》，《中国史研究动态》1992 年第 5 期；《试论社会史研究对象及其范围》，《河北学刊》1990 年第 2 期；《中国近代社会史研究的历史、现状与未来》，《晋阳学刊》2004 年第 1 期。等等。

② 常建华：《中国改革开放新时期社会史理论研究述评》，《社会史研究通讯》第 6 辑，2003 年 7 月。

③ 常建华：《中国社会史研究十年》，《历史研究》1997 年第 1 期。

入展开，并得到越来越多的史学同人的认同和支持，甚至参与，原因之一，无疑离不开包括英国新社会史学派在内的西方新社会史研究的成功经验与持续张力的推动。

　　只要详细考察中国社会史研究的大量成果，不难发现1980年代中国当代社会史研究与发展历程中的一些基本前提、发展趋向和理论核心观念中存在的一些问题，有学者就新时期中国社会史发展趋势问题进行了系统梳理，提出了一些实质性问题。① 就基本前提和理论核心问题来说，从事中国社会史研究的学者们都曾经自觉和不自觉地接触新式西学，受到了二战以来西方史学新思潮的影响，特别是法国年鉴学派、英国马克思主义新社会史学派、德国新社会史学派和美国新经济史新政治史新社会史学派的影响，至少这些学派的理论观念和史学实践中所倡导的"自下而上"的研究视角或史学观念，适应了中国社会史研究工作的需要。

　　英国新社会史家霍布斯鲍姆关于整体的社会史观念，即研究整个社会的历史的思想，就直接启发了当代中国社会史研究领域中的一批学者，拓展了他们的研究视野。虽然国内学者早就认识到，"'整体性'和'总体史'这两个词汇是年鉴学派提出和重视的，以后在霍布斯鲍姆1971年发表的著名论文《从社会史到社会的历史》一文中被发扬光大，以至成为很多学者建构涵盖人类全部历史之史的理论基础。然而，这样宏伟的历史追求尽管激动人心，至今却没有真正实现，也难以实现。这种目标仅仅是一种追求而已"。② 实际上，在中西社会史学界，自1970年代霍布斯鲍姆在他那篇以总结社会史研究历史和展望新社会史研究的美好前景为主题的激情洋溢的示范性论文《从社会史到社会的历史》中提出了有关"这是社会历史学家大显身手的最佳时期"的论断后，许多学者在自己有关社会历史问题的实证研究中，有意无意地效法霍布斯鲍姆热衷于关注的集体意识、底层社会运动、地域社会与文化的结构变迁、区域历史与整体社会的结构运动等主题追问。像赵世瑜和蔡少卿等都是中国社会史学界积极吸纳和引进西方新社会史理论方法的典型代表，他们同国内的社会史研究专家如陈春声、刘志伟、郑振满、樊树志、曹树基、王振忠、常建华、乔志强和杨念群等学术界同道，也是当代中国社会史学界颇有影响的实力派。他们关于社会史问题的研究和理论的认识，可以代表整个中国社会史学界对待和接受西方学术思潮的水平，他们的社会史特别是区域社会史实践，

---

① 参见邓京力《新时期中国社会史发展趋势研究》，《史学理论研究》2000年第1期。

② 常建华：《中国社会史研究十年》，《历史研究》1997年第1期。

大体上还把整体的社会历史写作和构建作为一个追求目标。因为，任何局部或区域社会历史的研究，基于"社会学与社会史学在研究对象上有相当大的一致性，都需要从整体上把握社会面貌，特别是社会学讲社会原理，在社会史建立体系和理论框架方面，很值得借鉴"①。如赵世瑜曾经指出："实际上近年来社会史研究的理论贫困现象，不仅表现在缺乏社会史理论方面，而且在于那些专题研究一缺历史哲学层面的宏观观照，二缺具体的概括模式，于是许多研究类似于换了新题目的'传统'史学……按我的看法，社会史根本不是历史学的一个分支，而是一种运用新方法、从新角度加以解释的新面孔史学。"可以看出，赵世瑜赞同霍布斯鲍姆关于社会史不应只是生活方式史（即旧的、狭义的社会史）而应是全社会的历史的观念。他自信地认为："不仅家庭、婚姻、妇女这些东西可成为社会史的研究对象，皇帝、宦官这些传统政治史的课题，经济危机、工资与物价这些传统经济史的课题也可以是社会史的研究对象，说得过分一些，历史学的变革目标就是这种社会史……应该说，历史哲学层面上的理论将导致社会史研究从选题到结构的根本不同。"② 在社会史的研究实践中，赵世瑜借用西方新社会史的理论方法，写出了专著《狂欢与日常》，蔡少卿还专门主编了一本西方社会史论文集。③ 事实上，在中国史学界，现在所谓的"眼光向下"④、"民间史学"、"田野考察与底层研究"和"基层社会与国家历史"等等史学观念与史学实践备受推崇。在某种程度上，这不能不

---

① 常建华：《中国社会史研究十年》，《历史研究》1997年第1期。
② 赵世瑜：《社会史研究呼唤理论》，《历史研究》1993年第2期，第15页。
③ 赵世瑜：《狂欢与日常——明清以来的庙会与民间社会》，三联书店，2002；蔡少卿：《扩大视野，注重理论方法》，《历史研究》1993年第2期。蔡少卿主编《再现过去：社会史的理论视野》。
④ 代表著作，参见赵世瑜《眼光向下的革命：中国现代民俗学思想史论 1918～1937》，北京师范大学出版社，1999。正如论者和评论者看到的那样，这本书写作的宗旨，似乎是力图从底层（民间）视野和民俗研究的特殊视角出发，基于对中国现代民俗学的历程的大量相关资料性的爬梳和勾勒，运用当代西方史学界热衷于从叙述史学到面向问题的分析史学模式转变的表达方式，为1918年至1937年的中国民俗学在经历着中国社会从传统向现代转型的过程中出现的所谓思想或学术革命运动，做出全面的分析和总结。当如评论者所说，一本著作其成就与遗憾都是惹人瞩目的，从某种角度上，我们不能够指望靠一两位学人或一两本书的努力，就希望为中国学术界和全社会推出一种崭新的研究内容和研究方法，也像其他学科的学者一样，为解决中国的社会问题和文化问题提供自己的全部帮助。在笔者看来，该著无疑是运用底层视野研究历史问题的中国民俗史学成果的成功范例，而中国民俗史学的研究，在根本上，属于当代中国社会史研究的范畴，因此，可以借以说明当代中国社会史学界受西方学术思潮的影响，实现了研究视野和范式转换的问题。

说是受到国外史学思潮的启发和影响。应该说，学者们普遍认识到，1990年代后"在'眼光向下'的研究视野之外，一些学者体验国外学者所倡导的'自下而上'的社会史研究，这一转变对中国社会史的进一步发展具有非常重要的意义：'自下而上'看历史在中国的实践，是对前者概念体系的重大改进，有可能避免新旧史学之间界限的模糊性"。① 可以说，只要细致分析当代中国社会史研究者自身的史学观念及其丰富史学实践成果，就会看出它们显现出来的西方新社会史研究（包括英国新社会史学派）的价值取向、史观倾向、学术视野和研究领域。

反之，英国马克思主义新社会史学的基本观念、理论方法和实践效应，也将随着当代中国社会史研究阵营的扩大和成果的丰富而得到不断传播与发扬光大。论者回顾当代中国社会史研究的历程基础上，认为中国社会史研究将有以下几个趋势："一是社会史与地理学、人类学、考古学、宗教学、社会学、民俗学、文学艺术等人文社会科学的对话加强，开展跨学科研究；二是地域社会的研究进一步深入，研究与人类关系密切的疾病、灾害的环境史将日益凸显；三是民众意识、信仰的探讨渐成风气，心态史与历史人类学的比重加强；四是深化人口、家庭、宗族、社会结构这些社会史基础问题的研究；五是探讨国家与社会、思想与社会、法制与社会这类从某一侧面强化整体历史研究的题目增加。"② 无疑这些都是英国马克思主义新社会史家比如霍布斯鲍姆等人早年就提倡的社会史研究的重要课题领域。③ 据此而论，这也是它在中国的本土化取向。因此中国社会史研究的理论和方法论取向，可以在英国新社会史学家那里找到学术连接点和思想渊源。

综合来看，西方社会史学和社会学的理论方法影响当代中国社会史研究是通过两条路径来实现的。

其一，当代中国社会史研究复兴时期，包括英国新社会史学家广泛参与的西方社会史学界关于社会史理论问题的讨论、观点与取向，直接启发了中国学者有关社会史的定义、社会史研究的范围和社会史的学科属性问题的论争。

如关于社会史研究中的"社会结构"问题，研究表明，当代中国社会史的兴起，同西方当代社会史的勃兴一样，兴起于社会学与历史学的交

① 赵世瑜、邓庆平：《20世纪中国社会史研究的回顾与思考》，《历史研究》2001年第6期。
② 常建华：《中国社会史研究的回顾与展望》，《光明日报》2001年3月20日。
③ See, E. J. Hobsbawm, "From Social History to the History of Society", in *On History*, The New Press（New York）1997, p. 83.

融渗透之中，从其兴起伊始，就把"社会结构"作为了学科研究的一个基本范畴。20 世纪 60 年代受社会学和人口学影响的英国"新史学"中，一个最突出的观点就是"结构功能主义"观点，社会结构的理论与方法在"新史学"中居于重要地位。自由主义历史学家和社会学家 H. 珀金提出了社会史的"总体史论"，其理论依据之一就是"社会结构"理论。他根据"系统结构"观点的原则把历史现实中相互有关方面的综合研究列入社会史的任务：（1）社会对周围自然环境的态度；（2）社会整体的结构；（3）这种结构功能的规律；（4）社会史问题和解决这些问题的方法；（5）社会意识。① 作为英国"新史学"最重要代表人物之一的社会史协会主席 A. 布雷格斯，与马克思主义社会史学家 E. 霍布斯鲍姆持相同看法，认为"社会史是这样的社会史，它从事结构和过程的研究。没有一种东西是与它没有联系的"。但是霍布斯鲍姆反对"社会学与人类学所创造的笼统的各种各样的结构主义模式。因为这样的模式把事物简单化了……而社会的现实状况是如此复杂，以致任何模式都根本无法恰当地对之描述或分析"。② 如果说需要其他分析方式来弥补单纯结构—功能主义分析模式的缺陷，那么"可以把人与精神、思想与事件的新型历史看做对社会—经济结构和趋势分析的补充，但不能视为它的替代物"。③

拷问历史事实和史学现象可以发现，关于"社会结构"内容的研究，实际上是英国新社会史学研究的主要内容之一，所以有学者认为，在英国社会史研究中，"对社会结构有两种互不排斥的、相互补充的不同解释。在一种解释中，研究社会历史共性和直接列入社会结构的社会基层组织。在另一种解释中，研究社会关系和各种结构的综合的社会方面"。④ 在英国马克思主义社会史学家看来，"社会系统发展的动力不是来源于自然环境，而是来自某种社会关系的结构。生态学的因素虽未被排除，但在分析中却作为从属和被动因素加以考虑"⑤。这种观念及其指导的社会历史研究成果，以汤普森名著《英国工人阶级的形成》最为典型，在这本著作

---

① 参见王先明《人、人口与社会结构——关于社会史一个基本理论问题之讨论》，《中国社会历史评论》第 5 辑。

② E. J. Hobsbawm, "The Contribution of History to Social Science", *International Social Science Journal*, Vol. xxxiii, No. 4, 1981, p. 629.

③ E. J. Hobsbawm, "The Revival of Narrative: Some Comments", *Past and Present*, No. 86 (Feb. 1980), pp. 6 - 7.

④ 兹韦列娃：《英国的社会史和"新史学"》，《国外社会科学动态》1989 年第 7 期。

⑤ 何平：《当代英国史学一瞥》，载陈启能主编《八十年代的西方史学》。

中，他从社会史和文化史相互关系的角度出发，重新追溯和研究英国工人阶级的生活状况、阶级意识的形成、阶级力量的发展历史，而关于文化因素的社会学考察，最能够体现他以社会结构的理论和方法见长的研究取向。显然，英国新社会史学家的这种马克思主义社会结构理论，对当代中国社会史研究具有非常重要的意义。正如中国学者认识到的那样，"社会结构是人与人之间结成的某种相对确定性关系。社会结构的大系统是由经济结构、政治结构、意识形态（文化）结构这三个子系统交互作用而组成"。① "社会结构"范畴既然已经成为当代社会科学中用以分析社会系统的一个最基本的概念和方法，那么也就成为当代中国社会史学的基本范畴。

其二，从理论借鉴、方法论争论到实证、田野研究的本土化转换途径。"迄今为止不到二十年的时间里，从形式上看，中国社会史学界已经过了对社会史概念与范畴、理论与方法、通史与专史等学科建设基本问题的讨论；大到系列的社会史丛书、断代的社会史研究，小到区域的社会史研究、各种各样的专题研究都进行了一定程度的尝试；西方社会史学界的代表性人物如布罗代尔、布洛克、勒华拉杜里及其代表著作纷纷以中文版问世，评介西方主要国家如法国、英国、美国、德国社会史研究的论著、论文更是令人目不暇接。然而，我们一面为中国社会史研究取得的成就而高兴，一面又为它表现出的稚嫩和问题而担忧。在借鉴吸收西方社会史研究有益成果的基础上，不少学者已发出了'社会史研究需要本土化'的呼声"②。

西方新社会史理论在中国的本土化和当代中国社会史研究的实践过程中，诸如华南学派的一些代表人物，以田野考察方式从事的区域社会史实证研究，既推进了中国社会史学界关涉的新社会史研究的理论方法、问题意识和价值取向，也取得了丰硕的实践成果。③

---

① 马敏：《过渡特征与中国近代社会形态》，《历史研究》1989 年第 1 期。

② 参见行龙《中国社会史研究中的几个问题》，http：//www.sxu.edu.cn/yjjg/shs/pagedata/problem.htm，关于中国社会史学界特别是近代社会史学界在社会史理论与本土化研究实践方面的尝试与努力，可参见行龙《二十年中国近代社会史研究之反思》，《近代史研究》2006 年第 1 期，第 6~8 页。

③ 2002 年，恰值纪念梁启超《新史学》发表百周年之际，全国三十余位实力派学者聚集一堂，以"中国需要什么样的新史学"为论域，从各自学科理论或研究的学术主题出发，对近代以来中国历史学研究的有关命题进行了大胆探索和交流。会议内容分主题论题荟萃成册出版，其中第五部分收入的几篇文章集中讨论了区域社会史研究的范式和区域社会史的实践建构问题，较好地反映了多学科交叉背景下的中国当代社会史研究的现状与前景，也可见西方新社会史观念的潜在影响。参见杨念群等主编《新史学——多学科对话的图景》（上、下），中国人民大学出版社，2003。

通过前文的论述和史例,我们曾经说明,英国新社会史学家主张"新社会史"的研究范式,尝试将研究视角由"自上而下"转变为"自下而上",同时,又力主"自上而下"与"自下而上"的有机结合。即通过"自下而上"的研究途径,运用阶级理论与阶级分析的方法研究底层阶级经历或基层历史思想,同时又不忽视上层阶级的历史,从而建构整体社会历史的图景,是霍布斯鲍姆等英国马克思主义社会史学家倡导"自下而上"的历史观念的重要外化形式。霍布斯鲍姆是英国马克思主义史学家中强调整体社会史观的主要代表,他的这种观念和社会史研究的目标视阈,在当代中国社会史研究学者那里获得了美妙的附合声音和有力的协奏回响。赵世瑜曾以《"自上而下"、"自下而上"和整合的历史观》为题著文,认为在社会变迁与科学发展的大背景下,20世纪的史学经历了许多重大的变化。"自上而下"看历史与"自下而上"看历史就是具有标志性意义的事件之一。认为"自上而下"或者"自下而上"看历史,实际上都暗含了一个"上"与"下"的二元对立关系。整合的历史观(Integrated historical view)则是"自下而上"看历史的进一步发展,它是观察历史的两种视角的有机综合。整合的历史观时刻要求我们把一个社会看做一个整体,我们所做的一切就是要了解历史上的社会是如何结成一个整体的,这个整体的各个部分之间究竟是什么样的关系,它们是怎样进行着相互间的调适、从而使社会能够正常地运行,这个整体的背后究竟有哪些力量或因素在起作用,即或凝聚、或分离、或改造这个整体及其部分等等,20世纪的史学史就是经历了这样一个方法论三部曲的发展过程。在中国,也许第二部曲在20世纪末刚拉开帷幕,而第三部曲的奏响还需要我们在21世纪继续努力。它将需要我们整个史学界的共同努力,同时也需要各个人文社会科学学科的强大助力。① 确实,域外的社会史理论资源需要与域内的史学现实结合,这实质上就是一个系统的本土化过程。就史学观念来说,恰如学者指出的那样,"不管目光向上,还是目光向下,首先似应目光向内;不管目光向上、向下,还是向内,其次似应将目光关注整体"。② 强调的就是理论资源的本土化和国际化问题。通过以上的简略考察,我们似乎可以大致理解中国社会史学界在实践中,是如何强调西方史

---

① 参见赵世瑜《"自上而下"、"自下而上"和整合的历史观》,2002年10月12日《光明日报》。

② 张妍:《今思新史学》,载杨念群等主编《新史学——多学科对话的图景》,第297~309页。

学理论在本土化过程的重要性问题。关于英国马克思主义史学的中国化问题，也应该遵循这样的原则，不过，具体情况在史学实践中要复杂得多，有待探研。

四　英国马克思主义史学研究在中国的发展方向

从学术发展史的角度来说，中国史学实践证明，关于英国马克思主义史学的研究和传播，必将为当代中国史学添加新的内容，也为中国马克思主义史学的发展增加了新的活力。实际上，对于整个西方马克思主义史学派别和马克思主义史学思想史的强烈关注，日渐成为中国史学研究特别是马克思主义史学研究领域的新的学术增长点。

就此而言，还有两点值得注意：

其一，应该从多角度、全方位地剖析包括英国马克思主义史学在内的西方马克思主义史学理论和史学实践。比如，继续对英国马克思主义史学思想史学科基本理论的研究、对英国马克思主义史学派的总体研究、对西方马克思主义史学在某个历史时期史学思想的比较研究、对马克思主义史学家的具体史学著作深化关注和史家的比较研究，进一步加强对英国马克思主义史学重要问题的研究。也就是说，充分引进新资料和运用新方法，展开对西方马克思主义史学的全面探讨。从时间跨度上，不但要注重其形成和发展时期，也要对其后期走向给予更多的关注。从研究对象及内容上，可以把眼光和视野扩大到西方各国马克思主义史学的学科领域，既要深入英国和法国等主要国家的马克思主义史学研究，也要涉及美国、日本乃至印度等国的马克思主义史学研究。在研究过程中，可以抓住两方面的重要问题：（1）加强对西方马克思主义史学的历史观及其支配下的史学理论和历史方法论问题的反思。其实，对西方新史学的研究，张芝联早就提出要"继续引进与讨论历史方法问题，更系统地研究一些历史学家和史学流派"。[1] 由此看来，在国际史学大背景下，我们在注重丰富多彩的西方马克思主义史学家本身及其学术思想的研究的同时，还可以把整个流派与其他西方新史学流派、中西方马克思主义史学、西方马克思主义史学内部各个分支派别间有关史学理论和历史实践问题进行比较研究。而在实际操作过程中，应该把握的原则是，新世纪西方马克思主义史学理论研究应该体现与其他多种史学理论之间的多维交流与对话，研究者的成果要体

---

① 参见张芝联《知己知彼，百战不殆》，《史学理论研究》2000 年第 1 期，第 6 页；《当代史学的成就与困惑》，《史学理论研究》1994 年第 4 期，第 83 页。

现西方各种史学流派及其史学理论和方法论的多元化、多样化和多维化特征。但这有一个前提，各种不同历史观及其支配下的史学理论观念虽有相互吸收相互并存和互补的趋势，但本质上的理论原则是难以相互融合和相互消弭的，不要混淆了它们的界限。正如有的学者所云，"未来的岁月里，不同历史观及其支配下的史学理论主张之间的讨论和斗争是不可避免的"。① 所以，西方马克思主义史学与其他林林总总新史学流派间的关系问题仍会是以后理论研究的重点之一。此外，理论上还应加强和深入经典马克思主义史学与西方马克思主义史学之间理论渊源关系、西方马克思主义哲学思潮与西方马克思主义史学思潮间的关系和如何界定西方马克思主义史学派等问题的研究。而对西方马克思主义史学进行研究的总体目标是要考察其发展过程中的几个重要方面，一是西方马克思主义史学主体在历史认识过程中是如何运用一定的思维方式和历史理论去解构或把握历史客体的过程；二是西方马克思主义史学家又是怎样将主体思维的认识成果运用恰当的历史编纂方法构造自己的史学思想，或通过对历史的解释和历史的叙述展示出自己的研究成果的过程；三是注意研究成果与历史本真间的关系与差异，努力协调与妥善处理历史的总体结构及其组成成分之间的关系。（2）在从事西方马克思主义史学研究的时候，应注意理论研究与具体实证研究有机的结合，用理论指导现实，理论研究不忽视现实的关怀。我们知道，具体研究和实证研究领域的进步非常重要，对西方马克思主义史学而言，实证领域的成果与进步，既是体现其内容丰富多彩广袤无垠的标志，又是促成西方马克思主义史学理论更新与发展必不可少的基础和前提，而对西方马克思主义史学历史观及其支配下的史学理论研究，又是对具体研究和实证研究的总结和提升。由此看来，史学理论上的深刻抽象和经验实证方面的热切关怀应是西方马克思主义史学研究两个重要的辩证环节。

其二，在加强对英国马克思主义史学进行理论反思的基础上，深刻把握马克思主义史学在中国的未来命运及其走向问题。随着 20 世纪 70、80 年代国外文化和理论界涌现的新思潮不断输入中国，英国马克思主义思潮随同其他西方新史学思潮一道，对中国史学研究产生的影响是不可忽视的。这种情形，使得史学界理论方法论探索的需要更加复杂化，同时关于英国马克思主义史学的研究也将更加丰富多彩。这就要求更新研究者本身的思想观念或提高研究者的马克思主义理论水平，加强对英国马克思主义

---

① 蒋大椿：《21 世纪史学理论研究断想》，《史学理论研究》2000 年第 1 期，第 12 页。

史学的理论反思能力。众所周知，西方马克思主义史学研究并不是一个纯学术问题，它必然涉及一系列重大的理论和实践问题，其中之一就是中西方史学理论和思想特别是中西方马克思主义史学理论和思想的批判与融合问题。所有这些问题的解决首先取决于研究者的综合素养，特别是史学研究素养。同时完善历史研究工作的组织机构建设，在大学和科研院所形成一支良好的研究梯队。而研究队伍面临的一个重要问题，就是理论和史观的养成问题。《求是》杂志发表了一组笔谈，正如编者按所言，在史学领域中，如何总结好以往的经验教训，把中国的马克思主义史学研究引向深入，这是新老学者都十分关注的问题。当代中国马克思主义史学的发展，需要在继承的基础上，进行创新和发展，从研究视野和历史角度来看，恰如学者指出的那样，就是在具体的史学实践中，既要坚持"自下向上"又要坚持"自上向下"的史学观念，要坚持两者的有机结合。[1] 这样，在理论研究和实证研究并重的史学实践过程上，中国史学或中国的马克思主义史学和社会史学才能够深入发展或上一个新的台阶。

然而时至今日，英国马克思主义史学的史学理论并没有得到足够重视和充分研究。早在 20 世纪末，就有学者撰文专门探讨了马克思主义在东西方的历史命运问题。[2] 后来又有学者对于改革开放后马克思主义史学的史学理论进行了初步总结，认为中国史学工作者对马克思主义史学在中国的发展过程、历史作用，如何准确理解和正确运用唯物史观及马克思主义史学理论本身进行了深刻反思。得到的结论是这一理论思考加深了人们对唯物史观基本原理的理解，明确了马克思主义史学的发展方向，坚定了发展马克思主义史学的信心，也促进了中国史学的发展。[3] 但是，文章并没有专门提及英国马克思主义史学在当代马克思主义史学中的地位问题，更没有论及中国学术界关于他们的史学理论认识情况。吴怀祺在《新中国史学五十年》一文中，对于新史国 50 年的史学进行了细分前后两个时期四个阶段的回顾与研究，认为中国史学是在反省和各种思潮碰撞中不断深化与开拓。文章总体上对新中国史学特别是马克思主义史学研究进行了反思。对于中国学人接受西方史学的新思潮和新观念进行了充分肯定，但是对于英国马克思主义史学有关史学理论问题的讨论、史学认识论中的有关

---

① 参见瞿林东、龚书铎等《面向新世纪，马克思主义史学研究如何深入——既要"自下向上"也要"自上向下"》，《求是》2000 年第 11 期。

② 参见马雪萍《马克思主义史学在东西方历史命运的考察》，《历史研究》1989 年第 3 期。

③ 参见许殿才《改革开放以来马克思主义史学理论的发展趋势》，《北京师范大学学报》（社会科学版）2004 年第 2 期，第 137～143 页。

史学主体和客体关系讨论也没有重视。①

就西方哲学发展史的角度来看，德国历史哲学家卡尔·雅斯贝斯早就认为，"在我们的时代，危机意识决定了历史意识。一百多年来，危机意识一直在滋长发展，并于今天成为几乎所有人的普遍意识"。② 就中国史学界现状来看，即使在那些具有较强的史学理论素养、较先进的现代意识和较完善的合理知识结构的历史学家中，也存在着对马克思主义理论和史学危机感的认识。当然也应该看到，这并不是一种消极的史学意识，而是追求史学进步、史学理论深化和史学科学化的自觉意识。黑格尔曾经说过，唯有在暮色苍茫自然姿态之中，罗马神话中的智慧女神密涅瓦的猫头鹰才开始展翅飞翔。有了这种自觉的理论需要和危机意识，历史学家的自我批评和关于马克思主义史学的自我反思才会更深邃、才会更有力度和更好地实现自身进步。有了这种危机意识，中国史学界才能够更好地理解中国史学如何应对马克思主义理论与实践，也更能够理解中国马克思主义史学自身的处境和未来发展命运。

正如学术界和理论界已经认识到的那样，从中国史学理论的走向来看，从20世纪50年代的思想迷惑到80年代掀起的"史学理论热"，再到90年代出现的"史学危机"，中国史学理论一直在曲折中发展。作为史学研究的灵魂和指导，史学理论的学术意义和科学功能被人们逐步地加以科学的认识和实践。进入21世纪以来，中国史学界又呈现出新一轮关于"史学理论热点问题和前沿问题"的讨论。其中，也确实存在着中西方学术思想界的"马克思主义热"的问题，个中原由可以从学者们的认识中得到某种解释，俞可平认为马克思主义的理论魅力主要基于三个因素："一是马克思主义的方法论，如辩证法、唯物史观、阶级分析方法等本身对自然界和社会发展具有极强的解释力，至今仍有着很强的生命力。二是马克思主义的价值观，即消灭剥削和压迫，充分发展人的个性，解放全人类，最终实现'自由人的联合体'，仍然是许多进步的和正直的学者所憧憬的理想。三是不少杰出的西方马克思主义学者不是死抠书本，而是始终站在时代和学术的前沿，对新出现的现实问题及时做出理论概括"。③ 应该说，这种解释较好地反映了马克思主义的未来趋向。但是，作为"史

① 参见吴怀祺《新中国史学五十年》，《河北学刊》1999年第5期，第137~143页。
② 卡尔·雅斯贝斯：《历史的起源与目标》，魏楚雄等译，华夏出版社，1989，第226页。
③ 俞可平：《怎样看待当代西方的"马克思主义热"》，http://www.online.sdu.edu.cn/，山大学生在线，2003年9月2日。

学是思想"中的马克思主义史学思想和指导理论，如何让马克思主义的
史学理论通过创新途径和发展路向而继续存在与发展壮大，结合史学研究
实际，尽可能地拓深和赓续马克思主义史学理论的思想内涵，是中国学术
界面临的一个关键理论和现实问题。面对 21 世纪史学理论创新问题，有
学者曾经总结了 20 世纪中国马克思主义史学理论发展的经验与教训，认
为不断拓新研究领域，加大理论研究力度才是 21 世纪史学理论创新的
关键。①

为了总结经验，推进中国的马克思主义史学理论和实践研究，中国史
学理论界经常进行学术讨论。如《中州学刊》发表了一组《新时期马克
思主义史学理论研究笔谈》，几位国内史学理论及史学史研究专家各呈己
见。其中有学者认为，对于包括马克思主义史学的史学理论和方法在内的
西方史学成果，我们应该坚持的几点做法是，"其一，对近百年来西方史
学入华史进行梳理，并对引入的西方史学理论及其在华的影响重新进行评
价。其二，对马克思主义史学发展史进行梳理，对马克思及马克思主义史
学与西方史学之间的承继关系进行新的思考。其三，对现当代西方史学理
论与方法进行梳理，积极引进，消化吸收，以求'洋为中用'"。② 英国
马克思主义史学既具有马克思主义史学属性，也具有西方新史学的基本特
征，因为它是西方新史学的重要组成部分，中国学术界对它的态度自然也
应该作如是观。

研究表明，自从以 1848 年马克思发表《共产党宣言》，随后以唯物
史观的创立为标志马克思主义诞生以来，马克思主义史学也随着史学的科
学化与专业化趋势一同发展演变。但在中国，总体上，马克思主义是扮演

---

① 参见张艳国《中国马克思主义史学理论的再发展：继承与创新》，《社会科学辑刊》
  2000 年第 1 期。
② 张广智：《西方史学与马克思主义史学》，《中州学刊》2000 年第 1 期，第 110～111 页。
  面对发展 21 世纪中国马克思主义的新史学问题，张广智多年来从中外史学交流的角度，
  写出了系列文章，专门讨论如何深化和建设中国的马克思主义史学问题，提出系列观
  点：其一，通过"回到马克思，发展马克思"的途径，永葆马克思主义史青春和生命
  力。其二，中国马克思主义史学的建设，既要借助外力即引进域外史学因素，又要确保
  中国史学家的主体意识，立足中国史学的历史与现实。其三，以实事求是和继承创新的
  态度对待马克思主义史学遗产。其四，在西方史学理论和中国史学的结合研究、西方史
  学理论与西方史学史的结合研究前提下，推动马克思主义史学研究的更大进展。参见张
  广智《当代中国对西方史学理论的研究》，载何兆武、陈启能主编《当代西方史学理
  论》；《21 世纪中国的西方史学理论研究刍议》，《史学理论研究》2001 年第 3 期；《关
  于马克思主义史学遗产传承中的几个问题》，《复旦学报》（社科版）2005 年第 5 期；
  《再论 20 世纪中外史学交流史的若干问题》，《学术研究》2006 年第 4 期。等等。

着一种学术思潮和一种社会政治变革力量的指导思想双重角色，担负着改造中国学术或中国社会的两重理论身份与文化认同。实际上，马克思主义在近代中国以来的命运，甚至更多地或总是被从单纯政治意识形态的需要出发，受到重视和打压，研究和运用。而1980年代以来，随着中国思想界重新确认西方思潮理论和科学知识地位的实事求是的态度转变，对于马克思之后的英国马克思主义史学，中国史学界则基本上保持着学术研究和政治利用的距离，不再单纯地从意识形态政治的角度，而从史学与现实、域外史学思想与中国史学本身变化需要、史学研究的价值取向与史学领域的主题转变之间的关系角度出发，进行了较为深入的研究。但是，也必须指出，这种研究还是停留在对英国马克思主义史学派进行个案专题性研究的阶段。然而不可否认的是，这股创立于20世纪40、50年代的新史学派，自从新时期引进中国史学界后，确实开拓了我们的视野，深化了我们对马克思主义史学的认识，更新着中国社会史研究领域的观念和方法。确如前文所指出的，在汤普森和霍布斯鲍姆等英国马克思主义历史学家那里，他们对经典马克思主义历史理论的继承态度与发展水平，一定程度上，也是对以唯物史观为核心的马克思主义史学理论的重新认识与理解，并把它作为史学研究的指导思想，这本身就是一个理论创新的过程，也是英国马克思主义史学理论创新的重要体现。现在，可以更加深刻地认识到，英国马克思主义历史学家在有关史学本体论、认识论和方法论诸方面，都坚持了马克思主义的传统精髓，又创造性地加以合理发展。他们的理论和方法在不同的程度和范围内，对我们的历史研究仍具有启发作用。需要切实借鉴英国马克思主义的史学理论，运用于中国历史学的现实研究和历史研究课题实践中去。

截至目前，英国马克思主义历史学、英国马克思主义历史学派研究及其在中国的传播问题，以不同的形式开展起来，并在当代中国马克思主义史学发展史上占有一定的地位。特别是自改革开放以来，这样大规模的研究、讨论和传播，绝对是以往不曾有过的。因此，如何正确认识英国马克思主义史学与中国史学的关系问题也将是今后中国史学发展过程中的一个重要问题，在一定程度上，它也是关系到中国当代史学改革和发展的重大问题。

主要参考文献

一 中文部分

（一）著作

1. 爱德华·W. 萨义德：《知识分子论》，单德兴译，生活·读书·新知三联书店，2002。
2. 爱德华·卡尔：《历史是什么?》，吴柱存译，商务印书馆，1982。
3. 安东尼奥·葛兰西：《狱中札记》，曹雷雨等译，中国社会科学出版社，2000。
4. 安东尼·史密斯：《民族主义：理论，意识形态，历史》，叶江译，上海人民出版社，2006。
5. 阿诺德·汤因比：《汤因比与厄本对话录：汤因比论汤因比》，王少如、沈晓红译，上海三联书店，1997。
6. E. P. 汤普森：《英国工人阶级的形成》（上、下），钱乘旦等译，译林出版社，2001。
7. 埃里·凯杜里：《民族主义》，张明明译，中央编译出版社，2002。
8. 埃里克·霍布斯鲍姆：《民族与民族主义》，李金梅译，上海人民出版社，2000。
9. 埃里克·霍布斯鲍姆：《史学家：历史神话的终结者》，马俊亚、郭英剑译，上海人民出版社，2002。
10. 埃里克·沃尔夫：《欧洲与没有历史的人民》，赵丙祥等译，上海人民出版社，2006。
11. 埃瑞克·霍布斯鲍姆：《匪徒：秩序化生活的异类》，李立玮、谷晓静译，中国友谊出版社，2001。
12. 艾瑞克·霍布斯鲍姆、安东尼奥·波立陶：《霍布斯鲍姆：新千年访谈录》，殷雄、田培义译，新华出版社，2000。
13. 艾瑞克·霍布斯鲍姆：《帝国的年代》，贾士蘅译，江苏人民出版社，1999。
14. 艾瑞克·霍布斯鲍姆：《非凡的小人物：反抗、造反及爵士乐》，王翔译，新华出版社，2001。

15. 艾瑞克·霍布斯鲍姆：《革命的年代》，王章辉等译，江苏人民出版社，1999。

16. E. 霍布斯鲍姆、T. 兰格：《传统的发明》，顾杭、庞冠群译，译林出版社，2004。

17. 巴尔格：《历史学的范畴和方法》，莫润先、陈桂荣译，华夏出版社，1989。

18. 保罗·利科：《法国史学对史学理论的贡献》，王建华译，上海社会科学院出版社，1992。

19. 别尔嘉耶夫：《历史的意义》，张雅平译，学林出版社，2002。

20. B. A. 哈多克：《历史思想导论》，王加丰译，华夏出版社，1989。

21. 本尼迪克特·安德森：《想象的共同体：民族主义的起源与散布》，吴叡人译，上海人民出版社，2005。

22. 鲍绍霖编《西方史学的东方回响》，社会科学文献出版社，2001。

23. 彼得·伯克：《历史学与社会理论》，姚朋、周玉鹏译，上海人民出版社，2001。

24. 蔡少卿主编《再现过去：社会史的理论视野》，浙江人民出版社，1988。

25. 陈启能等：《马克思主义史学新探》，社会科学文献出版社，1999。

26. 陈启能主编《当代西方史学思想的困惑》，中国社会科学出版社，1991。

27. 陈启能主编《二战后欧美史学的新发展》，山东大学出版社，2005。

28. 杜经国等：《历史学概论》，高等教育出版社，1990。

29. 丹尼斯·史密斯：《历史社会学的兴起》，周辉荣、井建斌等译，上海人民出版社，2000。

30. 大卫·麦克里兰：《意识形态》，孔兆政、蒋龙翔译，吉林人民出版社，2005，第2版。

31. 戴维·斯沃茨：《文化与权力：布尔迪厄的社会学》，陶东风译，上海译文出版社，2006。

32. 丁耘、陈新主编《思想史研究》（第Ⅰ卷），广西师范大学出版社，2005。

33. 德罗伊森著、耶尔恩·吕森、胡昌智编选《历史知识理论》，胡昌智译，北京大学出版社，2006。

34. 戴维·麦克莱伦：《马克思以后的马克思主义》，李智译，中国人民大学出版社，2004。

35. 厄内斯特·盖尔纳：《民族与民族主义》，韩红译，中央编译出版社，2002。

36. 《第欧根尼》中文精选版编辑委员会编选《对历史的理解》，商务印书馆，2007。

37. 费尔南·布罗代尔：《资本主义论丛》，顾良、张慧君译，中央编译出版社，1997。

38. 费尔南·布罗代尔：《菲利普二世时代的地中海和地中海世界》（上卷），唐家龙、曾培耿等译，商务印书馆，1996。

39. 费尔南·布罗代尔：《菲利普二世时代的地中海和地中海世界》（下卷），吴模信译，商务印书馆，1996。

40. 费希特：《论学者的使命和人的使命》，梁志学、沈真译，商务印书馆，1984。

41. 弗里德里克·詹姆逊：《政治无意识》，王振逢、陈永国译，中国社会科学出版社，1999。

42. 贡德·弗兰克：《白银资本——重视经济全球化中的东方》，刘北成译，中央编译出版社，2000。

43. 郭圣铭：《西方史学史概要》，上海人民出版社，1983。

44. 何兆武、陈启能主编《当代西方史学理论》，中国社会科学出版社，1996。

45. 何兆武：《历史理性批判论集》，清华大学出版社，2001。

46. 何兆武主编《历史理论与史学理论——近现代西方史学著作选》，刘鑫等译，商务印书馆，1999。

47. 黑格尔：《历史哲学》，王造时译，上海书店出版社，1999。

48. 哈拉尔德·韦尔策编《社会历史：历史、回忆、传承》，季斌、王立君、白锡堃译，北京大学出版，2007。

49. 汉斯—格奥尔格·伽达默尔：《真理与方法》，洪汉鼎译，上海译文出版社，1999年或2004。

50. 霍布斯鲍姆：《极端的年代》（上），郑明萱译，江苏人民出版社，1999。

51. 霍布斯鲍姆：《极端的年代》（下），郑明萱译，江苏人民出版社，1999。

52. 基思·詹金斯：《论"历史是什么？——从卡尔和艾尔顿到罗蒂和怀特》，江政宽译，商务印书馆，2007。

53. 基佐：《欧洲文明史——自罗马帝国败落起到法国革命》，程洪逵、沅芷译，商务印书馆，1998。

54. 姜义华等：《史学导论》，复旦大学出版社，2003。

55. 杰弗里·巴勒克拉夫：《当代史导论》，张广勇、张宇宏译，上海社会科学院出版社，1996。

56. 杰弗里·巴勒克拉夫：《当代史学主要趋势》，杨豫译，上海译文出版社，1987。

57. 吉尔·德拉诺瓦：《民族与民族主义》，郑文彬、洪晖译，生活·读书·新知三联书店，2005。

58. J. D. 贝尔纳：《科学的社会功能》，陈体芳译，广西师范大学出版社，2003。

59. 江华：《世界体系理论研究——以沃勒斯坦为中心》，上海三联书店，2007。

60. 卡尔·波普尔：《历史主义贫困论》，何林、赵平等译，中国社会科学出版社，1998。

61. 卡尔·柯尔施：《卡尔·马克思——马克思主义的理论和阶级运动》，熊子云、翁延真译，重庆出版社，1996。

62. 卡尔·雅斯贝斯：《历史的起源与目标》，魏楚雄等译，华夏出版社，1989。

63. 柯林武德：《历史的观念》，何兆武、张文杰译，中国社会科学出版社，1986。

64. 卢卡奇：《历史和阶级意识——关于马克思主义辩证法的研究》，杜章智、任立、燕宏远译，商务印书馆，1992。

65. 李剑鸣：《历史学家的修养和技艺》，上海三联书店，2007。

66. 雷蒙·威廉斯：《关键词：文化与社会的词汇》，刘建基译，生活·读书·新知三联书店，2005。

67. 陆象淦：《现代历史科学》，重庆出版社，1991。

68. 陆象淦主编《新大陆 VS. 旧大陆》（当代人文译丛，第 I 辑），社会科学文献出版社，2006。

69. 罗凤礼主编《现代西方史学思潮评析》，中央编译出版社，1996。

70. 罗素：《论历史》，何兆武、肖巍、张文杰译，广西师范大学出版社，2001。

71. 刘北成、陈新：《史学理论读本》，北京大学出版社，2006。

72. 刘纪刚主编《马克思主义美学研究》第 4 辑，广西师范大学出版社，2001。

73. 刘新成主编《历史学百年》，北京出版社，1999。

74. 马丁·吉尔伯特：《二十世纪世界史》（第1卷），史建云等译，陕西师范大学出版社，2000。

75. 马克·布洛赫：《历史学家的技艺》，张和声、程郁译，上海社会科学院出版社，1992。

76. 玛丽亚·露西娅·帕拉蕾丝—伯克编《新史学：自白与对话》，彭刚译，北京大学出版社，2006。

77. 庞卓恒主编《西方新史学述评》，高等教育出版社，1992。

78. 庞卓恒：《唯物史观与历史科学》，高等教育出版社，1999。

79. 庞卓恒：《史学概论》，高等教育出版社，2006。

80. 佩里·安德森：《绝对主义国家的系谱》，刘北成、龚晓庄译，上海人民出版社，2001。

81. 钱乘旦、陈晓律等著：《日落斜阳：20世纪英国》，华东师范大学，1999。

82. 钱乘旦、许洁明：《英国通史》，上海社会科学院出版，2002。

83. 钱乘旦、陈晓律：《英国文化模式溯源》，上海社会科学出版社，2003。

84. 乔治·皮博迪·古奇：《十九世纪历史学与历史学家》，耿淡如译，商务印书馆，1997。

85. 施密特：《历史和结构——论黑格尔马克思主义和结构主义的历史学说》，张伟译，重庆出版社，1996。

86. 斯宾格勒：《西方的没落》，齐世荣等译，商务印书馆，1991。

87. 斯塔夫里阿诺斯：《全球通史——1500年以前的世界》，吴象婴、梁赤民译，上海社会科学院出版社，1999。

88. 孙伯鍨：《卢卡奇与马克思》，南京大学出版社，1999。

89. 舒小昀：《分化与整合：1688～1783年英国社会结构分析》，南京大学出版社，2003。

90. 汤因比：《历史研究》，曹未风等译，上海人民出版社，1986。

91. 特里·伊格尔顿：《历史学中的政治、哲学、爱欲》，马海良译，中国社会科学出版社，1999。

92. 王邦佐等：《中国政党制度的社会生态分析》，上海人民出版社，2000。

93. 吴泽主编《史学概论》，安徽教育出版社，2000。

94. 徐浩、侯建新：《当代西方史学流派》，中国人民大学出版社，1996。

95. 徐迅：《民族主义》（修订版），中国社会科学文献出版社，2005。

96. 雅克·勒高夫：《新史学》，姚蒙编译，上海译文出版社，1989。

97. 约翰·B. 汤普森：《意识形态与现代文化》，高铦译，译林出版社，2005。

98. 约翰·托什：《史学导论：现代历史学的目标、方法和新方向》，吴英译，北京大学出版社，2007。

99. 严建强、王渊明：《从思辨的到分析与批判的西方历史哲学》，浙江人民出版社，1997。

100. 于沛、周荣耀主编《中国社会科学院世界历史研究所学术论文集 1964~2004》（史学理论卷），中国社会科学出版社，2004。

101. 于尔根·科卡：《社会史的理论与实践》，景德祥译，上海人民出版社，2006。

102. 杨豫、胡成：《历史学的思想和方法》，南京大学出版社，1999。

103. 姚军毅：《论进步观念》，中国社会科学出版社，2000。

104. 杨念群、黄兴涛、毛丹：《新史学：多学科对话的图景》（上、下），中国人民大学出版社，2003。

105. 易兰：《兰克史学研究》，复旦大学出版社，2006。

106. 伊格尔斯：《欧洲史学新方向》，赵世玲、赵世瑜译，华夏出版社，1989。

107. 伊格尔斯：《20世纪的历史学——从科学的客观性到后现代的挑战》，何兆武译，辽宁教育出版社，2003。

108. 伊曼纽尔·沃勒斯坦：《现代世界体系》（I卷），龙来寅等译，高等教育出版社，1998。

109. 伊曼纽尔·沃勒斯坦：《现代世界体系》（II卷），吕丹等译，高等教育出版社，1998。

110. 伊曼纽尔·沃勒斯坦：《现代世界体系》（III卷），孙立田等译，高等教育出版社，2000。

111. 尤尔根·哈贝马斯：《重建历史唯物主义》，郭官义译，社会科学文献出版社，2000。

112. 袁吉富：《历史认识的客观性问题研究》，北京大学出版社，2000。

113. 阎照祥：《英国史》，人民出版社，2003。

114. 张广智、张广勇：《史学，文化中的文化——文化视野中的西方史学》，浙江人民出版社，1990。

115. 张广智、张广勇：《现代西方史学》，复旦大学出版社，1996。

116. 张广智主著《西方史学史》，复旦大学出版社，2004，第2版。

117. 张文杰等编译《现代西方历史哲学译文集》，上海译文出版社，

1984。

118. 朱政惠：《美国中国学史研究》，上海古籍出版社，2004。

119. 张雄、王晶雄主编《新编现代西方社会思潮》，上海社会科学院出版社，1999。

120. 张艳国：《张艳国自选集》，华中理工大学出版社，1999。

121. 赵世瑜：《眼光向下的革命：中国现代民俗学思想史论1918～1937》，北京师范大学出版社，1999。

122. 赵世瑜：《狂欢与日常——明清以来的庙会与民间社会》，三联书店，2002。

123. 中国美国史研究会：《现代史学的挑战——美国历史协会主席演说集（1961～1988）》，王建华等译，上海人民出版社，1990。

124. 中国社会科学杂志社编《社会科学与公共政策》，社会科学文献出版社，2000。

125. 周樑楷：《史学思想与现实意识的辩证：近代英国左派史家的研究》，合志文化事业股份有限公司，2001。

126. 张广智主编《20世纪中外史学交流》，北京师范大学出版社，2007。

（二）论文

1. 埃里克·霍布斯鲍姆：《从历史看社会主义的未来》，《马克思主义与现实》1998年第2期。

2. 查特吉：《关注底层》，《读书》2001年第8期。

3. 常建华：《中国社会史研究十年》，《历史研究》1997年第1期。

4. 陈启能：《略论当代西方史学的观念变革》，《学习与探索》1996年第1期。

5. 陈启能：《西方史学的发展趋势》，《历史研究》1993年第2期。

6. 陈启能：《二战后西方历史学的发展趋势》，《学习与探索》2002年第1期。

7. 陈立柱：《西方中心主义的初步反省》，《史学理论研究》2005年第2期。

8. 蔡少卿等：《回顾与前瞻——关于社会史研究的几个问题》，《历史研究》1989年第4期。

9. 邓广：《〈新左翼评论〉的"更新"》，《国外理论动态》2001年第7期。

10. 邓京力：《新时期中国社会史发展趋势研究》，《史学理论研究》2000年第1期。

11. 德里克：《后现代主义与中国历史》，《中国学术》2001 年第 1 期。

12. 大卫·伦顿著、王代月摘译：《英国马克思主义史学及其反思》，《国外理论动态》2006 年第 7 期。

13. 恩里科·弗洛雷斯卡诺：《历史学的社会职责》，《第欧根尼》1994 年第 168 期。

14. 樊骏：《论文学史家王瑶》，《文学评论》1994 年第 5 期。

15. 弗朗索瓦·贝达里达：《历史实践与责任》，《第欧根尼》（中文版）1996 年第 1 期（总第 23 期，1996 年 6 月）。

16. 冯尔康：《开展社会史研究》，《历史研究》1987 年第 1 期。

17. 葛志毅：《由社会史研究引发的史学思考——论史学发展中的科学化与大众性问题》，《求是学刊》1997 年第 5 期。

18. 何平：《托玛斯博士谈英国史学》，《史学理论》1988 年第 4 期。

19. 赫苏斯·加西亚·马林：《马克思、马克思主义和总体历史学——皮埃尔·维拉尔教授访问记》，《国外社会科学动态》1983 年第 9 期。

20. 侯建新：《西方社会史定义与发展趋势》，《世界史研究动态》1992 年第 5 期。

21. 霍布斯鲍姆等：《卡尔·马克思——百年不衰》，《国外社会科学动态》1983 年第 9 期。

22. 霍布斯鲍姆：《葛兰西思想评论》，《国外社会科学动态》1982 年第 12 期。

23. 霍布斯鲍姆：《判断马克思主义的思想或观点的标准》，《国外社会科学动态》1983 年第 3 期。

24. 霍布斯鲍姆：《"马克思至今仍然是具有重大现实意义的人物"——霍布斯鲍姆访谈录》，《当代世界社会主义问题》2005 年第 1 期。

25. 霍布斯鲍姆：《没有权利的权力——霍布斯鲍姆谈美国的"人权帝国主义"和欧美关系》，《国外理论动态》2003 年第 11 期。

26. 霍布斯鲍姆：《认同政治与左翼》，《马克思主义与现实》1999 年第 2 期。

27. 霍布斯鲍姆：《工人运动的世纪》，《当代世界与社会主义》2002 年第 6 期。

28. 霍布斯鲍姆：《从历史看社会主义的未来》，《马克思主义与现实》1999 年第 2 期。

29. 霍布斯鲍姆：《摆脱困境——社会主义仍然富有生命力》，《国外社会科学文摘》1992 年第 1 期。

30. 霍布斯鲍姆：《国家与全球化》，《国外社会科学文摘》1999 年第 8 期。

31. 霍布斯鲍姆：《当今的意识形态危机》，《国外社会科学》1993 年第 6 期。

32. 姜芃：《霍布斯鲍姆与新社会史》，载陈启能主编《八十年代的西方史学》，中国社会科学出版社，1990。

33. 姜芃：《试析英国马克思主义史学的现状和历史命运》，《史学理论研究》1998 年第 3 期。

34. 姜芃：《中国社会史的发展与英国新社会史：若干比较与思考》，《史学理论研究》1994 年第 1 期。

35. 姜芃：《霍布斯鲍姆的世界体系思想》，载《世界历史研究所学术文集》，江西人民出版社，2002。

36. 姜芃：《霍布斯鲍姆的马克思主义史学研究》，《山东社会科学》1992 年第 2 期。

37. 姜芃：《E. P. 汤普森的史学思想研究》，《史学理论研究》1992 年第 2 期。

38. 姜芃：《20 世纪的世界体系——读霍布斯鲍姆的〈极端的年代〉》（上、下），《历史教学问题》2003 年第 3 期、第 4 期。

39. 井上幸治：《年鉴学派成立的基础——亨利·贝尔在法国史学史中的地位》，《国外社会科学》1980 年第 6 期。

40. 居伊·布瓦：《马克思主义和新史学》，《国外社会科学动态》1981 年第 4 期。

41. 科吉斯托夫·波米扬：《史学：从道德科学到电脑》，《第欧根尼》（中文版）2000 年第 2 期（总第 32 期，2000 年 12 月）。

42. 李剑鸣：《本土资源与外国史研究》，《南开学报》2003 年第 2 期。

43. 李剑鸣：《关于二十世纪美国史学的思考》，《美国研究》1999 年第 1 期。

44. 刘军：《E. P. 汤普森阶级理论述评》，《世界历史》1996 年第 6 期。

45. 刘为：《历史学家是有用的——访英国著名史学家 E. J. 霍布斯鲍姆》，《史学理论研究》1992 年第 4 期。

46. 罗依德：《社会史的理论方法》，《世界史研究动态》1991 年第 11 期。

47. 马雪萍等：《现代西方史学理论发展的趋向和特点》，《史学理论》1987 年第 3 期。

48. 孟凡东：《亚洲区域模式论——滨下武志教授的"亚洲史重构"研

究》，《历史教学问题》2005 年第 5 期。

49. 迈克尔·罗伯茨：《历史》，《国际社会科学杂志》（中文版），第 15 卷第 3 期（1998 年 8 月）。

50. 尼尔·J. 斯梅氏尔瑟：《社会学理论》，《国际社会科学杂志》（中文版），第 12 卷第 1 期（1995 年 2 月）。

51. 瞿林东、龚书铎等：《面向新世纪，马克思主义史学研究如何深入——既要"自下向上"也要"自上向下"》，《求是》2000 年第 11 期。

52. 庞卓恒：《让马克思主义史学宏扬于国际史坛——访英国著名马克思主义史学家希尔顿》，《史学理论》1987 年第 3 期。

53. 庞卓恒：《唯物史观与西方史学的危机与变迁》，《世界历史》1984 年第 4 期。

54. 普里皮斯诺夫：《论历史唯物主义与历史学的关系》，《哲学问题》1961 年第 1 期。

55. 沈汉：《纪念英国左翼史学家拉菲尔·萨缪尔》，《史学理论研究》1998 年第 1 期。

56. 沈汉：《评爱德华·汤普森的新作〈民众的习惯〉》，《史学理论研究》1992 年第 2 期。

57. 沈汉：《爱德华·汤普森的史学思想》，《历史研究》1987 年第 6 期。

58. 沈汉：《希尔与英国革命史研究》，《世界史研究动态》1988 年第 11 期。

59. 沈汉：《史学巨擘 杰出一生：悼念爱德华·汤普逊》，《世界历史》1994 年第 1 期。

60. 邵大伟：《当代西方新马克思主义历史理论评析》，《郑州大学学报》（哲学社会科学版）2005 年第 1 期。

61. 松村高夫：《英国社会史研究与马克思主义史学》，《国外社会科学》1985 年第 1 期。

62. 唐纳德·奥斯特洛夫斯基：《回到史料》，《第欧根尼》（中文版）1989 年第 1 期（总第 9 期，1989 年 6 月）。

63. 涂志勇：《英国新社会史学派概述》，《社会科学》（沪）1986 年第 10 期。

64. 王尔勃：《雷蒙德·威廉斯及其晚期代表作〈马克思主义与文学〉》，载刘纪刚主编《马克思主义美学研究》第 4 辑，广西师范大学出版社，2001。

65. 王加丰：《伏尔泰的世界史观》，《华东师范大学学报》（哲社版）

1997 年第 4 期。

66. 王家范：《解读历史的沉重——评弗兰克的〈白银资本〉》，《史林》2000 年第 4 期。

67. 王家范：《中国社会史学科建设刍议》，《历史研究》1989 年第 4 期。

68. 王学典：《新时期史学思潮的演变》，《中国社会科学》1994 年第 2 期。

69. 王先明：《中国社会史理论研究概述》，《中国史研究动态》1992 年第 5 期。

70. 王先明：《试论社会史研究对象及其范围》，《河北学刊》1990 年第 2 期。

71. 王先明：《中国近代社会史研究的历史、现状与未来》，《晋阳学刊》2004 年第 1 期。

72. 沃尔冈·屈特勒：《马克思主义史学与"叙事体"史学》，《史学理论》1988 年第 1 期。

73. 谢天冰：《英国的社会史研究评述》，《世界史研究动态》1993 年第 3 期。

74. 徐浩：《弘扬马克思主义的历史科学——英国马克思主义史学辨析》，《学习与探索》1993 年第 6 期。

75. 徐浩：《论西方马克思主义史学的演进》，《学习与探索》1994 年第 6 期。

76. 徐浩：《马克思主义与西方史学的变迁》，《学习与探索》1991 年第 2 期。

77. 许殿才：《改革开放以来马克思主义史学理论的发展趋势》，《北京师范大学学报》（社会科学版）2004 年第 2 期。

78. 孟广林：《密切追踪西方史学流派、深化我国的世界史研究》，《河南大学学报》2001 年第 1 期。

79. 伊格尔斯：《近十五年西方历史学的新发展》，《文史哲》2005 年第 4 期。

80. 于沛：《变动中的西方史学》，《当代中国史研究》2003 年第 6 期。

81. 于沛：《外国史学理论的引入和回响》，《历史研究》1996 年第 3 期。

82. 于沛：《面向新世纪的中国史学理论研究》，《史学理论研究》2003 年第 3 期。

83. 于沛：《没有理论就没有历史科学——20 世纪中国史学理论的回顾与思考》，《史学理论研究》2000 年第 3 期。

84. 于尔根·科卡:《20 世纪下半叶国际历史科学的新潮流》,《史学理论研究》2002 年第 1 期。

85. 易克信:《霍布斯鲍姆论唯物史观》,《国外社会科学》1994 年第 7 期。

86. 俞吾金:《突破"欧洲中心论"的思维框架》,《学术月刊》1998 年第 5 期。

87. 张广勇:《论美国史学理论取向》,《史林》1996 年第 4 期。

88. 张玲蓉:《战后美国史学主要流派及方法论述》,《杭州师范学院学报》1996 年第 2 期。

89. 张澜、鄢玉枝:《从地方性知识角度看西方独特价值的普遍性叙事》,《江西社会科学》2006 年第 6 期。

90. 张广智:《马克思主义史学的新趋向》,《历史教学问题》1997 年第 6 期。

91. 张广智:《西方史学与马克思主义史学理论》,《中州学刊》2000 年第 1 期。

92. 张广智:《21 世纪中国的西方史学理论研究刍议》,《史学理论研究》,2000 年第 4 期。

93. 张广智:《关于马克思主义史学遗产传承中的几个问题》,《复旦学报》(社科版) 2005 年第 5 期。

94. 张旭鹏:《文化、权力与世界历史——兼评埃里克·沃尔夫〈欧洲与没有历史的人民〉》,《史学理论研究》2007 年第 4 期。

95. 周樑楷:《1956 年对英国马克思史家的冲击:以哈布斯颁和汤姆森为分析对象》,载国立中兴大学历史学系主编《第三届史学史国际研讨会论文集》,台湾青峰出版社,1992。

96. 周樑楷:《英国史学上的"经济史取向":其形成及艾希顿的贡献》,载中兴大学历史系主编《中西史学史研讨会论文集》,台中中兴大学,1986。

97. 周俊文:《英国史学家霍布斯鲍姆论工业革命》,《世界史研究动态》1985 年第 6 期。

98. 兹韦耶列娃、列宾娜:《英国的社会史和"新史学"》,《世界史研究动态》1989 年第 2 期。

99. 周晓虹:《浅论社会史研究的若干理论问题》,《历史研究》1997 年第 3 期。

100. 朱政惠:《柯文教授的清史研究》,《江西师范大学学报》(哲社版)

2004 年第 6 期。

101. 朱政惠等：《20 世纪中外史学交流回顾》，《史林》2004 年第 5 期。

102. 赵世玲：《人·文化·历史——爱德华·汤普森及其〈英国工人阶级的形成〉》，《史学理论》1987 年第 4 期。

二　英文部分

（一）著作

1. Barraclough, G. 1955: *History in a Changing World*, Norman: University of Oklahoma Press.

2. Blackburn, R. 1972: *Ideology in Social Science*：*Readings in Critical Social Theory*, London: Fontana/Collins.

3. Bloch, M. 1983: *Marxism and Anthropology*, Oxford.

4. Burckhardt, J. 1958: *Judgments on History and Historians*, London: S. J. Reginald Saunders & Company.

5. Burke, P. 1980: *History and Sociology*, London: George Allen and Unwin.

6. Cantor, N. F. 1997: *The American Century*：*Varieties of Culture in Modern Times*, New York: Harper Collins Publishers.

7. Chatterjee, 1993: *The Nation and Its Fragments*, Princeton: Princeton University Press.

8. Cornforth, M. (ed) 1978: *Rebel and Their Causes*：*Essays in Honor of A. L. Mortom*, London: Lawrence and Wishart.

9. Corner Paul. 1985, "Marxism and British Historiographical Tradition", in Zygmunt G. Baranski (ed, .) Developing Contemporary Marxism, London: The Mac Millan Press.

10. Dobb, M. 1946: *Studies in the Development of Capitalism*, London: Routledge and Kegan Paul.

11. Dworkin, D. 1997: *Cultural Marxism in Postwar Britain*：*History*, *the New Left*, *and the Origins of Cultural Studies*, Durnam and London: Duke University Press.

12. Feinstein, C. H. (ed) 1967: *Socialism Capitalism and Economic Growth*, Cambridge: Cambridge University Press.

13. Forgacs, D. (ed.) 2000, *The Antonio Gramsci Reader*：*Selected Writings*, *1916 - 1935*, New York: New York University.

14. Fogel, R. W. , and Elton, G. R. 1983: *Which Road to the Past*：*Two Views of*

History, London: Yale University Press.

15. Galtung, J. , and Inayatullah, S. 1997: *Macrohistory And Macrohistorians*: *Perspectives on Individual*, *Social*, *and Civilizational Change*, London: Westport, Connecticut.

16. Gilbert, F. , and Graubard, S. R. 1972: *Historical Studies Today*, New York.

17. Gutta, R. 1983: *Elementary Aspects of Peasant Insurgency*, Delhi: Oxford University Press.

18. Hill, C. 1956: *Economic Problems of the Church*: *From Archbishop Whitgift to the Long Parliament* Oxford: Oxford University Press.

19. Hill, Chr. 1955: *The English Revolution*: *1640*, London: Lawrence and Wishart.

20. Hill, Chr. 1957: *The World Turned Upside Down*, Harmondsworth: Penguin.

21. Hilton, R. 1983: *A Medieval Society*, Cambridge: Cambridge University Press.

22. Hilton, R. 1987: *The Transition from Feudalism to Capitalism*, London: Version.

23. Hobsbawm, E. 1994: *The Age of Extremes*: *A History of the World 1914 – 1991*, New York: Pantheon books.

24. Hobsbaw, E. J. , and Rude, G. 1969: *Captain Swing*, London: Lawrence & Wishart.

25. Hobsbawm, E. J. 1997: *On History*, New York: The New Press.

26. Hobsbawm, E. J. (ed) 1982: *The History of Marxism*, *Volume 1*: *Marxism in Marx's Day*, Brighton: The Harvester Press.

27. Hobsbawm, E. J. , and Ranger, T. 1983: *The Invention of Tradition*, Cambridge: Cambridge University Press.

28. Hobsbawm, E. J. 1948: *Labour's Turning Point*: *1880 – 1890*, London: Lawrence & Wishart.

29. Hobsbawm, E. J. 1959: *Primitive Rebels*: *Studies in Archaic Forms of Social Movement in the 19th and 20th Centuries*, Manchester: Manchester University Press.

30. Hobsbawm, E. J. 1964: *Karl Marx*: *Pre-Capitalist Economic Formations*, London: Lawrence & Wishart.

31. Hobsbawm, E. J. 1964: *Labouring Men*: *Studies in the History of Labour*, New York: Basic Books.

32. Hobsbawm, E. J. 1969: *Bandits*, Harmondsworth: Weidenfeld and Nicolson.

33. Hobsbawm, E. J. 1969: *Industry and Empire*: *From 1750 to the Present Day*, Penguin Books: Weidenfeld and Nicolson.

34. Hobsbawm, E. J. 1973: *Revolutionaries*: *Contemporary Essays*, London: Weidenfeld and Nicolson.

35. Hobsbawm, E. J. 1984: *Worlds of Labour*: *Further Studies in the History of Labour*, London: Weidenfeld and Nicolson.

36. Hobsbawm, E. J. 1990: *Nations and Nationalism Since 1780*: *Programme*, *myth*, *Reality*, Cambridge: Cambridge University Press.

37. Hobsbawm, E. J. 2000: *On the Edge of the New Century*, New York: The New Press.

38. Hobsbawm, E. J. 2002: *Interesting Times*: *A Twentieth-Century Life*, New York: Pantheon Book.

39. Iggers, G. G. , and Parker, H. T. 1979: *International Handbook of Historical Studies*: *Contemporary Research and Theory*, Westport Conn: Greenwood Press, Inc.

40. Johnson, R. , and McLennan, G. , *et al.* (eds) 1982: *Making Histories*: *Studies in History Writing and Politics*, Minneapolis: University of Minnesota Press.

41. Jones, G. S. 1976: *Outcast London*, Harmondsworth: Penguin.

42. Jones, G. S. 1983: *Languages of Class*, Cambridge: Cambridge University Press.

43. Kaye, H. J. 1984: *The British Marxist Historians*: *An Introductory Analysis*, Cambridge: Polity Press.

44. Lacapra, D. 1984: *Rethinking Intellectual History*, New York.

45. Loryd, Ch. 1986: *Explanation in Social History*, Oxford: Basil Blackwell 1986.

46. Makdisi, S. , et al. (eds) 1996: Marxism beyond Marxism, New York: Routledge.

47. Marho, 1983: *Visions of History*: *Interviews with Radical Historians*, New York: Pantheon Books.

48. McLellan, D. 1998: *Marxism after Marx*: *An Introduction*, London: Macmillan Press Ltd.

49. McNeill, W. H. 1967: *A World History*, New York.

50. Meszaros, I. (ed) 1971: *Aspects of History and Class Consciousness*, London: Routledge & Kegan Paul.

51. Morton, A. L. 1979: *A People's History of England*, London: Lawrence &

Wishart Ltd.

52. Newton, K. 1969: *The Sociology of British Communism*, London: Allen Lane.

53. Nisbet, R. 1980: *History of Ideal of Progress*, New York: Basic Books.

54. Samuel, R. , and Jones, G. S. 1982: *Culture, Ideology and Politics*: *Essays for Eric Hobsbawm*, London: Routledge & Kegan Paul Ltd.

55. Samuel, R. 1981: *People's History and Socialist Theory*, London: Routledge & Kegan Paul.

56. Stone, L. 1965: *The Crisis of the Aristocracy*: *1558 – 1641*, Oxford.

57. Stone, L. 1973: *Family and Fortune*, London.

58. Stone, L. 1977: *The Family, Sex and Marriage in England*: *1500 – 1800*, London.

59. Thane, P. , *et al.* (eds) 1984: *The Power of the Past*: *Essays for Eric Hobsbawm*, Cambridge: Cambridge University Press.

60. Thomas, K. 1978: *Religion and the Decline of Magic*, London: Penguin.

61. Thompson, E. P. 1955: *William Morris*: *Romantic to Revolutionary*, London: Lawrence & Wishart.

62. Thompson, E. P. 1968: *The Making of the English Working Class*, Harmomdsworth: Penguin.

63. Thompson, E. P. 1977: *Whigs and Hunters*, Harmondsworth: Penguin.

64. Thompson, E. P. 1978: *The Poverty of Theory and Other Essays*, London: Merlin Press Ltd.

65. Thompson, E. P. 1991: *Customs in Common*: *Studies in Traditional Popular Culture*, London: Merlin Press.

66. Torr, D. 1956: *Tom Mann and His Times*, London: Lawrence and Wishart.

（二）论文

1. "Interview with E. P. Thompson", *Radical History Review*, 3, Fall 1976.

2. Aaron I. Gureuich, "The Double Responsibility of the Historian", *Diogenes*, No. 168, 1994.

3. Christopher Hill, "Historians on the Rise of British Capitalism", *Science & Society*, Vol. 14, no. 4 (Fall 1950) .

4. Christopher Hill, R. H. Hilton, and Eric Hobsbawm, "Past and Present: Origins and Early Years", and, Jacques Le Goff, "Later History", *Past and Pre-sent*, No. 100, (August 1983) .

5. Daphne May, "Work of the Historians' Groups", *Communist Review*, May

1949.

6. David McLellan, "Past and Present: Marx and Marxism", *Politics Study*, Vol. 47, No. 5, (December 1999).

7. E. J. Hobsbawm, "The Contribution of History to Social Science", *International Social Science Journal*, Vol. xxxiii, no. 4, 1981

8. E. J. Hobsbawm, "A life in History", *Past and Present*, Vol., 177, Number 1 (November 2002).

9. Herbert Gutman, "Work, Culture, and Society in Industrializing America, 1815 – 1919", *American Historical Review*, June 1973.

10. Harvey J. Kaye, "Fanning the Spark of Hope in the Past: the British Marxist Historians", *Rethinking History*, 4: 3 (2000).

11. James Klugmann, "The Foundation of the Communist Party of Great Britain", *Marxism today*, January 1960.

12. James A. Henretta, "Social History as Lived and Written", *The American Historical Review*, Vol. 84, No. 5. (Dec., 1979).

13. James Cronin, "Creating a Marxist Historiography: The Contribution of Hobsbawm", *Radical History Review*, 19, Winter 1978 – 1979.

14. Jon S. Cohen, "The Achievements of Economic History: The Marxist Scholl", *The Journal of Economic History*, Vol. 38, No. 1, (Mar., 1978).

15. Raphael Samuel, "British Marxist Historians, 1880 – 1980: Part one", *New Left Review*, no, 120 (3 – 4, 1980).

16. Tim Patterson, "Notes on the Historical Application of Marxist Cultural Theory", *Science & Society*, Volume xxxix, Number 3, Fall 1975.

17. Paul Corner, "Marxism and British Historiographical Tradition", in Zygmunt G. Baranski (ed). 1985: Developing Contemporary Marxism, London: The Mac Millan Press.

后　记

　　目前呈献在读者诸君案前的这部著作，算是我从 2000 年以来时断时续从事西方史学专题探索和马克思主义史学问题思考留下的几丝踪迹，也是本人承担 2004 年国家社科基金后期资助项目"马克思主义理论与实践典范：埃里克·霍布斯鲍姆史学研究"的最终研究成果。实际上，说起来非常惭愧，这本《马克思主义理论与实践：霍布斯鲍姆的史学研究》虽然经历了相互间隔的三个阶段性研究过程，但是，无论是博士论文阶段的雏形奠定，或是博士后研究期间的脉络清理，甚至后期资助课题阶段的修补，我都清楚地知道本研究无论是形式上还是内容上的瑕瑜互见，甚至不管是背景知识、框架结构和目标旨趣，还是文献资料、研究方法和行文叙述，都存在显而易见的许多有待修正的地方。然而，时至今日，"丑媳妇总要见公婆"，当我获悉拙著被国家社科规划办安排送审和准备出版时，内心深处除了几丝担忧之外，无疑更多的还是几分激动。行文至此，当我确信这部关于霍布斯鲍姆史学研究的著作即将由社会科学文献出版社出版发行的时候，我想还是应该遵行著述惯例，通过简单平淡的语言描绘和苍白无力的文字诉说，抒发此时此刻内心的点滴感思和长期萦怀梦绕的真实情怀。

　　在以人类过去文明的产生和发展进程为研究对象的历史科学领域，如果西方史学思想是一座矿藏丰富资源富足的大山，无论从哪个角度看，人们都能够发现其中绚丽多彩的风景线，那么作为西方史学知识体系中的重要组成部分，英国马克思主义史学发展史则是一片内涵丰富的有待进一步发掘的茂密森林，无论哪一棵树木或哪一片树林，都可以得到史学认识者的开发和合理的运用，从而构筑中西史学发展史中的一道可供人们浏览、铭记和解读的精神思想景观。

　　通常来说，关于思想史的研究，研究者主要是以知识分子的观念及其转变轨迹为研究对象，进行相关论题的阐述；但凡涉及社会史的问题，学者则更多地关注特定历史阶段的社会成员，比如知识分子，在社会上扮演的角色，以及和社会变迁的互动关系。由此比照而言，关于历史学家及其史学思想的主题视阈，主要是围绕历史学家的史学观念演进的逻辑展开，探讨史学观念及其相关问题的学术根源和社会价值取向，同时似可借鉴思想史和社会史的方法路数与研究取向。

就本书关涉的主题视阈和研究对象来说，英国马克思主义历史学派是当代西方重要而颇具影响的学术流派，它拥有一个令其他国家学术界无法与其媲美的历史学家群体。作为英国马克思主义历史学派之中学术地位举足轻重的历史学家，霍布斯鲍姆及其史学研究的理论贡献和实践成就，无疑是巨大的，也是多方面的。实际上，人们通常更多地强调了霍布斯鲍姆的历史学家身份和地位，然而也应该看到，作为一位犹太血统的欧陆知识分子和当代英国马克思主义史学家的重要代表，他无疑还是位颇受人关注的欧陆普通公民中的杰出代表，在英国社会科学知识人群的集体形象中，霍布斯鲍姆更是一位受人尊敬的具有人类普世情怀的英国马克思主义学人，一个具有纯洁学术信仰和高尚政治理想，并始终追求人类社会未来发展和人类生存自由的社会思想家。因此，可以这样认为，本书以历史学分析为基本视角和基本方法，旨在发现霍布斯鲍姆的史学研究及其典型性著作已然突显其特定的学术思想风格、史学观念取向或史学理论模式，试图在相当大的程度上折射出历史学家对社会历史问题关注的广度与深度，映衬出历史学家的人格魅力、生命意识与现实关怀程度。

在学理的角度上，但凡涉及历史学流派的研究，重点在于分析核心历史学家的史学观念，刻意求证历史学家经过精深耕耘的史学著作中蕴藏着的史学思想价值，顺便论及相关的史学本质论题。当然，关于历史学家的史学研究，关键是对其史学思想深入讨论。是故，本书主要选择了霍布斯鲍姆史学思想作为主题和考察中心，在力图论证和展现其史学思想核心内容的同时，折射出这位国际史学大师的学术理念和治史心路，论及当代英国马克思主义史学及其在中国的影响问题，力争在前人研究的基础上有所突破。如前所述，尽管本研究难免存在着这样那样的问题，但从广泛意义上看，笔者认为这本著作至少还有两个方面的价值：

第一，从主题研究的学术价值角度上看，本书试图在国际史学尤其是西方新史学和马克思主义史学双重背景前提下，选择性地对这个学派中的典型历史学家史学思想进行层层剥离和个体分析，主题研究本身就是理论与实践相结合的过程。从历史学科发展的角度上看，这种研究有其必要性，其目的不是为曲意迎合中国马克思主义史学发展与思想研究的要求，而是追寻中国马克思主义史学的发展轨迹，回应中西史学发展与史学文化交流的本土需求。既是试图深化国内关于英国马克思主义史学研究的实践探索，也是希望开掘马克思主义史学研究新领域的初步尝试，有助于人们在史学文化的多维视野中，充分理解与重点评述英国马克思主义史学派的卓越成就和学术贡献，以期对中国的马克思主义史学研究有所借鉴。

　　第二，从本研究的实际应用价值前景来说，实事求是地讲，在当前多元学术思想并存，跨学科研究方法并举的中国学术思想界，以马克思主义唯物史观作指导，基于传统实证研究方法的历史解释框架，提倡马克思主义史学价值取向的史学研究，毫无疑问依然被视为当今中国史学发展的主流趋向。这方面的许多重大成果日益表明，中国马克思主义史学将仍然是一股具有强大生命力和广阔学术前景的史学思潮。但还需承认，在历史学研究领域，近年来淡化马克思主义理论的指导，忽视甚至消解马克思主义理论指导的倾向，还是个不可忽视和普遍存在的史学现象。因此，关于英国马克思主义历史学派中代表性人物霍布斯鲍姆的史学研究问题，作为世纪之交中外史学研究与史学批评问题的重要组成部分，值得中国史学界同人的更加有力重视。况且，在中国史学界，有些论者用抬高个别西方史家历史地位的方法，试图否定其他史家尤其是马克思主义史家的历史地位，在社会思想界和历史学界已经产生了一些消极影响。就此而言，笔者不揣浅陋，甚至自不量力，希冀本课题的研究成果，有助于纠正中国史学界依然存在着的忽视马克思主义史学真谛的偏颇现象，同时，希望它对于彰显英国及西方学术界对马克思主义史学的理论价值与实践价值之重视程度，能够起到某种特别的作用。

　　从历史认识论的角度说，作为历史认识重要方式之一的史学研究永远只是一种相对确切和趋于完善的思维过程，作者清楚地认识到，本著作甚至不可能给出一种关于霍布斯鲍姆的史学思想及研究实践的不容争议的终极阐述，虽然历史的学科要求更强调史学认识成果的客观性和科学性。所以，坦率地说，由于种种因素，书中又不可避免地呈现出关于霍布斯鲍姆史学研究的阶级性表达和带有研究者主观意向的历史解释。不过，现在看来，面对诸如霍布斯鲍姆那样的国际著名历史学家，如何真正理解英国马克思主义史学家的史学渊源背景、史学思想精髓和史学发展趋向，却是一个至关重要的理论和实践问题。正是由于时间限定和学识所限，对此常常深感力有不逮，因此，本著作不但不足之处显而易见，甚至舛错失误也在所难免，概括起来主要表现为：

　　第一，存在着原始资料方面的缺陷和材料来源的不足问题。即便是关于这样一位国外史学家的研究，由于资源所限，本书依据的英文资料除了取材于国际互联网专业镜像网站如 JSTOR 数据库外，主要来源于国内图书馆和资料中心，譬如复旦大学历史系资料室、华东师范大学图书馆、复旦大学图书馆、复旦大学美国研究中心、上海市图书馆、北京大学图书馆和北京国家图书馆。毕竟因为条件所限笔者无缘走出国门，研究者尚未也不可能充分使用国外研究机构和资料中心有关霍布斯鲍姆史学研究的一些材料，即便已经掌握的一些外文文献资料，也因为种种原因而没有充分理解运用和尽力消化吸纳。譬如，除了霍布斯鲍姆的主要代表性著作外，对他的学术传记也只是略知一二，至于其他英国马克思主义历史学家的传记材料，西方学者对他们的学术评论及思想访谈录，都因故无法获取，也没有涉猎分析。作为马克思主义历史学派整体，学派群体内部各主要历史学家之间的关系如何？特别是霍布斯鲍姆与他国西方马克思主义史学家之间学术关联和交往程度怎样？他们与当代西方新史学家、非马克思主义史学派之间学术交往的情况如何？正是由于这些问题及其相关的宝贵资料都因主客观条件的限制而暂难获取，在某种程度上，限制了本研究的学术视野与研究深度。

第二，关于研究对象的史学解释理路问题。无论是博大精深的经典马克思主义历史理论，还是丰富多元的西方马克思主义理论成果，或者后马克思时代名号众多的马克思主义流派的理论建树，本来是任何涉及马克思主义问题的研究课题理应关注的理论体系和思想资源。但是由于受到主客观因素的制约，笔者无疑难以把握这些理论体系的思想精髓，竭尽全力所能做的就只能是本着马克思主义理论指南，进行整体关联和个体分析的综合研究。因此，就理论分析向度来说，本研究在如何展现霍布斯鲍姆等当代英国马克思主义史学家作为史学认识主体在历史认识过程中，如何运用一定的历史思维方式和历史理论前提去解构、把握历史客体的过程，表达其基本历史观点和史学思想等等方面，虽经几次修改，也试图做出更多努力，但由于学力不逮而犹存相当不足；在世界历史的编纂问题上，对于他又是怎样将主体思维的认识成果运用恰当的历史编纂方法、历史解释模式与叙述方式构造史学思想的过程，描述和展示其基本史学观念方面，仍然还有大量文章可做；在重大史学理论问题上，霍布斯鲍姆又是怎样努力协调研究成果与历史本真的差异，怎样妥善处理历史的总体结构及其组成部分间的协调关系，从而实现认识的历史和客观的历史、历史认识的客观性与历史事实的客观性之间的有机统一，彰显其核心理论成就方面，也仍然有进一步的拓展空间和探讨的可能性。

第三，关于研究对象的史学解释深度问题。坦白地说，由于自身史学综合素养、历史感悟能力和理论解释水平的相对不足，本书对霍布斯鲍姆的史学思想与实践的某些理解和相关论述，还有待于深化与延伸，文中有些论证因为语焉不详显得不够严密，有些章节的论点显然还需要通过多种解释模式，运用更多的核心资料和采用大量的旁证材料，来加以条分缕析和丰富扩充。例如对英国马克思主义史学思潮与西方马克思主义哲学思潮之间的关系问题，虽然在再次修改过程中做了一些弥补工作，但是因为目前存在材料上的匮乏和理论上的缺陷，仍有待进一步讨论，希冀再版之时可臻于完善。

中国一位著名学者曾经总结道，史学论文和历史著作的撰写大体上有两种方式：一是，借用材料或人说话，这是实证的要求。二是，借用抽象的符号分析问题（当然语言本身也是一种符号），这是理论的要求。假设某部著作，既符合理论的系统要求，又达到实证的厚重标准，那自然是难能可贵的史论叙述和十分成功的历史书写。平心而论，对于这样的目标，显然拙著是难以达到的，不过却是任何研究者需要努力的方向。因此，话说起来也倍感惭愧，本著作基于当前有限的学术资源和相对狭隘的研究视角，确实更多只是集中评述了霍布斯鲍姆史学研究的某些重要方面，力图鉴别和努力厘清特定史学认识主体关于历史解释的马克思主义方式及其相关理论结构与假设框架，可以说，通过审视其史学理论价值、学术价值和现实价值，尽管做了大量切实有益的尝试研究，也取得了微不足道的实践成效，但是更可能存在着尝试研究的一切缺点和欠完整性，甚至自相矛盾之处也在所难免。

记得1994年报考硕士研究生之时，就考研动机而言，我的想法非常平淡，甚至略显平庸可笑，那就是试图改变自己所谓的"历史命运"，脱离历史教师在中学应试教育中的"卑微"角色和"尴尬"地位，尽可能地实现"平凡人生历程"中的身份转变和"社会历史环境"中的自我救赎，而对所谓学术研究理想的认识是非常模糊的。当时，对学术研究知之甚少和学术见识孤陋寡闻的我，最多只是怀抱那种"率性而为，任其自然"的原始思维和现实理念，后来，在实际的学习工作过程中，自己的史学关注兴趣和学术研究心结在很长一段时间处于彷徨中矛盾和执著中苦痛的纠结状态，既充满了对学术理想和文字阅读的美好憧憬，确实也时刻不敢忘记现实社会中自身的生存境况，因而，面对艰辛煎熬的学术追求似乎总有一种寂寞残酷的模糊性感觉和茫然无助的理想化情结。今天看来，正是基于这样一种世俗平庸化的思维导向和学术高尚化的行为实践方式之间的犹豫矛盾与交织悖论，多年来成为自己难能在学术殿堂的追求中修成正果的根本障碍和道成肉身的原初束缚。

如此这般，坦白说来，自己之步入学术路途的起点其实非常偶然也略显被动，体验学术研究的历程中也少有亮点，倘若平庸如我在茫茫追求中稍有点滴感悟微小成绩，而其中一切的生成似乎不但来自自我心灵深处的默默呼唤，更是得益于蹉跎人生和斑斓岁月中无数师长友人的无私教谕和热情帮扶。

1999 年，我有幸进入复旦大学这所百年老校攻读博士学位，人文底蕴深厚的复旦学府是所拥有众多学科典范和良好学术传统的全国性重点大学，学术思想薪火相传的复旦人文学院历史系更是块名师汇聚专家云集的史学园地。实际上，从自己因了朋友的推荐阅读柯林武德那本《历史的观念》，并从中获得启发，转而萌生报考复旦大学史学理论及史学史博士研究生，继而有幸在博士生导师张广智先生言教身传和悉心教诲下实现学术视野的拓展转向，专注学习西方史学传统脉络，亟欲把握西方史学思想纹理那段时间算起，到今天这本著作的出版为止，前后粗略匡算已经历整整十个秋冬了，现在我的脑际却总是晃荡着那一句富有哲理、具有反讽意义、意味深长的话语："时间改变了一切，时间又改变不了一切"。在人生的旅途和生活的经历中总是充满机遇，从硕士论文选题涉猎的中国区域经济史，到博士论文写作关注西方史学专题和历史学家的史学思想，这确实是一个不小的战略性挑战和方向性跨度。虽然某种意义上说，论文是曾经学习思考的阶段总结和社会生活的外化形态，由于学术禀赋的先天不足，学术环境的后天失调，要在不到三年的时间完成那样一篇博士学位论文，其间经历的酸甜苦辣，遭遇的悲欢窘迫，都是可想而知的。

因此最值得提及的是，当初博士论文的粗浅研究得以完成，最需要感谢的是我的博士生导师张广智教授，因为正是导师殚精竭虑的指导和耳提面命的鞭策使我开始了西方史学史与史学理论的系统学习，并进行尝试性研究而有所获益，正是张先生的热情关怀、殷切期望和悉心指导，我才可能在攻读博士学位期间对域外史学如饥似渴亟待饱览，才会在原本陌生的庞杂领域里不断摸索而稍有进步。"日月光华，旦复旦兮（夕）"，这是每位曾经的复旦莘莘学子永远难以忘怀的至理名言，"博学而笃志，切问而近思"，这也是复旦学府对我等负笈沪上学人的至善要求。回想复旦的三年求学时光，每当我思想迷惘，每当我身陷无助，复旦师长们执著学术的高贵品德，博大精深的学术思想，登堂入室的史学方法，总是如同飘逸在高空的耀眼旗帜，令我翻然醒悟，迅速扭正航向，令我畅快淋漓地感受着学术生命的玄妙和真谛。实际情形是，置身于这种学术精神的荫翳之下，由于经常奔波于南昌上海之间恰似"游学"如我辈等人，就像丝丝藤蔓一样，如此这般蹒跚前行，尽可能地缩短着在坎坷困境中和黑暗道路上摸索前行的宝贵时间。譬如，我清楚地记得原南开大学历史文化学院教授，现北京大学历史系教授李剑鸣先生曾在百忙之中不远千里专程前往上海，担任我的毕业论文答辩委员会主席，当时答辩委员会成员还有复旦大学历史系庄锡昌教授和顾云琛教授，华东师大历史系的王斯德教授和余志森教授，他们都是中国世界史学界的著名学者和国内重点高等学府的资深教师，不但具有史学研究的远见卓识和丰硕成就，而且具备学界长者的宽宏品格和博大胸襟，诸位先生师长对我的无私指点、倾力扶持和热情帮助是无法忽略更是不能忘怀的。复旦历史系世界史专业的赵立行教授、黄洋教授、金寿福教授和冯玮教授等诸位亦师亦友的著名学者，不管是在本研究论题的开题报告、中期考核和准备答辩过程中，还是课堂之内的教学讨论，课程之余的闲聊交谈，或者后来的交往时光，甚至在其他场景之下，都曾经给予我春风化雨般的教益。他们要么提供了部分难以获得的宝贵参考文献，要么提出过恰当中肯和惠人匪浅的修改建议。特别需要提及曾经同在广西桂林经历了两年风雨求学时光从此成为彼此肝胆相照的同门挚友，现在任职于复旦大学历史系的陈新教授，如果没有他长期以来对我的这份真挚友谊、热切期待和鼎力帮助，我或许仍然会在历史专业的学术道路上翘首期望和步履蹒跚，很难想象自己会如此坚持以西方史学为兴趣重心的世界史研究路向并收获良多。今天回想起来，虽然其中的许多真知灼见主要因为我自己学术领悟能力差强人意而最终无法补充到论文中去，但是或许能够告慰诸位学界前辈和同龄同人的是，当时论文总体框架和有些针对性建议现在已经成为本研究修改成形和最终付梓出版的基本依据。

毋庸讳言，离开上海回到江西，在接下来这些独自前行的时光岁月里，虽然并不能够说自己的学术之路从此踏上一片坦途，但是，既来之则安之，自己起码可以无愧地宣称，作为一名高等教育战线的普通史学工作者，我也已经运用自己的特殊方式，开始主动承担起史学认识主体的社会责任，刻意追随前人学者前进的思想踪迹，自觉践履自己应该担当的学术使命。倘若平常如我等这般，尚可被视做社会人和知识人，那么自己的所作所为绝对不仅仅只是一种精神道义的永恒追随，这种追随其实意味着试图进行一种身临其境的现实变革，一种关于学术理想、生存际遇和生活方式的动态改变。

由此想到，作为 18 世纪英国最著名的理性主义历史学家和近代欧洲最早的专业历史学家，当爱德华·吉本在完成了那部皇皇巨制《罗马帝国衰亡史》的时候，这位象征着古典以来英语国家史学成就高峰的伟大历史学家，长期紧绷的心情不但没有丝毫轻松，反而显得有些黯然神伤。是的，当他奋笔写下著作正文最后一行文字的最后几个字之后，掩卷长思，经历了在月夜照耀下的花园林荫道上领略历史写作成功和获得学术名声的喜悦情怀之后，却不无忧郁地怀揣职业历史学家的复杂心情写下了这些文字："想着我业已同一个伴我多年的挚友诀别了，不管我的《历史》将来命运如何，历史学家的生命必然是短促而无常的。"① 是啊，思想睿智就如吉本那样的国际史家典范，都无限嘘唏感慨历史的凝重深沉和历史学家的命运无常，学术秉性愚笨如我这样的区区无名后进学人，又如何可能胆敢指望自己关于某个历史学家和史学问题的管窥之见或美其名曰史学专著，在当代中国丰富多元的学术思想界，面对当前快速发展的史学趋向和深刻变化的社会历史环境之时，获得一劳永逸的学术境遇和不虞之喜的实践成效。因此，每念及此，作为一位高等院校长期从事历史专业教学与正在尝试史学研究的普通学人，当我终于在博士论文基础上完成了《马克思主义理论与实践：霍布斯鲍姆的史学研究》这部学术专著，旋即出版发行之时，心情自然也就是非常复杂的。眼下回忆起来，记得当年完成毕业论文通过博士学位论文答辩的时候，自己心里有过的那种强烈感觉，以为长期沉重的心情得以彻底的释怀，然而潜心反思，这只不过是一种久经心志磨砺后宣泄精神压力的暂时解脱。实际上，正是由于对西方史学的丰富内涵和变化多样的西方史学思想知之甚少，甚至一知半解，即使是今天，自己也清楚地明白这份殚精竭虑却乏善可陈的研究成果是如何存在着这样那样的缺陷，著作真正要出版的时候，总觉得还有很多事情没有做好，因此，内心深处不但不可能产生曾经想象中的如释重负之感，反而显得诚惶诚恐和忐忑不安。

自从上了小学，从学习到工作，再从工作到学习，春夏秋冬寒来暑往，我就从来没有离开过花红柳绿色彩斑斓的文化校园，也少有真正疏远过藏龙卧虎思想活跃的高等学府。回首往昔，对于我这个来自赣江中游之滨，自小生长在偏远农村的山野小子来说，高中毕业后能够进入高等院校继续深造，这实在是人生命运第一次方向性的根本改变，二十多年来的人生际遇中其实并没有留下什么惊天可叹的辉煌记忆，悠悠过去的生活中一切都显得平平淡淡，似乎只有那些在大学求学的青春年华和攻读学位的复杂情景最难以忘怀，至今历历在目，恍如昨日。按照中国传统的说法，如今的我自然远离了那种激情绽放幻想澎湃的年代，早已走过三十而立的懵懂岁月，而正处于四十不惑之年，孰料追求学术旨趣和从事历史专业教育不经意间似乎就已成了自己的精神家园和稳定职业。其实，我已经深信，

---

① 张广智主著《西方史学史》（第2版），复旦大学出版社，2004，第176页。

任何生命的个体都可能会料想和无意标榜一种与生俱来的东西会长期蕴藏或者永远深藏在他们自己的心中，而且，当下的人们也确实都会也应当努力挖掘自己的潜力，适时唤醒那心中的太阳，最终让它发光闪耀永存历史。从某种角度上，就我的理解，这大概也就是作为当今高等院校教育者最重要的社会责任和神圣使命。我清醒地知道，既然自己从来不舍得也注定脱离不了高等教育的校园环境，不情愿也永远割舍不下历史专业的经世情愫，那么就应该无怨无悔地执著于历史学的廉价教学和并不实惠的学术研究，承担关于史学研究的职业使命，践行当代知识分子的现实关怀。实际上，即使就江西省高等院校和江西师范大学本身而言，身边的许多同人和众多师友，就大都怀有一颗真正热爱高等教育事业和始终忠诚于高校人文社会科学研究的高尚心灵，在中国的中部地区江西这片神奇的红土地上历经风雨沧桑不断前行。应该说，在江西经济社会相对滞后和学术研究基础相对薄弱的现实环境之中，普遍存在着的这种坚韧不拔的学术敬业精神和始终不懈的职业实践风范，是令人欣慰的，又是极其鼓舞人心的。

好事多磨，惟其如此，从复旦博士毕业几近一年，我又准备了申请从事博士后研究，那仅仅是想实现自己内心的一种许诺。华东师范大学是所拥有优美校园环境和浓烈厚重学术氛围的中国重点高校。选择并被批准来到这个集中了众多学术名家和享有太多盛誉的著名学府从事历史学博士后研究工作，则是我的幸运和骄傲。我也要感谢江西师范大学和历史文化与旅游学院当时为我提供了兼职从事博士后研究的难得机会。也由于这个复杂的原因，使得我从2003年到2006年三年之间拥有了双重身份，有时在原单位承担大量的日常管理工作和繁重的常规教学任务，有时在博士后流动站从事课题的研究而踯躅前行。在此，我要感谢合作导师朱政惠教授，正是经由张广智先生的倾力举荐，那时素昧平生的他答应接收了我这个并不聪慧也不勤奋的后学，也正是朱先生的厚重学识、宽宏品格和谆谆鼓励，增强了我对学术理想的憧憬向往和宁静致远的信念追求。两位先生都是胸襟疏阔和睿智机敏，海纳百川和忠实的真正学人，他们那种严谨治学和不尚空谈，笔耕不辍和勤奋耕耘的学术品质，既给我留下深刻的美妙印象，又成为激励我徒步前进的精神动力。

在那段博士后研究工作的时间里，朱政惠老师在繁忙的教学工作与科研任务应接不暇的情况下，自始至终对本研究给予了热情帮助和缕析指导。记得2005年朱先生赴英国进行短期学术专访期间，除了继续给予我学术上的灵感外，还曾经特意牺牲自己宝贵的时间，在英国为我查阅相关史学材料，带回了部分关于英国马克思主义史学家的文献资料。再者，我要感谢华东师范大学历史系主任兼历史学博士后流动站站长余伟民教授，余老师生性和蔼平易近人，他严谨求真的治学态度令人钦服，淡泊谦逊的为人处世风格更值得称赞，即便在百忙之中，除了对本研究指点赐教外，也不忘对我的博士后研究计划提出许多富有价值的宝贵意见。此外，华东师大历史系胡逢祥教授、邬国义教授和其他诸位评审专家都对我的研究计划提出过善意的肯定、确切的批评和不吝的指正。还要说明的是，董建波老师作为历史学博士后流动站的主要联系人，曾经给予我诸多帮助和工作方便，而当时正在华东师大海外中国学研究中心攻读博士学位，现在留校工作的吴原元博士主动联系并为我做了许多实际事情，实在让我内心过意不去。

还是那句俗语白话，"时间易逝，岁月如梭，物换星移，光阴荏苒"，从1999年的金秋时光，到2009年的阳春季节，屈指数来，那是一段对我个人而言的十年奥林匹克时光，相对于历史的长河和人生的旅程，凡夫俗子如我在弹指一挥间的十年蹉跎岁月中，确实经历了许多事件，也发生了诸多变化，更留下很多遗憾。就此期间的为人为事而言，十年间的狭隘和豁达，十年间的艰辛和努力，十年间的懈怠和坚持，十年间的消极和积极，十年间的喜悦和沮丧，十年间的挫折和顺通，十年间的彷徨和奋起，十年间的无语和有语，都应该暂时画上一个句号。然而，值得一提的是，为期三年乐观的博士研究生生活，多年平凡的高校教师工作经历以及三年特殊的博士后研究时光诚然短暂宝贵，在某种程度上，十年甘苦与共的人生境遇和教学相长的学术结缘，从表面上看已经凝聚成这份挂一漏万权当抛砖引玉的研究成果，但是十年的磨砺时光更是启迪了我的心智，丰富了我的人生，给予了我许多有益的东西，它们都被珍藏为这样那样令人难以忘怀的个人记忆。

诚然，著作得以付梓，文章得以发表，就会有成就感，总算是件令人兴奋和激动无比的事情。常言道，任何的表扬都不可能靠别人恩惠赐予，而是需要通过自己坚持努力去争取赢得。笔者宁愿相信，无论是张广智老师情真意切的赋序，还是于沛先生高屋建瓴的序言，其实都是给予学生恰当中肯的勉励和对未来努力的指向。这本学术专著的问世，仅仅标志着自己学术生涯的重新开始，"路漫漫其修远兮，吾将上下而求索"，信哉斯言。在平日里，偶然也会与学界同人海阔天空地议论现实时局和未来发展，感慨万千地宣扬知识分子生命价值中的那种现实主义与理想主义的相互抵牾。其实，说得更具体点，作为一位普通学人，在某一段时间内，要做到关心科学知识的增长和人类心智的进步，其实并不困难，但是，作为一位专业学者，最难能可贵的是执著于严谨的学术，毕生以崇高的学术理想为旨归。因此，以中国学术的传统思想和现代目标来衡量，史学研究价值的标准仍然就是："铁肩担道义，妙手著文章"，"板凳要坐十年冷，文章不写一句空"。然而，就我而言，对于这样美妙的学术理想和崇高的典范追求，借先哲前贤的话来说就只能是："高山仰止，景行行止，虽不能至，然心向往之"。实际上，对于任何追求者的梦想和理想者的目标而言，知行合一和能者无疆显然是最有成效的实现途径和最有价值的答卷。在这种意义上，人们才可以洞若观火般地理解一个普通平凡的人生道理："不断挑战自我，不断追求完美"，永远都是社会人群和知识群体在从事一切社会事业过程中，应该具有而又难以达到的心理目标，应该奉行而又很难把握的行为方式。换言之，激情理想代替浮躁功利，神圣信仰代替随波逐流，虽说这是学术研究和知识领域的内在要求和必然法则，不过，如何达到理想与现实的结合，怎样达到信仰与追求的巧妙融通，对于我等普通学人来说，这恐怕需要花费毕生的时间和全部的心力，通过历史研究和史学解读这种特殊的社会实践途径和历史感悟的日常行为方式，持之以恒才能够有所体悟和有所斩获。不过，更现实点来看，对此，笔者除了耳闻目染和内心触动，恐怕实在只能日积月累地做些力所能及的事情而已。

实际情形似乎也是如此，结果却并不令人满意。正是由于自身的心性懒惰、处事慢热和学思不敏，也恰是由于自己的鼠目寸光、杂事缠身和家事如天，本著作出版周期显然历时已久。惟其如此，无论如何，需要感谢的学界前辈、共事同人和好友亲朋也就越来越多。

中兴大学历史系周樑楷先生是台湾专治西方史学的著名学者，他曾经慷慨传送其关于英国左派历史学家的学术论著和相关资料，在一定程度上弥补了本书写作过程中的资料缺陷。笔者也曾经或通过书信讨教，或通过神交领会，从他那热情的指点迷津和独特的学术视阈中获益匪浅。

广西师范大学历史系钟文典教授是以太平天国开国史研究的卓著成绩和广西地方社会历史研究的持久弥新而被称道于中国史学界的前辈学者，长期在中国近现代经济史研究领域里辛勤耕耘而成果斐然的唐凌教授，也是国内知名广西著名的中年学者，两位先生都是我在攻读硕士学位拜师求学时期的直接导师，不管学生离开山水甲天下的桂林有多远，也无论学生惜别坐落在风景如画的桂林王城广西师大本部校园有多久，两位老师都经常或以电话勉励或以书笺垂询的方式来热心关注我的工作境况和生活状态，这该是我永远不能够忘怀的深厚的师生情谊。

在我的学习过程和本课题的研究中，中国社科院世界历史研究所于沛研究员每每及时的微言大义和常常无私的热情帮助是难以用文字形容与语言表达的。同样需要我衷心感谢的是史学界前辈世界历史研究所张椿年研究员，张先生对本课题的最终结项和预期出版，都提出过许多中肯贴切的修改意见。同时需要感谢本课题申请立项和结题送审过程中的诸位匿名评审专家，值得感谢的还有世界历史研究所俞金尧研究员和姜芃研究员，以及同所工作的其他世界史学界同人，无论是平常的交往还是学术会议上的交流，他们都给予我珍贵的友谊和善意的提示。

其实，也许恰是人至中年，难免产生如此怀旧情缘，既然这种心境如此自然，那么可以说，令笔者最不能忘记的仍然是复旦求知求学时期的非常岁月和集体记忆。这种美好回忆主要来源于现在任职于上海师大的陈恒教授、淮北煤炭师院的李勇教授和华东理工大学的程群副教授等诸位同门师兄妹之间如影相随、相互鼓励和共同奋斗的真诚合作。这种美好回忆也得益于同现在任职于云南师大的何跃教授、大连大学的王夏刚副教授、东华大学的杨彬和邱立波副教授、复旦大学出版社的宋文涛编辑等诸位同窗好友之间妙趣横生的快乐交往。当然，我也不能忘怀周兵、张澜、江华、杨锐、顾蓓、易兰、陈茂华以及徐良等诸位师弟师妹的热情问候和诚挚友谊。此外，还要提到，先后同样求学外地又回守江西故土的南昌大学顾兴斌教授、南昌航空工业大学肖华锋教授、江西师大李勇忠教授、蒋贤斌博士和江西师大杂志社戴利朝博士等诸位兄弟朋友，与他们的交往相处，使我获得了思想的进步、生活的丰富和友情的升华。

在江西师范大学之内，2003 年从政法学院转到历史文化与旅游学院学习生活和工作锻炼，是我的主动选择，能够在这个学术底蕴浓郁的人文学院与人气不减当年的江西史学阵营中同诸位老师和谐处事共谋发展，则是我的快乐依托。在本研究的结题送审和期待出版过程中，历史文化与旅游学院提供了许多便利，世界史教研室诸位同事给予了充分信任，特别是院长方志远教授和党委书记丁荣根同志的期许勉励与奖掖提携，副院长万振凡教授等班子成员的诸多关照与合作友谊，这也都是我从事学术探究和向前行进的动力源泉。抚躬自问，不无遗憾的是，我虽然曾经十分努力，只是还做得非常不好。

本书得以顺利出版，主要获益于国家社科规划办为我提供的出版资助，也得益于国家社科规划办有关负责同志和工作人员为此付出的辛勤服务。江西省社科规划办公室王玉宝主任和江西师范大学社科处有关工作人员在本研究的结题过程中也付出了许多辛勤劳动。中国社会科学院社会科学文献出版社是中国社会知识界和思想学术界颇具影响力的出版机构，无论是该社的工作人员，还是直接联系人薛明洁女士、负责人宋月华主任和责任编辑李心华老师，在本书的编辑出版过程中表现出来的职业素质、敬业精神及工作效率，都是非常值得赞许和十分令人钦佩的。

　　最后，我还要表达对家乡父老和兄弟姐妹的无限感激之情，感谢父母双亲多年对我含辛茹苦的养育教诲，感恩于已经体虚年迈的父母双亲仍然力所能及一如既往给予他们眼中游子儿女的无限关爱。感谢爱人吴佳娜对我这段多年平淡如水的工作经历和蜗牛爬行式研究过程的理解支持。坦白地说，我们一家三口居于建筑面积不到80平方米的江西师范大学南区旧宅，在当下中国百姓的社会生活空间中所拥有的生存资源实在是十分有限的，不要说平常人来客往难以周旋，日常杂事不堪其烦，平常居家过日中的拥挤混乱状况也由此可见一斑。更主要的是当时我们三个都有各自学习任务和工作要求：儿子梁吴越年幼正值读书启蒙，妻子执教大学英语既要创造佳绩还要攻读硕士学位，自顾不暇的我当然要努力做好日常工作和完成这项研究任务。令人感到欣慰的是，儿子学习尚且自觉主动，生活自立自理能力较强，妻子端庄娇柔却不缺少坚强刚毅的贤美内质和娴熟自信的专业技能，他们的这些优良品格和日常生活态度自然让我感受到家庭的无限美好与和睦温馨，家庭的亲情与生活的港湾成为我在困难和焦虑之中寻求慰藉的最好依归。

　　千言万语，万语千言，真情所至，竟不知所云。当然，有一点是肯定的，我不过就是想，对于曾经给予我帮助的所有专家学者，对所有关爱过我的良师益友，谨允许本人在此用这些苍白无力的文字，表达真诚的谢意和由衷的祈福。谢谢善良的人们，感谢一切的一切。

梁民愫　谨识
2009 年 1 月 19 日深夜
于江西师范大学南区陋旧寓所

图书在版编目（CIP）数据

马克思主义理论与实践：霍布斯鲍姆的史学研究/
梁民愫著.—北京：社会科学文献出版社，2009.5（2017.9 重印）
ISBN 978 - 7 - 5097 - 0685 - 5

Ⅰ. 马…　Ⅱ. 梁…　Ⅲ. 马克思主义 - 史学 - 研究
Ⅳ. A851.692

中国版本图书馆 CIP 数据核字（2009）第 041310 号

马克思主义理论与实践：霍布斯鲍姆的史学研究

著　　者 / 梁民愫

出 版 人 / 谢寿光
项目统筹 / 宋月华
责任编辑 / 李心华　徐思彦

出　　版 / 社会科学文献出版社·人文分社（010）59367215
　　　　　　地址：北京市北三环中路甲 29 号院华龙大厦　邮编：100029
　　　　　　网址：www. ssap. com. cn
发　　行 / 市场营销中心（010）59367081　59367018
印　　装 / 北京京华虎彩印刷有限公司

规　　格 / 开 本：787mm × 1092mm　1/16
　　　　　　印 张：26　字 数：463 千字
版　　次 / 2009 年 5 月第 1 版　2017 年 9 月第 2 次印刷
书　　号 / ISBN 978 - 7 - 5097 - 0685 - 5
定　　价 / 69.00 元